Direito de Autor em Portugal,
nos PALOP, na União Europeia
e nos Tratados Internacionais

Direito de Autor em Portugal, nos PALOP, na União Europeia e nos Tratados Internacionais

2013

Patrícia Akester
Doutorada em Direito de Autor pelo Queen Mary Intellectual Property Institute, University of London

DIREITO DE AUTOR EM PORTUGAL, NOS PALOP, NA UNIÃO EUROPEIA E NOS TRATADOS INTERNACIONAIS
AUTOR
Patrícia Akester
EDITOR
EDIÇÕES ALMEDINA, S.A.
Rua Fernandes Tomás, nºs 76, 78 e 79
3000-167 Coimbra
Tel.: 239 851 904 · Fax: 239 851 901
www.almedina.net · editora@almedina.net
DESIGN DE CAPA
FBA.
PRÉ-IMPRESSÃO
EDIÇÕES ALMEDINA, S.A.
IMPRESSÃO E ACABAMENTO

Julho, 2013
DEPÓSITO LEGAL
....

Apesar do cuidado e rigor colocados na elaboração da presente obra, devem os diplomas legais dela constantes ser sempre objeto de confirmação com as publicações oficiais.
Toda a reprodução desta obra, por fotocópia ou outro qualquer processo, sem prévia autorização escrita do Editor, é ilícita e passível de procedimento judicial contra o infrator.

 | GRUPOALMEDINA

BIBLIOTECA NACIONAL DE PORTUGAL – CATALOGAÇÃO NA PUBLICAÇÃO
AKESTER, Patrícia
Direito de autor em Portugal, nos PALOP, na União Europeia e nos Tratados Internacionais – (Manuais universitários)
ISBN 978-972-40-5231-1
CDU 347

Para o meu filho Laurie

É preciso armar e proteger a propriedade intelectual, propriedade essa «sacratíssima», tal como se tutela a propriedade material, porque os direitos da inteligência, da propriedade adquirida «pelo trabalho do cérebro não pode, não deve ser menos protegido das leis do que a propriedade que adquiriram os braços, o esforço material do corpo».[1]

---

[1] A. Garrett, Representação à Rainha, de 29 de Junho de 1851, *in* L. F. Rebello, *Garret, Herculano e a Propriedade Literária*, SPA/Publicações D. Quixote, 1999, pp. 63-66.

ABREVIATURAS

Instrumentos jurídicos nacionais

CDADC de 1985. Código de direito de autor e direitos conexos, 1985.
Código francês de 1992. Código de direito da propriedade intelectual, 1992.
Lei alemã de 1965. Lei de direito de autor, 1965.
Lei angolana de 1990. Lei sobre o direito de autor, 1990.
Lei cabo-verdiana de 2009. Decreto-Legislativo sobre o direito de autor, 2009.
Lei moçambicana de 2001. Lei sobre o direito de autor, 2001.
Lei norte-americana de 1976. Lei de *copyright*, 1976.
Lei do Reino Unido de 1988. Lei de *copyright*, design e patentes, 1988.

Acordos multilaterais

Convenção de Berna. Convenção de Berna relativa à protecção das obras literárias e artísticas, 1886, acto de Paris, 1971.
Convenção Universal sobre Direito de Autor. Convenção universal sobre direito de autor, 1952, acto de Paris, 1971.
Convenção de Roma. Convenção internacional para protecção dos artistas intérpretes ou executantes, dos produtores de fonogramas e dos organismos de radiodifusão, Roma, 1961.
Convenção sobre Fonogramas. Convenção para a protecção de produtores de fonogramas contra a reprodução não autorizada dos seus fonogramas, Genebra, 1971.
Acordo TRIPS. Acordo sobre os aspectos dos direitos de propriedade intelectual relacionados com o comércio, Marraquexe, 1994.
Tratado da OMPI sobre Direito de Autor. Tratado da OMPI sobre direito de autor, Genebra, 1996.

Tratado da OMPI sobre Interpretações ou Execuções e Fonogramas. Tratado da OMPI sobre interpretações ou execuções e fonogramas, Genebra, 1996.
Tratado da OMPI sobre Interpretações e Execuções e Audiovisuais. Tratado da OMPI sobre interpretações e execuções audiovisuais, Pequim, 2012.

Directivas da União Europeia

Directiva sobre os Programas Semicondutores. Directiva do Conselho, de 16 de Dezembro de 1986, relativa à protecção jurídica das topografias de programas semicondutores (Dir. 87/54/CEE).
Directiva sobre os Programas de Computador. Directiva do Conselho, de 23 de Abril de 2009, relativa à protecção jurídica dos programas de computador (Dir. 2009/24/CE, versão codificada).
Directiva sobre o Aluguer e o Comodato. Directiva do Parlamento Europeu e do Conselho, de 12 de Dezembro de 2006, relativa ao direito de aluguer, ao direito de comodato e a certos direitos conexos ao direito de autor (Dir. 2006/115/CE, versão codificada).
Directiva sobre a Radiodifusão por Satélite e a Retransmissão por Cabo. Directiva do Conselho, de 27 de Setembro de 1993, relativa à coordenação de determinadas disposições em matéria de direito de autor e direitos conexos aplicáveis à radiodifusão por satélite e à retransmissão por cabo (Dir. 93/83/CEE).
Directiva sobre o Prazo de Protecção. Directiva do Parlamento Europeu e do Conselho, de 27 de Setembro de 2011, relativa à harmonização do prazo de protecção dos direitos de autor e de certos direitos conexos (Dir. 2006/116/CE, versão codificada, alterada pela Dir. 2011/77/CE).
Directiva sobre as Bases de Dados. Directiva do Parlamento Europeu e do Conselho, de 11 de Março de 1996, relativa à protecção jurídica das bases de dados (Dir. 96/9/CE).
Directiva sobre os Serviços de Acesso Condicional. Directiva do Parlamento Europeu e do Conselho, de 20 de Novembro de 1998, relativa à protecção jurídica dos serviços que se baseiem ou consistam num acesso condicional (Dir. 98/84/CE).
Directiva sobre o Comércio Electrónico. Directiva do Parlamento Europeu e do Conselho, de 8 Junho de 2000, relativa a certos aspectos legais dos serviços da sociedade de informação, em especial do comércio electrónico, no mercado interno (Dir. 2000/31/CE).
Directiva sobre a Sociedade de Informação. Directiva do Parlamento Europeu e do Conselho, de 22 de Maio de 2001, relativa à harmonização de certos

aspectos do direito de autor e dos direitos conexos na sociedade da informação (Dir. 2001/29/CE).
Directiva sobre o Direito de Sequência. Directiva do Parlamento Europeu e do Conselho, de 27 de Setembro de 2001, relativa ao direito de sequência em benefício do autor de uma obra de arte original que seja objecto de alienações sucessivas (Dir. 2001/84/CE).
Directiva sobre o Respeito dos Direitos de Propriedade Intelectual. Directiva do Parlamento Europeu e do Conselho, de 29 de Abril de 2004, relativa ao respeito dos direitos de propriedade intelectual (Dir. 2004/48/CE).
Directiva sobre as Obras Órfãs. Directiva do Parlamento Europeu e do Conselho, de 25 de Outubro de 2012, relativa a determinadas utilizações permitidas de obras órfãs (Dir. 2012/28/EU).
Proposta de Directiva sobre a Gestão Colectiva. Proposta de Directiva relativa à gestão colectiva dos direitos de autor e direitos conexos e ao licenciamento multiterritorial de direitos sobre obras musicais para utilização em linha no mercado interno (COM(2012) 372).

Outros instrumentos jurídicos regionais

Pacto Internacional sobre os Direitos Económicos Sociais e Culturais. Pacto internacional sobre os direitos económicos sociais e culturais, 1966.
Convenção de Bruxelas. Convenção relativa à competência judiciária e à execução de decisões em matéria civil e comercial, Bruxelas, 1968.
Convenção de Lugano. Convenção relativa à competência judiciária e à execução de decisões em matéria civil e comercial, Lugano, 1988.
Acordo NAFTA. Acordo norte-americano de livre comércio, 1992.
Decisão de Cartagena 351. Decisão 351 do Acordo de Cartagena sobre um regime comum de direito de autor e direitos conexos, 1993.
Regulamento 44/2001 CE. Regulamento 44/2001 do Conselho, de 22 de Dezembro de 2000, relativo à competência judiciária, ao reconhecimento e à execução das decisões em matéria civil e comercial.
Carta dos Direitos Fundamentais da União Europeia. Carta dos direitos fundamentais da União Europeia, Nice, 2000.
Tratado da União Europeia. Tratado da União Europeia, versão consolidada, 2010.
Tratado sobre o Funcionamento da União Europeia. Tratado sobre o Funcionamento da União Europeia, versão consolidada, 2010.

Parte I
Introdução

Capítulo I – Terminologia

Capítulo II – A natureza e o conteúdo do direito de autor

Capítulo III – A *raison d'être* do direito de autor

Capítulo IV – *Droit d´auteur* e *copyright*

Capítulo V – Evolução histórica do direito de autor

Capítulo I
Terminologia

1.1. «Direito de autor»

O termo «direito de autor» é utilizado para denominar a área da propriedade intelectual que rege a protecção da obra que decorre da criação intelectual.

Na sua génese, o direito de autor começou por tutelar as obras literárias e artísticas de cariz tradicional, como os livros, as peças musicais ou teatrais e os filmes. Todavia, com a evolução tecnológica dos últimos anos, surgiram novas produções e outras necessidades, em sede de tutela, que obrigaram o direito de autor a alargar o seu escopo de modo a abranger, também, as obras de cariz utilitário, como os programas de computador, as bases de dados e as topografias de produtos semicondutores (ou *chips*).

Hoje, o direito de autor protege bens culturais intangíveis de natureza diversa, que vão desde as clássicas obras literárias, dramáticas, musicais e artísticas, às obras advenientes da revolução digital.

Como ramo do direito, o direito de autor corresponde a um ramo do direito privado. Como nota, Oliveira Ascensão, respeitando o direito de autor à situação dos particulares e não à estrutura e funcionamento dos órgãos públicos, pertence ao direito privado, isto é, «a um amplo direito dos particulares que regula a situação dos particulares no seio da sociedade.» Mais, o direito de autor regula um sector diferenciado da vida dos particulares, a criação literária e artística, tendo, pois, «assegurada a sua autonomia como ramo do direito civil».[2]

Terminologicamente, o «direito de autor», como ramo do Direito, rege os direitos outorgados aos autores («direitos de autor»), bem como os direitos

---

[2] J. Oliveira Ascensão, *Direito de Autor e Direitos Conexos,* Coimbra Editora, 1992, pp. 29-30.

atribuídos aos artistas intérpretes ou executantes, aos produtores de fonogramas ou videogramas e aos organismos de radiodifusão («direitos conexos»), direitos esses que são frequentemente denominados, em geral, como «direito de autor».

> O direito de autor:
> - Protege as obras literárias e artísticas de cariz tradicional, como os livros, a música, as peças de teatro e os filmes, bem como as obras de cariz utilitário, como os programas de computador, as bases de dados e as topografias dos semicondutores (ou *chips*).
> - É um ramo do direito privado;
> - É uma categoria autónoma do direito civil;
> - Rege os direitos outorgados aos autores («direitos de autor»), bem como os direitos atribuídos aos artistas intérpretes ou executantes, aos produtores de fonogramas ou videogramas e aos organismos de radiodifusão («direitos conexos»), direitos esses que são frequentemente denominados, em geral, como «direito de autor».

1.2. «Propriedade intelectual» e «propriedade industrial»

O «direito de autor» e a «propriedade industrial» integram a chamada «propriedade intelectual», *lato sensu*, a qual tutela, em sede industrial, a produção intelectual atinente à actividade económica e, em sede autoral, a produção intelectual de foro literário e artístico.

A «propriedade industrial» tutela as invenções, as criações estéticas e os sinais utilizados para distinguir produtos, serviços e entidades, abarcando várias modalidades de protecção, como as patentes e os modelos de utilidade, os desenhos ou modelos, e as marcas.[3]

As «patentes» e os «modelos de utilidade», consistem em direitos exclusivos que incidem sobre invenções (ou seja, soluções novas para problemas técnicos específicos), dependendo a sua tutela de diversas formalidades (como o registo) e sendo o respectivo prazo de protecção mais restrito do que o previsto para o direito de autor – em geral, vinte anos contados da data do respectivo pedido, em vez de cinquenta ou setenta anos contados desde a morte do autor.

---

[3] *Vide* A. Campinos e L. C. Gonçalves (coordenadores), *Código da Propriedade Industrial Anotado*, Almedina, 2010, pp. 15-77 e 81-88.

Atente-se que se pode verificar uma sobreposição entre as tutelas autoral e industrial. Por exemplo, os programas de computador originais são tutelados pelo direito de autor, podendo as invenções relacionadas com esses programas ser protegidas através da concessão de uma ou mais patentes.

Os «desenhos» ou «modelos» protegem a aparência total ou parcial de um «produto» (linhas, contornos, cores, textura, etc.), definido como um artigo industrial ou de artesanato. Embora alguns desenhos ou modelos sejam puramente funcionais, outros têm, também, aspectos artísticos, o que pode levar a uma sobreposição entre a protecção autoral e a protecção industrial.

Por último, as «marcas» são sinais que servem para distinguir, no mercado, os produtos ou serviços de uma empresa dos produtos ou serviços de outras empresas. Tais sinais distintivos podem ser formados por elementos verbais e/ou figurativos, por sons e pela forma dos produtos ou das respectivas embalagens. Mais uma vez, há que realçar o facto de que pode emergir uma sobreposição entre a protecção autoral e a protecção industrial, contanto que todos os respectivos requisitos de tutela se encontrem devidamente cumpridos.

Há, ainda, que distinguir o direito de autor dos direitos *sui generis* concedidos aos criadores de topografias de semicondutores e de bases de dados, direitos esses que protegem produtos ligados às novas tecnologias e que são dotados de uma natureza própria.

Impõe-se, por fim, diferenciar o direito de autor da protecção que decorre dos Tratados OMPI de 1996 e de 2012, para certas «medidas tecnológicas» e para as chamadas «informações para a gestão electrónica dos direitos», cuja missão é assegurar o respeito pelo direito de autor com base em tecnologias disponíveis. Dessarte, as «medidas tecnológicas» destinam-se a impedir ou restringir actos ilícitos em relação a obras protegidas, enquanto as «informações para a gestão electrónica dos direitos» identificam a obra e as respectivas condições de utilização lícita.

- O «direito de autor» e a «propriedade industrial» integram a chamada «propriedade intelectual», *lato sensu*.
- A «propriedade industrial» tutela a produção intelectual dirigida à actividade económica, abrangendo várias modalidades de protecção, como as patentes e os modelos de utilidade, os desenhos ou modelos, e as marcas.
- O «direito de autor» protege a produção intelectual de foro literário e artístico.

Capítulo II
A natureza e o conteúdo do direito de autor

Ao longo dos tempos, surgiram múltiplas teorias sobre a natureza do direito de autor,[4] não existindo, «porventura, na ciência jurídica, um outro domínio em que as opiniões se encontrem tão divididas e sejam tão diferentes, se é que não insanavelmente opostas.»[5]

Assinale-se, a título meramente exemplificativo, que foi preconizada a assimilação da natureza intrínseca do direito de autor à de um direito de crédito, no âmbito do direito das obrigações,[6] bem como a sua equiparação a um direito de propriedade.

Esta última teoria, que bastante influenciou o pensamento anglo-saxónico, neste campo, encontra a sua origem nos famosos postulados de John Locke, contidos no *Second Treatise of Civil Government*.[7] Sustentava, Locke, que a Terra e tudo o que ela continha, pertencia à humanidade, tratando-se de bem comum, e que o conceito de «propriedade» apenas emergia quando o homem retirava algo da natureza e lhe adicionava o seu trabalho – crucial, para se falar em «propriedade», era a adição do trabalho humano a algo que até aí a todos pertencia.

Houve, também, quem reconduzisse o direito de autor a um direito de propriedade sobre coisas incorpóreas, assim como quem configurasse o

---

[4] Vide A. Sá e Mello, *O Direito Pessoal de Autor no Ordenamento Jurídico Português*, SPA, 1989, pp. 25-39.
[5] L. F. Rebello, *Introdução ao Direito de Autor, Vol. I*, SPA/Publicações D. Quixote, 1994, p. 52.
[6] Vide A. C. Renouard, *Traité des Droits d'Auteur, dans la Littérature, les Sciences et les Beaux-arts*, 1838-1839, disponível em books.google.com.
[7] Vide J. Locke, *Second Treatise of Civil Government*, 1690, disponível em books.google.com.

direito de autor como um direito pessoal, tendo por objecto a obra, obra essa, encarada como parte integrante da personalidade do seu criador.

Assim, Josef Kohler, fundador da teoria dualista, via o direito de autor como um direito de propriedade sobre coisas incorpóreas, o qual subsistia ao lado de um direito individual, sem conteúdo autoral específico.[8]

Já a identificação do direito de autor como um direito de personalidade, encontra a sua raiz em Immanuel Kant e no seu ensaio sobre a ilicitude da impressão não autorizada, daqui advindo a noção de que é o acto pessoal de criação que gera o direito de autor.[9]

Aluda-se, ainda, à defesa da inserção da relação jurídica entre o autor e o explorador da obra num quadro jurídico laboral.[10]

Em termos de conteúdo, o direito de autor inclui faculdades de cariz patrimonial e faculdades de cariz pessoal. Por isso, afirma o artigo 9 do CDADC que o «direito de autor abrange direitos de carácter patrimonial e direitos de natureza pessoal, denominados direitos morais».

Mencionem-se, aqui, entre outras igualmente válidas, as perspectivas de Rebello e de Oliveira Ascensão. O primeiro, define o direito de autor como um «conjunto de poderes, faculdades e prerrogativas, de carácter patrimonial e pessoal que a lei confere ao autor de uma obra literária ou artística, pelo simples facto da sua criação exteriorizada, a fim de livre e exclusivamente utilizar e explorar ou autorizar que terceiros utilizem e explorem essa obra dentro do respeito pela sua paternidade e integridade, e de extrair vantagens económicas dessa utilização e exploração».[11] O segundo, concebe o direito de autor como um «feixe de direitos pessoais e patrimoniais que se revelam independentes e com características de comportamento distintas perante as vicissitudes sofridas pela situação jurídica a que respeita o direito de autor».[12]

Apelando às definições *supra* citadas, poder-se-á avançar que o direito de autor engloba um conjunto de poderes, faculdades e prerrogativas, de natu-

---

[8] Vide J. Kohler, *Das Literarische und Artistische Kunstwerk und sein Autorschutz: Eine juridisch-ästhetische Studie*, Bensheimer, 1892 e *Urheberrecht an Schriftwerken und Verlagsrecht*, Enke, 1907.

[9] Vide I. Kant, *Von der Unrechtmässigkeit des Büchernachdruckes*, 1785, U.F.I.T.A., 1987, p. 106.

[10] Vide A. Santos, *Ensaio Sobre o Direito de Autor*, Tese de Mestrado, Coimbra, 1954, p. 53.

[11] L. F. Rebello, *Introdução ao Direito de Autor*, Vol. I, SPA/Publicações D. Quixote, 1994, p. 57.

[12] J. Oliveira Ascensão, *Direito Autoral*, Rio de Janeiro, 1980, p. 331; A. Sá e Mello, *O Direito Pessoal de Autor no Ordenamento Jurídico Português*, SPA, 1989, p. 38.

reza moral e patrimonial, que se revelam autónomos em face das alterações a que a situação jurídica autoral possa ser submetida.

Verifica-se, por exemplo, uma violação de interesses de foro moral quando a obra é alvo de actos que a desvirtuam e de interesses de natureza patrimonial quando a obra é utilizada, indevidamente, com vista à obtenção de proventos económicos.

Mais importante, ainda, o direito de autor consiste num direito do homem.[13]

Diz o artigo 27 (2) da Declaração Universal dos Direitos do Homem que «[t]odos têm direito à protecção dos interesses morais e materiais ligados a qualquer produção científica, literária ou artística da sua autoria», princípio esse que é reiterado pelo artigo 15 do Pacto Internacional sobre os Direitos Económicos Sociais e Culturais e, em Portugal, pelo artigo 42 da Constituição.

Subsumindo-se, assim, o direito de autor no princípio constitucional da liberdade de criação intelectual artística e científica, garante-se, ao nível da Lei das leis, a criação do espírito.

Na União Europeia, enquanto o artigo II 77 da defunta Constituição Europeia seguia a mesma linha de orientação, os artigos 13 e 17 (2) da Carta dos Direitos Fundamentais da União Europeia decretam que «[a]s artes e a investigação científica são livres» e que é «protegida a propriedade intelectual».

A Carta dos Direitos Fundamentais da União Europeia prevê a protecção da propriedade intelectual no capítulo dedicado às liberdades, mais exactamente, no âmbito do imperativo da protecção da propriedade.

Arrisca-se, o legislador da União, a que tal inserção possa levar à conclusão de que se pretende classificar o direito de autor como um direito de propriedade.

---

[13] *Vide* R. L. Ostergard, «Intellectual Property: A Universal Human Right?» *Human Rights Quarterly,* 21, 1999, p. 156; H. J. Steiner e P. Alston, *International Human Rights in Context – Law, Politics, Morals,* 2ª ed., Oxford University Press, 2000; P. B. Hugenholtz, «Copyright and freedom of expression in Europe» in *Expanding the Boundaries of Intellectual Property,* Oxford University Press, 2001; R. Clayton, *The Law of Human Rights,* Oxford University Press, 2003; J. Griffiths e U. Suthersanen (coordenadores) *Copyright and Free Speech: Comparative and International Analyses,* Oxford University Press, 2005; P. Akester, «The political dimension of the digital challenge: *copyright* and free speech restrictions in the digital age», *Intellectual Property Quarterly,* 1, 2006, p. 16.

Ora, se o direito de autor for integrado no Artigo 17 (2) da Declaração Universal dos Direitos do Homem,[14] isto é, no âmbito do direito à propriedade, porventura deixarão de fazer sentido as excepções e limitações autorais, as quais poderão ser entendidas como uma privação arbitrária dessa propriedade.

> O direito de autor:
> - Engloba um conjunto de poderes, faculdades e prerrogativas, de natureza moral e patrimonial, que se revelam autónomos em face das alterações que a situação jurídica de direito de autor possa sofrer; e
> - É um direito do homem.

---

[14] Artigo 17 (2) da Declaração Universal dos Direitos do Homem: «1. Toda a pessoa, individual ou colectivamente, tem direito à propriedade. 2. Ninguém pode ser arbitrariamente privado da sua propriedade.»

Capítulo III
A *raison d'être* do direito de autor

Pergunta-se por que se deve proteger a criação intelectual, pergunta esta que carece de resposta óbvia uma vez constatado que os argumentos que justificam a tutela da propriedade física não podem ser extrapolados para o campo do direito de autor.

A tutela relativa a bens tangíveis tem como premissa os conceitos económicos de «escassez», que descreve uma disparidade entre a quantidade demandada de certo produto ou serviço e o montante disponível no mercado, e de «rivalidade», que se refere à situação em que o consumo de um bem por uma pessoa impede o consumo do mesmo bem por outra pessoa.[15]

Contudo, as criações do espírito não constituem um recurso escasso ou rival, podendo ser replicadas e partilhadas sem que os titulares de direitos sobre as mesmas se vejam impossibilitados de usufruir delas.

Com efeito, no âmbito dos bens tangíveis, se *A* adquirir uma bicicleta e a oferecer a *B*, *A* fica sem a posse dessa bicicleta, e se *C* e *D*, arrependendo-se das respectivas decisões no que toca às bicicletas por si adquiridas, decidirem trocá-las entre si, cada um continuará a ter, na sua posse, uma bicicleta.

Passando, agora, ao campo dos bens intangíveis, se *A* compuser uma obra musical e a disponibilizar a *B*, tanto *A* como *B* têm acesso a essa obra, e se *C* e *D* compuserem, cada qual, uma obra musical e as disponibilizarem um ao outro, ficam com acesso não a uma mas a duas obras musicais.

---

[15] *Vide* L. Robbins, *An Essay on the Nature and Significance of Economic Science*, Macmillan, 2ª ed., 1935, p. 16; W. Landes e R. Posner, «An Economic Analysis of *Copyright* Law», *Journal of Legal Studies*, 18, 1989, p. 325.

Como justificar, então, a concessão de protecção e a consequente imposição de um monopólio, no que toca às criações do espírito, tendo em conta a ausência de escassez e de rivalidade que as caracteriza?

Vários argumentos têm sido apresentados para justificar a protecção dessa criações, argumentos esses que, em geral, tendem a assentar em juízos de justiça natural, na necessidade de incentivar o processo criativo ou na existência de um contrato entre o autor e a sociedade.[16]

Em sede de justiça natural, fala-se na reprovação do furto, equacionando-se o furto de uma obra do espírito ao de um bem tangível, referindo-se, ainda, a recompensa pelo esforço criativo ou a protecção de um direito fundamental, de um direito do homem.

Há, também, quem reconduza o direito de autor a um mecanismo de incentivo ao processo criativo. Afirma-se, então, que o processo criativo beneficia a sociedade e que o investimento requerido para a concretização desse processo requer um incentivo, o qual se consubstancia na atribuição de protecção autoral.

Ao invés, há quem preconize que a tutela autoral decorre de um contrato entre o autor e a sociedade, recompensando a sociedade o autor pelo seu esforço criativo, devido ao benefício que para aquela advém da criação intelectual sob a forma de acesso a bens culturais.

De tal modo a noção de benefício sociocultural emergente da criação intelectual é importante que, perante um caso de coincidência na criação de obras, o Supremo Tribunal de Justiça depreendeu existir uma só obra, apesar da ocorrência de dois actos de criação, visto que o segundo nada havia acrescentado ao que já existia em termos culturais: «no caso de coincidência na criação de obras artísticas, considera-se haver uma só obra, pois esta é tomada objectivamente, com independência do seu autor; embora tenha havido dois

---

[16] Vide J. Hughes, «The Philosophy of Intellectual Property», *Georgetown Law Review*, 77, 1988, p. 287; E. Hettinger, «Justifying Intellectual Property Rights», *Philosophy and Public Affairs*, 18, 1989, p. 31; T. G. Palmer, «Are Patents and *Copyright* Morally Justified?», *Harvard Journal of Law and Public Policy*, 13, 1990, p. 817; L. Becker, «Deserving to Own Intellectual Property», *Chicago Kent Law Review*, 68, 1993, p. 609; A. Moore, *Intellectual Property: Moral, Legal and International Dilemmas*, Rowman e Littlefield, 1997; P. Drahos, «Intellectual Property and Human Rights», *Intellectual Property Quarterly*, 3, 1999, p. 349; A. Moore, *Intellectual Property and Information Control: Philosophical Foundations and Contemporary Issues*, Transaction Publishers, 2001.

actos de criação, o segundo não acrescentou nenhuma obra ao mundo da cultura, porque aquela obra já existia.»[17]

Nas palavras do Supremo, a «obra literária, artística ou científica é um benefício para a humanidade, representando um importante factor de desenvolvimento sociocultural, assim se compreendendo que o decurso do tempo a faz reverter para o domínio público (...) Ao permitir aos autores viverem das receitas obtidas da exploração das suas obras pelo público, este sistema de remuneração dá-lhes a possibilidade de continuarem a criar. Se as suas obras obtiverem o favor do público, poderão consagrar-se inteiramente ao desenvolvimento das suas faculdades criadoras. Na ausência de protecção, não disporiam do estímulo necessário para efectuar um trabalho de que toda a sociedade beneficia».[18]

> A consagração do direito de autor pode ser justificada com base:
> - Em princípios da justiça natural;
> - Como incentivo ao processo criativo; ou
> - Como um contrato entre o autor e a sociedade.

---

[17] Acórdão do Supremo Tribunal de Justiça, Processo Nº 07A2208, 01/10/2008.
[18] Acórdão do Supremo Tribunal de Justiça, Processo Nº 08A1920, 07/01/2008.

Capítulo IV
Droit d'auteur e *copyright*

4.1. Introdução
Historicamente, por volta de 1886, haviam surgido dois sistemas distintos de protecção autoral: o sistema de *droit d'auteur* e o de *copyright*. O sistema de *copyright* desenvolveu-se a partir da lei britânica de 1710, tendo-se disseminado pelas respectivas colónias, enquanto o sistema de *droit d'auteur* encontrou, a sua génese, nas leis francesas de 1791 e 1793.

Actualmente, o sistema de *droit d'auteur* pertence aos ordenamentos jurídicos de direito civil, em vigor na Europa Continental, em alguns países africanos, na América Central e na América do Sul, e o sistema de *copyright* é característico da *common law*, em vigor no Reino Unido, nos Estados Unidos da América e nos países da *Commonwealth*.

O sistema de *copyright* tem por objectivo fundamental a concessão, ao autor, de prerrogativas de foro patrimonial para que este possa proceder à exploração económica da obra. Por norma, cada um dos direitos assim atribuídos pode ser transmitido, no todo ou em parte, a terceiros.

O sistema de *droit d'auteur* tem por base um conceito fulcral desenvolvido pela jurisprudência francesa ao longo do século XIX, segundo o qual devem ser outorgados, ao autor, dois tipos de direitos: uns de foro patrimonial e outros de foro moral. Consequentemente, a doutrina francesa vê o direito de autor como um direito dualista, integrando uma faceta patrimonial e uma faceta moral. Já a doutrina alemã, embora reconhecendo o pendor duplo, patrimonial e moral, do direito de autor, optou por uma concepção monista do direito de autor.

Frise-se que, na Europa Continental, independentemente da existência de pequenas diferenças doutrinárias, a protecção autoral assenta no laço quase místico entre autor e obra, obra essa que, como criação do espírito, não é assimilada a um mero artigo de comércio.

Dadas as divergências históricas e filosóficas presentes, o sistema de *droit d'auteur* dá primazia à defesa do autor, ao passo que o sistema de *copyright* acentua a protecção da obra.[19]

Outras diferenças existem entre os mesmos sistemas, nomeadamente, quanto às questões da originalidade, da fixação, da autoria e da titularidade, dos direitos morais, da transmissão e dos direitos conexos. Estas questões serão apreciadas, em seguida, no contexto dos ordenamentos jurídicos francês, alemão, português, britânico e norte-americano.[20]

4.2. A originalidade

Tanto o sistema de *droit d'auteur* como o de *copyright* exigem que a obra seja original para que possa ser alvo de protecção jurídica. Todavia, o significado deste postulado varia de país para país, sendo o grau de criatividade requerido para satisfazer o critério de originalidade mais elevado no sistema de *droit d'auteur* do que no sistema de *copyright*.

---

[19] Dito isto, W. R. Cornish salienta serem os sistemas de *copyright* do Reino Unido e dos Estados Unidos pontuados por algumas divergências, não obstante as suas raízes comuns. Com efeito, o facto de o Reino Unido ter sido um dos membros fundadores da Convenção de Berna, em 1886, e da Convenção de Roma, em 1961, levou à aceitação de determinadas características do sistema de *droit d'auteur*, tais como a ausência de formalidades e a protecção dos direitos morais. Os Estados Unidos, ao invés, apenas aderiram à Convenção de Berna em 1989. Segundo o mesmo autor, assiste-se, também, no seio do sistema de *droit d'auteur*, a idênticas diferenças doutrinais, nomeadamente, no que toca às temáticas da originalidade e da atribuição da titularidade da obra (W. R. Cornish, «The Notions of Work, Originality and Neighbouring Rights from the View Point of Common Law Traditions», in «WIPO Symposium on the Future of *Copyright* and Neighbouring Rights», Paris, 1994).

[20] *Vide* A. Strowel, *Droit d'auteur et copyright: divergences et convergences,* Bruylant, 1993; S. P. Ladas, *The International Protection of Literary and Artistic Property,* Macmillan, 1938; P. E. Geller (coordenador), *International Copyright Law and Practice,* Matthew Bender, 1988-; S. M. Stewart, *International Copyright and Neighbouring Rights,* 2ª ed., Butterworths, 1989; W. Nordemann, K. Vinck, P. W. Hertin e G. Meyer, *International Copyright and Neighbouring Rights Law,* VCH, 1990; F. Makeen, *Copyright in a Global Information Society: the Scope of Copyright Protection under International, United States, United Kingdom and French law,* Kluwer, 2000; J. A. L. Sterling, *World Copyright Law,* 3ª ed., Thomson, 2008.

Em França, a noção de «originalidade» surgiu como reflexo da personalidade do autor e com independência de quaisquer considerações estéticas. Esta visão clássica e tradicional do conceito foi posta em causa pela protecção concedida às compilações de teor utilitário e aos programas de computador.[21] Na verdade, no que toca às obras de foro utilitário, os tribunais franceses acabaram por substituir a noção de «reflexo da personalidade do autor» pela de «contributo intelectual» (*apport intellectuel*), mantendo a necessidade do elo fundamental entre criador e obra para protecção da mesma, mas não a exigência de que a personalidade do autor seja perceptível na respectiva obra.[22]

Na Alemanha, a obra será alvo de protecção se consistir numa criação intelectual e pessoal, não se traduzindo numa mera cópia de outras obras, e se contiver determinado nível de individualidade e criatividade. Contudo, o facto de a lei alemã não impor um critério de criatividade muito elevado permite a protecção do chamado *kleinmunze*, não se limitando, portanto, a esfera de protecção autoral a obras de elevado mérito literário ou artístico.[23]

Em Portugal, o postulado da originalidade da obra exige a ausência de cópia dessa expressão, bem como a individualidade da mesma.[24]

No sistema de *copyright* a obra será original se for fruto do investimento, em termos de perícia e trabalho, do seu autor (*skill and labour*).

No Reino Unido, a originalidade da obra advém da perícia, trabalho e raciocínio imprimidos, pelo respectivo autor, na sua execução (*skill, labour*

---

[21] *Vide* B. Nimmer e P. E. Geller, *International Copyright Law and Practice*, Matthew Bender, loose-leaf, 1988-, pp. 20-21.
[22] *Vide Babolat Maillot Witt (Sté) v. Pachot*, Revue International du Droit d'Auteur, 129, 1986, 130 e A. Lucas e H. J. Lucas, *Traité de la propriété littéraire et artistique*, 3ª ed., LexisNexis/Litec, 2006, parágrafo 91.
[23] Artigo 2 (2) da Lei alemã de 1965.
[24] Artigos 2-3 e 196 (1) do CDADC de 1985. *Vide* Parte II – O Direito de Autor em Portugal, Capítulo III – Os requisitos de protecção, 3.2 – A originalidade.

and judgement),[25] pelo que um acto de cópia de uma obra preexistente não preenche este requisito.[26]

Nos Estados Unidos, os tribunais declararam, inicialmente, que o requisito da originalidade era cumprido se a obra fosse fruto da perícia, trabalho e tempo do seu autor *(skill, effort and time)*,[27] tendo o Supremo Tribunal norte-americano revelado, mais tarde, que a classificação da obra como «original» exigia, ainda, a presença de um nível mínimo de criatividade.[28]

4.3. A fixação

No sistema de *droit d'auteur,* a tutela da obra é despoletada, em regra, com a sua criação, independentemente de qualquer acto de fixação – não sendo, porém, despicienda de interesse a sua importância probatória em sede de violação de direitos.

Este princípio vigora em Portugal, na França e na Alemanha, sem prejuízo, contudo, da exigência de fixação em certos casos. Com efeito, observa-se esse

---

[25] Na sequência de tal linha de pensamento, as seguintes obras, entre outras, mereceram protecção dos tribunais britânicos: compilações de informação, tais como listagens de ruas (*Kelly v. Morris* (1866) *Law Reports I Equity* 697), horários (*Blacklock v. Pearson* (1915) 2 *Chancery Law Reports* 376), exames universitários (*University of London Press v. University Tutorial Press* (1916) 2 *Chancery Law Reports* 601), catálogos (*Purefoy v. Sykes Boxall* (1955) 72 *Reports of Patent Cases* 89, Court of Appeal), informação relativa a corridas de cavalos (*Partway Press v. Hague* (1957) *Reports of Patent Cases* 426), informação relativa a futebol (*Football League v. Littlewoods* (1959) *Chancery Law Reports* 637; *Ladbroke v. Wm. Hill* (1964) 1 *Weekly Law Reports* 273, House of Lords) e programação televisiva (*Independent Television Publications v. Time Out* (1984) *Fleet Street Reports* 64). Saliente-se ter tal protecção sido negada a certas alegadas criações, tais como frases (*Kirk v. Fleming* (1928-1935) *Mac. C.C.* 44), diários (*Cramp v. Smythson* (1944) *Law Reports Appeal Cases* 329) e meras palavras (*Exxon Corporation v. Exxon Insurance Consultants International Ltd* (1982) *Chancery Law Reports* 119; (1981) 3 *All England Law Reports* 241; (1982) *Reports of Patent Cases* 81, Court of Appeal).

[26] Vide *Interlego AG v. Tyco Industries* (1989) 1 *Law Reports, Appeal Cases* 217; (1988) 3 *All England Law Reports* 949; (1988) *Reports of Patent Cases* 343, Patents Court.

[27] Este teste, denominado, *sweat of the brow test*, foi aplicado em processos judiciais de compilação, tais como *Schroeder v. William Morrow e Co., Federal Reporter* (USA) 2d, 566, 3 (7th Circuit, 1977) e *Rand McNally e Co. v. Fleet Management Systems, Inc., Federal Supplement,* 600, 933 (Northern District of Illinois, 1984).

[28] No processo *Feist Publications, Inc. v. Rural Telephone Service Co., United States Supreme Court Reports* 499, 1991, 340, foi negada protecção a uma lista telefónica, em virtude da ausência de um patamar mínimo de criatividade.

requisito, na lei portuguesa, em relação às obras coreográficas e pantomimas e, na lei francesa, no que toca às obras coreográficas, de circo e de mímica.[29]

Já no sistema de *copyright* se exige, em regra, a fixação da obra como condição da respectiva protecção.[30]

Segundo a lei britânica, a obra tem de ser fixada por escrito, ou por qualquer outro modo,[31] não tendo o processo de fixação de ser levado a cabo pelo criador ou com a sua autorização, para que o mesmo seja reconhecido como autor da obra.[32]

Nos Estados Unidos, o cumprimento do requisito de fixação é tido como um dos principais critérios de concessão de protecção, sendo irrelevante a modalidade de fixação.[33]

4.4. A autoria e a titularidade

No sistema de *droit d'auteur*, por norma, a autoria da obra e a titularidade de direitos sobre a mesma são atribuídas, *ab initio*, a pessoas singulares e não a pessoas colectivas. Em regra, o criador intelectual é o autor e o titular de direitos, ainda que a obra seja criada sob a égide de uma relação laboral.

---

[29] Artigo 2 (1) (d) do CDADC de 1985 e artigo L 112-2 (4) do Código francês de 1992. *Vide* Parte II – O Direito de Autor em Portugal, Capítulo III – Os requisitos de protecção, 3.3 – A fixação.

[30] Tradicionalmente, no sistema de *copyright* o cumprimento de determinadas formalidades (tais como a inserção do símbolo © na obra) é condição sine qua non de protecção, enquanto no sistema de *droit d'auteur* tal protecção é independente do cumprimento de quaisquer trâmites formais. Este último princípio foi consagrado na Convenção de Berna através da Revisão de Berlim, de 1908, decorrendo, pois, do artigo 5 (2), dessa Convenção que «o gozo e o exercício destes direitos não estão subordinados a quaisquer formalidades.» A necessidade de cumprimento de formalidades foi abolida, no Reino Unido, em 1911 e, nos Estados Unidos, em 1989, aquando da adesão de tais nações à Convenção de Berna. *Vide* Y. Gendreau, «Intention and *Copyright* Law» in *The Internet and Author's right*, Sweet e Maxwell, 1999, pp. 1-22.

[31] No processo judicial *Merchandising Corp. of America v. Harphond (1983) Fleet Street Reports* 32, *Court of Appeal*, decidiu um tribunal britânico que, mera maquilhagem não satisfazia o critério de fixação, tendo sido estabelecido, no processo *Komesaroff v. Mickle* (1988) *Reports of Patent Cases* 204, que, um mecanismo de criação de imagens de areia não se encontrava dotado de permanência, não cumprindo, pois, o mesmo requisito.

[32] Secções 3 e 178 da Lei do Reino Unido de 1988.

[33] Secção 102 da Lei norte-americana de 1976.

Na Alemanha, a autoria da obra, definida como criação pessoal, do foro intelectual, cabe ao seu criador.[34] Assim sendo, a autoria da obra e a titularidade de direitos sobre a mesma podem, à partida, ser atribuídos a uma pessoa singular mas não a uma pessoa colectiva. Apesar disso, o conteúdo patrimonial desses direitos pode ser transmitido, por meio de convenção contratual, a uma pessoa colectiva.

Em França, presume a lei que a autoria da obra e a titularidade de direitos sobre a mesma pertencem àquele cujo nome é indicado como tal na obra, mesmo que se trate de uma pessoa colectiva. Esta regra estende-se, no caso de uma obra colectiva, ao responsável pela respectiva publicação e sob cujo nome e direcção a mesma é divulgada.[35]

Em Portugal, salvo disposição em contrário, o criador intelectual da obra é o seu autor, presumindo-se autor aquele cujo nome é na mesma indicado, como tal.[36] Tratando-se de obra feita por encomenda ou feita por conta de outrem, pode convencionar-se a transmissão dos direitos de carácter patrimonial para a entidade por conta de quem a obra é feita, mas na ausência dessa estipulação contratual a titularidade do direito de autor é atribuída ao criador.[37]

No sistema de *copyright*, a titularidade da obra pode ser atribuída, *ab initio*, a pessoas singulares ou colectivas, sendo que, na falta de acordo em contrário, a titularidade da obra realizada ao abrigo de um contrato de trabalho pertence à entidade patronal.

No Reino Unido e nos Estados Unidos, o criador da obra é o seu autor, cabendo-lhe a titularidade dos direitos daí emergentes.[38] Sem embargo, no Reino Unido tal princípio é afastado quanto a obras criadas por conta de

---

[34] Artigos 2 (2) e 7 da Lei alemã de 1965.
[35] Artigo L. 113-1, L.113-2 e L.113-5 do Código francês de 1992.
[36] Artigo 27 do CDADC de 1985.
[37] Artigo 11 do CDADC de 1985. *Vide* Parte II – O Direito de Autor em Portugal, Capítulo I – O autor.
[38] Secções 9 (1) e 11 (1) da Lei do Reino Unido de 1988 e secção 201 (a) da Lei norte-americana de 1976. Acresce, que, de acordo com a secção 9 (3) da Lei do Reino Unido de 1988, a obra gerada por um processo de computação, é da autoria do responsável pela organização do processo informático necessário à criação da mesma. *Vide Express Newspapers plc v. Liverpool Daily Post & Echo plc.* (1985) *Fleet Street Reports* 306, processo judicial no qual um programador foi considerado como autor de uma obra literária que consistia numa sequência de digitos gerados por um computador a serem utilizados num concurso lançado por um jornal. Para uma análise histórica da autoria e titularidade no

outrem,[39] doutrina essa que se aplica, nos Estados Unidos, no que toca às obras feitas por encomenda (*works made for hire*).[40]

4.5. Os direitos morais

Aqui se detecta outra grande diferença entre os dois sistemas. Os direitos morais, para além de inexistentes na génese do sistema de *copyright*, não se enquadram na filosofia utilitária que o norteia. Não obstante o exposto, a adesão dos países do sistema de *copyright* à Convenção de Berna desencadeou um reconhecimento paulatino dos direitos morais. Em contrapartida, no sistema de *droit d'auteur*, a primazia naturalmente concedida à protecção do laço existente entre a obra e o seu criador conduz, pelo menos teoricamente, ao triunfo dos direitos morais sobre considerações de teor económico.[41]

Em França, o direito moral [pessoal, perpétuo, inalienável, imprescritível e intransmissível] abrange a reivindicação da paternidade da obra e a garantia da integridade da mesma, a que acresce o direito de a divulgar e de determi-

---

Reino Unido, *vide* M. Rose, *Authors and Owners: The Invention of Copyright*, Harvard University Press, 1993.

[39] Secção 11 (2) da Lei do Reino Unido de 1988. Ao determinarem se a obra foi criada no contexto de uma relação de trabalho, os tribunais britânicos dão especial atenção ao escopo das funções desempenhadas pelo trabalhador e à natureza da ocupação profissional em causa. Assim, no processo judicial *Byrne v. Statist Co.* (1914) 1 *Law Reports Kings Bench* 622, na sequência de uma tradução feita por um trabalhador por conta da respectiva entidade patronal, fora do horário de trabalho, mediante remuneração extraordinária, decidiu o Tribunal que essa tradução não havia sido executada ao abrigo do contrato de trabalho uma vez que o trabalhador em causa não havia sido contratado para efectuar traduções, pelo que a titularidade de direitos cabia a este último. Seguindo a mesma linha de orientação, no processo *Stephenson Jordan & Harrison Ltd v. MacDonald & Evans* (1952) *Reports of Patent Cases* 10, o *copyright* subsistente num livro, tendo por base aulas dadas por determinado trabalhador foi atribuído ao mesmo, tendo o Tribunal destacado que este não havia sido contratado para leccionar.

[40] Secção 201 (b) da Lei norte-americana de 1976.

[41] *Vide* H. Desbois, «The moral right», *Revue International du Droit d'Auteur*, 19, 1958, p. 121; H. Desbois, *Le droit d'auteur en France*, Dalloz, 1978, pp. 469-602; G. Dworkin, «Moral rights in English law – the shape of things to come», *European Intellectual Property Review*, 11, 1986, p. 329; G. Dworkin, «Moral rights and the common law countries» *Australian Intellectual Property Journal*, 1994, p. 5.

nar o método e as condições da sua divulgação, bem como o direito de a retirar de circulação.[42] As obras audiovisuais estão sujeitas a regras específicas.[43]

Na Alemanha, os direitos morais compreendem o direito de editar e de reivindicar a paternidade da obra, assim como o direito de garantir a integridade da mesma. Nos casos de autoria plural, os co-autores exercem, conjuntamente, o direito de editar a obra, não podendo, em regra, impedir os restantes autores de a disseminar ou modificar.[44]

Em Portugal, os direitos morais são independentes dos direitos de carácter patrimonial, subsistindo após a alienação, oneração ou extinção destes. Os direitos morais incluem a reivindicação da paternidade da obra e a tutela da genuinidade e integridade desta, direitos estes, à paternidade e à integridade da obra, que são inalienáveis, irrenunciáveis e imprescritíveis. O autor tem ainda o direito de retirar a obra de circulação, «contanto que tenha razões morais atendíveis», bem como de a modificar.[45]

No Reino Unido, os direitos morais apenas encontraram consagração expressa na lei em 1988, neles se incluindo a reivindicação da paternidade da obra e a protecção da integridade desta. A lei britânica reconhece, ainda, o direito de não se ser falsamente indicado como autor ou realizador, assim como o direito à privacidade de quem encomenda a execução de uma obra fotográfica ou de um videograma, para fins privados. Os direitos morais e patrimoniais surgem em simultâneo e encontram-se, em princípio, sujeitos ao mesmo prazo de caducidade. Ao contrário dos direitos patrimoniais, os direitos morais são inalienáveis, podendo, apenas, ser transmitidos *mortis causa*. Ainda assim, o autor pode autorizar a execução de actos que infringem os seus direitos morais, podendo, ainda, renunciar a tais direitos, em relação a determinada obra ou às suas obras, em geral, incluindo obras futuras. Mais, o direito de reivindicar a paternidade da obra depende do reconhecimento formal (*assertion*) desse direito pelo autor, ou seja, é necessária uma declaração produzida pelo autor, na qual este afirma que é titular dos direitos em causa e se dispõe a exercê-los – acto jurídico este que se denomina *assertion*. Sublinhe-

---

[42] Artigo L. 121-1, L. 121-2 e L. 121-4 do Código francês de 1992.
[43] Requer a lei, o acordo unânime do realizador (ou dos co-autores) e do produtor de uma obra audiovisual, para que esta possa ser dada como terminada. Se, porém, um dos autores se recusar ou estiver impossibilitado de terminar o seu contributo, não poderá o mesmo impedir os restantes autores de utilizar os frutos do seu esforço criador (artigo L. 121-5 e L. 121-6 do Código francês de 1992).
[44] Artigos 8 (2), 12-14 da Lei alemã de 1965.
[45] Artigos 9 (3), 56, 58, 59 e 62 do CDADC de 1985.

-se, em suma, que a presença de numerosas excepções aos direitos à paternidade e à integridade da obra diminui o seu efeito prático.[46]

Os Estados Unidos, tendo aderido à Convenção de Berna em 1989, apenas se dignaram reconhecer os direitos morais, de forma parcial, em 1990, através do *Visual Artists Rights Act 1990*. Foram, então, atribuídos aos criadores de obras visuais e somente a estes, os direitos à paternidade à integridade da obra e o direito de não se ser falsamente indicado como autor.[47]

4.6. A transmissão
No sistema de *droit d'auteur*, a titularidade dos frutos do esforço intelectual cabe ao criador e, em consequência desta premissa, o direito de autor deve permanecer na sua esfera jurídica.[48]

Em França, a transmissão de direitos de carácter patrimonial dever ser acompanhada da nomeação, expressa e individual, dos direitos a serem transmitidos, tendo, ainda de ser precisados o escopo, o fim e a duração dessa transmissão. Além disso, é proibida, sob pena de nulidade, a transmissão total de obras futuras, sendo o direito moral inalienável.[49]

Na Alemanha, a lei impede a transmissão *inter vivos*, no todo ou em parte, de direitos morais ou patrimoniais sobre a obra, permitindo, somente, a transmissão *mortis causa* desses direitos. O autor pode, porém, assentir na utilização da obra, a nível mundial, até à caducidade do respectivo prazo de protecção, à semelhança do que sucede no contexto da transmissão total. É vedada, ainda, a autorização de utilização da obra para fins desconhecidos, sendo consentida, todavia, a concessão dessa autorização em relação a obra futura. Mais, o autor pode proceder, em certos casos, à renúncia dos seus direitos morais a favor de terceiros.[50]

---

[46] Secções 77-89, 94-95 da Lei do Reino Unido de 1988.
[47] Secção 106 da Lei norte-americana de 1976.
[48] V. Porter (in *Music and Copyright*, Edinburgh University Press, 1993, p. 27) conclui que, na Europa Continental, os direitos de autor são vistos como «direitos do homem, quase dotados de um carácter místico.»
[49] Artigos L. 121-1, L. 131-1 e L. 131-3 do Código francês de 1992. *Vide*, no respeitante a limitações à transmissão de direitos, H. Desbois, *Le droit d'auteur en France*, Dalloz, 1978, pp. 634-660.
[50] Artigos 29, 31 (3)-(4), 39 e 40 (1) da Lei alemã de 1965. *Vide* A. Rahmatian, «Non--assignability of authors rights in Austria and Germany and its relation to the concept of creativity in civil law jurisdictions generally: a comparison with UK *copyright* law» *Entertainment Law Review*, 11(5), 2000, p. 95.

Em Portugal, o titular dos direitos patrimoniais pode transmitir ou onerar a obra, no todo ou em parte, sendo a transmissão de obras futuras limitada a um prazo de dez anos. Acresce serem os direitos morais inalienáveis e irrenunciáveis.[51]

Mais uma vez, a *ratio* subjacente ao sistema de *copyright* dá lugar a uma visão diferente no que toca a estas questões. Logo, no sistema de *copyright* não subsistem restrições no atinente à transmissão de direitos de carácter patrimonial, aplicando-se, sim, o princípio da liberdade contratual.[52]

No Reino Unido, os direitos patrimoniais são transmissíveis *inter vivos* ou *mortis causa*, como bem pessoal e móvel,[53] podendo verificar-se a transmissão de direitos futuros. Quanto aos direitos morais, pode proceder-se à sua renúncia, mas não à sua alienação.[54]

Nos Estados Unidos, a titularidade dos direitos patrimoniais pode ser transmitida total ou parcialmente, podendo, à semelhança do que sucede no Reino Unido, proceder-se à renúncia mas não à alienação dos direitos morais.[55]

4.7. Os direitos conexos

No sistema de *droit d'auteur* estabelece-se um regime jurídico para os direitos de autor, os quais incidem sobre obras «originais», prevendo-se um outro regime para os direitos conexos, direitos esses que assistem a várias entidades, tais como os artistas intérpretes ou executantes, os produtores de fonogramas

---

[51] Artigos 40 (b), 42, 48 (1) e 56 (2) do CDADC de 1985. *Vide* Parte II – O Direito de Autor em Portugal, Capítulo VIII – A transmissão e a oneração do direito de autor.

[52] J. Black defende que a introdução do princípio da liberdade contratual no seio do direito de autor, o poder de negociação que assiste aos editores vis-à-vis os autores e a impossibilidade de determinar o valor económico da obra antes da sua exploração comercial levam, frequentemente, à execução de contratos que favorecem editores em detrimento dos criadores (J. Black, «The Regulation of *Copyright* Contracts – A Comparative View», *European Intellectual Property Review*, Dezembro de 1980, p. 386).

[53] A transmissão de direitos patrimoniais tem de ser executada por escrito e assinada pelo respectivo titular de direitos, ou por procurador deste (secção 90 (3) da Lei do Reino Unido de 1988). Dito isto, tanto a transmissão oral como a transmissão que careça de assinatura podem surtir efeitos jurídicos, de acordo com princípios de equidade. No processo jurídico *Western Front Ltd v. Vestron Inc.*, *European Intellectual Property Review*, 1988, p. D-89, um contrato oral de transmissão de direitos patrimoniais foi considerado válido, na sequência de tais princípios.

[54] Secções 87, 90 (1), 91 e 94 da Lei do Reino Unido de 1988.

[55] Secções 106A e 201 (d) da Lei norte-americana de 1976.

e os organismos de radiodifusão. Saliente-se que os interesses dos autores têm primazia sobre os interesses dos titulares de direitos conexos.[56]

Nesta senda, a lei francesa tutela, no Livro II do Código Francês de 1992, certos direitos conexos dos artistas intérpretes ou executantes, dos produtores de fonogramas, dos produtores de videogramas e dos organismos de radiodifusão. Tal protecção é menos extensa do que a concedida aos autores e com ela não pode entrar em contravenção.[57]

Na Alemanha, a Parte II da Lei de 1965 atribui direitos conexos aos artistas intérpretes ou executantes, aos produtores de fonogramas, aos organismos de radiodifusão e aos produtores de obras cinematográficas. Sublinhe-se que o nível de protecção outorgado a essas entidades é menor do que o concedido aos autores (por exemplo, no respeitante ao prazo de protecção).

Também a lei portuguesa tutela, no seu Título III, os direitos conexos, abrangendo os artistas intérpretes ou executantes, os produtores de fonogramas ou videogramas e os organismos de radiodifusão. Em harmonia com a lei francesa, ressalva a lei portuguesa que «a tutela dos direitos conexos em nada afecta a protecção dos autores sobre a obra utilizada».[58]

No Reino Unido, não se prevêem regimes jurídicos distintos para os direitos de autor, por um lado, e para os direitos conexos, por outro. São considerados como «obras», sujeitos ao regime geral, os fonogramas, as obras cinematográficas, as emissões radiodifundidas e a disposição tipográfica de publicações (*typographical arrangement of published editions*). Os preceitos atinentes aos artistas intérpretes ou executantes encontram-se consagrados na Parte II da Lei de 1988.[59]

Nos Estados Unidos, são protegidos como «obras» e sujeitos, tal como no Reino Unido, a um regime único, as obras literárias, musicais e dramáticas, as pantomimas, as obras coreográficas, pictóricas, gráficas e cinematográficas (bem como outras obras audiovisuais), os fonogramas e as obras arquitectóni-

---

[56] Segundo J. L. Tournier (in *Music and Copyright*, Edinburgh University Press, 1993, p. 27), ao contrário do que sucede com os titulares de direitos conexos, os autores apenas podem recorrer à tutela da lei para protecção dos seus interesses legítimos, não dispondo de meios físicos para impedir a utilização ilícita das suas obras.

[57] Artigo L. 211-1 do Código francês de 1992.

[58] Artigos 176 e 177 do CDADC de 1985. *Vide* Parte II – O Direito de Autor em Portugal, Capítulo X – Os direitos conexos.

[59] Secção 1 (1) da Lei do Reino Unido de 1988. Assim, o *copyright* protege de forma semelhante os autores, os entrepreneurs e os investidores.

cas. A lei americana concede, aos artistas intérpretes ou executantes, direitos civis, prevendo, ainda, sanções criminais para a tutela dos direitos em causa.[60]

> O sistema de *droit d'auteur* dá primazia à defesa do autor ao passo que o sistema de *copyright* acentua a protecção da obra.
> Outras diferenças existem entre os mesmos sistemas, nomeadamente, quanto às questões da originalidade, da fixação, da autoria e da titularidade, dos direitos morais, da transmissão e dos direitos conexos.

---

[60] Secções 102, 1009 e 2319 da Lei norte-americana de 1976.

Capítulo V
Evolução histórica do direito de autor

5.1. Evolução histórica do direito de autor
Foi a invenção da imprensa, ocorrida durante a primeira metade do século XV, que permitiu a reprodução e a disseminação de obras literárias e artísticas com uma celeridade até aí desconhecida.

Poucos anos depois, os Estados europeus decidiram controlar a impressão e a distribuição de material impresso, que lhes podia ser avesso, reservando-se, nomeadamente, o direito de conceder autorização a quem lhes aprouvesse para a impressão e venda de certas obras ou de certas classes de obras – ou seja, outorgando os chamados «privilégios» ou monopólios de impressão e de edição.[61]

Os primeiros privilégios foram emitidos pelo Estado de Veneza, no século XV, tendo o primeiro sido outorgado a um impressor de nome Johannes de Speyer, por Decreto de 18 de Setembro de 1469, conferindo-lhe o direito exclusivo de exercer a arte da impressão.

O segundo destes privilégios foi cedido a um autor, Marc Antony Sabellico, por Decreto de 1 Setembro de 1486, obsequiando-o com o direito exclusivo de imprimir determinada obra de sua autoria. O Decreto de 1486 traduziu-se, pois, no primeiro registo da concessão formal de um «direito de autor» a um autor.

Ponto de viragem na história do direito de autor, foi a emergência da noção de que ao autor cabiam direitos exclusivos no tocante à respectiva criação literária e artística. Tendo sido defendido, ao longo do século XVII, em países

---

[61] *Vide* H. F. Brown, *The Venetian Printing Press*, J. C. Nimmon, 1891; G. H. Putnam, *Books and their Makers during the Middle Ages*, 2ª ed, G.H. Putnam's Sons, 1896.

como a Inglaterra, a França e a Alemanha, esse ideal apenas singrou, no princípio do século dezoito, no Reino Unido, através do Estatuto da Rainha Ana.[62]

Na génese desta lei estiveram as convulsões políticas do final do século XVII, as quais causaram o desmantelamento do sistema de fiscalização da impressão e da distribuição de obras, tendo permitido, *inter alia*, a importação de livros oriundos da Irlanda, da Escócia e da Holanda – os quais eram vendidos abaixo dos preços praticados para os livros imprimidos em Inglaterra.

Em pânico, os impressores e editores ingleses peticionaram o Parlamento, requerendo a emanação de legislação que tutelasse os seus interesses. Surgiu, neste contexto, o Estatuto da Rainha Ana, que para algum desconsolo desses peticionantes, atribuiu o direito exclusivo de imprimir livros ao autor e não ao impressor ou ao editor. É claro que estes podiam adquirir esse direito contratualmente, mas o autor era, por lei, o seu titular inicial.

O Estatuto da Rainha Ana concedia aos autores um direito exclusivo de impressão, com a duração de vinte e um anos para livros publicados e de catorze anos para livros inéditos – prazo esse contado a partir da respectiva publicação e prorrogável por iguais períodos de tempo, desde que o autor estivesse vivo à data da expiração do prazo inicial. A protecção assim concedida aos livros foi, com o tempo, estendida às gravuras, às esculturas, aos quadros, aos desenhos e às fotografias. Saliente-se que tal protecção se encontrava condicionada ao registo da obra.

A segunda lei dedicada à protecção dos interesses autorais foi a Ordenação Dinamarquesa, de 7 Janeiro de 1741, que impedia a impressão de livros publicados sem a autorização do respectivo autor ou editor.

Cronologicamente, seguiu-se a emanação, nos Estados Unidos, da Lei de 1790, a primeira lei federal dedicada ao direito de autor.[63] Na senda da lei

---

[62] *Vide* M. C. Dock, *Etude sur le droit d'auteur*, Librarie Générale de Droit et de Jurisprudence, 1963; M. Vogel, «Deutsche Urheber- und Verlagsrechtsgeschichte zwischen 1450 und 1850», *Archiv für Geschichte des Buchwesens*, XIX, 1978, p. 2; M. Rose, *Authors and Owners: the Invention of Copyright*, Harvard U.P, 1993; B. Sherman e A. Strowel *Of Authors and Origins*, Clarendon, 1994; J. Feather, *Publishing, Piracy and Politics: An Historical Study of Copyright in Britain*, Mansell, 1994; R. Deazley, *On the Origin of the Right to Copy: Charting the Movement of Copyright Law in the Eighteenth Century*, Hart Publishing, 2004; R. Deazley, *Rethinking Copyright: History, Theory, Language*, Edward Elgar, 2006.

[63] A Lei de 1790 assenta num princípio contido na Constituição dos Estados Unidos, de 1787, cujo Artigo 1 (8) declara: «the Congress shall have power (...) to promote the progress of science and useful arts, by securing for limited times to authors and inventors

inglesa, a Lei de 1790 concedia ao autor (e aos seus legítimos sucessores), o direito exclusivo de imprimir as respectivas obras, direito esse com a duração de catorze anos (prazo esse prorrogável), sendo a protecção condicionada ao registo da obra. Ao contrário da lei inglesa, a Lei de 1790 restringia o seu escopo de aplicação aos cidadãos e residentes dos Estados Unidos e respectivos sucessores, não protegendo, pois, obras estrangeiras.[64]

Só em 1891 foi aprovada uma lei que permitia a tutela das obras estrangeiras, nos Estados Unidos, com base num princípio de reciprocidade. Ainda assim, perdurou uma política restritiva até 1955, ano em que os Estados Unidos aderiram à Convenção Universal do Direito de Autor.[65]

Em França, a Revolução de 1789 abriu caminho para reformas neste campo. Verificou-se, a 4 de Agosto de 1789, a abolição dos privilégios, tendo sido instituída, a 26 de Agosto de 1789, a Declaração dos Direitos do Homem e do Cidadão. Seguiram-se duas leis que estabeleceram as fundações do direito de autor em França: o Decreto de 13/19 de Janeiro de 1791 e o Decreto de 19/24 de Julho de 1793.[66]

O Decreto de 1791 concedia, aos autores dramáticos, o direito à representação das suas obras em teatros públicos, sob pena da apreensão das receitas do espectáculo em seu proveito.[67]

Outro passo foi dado com o Decreto de 1793, o qual protegia todas as obras, outorgando ao autor o direito de vender, promover a venda e distribuir as suas obras, bem como de ceder a respectiva propriedade, no todo ou em parte, estabelecendo um prazo de protecção de dez anos além da morte

---

the exclusive right to their respective Writings and Discoveries.» *Vide* W. Bugbee, *Genesis of American Patent and Copyright Law*, Washington D.C. Public Affairs Press, 1967.

[64] De acordo com a secção 5 da Lei de 1790: «nothing in this Act shall be construed to extend to prohibit the importation or vending, reprinting or publishing within the United States, of any book etc. Written, printed or published by foreigners in places outside the United States.»

[65] *Vide* S. P. Ladas, *The International Protection of Literary and Artistic Property*, Macmillan, 1938, pp. 328 e 387.

[66] *Vide* M. C. Dock, *Etude sur le droit d'auteur*, Librarie Générale de Droit et de Jurisprudence, 1963.

[67] Via Le Chapelier, o famoso relator do primeiro Decreto, o direito de autor como: «[l] a plus sacrée, la plus légitime, la plus inattaquable et, si je puis parler ainsi, la plus personnelle de toutes les propriétés, est l'ouvrage, fruit de la pensée d'un écrivain.» *Vide Le Chapelier*, Relatório sobre a Lei de 13/19 de Janeiro de 1791.

– prazo esse que foi elevado para vinte anos em 1810 e para cinquenta anos em 1886.[68]

Durante o século XIX, outros Estados europeus adoptaram legislação que conferia direitos específicos aos autores no que toca à impressão e à execução pública das suas obras. Isto, a nível nacional. A nível internacional optou--se, então, pela execução de acordos bilaterais, com base no princípio de que cada Estado Contratante concedia aos cidadãos do outro Estado Contratante o mesmo nível de protecção que era atribuído aos seus cidadãos.[69]

Em meados do século XIX, entendeu-se ser essencial estabelecer um regime internacional para a protecção dos autores e das suas obras. Fulcral foi, então, o papel da *Association Littéraire et Artistique Internationale* (ALAI), fundada em Paris em 1878, a qual, presidida por Victor Hugo, promoveu conferências e estudos que levaram à elaboração de um projecto de convenção e, eventualmente, à adopção, em 1886, da Convenção de Berna para a Protecção das Obras Literárias e Artísticas.[70]

Nessa Convenção assentam dois rudimentos autorais: por um lado, o princípio do tratamento nacional, segundo o qual cada país da União de Berna concede, aos cidadãos de outros países da União, o mesmo tratamento que faculta aos seus cidadãos e, por outro, a consagração de patamares mínimos de protecção, alcançada através da outorga, por cada país da União de Berna, de um núcleo mínimo de direitos aos autores abrangidos pela Convenção de Berna.

Por consequência, em regra, um autor que seja nacional de um país da União de Berna beneficia, em qualquer outro país dessa União, do tratamento

---

[68] Lakanal, o relator do segundo Decreto, descreveu a obra como «production de l'esprit ou du génie», tendo ainda afirmado que: «[d]e toutes les propriétés, la moins susceptible de contestation, celle dont l'accroissement ne peut ni blesser l'égalité républicaine, ni donner ombrage à la liberté, c'est sans contredit celle des productions du génie, et si quelque chose doit étonner, c'est qu'il ait fallu reconnaître cette propriété, assurer son libre exercice, par une loi positive (...)». *Vide* Lakanal, Relatório sobre a Lei de 19/24 de Julho de 1793.

[69] S. Ricketson e J. C. Ginsburg, *International Copyright and Neighbouring Rights: The Berne Convention and Beyond*, 2ª ed., Oxford University Press, 2006, parágrafos 1.29 et seq.

[70] *Vide* J. Cavalli, *La genèse de la Convention de Berne pour la protection des oeuvres littéraires et artistiques du 9 septembre 1886*, Imprimeries Réunies, 1986; S. Ricketson e J. C. Ginsburg, *International Copyright and Neighbouring Rights: The Berne Convention and Beyond*, 2ª ed., Oxford University Press, 2006, parágrafos 2.10-2.50.

que tal país concede aos seus nacionais, bem como dos direitos mínimos garantidos pela Convenção de Berna.

No final do século XIX, a evolução do direito de autor foi influenciada pela invenção, em 1877, por Thomas Edison, do fonógrafo (um sistema de gravação e reprodução e o primeiro aparato capaz de reproduzir sons, previamente gravados, em cilindros de papel, metal ou cera) e pela exibição, em 1895, pelos irmãos Lumiére, do cinematógrafo (uma máquina de filmar e de projectar cinema, inventada por Léon Bouly em 1892).

Tais tecnologias possibilitaram, respectivamente, a gravação de obras literárias e musicais sob a forma de registos fonográficos, e a gravação de obras literárias, dramáticas, musicais e artísticas sob a forma de registos cinematográficos, tendo-se assistido ao florescimento das indústrias fonográfica e cinematográfica.[71]

Inevitavelmente, colocou-se a questão de saber se a licitude destas novas utilizações das obras se encontrava dependente de autorização dos respectivos autores, tendo o direito internacional reconhecido, com relativa rapidez, que ao autor cabia o direito exclusivo de autorizar a inserção da obra em registos fonográficos ou cinematográficos.[72]

Mais tarde, perguntou-se se os registos fonográficos e cinematográficos deviam ser tutelados *per se*, interrogação esta a que o direito internacional também deu resposta afirmativa em 1928, no que toca aos registos cinematográficos e em 1961, no respeitante aos registos fonográficos.[73]

Nos anos vinte, o advento da radiodifusão sem fios ocasionou uma nova forma de exploração das obras, tendo o direito internacional reconhecido, com alguma celeridade, que o autor tinha o direito de controlar a radiodifusão das suas obras.[74]

Com o crescimento das indústrias fonográfica, cinematográfica e de radiodifusão, começou a ser reivindicada protecção para os produtores e para as produções ligados a essas indústrias, bem como para as prestações dos artistas intérpretes ou executantes.

---

[71] *Vide* J. A. L. Sterling, *Intellectual Property Rights in Sound Recordings, Film and Video*, Sweet e Maxwell, 1992, suplemento de 1994, parágrafos 2.02-2.06.
[72] Artigos 13-14 da Convenção de Berna, no texto resultante da Revisão de Berlim, de 1908.
[73] *Vide* Artigo 14 da Convenção de Berna, no texto resultante da Revisão de Berlim, de 1908, e artigos 10 e 12 da Convenção de Roma, de 1961.
[74] *Vide* Artigo 11 bis da Convenção de Berna, no texto resultante da Revisão de Roma, de 1928.

Ora, sob a perspectiva do sistema de *droit d'auteur*, tais reivindicações careciam de mérito. Não se via como justificar a atribuição de direitos de autor a entidades colectivas, como os organismos de radiodifusão, quando o direito de autor protegia, supostamente, o criador, a obra e o vínculo místico existente entre ambos. Quanto aos artistas intérpretes ou executantes, não sendo nem autores nem disseminadores de obras, subsistiam num limbo conceptual.

Coube à Lei Austríaca, de 1936, a resolução deste dilema, ao destrinçar entre os direitos de autor pertencentes aos autores de obras literárias e artísticas e os direitos conexos granjeados aos artistas intérpretes ou executantes, aos produtores de fonogramas e aos organismos de radiodifusão.

Resolvida a questão dos direitos conexos, seguiu-se, cronologicamente, a emergência da Convenção Universal sobre Direito de Autor, elaborada sob a égide da UNESCO, a qual permitiu que países como os Estados Unidos e a União Soviética, cujas legislações autorais não cumpriam os ditames de protecção exigidos pela Convenção de Berna, não podendo, pois, aderir à mesma, aderissem a um instrumento internacional de direito de autor.[75]

Entrementes, concluiu-se que se impunha tutelar, no quadro jurídico internacional, os interesses dos produtores de fonogramas, dos artistas intérpretes ou executantes e dos organismos de radiodifusão, objectivo esse que foi alcançado, em 1961, sob a forma da Convenção de Roma.

Pouco depois, em 1967, em Estocolmo, aquando da revisão da Convenção de Berna, os países em desenvolvimento revelaram a sua insatisfação em relação a um sistema de protecção que, na sua visão, obstaculizava o acesso à cultura, à informação e ao conhecimento. Requerida a unanimidade dos países contratantes para a revisão da Convenção de Berna, o voto favorável dos países em desenvolvimento foi assegurado por meio da introdução de um apêndice nessa Convenção, incorporando certos privilégios em benefício dos países em desenvolvimento, no respeitante aos direitos de tradução e de reprodução das obras.

Em 1971, nasceu a Convenção de Fonogramas, em Genebra. Resultou a mesma de reivindicações da indústria fonográfica, no sentido de uma protecção mais eficaz no combate à reprodução e venda ilícitas de fonogramas. Alegou-se que a Convenção de Roma havia sido ratificada por um número insignificante de países, sendo necessário um novo instrumento dedicado,

---

[75] Curiosamente, em 1992, a China aderiu à Convenção de Berna e não à Convenção Universal sobre Direito de Autor.

exclusivamente, à «pirataria» de fonogramas, formulado sem ornatos nem enfeites, de modo a facilitar a adesão generalizada e célere ao mesmo.

Desde então, foram adoptados quatro instrumentos internacionais:

- Em 1994, o Acordo TRIPS, sob a égide da Organização Mundial do Comércio, o qual estabeleceu parâmetros internacionais de protecção dos direitos relativos à propriedade intelectual, em geral;
- Em 1996, dois Tratados, sob a égide da Organização Mundial da Propriedade Intelectual, o Tratado OMPI sobre Direito de Autor e o Tratado OMPI sobre Interpretações ou Execuções e Fonogramas, os quais incluem preceitos talhados à resolução de alguns dos desafios colocados pela tecnologia digital; e,
- Em 2012, também ao abrigo da Organização Mundial da Propriedade Intelectual, foi aprovado o Tratado OMPI sobre Interpretações e Execuções Audiovisuais, o qual tutela os interesses dos artistas intérpretes ou executantes no campo do audiovisual.[76]

Também a nível regional se verificaram desenvolvimentos de grande importância. Com efeito, o programa de harmonização autoral levado a cabo pela União Europeia acarretou a criação de oito directivas comunitária em sede de direito de autor, a saber:

- A Directiva do Conselho, de 23 de Abril de 2009, relativa à protecção jurídica dos programas de computador (Dir. 2009/24/CE, versão codificada);
- A Directiva do Parlamento Europeu e do Conselho, de 12 de Dezembro de 2006, relativa ao direito de aluguer, ao direito de comodato e a certos direitos conexos ao direito de autor (Dir. 2006/115/CE, versão codificada);
- A Directiva do Parlamento Europeu e do Conselho, de 27 de Setembro de 1993, relativa à coordenação de determinadas disposições em matéria de direito de autor e direitos conexos aplicáveis à radiodifusão por satélite e à retransmissão por cabo (Dir. 93/83/CEE);
- A Directiva do Parlamento Europeu e do Conselho, de 27 de Setembro de 2011, relativa à harmonização do prazo de protecção dos direitos de autor e de certos direitos conexos (Dir. 2006/116/CE, versão codificada, alterada pela Dir. 2011/77/CE);

---

[76] *Vide* Parte V – O Direito de Autor nos Tratados Internacionais.

- A Directiva do Parlamento Europeu e do Conselho, de 11 de Março de 1996, relativa à protecção jurídica das bases de dados (Dir. 96/9/CE);
- A Directiva do Parlamento Europeu e do Conselho, de 22 de Maio de 2001, relativa à harmonização de certos aspectos do direito de autor e dos direitos conexos na sociedade da informação (Dir. 2001/29/CE);
- A Directiva do Parlamento Europeu e do Conselho, de 27 de Setembro de 2001, relativa ao direito de sequência em benefício do autor de uma obra de arte original que seja objecto de alienações sucessivas (Dir. 2001/84/CE); e
- A Directiva do Parlamento Europeu e do Conselho, de 25 de Outubro de 2012, relativa a determinadas utilizações permitidas de obras órfãs (Dir. 2012/28/EU).[77]

Igualmente no plano regional, o Acordo de Livre Comércio Norte-Americano, de 1992, assinado entre o Canadá, o México e os Estados Unidos, introduziu, entre esses países, um padrão mínimo de protecção autoral.

Outrossim, a Decisão 351 do Acordo de Cartagena, assinado, em 1993, entre a Bolívia, a Colômbia, o Equador, o Peru e a Venezuela, estabeleceu um regime autoral comunitário.

No plano tecnológico, há que realçar a emergência da revolução digital, a qual, iniciada em finais do século XX, trouxe consigo perigos para o direito de autor. Como se sabe, a informação contida em formato digital é intangível, podendo ser copiada sem detrimento da qualidade das cópias daí decorrentes. As obras em formato digital podem ser reproduzidas instantaneamente e, ao contrário do que sucede no âmbito da cópia efectuada através de meios técnicos tradicionais, essa reprodução é realizada com exactidão e sem esforço. As técnicas de compressão digital permitem que as cópias de som e/ou imagem sejam substancialmente reduzidas em relação à sua dimensão original, restringindo o espaço e o tempo necessários para proceder à sua armazenagem e transferência. O crescimento da capacidade da Internet, em virtude do surgimento da chamada *banda larga*, facilita a disseminação de cópias a grande velocidade e com baixo custo monetário. Para além de possibilitar a obtenção ilícita de obras que se encontram armazenadas pela Internet, a tecnologia digital permite, ainda, a transformação não autorizada dessas obras noutras obras. Em suma, a tecnologia digital facilitou, de forma exponencial,

---

[77] *Vide* Parte IV – O Direito de Autor na União Europeia.

a reprodução, a manipulação e a disseminação de obras, sem a autorização dos respectivos autores, ameaçando assim os seus direitos morais e patrimoniais.[78]

Surgiu ainda nos últimos tempos um outro desafio para o direito de autor, sob a forma de objectivos, discursos e soluções que não assentam, primordialmente, nos direitos e interesses dos titulares de direitos, mas em reivindicações de ordem pública. Nesta sequência, há quem assevere que a informação contida na Internet deve ser «livre» (ainda que estejam em causa obras protegidas pelo direito de autor) ou mesmo que o direito de autor deve ser abolido no que toca, pelo menos, ao ciberespaço. No extremo oposto, há quem favoreça um modelo autoral intransigente, que não toma em consideração as reivindicações dos países em desenvolvimento.[79]

Esperemos que, ante essas perspectivas extremas, sejam alcançadas soluções ponderadas e prudentes, que tenham em conta tanto os interesses dos autores como os do público em geral.[80]

5.2. Evolução histórica do direito de autor em Portugal

Em Portugal, a evolução do direito de autor acompanhou, de perto, a história constitucional portuguesa.[81]

Na sequência da revolução liberal de 24 de Agosto de 1820, foi extinto o regime dos privilégios, nascendo a primeira constituição portuguesa, a Constituição de 1822. O texto de tal constituição, elaborado pelos representantes da nação, visava pôr fim ao absolutismo e inaugurar, em Portugal, uma monarquia constitucional.

A Constituição de 1822 fazia referência à liberdade de expressão, nos seus artigos 7 e 8, que mencionavam a «liberdade de comunicação dos pensamentos» e a «liberdade de imprensa».

Por sua vez, a Carta de Lei de 4 de Julho de 1821 concedia ao autor ou tradutor de uma obra literária, original ou traduzida, a faculdade vitalícia de imprimir a mesma, por um prazo de dez anos além da morte.[82]

---

[78] Vide P. Akester, *Direito de Autor e os Desafios da Tecnologia Digital*, Principia, 2004
[79] Vide S. Ghosh, «The Merits of Ownership», *Harvard Journal of Law e Technoloy*, 15, 2002, p. 453.
[80] Vide Parte VI – Questões Pendentes e Reflexões Finais.
[81] Vide Visconde de Carnaxide, *Tratado da Propriedade Literária e Artística*, Porto, 1918, pp. 15-30 e L. F. Rebello, «Visita Guiada ao Mundo do Direito de Autor», *Separata da Revista da Ordem dos Advogados*, 1974, pp. 8-12.
[82] Artigo 2 da Carta de Lei de 4 de Julho de 1821.

Em 1826, D. Pedro IV outorgou uma nova constituição, menos radical do que a de 1822, mantendo embora os princípios fundamentais do liberalismo e procurando, dessa forma, sanear os diferendos políticos entre liberais e absolutistas.

A Carta Constitucional de 1826 consagrava, expressamente, a liberdade de criação intelectual e de expressão literária e artística, reconhecendo ainda «a propriedade pelos inventores das suas descobertas ou produções»,[83] não assegurando, contudo, a tutela das obras literárias e artísticas.

A vitória da facção liberal levou à feitura da Constituição Portuguesa de 1838, a qual instituía, no §4 do seu artigo 23, o direito de propriedade dos inventores sobre as suas descobertas e dos escritores sobre as suas obras literárias «pelo tempo e forma que a lei determinar» – lei essa que surgiu apenas em 1851.

Em 1839, Garrett apresentou à Câmara dos Deputados um projecto de lei sobre propriedade literária e artística, projecto esse que foi aprovado em 1841, mas que não chegou a tornar-se lei devido às comoções políticas da época que obstaram a que a lei passasse por todos os trâmites constitucionais.[84]

Em 1851, com o triunfo da Regeneração, o projecto voltou à Câmara onde foi aprovado, tendo sido publicada, a 18 de Julho desse ano, a primeira lei portuguesa sobre direito de autor.

O preâmbulo do Decreto de 1851 declarava «proteger as artes, as ciências e as letras, prestar homenagem à força intelectual e ao poder do espírito que o governo representativo é obrigado a reconhecer e honrar, consagrar os direitos do pensamento, e fortificar ainda mais assim a liberdade de o comunicar (...) considerando que o projecto de lei sobre a propriedade literária apresentado às Cortes pelo deputado João Baptista de Almeida Garrett (...) está fundado nos princípios da justiça e da boa razão, e neles se acham codificadas todas as regras já adoptadas e experimentadas pelas nações mais cultas do mundo civilizado.»

O Decreto de 1851 incluía normas referentes aos direitos dos autores, às obras dramáticas, aos produtos das artes do desenho e às obras musicais, bem como preceitos atinentes ao registo, às sanções penais e ao tratamento nacional a ser concedido aos autores estrangeiros quando a violação dos seus direi-

---

[83] §3 e §24 do artigo 145 da Carta de Lei de 4 de Julho de 1821.
[84] L. F. Rebello, *Garret, Herculano e a Propriedade Literária*, SPA/Publicações D. Quixote, 1999, p. 19.

tos ocorresse em território nacional, estabelecendo além disso um prazo de protecção de trinta anos além da morte.

O referido Decreto manteve-se em vigor até 1867, ano em que a matéria respeitante ao direito de autor foi inserida no Código Civil elaborado pelo Visconde de Seabra. O Código de Seabra dedicava um Capítulo ao «Trabalho Literário e Artístico», estatuindo que «a propriedade literária é considerada e regida como qualquer outra propriedade móvel» e que o direito de publicar ou autorizar a publicação de uma obra durava por um prazo de cinquenta anos além da morte do autor.[85]

Na sequência da Revolução de 1910 emergiu a Constituição de 1911, a primeira constituição republicana, a qual, ao contrário da Constituição de 1838, não consagrava como imperativo constitucional a protecção dos criadores intelectuais.

O Decreto 13.725, de 3 de Junho de 1927, substituiu o Código de Seabra em sede autoral, equiparando a propriedade literária e artística à propriedade mobiliária e decretando a perpetuidade dessa protecção.[86]

À semelhança da Constituição de 1911, a Constituição de 1933, documento fundador do Estado Novo em Portugal, não integrava a protecção dos criadores intelectuais no âmbito da Lei das leis.

Aprovado pelo Decreto-Lei 46980, de 27 de Abril de 1966 e revogando o Decreto 13.725 de 3 de Junho de 1927, o Código do Direito de Autor de 1966 afirmava, no seu artigo 7, «o direito de autor sobre a obra intelectual como coisa incorpórea», ou seja, independente do direito de propriedade sobre o seu suporte material. O Código de 1966 aproximava-se do regime da Convenção de Berna, excepto no respeitante, por exemplo, às traduções, para as quais instituía um regime de licenças compulsórias,[87] tendo restaurado o prazo de protecção de cinquenta anos além da morte.[88]

Seguiu-se, em 1974, a Revolução dos Cravos, da qual decorreu a Constituição da República Portuguesa de 1976, a actual constituição portuguesa. Esta proclama, no artigo 42, a liberdade de criação intelectual, artística e científica, «que compreende o direito à invenção, produção e divulgação da obra científica, literária ou artística, incluindo a protecção legal dos direitos de autor».

---

[85] Artigos 579 e 590 do Código de Seabra.
[86] Artigos 15, 16 e 36 do Decreto 13.725, de 3 de Junho de 1927.
[87] Disposição revogada pelo Decreto-Lei 112/82, de 10 de Abril.
[88] Artigo 37 do Código de 1966.

A adesão de Portugal aos actos de revisão da Convenção de Berna e da Convenção Universal, efectuados em Paris em Julho de 1971, obrigou a alterações, algumas de foro substancial, na regulamentação do direito de autor, tendo levado à publicação do Decreto-Lei 63/85, que instituiu um novo Código do Direito de Autor. Tal diploma foi alterado pelas Leis 45/85, de 17 de Setembro, e 114/91, de 3 de Setembro, pelos Decretos-Leis 332/97 e 334/97, ambos de 27 de Novembro, e pelas Leis 50/2004, de 24 de Agosto, 24/2006, de 30 de Junho, e 16/2008, de 1 de Abril, adaptando-se, desta forma, a legislação interna à legislação comunitária emanada em sede de direito de autor.

> Marcos fundamentais na história do direito de autor são:
>
> - A invenção da imprensa, na primeira metade do séc. XV;
> - A instituição do regime de privilégios, nos finais do séc. XV;
> - A ordenação do Estatuto da Rainha Ana de 1710;
> - A abolição de todos os privilégios em França, em 1789, e a outorga dos Decretos de 1791 e de 1793; e
> - A emergência da Convenção de Berna para a Protecção das Obras Literárias e Artísticas, em 1886.
>
> Em Portugal destacam-se:
>
> - A extinção do regime dos privilégios com a Revolução Liberal de 1820; e
> - A adopção da Carta de Lei de 4 de Julho de 1821, do Decreto de 1851, do Código de Seabra de 1867 do Decreto 13.725 de 1927, do Código de 1966 e do Código de 1985.

Parte II
O Direito de Autor em Portugal

Capítulo I – O autor

Capítulo II – As obras protegidas

Capítulo III – Os requisitos de protecção

Capítulo IV – Os direitos morais

Capítulo V – Os direitos patrimoniais

Capítulo VI – As excepções e limitações

Capítulo VII – O prazo de protecção

Capítulo VIII – A transmissão e oneração do direito de autor

Capítulo IX – A gestão colectiva

Capítulo X – Os direitos conexos

Capítulo XI – A violação e defesa do direito de autor

Capítulo XII – A protecção das medidas de carácter tecnológico e das informações para a gestão electrónica dos direitos

Capítulo XIII – O regime das obras de cariz utilitário

Capítulo I
O autor

1.1. O conceito de «autor»
O direito de autor protege as criações do espírito, criações essas que são fruto do esforço e engenho intelectuais do autor e que enriquecem o quadro cultural disponível.

Considerando esse benefício cultural decorrente do labor do autor, dita a lei que o direito de autor é, em regra, atribuído ao criador intelectual. Salvo disposição contratual em contrário, «autor» é o criador intelectual da obra, pertencendo-lhe o direito de autor sobre a obra.[89]

Por conseguinte, num processo em que se disputava a titularidade do direito de autor relativo a um videograma, com fins culturais e promocionais, encomendado por certa Câmara Municipal a uma firma especializada no ramo, concluiu o Tribunal da Relação de Lisboa que nada se havendo convencionado sobre essa titularidade a obra pertencia ao seu criador intelectual.[90]

A referência que a lei faz ao «autor» também pode abranger o sucessor e o transmissário de direitos.[91] Pode haver uma transmissão de direitos *mortis causa* ou por negócio *inter vivos*, passando a ser titulares de direitos, respectivamente, o sucessor ou o transmissário de direitos.

Dessarte, num processo judicial atinente a um espólio fotográfico centenário sobre a cidade de Viseu, sublinhou o Tribunal da Relação de Coimbra que para que o detentor das fotografias em questão tivesse direito à remu

---

[89] Artigos 11 e 27 (1) do CDADC de 1985. A lei especifica, no âmbito da arquitectura, que «[a]utor de obra de arquitectura, de urbanismo ou de design é o criador da sua concepção global e respectivo projecto» (Artigo 25 do CDADC de 1985).
[90] Acórdão do Tribunal da Relação de Lisboa, Processo Nº 0024383, 03-11-1999.
[91] Artigo 27 (3) do CDADC de 1985.

neração equitativa requerida (de acordo com o artigo 165 (3) do CDADC), teria de demonstrar que era o fotógrafo que originariamente havia captado as imagens em causa (ou seja, o autor originário) ou que as fotografias lhe haviam sido transmitidas *mortis causa* ou por negócio *inter vivos* (isto é, que era seu sucessor ou transmissário).[92]

Em harmonia com o artigo 15 da Convenção de Berna, afirma a nossa lei que se presume autor aquele cujo nome tiver sido indicado como tal na obra, conforme o uso consagrado, ou anunciado em qualquer forma de utilização ou comunicação ao público.[93] Esta presunção é uma presunção *iuris tantum*, e como tal elidível por prova em contrário.

A presunção *auctor est quem opus demonstrat* reveste-se, claro está, de significado prático em sede judicial, uma vez que é tida como verdadeira até que prova em contrário seja apresentada pela outra parte.

Deste modo, num processo em que se disputava a autoria de um videograma encomendado pela Câmara Municipal de Ílhavo, pressupôs, o Tribunal da Relação de Lisboa, que a titularidade do direito de autor relativo a esse videograma se encontrava atribuída à realizadora cujo nome, enquanto tal, figurava na obra, uma vez que nada havia sido convencionado entre o Município e essa realizadora.[94]

1.2. A autoria da obra criada por uma pluralidade de pessoas

Perante uma obra feita por várias pessoas, há que determinar se se trata de uma «obra feita em colaboração» ou de uma «obra colectiva», classificação essa que tem repercussões práticas em termos do exercício e da duração de direitos.

A obra que for criação de uma pluralidade de pessoas denomina-se:[95]

- «Obra feita em colaboração», quando divulgada ou publicada em nome dos colaboradores ou de alguns deles, quer possam discriminar-se, quer não, os contributos individuais, e
- «Obra colectiva», quando organizada por iniciativa de entidade singular ou colectiva e divulgada ou publicada em seu nome.

---

[92] Acórdão do Tribunal da Relação de Coimbra, Processo Nº 312/10.5TBVIS.C1, 10-05-2011.
[93] Artigo 27 (2) do CDADC de 1985.
[94] Acórdão do Tribunal da Relação de Lisboa, Processo Nº 11845/2001-5, 04-11-2003.
[95] Artigo 16 do CDADC de 1985.

Sendo a «obra feita em colaboração», o direito de autor pertence a todos os que nela tiverem colaborado, considerando-se de valor igual as partes indivisas dos autores de tal obra (salvo estipulação escrita em contrário) e podendo qualquer dos autores (sem prejuízo da exploração em comum) exercer individualmente os direitos relativos à sua contribuição pessoal quando esta possa discriminar-se.[96]

O direito de autor sobre essa obra pertence, então, a todos os que nela tiverem colaborado, aplicando-se ao exercício comum desse direito as regras da compropriedade e sendo, pois, lícito a qualquer um dos co-autores servir-se dela. Como tal, «o co-autor da obra que a interpreta, cantando-a ou tocando-a e que não transmitiu o conteúdo patrimonial do respectivo direito de autor, não carece de qualquer autorização para o efeito, pois não vai pedir autorização a si próprio.»[97]

Todavia, se a obra feita em colaboração for divulgada ou publicada apenas em nome de algum ou alguns dos colaboradores, presume-se que os não designados cederam os seus direitos àqueles em nome de quem a divulgação ou publicação é feita.[98] Assiste-se, então, a uma presunção legal de que os colaboradores não nomeados cederam os seus direitos aos colaboradores nomeados.

Passando à «obra colectiva», o direito de autor sobre esta é atribuído à entidade singular ou colectiva que tiver organizado e dirigido a sua criação e em nome de quem tiver sido divulgada ou publicada. Critério fundamental é a coordenação das contribuições de vários autores. Por isso, os jornais e outras publicações periódicas presumem-se obras colectivas, pertencendo às respectivas empresas o direito de autor sobre as mesmas.[99]

Na prática, nem sempre é fácil identificar a autoria da obra feita por uma pluralidade de pessoas.

Por exemplo, num processo respeitante à criação dos projectos de arquitectura de determinadas obras, concebidas entre 1965 e 1972, provou-se que um conhecido arquitecto havia tido uma participação preponderante na concepção global e no processo de criação em causa. Contudo, perante a impossibilidade de discriminar a sua produção pessoal na criação dessas obras de

---

[96] Artigos 17 (1)-(2) e 18 (2) do CDADC de 1985.
[97] Acórdão do Supremo Tribunal de Justiça, Processo Nº 97A941, 05/21/1998.
[98] Artigo 17 (3) do CDADC de 1985.
[99] Artigo 19 do CDADC de 1985.

arquitectura, o Supremo considerou tais obras como obras colectivas, não obstante a participação preponderante do referido arquitecto.[100]

Há que distinguir a «obra feita em colaboração» e a «obra colectiva» da «obra compósita». Nesta última incorpora-se, no todo ou em parte, uma obra preexistente, com autorização mas sem a colaboração do autor desta, pertencendo exclusivamente ao autor da obra compósita o direito de autor sobre a mesma, sem prejuízo do direito de autor da obra preexistente.[101]

Pode verificar-se uma exploração paralela da obra compósita e da obra preexistente pelos respectivos autores. O facto de a obra compósita incorporar uma obra preexistente (com autorização, claro está, do respectivo autor, caso contrário entra-se no campo da ilicitude) não impede o autor da obra preexistente de explorar a sua obra.

Note-se, por fim, que no contexto da obra criada por uma pluralidade de pessoas a lei considera como «co-autores»:[102]

- da obra radiodifundida, os autores do texto, da música e da respectiva realização, bem como da adaptação, se não se tratar de obra inicialmente produzida para a comunicação audiovisual;
- da obra cinematográfica, o realizador, o autor do argumento, dos diálogos, se for pessoa diferente, e o da banda musical (considerando-se também co-autores, quando se trate de adaptação de obra não composta expressamente para o cinema, os autores da adaptação e dos diálogos); e
- da obra fonográfica ou videográfica, os autores do texto ou da música fixada e ainda, no segundo caso, o realizador.

1.3. A autoria da obra feita por encomenda ou por conta de outrem

A «obra feita por encomenda» é criada para terceiro, fora do âmbito de um contrato de trabalho ou do cumprimento de um dever funcional, enquanto a «obra feita por conta de outrem» surge no âmbito desse contrato ou em cumprimento desse dever.[103]

Não havendo disposição especial (como por exemplo a do artigo 174 relativo aos trabalhos jornalísticos ou a do artigo 165 (2) relativo à obra fotográ-

---

[100] Acórdão do Supremo Tribunal de Justiça, Processo Nº 05A2089, 10/11/2005.
[101] Artigo 20 do CDADC de 1985.
[102] Artigos 21-22 e 24 do CDADC de 1985.
[103] Artigo 14 do CDADC de 1985.

fica no âmbito de encomenda ou de contrato de trabalho), cai-se no regime geral.[104]

O regime geral dá prevalência à autonomia privada e ao que tiver sido convencionado, estabelecendo que a titularidade do direito de autor relativo à obra feita por encomenda ou por conta de outrem, quer surja em cumprimento de dever funcional, quer emerja no âmbito de um contrato de trabalho, se determina de harmonia com o que tiver sido convencionado.

Na falta de convenção, presume o artigo 14 (2) do CDADC que a titularidade do direito de autor pertence ao criador intelectual. Isto é, nada se tendo convencionado quanto a essa titularidade, esta pertence ao seu criador intelectual por força dessa presunção – presunção essa *iuris et de iure*, que não admite prova em contrário uma vez constatada a inexistência de convenção quanto à referida titularidade.

Acrescenta o artigo 14 (3) do CDADC, que essa presunção, característica do sistema de *droit d'auteuer*, cessa se o nome do criador da obra não for mencionado nesta ou não figurar no local destinado para o efeito segundo o uso universal, presumindo-se, então, que o direito de autor pertence à entidade por conta de quem a obra é feita.[105]

Ou seja, se o nome do criador não for apresentado como o do autor, presume-se que a titularidade do direito de autor cabe ao destinatário da obra. Não obstante, uma vez que o artigo 30 do CDADC reconhece ao autor o direito irrenunciável de revelar, em qualquer altura, a sua identidade, terá de concluir-se que essa presunção pode ser elidida por prova em contrário.

Ainda que a titularidade do direito de autor pertença àquele para quem a obra é realizada, o seu criador intelectual pode exigir, para além da remuneração ajustada, uma remuneração especial, quando (i) a criação intelectual exceda «claramente» o desempenho, ainda que zeloso, da função ou tarefa que lhe estava confiada e (ii) quando da obra vierem a fazer-se utilizações ou a retirar vantagens não incluídas nem previstas na fixação da remuneração ajustada.[106]

Dissímil da «obra feita por encomenda ou por conta de outrem» é a «obra subsidiada», na qual se verifica o financiamento, total ou parcial, da preparação, conclusão e divulgação da obra. Salvo convenção escrita em contrário,

---

[104] Artigo 14 (1) do CDADC de 1985.
[105] *Vide* Parte I – Introdução, Capítulo IV – *Droit d'auteur* e *copyright*, 4.4 – A autoria e a titularidade.
[106] Artigo 14 (4) do CDADC de 1985.

esse financiamento não leva à aquisição sobre a obra de qualquer direito de autor.[107] Isto é, na falta de convenção, presume-se que a titularidade desse direito pertence ao seu criador intelectual.

No que toca à exigência de forma escrita para a alienação ou renúncia dos direitos patrimoniais, enquanto no caso da obra feita por encomenda ou por conta de outrem a titularidade do direito de autor se determina de acordo com o que tiver sido convencionado, não se exigindo a forma escrita, no caso da obra subsidiada quem subsidie ou financie por qualquer forma, total ou parcialmente, a preparação, conclusão, publicação ou divulgação de uma obra, apenas adquire esses direitos através de convenção escrita.[108]

Distinta da «obra feita por encomenda» é, ainda, a «empreitada».

O regime jurídico da empreitada incide sobre a realização de obras materiais, obrigando-se uma parte a executar determinada obra mediante certo preço. A empreitada circunscreve-se a coisas corpóreas, desde logo porque o direito de fiscalização que lhe é inerente não se compatibiliza com a criação de obras intelectuais, o mesmo sucedendo quanto ao direito de eliminação de defeitos.[109]

Como esclareceu o Supremo, a realização de uma obra intelectual não pode gerar um contrato de empreitada só pelo facto de envolver, como prestação acessória ou secundária, a entrega de um suporte material, uma vez que a obra intelectual é incorpórea e não se confunde com esse suporte. Ao contrato de encomenda aplicam-se as regras do contrato de prestação de serviço e, subsidiariamente, as do mandato.[110]

Nessa senda concluiu o Tribunal da Relação de Coimbra, num processo relativo a um contrato de elaboração de um projecto de arquitectura, que tendo esse contrato como prestação típica um resultado de foro intelectual, essencialmente técnico, embora objectivado num documento, não era um contrato de empreitada mas um contrato inominado de prestação de serviços.[111]

---

[107] Artigo 13 do CDADC de 1985.
[108] *Vide*, neste sentido, Acórdão do Supremo Tribunal de Justiça, Processo Nº 05B1391, 05/31/2005.
[109] *Vide*, neste sentido, Acórdão do Tribunal da Relação de Coimbra, Processo Nº 1220/06.0TBTMR.C1, 16-03-2010.
[110] Acórdão do Supremo Tribunal de Justiça, Processo Nº 06A1434, 07/11/2006.
[111] Acórdão do Tribunal da Relação de Coimbra, Processo Nº 1220/06.0TBTMR.C1, 16-03-2010.

1.4. A distinção entre autoria e colaboração técnica

A lei distingue, ainda, o contributo criativo do autor de outros contributos de foro técnico, afirmando que, sem prejuízo dos direitos conexos de que possam ser titulares, as pessoas que colaboram na qualidade de agentes técnicos, desenhadores, construtores ou outro título semelhante na produção e divulgação das obras não se podem arrogar a qualidade de autoras de tais obras.[112]

Como reconheceu o Supremo num processo atinente a uma obra de desenho, quando «alguém se limita a ser mero executor de desenhos sob a ordem e orientação de outrem (o editor), não os concebendo ou criando como um trabalho original ou criação de espírito, não é considerado seu autor.»[113]

Seguindo a mesma linha de orientação, afirmou o Tribunal da Relação de Lisboa num processo relativo a uma série de programas comemorativos sobre o 25 de Abril, que quem fornece dados históricos, preexistentes (que foram submetidos a tratamento por certo jornalista que tinha a execução dos programas a seu cargo), assim contribuindo para a preparação de um programa radiodifundido, dá uma contribuição para a criação da obra que não atribui, a quem a presta, direito de autor.[114]

Salvo disposição contratual em contrário, autor é o criador intelectual da obra, pertencendo-lhe o direito de autor sobre a mesma.

A referência ao «autor» também pode abranger o sucessor e o transmissário de direitos.

A obra feita por uma pluralidade de pessoas pode ser «obra feita em colaboração», «obra colectiva» ou «obra compósita», havendo ainda que distinguir a «obra feita por encomenda ou por conta de outrem» da «obra subsidiada» e da «empreitada».

---

[112] Artigo 26 do CDADC de 1985.
[113] Acórdão do Supremo Tribunal de Justiça, Processo Nº 069332, 05/07/1981.
[114] Acórdão do Tribunal da Relação de Lisboa, Processo Nº 6229/05.8TVLSB.L1-7, 29-11-2011.

Capítulo II
As obras protegidas

2.1. A obra como criação do espírito
O direito de autor pressupõe a existência de uma «obra», obra essa entendida como «criação do espírito» ou «criação intelectual» do seu autor.

São criações de foro espiritual ou intelectual, abrangidas pelo direito de autor, as obras literárias, dramáticas, musicais e artísticas, bem como outras obras do domínio literário, científico e artístico, resultantes da criação intelectual do autor, independentemente do seu mérito.[115]

Esta noção encontra corroboração a nível internacional, resultando da sistemática geral da Convenção de Berna que a protecção de determinadas produções enquanto obras literárias e artísticas pressupõe que constituam «criações intelectuais».[116]

A Convenção de Berna define, ainda, o termo «obras literárias e artísticas» como compreendendo todas as produções do domínio literário, científico e artístico, tais como: «os livros, folhetos e outros escritos; as conferências, alocuções, sermões e outras obras da mesma natureza; as obras dramáticas ou dramático-musicais; as obras coreográficas e as pantomimas; as composições musicais com ou sem palavras; as obras cinematográficas, às quais são assimiladas as obras expressas por um processo análogo à cinematografia; as obras de desenho, pintura, arquitectura, escultura, gravura e litografia; as obras fotográficas, às quais são assimiladas as obras expressas por um processo análogo ao da fotografia; as obras de artes aplicadas; as ilustrações e as cartas

---

[115] Artigo 2 (1) do CDADC de 1985.
[116] *Vide*, neste sentido, *Infopaq International A/S v. Danske Dagblades Forening*, Acórdão do Tribunal de Justiça, Processo C5/08, 16 de Julho de 2009, 34.

geográficas; os planos, esboços e obras plásticas relativos à geografia, à topografia, à arquitectura ou às ciências.»[117]

Na União Europeia, também o Tribunal de Justiça tem feito depender a possibilidade de tutela de uma produção enquanto «obra», ao abrigo da Directiva sobre a Sociedade da Informação, da qualificação como «criação intelectual do próprio autor».[118]

Passando à lei portuguesa, diz esta que se consideram «obras» «as criações intelectuais do domínio literário, científico e artístico, por qualquer modo exteriorizadas, que como tais são protegidas nos termos do CDADC, incluindo-se nessa protecção os direitos dos respectivos autores.»[119]

Ao contrário do que sucede, por exemplo, no Reino Unido,[120] a nossa lei não estabelece um elenco taxativo de categorias de obras protegidas, optando, ao invés, por uma enumeração exemplificativa, ao afirmar que são «nomeadamente» protegidos:[121]

- Os livros, os folhetos, as revistas, os jornais e outros escritos (incluindo produções mais ou menos corriqueiras, como receitas de culinária);
- As obras dramáticas e dramático-musicais e a sua encenação;
- As conferências, as lições, as alocuções e os sermões;
- As obras coreográficas e pantomimas (cuja expressão seja fixada por escrito ou por qualquer outra forma);[122]

---

[117] Artigo 2 (1)-(2) da Convenção de Berna.
[118] *Vide Bezpečnostní softwarová asociace – Svaz softwarové ochrany v. Ministerstvo kultury*, Acórdão do Tribunal de Justiça, Processo C393/09, 22 de Dezembro de 2010, 45-47 e *Football Association Premier League Ltd, NetMed Hellas SA, Multichoice Hellas SA v. QC Leisure, David Richardson, AV Station plc, Malcolm Chamberlain, Michael Madden, SR Leisure Ltd, Philip George Charles Houghton and Derek Owen e Karen Murphy v. Media Protection Services Ltd*, Acórdão do Tribunal de Justiça, Processos apensos C403/08 e C429/08, 4 de Outubro de 2011, 96-99.
[119] Artigo 1 (1) do CDADC de 1985.
[120] *Vide* secção 1 da Lei do Reino Unido de 1988.
[121] Artigo 2 do CDADC de 1985.
[122] Em 1967, aquando da Revisão da Convenção de Berna, determinou-se que a fixação deste tipo de obras deixava de ser imposta pela Convenção, tendo ficado, todavia, reservado às legislações dos países da União a faculdade de prescreverem que tais obras não seriam protegidas enquanto não fixadas num suporte material. O Código português não requer, em geral, a fixação como requisito de protecção, exigindo-a, no entanto, tal como permitido pela Convenção de Berna, no que toca às obras coreográficas e pantomimas.

- As composições musicais (com ou sem palavras);
- As obras cinematográficas, televisivas, fonográficas, videográficas e radiofónicas;
- As obras de desenho, tapeçaria, pintura, escultura, cerâmica, azulejo, gravura, litografia e arquitectura;
- As obras fotográficas ou produzidas por quaisquer processos análogos aos da fotografia;
- As obras de arte aplicadas, desenhos ou modelos industriais e obras de design que constituam criação artística (independentemente da protecção relativa à propriedade industrial);
- As ilustrações e cartas geográficas;
- Os projectos, os esboços e as obras plásticas respeitantes à arquitectura, ao urbanismo, à geografia ou a outras ciências;
- Os lemas ou divisas, ainda que de carácter publicitário (se forem originais); e
- As paródias e outras composições literárias ou musicais (ainda que inspiradas noutra obra).

Decorre do carácter exemplificativo desta enumeração que qualquer criação do espírito ou criação intelectual (do domínio literário, científico e artístico) pode ser tutelada pelo direito de autor, ainda que não se encontre presente na lista do artigo 2 do CDADC (contanto se encontrem preenchidos os restantes requisitos de protecção).

Mais, a não integração de uma produção numa das categorias expressamente previstas nas diversas alíneas do referido preceito, não faz depender a protecção da equiparação a um exemplo legalmente indicado.

Caso contrário, poder-se-ia privar de tutela uma criação do espírito que não se inserisse, de forma expressa ou equiparada, numa das categorias previstas no artigo 2 do CDADC – com resultados semelhantes aos operados pela lei inglesa, que decreta a inexistência de protecção em relação às produções que não possam ser incluídas numa das categorias previstas na lei, de forma expressa ou equiparada.[123]

---

[123] A secção 1 da Lei do Reino Unido de 1988, afirma, peremptoriamente, apenas proteger determinadas categorias de obras: «(1) *Copyright* is a property right which subsists in accordance with this Part in the following descriptions of work— (a) original literary, dramatic, musical or artistic works, (b) sound recordings, films or broadcasts, and (c) the typographical arrangement of published editions. (2) In this Part *copyright* work means a work of any of those descriptions in which *copyright* subsists.» A não inserção de uma

Ora, se o legislador português pretendesse este resultado teria optado, como fez o legislador inglês,[124] por um elenco taxativo de categorias de obras protegidas e não por uma enumeração exemplificativa.

Não concordamos, pois, com o raciocínio do Tribunal da Relação de Évora, num processo em que se questionava se certo projecto de irrigação era merecedor de protecção autoral. Decidiu aquele Tribunal, após uma breve leitura do artigo 2 do CDADC, que o projecto em causa não integrava nenhuma das criações expressamente previstas nas diversas alíneas do preceito, nem podia ser equiparado a nenhum dos exemplos indicados pela lei. O mais próximo que o Tribunal encontrou na exemplificação legal com o projecto em causa, foi a categoria atinente a «projectos, esboços e obras plásticas respeitantes à arquitectura, ao urbanismo, à geografia ou às outras ciências», na qual o projecto de irrigação não podia ser integrado pelo facto de não ser referente à arquitectura, ao urbanismo nem a quaisquer ciências.[125]

Discordamos, metodologicamente, pelos motivos acima expostos, com o recurso à equiparação na ausência de inserção expressa de uma produção numa categoria preexistente, defendendo, ao invés, o recurso aos conceitos de «obra»[126] e de «originalidade»[127] para investigar a possibilidade de tutela dessa produção, pelo CDADC, como criação intelectual.

Já o Tribunal da Relação de Lisboa, num processo em que se discutia se a maqueta de uma escultura podia ser protegida pelo direito de autor, apurou que essa maqueta, classificada como «coisa comum», não possuía o mesmo

criação do espírito numa destas categorias leva, assim, à ausência de protecção. *Vide, inter alia, Hyperion v. Sawkins* (2005) *England and Wales Court of Appeal (Civil Division) Decisions* 565; *Creation Records Ltd v. Newsgroup Newspapers Ltd* (1997) *Entertainment and Media Law Reports (UK)* 444; *Nova Productions Ltd v. Mazooma Games Ltd & Ors* (2007) *England and Wales Court of Appeal (Civil Division) Decisions* 219.

[124] Secção 1 da Lei do Reino Unido de 1988.
[125] Acórdão do Tribunal da Relação de Évora, Processo Nº 32/06.5TBBJA.E1, 12-05-2010.
[126] Entendida como criação de foro espiritual ou intelectual e abrangendo as obras literárias, dramáticas, musicais e artísticas, bem como outras obras do domínio literário, científico e artístico, resultantes da criação intelectual do autor, independentemente do seu mérito. *Vide supra*.
[127] A obra será considerada original se tiver individualidade, não porque é algo que se vê pela primeira vez, não porque contém, necessariamente, a marca indelével do seu autor, mas porque é criação intelectual do autor, fruto do esforço criador e engenho deste, emergindo num contexto de liberdade criativa, tomando o autor opções num quadro de liberdade e de criatividade. *Vide* Parte II – O Direito de Autor em Portugal, Capítulo III – Os requisitos de protecção, 3.2 – A originalidade.

cunho que a obra de arte acabada, tratando-se de um mero passo no percurso que desemboca, eventualmente, na obra de arte final (tal como os esboços, os desenhos, os trabalhos de digitalização e as fotos que possam ser criados na perspectiva de dar corpo à ideia original).[128]

Ao decretar a incompletude da obra e ao classificá-la como «coisa comum», alcançou o Tribunal, acuradamente, que a produção em causa se encontrava longe do conceito de «obra» como criação do espírito ou do intelecto, ou que carecia de originalidade, não merecendo, pois, tutela autoral.

Repare-se, ainda, que a protecção autoral é extensiva ao título, independentemente de registo, desde que seja original e não possa confundir-se com o título de obra alheia do mesmo género (anteriormente divulgada ou publicada). Isto posto, não são protegidos os títulos que careçam manifestamente de originalidade, tais como os que consistam em designação genérica, necessária ou usual, bem como os títulos exclusivamente constituídos por nomes de personagens históricas, histórico-dramáticas ou literárias e mitológicas ou por nomes de personalidades vivas.[129]

Visto que são requisitos de protecção do título, não apenas a sua originalidade mas ainda o seu carácter diferenciativo, num processo relativo à protecção da palavra «Telejornal», concluiu o Tribunal da Relação de Lisboa que se tratava de designação genérica e usual para designar qualquer obra do género de noticiário transmitido pela televisão, não podendo ser classificado como título original e inconfundível.[130]

Num outro processo, atinente ao título de um concurso destinado a encontrar «o sonho de mulher de todos os portugueses», declarou o Supremo que o título em causa era claramente banal e destituído de qualquer tipo de originalidade. Sustentou o mesmo Tribunal que ainda que esse título não se pudesse etiquetar de banal, se tratava, em todo o caso, «de uma expressão vulgar, comummente usada em contextos que versem sobre questões de beleza e estética feminina, com um significado bem vincado, de uso corrente e insusceptível de constituir objecto de direito exclusivo», não se vislumbrando «qualquer resquício de originalidade no uso da expressão em causa, de modo a erigi-lo a um título merecedor da protecção».[131]

---

[128] Acórdão do Tribunal da Relação de Lisboa, Processo Nº 323/07.8TVLSB.L1-2, 30-06-2011.
[129] Artigo 4 do CDADC de 1985.
[130] Acórdão do Tribunal da Relação de Lisboa, Processo Nº 0004161, 13-07-1995.
[131] Acórdão do Supremo Tribunal de Justiça, Processo Nº 3501/05.0TBOER.L1.S1, 04/29/2010.

Tais considerações são apenas aplicáveis aos títulos (cuja protecção a lei faz depender quer da sua originalidade, quer do seu carácter diferenciativo em relação a outros títulos) e não às obras em geral. Em relação a estas últimas, não se pode reconduzir o conceito de «originalidade» a um misto de ausência de banalidade e de novidade. Se é verdade que a criação do espírito é, por natureza, algo não banal, já não se pode dizer que comporte sempre novidade. O milésimo poema sobre um tema comum não deixará de ser tutelado pela falta de novidade do tema, desde que possa ser assimilado, conceptualmente, a uma criação intelectual. Aliás, o direito de autor não impõe a «novidade» da obra como requisito de tutela, ao contrário do que sucede, no reino das patentes, em relação às invenções.

Disposição específica é prevista para o título de jornal ou de qualquer outra publicação, o qual é protegido enquanto a respectiva publicação se efectuar com regularidade, desde que devidamente registado.[132]

Saliente-se, por fim, que não constituem objecto de protecção:[133]

- As notícias do dia e os relatos de acontecimentos diversos com carácter de simples informações, independentemente do modo de divulgação (embora a sua utilização livre por terceiro deva limitar-se ao exigido pelo fim a atingir com a sua divulgação);
- Os requerimentos, alegações, queixas e outros textos apresentados por escrito ou oralmente perante autoridades ou serviços públicos (textos esses que não podem, todavia, ser divulgados se forem por natureza confidenciais ou quando da sua divulgação possa resultar prejuízo para a honra do autor ou de terceiro, salvo decisão judicial em contrário resultante da existência de interesse legítimo superior);
- Os textos propostos e os discursos proferidos perante assembleias ou outros órgãos colegiais, políticos e administrativos, de âmbito nacional, regional ou local ou em debates públicos sobre assuntos de interesse comum (mas a sua reprodução integral só pode ser feita pelo autor ou com o seu consentimento);
- Os discursos políticos (cuja reprodução integral só pode ser feita pelo autor ou com o seu consentimento); e

---

[132] Artigo 5 do CDADC de 1985.
[133] *Vide* artigos 7-8 do CDADC de 1985 e artigos 2 (4) e (8) e 2 bis (1) da Convenção de Berna. Ao contrário do que sucede em Portugal, no Reino Unido, por exemplo, o Estado detém direito de autor sobre textos oficiais, pelo que, em regra, a sua utilização requer autorização do mesmo (secção 163 da Lei do Reino Unido de 1988).

- Os textos oficiais, de carácter legislativo, administrativo ou judicial, bem como as suas traduções oficiais.

2.2. A obra como criação exteriorizada

É cânone básico do direito de autor que as ideias não são, por si só e enquanto tais, protegidas. Sob o ponto de vista autoral, as ideias uma vez concebidas são património comum da humanidade, não sendo objecto de protecção.

Este princípio fundamental encontra-se vertido no artigo 1 (2) do CDADC, segundo o qual as ideias, os processos, os sistemas, os métodos operacionais, os conceitos, os princípios ou as descobertas não são, por si só e enquanto tais, protegidos. Não se permite, pois, em homenagem ao princípio da liberdade das ideias, que o autor monopolize, por exemplo, temas literários, conceitos de foro artístico, descobertas científicas, factos históricos ou ideias políticas.[134]

Consequentemente, a ideia de escrever um livro sobre dois jovens que se apaixonam e cujas famílias nutrem um rancor visceral uma pela outra não será, por si só, protegida pelo direito de autor, mas a expressão detalhada e original dessa ideia poderá ser alvo de protecção.

O direito de autor protege a obra, entendida como criação intelectual por qualquer modo exteriorizada, não tutelando a ideia subjacente à obra, contida apenas no espírito humano, mas a forma como ela se apresenta.

A forma é a essência da obra e a obra existe desde que perceptível aos sentidos. Equacionava Descartes o pensamento à existência, mas no mundo autoral essa equação não é aplicável. A obra, enquanto criação do espírito, apenas é protegida quando exteriorizada, o que não equivale à sua divulgação, publicação, utilização ou exploração, mas à susceptibilidade de percepção.[135]

Se a criação intelectual não for exteriorizada, isto é, expressa por certa forma, não existirá obra protegida. A protecção autoral surge quando a ideia se converte em obra, quando é exteriorizada sob qualquer forma apreensível pelos sentidos. Por exemplo, a obra literária pode ser exteriorizada através de palavras, a obra musical por meio de sons e a obra artística sob a forma de uma escultura.[136]

Como observou o Supremo, num processo relativo a determinada proposta de concepção urbanística e arquitectónica, a solução incluída em tal

---

[134] Este princípio surge, também, no artigo 1 (2) da Directiva Sobre os Programas de Computador, no artigo 9 (2) do Acordo TRIPS e no artigo 2 do Tratado da OMPI sobre Direito de Autor.
[135] Artigo 1 (3) do CDADC de 1985.
[136] Artigo 1 (1) do CDADC de 1985.

proposta e concretizada e exteriorizada através de peças escritas e gráficas, consistia numa criação intelectual exteriorizada.[137]

Subsequentemente, num processo relativo a um novo programa de televisão, o Supremo mais uma vez perfilhou este princípio, notando que a ideia original para o programa em apreço, por si só e enquanto tal, não consubstanciava uma obra ou criação intelectual merecedora de protecção e que a ideia apenas havia sido exteriorizada ou concretizada com o guião criado.[138]

2.3. A obra como distinta do seu suporte material

A protecção autoral emerge, como vimos, com a exteriorização da obra, exteriorização essa que não tem, em regra, de ser acompanhada de fixação em suporte material.[139]

Com efeito, embora a referida protecção exija a exteriorização da obra, a obra é incorpórea e intangível.

O direito de autor protege criações do espírito, como os poemas e as pinturas, criações essas que podem ser fixadas num suporte material, como os livro e as telas. No entanto, qualquer desses suportes é distinto da obra. Há que distinguir a obra em si do respectivo suporte mecânico ou *corpus mechanicum*.

Como bem reconheceu o Tribunal da Relação do Porto, num processo respeitante a uma licença de utilização de um programa de computador, o facto de ter existido um furto do equipamento onde corria, licitamente, esse programa, não obriga a novo pagamento da licença que havia sido paga anteriormente. A licença de utilização mantém-se em existência, na titularidade do adquirente da mesma, independentemente de o suporte material lhe ter sido furtado. Seria incompreensível, afiançou o Tribunal, acolher o entendimento de que furtado o equipamento também desaparecia a licença.[140]

Registe-se, também, que a propriedade do suporte em que reside a obra não confere quaisquer direitos sobre a mesma. Quem adquire o livro ou a tela não fica, por isso, a ter qualquer direito de autor sobre as obras contidas nesses suportes materiais, mas apenas sobre os suportes em si mesmos.

---

[137] Acórdão do Supremo Tribunal de Justiça, Processo Nº 00A2668, 03/16/2000.
[138] Acórdão do Supremo Tribunal de Justiça, Processo Nº 3501/05.0TBOER.L1.S1, 04/29/2010.
[139] *Vide* Parte II – O Direito de Autor em Portugal, Capítulo III – Os requisitos de protecção, 3.3 – A fixação.
[140] Acórdão do Tribunal da Relação do Porto, Processo Nº 0536901, 26-01-2006.

Mais, a obra não deixa de ser protegida mesmo que o respectivo suporte venha a ser destruído. Por exemplo, se um poeta criar um poema e o declamar de imediato em frente a uma audiência, a obra será exteriorizada de forma perceptível, mas não fixada. Se em seguida o poeta reduzir o poema a escrito, a obra será fixada em suporte material. Se o poeta rasgar a folha em que verteu o poema, tal acto destruirá o papel enquanto suporte material da obra, mas o poema como criação intelectual não deixará de existir nas mentes do poeta e da sua audiência.

Esta distinção, aparentemente metafísica, tem consequências práticas. Por exemplo, quando alguém adquire uma tela que contém uma pintura, essa aquisição não transfere, para o adquirente, qualquer direito de autor sobre a obra artística. Vendido o suporte que encerra a obra, mantém-se o vínculo entre autor e obra e, consequentemente, o adquirente da tela não pode, *inter alia*, reproduzir a obra nela contida nem modificá-la sem a autorização do respectivo autor.

2.4. Desafios conceptuais actuais

Actualmente o leque de obras protegidas é vastíssimo, indo desde as obras tradicionais (como as peças musicais ou de teatro) às que que foram possibilitadas pela tecnologia digital (como os programas de computador, as bases de dados e as obras multimédia), passando pelas obras modernas (como as obras fotográficas e as obras cinematográficas), sendo por vezes difícil determinar se certa produção merece protecção autoral.

Por exemplo, há não muito tempo, num processo em que se discutia se um perfume era uma obra do espírito, asseverou um Tribunal francês que a criação fragrante exigia aturada pesquisa de foro artístico, decorrendo a sua originalidade do processo de selecção executado com base nessa pesquisa, de tal forma que, disse o mesmo Tribunal, a fórmula final podia ser equiparada a uma pauta musical.[141]

Pouco depois, todavia, também em França, o *Cour de Cassation* decretou que um perfume não era susceptível de protecção pelo direito de autor, uma vez que resultava da simples aplicação de *savoir faire*.[142]

---

[141] *Thierry Mugler Parfums SA v. GLB Molinard*, Revue International du Droit d'Auteur, 188, 2001, 3, 80, 30, 33. Decisão semelhante emergiu no processo *Société Bellure v. Société L'Oréal et al*, Revue International du Droit d'Auteur, 28, 2006, 286.
[142] *Bsiri-Babir v. Haarmann et Remier*, European Copyright and Design Reports, 2006, 380.

Já na Holanda, o *Hoge Raad* determinou que um perfume podia ser protegido como obra desde que fosse perceptível aos sentidos humanos, original e reflectisse o cunho pessoal do seu criador.[143]

Há, pois, alguma incerteza jurídica no que toca à protecção autoral dos perfumes.

Outrossim, a produção derivada das novas tecnologias traz novos desafios conceptuais ao direito de autor.

Existem páginas na Internet cujos conteúdos resultam da compilação automática de resultados sobre certos temas, resultados esses obtidos por meio de motores de pesquisa. Esse processo, denominado *content aggregation*, é executado pela máquina e não pelo homem, mas com base em critérios fornecidos por este. Encontra-se por determinar se a agregação de conteúdos deve ser classificada, em função da escolha ou disposição das matérias, como uma criação intelectual, merecedora de tutela autoral ou se fará mais sentido atribuir, a essa produção, a protecção *sui generis* que se reserva para os fabricantes de certas bases de dados.

Do mesmo modo, no que toca às criações intelectuais que despontam no âmbito de realidades digitais virtuais, como a chamada *Second Life*, há que balizar as fronteiras de tutela autoral. Os criadores de mundos virtuais obtêm, em princípio, protecção no respeitante, por exemplo, aos programas de computador criados para acesso e uso do sistema, aos textos que o descrevem e que recitam as respectivas condições de utilização e às bases de dados para ele criadas. O busílis resulta do facto de os utilizadores de mundos virtuais se reconduzirem, igualmente, a criadores de produções virtuais (tais como *avatares*, lugares e objectos), havendo que precisar se essas produções podem ser assimiladas a criações intelectuais. Se assim for, a sua modificação por terceiros, sem autorização dos respectivos titulares de direitos, consubstanciará uma violação de direitos patrimoniais ou morais destes.

Refira-se, por fim, a adição do folclore (isto é, das tradições, lendas ou crenças populares de um país expressas em danças, provérbios, contos ou canções) à agenda política internacional. Dada a preocupação dos países em desenvolvimento com esta matéria, a OMPI estabeleceu o Comité Intergovernamental sobre Propriedade Intelectual e Recursos Genéticos, Conhecimentos Tradicionais e Folclore, com o intuito de averiguar da possibilidade

---

[143] *Lancôme Parfums v. Kecofa BV*, *European Copyright and Design Reports*, 2006, 26 (Hoge Raad).

de, *inter alia*, aplicar medidas de protecção autoral a essas expressões culturais.[144]

> O direito de autor pressupõe a existência de uma obra, obra essa entendida como «criação do espírito» ou «criação intelectual» do seu autor.
> São criações de foro espiritual ou intelectual, abrangidas pelo direito de autor, as obras literárias, dramáticas, musicais e artísticas, bem como outras obras do domínio literário, científico e artístico, resultantes da criação intelectual do autor, independentemente do seu mérito.
> A protecção autoral surge quando a ideia se converte em obra, quando se torna susceptível de percepção.
> As criações do espírito podem ser fixadas num suporte material, mas esse suporte é distinto da obra. Há que distinguir a obra em si do respectivo suporte.

---

[144] Note-se que o Artigo 2 do Tratado OMPI sobre Interpretações e Execuções Audiovisuais, define como beneficiários da protecção «os actores, cantores, músicos, bailarinos e outros que representem, cantem, recitem, declamem, interpretem ou executem, de qualquer modo, obras literárias ou artísticas ou <u>expressões de folclore</u>», cujas execuções sejam incorporados em obra audiovisuais (como os filmes ou os programas de televisão) [sublinhado nosso].

Capítulo III
Os requisitos de protecção

3.1. Razão de ordem
Como se viu no capítulo anterior, a obra é uma criação intelectual, exteriorizada, incorpórea e distinta do respectivo suporte material. A tutela da obra, assim definida, depende do cumprimento de determinados requisitos que a seguir serão analisados.

3.2. A originalidade
O direito de autor exige a originalidade da obra. Este conceito fundamental, embora de contornos algo difíceis de descortinar, marca a fronteira entre a obra susceptível de ser objecto da protecção autoral e aquela que fica fora dessa protecção.

3.2.1. O conceito de originalidade
Embora a essência do direito de autor resida na noção de «originalidade», os autores da Convenção de Berna não a definiram, gerando assim alguma incerteza conceptual. Com efeito, a Convenção de Berna refere-se apenas a «criações intelectuais», sem mais.[145]

A nível nacional, no sistema de *droit d'auteuer*, onde a obra é encarada como criação pessoal do autor e expressão da sua personalidade e do seu espírito, o imperativo da originalidade tende a exigir, para além da ausência de cópia de obra preexistente, a marca da personalidade do autor na sua obra, um contributo intelectual, uma criação intelectual e pessoal e/ou um determinado nível de individualidade da obra.[146]

---

[145] Artigo 2 (5) da Convenção de Berna.
[146] *Vide* Parte I – Introdução, Capítulo IV – *Droit d'auteur* e *copyright*, 4.2 – A originalidade.

Já no sistema de *copyright*, a obra é tutelada contanto que não resulte de um acto de cópia de obra alheia e que provenha do seu autor. O teste fundamental, no que se refere à originalidade da obra, reside em averiguar se o autor investiu um grau suficiente de perícia, trabalho e raciocínio *(skill, labour and judgement)* na criação da mesma. Dada a ausência de legislação sobre concorrência desleal, o nível de originalidade exigido para a concessão de protecção foi reduzido de modo a possibilitar a tutela de obras cuja reprodução conferiria uma vantagem desleal ao infractor. Consequentemente, neste contexto o sistema de *copyright* afasta-se do espírito, se não mesmo da letra, da Convenção de Berna.[147]

A nível comunitário, três das oito directivas em vigor atinentes ao direito de autor e direitos conexos contêm preceitos relativos ao conceito de «originalidade».

De acordo com o artigo 1 (3) da Directiva sobre Programas de Computador, um programa de computador será protegido se for original, isto é, se resultar da criação intelectual do autor, não se considerando quaisquer outros critérios para determinar a sua susceptibilidade de protecção.

Decorre do artigo 6 da Directiva sobre o Prazo de Protecção que são tuteladas as fotografias originais, adiantando o décimo sexto considerando da mesma Directiva, que «[u]ma obra fotográfica, na acepção da Convenção de Berna, deve ser considerada original sempre que for criação intelectual própria do respectivo autor, reflectindo a sua personalidade, sem que outros critérios, tais como o mérito ou a finalidade, sejam tomados em consideração.»

Afirma, ainda, o artigo 3 (1) da Directiva sobre Bases de Dados, que as bases de dados que em virtude da selecção ou da disposição das matérias constituam uma criação intelectual do respectivo autor, serão protegidas pelo direito de autor, não sendo aplicáveis quaisquer outros critérios para determinar se podem beneficiar dessa protecção.

Desta abordagem da União Europeia ao conceito de originalidade, no contexto dos programas de computador, das fotografias e das bases de dados, emana a noção de originalidade como «criação intelectual do autor».

Este entendimento foi avigorado recentemente pelo Tribunal de Justiça, num processo respeitante à visualização de jogos da Premier League. Decretou então o Tribunal do Luxemburgo que os jogos da Premier League não podiam ser qualificados como obras, uma vez que para tal era necessário que

---

[147] S. Ricketson, *The Berne Convention for the Protection of Literary and Artistic Works 1886-1986*, Kluwer, 1987, pp. 900-901.

fossem originais, no sentido de constituírem criação intelectual própria do seu autor. Ora, os eventos desportivos não consistem em criações intelectuais, o mesmo sucedendo com os jogos de futebol, «enquadrados por regras que não deixam margem para uma liberdade criativa, na acepção do direito de autor». Concebível é, segundo aquele Tribunal, invocar tutela autoral sobre diversas obras contidas nas emissões radiodifundidas – como a sequência vídeo de abertura, o hino da Premier League e as sequências préfilmadas que mostram momentos marcantes de jogos recentes da Premier League.[148]

Em Portugal, o imperativo da originalidade da obra resulta da conjugação dos artigos 2 e 3 do CDADC, não elucidando a lei o conceito em causa.

Visto que a lei não define o que se deva entender por «originalidade», vejamos em seguida como é que esse conceito tem sido interpretado pelos nossos tribunais.

Afirmou o Supremo, num processo relativo a um programa televisivo de informação, que para que uma obra televisiva seja qualificada como criação intelectual é necessário que reflicta, em maior ou menor grau, a personalidade de seu criador.[149]

Mais tarde, ao debruçar-se sobre o título X3QMAT dado a um livro escolar de matemática, considerou o mesmo Tribunal que se tratava de um título original, inconfundível e não banal, porque revelador «de uma destacável criatividade, de um profundo conhecimento da matéria que contém e de uma aturada elaboração».[150]

Num processo relativo ao uso de uma fotografia, entendeu o Tribunal da Relação do Porto que uma fotografia vulgar, resultante da simples escolha de

---

[148] *Football Association Premier League Ltd, NetMed Hellas SA, Multichoice Hellas SA v. QC Leisure, David Richardson, AV Station plc, Malcolm Chamberlain, Michael Madden, SR Leisure Ltd, Philip George Charles Houghton and Derek Owen e Karen Murphy v. Media Protection Services Ltd*, Acórdão do Tribunal de Justiça, Processos apensos C403/08 e C429/08, 4 de Outubro de 2011, 98. *Vide*, também neste sentido, *Infopaq International A/S v. Danske Dagblades Forening*, Acórdão do Tribunal de Justiça, Processo C5/08, 16 de Julho de 2009, 45; *Bezpečnostní softwarová asociace – Svaz softwarové ochrany v. Ministerstvo kultury*, Acórdão do Tribunal de Justiça, Processo C393/09, 22 de Dezembro de 2010, 50; *Football Dataco Ltd, Football Association Premier League Ltd, Football League Ltd, Scottish Premier League Ltd, Scottish Football League, PA Sport UK Ltd v. Yahoo! UK Ltd, Stan James (Abingdon) Ltd, Stan James plc, Enetpulse ApS*, Acórdão do Tribunal de Justiça, Processo C604/10, 1 de Março de 2012, 38.

[149] Acórdão do Supremo Tribunal de Justiça, Processo Nº 079712, 09/28/1989.

[150] Acórdão do Supremo Tribunal de Justiça, Processo Nº 07B3943, 01/08/2009.

um objecto como um edifício camarário e parte de um conjunto arbóreo, sem um mínimo de criatividade, não podia ser considerada como criação artística e pessoal do seu autor.[151]

Sublinhou o mesmo Tribunal, ao examinar a representação de um coração, que nem todas as obras humanas merecem protecção autoral, mas apenas as que são criativas, que trazem algo de novo, expresso através da personalidade do seu autor. Vendo a fotografia do coração em causa, o Tribunal não encontrou nenhuma diferença entre o mesmo e os corações já feitos e utilizados em congressos, no ensino secundário ou nas faculdades de medicina.[152]

Por sua vez, o Tribunal da Relação de Coimbra determinou, a propósito de uma planta de arquitectura, que a mesma fazia, perante o espaço habitável, uma normal distribuição dos compartimentos e sua área, não introduzindo qualquer novidade em comparação com as demais plantas. Essencial é, asseverou aquele Tribunal, que a obra incorpore a marca pessoal do seu autor, a qual lhe confere a diferença e a distingue das demais obras.[153]

Num processo em que se discutia a originalidade de certa pintura a aguarela, explicou o Tribunal da Relação de Lisboa que essa pintura de um espaço urbano, captado pela sensibilidade do respectivo pintor, inserido num certo enquadramento de luz e cor, reflectia o espírito do seu criador, o seu traço inconfundível e indelével e o seu cunho artístico único, constituindo um produto da sua criação artística, livre e personalizada.[154]

Declarou o mesmo Tribunal, num processo relativo a uma revista, a Guia TV Cabo, tratar-se de um produto da criação artística, livre e personalizada do respectivo autor, acrescentando que embora todas as publicações do género apresentassem conteúdos semelhantes, o projecto e formato da Guia TV Cabo haviam sido concebidos e executados de forma original.[155]

Conclui-se, pois, que os tribunais portugueses têm assimilado o conceito de originalidade à marca pessoal do autor, à individualidade, à novidade e/ou à ausência de banalidade.

Pergunta-se, então, se a originalidade da obra postula a marca indelével do autor, algo que se vê pela primeira vez, o que não é trivial ou uma fusão destes elementos, em maior ou menor medida, determinada casuisticamente.

---

[151] Acórdão do Tribunal da Relação do Porto, Processo Nº 9120900, 12/09/1991.
[152] Acórdão do Tribunal da Relação do Porto, Processo Nº 0442253, 08-07-2004.
[153] Acórdão do Tribunal da Relação de Coimbra, Processo Nº 112/04.1TAFND.C1, 18-02-2009.
[154] Acórdão do Tribunal da Relação de Lisboa, Processo Nº 8713/2006-7, 28-11-2006.
[155] Acórdão do Tribunal da Relação de Lisboa, Processo Nº 5670/2006-7, 16-01-2007.

Não importa, seguramente, o valor literário, científico e artístico da obra. O artigo 2 do CDADC afasta expressamente, como requisito da obra protegida, o mérito, enquanto manifestação de um juízo estético ou artístico sobre a obra. Como explanou o Tribunal da Relação de Évora, é «indiferente, pois, que a obra seja mais ou menos valiosa, que represente um nível inferior, superior ou mediano (o que quer que isto signifique) da criação artística, literária ou científica, para merecer a tutela do direito de autor».[156]

Certo é também que, como «criação do espírito», a verdadeira obra resulta necessariamente do esforço criador do espírito humano, ou seja, é fruto do engenho do seu autor.

Consequentemente, requisito mínimo para cumprimento do requisito de originalidade é a ausência de cópia, mas não bastará essa ausência de cópia para que nos encontremos perante uma obra protegida pelo direito de autor.

Um segundo requisito advém da noção de «individualidade» introduzida pelo artigo 196 (1) do CDADC, individualidade essa que não é, nem pode ser, sinónimo de novidade. O direito de autor não impõe a «novidade» da obra como requisito de tutela, ao contrário do que sucede, no reino das patentes, em relação às invenções.[157] A milésima pintura ou fotografia da mesma paisagem não deixará de ser tutelada pela falta de novidade do tema, contanto que a sua expressão seja criação intelectual do seu autor.

Avancemos, desde já, decorrer da lei portuguesa que o postulado da originalidade da obra, entendida como criação do espírito humano tutelada na sua forma de expressão, exige a ausência de cópia dessa expressão, bem como a sua individualidade, mas não a sua novidade.

Recorrendo-se em seguida à orientação dada pelo Tribunal de Justiça nesta matéria, constata-se que o mesmo reconduziu, recentemente, o conceito de originalidade à noção de «criação intelectual do autor»,[158] tendo, ainda, feito referência à necessidade de «margem para uma liberdade criativa, na acepção do direito de autor».[159]

---

[156] Acórdão do Tribunal da Relação de Évora, Processo Nº 10-07-2007.
[157] Neste sentido vide L. F. Rebello, *Introdução ao Direito de Autor, Vol. I* (SPA/Publicações D. Quixote, 1994), p. 87.
[158] *Infopaq International A/S v. Danske Dagblades Forening*, Acórdão do Tribunal de Justiça, Processo C5/08, 16 de Julho de 2009, 37.
[159] *Football Association Premier League Ltd, NetMed Hellas SA, Multichoice Hellas SA v. QC Leisure, David Richardson, AV Station plc, Malcolm Chamberlain, Michael Madden, SR Leisure Ltd, Philip George Charles Houghton and Derek Owen e Karen Murphy v. Media Protection Ser-*

Podemos, assim, concluir, com base nas exigências decorrentes da lei portuguesa e da jurisprudência da União Europeia, que a obra, entendida como criação do espírito humano tutelada na sua forma de expressão, será considerada original se tiver individualidade, não porque é algo que se vê pela primeira vez, não porque contém necessariamente a marca indelével do seu autor (embora tal suceda, com frequência, tanto no que toca às obras de cariz tradicional como os livros, como no respeitante às obras de cariz utilitário, como os programas de computador), mas porque é criação intelectual do autor, fruto do esforço criador e engenho deste, emergindo num contexto de liberdade criativa – tomando o autor opções num quadro de liberdade e de criatividade.

Por exemplo, o autor de um artigo de imprensa pode exprimir o seu espírito criador e original através da escolha, da disposição e da combinação das palavras em causa, enquanto o autor de uma fotografia pode imprimir o seu cunho pessoal à obra criada através da selecção do pano de fundo, da pose da pessoa a fotografar, da iluminação, do enquadramento, do ângulo, da atmosfera criada, da técnica de revelação ou ainda através da utilização de aplicações informáticas.[160]

3.2.2. A originalidade por equiparação

A lei portuguesa estabelece um elenco taxativo de obras que considera equiparadas às obras originais, obras essas que são derivadas de obras originais *per se*.[161]

São, assim, equiparadas às obras originais:

- As traduções, os arranjos, as instrumentações, as dramatizações, as cinematizações e outras transformações de qualquer obra (ainda que esta não seja objecto de protecção);

---

vices Ltd, Acórdão do Tribunal de Justiça, Processos apensos C403/08 e C429/08, 4 de Outubro de 2011, 98.

[160] Vide *Infopaq International A/S v. Danske Dagblades Forening*, Acórdão do Tribunal de Justiça, Processo C5/08, 16 de Julho de 2009, 45; *Eva-Maria Painer v. Standard VerlagsGmbH, Axel Springer AG, Süddeutsche Zeitung GmbH, SPIEGEL-Verlag Rudolf AUGSTEIN GmbH e Co KG and Verlag M. DuMont Schauberg Expedition der Kölnischen Zeitung GmbH e Co KG*, Acórdão do Tribunal de Justiça, Processo C145/10, 1 de Dezembro de 2011, 90-92.

[161] Artigo 3 (1) do CDADC de 1985.

OS REQUISITOS DE PROTECÇÃO

- Os sumários e as compilações de obras (protegidas ou não),[162] tais como selectas, enciclopédias e antologias que pela escolha ou disposição das matérias constituam criações intelectuais; e
- As compilações e anotações de textos oficiais.

No que toca às traduções, há que distinguir a tutela da obra original, a qual só pode ser traduzida mediante autorização do respectivo autor, e a protecção da tradução feita a partir dessa obra original.

Dita, por isso, a Convenção de Berna, que «[o]s autores de obras literárias e artísticas protegidas pela presente Convenção gozam, durante toda a vigência dos seus direitos sobre a obra original, do direito exclusivo de fazer ou de autorizar a tradução das suas obras» e que as traduções «são protegidas como obras originais, sem prejuízo dos direitos de autor da obra original.»[163]

Quanto às compilações de obras, a sua protecção decorre do artigo 2 (5) da Convenção de Berna, segundo o qual «[a]s recolhas de obras literárias ou artísticas, tais como enciclopédias e antologias, que, pela selecção ou disposição das matérias, constituem criações intelectuais são protegidas como tal, sem prejuízo dos direitos dos autores sobre cada uma das obras que fazem parte dessas recolhas.»

Deste modo, a tutela da obra recolhida pode coexistir com a da compilação *per se*. Por exemplo, uma compilação de poemas poderá ser protegida como criação intelectual no seu todo, dada a selecção ou disposição dos poemas nela contido, podendo cada poema individualmente considerado ser tutelado pelo direito de autor.

Por agora acrescente-se apenas que, com o advento das bases de dados electrónicas, a questão da protecção das compilações revestiu-se de grande importância económica, tendo levado à consagração da sua tutela a nível regional e internacional.[164]

Saliente-se, por fim, que a protecção conferida às obras equiparadas a obras originais se encontra subordinada à primazia da tutela das obras origi-

---

[162] As obras assim compiladas não são necessariamente protegidas. *Vide* Bureau Internacional da Organização Mundial da Propriedade Intelectual, «Implications of the TRIPS Agreement on treaties administered by WIPO» *I.P.A.C.*,1996, p. 164, parágrafo 40.
[163] Artigos 2 (3) e 8 da Convenção de Berna.
[164] *Vide* artigo 10 (2) do Acordo TRIPS e artigo 5 do Tratado OMPI sobre Direito de Autor. *Vide* Parte IV – O Direito de Autor na União Europeia, Capítulo VI – A Directiva sobre as Bases de Dados e Parte V – O Direito de Autor nos Tratados Internacionais, Capítulo IV – O Acordo TRIPS.

nais, pelo que a protecção de uma obra equiparada não pode prejudicar os direitos reconhecidos aos autores da correspondente obra original.[165]

3.3. A fixação

O acto de fixação é definido como a redução de uma obra a uma forma física de expressão, como por exemplo a escrita, a impressão, a fotografia, a gravação sonora ou visual, a escultura, a gravura, a construção ou a representação gráfica, permitindo a identificação subsequente e a reprodução dessa criação.[166]

De acordo com os princípios do sistema de *droit d'auteuer* em que a legislação portuguesa se inscreve, a protecção autoral surge independentemente da fixação da obra, a não ser no que toca às obras coreográficas e às pantominas, cuja tutela requer a fixação por escrito ou por qualquer outra forma da sua expressão.[167]

Já nos países em que vigora o sistema de *copyright*, como o Reino Unido, a tutela autoral encontra-se dependente da fixação da obra num suporte material.[168]

Tal é permitido pela Convenção de Berna, que no seu artigo 2 (2) reserva «às legislações dos países da União a faculdade de prescrever que as obras literárias e artísticas ou uma ou várias categorias de entre elas não serão protegidas enquanto não forem fixadas num suporte material.»

3.4. O registo

Tradicionalmente, no sistema de *copyright* faz-se depender a protecção autoral do cumprimento de certas formalidades, as quais tendem a incluir o registo da obra, o seu depósito e o chamado *copyright notice*, que contém o símbolo ©, o nome do titular de direitos e o ano de publicação da obra.

A nível internacional, enquanto a Convenção de Berna impede a exigência de quaisquer formalidades como requisito de protecção, a Convenção

---

[165] Artigo 3 (2) do CDADC de 1985.
[166] Organização Mundial da Propriedade Intelectual, *Glossary of Terms of the Law of Copyright and Neighbouring Rights*, OMPI, 1978, p. 116.
[167] Artigo 2 (1) (d) do CDADC de 1985.
[168] Segundo a secção 3(2) da Lei do Reino Unido de 1988, «[c]opyright does not subsist in a literary, dramatic or musical work unless and until it is recorded, in writing or otherwise; and references in this Part to the time at which such a work is made are to the time at which it is so recorded.» *Vide* Parte I – Introdução, Capítulo IV – *Droit d'auteur* e *copyright*, 4.3 – A fixação.

Universal sobre Direito de Autor exige o seu cumprimento – considerando, contudo, satisfeitas quaisquer formalidades exigidas pela legislação interna de um Estado Contratante se todos os exemplares da obra apresentarem o símbolo © acompanhado do nome do titular de direitos e da indicação do ano da sua primeira publicação.[169]

Dada a aplicação generalizada da Convenção de Berna, o cumprimento de formalidades como condição de protecção apenas é exigido como condição de protecção por um pequeno número de países. Número esse que diminui à medida que aumenta a aderência ao Acordo TRIPS, o qual impõe, neste campo, a observância do disposto na Convenção de Berna.

Os Estados Unidos, na sequência da sua adesão tardia à Convenção de Berna aboliram, com grande relutância, a exigência do cumprimento de formalidades para subsistência de protecção autoral, tendo mantido, não obstante, o sistema de registo, de depósito e de *copyright notice* para outros efeitos. Por exemplo, o registo é requisito indispensável para a interposição de uma acção judicial em relação a obras norte-americanas e a ausência de depósito é punível com multa.[170]

Em Portugal, de acordo com o artigo 5 (2) da Convenção de Berna, estabelece o CDADC que a protecção autoral é reconhecida independentemente de registo, depósito ou qualquer outra formalidade.[171] Ou seja, essa tutela não depende do preenchimento de qualquer formalidade, incluindo o registo.[172]

Esta norma geral encontra-se sujeita a algumas excepções, podendo em certos casos o registo ter carácter constitutivo, afastando-se, então, a lei do referido artigo 5 (2) da Convenção de Berna.

Assim, o registo é necessário para efectividade da protecção legal no que toca ao título da obra não publicada e aos títulos dos jornais e outras publicações periódicas.[173]

Estão ainda sujeitos a registo, segundo o artigo 215 do CDADC:

- Os factos que importem constituição, transmissão, oneração, alienação, modificação ou extinção do direito de autor;
- O título de obra ainda não publicada;

---

[169] *Vide* artigo 5 (2) da Convenção de Berna e artigo III (1) da Convenção Universal sobre Direito de Autor.
[170] *Vide* secções 407-411 da Lei norte-americana.
[171] Artigo 12 do CDADC de 1985.
[172] Artigo 213 do CDADC de 1985.
[173] Artigo 214 do CDADC de 1985.

- A penhora e o arresto sobre o direito de autor;
- O mandato, em sede de gestão do direito de autor;
- As acções que tenham por fim principal ou acessório a constituição, o reconhecimento, a modificação ou a extinção do direito de autor;
- As acções que tenham por fim principal ou acessório a reforma, a declaração de nulidade ou a anulação de um registo ou do seu cancelamento; e
- As respectivas decisões finais, logo que transitem em julgado.

Com excepção do título de obra ainda não publicada e do mandato, em sede de gestão do direito de autor, o registo de todos os restantes factos mencionados no artigo 215 é facultativo.[174]

O nome literário ou artístico pode ser registado em benefício do criador de obra anteriormente registada, para mero efeito da publicação do seu uso.[175]

3.5. A nacionalidade do autor e o local de publicação da obra

Perante uma obra que merece ser tutelada pelo direito de autor, tendo em conta o conceito de «obra» e os requisitos de protecção *supra* explanados, há ainda que determinar se ao respectivo autor pode ser atribuída protecção autoral tendo em conta a sua nacionalidade ou o local de publicação da obra.

A nível internacional decorre do artigo 3 (1) da Convenção de Berna a tutela (i) dos autores nacionais de um dos países da União pelas suas obras, publicadas ou inéditas e (ii) dos autores que não são nacionais de um dos países da União, pelas obras que publiquem pela primeira vez num desses países ou, simultaneamente, num país estranho à União e num país da União.

A Convenção dá assim, aos autores, a possibilidade de obterem protecção com base na respectiva nacionalidade (quando o autor é nacional de um país da União) ou no local de publicação (quando esta ocorre pela primeira vez, ou em simultâneo, num país da União).[176]

Acrescenta a Convenção de Berna que, mesmo que as condições previstas no artigo 3 não se encontrem preenchidas, se verifica a tutela dos autores das obras cinematográficas cujo produtor tenha a sua sede ou residência habitual

---

[174] L. F. Rebello, *Código do Direito de Autor e dos Direitos Conexos*, 3ª ed., Âncora, 2002, p. 273.
[175] Artigo 216 do CDADC de 1985.
[176] Segundo o artigo 3 (4) da Convenção de Berna, «[c]onsidera-se como publicada simultaneamente em vários países toda a obra que tenha aparecido em dois ou mais países nos trinta dias subsequentes à sua primeira publicação.»

num dos países da União e dos autores de obras de arquitectura edificadas num país da União ou de obras de artes gráficas e plásticas que se integrem num imóvel situado num país da União.[177]

Mais, os autores que não sejam nacionais de um dos países da União mas que tenham residência habitual num deles são assimilados aos autores nacionais desse país.[178]

Assim, um autor que não seja nacional de um país da União de Berna, ou que aí não tenha a sua residência habitual, não tem direito à protecção da Convenção no que toca às obras não publicadas (ao contrário de um autor da União), embora possa reivindicar protecção num país da União quanto às obras publicadas, contanto que demonstre que a sua primeira publicação ocorreu num país da União (ou que a obra foi publicada, simultaneamente, num país estranho à União e num país da União).

Dado o conceito de «obras publicadas» contido no artigo 3 (3) da Convenção de Berna, quando um autor que não seja nacional de um país da União de Berna, ou que aí não tenha a sua residência habitual, exteriorize a sua obra unicamente por meio de execução pública, a obra assim executada (e não publicada) não receberá a protecção da Convenção de Berna.[179]

A Convenção de Berna estabelece ainda, no seu artigo 5 (4), as seguintes regras no que toca à determinação do «país de origem»:

- Para as obras publicadas pela primeira vez num dos países da União, o país de origem será este último país;
- Para as obras publicadas simultaneamente em vários países da União, admitindo prazos de protecção diferentes, o país de origem será aquele de entre eles cuja legislação conceder um prazo de protecção menos extenso (não indicando a Convenção qual é o país de origem quando os países em causa concedem o mesmo período de protecção);

---

[177] Artigo 4 da Convenção de Berna.
[178] Artigo 3 (2) da Convenção de Berna.
[179] O artigo 3 (3) da Convenção de Berna define «obras publicadas» como «as obras editadas com o consentimento dos seus autores, qualquer que seja o modo de fabrico dos exemplares, desde que a oferta destes últimos tenha sido tal que satisfaça as necessidades razoáveis do público, tendo em conta a natureza da obra», sendo excluídas «a representação de uma obra dramática, dramático-musical, ou cinematográfica, a execução de uma obra musical, a recitação pública de uma obra literária, a transmissão ou a radiodifusão de obras literárias ou artísticas, a exposição de uma obra de arte e a construção de uma obra de arquitectura.»

- Para as obras publicadas simultaneamente num país estranho à União e num país da União, o país de origem será este último país;
- Para as obras não publicadas, o país de origem será o país da União de que o autor é nacional;
- Para as obras publicadas pela primeira vez num país estranho à União, o país de origem será o país da União de que o autor é nacional;
- Para as obras não publicadas e para as obras publicadas pela primeira vez num país estranho à União, tratando-se de obras cinematográficas cujo produtor tenha a sua sede ou residência habitual num país da União, o país de origem será este último país;
- Para as obras não publicadas e para as obras publicadas pela primeira vez num país estranho à União, tratando-se de obras de arquitectura edificadas num país da União ou de obras de artes gráficas e plásticas integradas num imóvel situado num país da União, o país de origem será este último país.

Note-se que a identificação do país de origem de uma obra é relevante, no âmbito da Convenção de Berna, nos seguintes contextos:

- No que toca às obras unicamente protegidas como desenhos e modelos no país de origem, só pode ser reclamada noutro país da União a protecção concedida nesse país aos desenhos e modelos; todavia, se essa protecção não for concedida em tal país, essas obras serão protegidas como obras artísticas;[180]
- No respeitante aos direitos atribuídos pela Convenção de Berna, os autores gozam, em relação às obras pelas quais são protegidos em virtude da Convenção de Berna, nos países da União que não sejam os países de origem da obra, dos direitos que as leis respectivas concedam actualmente ou venham a conceder posteriormente aos nacionais, bem como dos direitos especialmente concedidos pela presente Convenção;[181]
- O gozo e o exercício destes direitos são independentes da existência de protecção no país de origem da obra, regulando-se a extensão da protecção, bem como os meios de recurso garantidos ao autor para salvaguardar os seus direitos, exclusivamente pela legislação do país onde a protecção é reclamada;[182]

---

[180] Artigo 2 (7) da Convenção de Berna.
[181] Artigo 5 (1) da Convenção de Berna.
[182] Artigo 5 (2) da Convenção de Berna.

- A protecção no país de origem é regulada pela legislação nacional, mas o autor que não é nacional do país de origem da obra tem, nesse país, os mesmos direitos que os autores nacionais;[183]
- O prazo de protecção é regulado pela lei do país em que a protecção for reclamada, contudo, a menos que a legislação deste país não disponha em contrário, ela não excederá a duração fixada no país de origem da obra;[184] e
- A Convenção de Berna aplica-se a todas as obras que no momento da sua entrada em vigor não tenham caído no domínio público do seu país de origem por ter expirado o prazo de protecção.[185]

Os princípios *supra* referidos, emanados da Convenção de Berna, têm aplicação geral, tanto por via da adesão à Convenção de Berna como por via da adesão ao Acordo TRIPS.[186]

Em Portugal, as obras de autores estrangeiros ou que tenham como país de origem um país estrangeiro, beneficiam da protecção conferida pela lei portuguesa, sob reserva de reciprocidade, salvo convenção internacional em contrário a que o Estado Português esteja vinculado.[187]

Em harmonia com a Convenção de Berna, à qual o Estado Português se encontra vinculado, estabelece a nossa lei que:[188]

- A obra publicada tem como país de origem o país da primeira publicação;
- A obra que tiver sido publicada simultaneamente em vários países que concedam prazos de duração diversos terá como país de origem, na falta de tratado ou acordo internacional aplicável, aquele que conceder um prazo de duração menos elevado; e
- Relativamente às obras não publicadas, considera-se país de origem aquele a que pertença o autor.

---

[183] Artigo 5 (3) da Convenção de Berna.
[184] Artigo 7 (8) da Convenção de Berna.
[185] Artigo 18 (1) da Convenção de Berna.
[186] *Vide* Parte V – O Direito de Autor nos Tratados Internacionais, Capítulo I – A Convenção de Berna e Capítulo IV – O Acordo TRIPS.
[187] Artigo 64 do CDADC de 1985.
[188] Artigos 65-66 do CDADC de 1985.

O direito de autor pressupõe a existência de uma obra, obra essa entendida como «criação do espírito» ou «criação intelectual» do seu autor.

São criações de foro espiritual ou intelectual, e abrangidas pelo direito do autor, as obras literárias, dramáticas, musicais e artísticas, bem como outras obras do domínio literário, científico e artístico, resultantes da criação intelectual do autor, independentemente do seu mérito.

A obra, assim entendida, será considerada «original», e como tal protegida pelo direito de autor, se tiver individualidade, não porque é algo que se vê pela primeira vez, não porque contém, necessariamente, a marca indelével do seu autor, mas porque é criação intelectual do autor, fruto do esforço criador e engenho deste, emergindo num contexto de liberdade criativa – tomando o autor opções num quadro de liberdade e de criatividade.

O direito de autor surge independentemente da fixação da obra, a não ser no que toca às obras coreográficas e às pantominas, cuja tutela requer a fixação por escrito ou por qualquer outra forma da sua expressão.

Em regra, o direito de autor é reconhecido independentemente de registo, depósito ou qualquer outra formalidade.

As obras de autores estrangeiros ou que tenham como país de origem um país estrangeiro beneficiam da protecção conferida pela lei portuguesa, na medida em que assim for estabelecido por convenção internacional.

Capítulo IV
Os direitos morais

4.1. Noções preliminares
Os direitos morais sobrevêm, automaticamente, com o acto de criação da obra, não podendo ser transmitidos *inter vivos*. Estes direitos visam assegurar o respeito pela personalidade do autor, tal como expressa na obra, permitindo que ele controle a utilização da mesma independentemente da transmissão dos direitos de teor patrimonial.

O nascimento dos direitos morais monta ao século XIX, salientando-se, em 1814, o facto de um Tribunal francês ter reconhecido que certo autor tinha direito a que o seu manuscrito não fosse alterado, sem a sua autorização, pela editora à qual havia sido submetido.[189] A jurisprudência francesa foi-se desenvolvendo neste campo, tendo cunhado a expressão *droit moral*.[190]

Em 1928, os direitos morais foram incorporadas no artigo 6 bis da Convenção de Berna, em geral, com a anuência dos países pertencentes ao sistema de *droit d´auteuer* e o desagrado daqueles cuja legislação se integrava no sistema de *copyright*. Não obstante, foram outorgados ao autor o direito de reivindicar a paternidade da obra («direito à paternidade») e de se opor a qualquer deformação, mutilação ou outra modificação da obra ou a qualquer outro

---

[189] *Billecocq v. Glendaz, Tri. civ. Seine*, 17/08/1814.
[190] *Vide* Z. Radojokovic, «The historical development of moral rights» *Copyright*, 1966, p. 168; S. StrÎmholm, *Le droit moral de l'auteur*, Nordstedt, 1966-73; N. Walravens, «La protection de l'oeuvre d'art et le droit moral de l'artiste», *Revue International du Droit d'Auteur*, 197, 2003, p. 3; E. Adeney, *The Moral Rights of Authors and Performers: an International and Comparative Analysis*, Oxford University Press, 2006; S. Ricketson e J. C. Ginsburg, *International Copyright and Neighbouring Rights: The Berne Convention and Beyond*, 2ª ed., Oxford University Press, 2006, parágrafos 10.01 et seq.

atentado contra a mesma obra, prejudicial à sua honra ou à sua reputação («direito à integridade»).

A reticência dos países pertencentes ao sistema de *copyright*, nomeadamente dos Estados Unidos, no que toca à consagração dos direitos morais, encontra reflexos no artigo 9 (1) do Acordo TRIPS, o qual impõe aos Estados Contratantes o cumprimento do disposto nos artigos 1 a 21 e no Apêndice da Convenção de Berna, excluindo, no entanto, quaisquer obrigações resultantes daquela Convenção no respeitante aos direitos morais.[191]

De igual modo decorre do Acordo NAFTA que, embora a Convenção de Berna seja aplicável a todas as Partes Contratantes, o artigo 6 bis da Convenção de Berna, relativo aos direitos morais, não é aplicável nos Estados Unidos.[192]

Notável é, pois, o facto de o Tratado OMPI sobre Direito de Autor obrigar as Partes Contratantes a cumprir todos os preceitos da Convenção de Berna, incluindo o artigo 6 bis dessa Convenção. Daí resulta que todas as **Partes Contratantes do Tratado da OMPI sobre Direito de Autor são obrigadas a reconhecer os direitos à paternidade e à integridade da obra**.[193]

Em harmonia com essa disposição, diz a lei portuguesa que o direito de autor abrange direitos de natureza pessoal, denominados direitos morais e que, independentemente dos direitos patrimoniais, e mesmo depois da sua transmissão ou extinção destes, o autor goza de direitos morais sobre a sua obra, podendo, designadamente, reivindicar a respectiva paternidade e assegurar a sua genuinidade e integridade.[194]

A tutela dos direitos morais decorre do reconhecimento da natureza eminentemente pessoal da criação do espírito e do vínculo, imperecível, entre criador e obra.

Daí que os direitos morais não acompanhem a transmissão ou oneração dos direitos patrimoniais, subsistindo na esfera jurídica do autor mesmo quando haja alienação ou oneração destes últimos.[195]

Dito isto, o Tribunal da Relação de Lisboa, num processo em que se discutia a legitimidade da introdução de termos publicitários num dicionário sobre habitação, construção e urbanismo, sem a autorização do respectivo autor,

---

[191] *Vide* G. Dworkin, «Moral rights and the *copyright* countries», *Australian Intellectual Property Journal*, 1994, p. 5.
[192] Apêndice 1701 (3) do Acordo NAFTA.
[193] Artigo 1 (4) do Tratado da OMPI sobre Direito de Autor
[194] Artigo 9 (1) e (3) do CDADC de 1985.
[195] Artigo 42 do CDADC de 1985.

afirmou que, fazendo os direitos morais parte do direito de autor por via do artigo 9 (1) do CDADC, e tendo-se apurado que a entidade que havia contratado o autor para elaborar o dicionário em causa era titular «deste direito sobre o dicionário», não podia deixar de se concluir que o criador da obra não era titular dos invocados direitos morais.[196]

Esqueceu aquele Tribunal, inexplicavelmente, que os direitos morais não são alienáveis, subsistindo na esfera jurídica do autor independentemente de quaisquer vicissitudes que ocorram ao nível do conteúdo patrimonial do direito de autor.

Mais tarde, felizmente, o Supremo frisou, num processo atinente a um guião para um programa televisivo, que a transmissão dos direitos patrimoniais sobre essa obra não havia transferido para o adquirente desses direitos por força da transmissão operada os direitos morais respeitantes à mesma, mas, unicamente, o conteúdo patrimonial do direito de autor sobre a obra. O autor ou criador intelectual do guião havia mantido na sua esfera jurídica, como não podia deixar de ser, os direitos morais sobre essa obra.[197]

4.2. O direito à paternidade da obra

O direito à paternidade assenta na faculdade que o autor tem de reivindicar a paternidade da obra ou de manter o anonimato.[198]

Trata-se de um direito inalienável e irrenunciável.[199] Como tal, num processo respeitante à criação dos projectos de arquitectura de determinadas obras em que certo arquitecto havia tido uma participação criativa preponderante, traduzindo-se, todavia, essas obras em obras colectivas e recaindo os direitos patrimoniais sobre as mesmas ao dono do atelier (empresário), asseverou o Tribunal da Relação de Lisboa, sem hesitação, que «da mesma forma que ninguém ousa retirar a Miguel Ângelo a paternidade das obras por si empreendidas, não obstante o recurso a colaboradores, também, no caso vertente, não pode permitir-se a reivindicação da paternidade das obras especificadas, a uma pessoa diferente do responsável pelo atelier que as concebeu, criou e divulgou.»[200]

---

[196] Vide Acórdão do Tribunal da Relação de Lisboa, Processo Nº 6626/2003-1, 16-12-2003.
[197] Acórdão do Supremo Tribunal de Justiça, Processo Nº 3501/05.0TBOER.L1.S1, 04/29/2010.
[198] Artigo 9 (3) e 56 (1) do CDADC de 1985.
[199] Artigo 56 do CDADC de 1985.
[200] Acórdão do Tribunal da Relação de Lisboa, Processo Nº 778/2005-6, 17-02-2005.

O direito à paternidade da obra surge, automaticamente, na esfera jurídica do autor, com o acto de criação de uma obra tutelada pelo direito de autor (ou seja, de uma criação intelectual que consiste numa «obra» em relação à qual se encontram preenchidos os requisitos de protecção).[201]

Ao invés de reivindicar a paternidade da obra, o autor pode, se assim entender, divulgar ou publicar a obra sob nome que não revele a sua identidade ou anonimamente. Mas porque o direito à paternidade é inalienável e irrenunciável, o autor tem a prerrogativa de revelar a sua identidade e a autoria da obra quando lhe aprouver.[202]

O que não se permite, para que o público não seja induzido em erro, é que alguém use em obra sua o nome de outro autor, ainda que com autorização deste. O lesado pelo uso de nome em contravenção com este princípio pode requerer as providências adequadas a evitar a confusão do público sobre o verdadeiro autor, incluindo a cessação de tal uso.[203]

O direito de reivindicar a paternidade da obra encontra reflexos na lei. Por exemplo:[204]

- O editor deve mencionar, em cada exemplar, o nome ou pseudónimo do autor ou qualquer outra designação que o identifique;
- O empresário é obrigado a mencionar, por forma bem visível, nos programas, cartazes e quaisquer outros meios de publicidade, o nome, pseudónimo ou qualquer outro sinal de identificação adoptado pelo autor;
- O autor ou co-autores de obra cinematográfica têm o direito de exigir que os seus nomes sejam indicados na projecção do filme, mencionando-se igualmente a contribuição de cada um deles para a obra referida;
- Dos fonogramas e dos videogramas devem constar, impressos directamente ou apostos em etiquetas, sempre que a sua natureza o permita, o título da obra ou o modo de a identificar, assim como o nome ou qualquer outro sinal de identificação do autor;
- No que toca às artes plásticas, gráficas e aplicadas, em todos os exemplares reproduzidos deve figurar o nome, pseudónimo ou outro sinal que identifique o autor; e

---

[201] *Vide* Capítulo II – A obra e Capítulo III – Os requisitos de protecção.
[202] Artigos 30 e 56 do CDADC de 1985.
[203] Artigo 29 (3) do CDADC de 1985.
[204] Artigos 76 (1), 122 (1) e 154 do CDADC de 1985.

- Em cada exemplar dos estudos e projectos de arquitectura e urbanismo, junto ao estaleiro da construção da obra de arquitectura e nesta, depois de construída, é obrigatória a indicação do respectivo autor, por forma bem legível.[205]

Em casos excepcionais, o nome do autor pode ser omitido. Por exemplo: [206]

- As utilizações livres devem ser acompanhadas da indicação, apenas quando possível, do nome do autor e do editor, do título da obra e demais circunstâncias que os identifiquem;
- A entidade que promover ou organizar a execução ou a recitação de obra literária, musical ou literário-musical, em audição pública, deve afixar, previamente, o respectivo programa, incluindo, na medida do possível, a designação da obra e a identificação da autoria; e
- As estações emissoras devem anunciar o nome ou pseudónimo do autor, juntamente com o título da obra radiodifundida, ressalvando--se os casos, consagrados pelo uso corrente, em que as circunstâncias e necessidades da transmissão determinem a omissão dessa indicações.

Avisa a lei que este direito é imprescritível e perpétuo. Apuremos, pois, os termos dessas imprescritibilidade e perpetuidade.

O autor tem toda a vida o direito de reivindicar a paternidade da obra ou de manter o anonimato e, por sua morte, o exercício deste direito compete aos seus sucessores. [207]

Quando a obra cai no domínio público, ou seja, expirado que seja o prazo de protecção dos respectivos direitos patrimoniais, a sua defesa compete ao Estado e é exercida através do Ministério da Cultura. [208]

Em bom rigor, o artigo 57 (2) do CDADC refere-se, apenas, à defesa da genuinidade e integridade das obras caídas no domínio público, não fazendo menção à defesa do direito à paternidade. Terá de entender-se, como afirma Rebello, que esta defesa é extensiva à reivindicação da paternidade.[209] Caso contrário não faria nenhum sentido a referência feita, no artigo 56 (2) do

---

[205] Artigos 97, 115 (4), 134 (1), 142, 160 (3) e 161 (1) do CDADC de 1985.
[206] Artigos 76 (1), 122 (1) e 154 do CDADC de 1985.
[207] Artigos 9 (3), 56 (2) e 57 (1) do CDADC de 1985.
[208] Artigo 57 (2) do CDADC de 1985.
[209] L. F. Rebello, *Código do Direito de Autor e dos Direitos Conexos*, 3ª ed., Âncora, 2002, p. 104.

CDADC de 1985, à imprescritibilidade dos direitos à paternidade e à integridade da obra.

4.3. O direito à integridade da obra

O direito à integridade da obra proíbe a sua destruição, toda e qualquer mutilação, deformação ou outra modificação da mesma e, de um modo geral, todo e qualquer acto que a desvirtue e possa afectar a honra e reputação do respectivo autor.[210]

Este direito surge sempre e automaticamente na esfera jurídica do autor, com o acto de criação de uma obra tutelada pelo direito de autor (ou seja, de uma criação intelectual que consiste numa «obra» em relação à qual se encontram preenchidos os requisitos de protecção).[211]

Por conseguinte, num processo em que se discutia a legitimidade da introdução de publicidade num dicionário do imobiliário por quem tinha encomendado a obra, e tendo o Tribunal da Relação de Lisboa concluído que, ao contrário do que havia sido acordado entre as partes, a obra entregue não consistia num dicionário do imobiliário mas em «escritos e trabalhos relativos a certas subáreas do mundo do imobiliário, sem concatenação, tratamento alfabético ou revisão, com erros gramaticais e metodológicos», entendeu esse Tribunal que os eventuais direitos morais a exercer pelo autor de tais «escritos e trabalhos» teriam por objecto, não a obra no seu todo, mas os termos e seus significados por si elaborados, não tendo por isso o direito de se opor à inserção no dicionário de outros termos, de publicidade e de um prefácio.[212]

Com efeito, o direito à integridade da obra tem por objecto a obra respectiva, encontrando-se o escopo de aplicação desse direito restrito à mesma. Impõe-se, pois, descortinar as fronteiras da obra em causa, de modo a identificar o campo de aplicação do direito à integridade.

Preliminarmente, claro está, há que determinar se se está perante uma obra protegida (ou seja, de uma criação intelectual que consiste numa «obra» em relação à qual se encontram preenchidos os requisitos de protecção),[213] pois não sendo esse o caso verifica-se, desde logo, a impossibilidade de invocação do direito à integridade.

---

[210] Artigos 9 (3) e 56 do CDADC de 1985.
[211] *Vide* Capítulo II – A obra e Capítulo III – Os requisitos de protecção.
[212] Acórdão do Tribunal da Relação de Lisboa, Processo Nº 6626/2003-1, 16-12-2003.
[213] *Vide* Capítulo II – A obra e Capítulo III – Os requisitos de protecção.

Emergindo nos moldes acima descritos, o direito à integridade da obra é inalienável e irrenunciável, de tal modo que não são admitidas modificações da obra sem o consentimento do autor, mesmo nos casos em que, sem esse consentimento, a utilização da obra é lícita.[214]

Mais, como refere Sá e Mello, «ao consentir que terceiro modifique a obra, não transmite o autor o direito de autorizar modificações, nem renuncia ao direito de se opor a qualquer outras alterações que se pretendam introduzir.»[215]

O direito à integridade da obra encontra reflexos na lei. Por exemplo:[216]

- Sendo a obra subsidiada ou feita por encomenda ou por conta de outrem, e pertencendo os direitos sobre a mesma ao seu criador intelectual, o destinatário da obra apenas a pode utilizar para os fins previstos, dependendo a sua modificação do acordo expresso do seu criador e só podendo exercer-se nos termos convencionados – não podendo o criador intelectual fazer utilização da obra que prejudique a obtenção dos fins para que foi produzida;
- Quando o autor tiver revisto toda a sua obra, ou parte dela, e efectuado ou autorizado a respectiva divulgação ou publicação *ne varietur*, não poderá a mesma ser reproduzida, pelos seus sucessores ou por terceiros, em qualquer das versões anteriores;
- Se o autor falecer ou ficar impossibilitado de terminar a obra, a obra incompleta só pode ser completada por outrem, que não o autor, com o consentimento escrito deste; e
- Do contrato de representação deriva para o autor, salvo estipulação em contrário, o direito de introduzir na obra, independentemente do consentimento da outra parte, as alterações que julgar necessárias – contanto que não prejudiquem a sua estrutura geral, não diminuam o seu interesse dramático ou espectacular, nem prejudiquem a programação dos ensaios e da representação.

Não obstante o exposto, o direito à integridade não é um direito absoluto. O autor apenas se pode opor a actos que desvirtuem a obra e que possam afectar a sua honra e a sua reputação, prevendo, pois, a lei excepções ao direito

---

[214] Artigos 56 e 59 (1) do CDADC de 1985.
[215] A. Sá e Mello, *O Direito Pessoal de Autor no Ordenamento Jurídico Português*, SPA, 1989, pp. 124-125.
[216] Artigos 15, 58, 101 (3) e 113 (1) do CDADC de 1985.

à integridade em casos que não acarretam tais consequências derrogatórias para o autor. Por exemplo:[217]

- Tratando-se de colectâneas destinadas ao ensino, são permitidas as modificações que a finalidade reclama, desde que o autor dê o seu consentimento tácito;
- No contexto do contrato de edição, salvo por opção ortográfica de carácter estético do autor, não se considera modificação a actualização ortográfica do texto em harmonia com as regras oficiais vigentes;
- O editor de dicionários, enciclopédias ou obras didácticas, depois da morte do autor, pode actualizá-las ou completá-las mediante notas ou pequenas alterações de texto, as quais devem ser devidamente assinaladas sempre que os textos respectivos sejam assinados ou contenham matéria doutrinal;
- Em sede de tradução da obra, na medida exigida pelo fim a que o uso da obra se destina, é lícito proceder a modificações que não a desvirtuem; e
- O editor pode exigir do tradutor as modificações necessárias para assegurar o respeito pela obra original, e caso o tradutor não o faça no prazo máximo de trinta dias, o editor pode promover, por si, tais modificações.

Mais, a obra pode ser modificada com o consentimento do autor. Por exemplo, mediante autorização do titular de direitos relevante pode o usufrutuário utilizar a obra objecto do usufruto por qualquer forma que envolva transformação ou modificação desta e, no âmbito da representação cénica, contanto que tenha o consentimento do autor, o empresário pode introduzir modificações no texto que lhe tiver sido fornecido.[218]

Ou seja, o autor não pode alienar ou renunciar ao direito à integridade da obra, podendo, contudo, determinar, casuisticamente, se certa modificação da obra a desvirtua, afectando a sua honra e reputação.

Refira-se aqui o caso da «paródia», que a lei inclui na lista exemplificativa de obras protegidas (ainda que inspirada num tema ou motivo de outra obra), perguntando se é lícito parodiar uma obra preexistente sem a autorização do seu autor, e se o autor da obra anterior pode invocar o direito à integridade para vedar essa utilização da sua obra.

---

[217] Artigos 59 (2)-(3), 93, 169 (4) e 172 (3) do CDADC de 1985.
[218] Artigos 45 (2) e 115 (3) do CDADC de 1985.

Antes de mais há que determinar se a paródia é protegida *per se*, ou seja, se se trata de uma «obra» em relação à qual se encontram preenchidos os devidos requisitos de protecção.[219]

Se a paródia apenas aproveita o tema anterior, dificilmente será considerada «original» e, como tal, tutelada pelo direito de autor. A verdadeira paródia aproveita o tema da obra anterior, mas tem individualidade, não porque é algo que se vê pela primeira vez vista, não porque contém, necessariamente, a marca indelével do seu autor, mas porque é criação intelectual do autor, fruto do esforço criador e engenho deste, emergindo num contexto de liberdade criativa.

Qualificada uma paródia como uma obra merecedora de protecção autoral, tal não lhe confere imunidade no que toca à ilicitude que possa resultar da utilização de obra preexistente para efeitos de criação dessa paródia protegida.

Se a paródia reproduz e/ou modifica, no todo ou em parte, uma obra preexistente tutelada pelo direito de autor, a licitude dessa utilização exige a autorização prévia do autor da obra anterior (como sucede no caso da obra compósita) ou da lei (sob a forma de uma excepção).

A ausência dessa autorização (fornecida pelo autor ou pela lei) configurará, em princípio, uma violação do direito moral à integridade da obra e dos direitos patrimoniais à reprodução e à modificação da mesma.

Se, todavia, a paródia aproveita o tema da obra anterior, sem reproduzir e/ou modificar a obra preexistente, no todo ou em parte, já não será necessária a autorização do autor da obra preexistente nem da lei (sob a forma de uma excepção).

Em Portugal, dada a ausência de uma excepção neste campo, por opção legislativa tomada aquando da implementação da Directiva sobre a Sociedade da Informação,[220] a paródia apenas será lícita, na ausência de autorização dos titulares de direitos relevantes, se recorrer a temas e ideias de obras preexistentes sem, contudo, utilizar a sua expressão protegida.

Assim se opera a distinção, por um lado, das ideias, como matéria não protegida, que todos podem utilizar livremente e, por outro, da expressão

---

[219] *Vide* Capítulo II – A obra e Capítulo III – Os requisitos de protecção.
[220] *Vide* Parte I – O Direito de Autor em Portugal, Capítulo VI – As excepções e limitações, 6.3.5 – Excepções e limitações relativas ao direito à reprodução e ao direito à comunicação ao público.

reconduzida à criação intelectual – sendo a utilização abusiva desta última que se configura como ilícita.[221]

Recentemente, o Tribunal da Relação de Lisboa foi confrontado com esta matéria, num processo em que se discutia a licitude da utilização da obra «As cantigas do avô cantigas», de tal modo que em lugar do verso «Eu sou o avô cantigas/E todas as crianças são minhas amigas/Eu sou o avô cantigas/Rapazes e raparigas» surgia o verso «Eu sou o avô cantigas/E todos os gays são minhas amigas/Eu sou o avô cantigas/La La La La He He He». Tendo essa utilização carecido da autorização do respectivo autor, o Tribunal da Relação de Lisboa distinguiu, por um lado, a liberdade que todos têm de utilizar tema ou ideia de obra alheia e com base neles criar uma obra nova e, por outro, a utilização de obra alheia em obra própria, mesmo que para parodiar uma situação social ou política. Este último caso, salientou o Tribunal, reconduz-se a uma utilização de obra alheia ainda que para criação de obra própria. No caso *sub judice*, denotou o Tribunal a alteração introduzida na referida obra havia desvirtuado a mesma, dando um outro sentido às palavras inocentes contidas nos versos originais.[222]

Note-se, ainda, que os projectos de arquitectura observam regra específica.[223] O autor de um projecto de arquitectura, executado por outrem e incorporado em obra de arquitectura, tem o direito de fiscalizar a sua construção de maneira a assegurar a conformidade da obra com o projecto de que é autor e durante a sua construção ou após a sua conclusão, o dono da obra não pode introduzir alterações na obra, sem consulta prévia ao autor do projecto, sob pena de indemnização por perdas e danos.

Verificando-se a consulta prévia ao autor do projecto, este poderá concordar com as alterações na obra sugeridas pelo dono da obra (concluindo, implicitamente, que essas alterações não desvirtuam a obra, nem afectam a sua honra e reputação) ou rejeitar as mesmas. Em caso de rejeição, o autor do projecto pode repudiar a paternidade da obra modificada, ficando vedado ao proprietário invocar para o futuro, em proveito próprio, o nome do autor do projecto inicial.

O autor não renuncia, por este processo, ao direito à paternidade da obra, direito esse inalienável e irrenunciável, somente repudiando a paternidade

---

[221] Princípio este que se encontra consagrado no artigo 9 (2) do Acordo TRIPS.
[222] Acórdão do Tribunal da Relação de Lisboa, Processo Nº 1598/10.0TVLSB.L1-6, 31-03-2011.
[223] Artigo 60 do CDADC de 1985.

da obra modificada.²²⁴ Daqui se extrai que o autor pode sempre, em qualquer altura, reivindicar a sua autoria, na medida da sua contribuição para a obra final.

Por último, diz a lei que o direito à integridade é imprescritível e perpétuo. Na prática, o autor tem, toda a vida, o direito de assegurar a genuinidade e integridade da obra, proibindo a sua distorção e mutilação e, de um modo geral, qualquer modificação da mesma que possa afectar a sua honra e a sua reputação. Por sua morte, o exercício deste direito compete aos seus sucessores.²²⁵

Falecido o autor, pode o Ministério da Cultura defender as obras ainda não caídas no domínio público que se encontrem ameaçadas na sua autenticidade ou dignidade cultural, quando os titulares de direitos relevantes, notificados para o exercer, se tiverem abstido sem motivo atendível.²²⁶

Expirado que seja o prazo de protecção dos respectivos direitos patrimoniais, a defesa da genuinidade e integridade das obras caídas no domínio público compete ao Estado e é exercida através do Ministério da Cultura.²²⁷ Essa entidade não exercerá, então, um direito moral, executando, antes, uma acção de foro cultural ditada pelo interesse público.

4.4. O direito de retirada da obra

O direito de retirada da obra encontra consagração em certos países de *droit d'auteuer*, como Portugal, embora não seja mencionado na Convenção de Berna. Confere tal direito, ao autor da obra divulgada ou publicada, a faculdade de a retirar a todo o tempo da circulação e de fazer cessar a respectiva utilização, sejam quais forem as modalidades desta, contanto que tenha razões morais atendíveis e tendo que indemnizar os interessados pelos prejuízos que a retirada lhes causar.²²⁸

Este direito acentua o carácter pessoalíssimo da criação intelectual, permitindo que, não obstante a autorização concedida para a disseminação da obra, o autor possa suspender essa autorização uma vez que tenha uma mudança de opinião que deva ser considerada e indemnize os interessados dos prejuízos que assim lhes causar.

---

²²⁴ Artigos 56 e 60 do CDADC de 1985.
²²⁵ Artigos 9 (3), 56 (2) e 57 (1) do CDADC de 1985.
²²⁶ Artigo 57 (3) do CDADC de 1985.
²²⁷ Artigo 57 (2) do CDADC de 1985.
²²⁸ Artigo 62 do CDADC de 1985.

Ressalve-se que o autor não incorre em qualquer responsabilidade se, por decisão judicial, for imposta a supressão de algum passo da obra que comprometa ou desvirtue o sentido da mesma, podendo, então, retirá-la e resolver o contrato.[229]

Após a morte do autor, à primeira vista, a lei parece permitir a transmissão *mortis causa* do direito de retirada e o seu exercício pelos sucessores do autor. Com efeito, estipula o artigo 9 (3) do CDADC de 1985, que mesmo depois da extinção dos direitos patrimoniais, o autor goza de direitos morais sobre a sua obra.

Na verdade, exigindo o exercício do direito de retirada a presença de «razões morais atendíveis», razões essas que emergem da convicção intelectual do autor, falecido este último, fica inviabilizada a invocação desse direito.

Já não será assim se se verificar uma violação do direito à integridade da obra, resultando, porventura, a retirada da mesma dessa violação – uma vez que, por morte do autor, o exercício do direito à integridade compete aos seus sucessores.[230]

4.5. O direito à divulgação da obra

O direito à divulgação consiste na faculdade de autorizar a divulgação ou publicação da obra e de determinar os métodos de disseminação da mesma.

Tal como o direito de retirada, o direito à divulgação da obra encontra consagração em certos países de *droit d'auteuer*, como a França, mas não é mencionado na Convenção de Berna.[231]

Em Portugal, o direito à divulgação é integrado não no âmbito dos direitos morais, mas dos direitos patrimoniais. Estatui a lei que, no exercício deste últimos, o autor tem o direito exclusivo de explorar e, em geral, de utilizar a obra, no todo ou em parte, segundo a sua espécie e natureza, por qualquer dos modos actualmente conhecidos ou que de futuro o venham a ser, incluindo a divulgação, a publicação e a exploração económicas da obra por qualquer forma, directa ou indirectamente.[232]

O autor tem, assim, o direito patrimonial de autorizar a publicação de uma obra (ou seja, a sua reprodução, qualquer que seja o modo de fabrico

---

[229] Artigo 114 do CDADC de 1985.
[230] Artigos 9 (3), 56 (2) e 57 (1) do CDADC de 1985.
[231] Artigo L.121–2 do Código francês de 1992.
[232] Artigos 9 (2), 67 (1) e 68 (1) do CDADC de 1985.

dos respectivos exemplares, desde que efectivamente postos à disposição do público), bem como a sua divulgação (isto é, a sua apresentação ao público por quaisquer meios, como a representação de obra dramática ou dramático-musical, a execução de obra musical, a recitação de obra literária, a transmissão ou a radiodifusão, a construção de obra de arquitectura ou de obra plástica nela incorporada e a exposição de qualquer obra artística).[233]

Como se vê, este direito patrimonial é bastante abrangente, não compreendendo, apenas, a disseminação de cópias tangíveis da obra.

Terminologicamente, o termo «público» a que se refere o artigo 6 do CDADC deve ser entendido, segundo o Supremo, como o público em geral, só existindo divulgação quando a obra sai fora da esfera de controlo do autor e passa a ser acessível a todos aqueles que procuram ter conhecimento dela. Não se pode considerar a mera gravação de ensaios como fazendo parte do conceito de divulgação.[234]

Após a morte do autor, cabe aos respectivos sucessores decidir sobre a utilização das obras que ainda não tenham sido divulgadas nem publicadas. Se os sucessores não utilizarem a obra dentro de vinte e cinco anos a contar da morte do autor, salvo em caso de impossibilidade ou de demora na divulgação ou publicação por ponderosos motivos de ordem moral, que poderão ser apreciados judicialmente, não podem opor-se à divulgação ou publicação da obra póstuma.[235]

---

[233] Artigo 6 do CDADC de 1985.
[234] Acórdão do Supremo Tribunal de Justiça, Processo Nº 3501/05.0TBOER.L1.S1, 04/29/2010.
[235] Artigo 70 do CDADC de 1985.

O direito português consagra os seguintes direitos morais:
- O direito à paternidade da obra, que assenta na faculdade de reivindicar a paternidade da obra ou de manter o anonimato;
- O direito à integridade da obra, que proíbe a distorção e a mutilação da obra e, de um modo geral, qualquer modificação da mesma que possa afectar a honra e a reputação do respectivo autor; e
- O direito de retirada da obra, que permite que o autor da obra divulgada ou publicada possa retirá-la a todo o tempo da circulação e fazer cessar a respectiva utilização, sejam quais forem as modalidades desta, contanto que tenha razões morais atendíveis e tendo que indemnizar os interessados pelos prejuízos que a retirada lhes causar.

Capítulo V
Os direitos patrimoniais

5.1. Noções preliminares

Os direitos patrimoniais consistem no elemento pecuniário do direito de autor, o que os distingue dos direitos morais. Decorre destes direitos que, dentro dos limites estabelecidos pela lei, o autor pode submeter as utilizações públicas da obra ao pagamento de uma remuneração.[236]

Confere-se, assim, ao autor, o direito de auferir uma renumeração sempre que a sua obra seja utilizada por outrem, como recompensa pelo trabalho de criação intelectual.

Em Portugal, diz a lei que a garantia das vantagens patrimoniais resultantes da exploração da obra constitui, do ponto de vista económico, o objecto fundamental da protecção legal.[237]

No exercício dos direitos patrimoniais, o autor tem o direito exclusivo de utilizar a sua obra, no todo ou em parte, ou de autorizar a sua utilização por terceiro.[238]

Cabe ao autor decidir, livremente, como é que a obra deverá ser utilizada, por si e/ou por terceiros, segundo a espécie e natureza da obra e de acordo com os modos de utilização actualmente conhecidos ou que de futuro o venham a ser.[239]

---

[236] Organização Mundial da Propriedade Intelectual, *Glossary of Terms of the Law of Copyright and Neighbouring Rights*, OMPI, 1978, p. 95.
[237] Artigo 67 (2) do CDADC de 1985.
[238] Artigos 9 (2) e 67 (1) do CDADC de 1985.
[239] Artigos 9 (2) e 68 (1) do CDADC de 1985.

Dispõe a lei sobre tais modos de utilização, exemplificativamente, estatuindo que assiste ao autor, entre outros, o direito exclusivo de executar (ou autorizar a execução por terceiro) dos seguintes actos:[240]

- A publicação pela imprensa ou por qualquer outro meio de reprodução gráfica;
- A representação de uma obra dramática, dramático-musical, coreográfica, pantomímica ou de natureza análoga;
- A execução por instrumentos ou por instrumentos e cantores de obra musical ou literário-musical;
- A recitação de uma obra literária;
- A exibição ou exposição, em público, de uma obra plástica, gráfica ou aplicada;
- A reprodução, adaptação, representação, execução, distribuição e exibição cinematográficas;
- A fixação ou adaptação a qualquer aparelho destinado à reprodução (mecânica, eléctrica, electrónica ou química) e a execução pública, transmissão ou retransmissão por esses meios;
- A difusão por qualquer processo de reprodução de sinais, sons ou imagens (como a fotografia, a telefotografia, a televisão e a radiofonia);
- A comunicação pública, por fios ou sem fios, nomeadamente, por ondas hertzianas, fibras ópticas, cabo ou satélite, quando essa comunicação for feita por outro organismo que não o de origem;
- Qualquer forma de distribuição do original ou de cópias da obra, tal como a venda, o aluguer ou o comodato;
- A tradução, adaptação, arranjo, instrumentação ou qualquer outra transformação da obra;
- Qualquer utilização em obra diferente;
- A reprodução directa ou indirecta, temporária ou permanente, por quaisquer meios e sob qualquer forma, no todo ou em parte;
- A colocação à disposição do público, por fio ou sem fio, da obra por forma a torná-la acessível a qualquer pessoa a partir do local e no momento por ela escolhido; e
- A construção de obra de arquitectura segundo o projecto, quer haja ou não repetições.

---

[240] Artigo 68 (2) do CDADC de 1985.

Sublinhe-se que os diversos modos de utilização da obra são independentes, podendo subsistir, em paralelo, em relação à mesma obra, vários modos de utilização, pelo autor e/ou terceiros. Por exemplo, o autor de uma obra literária pode autorizar a sua reprodução e publicação por um editor, a sua adaptação para o cinema por um produtor cinematográfico e a sua transmissão sem fios por um organismo de radiodifusão, cabendo-lhe uma remuneração distinta em relação a cada uma dessas utilizações.[241]

Em seguida serão analisados os direitos patrimoniais à reprodução, à distribuição e à comunicação ao público da obra, como exemplos fundamentais que são desses direitos.[242]

5.2. O direito à reprodução da obra

Segundo a OMPI, a reprodução consiste na execução de uma ou mais cópias de uma obra ou de uma parte substancial da mesma, em qualquer formato, incluindo a gravação sonora ou visual, consistindo a publicação da obra na forma mais vulgar de reprodução e sendo o direito à reprodução um dos mais importantes componentes do direito de autor.[243]

O conceito de «reprodução» anda, pois, associado à noção de cópia, indicando uma multiplicação de exemplares, tangíveis ou intangíveis, de uma obra.

Por exemplo, a reprodução de uma obra literária pode consistir numa cópia do texto dessa obra ou do registo sonoro da mesma e a reprodução de uma obra artística pode traduzir-se numa fotografia da obra em causa ou, tratando-se de uma escultura, numa réplica em três dimensões da mesma.

A nível comunitário, o direito à reprodução tem assento no artigo 2 da Directiva sobre a Sociedade da Informação, cujo vigésimo primeiro considerando exige que os actos abrangidos pelo direito de reprodução sejam entendidos em sentido amplo.[244]

---

[241] Artigo 68 (3)-(4) do CDADC de 1985.
[242] *Vide* Artigo 68 (2) (i), (f) e (j) do CDADC de 1985. Só estes direitos encontram consagração expressa na Directiva sobre a Sociedade da Informação. *Vide* Parte IV – O Direito de Autor na União Europeia, Capítulo VII – A Directiva sobre a Sociedade da Informação.
[243] Organização Mundial da Propriedade Intelectual, *Glossary of Terms of the Law of Copyright and Neighbouring Rights*, OMPI, 1978, p. 223.
[244] *Vide* Parte IV – O Direito de Autor na União Europeia, Capítulo VII – A Directiva sobre a Sociedade da Informação.

Esta exigência de uma definição ampla dos referidos actos está também presente na redacção do artigo 2 dessa Directiva, que emprega expressões como «directas ou indirectas», «temporárias ou permanentes», «por quaisquer meios» e «sob qualquer forma».

Tais termos foram extrapolados para o artigo 68 (2) (i) do CDADC, o qual concede ao autor o direito de executar (ou de autorizar outrem a executar) a reprodução directa ou indirecta, temporária ou permanente, por quaisquer meios e sob qualquer forma, no todo ou em parte, da sua obra.

Consequentemente, a protecção conferida pelo artigo 2 da Directiva sobre a Sociedade da Informação e, no CDADC, pelo artigo 68 (2) (i), deve ter um alcance amplo.[245]

5.3. O direito à distribuição da obra

A distribuição corresponde à disponibilização de cópias tangíveis de uma obra, no todo ou em parte, ao público através, sobretudo, dos canais comerciais adequados.[246]

Enquanto o artigo 14 (1) (i) da Convenção de Berna apenas outorga esse direito aos autores de obras cinematográficas, o artigo 6 (1) do Tratado da OMPI sobre Direito de Autor estende-o a todos os autores.[247]

Tal exemplo é seguido pelo artigo 4 (1) da Directiva sobre a Sociedade da Informação, o qual atribui aos autores, em geral, em relação ao original das suas obras ou respectivas cópias, o direito exclusivo de autorizar ou proibir qualquer forma de distribuição, ao público, através da sua venda ou de qualquer outro meio.[248]

O artigo 4 (2) da mesma Directiva invoca o conceito de «esgotamento de direitos» para restringir esse direito, ou seja, a noção de que a primeira venda (ou outro meio lícito de transferência de propriedade) esgota o direito de distribuição do original ou de cópias, enquanto exemplares tangíveis.

Conceptualmente, o esgotamento de direitos pode revestir natureza nacional, regional ou internacional, esgotando-se, então, o direito de distri-

---

[245] *Vide*, nesse sentido, *Infopaq International A/S v. Danske Dagblades Forening*, Acórdão do Tribunal de Justiça, Processo C5/08, 16 de Julho de 2009, 43.

[246] Organização Mundial da Propriedade Intelectual, *Glossary of Terms of the Law of Copyright and Neighbouring Rights*, OMPI, 1978, p. 83.

[247] *Vide* Parte V – O Direito de Autor nos Tratados Internacionais, Capítulo I – A Convenção de Berna e Capítulo V – O Tratado da OMPI sobre Direito de Autor.

[248] *Vide* Parte IV – O Direito de Autor na União Europeia, Capítulo VII – A Directiva sobre a Sociedade da Informação.

buição, quando os actos de disposição lícitos tenham lugar, respectivamente, em determinado país (por exemplo, nos Estados Unidos, de acordo com a chamada *first sale doctrine*), em certa região (como a Comunidade Europeia) ou em qualquer local do mundo.

A Directiva sobre a Sociedade da Informação opta pelo conceito de esgotamento regional ao assentar que o direito de distribuição se esgota, na Comunidade, relativamente ao original ou às cópias de uma obra, quando a primeira venda ou qualquer outra forma de primeira transferência da propriedade desse objecto, na Comunidade, seja realizada pelo titular do direito ou com o seu consentimento.

Em harmonia com os preceitos comunitários *supra* referidos, o artigo 68 (2) (f) do CDADC concede ao autor o direito de executar (ou de autorizar outrem a executar) qualquer forma de distribuição do original ou de cópias da obra, tal como a venda, o aluguer ou o comodato, enquanto o artigo 68 (5), do mesmo diploma, dispõe que os actos de disposição lícitos, mediante a primeira venda ou por outro meio de transferência de propriedade, esgotam o direito de distribuição do original ou de cópias, enquanto exemplares tangíveis, de uma obra na Comunidade.

Mencione-se, neste contexto, a questão das importações paralelas, as quais têm lugar quando o original ou as cópias de uma obra são alvo de actos de disposição lícitos, em certo país, sendo depois importados para outro país.

Pergunta-se, então, se o titular de direitos pode, não obstante ter autorizado a disposição dos exemplares no primeiro país, impedir a importação aludida, havendo que concluir que, vigorando na União Europeia o princípio de esgotamento de direitos nos moldes acima expostos, uma vez realizada ou autorizada pelo titular de direitos, a primeira venda ou qualquer outra forma de primeira transferência da propriedade do original ou das cópias de uma obra, na Comunidade, não pode esse titular de direitos impedir importações paralelas no seio da Comunidade, podendo apenas vedar a importação de exemplares licitamente colocados no mercado fora do espaço comunitário.[249]

5.4. O direito à comunicação ao público, incluindo a disponibilização a pedido do utilizador

A interactividade digital é dominada, presentemente, pelo direito de comunicação ao público, no qual se integra a disponibilização de obras a pedido do utilizador. Dada a importância que esta matéria hoje reveste, proceder-

---

[249] Vide W. Rothnie, *Parallel Imports*, Sweet and Maxwell, 1993.

-se-á, em seguida, não apenas à análise do direito de comunicação ao público, incluindo a disponibilização de obras a pedido do utilizador, mas também à apreciação da questão do Tribunal competente e da lei aplicável no domínio dessa disponibilização.

5.4.1. Conceitos e interpretação

O conceito tradicional de «comunicação ao público» cifra-se na transmissão de uma obra, para o público em geral, e não apenas para indivíduos pertencentes a núcleos restritos, tomando uma noção mais ampla do que a noção de publicação.[250]

Assim entendida, a «comunicação ao público» abrange formas de comunicação como a radiodifusão e a televisão por cabo, mas não a disseminação de obras na Internet.

Perante os problemas levantados pelo digital, coube ao artigo 8 do Tratado da OMPI sobre Direito de Autor a adopção, em 1996, de uma definição alargada do conceito de comunicação ao público, que incluísse os serviços interactivos utilizados em momento e local escolhidos pelos membros do público e, por essa via, a disseminação de obras na Internet.[251]

Tal como configurado pelo Tratado da OMPI sobre Direito de Autor, o escopo do direito de comunicação ao público é muito amplo, incluindo a transmissão sem fios, por exemplo, por ondas hertzianas, a transmissão por fios, por exemplo, por fibra óptica e a transmissão por meio de serviços interactivos, utilizados a partir do local e no momento determinados pelos membros do público.

Saliente-se que o acto de disponibilização a pedido do utilizador não tem, necessariamente, que ser realizado na Internet. Essencial é que se trate de uma comunicação interactiva, sendo as obras colocadas à disposição do público e tornando-se acessíveis a partir do local e no momento escolhidos pelos membros do público.

Assim, por exemplo, o acto de disponibilização a pedido do utilizador pode ser executado através de intranets, bastando que os conteúdos em causa possam ser acedidos a partir de mais do que um terminal.[252]

---

[250] Organização Mundial da Propriedade Intelectual, *Glossary of Terms of the Law of Copyright and Neighbouring Rights*, OMPI, 1978, p. 42.

[251] *Vide* Parte V – O Direito de Autor nos Tratados Internacionais, Capítulo V – O Tratado da OMPI sobre Direito de Autor.

[252] J. Reinbothe e S. von Lewinski, *The WIPO Treaties 1996*, Butterworths, 2002, p. 111.

Esta visão alargada do direito à comunicação ao público, foi acolhida pelo artigo 3 da Directiva sobre a Sociedade da Informação, o qual atribui, ao autor, o direito de autorizar ou proibir qualquer comunicação ao público das suas obras, por fio ou sem fio, incluindo a sua colocação à disposição do público por forma a torná-las acessíveis a qualquer pessoa, a partir do local e no momento por ela escolhidos.[253]

Em Portugal, o artigo 68 (2) (e) do CDADC de 1985 concede ao autor, dentro dos moldes tradicionais, o direito de executar (ou de autorizar outrem a executar) a «difusão pela fotografia, telefotografia, televisão, radiofonia ou por qualquer outro processo de reprodução de sinais, sons ou imagens e a comunicação pública por altifalantes ou instrumentos análogos, por fios ou sem fios, nomeadamente por ondas hertzianas, fibras ópticas, cabo ou satélite, quando essa comunicação for feita por outro organismo que não o de origem».

Acrescente-se que, segundo o artigo 149 (3) do CDADC, se entende por «lugar público» aquele em que o acesso pode ser dado ou negado, implícita ou explicitamente, mediante remuneração ou sem ela, decorrendo do artigo 108 (2) do mesmo diploma que a comunicação da obra, sem fim lucrativo e em privado, num meio familiar, poderá fazer-se independentemente de autorização do autor.

Nesta conexão, esclareceu o Supremo no âmbito de um processo judicial respeitante à transmissão de música ambiente previamente fixada em bobines, nas instalações de um estabelecimento bancário, que a comunicação de uma obra musical é feita em lugar público sempre que não seja realizada em privado, num meio familiar, explicando que um estabelecimento bancário é um lugar público e que a transmissão de música ambiente se encontra dependente de autorização dos respectivos autores.[254]

O direito à disponibilização a pedido do utilizador foi implementado pelo artigo 68 (2) (j) do CDADC, o qual concede ao autor o direito de colocar a obra à disposição do público, por fio ou sem fio, por forma a torná-la acessível a qualquer pessoa a partir do local e no momento por ela escolhidos.

Destaque-se, em sede de interpretação, que resulta do vigésimo terceiro considerando da Directiva sobre a Sociedade da Informação que o conceito de comunicação ao público deve ser entendido em sentido amplo, entendi-

---

[253] *Vide* Parte IV – O Direito de Autor na União Europeia, Capítulo VII – A Directiva sobre a Sociedade da Informação.
[254] Acórdão do Supremo Tribunal de Justiça, Processo Nº 087833, 05/04/1995.

mento esse que é essencial para cumprir o objectivo principal da referida Directiva, que, de acordo com o seu nono considerando, é estabelecer um elevado nível de protecção autoral.

Refira-se ainda que o Tribunal de Justiça já elaborou vários critérios para a determinação da ocorrência, ou não, de um acto de comunicação ao público, que a seguir elencaremos.[255]

No que toca ao papel do «utilizador», o operador de um estabelecimento hoteleiro e de um café/restaurante efectua um acto de comunicação, na acepção do artigo 3 (1) da Directiva sobre a Sociedade da Informação, ao permitir que os seus clientes tenham acesso a uma emissão radiodifundida, clientes esses que não teriam desfrutado da emissão radiodifundida sem a intervenção deliberada daquele operador.[256]

No respeitante aos elementos inerentes ao conceito de «público», esse conceito, na acepção do artigo 3 (1) da Directiva sobre a Sociedade da Informação, visa um número indeterminado de destinatários potenciais e implica um número de pessoas bastante importante, tendo-se em conta, para determinar este último número, os efeitos cumulativos que resultam da disponibilização das obras aos potenciais destinatários.[257]

Fundamental para que exista uma comunicação ao público é que a comunicação seja feita a um público diferente do público visado pelo acto de comunicação originário da obra, isto é, a um público novo. Segundo o Tribunal de Justiça, quando uma transmissão é feita a um público diferente do público visado pelo acto de comunicação originário da obra, ou seja, a um público novo, tal dá lugar à operação do direito exclusivo do autor de a autorizar.[258]

---

[255] *Vide* Parte IV – O Direito de Autor na União Europeia, Capítulo VII – A Directiva sobre a Sociedade da Informação.

[256] *Vide*, nesse sentido, *Sociedad General de Autores y Editors de Espana (SGAE) v. Rafael Hoteles SA*, Acórdão do Tribunal de Justiça, Processo C306/05, 7 de Dezembro de 2006, 42 e *Football Association Premier League Ltd, NetMed Hellas SA, Multichoice Hellas SA v. QC Leisure, David Richardson, AV Station plc, Malcolm Chamberlain, Michael Madden, SR Leisure Ltd, Philip George Charles Houghton and Derek Owen e Karen Murphy v. Media Protection Services Ltd*, Acórdão do Tribunal de Justiça, Processos apensos C403/08 e C429/08, 4 de Outubro de 2011, 195.

[257] *Vide Sociedad General de Autores y Editors de Espana (SGAE) v. Rafael Hoteles SA*, Acórdão do Tribunal de Justiça, Processo C306/05, 7 de Dezembro de 2006, 38-39.

[258] *Sociedad General de Autores y Editors de Espana (SGAE) v. Rafael Hoteles SA*, Acórdão do Tribunal de Justiça, Processo C306/05, 7 de Dezembro de 2006, 40-42.

Não é necessário, todavia, analisar a jusante a questão do público novo, quando se está perante actos executados em condições técnicas específicas, utilizando um modo diferente de transmissão e destinando-se a um público – actos esses que carecem, pois, de autorizações, individuais e separadas, dadas pelos respectivos autores.[259]

O carácter lucrativo de uma comunicação ao público, na acepção do artigo 3 (1) da Directiva sobre o Aluguer e o Comodato, não é irrelevante,[260] mas não se configura como condição indispensável para a determinação da existência de um acto de comunicação ao público.[261]

A existência de uma relação de concorrência entre as entidades que efectuam transmissões paralelas de obras protegidas pelo direito de autor ou retransmissões sucessivas destas, não é relevante para efeitos da qualificação de uma transmissão como sendo uma comunicação ao público, na acepção do artigo 3 (1) da Directiva sobre a Sociedade da Informação.[262]

Por último, decorre do artigo 3 (1) da Directiva sobre a Sociedade da Informação e do artigo 8 do Tratado da OMPI sobre o Direito de Autor que, para que exista comunicação ao público, é suficiente que a obra seja colocada à disposição do público por forma a que as pessoas que o compõem possam ter

---

[259] *ITV Broadcasting Ltd, ITV 2 Ltd, ITV Digital Channels Ltd, Channel 4 Television Corporation, 4 Ventures Ltd, Channel 5 Broadcasting Ltd, ITV Studios Ltd v. TVCatchup Ltd*, Acórdão do Tribunal de Justiça, Processo C607/11, 7 de Março de 2013, 37-39.

[260] *Vide*, nesse sentido, *Sociedad General de Autores y Editors de Espana (SGAE) v. Rafael Hoteles SA*, Acórdão do Tribunal de Justiça, Processo C306/05, 7 de Dezembro de 2006, 44; *Football Association Premier League Ltd, NetMed Hellas SA, Multichoice Hellas SA v. QC Leisure, David Richardson, AV Station plc, Malcolm Chamberlain, Michael Madden, SR Leisure Ltd, Philip George Charles Houghton and Derek Owen e Karen Murphy v. Media Protection Services Ltd*, Acórdão do Tribunal de Justiça, Processos apensos C403/08 e C429/08, 4 de Outubro de 201, 204-206.

[261] *Vide Sociedad General de Autores y Editors de Espana (SGAE) v. Rafael Hoteles SA*, Acórdão do Tribunal de Justiça, Processo C306/05, 7 de Dezembro de 2006, 44; *ITV Broadcasting Ltd, ITV 2 Ltd, ITV Digital Channels Ltd, Channel 4 Television Corporation, 4 Ventures Ltd, Channel 5 Broadcasting Ltd, ITV Studios Ltd v. TVCatchup Ltd*, Acórdão do Tribunal de Justiça, Processo C607/11, 7 de Março de 2013, 41-44.

[262] *ITV Broadcasting Ltd, ITV 2 Ltd, ITV Digital Channels Ltd, Channel 4 Television Corporation, 4 Ventures Ltd, Channel 5 Broadcasting Ltd, ITV Studios Ltd v. TVCatchup Ltd*, Acórdão do Tribunal de Justiça, Processo C607/11, 7 de Março de 2013, 45-47.

acesso a ela, independentemente de se verificar, ou não, o acesso efectivo à obra.²⁶³

5.4.2. O Tribunal competente e a lei aplicável no contexto da disponibilização da obra a pedido do utilizador
Se todos os elementos num caso de direito de autor forem domésticos, o Tribunal do foro aplicará as normas locais para proferir a sua decisão.

Já a presença de elementos de conexão a ordens jurídicas estrangeiras suscita uma série de questões em sede de direito internacional privado – como as que se referem à determinação do tribunal competente e da lei aplicável e à execução das sentenças com origem em tribunais estrangeiros.

Tradicionalmente, um conflito de leis surge nos casos que envolvem um elemento de conexão com ordens jurídicas estrangeiras, como sucede nas situações em que uma das partes tem nacionalidade estrangeira ou em que tenha sido cometida uma infracção num país estrangeiro.

Neste caso o tribunal deve, em primeiro lugar, pronunciar-se sobre a sua competência para julgar o caso em concreto. Na eventualidade de a resposta a esta questão ser afirmativa, o tribunal deve decidir qual a lei aplicável ao caso: a lei do foro, uma lei estrangeira ou ambas as leis.

O problema, no tocante ao acto de disponibilização, é que este tende a ocorrer na Internet. Ora o mundo digital é global. O ciberespaço é um conceito que ultrapassa as fronteiras nacionais. Segundo o Supremo Tribunal dos Estados Unidos, existe hoje um meio de comunicação único que se designa por «ciberespaço», que não possui uma localização geográfica precisa e ao qual pode ter acesso, qualquer utilizador da Internet, em qualquer parte do mundo.²⁶⁴

Não sendo fácil identificar o território de onde são originárias as transmissões e onde os conteúdos são disseminados, fica comprometida a resolução da questão da determinação da lei ou leis aplicáveis à transmissão transfronteiriça de obras em formato digital.

5.4.3.1. O Tribunal competente
Nesta matéria há que destacar três instrumentos regionais: a Convenção de Bruxelas de 1968 e a Convenção de Lugano de 1988 relativas à competência judiciária e à execução de decisões em matéria civil e comercial e o Regu-

---

²⁶³ *Sociedad General de Autores y Editors de Espana (SGAE) v. Rafael Hoteles SA*, Acórdão do Tribunal de Justiça, Processo C-306/05, 7 de Dezembro de 2006, 43.
²⁶⁴ *Reno v. ACLU, United States Supreme Court Reports*, 521, 1997, 844.

lamento 44/2001 relativo à competência judiciária, ao reconhecimento e à execução das decisões em matéria civil e comercial.[265]

A Convenção de Bruxelas de 1968 e a Convenção de Lugano de 1988, relativas à competência judiciária e à execução de decisões em matéria civil e comercial, aplicam-se a matérias civis e comerciais, entre as quais o direito de autor.[266] Estabelecem, estas convenções, regras uniformes para todos os Estados Contratantes com o objectivo de evitar conflitos de competência.

Postula a regra geral destes instrumentos regionais que, independentemente da sua nacionalidade, as pessoas domiciliadas num Estado Contratante podem ser objecto de procedimento judicial nesse Estado. As pessoas que não possuam a nacionalidade do Estado Contratante em que estão domiciliadas ficam sujeitas, nesse Estado, às regras de competência aplicáveis aos nacionais.[267]

Até há não muito tempo, as regras de competência da Comunidade Europeia e da Associação Europeia do Comércio Livre podiam ser encontradas, respectivamente, na Convenção de Bruxelas e na Convenção de Lugano, sendo a Convenção de Bruxelas aplicável a conflitos entre entidades com domicílio na Europa Comunitária e a Convenção de Lugano de 1988 a conflitos entre entidades com domicílio nos países da EFTA (Associação Europeia de Comércio Livre).

Recentemente, porém, a União Europeia estabeleceu novas regras relativas à competência judiciária, ao reconhecimento e à execução das decisões em matéria civil e comercial através da emanação do Regulamento 44/2001, de 22 de Dezembro de 2000, que assim tomou o lugar da Convenção de Bruxelas.

O dito regulamento, que entrou em vigor no dia 1 de Março de 2002, não se estende à Dinamarca, país que continua a obedecer às regras decorrentes da Convenção de Bruxelas.[268]

O Regulamento 44/2001 aplica-se a todas as matérias civis e comerciais, exceptuando as relativas ao estado e à capacidade das pessoas singulares, aos regimes matrimoniais, aos testamentos e às sucessões, às falências, às concordatas e aos processos análogos, à segurança social e à arbitragem.[269]

---

[265] G. Tritton, *Intellectual Property in Europe*, 3ª ed., Sweet e Maxwell, 2008, parágrafos 14-001 a 14-002, 14-009, 14-111 a 14-114 e 14-093 a 14-104.
[266] Artigo 1 da Convenção de Bruxelas e artigo 1 da Convenção de Lugano.
[267] Artigo 2 da Convenção de Bruxelas e artigo 2 da Convenção de Lugano.
[268] Artigo 76 do Regulamento 44/2001 CE.
[269] Artigo 1 do Regulamento 44/2001 CE.

Seguindo a norma geral contida no artigo 2 da Convenção de Bruxelas, decreta o Regulamento 44/2001 que as pessoas domiciliadas no território de um Estado Membro devem ser demandadas perante os tribunais desse Estado, independentemente da sua nacionalidade.[270]

Ou seja, a jurisdição competente é a do Estado Membro da União Europeia onde o demandado tem o seu domicílio, qualquer que seja a sua nacionalidade, mas em determinadas circunstâncias o requerido pode ser demandado perante os tribunais de outro Estado Membro da União Europeia – por exemplo, em matéria de seguros, contratos celebrados por consumidores e contratos individuais de trabalho.[271]

No que respeita aos contratos celebrados com consumidores, previstos nos artigos 15 a 17 do regulamento, a competência é reservada, sob certas condições, aos tribunais do domicílio do consumidor. Estas disposições, em particular o artigo 15 (1) (c), visam abranger a resolução de conflitos emergentes na Internet, uma vez que delas decorre que o consumidor pode intentar uma acção contra um comerciante *online* no tribunal do seu domicílio, contanto que o comerciante prossiga ou dirija a sua actividade comercial nesse Estado Membro.[272]

Ainda no respeitante à determinação do tribunal competente e à lei ou leis aplicáveis no âmbito do comércio electrónico, segundo uma declaração conjunta do Conselho e da Comissão, a aplicação do artigo 15 (1) (c) não é despoletada pelo mero facto de um *website* se encontrar acessível na Internet, exigindo não apenas que as actividades comerciais ou profissionais em causa se encontrem direccionadas para o Estado Membro da residência do consumidor (ou para um conjunto de Estados Membros no qual esse Estado Mem-

---

[270] Artigo 2 do Regulamento 44/2001 CE.
[271] Secções 3-5 do Regulamento 44/2001 CE.
[272] Artigo 15 do Regulamento 44/2001: «1. Em matéria de contrato celebrado por uma pessoa para finalidade que possa ser considerada estranha à sua actividade comercial ou profissional, a seguir denominada «o consumidor», a competência será determinada pela presente secção, sem prejuízo do disposto no artigo 4 e no ponto 5 do artigo 5: a) quando se trate de venda, a prestações, de bens móveis corpóreos; ou b) quando se trate de empréstimo a prestações ou de outra operação de crédito relacionados com o financiamento da venda de tais bens; ou c) em todos os outros casos, quando o contrato tenha sido concluído com uma pessoa que tem actividade comercial ou profissional no Estado Membro do domicílio do consumidor ou dirige essa actividade, por quaisquer meios, a esse Estado Membro ou a vários Estados incluindo esse Estado Membro, e o dito contrato seja abrangido por essa actividade».

bro se inclui), mas, também, a celebração de um contrato no âmbito dessas actividades, ainda que executado através da Internet.²⁷³

Registe-se, por fim, que, em última instância, a definição de «actividades direccionadas» será fixada pelo Tribunal do Luxemburgo.

5.4.3.2. A lei aplicável
Destacam-se aqui a Convenção de Berna e a Directiva sobre Radiodifusão por Satélite e Retransmissão por Cabo.

Comece-se por referir o artigo 5 (2) da Convenção de Berna, o qual dispõe que «[o] gozo e o exercício destes direitos não estão subordinados a qualquer formalidade; são independentes da existência de protecção no país de origem da obra. Em consequência, para além das estipulações da presente Convenção, a extensão da protecção, bem como os meios de recurso garantidos ao autor para salvaguardar os seus direitos, regulam-se exclusivamente pela legislação do país onde a protecção é reclamada».

O disposto nesta norma tem sido sujeito a diferentes interpretações, não existindo consenso no que toca ao seu sentido exacto.

Há, assim, quem preconize que, sendo o principal objectivo da Convenção de Berna o de estabelecer um sistema internacional para a protecção de usos legítimos de obras, a lei do país onde a protecção é reclamada, isto é, a *lex loci protectionis*, é a lei do país onde a exploração da obra decorre.²⁷⁴

Uma segunda interpretação deste dispositivo faz coincidir a lei do país onde a protecção é reclamada com a lei do país onde o autor intentou uma acção judicial. A Convenção de Berna refere-se à lei do foro, na medida em que é perante os tribunais do respectivo Estado que o autor reclama protecção.²⁷⁵

De acordo com uma terceira interpretação daquele preceito, a lei do país onde a protecção é reclamada é a lei do local onde a infracção foi cometida, ou seja, a *lex loci delicti commissi*.²⁷⁶

---

[273] Conselho e Comissão, «The Brussels Regulation: The Council and Commission's Joint Statement on Articles 15 and 68», http://webarchive.nationalarchives.gov.uk/+/http://www.dti.gov.uk/ccp/topics1/guide/jurisdiction_eustate.htm.
[274] J. J. Fawcett e P. Torremans, *Intellectual Property and Private International Law*, Clarendon Press, 1998, p. 467.
[275] *Vide* G. Koumantos, «Private International Law and the Berne Convention», *Copyright*, 24, 1988, p. 426.
[276] *Vide* G. Koumantos, «Private International Law and the Berne Convention», *Copyright*, 24, 1988, p. 426.

Neste campo, a Comissão Europeia já propôs a aplicação da lei do país de origem, dentro do espaço comunitário, aos casos de disponibilização de obras na Internet.[277]

A solução assim avançada pela Comissão Europeia funda-se na Directiva sobre Radiodifusão por Satélite e Retransmissão por Cabo, cujo artigo 2 (b) decreta que a «comunicação ao público por satélite verifica-se apenas no Estado Membro onde os sinais portadores do programa são introduzidos, sob o controlo e a responsabilidade do organismo de radiodifusão, numa cadeia ininterrupta de comunicação conducente ao satélite e deste para a terra» – preconizando, pois, esse preceito a aplicabilidade da lei do país do *uplink*.

A Comissão Europeia propôs a aplicação, dentro do espaço comunitário, aos casos de disponibilização de obras na Internet, não da lei do país do *uplink*, mas da lei do país do *upload*.

A aplicação da teoria do *upload*, com sustento na Directiva sobre Radiodifusão por Satélite e Retransmissão por Cabo, levaria a que o acto de disponibilização tivesse lugar no local de transmissão dos conteúdos.

Um pouco mais tarde, todavia, a Comissão reconheceu que a adopção da lei do país de origem poderia ser problemática, admitindo que, dada a natureza potencialmente omnipresente dos actos de transmissão digital, equacionar o país de origem do acto de disponibilização com um único país não seria tarefa fácil, podendo, inclusive, levar à ausência de protecção quando *o país de origem* fosse identificado, com base nesse critério, como um país terceiro.[278]

Efectivamente, a noção de «país de origem» é contemporânea de um mundo não digital, caracterizado pela facilidade determinação do local de origem de um acto. No mundo digital, descortinar o local onde um acto de *upload* é executado e, consequentemente, a origem do *upload* não é tarefa fácil.

Configurar-se-á mais simples, em regra, identificar o local onde um acto de *download* é executado, pelo que se poderia recorrer à teoria do *download* em lugar da teoria do *upload*, fazendo-se coincidir o local de disponibilização da obra com o local de recepção da mesma.[279]

---

[277] Comissão Europeia, «Green Paper on *Copyright* and Related Rights in the Information Society», COM (95), 382, final.

[278] Comissão Europeia, «Follow-up to the Green Paper on *Copyright* and Related Rights in the Information Society», COM (96), 568, final.

[279] *Vide* M. Ficsor, *The Law of Copyright and the Internet*, Oxford University Press, 2002, pp. 405, 508-509; J. Reinbothe e S. von Lewinski, The WIPO Treaties 1996, Buterworths, 2002, pp. 108-109.

Conclui-se que, no quadro da disponibilização a pedido do utilizador, a determinação do tribunal competente e da lei aplicável se caracteriza por alguma incerteza, requerendo soluções adequadas.[280]

> No exercício dos direitos patrimoniais o autor tem o direito exclusivo de explorar e, em geral, de utilizar a obra, no todo ou em parte, por qualquer dos modos actualmente conhecidos ou que de futuro o venham a ser.
> O autor tem, nomeadamente, os seguintes direitos patrimoniais:
>
> - O direito à reprodução, que consiste na execução de uma ou mais cópias da obra, podendo essa reprodução ser directa ou indirecta, temporária ou permanente, por quaisquer meios e sob qualquer forma, e podendo abranger a obra no todo ou em parte;
> - O direito à comunicação ao público, que se cifra na transmissão de uma obra para o público em geral, e não apenas para indivíduos pertencentes a núcleos restritos; e
> - O direito à disponibilização a pedido do utilizador, que abrange os serviços interactivos, tornados acessíveis, a qualquer pessoa, a partir do local e no momento por ela escolhidos.

---

[280] No que toca a soluções possíveis, em sede de competência judiciária e lei aplicável, vide P. Akester, *Direito de Autor e os Desafios da Tecnologia Digital*, Principia, 2004, pp. 183 et seq.

Capítulo VI
As excepções e limitações

6.1. Noções preliminares
A outorga do direito de autor é acompanhada de excepções e limitações a esse direito, as quais consistem em preceitos integrados, nas leis de direito de autor, que restringem o direito de explorar a obra.

Tais restrições têm como premissa o papel fundamental das obras literárias e artísticas no plano do estudo, da instrução e do saber.

É dessa função de foro cultural e social, desempenhada pelas obras literárias e artísticas, que deriva a colocação de restrições aos direitos exclusivos dos autores, com vista a facilitar o acesso à educação, à cultura e ao conhecimento.

As utilizações livres e as licenças de natureza compulsória configuram-se como as restrições mais significativas.

As utilizações livres das obras, nos termos estabelecidos pela lei, são, em regra, gratuitas, embora possam estar sujeitas a uma remuneração equitativa, enquanto das licenças compulsórias advém, por norma, para o autor, o direito de obter essa remuneração equitativa que é fixada, na falta de acordo entre as partes, pela autoridade competente.[281]

Grosso modo, existem três categorias de excepções e limitações: (i) as que salvaguardam, fundamentalmente, os direitos do indivíduo (autorizando, por exemplo, a reprodução para uso privado e não comercial), (ii) as que tutelam interesses de cariz comercial (tolerando, por exemplo, a descompilação de programas de computador para efeitos de interoperabilidade) e (iii) as que se destinam a promover a disseminação da informação e do conheci-

---

[281] Organização Mundial da Propriedade Intelectual, *Glossary of Terms of the Law of Copyright and Neighbouring Rights*, OMPI, 1978, p. 144.

mento para o bem comum (permitindo, por exemplo, que certas entidades, como bibliotecas, arquivos, museus e estabelecimentos de ensino executem certos actos).²⁸²

6.2. A regra dos três passos

Marco fundamental, neste campo, teve lugar aquando da Revisão de Estocolmo, em 1967. Foi então introduzido, no texto da Convenção de Berna, não apenas o direito exclusivo de reprodução, no artigo 9 (1), mas também, no artigo 9 (2), a possibilidade de os países da União preverem restrições a esse direito, desde que estas não afectassem o exercício do direito de reprodução de forma inaceitável.²⁸³

Consequentemente, decorre da Convenção de Berna que «[o]s autores de obras literárias e artísticas protegidas pela presente Convenção gozam do direito exclusivo de autorizar a reprodução das suas obras, de qualquer maneira e sob qualquer forma» e que «[f]ica reservada às legislações dos países da União a faculdade de permitir a reprodução das referidas obras, em certos casos especiais, desde que, tal reprodução não prejudique a exploração normal da obra nem cause um prejuízo injustificado aos legítimos interesses do autor.»

As restrições ao direito à reprodução ficaram, assim, sujeitas à regra dos três passos, apenas sendo permitidas (1) em certos casos especiais e (2) não

---

²⁸² A nível internacional, a Convenção de Berna estabelece excepções atinentes a discursos políticos e discursos pronunciados em debates judiciários, a conferências, alocuções e outras obras da mesma natureza pronunciadas em público, à reprodução para fins privados, a citações, à ilustração do ensino, a artigos de actualidade e obras radiodifundidas que tenham a mesma natureza, a obras vistas ou ouvidas no decurso dos relatos de acontecimentos da actualidade e a gravações efémeras efectuadas por organismos de radiodifusão (artigos 2 bis (1)-(2), 9 (2), 10, 10 bis e 11 bis (3) da Convenção de Berna). A Convenção de Berna prevê, ainda, limitações nos campos da radiodifusão e da transmissão por cabo e da gravação de obras musicais (artigos 11 bis (2) e 13 (1) da Convenção de Berna).

²⁸³ C. Masouyé, *Guide to the Berne Convention*, OMPI, 1978, parágrafos 9.6–9.13; M. Senftleben, *Copyright, limitations and the three-step test: an analysis of the three-step test in international and EC copyright law*, Kluwer Law International, 2004; S. Ricketson e J. C. Ginsburg, *International Copyright and Neighbouring Rights: The Berne Convention and Beyond*, 2ª ed., Oxford University Press, 2006, parágrafos 13.03-13.37. *Vide* Parte V – O Direito de Autor nos Tratados Internacionais, Capítulo I – A Convenção de Berna.

devendo prejudicar a exploração normal da obra, (3) nem causar um prejuízo injustificado aos legítimos interesses do autor.

A referência a «certos casos especiais» veda restrições de carácter geral que permitam, por exemplo, a reprodução de qualquer obra, para quaisquer fins. A alusão à «exploração normal da obra» invoca os actos de reprodução que são usualmente exercidos pelo autor, no âmbito da utilização da obra. E a menção de um «prejuízo injustificado aos legítimos interesses do autor» impede qualquer restrição que impeça o autor de fruir dos benefícios económicos decorrentes da utilização da obra.

Tal como adoptada, aquando da Conferência de Estocolmo de 1967, a regra dos três passos só se aplica ao direito à reprodução.

Enquanto a Convenção de Berna adopta este teste apenas em conexão com o direito à reprodução, o Acordo TRIPS, de 1994, emprega-o relativamente a todos os direitos outorgados aos autores. Dita o artigo 13 do Acordo TRIPS que os respectivos signatários podem introduzir, na sua legislação nacional, excepções e limitações à protecção decorrente do acordo «em determinados casos especiais que não obstem à exploração normal da obra e não prejudiquem de forma injustificável os legítimos interesses do titular do direito».[284]

Há não muito tempo, este teste foi alvo de análise minuciosa no âmbito de uma disputa que opôs à União Europeia aos Estados Unidos, disputa essa que foi dirimida pela Organização Mundial do Comércio.[285]

Sumariamente, segundo a Comissão Europeia, determinada excepção constante da lei norte-americana era incompatível com os artigos 11 e 11 bis da Convenção de Berna e, consequentemente, com o artigo 9 (1) do Acordo TRIPS, violando as obrigações advindas desse acordo. De acordo com os Estados Unidos, a excepção em causa era permitida pelo artigo 13 do Acordo TRIPS.[286]

---

[284] *Vide* Parte V – O Direito de Autor nos Tratados Internacionais, Capítulo VI – O Acordo TRIPS.

[285] Organização Mundial do Comércio, *Report of the Panel established under Article 6 of the Dispute Settlement Understanding and Article 64 (1) of the TRIPS Agreement: United States. Section 110 (5) of the US Copyright Act, in Dispute Settlement Reports*, Cambridge University Press, 2008.

[286] Secção 110 (5) (A)-(B) da Lei norte-americana de 1976.

Perante tais alegações, o Painel da Organização Mundial do Comércio procedeu à análise da regra dos três passos, tendo concluído que:[287]

- Os três passos consistem em requisitos independentes, que devem ser satisfeitos cumulativamente;
- O primeiro passo («determinados casos especiais») exige que as excepções e limitações sejam claramente definidas e tenham um escopo e alcance restritos;
- O segundo passo («que não obstem à exploração normal da obra»), dá azo a que uma excepção ou limitação entre em conflito com a exploração normal da obra, quando o uso da obra que é admitido por essa restrição toca na exploração da obra pelo seu autor, privando-o, assim, de proventos económicos significativos ou tangíveis;
- O terceiro passo («não prejudiquem de forma injustificável os legítimos interesses do titular do direito»), assenta, crucialmente, no conceito de grau ou nível de prejuízo injustificável, decretando a sua inadmissibilidade quando uma excepção ou limitação cause, ou possa causar, uma perda indefensável de proventos para o autor.

6.3. As excepções e limitações no quadro nacional
Explanadas as devidas noções preliminares, segue-se o exame desta matéria sob uma perspectiva nacional.

6.3.1. Enquadramento
Reporte-se, antes de mais, que o quadro nacional relativo às excepções e limitações foi alvo de extensa revisão aquando da implementação da Directiva sobre a Sociedade da Informação no ordenamento jurídico nacional, operada através da Lei 50/2004, de 24 de Agosto.[288]

Por sua vez, a Lei 50/2004 teve por base uma proposta do Governo (Proposta de Lei 108/IX/2), que considerou a importância das excepções e limitações para o bem comum, as formulações já consagradas no ordenamento

---

[287] Organização Mundial do Comércio, *Report of the Panel established under Article 6 of the Dispute Settlement Understanding and Article 64 (1) of the TRIPS Agreement: United States. Section 110 (5) of the US Copyright Act, in Dispute Settlement Reports*, Cambridge University Press, 2008, parágrafos 6.97, 6.112, 6.179-6.181, 6.183, 6.222 e 6.229.

[288] *Vide* Parte IV – O Direito de Autor na União Europeia, Capítulo VII – A Directiva sobre a Sociedade da Informação.

jurídico nacional e a necessidade de introduzir algumas excepções adequadas ao ambiente digital, e uma proposta do bloco de esquerda (Proposta de Lei 414/IX/20), esta última exclusivamente devotada às medidas tecnológicas para protecção de direitos.[289]

6.3.2. Princípios gerais

Entre os rudimentos que norteiam a matéria das excepções e limitações no CDADC, há que salientar, antes de mais, o artigo 75 (4) do mesmo diploma, o qual invoca a regra dos três passos, acima detalhada.

Subordina-se, assim, a aplicação do catálogo nacional de excepções e limitações a duas condições, ao estipular-se que tais excepções e limitações não devem atingir a exploração normal da obra, nem causar prejuízo injustificado dos interesses legítimos do autor. Não é feita referência a «certos casos especiais», por se ter assimilado esses casos especiais ao elenco de excepções e limitações contido no artigo 75 do CDADC.[290]

Em segundo lugar, na sequência da implementação da Directiva sobre a Sociedade da Informação no ordenamento jurídico nacional, o conceito de «licitude de origem» foi introduzido no artigo 75 (3) do CDADC – preceito esse que autoriza, na medida justificada pelo objectivo do acto de reprodução, a distribuição de exemplares desde que licitamente reproduzidos.

A Associação Fonográfica Portuguesa (AFP) e a Associação para a Gestão e Distribuição de Direitos (AUDIOGEST) temiam que esta disposição abrisse caminho às mais diversas formas de utilizações abusivas, tendo sugerido que, caso não se optasse pela sua supressão, ela fosse pelo menos alterada, por forma a impedir que as reproduções aí referidas pudessem ser efectuadas a partir de cópias de obras.[291]

Isto posto, fez-se depender a legalidade da distribuição dos exemplares da licitude da sua reprodução.

Visto que o artigo 68 do CDADC circunscreve o direito de distribuição ao âmbito dos «exemplares tangíveis», deve concluir-se que o requisito da «licitude de origem» nao se aplica ao digital.

---

[289] Gabinete do Direito de Autor, «Nota Justificativa», e) 8.
[290] Gabinete do Direito de Autor, «Nota Justificativa», ponto 8.
[291] AFP e AUDIOGEST, «Posição da Associação Fonográfica Portuguesa (AFP) e da Associação para a Gestão e Distribuição de Direitos (AUDIOGEST) sobre a Proposta de Lei 108/IX que transpõe para a ordem jurídica portuguesa a Directiva 2001/29/CE», 22 de Maio de 2001.

Um terceiro princípio encontra-se lavrado no artigo 75 (5) do CDADC. Sabendo-se que a liberdade contratual pode ser cerceada através da fixação unilateral de cláusulas e condições contratuais, e para obstar a que na prática se esvaziem de conteúdo as excepções e limitações previstas na lei, o artigo 75 (5) do CDADC ordena a nulidade das cláusulas contratuais que impliquem a renúncia ou impeçam, na totalidade, a existência das utilizações livres tipificadas na lei.[292]

Contra tal solução pronunciaram-se a AFP e a AUDIOGEST, alegando que ao estatuir-se que as excepções não podiam ser afastadas ou o seu exercício limitado por disposição contratual, se estava a contrariar o disposto no artigo 6 (4) da Directiva da Sociedade da Informação, que previa expressamente essa possibilidade no âmbito dos serviços disponibilizados a pedido, bem como a impossibilitar a exploração de oportunidades proporcionadas pela disseminação *online*.[293]

A verdade é que, apesar das preocupações manifestadas pela AFP e pela AUDIOGEST, o artigo 75 (5) do CDADC é afastado pelo artigo 222 do mesmo Código, o qual, implementando o quarto parágrafo do artigo 6 (4) da Directiva da Sociedade da Informação, prevê expressamente a possibilidade de afastamento de quaisquer excepções e limitações no âmbito dos serviços disponibilizados a pedido.[294]

Postula, por fim, o artigo 76 (1) (a), ainda em sede de princípios, que o recurso às excepções e limitações permitidas deve ser acompanhado da indicação, sempre que possível, do nome do autor e do editor, do título da obra e demais circunstâncias que os identifiquem.

6.3.3. Exclusão dos actos de reprodução temporária

Passando agora à análise do elenco taxativo de excepções e limitações presente no texto legal revisto, comece-se por referir que o artigo 75 (1) do CDADC implementa o artigo 5 (1) da Directiva da Sociedade da Informa-

---

[292] Gabinete do Direito de Autor, «Nota Justificativa», ponto 8.

[293] AFP e AUDIOGEST, «Posição da Associação Fonográfica Portuguesa (AFP) e da Associação para a Gestão e Distribuição de Direitos (AUDIOGEST) sobre a Proposta de Lei 108/IX que transpõe para a ordem jurídica portuguesa a Directiva 2001/29/CE», 22 de Maio de 2001.

[294] *Vide* Parte II – O Direito de Autor em Portugal, Capítulo XII – A protecção das medidas de carácter tecnológico e das informações para a gestão electrónica dos direitos, 12.1.3 – A protecção das medidas de carácter tecnológico na Directiva sobre a Sociedade da Informação.

ção, excluindo do escopo do direito de reprodução os actos de reprodução temporária (i) que sejam transitórios ou acessórios, (ii) que constituam parte integrante e essencial de um processo tecnológico, (iii) cujo único objectivo seja permitir uma transmissão numa rede entre terceiros por parte de um intermediário ou uma utilização legítima de uma obra protegida e (iv) que não tenham, em si, significado económico.

O preceito português vai para além da única excepção imperativa daquela Directiva, ao incluir, na medida em que cumpram as condições expostas, os actos que possibilitam a navegação em redes e a armazenagem temporária, assim como os que permitem o funcionamento eficaz dos sistemas de transmissão, contanto que o intermediário não altere o conteúdo da transmissão e não interfira com a legítima utilização da tecnologia, conforme os bons usos reconhecidos pelo mercado, para obter dados sobre a utilização da informação e, em geral, os processos meramente tecnológicos de transmissão.

Operou-se assim, curiosamente, uma segunda implementação do artigo 13 da Directiva sobre o Comércio Electrónico – vertido para o ordenamento jurídico nacional pelo Decreto-Lei 7/2004, de 7 de Janeiro.

Conforme salientado pela AFP e pela AUDIOGEST, o artigo 75 (1) do CDADC encontra-se redigido como uma exclusão ao direito de reprodução e não como uma excepção ao mesmo, metodologia essa que poderá influenciar a interpretação desse preceito e, dessa forma, acarretar repercussões práticas.[295]

6.3.4. Excepções e limitações relativas ao direito à reprodução

No que toca às excepções e limitações que incidem apenas sobre o direito à reprodução, o artigo 5 (2) (a)-(b) da Directiva sobre a Sociedade da Informação foi implementado pelo artigo 75 (2) (a) do CDADC, que autoriza:

- A reprografia, isto é, a reprodução de obra, para fins exclusivamente privados, em papel (ou suporte similar), realizada através de qualquer tipo de técnica fotográfica (ou processo com resultados semelhantes), com excepção das partituras; e
- A cópia privada, ou seja, a reprodução em qualquer meio, analógico ou digital, realizada por pessoa singular para uso privado e sem fins comerciais (quer directos, quer indirectos).

---

[295] AFP e AUDIOGEST, «Posição da Associação Fonográfica Portuguesa (AFP) e da Associação para a Gestão e Distribuição de Direitos (AUDIOGEST) sobre a Proposta de Lei 108/IX que transpõe para a ordem jurídica portuguesa a Directiva 2001/29/CE», 22 de Maio de 2001.

Subsiste o artigo 81 (b) do CDADC, inalterado, que previamente autorizava a cópia privada, em geral, e continua a fazê-lo, desde que os actos de reprodução em causa não atinjam a exploração normal da obra, nem causem prejuízo injustificado dos interesses legítimos do autor e as cópias assim feitas não sejam utilizadas para fins de comunicação pública ou comercialização.

A cópia privada é aplicável tanto ao campo do analógico como do digital. Mais, dado que a única referência ao conceito de «licitude de origem» se circunscreve ao artigo 75 (3) do CDADC, não sendo essa licitude exigida no âmbito da cópia privada, legitima-se a execução de cópias a partir de cópias ilícitas, isto é, a partir de cópias que não tenham sido, por sua vez, reproduzidas licitamente – como frequentemente sucede quando são feitos *downloads* através dos sistemas *Peer to Peer* ou *P2P*.

Tal conclusão apenas pode ser afastada, casuisticamente, mediante o recurso à regra dos três passos, constante do artigo 75 (4) do CDADC, em casos em que a aplicação da excepção atinja a exploração normal da obra ou cause um prejuízo injustificado dos interesses legítimos do autor.

Admitindo-se que a noção de «cópia privada» [tecida em nome da privacidade dos membros do público e da consequente inadmissibilidade de se controlar a utilização das obras no âmbito da sua esfera privada] produz efeitos negativos para os autores, faz-se acompanhar a sua previsão, no artigo 76 (1) (b) do CDADC, de uma remuneração equitativa a ser atribuída ao autor e, no contexto analógico, ao editor, pela entidade que tiver procedido à reprodução. O artigo 82 do CDADC, na anterior redacção, já previa uma remuneração equitativa no que toca à reprodução analógica, preceito esse que não foi revogado.

A remuneração equitativa já havia sido regulada, no campo do analógico, pela chamada lei da cópia privada, Lei 62/98, de 1 de Setembro, cujo artigo 3 (2) estabelecia que «[s]empre que a utilização seja habitual e para servir o público, o preço de venda ao público das fotocópias, electrocópias e demais suportes inclui uma remuneração cujo montante é fixado por acordo entre a pessoa colectiva prevista no artigo 6 e as entidades públicas e privadas, com ou sem fins lucrativos, que utilizem aparelhos que permitam a fixação e a reprodução de obras e prestações».

Surpreendentemente, esta norma não chegou a ter aplicação prática. Segundo a Associação para a Gestão da Cópia Privada (AGECOP), a Lei

62/98 foi alvo de incumprimento generalizado, carecendo de acções de fiscalização para garantir o seu cumprimento.[296]

Além disso, o Tribunal Constitucional concluiu, a este respeito, que a quantia ou remuneração prevista no mencionado diploma sobre cópia privada («quer deva ou não ser rigorosamente caracterizada como imposto ou antes como receita coactiva parafiscal, dele próxima») devia ser tratada no quadro da norma do artigo 103 (2) da Constituição da República, só podendo por isso ser fixada por lei, e tendo declarado inconstitucionais, com força obrigatória geral, as normas do artigo 3 (1)-(2).[297]

Tal como revistos aquando da implementação da Directiva sobre a Sociedade da Informação, os artigos 2-3 da Lei 62/98 incluem a quantia de 3% do preço de venda, antes da aplicação do IVA, no preço de venda ao público de todos e quaisquer aparelhos que permitam a fixação e reprodução de obras como finalidade única ou principal (com excepção dos equipamentos digitais) e dos suportes materiais virgens, digitais ou analógicos (com excepção do papel), bem como das fixações e reproduções que por qualquer desses meios possam obter-se.

A Lei 62/98 não se aplica, pois, aos equipamentos digitais, incluindo os computadores, tendo a AGECOP considerado esta exclusão contrária ao espírito da Directiva e tendo chamado a atenção para o facto de que dada a evolução tecnológica dos últimos anos era de prever que os aparelhos analógicos desaparecessem brevemente do mercado e que os únicos instrumentos efectivamente usados para reprodução de obras permanecessem isentos de qualquer remuneração. Acrescentou a AGECOP que a referência à duração ou capacidade de armazenagem do suporte possibilitaria uma maior justiça material na cobrança.[298]

Refira-se que a nova proposta de alteração à Lei da Cópia Privada contempla uma taxa a incidir sobre os suportes que armazenam conteúdos digitais.[299]

---

[296] AGECOP, «Breve Análise do Estado da Cópia Privada em Portugal», 12 de Fevereiro de 2004.
[297] Acórdão 616/2003, Tribunal Constitucional, Dezembro de 2003.
[298] AGECOP, «Breve Análise do Estado da Cópia Privada em Portugal», 12 de Fevereiro de 2004.
[299] *Vide* A. Vitorino, «Recommendations resulting from the mediation on private copying and reprography levies», Bruxelas, 31 de Janeiro de 2013, segundo o qual: «In order to favor the development of new and innovative business models in the digital single market, based on licensing agreements between service providers and rightholders, I recommend:

Em termos de técnica legislativa, assinale-se uma duplicação legal dos conceitos de cópia privada e respectiva remuneração equitativa nos artigos 75 (2) (a), 76 (1) (b), 81 (b) e 82 do CDADC, duplicação esta potencialmente geradora de incerteza e seguramente causadora de perplexidade.

O artigo 5 (2) (c) da Directiva sobre a Sociedade da Informação, que beneficia certas instituições sem fins lucrativos, foi implementado pelo artigo 75 (2) (e) do CDADC, que permite certos actos de reprodução, desde que (i) sejam realizados por uma biblioteca pública, um arquivo público, um museu público, um centro de documentação não comercial ou uma instituição científica ou de ensino, (ii) incidam sobre obras que tenham sido previamente tornadas acessíveis ao público, podendo as obras em causa ser reproduzidas, no todo ou em parte e (iii) a reprodução não se destine ao público, se limite às necessidades das actividades próprias dessas instituições e não tenha

---

(i) Clarifying that copies that are made by end users for private purposes in the context of a service that has been licensed by rightholders do not cause any harm that would require additional remuneration in the form of private copying levies.
(ii) In order to simplify the functioning of the levy systems and ensure the free movement of goods and services in the Internal Market, I recommend that:
Levies should be collected in cross-border transactions in the Member State in which the final customer resides;
The liability for paying levies should be shifted from the manufacturer's or importer's level to the retailer's level while simplifying the levy tariff system and obliging manufacturers and importers to inform collecting societies about their transactions concerning goods subject to a levy;
Or alternatively, clear and predictable ex ante exemption schemes should be established;
In the field of reprography, more emphasis should be placed on operator levies than on hardware based levies;
Levies should be made visible for the final customer; and
More coherence with regard to the process of setting levies should be ensured by:
Defining «harm» uniformly across the EU as the value consumers attach to the additional copies in question (lost profit); and
Providing a procedural framework that would reduce complexity, guarantee objectiveness and ensure the observance of strict time-limits.»
Vide, também, *Padawan SL v. Sociedad General de Autores y Editores de España (SGAE)*, Acórdão do Tribunal de Justiça, Processo C467/08, 21 de Outubro de 2010, processo que incidiu sobre a compatibilidade da aplicação de uma taxa, a título de compensação equitativa, a todos os suportes digitais, com a Directiva sobre a Sociedade da Informação, sumarizado na Parte IV – O Direito de Autor na União Europeia, Capítulo VII – A Directiva sobre a Sociedade da Informação.

por objectivo a obtenção de uma vantagem económica ou comercial (quer directa, quer indirecta).

Antes da implementação da Directiva sobre a Sociedade da Informação, a lei acolhia uma excepção no artigo 75 (1) (d) do CDADC, na anterior redacção, para fins semelhantes mas de escopo mais restrito, limitada que estava aos casos em que a reprodução tivesse lugar pela fotografia ou processo análogo e não sendo extensiva aos estabelecimentos de ensino. Estes estabelecimentos tinham à sua disposição uma outra excepção, contida no artigo 75 (1) (e) do CDADC, na anterior redacção, que permitia a reprodução parcial pelos mesmos processos, desde que destinada aos fins do ensino nesses estabelecimentos e destituída de fins lucrativos.

A implementação do artigo 5 (2) (c) da Directiva sobre a Sociedade da Informação pelo artigo 75 (2) (e) do CDADC eliminou as referidas restrições, tendo aditado os estabelecimentos de ensino ao elenco das entidades beneficiárias da excepção e estendido os processos de reprodução ao digital.

Como tal, presentemente os estabelecimentos de ensino podem reproduzir uma obra, no todo ou em parte (ao abrigo do artigo 75 (2) (e) do CDADC), bem como partes de uma obra (sob a égide do artigo 75 (2) (f) do mesmo código, que corresponde ao artigo 75 (1) (e) do CDADC, na anterior redacção).

Em termos de técnica legislativa, assiste-se a uma duplicação de conceitos legais que poderá causar dúvidas interpretativas, tanto mais que só o artigo 75 (2) (e) do CDADC é acompanhado da previsão, no artigo 76 (1) (b) do CDADC, de uma remuneração equitativa a ser atribuída ao autor e, no âmbito analógico, ao editor, pela entidade que tiver procedido à reprodução.

O artigo 5 (2) (d) da Directiva sobre a Sociedade da Informação, que visa a fixação efémera pelos organismos de radiodifusão, não foi implementado, uma vez que tal era já permitido pelo artigo 189 (1) do CDADC (que permaneceu inalterado).

Por último, o artigo 5 (2) (e) da Directiva sobre a Sociedade da Informação foi implementado pelo artigo 75 (2) (p) do CDADC, que autoriza a reprodução de obra, efectuada por instituições sociais sem fins lucrativos, tais como hospitais e prisões, quando a mesma seja transmitida por radiodifusão. Tratou-se, aqui, de formalizar uma prática corrente e generalizada, que não merecia «qualquer especial oposição ou litígio por parte dos titulares de direitos».[300]

---

[300] Gabinete do Direito de Autor, «Nota Justificativa», ponto 8.

Esta utilização livre é acompanhada, no artigo 76 (1) (d) do CDADC, de uma remuneração equitativa a ser atribuída aos titulares de direitos.

6.3.5. Excepções e limitações relativas ao direito à reprodução e ao direito à comunicação ao público

Quanto às excepções que incidem tanto sobre o direito à reprodução como sobre o direito à comunicação ao público, o teor do artigo 5 (3) (a) da Directiva sobre a Sociedade da informação, que versa sobre a utilização com fins de ilustração para efeitos de ensino ou investigação científica, já se encontrava de certo modo consagrado no ordenamento nacional, através do artigo 75 (1) (f) e (g) do CDADC, na sua anterior redacção – normas essas que autorizavam, respectivamente, a inserção de citações ou resumos de obras alheias com fins de ensino, bem como a inclusão de peças curtas ou fragmentos de obras alheias em obras próprias destinadas ao ensino.

Mantiveram-se as duas excepções. Na redacção actual, as excepções albergadas pelo artigo 75 (2) (g) e (h) do CDADC correspondem às excepções contidas no artigo 75 (1) (f) e (g) do CDADC na anterior redacção. A única alteração aqui introduzida pelo processo de implementação da Directiva sobre a Sociedade da Informação traduz-se na exigência, vertida no artigo 75 (2) (g) do CDADC, de que a utilização ocorra apenas na medida justificada pelo objectivo a atingir.

Refira-se que a inclusão de peças curtas ou fragmentos de obras alheias em obras próprias destinadas ao ensino é acompanhada, no artigo 76 (1) (c) do CDADC, de uma remuneração equitativa a ser atribuída ao autor e ao editor.

O artigo 5 (3) (b) da Directiva sobre a Sociedade da informação foi implementado pelo artigo 75 (2) (i), o qual autoriza a reprodução, a comunicação pública e a colocação à disposição do público, a favor das pessoas portadoras de deficiências, desde que a utilização esteja directamente relacionada e seja na medida estritamente exigida pela deficiência em causa e não tenha fins lucrativos (quer directos, quer indirectos).

A norma contida no artigo 5 (3) (c) da Directiva sobre a Sociedade da informação já era alvo de consagração parcial através do artigo 75 (1) (i) do CDADC, na sua anterior redacção, o qual autorizava a reprodução de artigos de actualidade, de discussão económica, política ou religiosa, se não tivesse sido expressamente reservada. O escopo do preceito, isto é, do artigo 75 (2) (m) do CDADC, na nova redacção, foi alargado, legitimando-se, na ausência de reserva expressa, a reprodução, a comunicação ao público e a colocação à disposição do público de artigos de actualidade, de discussão económica, política ou religiosa e de obras radiodifundidas, assim como de outros materiais da mesma natureza.

Mantém-se, no artigo 75 (2) (d) do CDADC (correspondente ao artigo 75 (1) (c) do CDADC na anterior redacção, sem alteração), a autorização para a fixação, reprodução e comunicação pública, por quaisquer meios, de fragmentos de obras literárias ou artísticas, quando a sua inclusão em relatos de acontecimentos de actualidade for justificada pelo fim de informação prosseguido.

O artigo 5 (3) (d) da Directiva sobre a Sociedade da informação foi acolhido pelo artigo 75 (2) (g) do CDADC, o qual permite a inserção de citações ou resumos de obras alheias, em apoio das próprias doutrinas ou com fins de crítica ou discussão e na medida justificada pelo objectivo a atingir. O artigo 75 (1) (c) do CDADC, na anterior redacção, já permitia a citação, tendo a nova redacção esclarecido, todavia, que a utilização tem de ser limitada à medida justificada pelo objectivo a atingir.

O artigo 5 (3) (e) da Directiva sobre a Sociedade da informação surgiu sob a forma do artigo 75 (2) (n) do CDADC, o qual admite a utilização de uma obra para efeitos de segurança pública ou para assegurar o bom desenrolar ou o relato de processos administrativos, parlamentares ou judiciais. Utilização semelhante já havia sido autorizada, no que toca às bases de dados, pelo artigo 10 (1) (c) do Decreto-Lei 122/2000 que implementou a Directiva sobre as Bases de Dados no ordenamento jurídico português, tendo sido alargada, aquando da implementação da Directiva sobre a Sociedade da informação, às obras em geral.

O artigo 5 (3) (f) da Directiva sobre a Sociedade da informação encontra eco no artigo 75 (1) (a) do CDADC, na anterior redacção, que consagrava como uso livre a reprodução pelos meios de comunicação social, para fins de informação, de certos discursos, alocuções e conferências pronunciadas em público, por extracto ou em forma de resumo. O artigo 75 (2) (b) do CDADC, na actual redacção, mantém-se fiel àquela disposição, alargando todavia a sua abrangência aos actos de colocação à disposição do público.

No que toca ao artigo 5 (3) (g) da Directiva sobre a Sociedade da informação, a execução de hinos ou de cantos patrióticos oficialmente adoptados e de obras de carácter exclusivamente religioso durante os actos de culto ou as práticas religiosas já era autorizada, pelo artigo 75 (1) (h) do CDADC, na anterior redacção. Na actual redacção, o artigo 75 (2) (j) do CDADC aplica a regra referida, não apenas à execução pública, mas também à comunicação pública de tais obras.

Os artigos 5 (3) (h)-(j) da Directiva sobre a Sociedade da informação foram introduzidos na lei doméstica, na sequência dos debates parlamentares sobre o tema, através do artigo 75 (2) (q), (r) e (l), autorizando, respectivamente:

- A utilização de obras, tais como as obras de arquitectura ou escultura, que se destinam a serem mantidas, permanentemente, em locais públicos;
- A inclusão episódica de uma obra ou outra produção protegida pelo direito de autor, noutra produção; e
- A utilização em sede de publicidade relacionada com a exibição pública ou a venda de obras artísticas, com exclusão de qualquer outra utilização comercial (por exemplo, através de reproduções da obra em catálogos e anúncios nos media).

O artigo 5 (3) (k) da Directiva sobre a Sociedade da informação, relativo à caricatura, paródia ou pastiche, não foi implementado. Aproximando-se a lei portuguesa, neste campo, do modelo alemão e não consagrando, pois, tais utilizações como excepção ao direito de autor mas como criações intelectuais, optou-se pela não inclusão da excepção contida no artigo 5 (3) (k) da Directiva sobre a Sociedade da informação, «sob pena de contradição ou confusão insanável».[301] Refira-se, todavia, que a implementação da solução prevista no artigo 5 (3) (k) da Directiva sobre a Sociedade da informação teria eliminado a incerteza jurídica no que toca à licitude de tais utilizações.

Os artigos 5 (3) (l)-(m) da Directiva sobre a Sociedade da informação foram incluídos no texto legal, através do artigo 75 (2) (s) e (t), permitindo, respectivamente:

- A utilização de uma obra no contexto da demonstração ou reparação de equipamentos; e
- A utilização de uma obra artística sob a forma de um edifício, de um desenho ou planta de um edifício, para efeitos da sua reconstrução ou reparação.

O artigo 5 (3) (n) da Directiva sobre a Sociedade da informação foi implementado pelo artigo 75 (2) (o) que consagra, como uso livre, a comunicação ou colocação à disposição de público, para efeitos de investigação ou estudos

---

[301] Gabinete do Direito de Autor, «Nota Justificativa», ponto 15.

pessoais, a membros individuais do público, por terminais destinados para o efeito nas instalações de bibliotecas, museus, arquivos públicos e escolas, de obras protegidas, contanto que não se encontrem sujeitas a condições de compra ou licenciamento e que integrem as suas colecções ou acervos de bens.

A formalização na lei da possibilidade de se proceder à visualização e leitura de obras nos terminais de computador instaladas nas bibliotecas, por parte dos utentes, consistiu numa adaptação de uma situação já existente e reconhecida como legítima ao ambiente digital.[302]

Foi proposto, sem sucesso, o acolhimento do artigo 5 (3) (o) da Directiva sobre a Sociedade da informação, concernente à utilização em certos casos de menor importância para os quais já existam excepções ou limitações, na legislação nacional, desde que limitada, na sua aplicação, ao mundo analógico.

Pretendia-se «obviar a eventuais e futuras dificuldades do intérprete da lei» perante a determinação da integração, no âmbito da lei, das utilizações de menor importância vigentes.[303]

A Sociedade Portuguesa de Autores (SPA) defendeu que este conceito não fosse, dada a sua imprecisão, incluído no texto legal, aduzindo que o artigo 5 (3) (o) daquela Directiva não requeria a introdução autónoma de uma nova excepção, mas era apenas aplicável às utilizações livres de menor importância já previstas na legislação então vigente.[304]

6.4. Desafios actuais

As excepções e limitações contribuem para a manutenção do equilíbrio entre o interesse público em recompensar os autores e, assim, estimular futuros esforços criativos e o interesse, também ele público, no acesso à informação, à cultura e ao conhecimento.

Como se sabe, o surgimento do digital veio dificultar a ponderação dos direitos e interesses em jogo, tendo trazido problemas para os autores e para o público em geral.[305]

---

[302] Gabinete do Direito de Autor, «Nota Justificativa», ponto 8.
[303] Gabinete do Direito de Autor, «Nota Justificativa», ponto 8.
[304] Sociedade Portuguesa de Autores, «Apêndice I», in «Relatório, conclusões e parecer da Comissão de Assuntos Constitucionais, Direitos, Liberdades e Garantias».
[305] *Vide* D. L. Zimerman, «*Copyright* in Cyberspace: Don't Throw out the Public Interest with the Bath Water», *Annual Survey of American Law*, 1994, p. 403; J. Litman, «Revising *Copyright* Law», *Oregon Law Review*, 75, 1996, p. 19; R. Stallman, «Reevaluating *Copyright*: the Public Must Prevail», *Oregon Law Review*, 75, 1996, p. 291; J. Schurtz-Taylor, «The

Sob a perspectiva dos autores, a vulnerabilidade das obras em formato digital facilita utilizações das mesmas que prejudicam a exploração normal das obras e causam prejuízos injustificados aos autores, levando a que os titulares de direitos exijam um grau cada vez mais elevado de protecção.

Para o público em geral a perspectiva é outra, pois a existência de um sistema caracterizado por excessiva protecção autoral pode obstaculizar o recurso a excepções e limitações fundamentais, que se destinam a proteger a livre circulação de informação de teor cultural e educacional.

As excepções e limitações não devem ser de tal modo extensas que desincentivem a força criativa dos autores, mas também não devem ser excluídas, para que se mantenha um certo grau de livre circulação da informação na Internet.

O desafio consiste na manutenção de um equilíbrio adequado no mundo digital, garantindo, por um lado, a defesa dos direitos e interesses legítimos dos autores e, por outro, o bom funcionamento das excepções e limitações a esses direitos.

As excepções e limitações ao direito de autor:
- Consistem em preceitos integrados nas leis de direito de autor, que restringem o direito de explorar a obra;
- Têm como premissa o papel fundamental das obras literárias e artísticas no plano do estudo, da instrução e do saber;
- Contribuem para a manutenção do equilíbrio entre o interesse público em recompensar os autores e, assim, estimular futuros esforços criativos e o interesse, também ele público, no acesso à informação, à cultura e ao conhecimento;
- Estão sujeitas à regra dos três passos, apenas sendo permitidas em determinados casos especiais que não obstem à exploração normal da obra e não prejudiquem de forma injustificável os legítimos interesses do autor.

Internet Experience and Author's Rights – An Overview of Some of the Present and Future Problems in the Digital Information Society», *International Journal of Legal Information*, 24:2, 1996, p. 129; J. Litman, «Reforming Information Law in *Copyright*'s Image», *University of Dayton Law Review*, 22:3, 1997, p. 587; A. Mason, «Developments in the Law of *Copyright* and Public Access to Information», *European Intellectual Property Review*, 11, 1997, p. 636; J. H. Spoor, «The Economic Rights Involved – General Report», in *Copyright in Cyberspace*, Cramwinckel, 1997, p. 41; T. C. Vinje, «*Copyright* Imperilled», *European Intellectual Property Review*, 4, 1999, p. 192.

Capítulo VII
A duração da protecção

7.1. Regras internacionais

Por norma, no que toca ao prazo de protecção, os instrumentos nacionais, regionais e internacionais sobre direito de autor prevêem que a protecção autoral caduque determinado número de anos após a morte do autor, isto é, *post mortem auctoris*.

O mesmo não sucede no que toca ao prazo de protecção dos direitos conexos dos artistas intérpretes ou executantes, dos produtores de fonogramas e dos organismos de radiodifusão, o qual cessa, geralmente, decorrido determinado número de anos após certo acontecimento, tal como a representação ou execução pelo artista intérprete ou executante.

Em termos do prazo *per se*, há que realçar, a nível internacional, as regras que advêm da Convenção de Berna nesta matéria.

Segundo essa Convenção, a duração da protecção dos direitos patrimoniais dos autores compreende a vida do autor e cinquenta anos após a sua morte, regra esta que emergiu em 1908, aquando da revisão da Convenção de Berna.[306]

Para as obras cinematográficas, os países da União de Berna podem determinar que o prazo de protecção expire cinquenta anos após o momento em que a obra tenha sido tornada acessível ao público (com o consentimento do autor) ou cinquenta anos após a realização da obra (na ausência de um tal acontecimento).[307]

Para as obras anónimas ou pseudónimas, a duração da protecção concedida pela Convenção de Berna expira cinquenta anos após o momento em que a obra foi licitamente tornada acessível ao público. Contudo, se o pseu-

---

[306] Artigo 7 (1) da Convenção de Berna.
[307] Artigo 7 (2) da Convenção de Berna.

dónimo adoptado pelo autor não deixar dúvidas sobre a sua identidade ou se o autor de uma obra anónima ou pseudónima revelar a sua identidade durante o período acima indicado, a duração da protecção cumpre a regra dos cinquenta anos *post mortem auctoris*.[308]

Estabelece a Convenção de Berna, no que toca à duração da protecção das obras fotográficas, que essa duração não poderá ser inferior a um período de vinte e cinco anos a contar da realização da obra.[309]

Quanto às obras de artes aplicadas, quando protegidas enquanto obras artísticas, o seu prazo de protecção não pode ser inferior a um período de vinte e cinco anos a contar da realização da obra,[310] mas quando tuteladas unicamente como desenhos e modelos no país de origem, só pode ser reclamada num outro país da União a protecção especial concedida nesse país aos desenhos e modelos.[311]

No respeitante aos direitos morais dos autores, diz a Convenção de Berna que os mesmos são mantidos, após a morte do autor, pelo menos até à extinção dos direitos patrimoniais.[312]

Por força do Acordo TRIPS, o prazo de protecção dos direitos conexos é, em princípio, de cinquenta anos para os direitos conexos dos artistas intérpretes ou executantes e dos produtores de fonogramas, após certo acontecimento, aplicando-se um prazo mínimo de vinte anos no respeitante aos organismos de radiodifusão.[313]

Saliente-se, por fim, que, o Tratado da OMPI sobre Direito de Autor proíbe as Partes Contratantes de aplicarem o disposto no artigo 7 (4) da Convenção de Berna em relação as obras fotográficas, alargando, pois, a regra dos cinquenta anos *post mortem auctoris* a estas obras.[314]

7.2. Regras regionais

Na União Europeia o prazo de protecção autoral é de setenta anos *post mortem auctoris*, regra esta que abrange as fotografias originais, na acepção de que são a «criação intelectual» do próprio autor.[315]

---

[308] Artigo 7 (3) da Convenção de Berna.
[309] Artigo 7 (4) da Convenção de Berna.
[310] Artigo 7 (4) da Convenção de Berna.
[311] Artigo 2 (7) da Convenção de Berna.
[312] Artigo 6 bis (2) da Convenção de Berna.
[313] Artigo 14 (5) do Acordo TRIPS.
[314] Artigo 9 do Tratado da OMPI sobre Direito de Autor.
[315] Artigos 1 (1) e 6 da Directiva sobre o Prazo de Protecção.

No caso de obras anónimas ou sob pseudónimo, o prazo de protecção é de setenta anos após o momento em que a obra foi licitamente tornada acessível ao público, a não ser que o pseudónimo adoptado pelo autor não deixe dúvidas sobre a sua identidade ou que o autor revele a sua identidade durante aquele período de tempo, aplicando-se então a regra dos setenta anos *post mortem auctoris*.[316]

O prazo de protecção de uma obra cinematográfica ou audiovisual expira setenta anos após a morte do último dos seguintes sobreviventes, quer sejam ou não considerados co-autores: o realizador principal, o autor do argumento cinematográfico, o autor do diálogo e o compositor de música especificamente criada para utilização em obras cinematográficas ou audiovisuais.[317]

No caso de uma obra feita em colaboração, o prazo de protecção é calculado a partir da morte do último dos colaboradores sobrevivente.[318]

No referente à protecção de obras não publicadas anteriormente, decorre do artigo 4 da Directiva sobre o Prazo de Protecção que qualquer pessoa que, depois de expirar o prazo de protecção do direito de autor, licitamente publicar ou comunicar ao público uma obra não publicada anteriormente beneficia da protecção equivalente aos direitos patrimoniais do autor, sendo o prazo de protecção desses direitos de vinte e cinco anos a contar da data em que a obra tenha sido pela primeira vez licitamente publicada ou comunicada ao público.

No âmbito dos direitos conexos, a Directiva sobre o Prazo de Protecção foi alvo de alteração recente, tendo-se introduzido a possibilidade de os direitos dos artistas, intérpretes ou executantes caducarem setenta anos após a data da primeira publicação ou da primeira comunicação ao público, e de os direitos dos produtores de fonogramas expirarem setenta anos após a data da primeira publicação ou da primeira comunicação lícita ao público.[319]

7.3. Regras nacionais

Com base nas regras *supra* referidas, em Portugal o direito de autor caduca, na falta de disposição especial, setenta anos após a morte do criador intelectual, mesmo que a obra só tenha sido publicada ou divulgada postumamente.[320]

---

[316] Artigo 1 (1) da Directiva sobre o Prazo de Protecção.
[317] Artigo 2 (2) da Directiva sobre o Prazo de Protecção.
[318] Artigo 7 bis da Convenção de Berna.
[319] *Vide* Parte IV – O Direito de Autor na União Europeia, Capítulo V – A Directiva sobre o Prazo de Protecção.
[320] Artigo 31 do CDADC de 1985.

No que toca à contagem desse prazo, estatui a lei que o direito de autor sobre:[321]

- A obra feita em colaboração caduca setenta anos após a morte do colaborador que falecer em último lugar;
- A obra colectiva ou originariamente atribuída a pessoa colectiva caduca setenta anos após a primeira publicação ou divulgação lícitas, salvo se as pessoas físicas que a criaram se encontrarem identificadas nas versões da obra tornadas acessíveis ao público (obedecendo à norma geral, a duração do direito de autor atribuído individualmente aos colaboradores de obra colectiva, em relação às respectivas contribuições que possam discriminar-se);
- A obra anónima ou licitamente publicada ou divulgada sem identificação do autor caduca setenta anos após a publicação ou divulgação;
- A obra cinematográfica ou qualquer outra obra audiovisual caduca setenta anos após a morte do último sobrevivente, de entre o realizador, o autor do argumento ou da adaptação, o autor dos diálogos e o autor das composições musicais especialmente criadas para a obra; e
- O programa de computador caduca setenta anos após a morte do seu criador intelectual ou, se o direito de autor for atribuído originariamente a pessoa diferente do criador intelectual, extingue-se setenta anos após a data em que o programa foi pela primeira vez licitamente publicado ou divulgado.

As obras que tiverem como país de origem um país estrangeiro não pertencente à União Europeia e cujo autor não seja nacional de um país da União, gozam da duração de protecção prevista na lei do país de origem, se não exceder a acima referida.[322]

Falecido o autor, enquanto a obra não cair no domínio público, o exercício dos direitos morais à paternidade e à integridade compete aos seus sucessores, podendo, contudo, o Ministério da Cultura defender as obras ainda não caídas no domínio público que se encontrem ameaçadas na sua autenticidade ou dignidade cultural, quando os titulares de direitos, notificados para os exercerem, se tiverem abstido sem motivo atendível.[323]

---

[321] Artigos 32, 33, 34 e 36 do CDADC de 1985.
[322] Artigo 37 do CDADC de 1985. *Vide* artigo 7 (8) da Convenção de Berna e artigo 7 (1)-(2) da Directiva sobre o Prazo de Protecção.
[323] Artigo 57 (1) e (3) do CDADC de 1985.

Cabe, ainda, aos sucessores do autor, decidir sobre a utilização das obras deste ainda não divulgadas nem publicadas. Os sucessores que divulgarem ou publicarem uma obra póstuma têm, em relação a ela, os mesmos direitos que lhes caberiam se o autor a tivesse divulgado ou publicado em vida. Se os sucessores não utilizarem a obra dentro de vinte cinco anos a contar da morte do autor, não podem opor-se à divulgação ou publicação da obra – salvo em caso de impossibilidade ou de demora na divulgação ou publicação por ponderosos motivos de ordem moral, que poderão ser apreciados judicialmente.[324]

Decorridos os prazos de protecção definidos na lei, a obra cai no domínio público.

Então, quem fizer publicar ou divulgar licitamente uma obra inédita, beneficia de protecção equivalente à resultante dos direitos patrimoniais durante vinte e cinco anos a contar da publicação ou divulgação, beneficiando as publicações críticas e científicas de obras caídas no domínio público de protecção durante vinte e cinco anos a contar da primeira publicação lícita.[325]

Expirado que seja o prazo de protecção dos respectivos direitos patrimoniais, a defesa da genuinidade e integridade das obras caídas no domínio público compete ao Estado e é exercida através do Ministério da Cultura.[326]

Em bom rigor, o artigo 57 (2) do CDADC refere-se, apenas, à defesa da genuinidade e integridade das obras caídas no domínio público, não fazendo menção à defesa do direito à paternidade.

Terá de entender-se, como afirma Rebello, que esta defesa é extensiva à reivindicação da paternidade.[327] Caso contrário, não faria nenhum sentido a referência feita, no artigo 56 (2) do CDADC de 1985, à imprescritibilidade dos direitos à paternidade e à integridade da obra.

> Os direitos patrimoniais e morais do autor caducam, na falta de disposição especial, setenta anos após a morte do criador intelectual.
>
> Decorrido o prazo de protecção aplicável, a obra cai no domínio público.
>
> A defesa da genuinidade e integridade da obra caída no domínio público compete ao Estado, sendo exercida através do Ministério da Cultura.

---

[324] Artigo 70 do CDADC de 1985.
[325] Artigo 39 do CDADC de 1985.
[326] Artigo 57 (2) do CDADC de 1985.
[327] L. F. Rebello, Código do Direito de Autor e dos Direitos Conexos, 3ª ed., Âncora, 2002, p. 104.

Capítulo VIII
A transmissão e a oneração do direito de autor

8.1. Princípios gerais
O autor, bem como os seus sucessores ou transmissários, pode autorizar a utilização da obra por terceiros, assim como transmitir ou onerar, no todo ou em parte, os direitos patrimoniais sobre essa obra.[328]

Já os direitos morais, direitos pessoais do autor, apenas podem ser exercidos pelo autor, não podendo este autorizar terceiros a exercê-los, nem transmiti-los *inter vivos*. Certos direitos morais podem, todavia, ser transmitidos *mortis causa*.[329]

Note-se que a transmissão de direitos pode operar-se por presunção legal. Por exemplo, na União Europeia, aquando da celebração, individual ou colectiva, de um contrato de produção de filmes entre os artistas intérpretes ou executantes e um produtor, a Directiva sobre o Aluguer e o Comodato presume que o artista intérprete ou executante abrangido por esse contrato transmitiu os seus direitos de aluguer, na ausência de estipulação contratual em contrário.[330]

8.2. A autorização para a utilização da obra
O autor pode autorizar a fruição e utilização da obra por terceiros, concedendo permissão para a sua divulgação, publicação, utilização ou exploração, por qualquer processo, conforme lhe aprouver.[331]

---

[328] Artigo 40 do CDADC de 1985. No que toca às diferenças entre os sistemas de *droit d'auteur* e de *copyright*, a este respeito, *vide* Parte I – Introdução, Capítulo IV – *Droit d'auteur* e *copyright*, 4.6 – A transmissão.
[329] *Vide* Parte II – O Direito de Autor em Portugal, Capítulo IV – Os direitos morais.
[330] Artigo 2 (5) da Directiva sobre o Aluguer e o Comodato.
[331] Artigo 41 (1) do CDADC de 1985.

Cumpre enfatizar que a autorização concedida a terceiros para exploração da obra, com exclusividade ou não, não implica a transmissão do direito de autor sobre aquela, permanecendo o mesmo na esfera jurídica do autor.

Mais, essa autorização só pode ser concedida por escrito, o qual deve incluir a forma autorizada de divulgação, publicação e utilização, bem como as respectivas condições de tempo, lugar e preço. [332]

Precisamente porque a concessão ou a licença apenas habilita aquele que a obteve a explorar a obra de acordo com as condições estipuladas, as condições de utilização da obra são fundamentais, balizando as prerrogativas de utilização autorizadas.

Por conseguinte, num processo judicial respeitante a uma obra que, tendo sido encomendada para ser utilizada no âmbito de um espectáculo de rua, itinerante, acabou por ser utilizada no Canal 43 da TV, declarou o Tribunal da Relação de Lisboa que uma nova forma de utilização da obra tem de ser sujeita a uma nova autorização, a não ser que, em função do objectivo final, se possa deduzir a existência de uma autorização implícita na faculdade acordada. No caso em análise, a forma de utilização havia ultrapassado os limites previstos na sua encomenda e não havia sido autorizada implicitamente, «por não resultar, minime, com nitidez suficiente, um forçoso encadeamento entre as duas formas de utilização em confronto da obra em causa, com vista ao seu objectivo final – publicidade da nova grelha da TV –, desde logo, porque não é seguro, sem mais, concluir-se que este objectivo não pudesse esgotar-se com a forma de utilização autorizada».[333]

A exigência de que a autorização seja concedida por escrito traduz-se numa formalidade *ad probationem*, isto é, constitui uma exigência probatória. Como tal, a não redução a escrito da autorização não impõe a nulidade dessa autorização, levando apenas a uma transferência para o utilizador do ónus *probandi* da autorização (incluindo a forma de utilização da obra e respectivas condições).[334]

Se o legislador pretendesse decretar a nulidade da autorização não reduzida à forma escrita tê-lo-ia dito expressamente, tal como fez nos artigos 43 e 44 do CDADC no concernente à transmissão ou oneração.

---

[332] Artigo 41 (2)-(3) do CDADC de 1985.
[333] Acórdão do Tribunal da Relação de Lisboa, Processo Nº 10779/2007-6, 07-02-2008.
[334] Artigo 41 (2) do CDADC de 1985.

Acresce que a lei presume a onerosidade e o carácter não exclusivo desta autorização, pelo que tais condições podem ser exigidas ainda que o escrito seja omisso no que toca ao preço e à ausência de exclusividade.[335]

Saliente-se, por fim, que os artigos 40 (a) e 41 do CDADC se referem à autorização para a utilização da obra dada a terceiros, exigência que não é aplicável ao autor, enquanto titular de direitos. O autor, enquanto titular do direito exclusivo de fruir e utilizar a obra por qualquer forma, pode utilizar a obra, em público ou em privado, como lhe aprouver.

8.3. A transmissão ou oneração da obra

O autor pode transmitir ou onerar, no todo ou em parte, os direitos patrimoniais sobre a sua obra, podendo essa transmissão ou oneração incidir sobre obra futura – desde que apenas abranja as obras que o autor venha a produzir no prazo máximo de dez anos e sendo nulo o contrato de transmissão ou oneração de obras futuras sem prazo limitado. O que o autor não pode fazer é transmitir ou onerar os direitos morais.[336]

Os direitos patrimoniais podem também ser objecto de usufruto (tanto legal como voluntário), bem como ser dados em penhor, não podendo, todavia, adquirir-se por usucapião.[337]

Os actos de transmissão ou oneração da obra estão sujeitos às formalidades prescritas nos artigos 43 e 44 do CDADC, e a sua inobservância comina de nulidade os actos em causa.

Com efeito, os contratos que tenham por objecto a transmissão ou oneração parcial do direito de autor devem constar de documento escrito com reconhecimento notarial das assinaturas, sob pena de nulidade, no qual devem estipular-se as faculdades que são objecto de disposição e as condições de exercício, designadamente, quanto ao tempo e quanto ao lugar e, se o negócio for oneroso, quanto ao preço.[338]

Por sua vez, a transmissão total e definitiva dos referidos direitos só pode ser efectuada por escritura pública, com identificação da obra e indicação do preço respectivo, sob pena de nulidade.[339]

Ou seja, enquanto a formalidade requerida no campo da autorização, prevista no artigo 41 do CDADC, consiste, como se viu, numa formalidade *ad*

---

[335] Artigo 41 (2) do CDADC de 1985.
[336] Artigos 40, 42 e 48 do CDADC de 1985.
[337] Artigos 45, 46 e 55 do CDADC de 1985.
[338] Artigo 43 do CDADC de 1985.
[339] Artigo 44 do CDADC de 1985.

probationem, as formalidades exigidas nos artigos 43 e 44 do CDADC são formalidades *ad substantiam*.

Prevê ainda a lei que, transmitido ou onerado o direito de exploração da obra, a título oneroso, se o criador intelectual ou legítimos sucessores sofrerem grave lesão patrimonial em virtude de «manifesta desproporção» entre os seus proventos e os lucros auferidos pelo beneficiário daqueles actos, podem reclamar desse beneficiário uma compensação suplementar, que incidirá sobre os resultados da exploração.[340]

8.4. Os contratos em especial

Analisados os requisitos básicos dos actos de concessão de autorização para utilização da obra e de transmissão ou oneração da mesma, segue-se uma breve referência à natureza dos contratos de direito de autor, assim como às utilizações especialmente previstas na lei.

8.4.1. A natureza dos contratos de direito de autor

Há que distinguir entre o contrato mediante o qual o titular de um direito de propriedade intelectual concede, à outra parte, a faculdade de explorar tal direito em contrapartida do pagamento de uma remuneração, do contrato em que uma parte se obriga a prestar um serviço em contrapartida de uma remuneração.

Esta distinção foi examinada num processo que teve por objecto um pedido de decisão prejudicial apresentado pelo *Oberster Gerichtshof*, Tribunal esse que perguntou, *inter alia*, ao Tribunal de Justiça, se um contrato mediante o qual o titular de um direito de propriedade intelectual concede ao seu co-contratante a faculdade de explorar esse direito em função do pagamento de uma remuneração era um contrato de prestação de serviços (na acepção do artigo 5 (1) (b) do Regulamento 44/2001).[341]

No seu acórdão, o Tribunal de Justiça frisou que o conceito de serviços implica, pelo menos, que a parte que os presta execute uma actividade determinada em contrapartida de uma remuneração, sendo que o contrato mediante o qual o titular de um direito de propriedade intelectual concede, à outra parte, a faculdade de explorar esse direito mediante o pagamento de uma remuneração não implica tal actividade. O titular de um direito de pro-

---

[340] Artigo 49 do CDADC de 1985.
[341] *Falco Privatstiftung e T. Rabitsch v. Gisela WellerLindhorst*, Acórdão do Tribunal de Justiça, Processo C533/07, 23 de Abril de 2009.

priedade intelectual não efectua nenhuma prestação de serviços ao conceder a exploração desse direito, obrigando-se unicamente a permitir que o seu co-contratante explore livremente tal direito e a não contestar essa exploração. Dessarte, um contrato mediante o qual o titular de um direito de propriedade intelectual concede à outra parte a faculdade de explorar tal direito em contrapartida do pagamento de uma remuneração, não é um contrato de prestação de serviços.

Já no contexto da obra encomendada faz sentido o recurso às regras do contrato de prestação de serviços. Como se referiu *supra*, a encomenda é o contrato em que alguém se obriga a produzir uma obra literária ou artística para outra parte, fora do âmbito de um contrato de trabalho ou do cumprimento de um dever funcional – definição esta que se compagina com o raciocínio do Tribunal de Justiça no que toca à natureza do contrato de prestação de serviços.[342]

Quando as partes não celebram um contrato inominado ou atípico de prestação de serviços, mas um contrato nominado e dotado de regras próprias, com assento no CDADC, estas têm primazia.[343]

8.4.2. A edição

No contrato de edição, o autor autoriza outrem a reproduzir um número determinado de exemplares de uma obra ou conjunto de obras suas, assumindo a outra parte a obrigação de os distribuir e vender, por sua conta e risco.[344]

No que toca ao seu objecto, o contrato de edição pode incidir sobre uma ou mais obras, existentes ou futuras, inéditas ou publicadas.[345]

Em termos de conteúdo, o contrato de edição deve mencionar o número de edições que abrange, o número de exemplares que cada edição compreende e o preço de venda ao público de cada exemplar.[346]

Relativamente aos seus efeitos, o contrato de edição autoriza o editor a reproduzir e comercializar a obra nos precisos termos do contrato, não transmitindo, para o editor, o direito de publicar a obra, nem concedendo ao

---

[342] *Vide* Parte II – O Direito de Autor em Portugal, Capítulo I – O autor, 1.3. A autoria da obra feita por encomenda ou por conta de outrem.
[343] *Vide* C. Ferreira de Almeida, L. Couto Gonçalves e C. Trabuco (coordenadores), *Contratos de Direito de Autor e de Propriedade Industrial*, Almedina, 2011.
[344] Artigo 83 do CDADC de 1985.
[345] Artigo 85 do CDADC de 1985.
[346] Artigo 86 do CDADC de 1985.

mesmo o direito de traduzir, transformar ou adaptar a obra a outros géneros ou formas de utilização.[347]

Ao editor é também vedado, sem o consentimento do autor, transferir para terceiros, a título gratuito ou oneroso, direitos seus emergentes do contrato de edição, salvo se a transferência resultar de trespasse do seu estabelecimento.[348]

No respeitante à remuneração, o contrato de edição presume-se oneroso, devendo a retribuição do autor ser estipulada no mesmo e tendo o autor direito, na ausência de estipulação expressa, a vinte e cinco por cento sobre o preço de capa de cada exemplar vendido.[349]

Em sede de direitos morais, o editor deve mencionar, em cada exemplar, o nome ou pseudónimo do autor ou qualquer outra designação que o identifique.[350]

Mais, falecido o autor, ou ficando impossibilitado de terminar a obra, a obra incompleta só pode ser completada por outrem com o consentimento escrito do autor e a publicação da obra completada só pode fazer-se com clara identificação da parte primitiva e do acrescento e indicação da autoria deste.[351]

Refira-se, por fim, que o contrato de edição só tem validade quando celebrado por escrito, presumindo a lei que a nulidade resultante da falta de redução do contrato a escrito é imputável ao editor, e apenas permitindo a invocação dessa nulidade pelo autor.[352]

8.4.3. A representação cénica

A representação «é a exibição perante espectadores de uma obra dramática, dramático-musical, coreográfica, pantomímica ou outra de qualquer natureza análoga, por meio de ficção dramática, canto, dança, música ou outros processos adequados, separadamente ou combinados entre si.»[353]

Em regra, a utilização da obra por representação requer a autorização do autor, independentemente de a representação se realizar em lugar público ou privado, com ou sem entradas pagas, com ou sem fim lucrativo. Dito isto,

---

[347] Artigo 88 do CDADC de 1985.
[348] Artigo 100 do CDADC de 1985.
[349] Artigo 91 do CDADC de 1985.
[350] Artigo 97 do CDADC de 1985.
[351] Artigo 101 do CDADC de 1985.
[352] Artigo 87 do CDADC de 1985.
[353] Artigo 107 do CDADC de 1985.

em nome da privacidade dos membros do público e da consequente inadmissibilidade de se controlar a utilização das obras ao nível da sua esfera privada, não é necessária essa autorização quando a representação se realiza sem fim lucrativo e em privado, num meio familiar – princípio aplicável a toda a comunicação.[354]

Tal autorização é dada mediante a celebração de um contrato de representação, que autoriza um empresário a promover a representação da obra nas condições acordadas, não o autorizando, contudo, a transmitir os direitos emergentes do contrato de representação sem o consentimento do autor.[355]

O contrato de representação deve definir, com precisão, as condições e os limites em que a representação da obra é autorizada, designadamente, quanto ao prazo, ao lugar, à retribuição do autor e às modalidades do respectivo pagamento, não atribuindo ao empresário o exclusivo da comunicação directa da obra por esse meio – salvo convenção em contrário.[356]

A concessão do direito de representar presume-se onerosa, podendo a retribuição do autor consistir, *inter alia*, na atribuição de uma quantia global fixa, numa percentagem sobre as receitas dos espectáculos ou numa quantia por cada espectáculo.[357]

Por conseguinte, num processo judicial respeitante a certas representações cénicas, concluiu o Tribunal da Relação de Lisboa que, estabelecendo os artigos 41 (2) e 108 (3) do CDADC uma presunção de onerosidade da autorização e não se tendo demonstrado a existência de um acordo quanto ao preço ou de um critério para o determinar, cabia ao Tribunal a sua fixação atendendo a todas as circunstâncias.[358]

Verificando-se a representação sem autorização ou desconformidade com a mesma, o autor tem o direito de a fazer cessar, imediatamente, sem prejuízo de responsabilidade civil ou criminal do empresário ou promotor do espectáculo.[359]

Mais, em sede de direitos morais, se, por decisão judicial, for imposta a supressão de algum passo da obra que comprometa ou desvirtue o sentido

---

[354] Artigo 108 do CDADC de 1985.
[355] Artigos 109 (1) e 118 do CDADC de 1985.
[356] Artigo 109 (2)-(3) do CDADC de 1985.
[357] Artigos 108 (3) e 110 (1) do CDADC de 1985.
[358] Acórdão do Tribunal da Relação de Lisboa, Processo Nº 2069/07.8YXLSB.L1-7, 14-09-2010.
[359] Artigo 112 do CDADC de 1985.

da mesma, poderá o autor retirá-la e resolver o contrato, sem por esse facto incorrer em qualquer responsabilidade.[360]

Refira-se, por fim, que o contrato de representação deve ser celebrado por escrito, mas a inobservância dessa formalidade, como formalidade *ad probationem* que é, não acarreta a nulidade da autorização dada.[361]

8.4.4. A recitação ou execução

A recitação de uma obra literária e a execução por instrumentos ou por instrumentos e cantores de obra musical ou literário-musical são equiparadas à representação cénica, aplicando-se ao contrato celebrado para a recitação ou para a execução de tais obras as regras referentes à representação.[362]

Mas enquanto a representação de obras dramáticas obriga a uma escolha prévia da peça a executar (por exemplo, para preparação dos cenários adequados), o programa de obras musicais ou literário-musicais a serem executadas por instrumentos ou por instrumentos e cantores não é, necessariamente, determinado previamente.

Por isso, o artigo 122 (1) do CDADC apenas obriga a entidade promotora à afixação prévia do programa com designação da obra e identificação da autoria, «na medida do possível».

Elucidou o Supremo que da expressão «na medida do possível» contida nessa disposição decorre a licitude da falta de publicitação do elenco das peças de música ligeira a executar, por se tratar, em regra, de espectáculos cujos temas surgem, frequentes vezes, a pedido do público ou são escolhidos de acordo com o ambiente, sendo «muito diferente prever ou programar o que vai surgir no decurso de um espectáculo da banda The Cult ou do cantor-autor Phil Collins do que – e aí nada justificaria a omissão – num concerto da London Philarmonic Orchestra a interpretar o Fausto de Gounot ou o pianista David Hefgott a tocar o concerto nº 3. Op 30 de Rachmaninov.»[363]

Neste contexto, no caso de coincidirem na mesma pessoa a autoria e a interpretação, podem surgir dúvidas no que toca à remuneração devida.

Esclareceu o mesmo Tribunal que se coincidirem na mesma pessoa a autoria e a interpretação são devidas duas remunerações, uma a título de direito de autor e outra a título de direito conexo, não tendo, todavia, o autor que

---

[360] Artigo 114 do CDADC de 1985.
[361] Artigo 109 (2) do CDADC de 1985.
[362] Artigo 121 do CDADC de 1985.
[363] Acórdão do Supremo Tribunal de Justiça, Processo Nº 08A1920, 07/01/2008.

autorizar a sua própria interpretação, para efeitos de direito de autor. É da interpretação do contrato celebrado entre o autor/intérprete e o promotor do espectáculo que se determina se o *cachet* acordado também engloba o direito de autor e não, apenas, o direito conexo. O Supremo apelou, aqui, à noção de «autorização implícita», sustentando que no âmbito da celebração de um contrato com um autor/intérprete, sabendo-se que o autor não precisa de autorização de ninguém para executar a sua própria obra, terá de interpretar-se o *cachet* acordado como remunerando, desde logo, tanto a autoria como a representação.[364]

Reiterou o referido Tribunal este princípio, num outro processo respeitante a concertos em que haviam actuados grupos e cantores consagrados, tendo admitido que era manifesta a ausência do dano, na medida em que os próprios haviam fixado livremente o preço a pagar pelo promotor, tendo em conta o tempo de duração da respectiva actuação, o número de músicas que tinham que interpretar e que o promotor os contratava pelo preço negociado face à sua projecção pública enquanto criadores e intérpretes. Qualquer declaratário normal colocado no lugar do promotor, sublinhou o Supremo, ficaria convencido de que o preço estabelecido pelos profissionais contratados englobava tanto a remuneração a título de direito de autor, como a remuneração a título de direito conexo.[365]

Em suma, o facto de não se distinguir contratualmente o que é devido pela autoria do que é devido pela execução não pode levar à conclusão de que o promotor apenas pagou a execução, tendo-se de interpretar os contratos celebrados com artistas que são, simultaneamente, criadores das obras que interpretam, no sentido de que no contrato celebrado com o promotor está implícita a autorização para a execução da obra.

Mencione-se, por fim, que artigo 123 (2) do CDADC iliba de responsabilidade ou ónus o promotor dos espectáculos sempre que os artistas, por solicitação insistente do público, executem qualquer obra não programada e sem autorização do respectivo autor. Esta disposição consagra o princípio de que a execução de obra não autorizada, com reduzido peso relativo no todo do espectáculo, sem culpa do promotor e do artista, não implica responsabilidade ou ónus para o primeiro.[366]

---

[364] Acórdão do Supremo Tribunal de Justiça, Processo Nº 08A1920, 07/01/2008.
[365] Acórdão do Supremo Tribunal de Justiça, Processo Nº 330/09.6YFLSB, 06/30/2009.
[366] *Vide*, nesse sentido, Acórdãos do Supremo Tribunal de Justiça, Processo Nº 330/09.6YFLSB, 06/30/2009 e Processo Nº 4183/1999.S1, 03/09/2010.

8.4.5. A produção cinematográfica

A produção cinematográfica requer os talentos organizativos do produtor, como empresário do filme e como entidade que assegura os meios necessários e assume as responsabilidades técnicas e financeiras inerentes à organização da obra cinematográfica, devendo ser, como tal, identificado no filme.[367]

Essa produção não dispensa, claro está, o labor criativo dos autores da obra cinematográfica, ou seja, do realizador, do autor do argumento, do autor dos diálogos (se for pessoa diferente) e do autor da banda musical, bem como dos autores da adaptação e dos diálogos (quando se trate de adaptação de obra não composta expressamente para o cinema).[368]

A produção cinematográfica requer a autorização dos referidos co-autores, a qual deve incluir as condições da produção, da distribuição e da exibição da película, bem como a anuência dos autores de obras preexistentes que sejam utilizadas no decurso da produção da obra cinematográfica, presumindo a lei que se o autor autorizar a exibição, de forma expressa ou implícita, compete ao produtor o exercício dos direitos da exploração económica da obra cinematográfica e que a autorização dada, pelo autor, para a produção cinematográfica de uma obra, abrange, também, salvo convenção em contrário, a concessão de um exclusivo – exclusivo esse que, no silêncio das partes, caduca decorridos vinte e cinco anos sobre a celebração do contrato respectivo.[369]

Refira-se aqui um processo que teve por objecto um pedido de decisão prejudicial apresentado pelo *Handelsgericht Wien*, no âmbito de um litígio que opôs o realizador principal e o produtor de um filme documentário, a propósito de um contrato em que primeiro cedia ao segundo certos direitos sobre o referido filme.[370]

No seu acórdão, o Tribunal de Justiça declarou que os direitos de exploração da obra cinematográfica, como os que estavam em causa no processo principal (direito de reprodução, direito de difusão por satélite e quaisquer outros direitos de comunicação ao público mediante colocação à disposição) revertem de pleno direito, directa e originariamente, para o realizador principal.

O Direito da União, sublinhou o Tribunal do Luxemburgo, opõe-se a uma legislação nacional que confira, de pleno direito e exclusivamente, os referidos direitos de exploração ao produtor da obra em questão, reservando

---

[367] Artigo 126 do CDADC de 1985.
[368] Artigo 22 do CDADC de 1985.
[369] Artigos 124, 125 e 128 do CDADC de 1985.
[370] *Martin Luksan v. Petrus van der Let*, Acórdão do Tribunal de Justiça, Processo C277/10, 9 de Fevereiro de 2012.

aos Estados Membros a faculdade de estabelecer uma presunção de cessão a favor do produtor da obra cinematográfica dos direitos de exploração da obra cinematográfica, contando que essa presunção não revista natureza inilidível, isto é, desde que não exclua a possibilidade de o realizador principal da obra convencionar em sentido diferente.

No que toca à retribuição dos co-autores da obra cinematográfica, esta pode consistir numa quantia global fixa, numa percentagem sobre receitas provenientes da exibição e numa quantia certa por cada exibição, podendo, ainda, revestir outra forma acordada com o produtor.[371]

Em sede de direitos morais, os co-autores da obra cinematográfica têm o direito de exigir que os seus nomes sejam indicados na projecção do filme e que se mencione a contribuição de cada um deles para essa obra. Acresce que se a obra cinematográfica constituir adaptação de obra preexistente, deve indicar-se o título desta e o nome, pseudónimo ou qualquer outro sinal de identificação do autor.[372]

No respeitante às possibilidades de co-produção e de transmissão de direitos, salvo convenção em contrário, é lícito, ao produtor que contratar com os autores associar-se com outro produtor para assegurar a realização e exploração da obra cinematográfica, sendo-lhe igualmente permitido transferir, a todo o tempo, para terceiros, no todo ou em parte, direitos emergentes do contrato – mas mantendo-se esse produtor responsável, para com os autores, pelo cumprimento pontual do mesmo.[373]

Registe-se, por fim, que a lei manda aplicar, com as devidas adaptações, ao contrato de produção cinematográfica, as disposições relativas ao contrato de edição, representação e execução e, à exibição pública da obra cinematográfica, o regime previsto nos artigos 122 e 123 para a recitação e a execução.[374]

8.4.6. A produção fonográfica ou videográfica

Entende a lei, por fixação, «a incorporação de sons ou de imagens, separadas ou cumulativamente, num suporte material suficientemente estável e duradouro que permita a sua percepção, reprodução ou comunicação de qualquer modo, em período não efémero», exigindo a autorização do autor, dada por escrito, para os seguintes actos:[375]

---

[371] Artigo 131 do CDADC de 1985.
[372] Artigo 134 do CDADC de 1985.
[373] Artigo 133 do CDADC de 1985.
[374] Artigo 139 do CDADC de 1985.
[375] Artigos 141 e 146 do CDADC de 1985.

- A fixação da obra (autorização essa que habilita a entidade que a detém a fixar a obra e a reproduzir e vender os exemplares produzidos);
- A execução em público, a radiodifusão ou a transmissão de qualquer modo da obra fixada (podendo essa autorização ser conferida a entidade diversa da que fez a fixação); e
- A adaptação ou outra transformação da obra para efeitos de fixação, transmissão e execução ou exibição (devendo tal autorização precisar a qual dos fins se destina a transformação).

Salvo no caso de trespasse do estabelecimento, a parte com quem tiver sido contratada a fixação não pode transferir, para terceiros, os direitos emergentes do contrato de autorização, sem o consentimento dos autores.[376]

O contrato de produção fonográfica ou videográfica deve ser reduzido a escrito, mas consistindo tal exigência numa formalidade *ad probationem*, a não redução a escrito da autorização não fulmina a mesma de nulidade.[377]

No domínio dos direitos morais, o título da obra ou o modo de a identificar, assim como o nome ou qualquer outro sinal de identificação do autor, devem constar dos fonogramas e dos videogramas, impressos directamente ou apostos em etiquetas, sempre que a sua natureza o permita.[378]

Mais, a obra musical e o respectivo texto que tenham sido objecto de fixação fonográfica comercial, sem oposição do autor, podem voltar a ser fixados (tendo o autor sempre direito a uma retribuição equitativa), mas o autor pode fazer cessar a exploração sempre que a qualidade técnica da fixação comprometa a correcta comunicação da obra.[379]

Refira-se, aqui, um processo judicial respeitante a um contrato de produção fonográfica no qual o Supremo teceu algumas considerações sobre o direito do artista a ser ouvido. Declarou o Supremo que não é razoável atribuir a uma cláusula que concede ao artista o direito a ser ouvido sobre a selecção de títulos, para efeitos de reedição de obras musicais que integram diversos temas, e que se integra num contrato mediante o qual o editor adquiriu o direito de editar as obras do artista quando entender, em formatos com capacidades diferentes, o sentido de lhe conferir o direito de autorizar as

---

[376] Artigo 145 do CDADC de 1985.
[377] Artigo 141 (2) do CDADC de 1985.
[378] Artigo 142 do CDADC de 1985.
[379] Artigo 144 do CDADC de 1985.

reedições ou, no mínimo, de a elas se opor. O direito a ser ouvido, afiançou o Supremo, implica o direito de influenciar as concretas reedições a efectuar.[380]

Registe-se, por fim, que são aplicáveis com as necessárias adaptações ao contrato de autorização para fixação fonográfica ou videográfica, as disposições relativas ao contrato de edição e, ao espectáculo consistente na comunicação pública de obra fonográfica ou videográfica, o regime previsto nos artigos 122 e 123 para a recitação e a execução.[381]

8.4.7. A radiodifusão

Afirma o artigo 149 do CDADC que depende de autorização do autor a radiodifusão sonora ou visual da obra, tanto directa como por retransmissão, assim como a comunicação da obra em qualquer lugar público – entendendo-se por lugar público todo aquele a que seja oferecido o acesso, implícita ou explicitamente, mediante remuneração ou sem ela, ainda que com reserva declarada do direito de admissão.[382]

Decorre ainda do artigo 155 do mesmo diploma que é devida remuneração, ao autor, pela comunicação pública da obra radiodifundida, por altifalante ou por qualquer outro instrumento análogo transmissor de sinais, de sons ou de imagens.

Destaca-se, neste campo, a questão de saber se a difusão de obra radiodifundida em local público configura uma mera recepção daquela ou antes uma nova utilização (isto é, uma transmissão autónoma), apenas esta última exigindo a obtenção de autorização dos respectivos autores e despoletando o direito a remuneração – questão esta que não tem vindo a obter uma solução consensual por parte da jurisprudência portuguesa.

Em 1995, preconizou o Tribunal da Relação do Porto que a mera recepção de emissões de radiofusão em restaurantes, hotéis, pastelarias, discotecas e estabelecimentos similares, em que sejam apresentadas obras literárias ou artísticas, não depende de autorização dos seus autores, nem de qualquer contrapartida patrimonial.[383]

Na mesma senda, o Tribunal da Relação de Guimarães declarou, em 2004, que tendo os autores autorizado a radiodifusão das suas obras e, por isso, recebido dos organismos emissores a correspondente remuncração, haviam

---

[380] Acórdão do Supremo Tribunal de Justiça, Processo Nº 6727/03.8TVLSB.S1, 11/26/2009.
[381] Artigo 147 do CDADC de 1985.
[382] Artigo 149 do CDADC de 1985.
[383] Acórdão do Tribunal da Relação do Porto, Processo Nº 9450142, 01/04/1995.

exercido os seus direitos. Asseverou aquele Tribunal que só não será assim se a recepção se consubstanciar numa transmissão potenciadora de uma nova utilização das obras literárias ou artísticas, tal não se verificando quando os empresários dos hotéis, restaurantes, bares, cafés e estabelecimentos similares se limitam à recepção das emissões de radiodifusão.[384]

Em 2007, o Tribunal da Relação de Lisboa perfilhou uma visão mais alargada do direito de comunicação ao público, ao assegurar que embora a mera recepção das emissões, ainda que em lugar público, desde que executada através de aparelhos receptores normais de rádio ou televisão desprovidos de adicionais instrumentos de reprodução e amplificação se encontrasse isenta, em termos autorais, tal não era o caso em apreço. A situação dos autos extravasava a simples recepção radiofónica com normal aparelho de rádio, traduzindo-se, sim, numa comunicação pública das obras musicais radiodifundidas levada a cabo mediante especiais instrumentos de amplificação de som e carecendo, por isso, de autorização.[385]

Uns meses mais tarde, seguindo linha de orientação similar, o Tribunal da Relação de Guimarães alegou que carecia de autorização dos autores a difusão de um vídeo musical num estabelecimento comercial pela televisão, com colunas de som ligadas ao televisor. O acto de ligar ao televisor quatro colunas de som não se reconduzia a uma mera recepção de um programa de televisão em público, mas a uma difusão de sinais e sons para além dos que resultavam do mero funcionamento de recepção do televisor.[386]

---

[384] Acórdão do Tribunal da Relação de Guimarães, Processo Nº 1204/04-2, 15-11-2004.
[385] Acórdão do Tribunal da Relação de Lisboa, Processo Nº 72/2007-5, 15-05-2007.
[386] Acórdão do Tribunal da Relação de Guimarães, Processo Nº 974/07-2, 02-07-2007. Repare-se, todavia, no teor do voto de vencido: «Quem, no caso, difundia a obra em causa era a TV Cabo, como entidade emissora, e o arguido apenas ampliava um dos sinais, o de som, por tal forma que nada retirava ou acrescentava à obra em si, melhorando apenas, qualitativa e quantitativamente, o aspecto sonoro, o que também não cabe na previsão do artigo 155 do citado Código, que prevê que é devida igualmente remuneração ao autor pela comunicação pública da obra radiodifundida, por altifalante ou por qualquer outro instrumento análogo transmissor de sinais, de sons ou de imagens, ou seja, prevê uma situação de transmissão autónoma. No caso, a conduta do arguido não era uma actividade da recepção-transmissão, mas sim, se quisermos ser rigorosos, uma actividade de recepção-ampliação e só de um dos sinais, mantendo-se a obra recebida e ampliada a mesma e sem qualquer violação dos direitos de autor. O Código do Direito de Autor e dos Direitos Conexos só prevê o direito dos autores à remuneração pela comunicação pública das suas obras radiodifundidas nas situações de transmissão, isto é, de nova utilização ou aproveitamento nos termos atrás enuncia-

Em 2011, o Tribunal da Relação de Guimarães concluiu que a conduta em causa consistia numa actividade de recepção-transmissão que se incluía na excepção contemplada num Parecer da Procuradoria Geral da República, no sentido de que do princípio de liberdade de recepção das emissões de radiodifusão que tenham por objecto obras literárias ou artísticas «apenas se exclui a recepção-transmissão envolvente de nova utilização ou aproveitamento organizados, designadamente, através de procedimentos técnicos diversos dos que integram o próprio aparelho receptor, como por exemplo altifalantes ou instrumentos análogos transmissores de sinais, sons ou imagens, incluindo as situações a que se reportam os artigos 3 e 4, do Decreto-Lei 42660, de 20 de Novembro de 1959.»[387]

E, no mesmo ano, o Tribunal da Relação de Lisboa deduziu que os mecanismos externos ao aparelho de recepção da emissão de TV Cabo utilizados no caso em apreço não tinham natureza diversa dos contidos naquele aparelho, e nada acrescentavam ou alteravam relativamente ao programa recebido, limitando-se a difundir as obras em causa com o preciso conteúdo com que estavam a ser recebidas através da TV Cabo e apenas potenciando a qualidade do som e da imagem. Acrescentou, ainda, que não se havia verificado um aproveitamento técnico ou comercial do acto em causa. Por conseguinte, disse aquele Tribunal que a situação em causa configurava uma mera actividade de recepção dos sinais sonoros e visuais que estavam a ser radiodifundi-

dos e, como se disse, a conduta do arguido não era uma actividade da recepção-transmissão, mas sim, se quisermos ser rigorosos, uma actividade de recepção-ampliação de um só dos sinais, como se disse, mantendo-se a obra recebida e ampliada a mesma e sem qualquer violação dos direitos de autor. A levar-se o entendimento tão longe como no acórdão em apreço, todos os locais onde estão instaladas colunas sonoras para difusão de música. locais de trabalho, estabelecimentos de restauração, edifícios públicos, etc.., teriam que ser pagos direitos sem que se faça qualquer transmissão, mas sim mera recepção. Aliás, comparativamente com aparelhos standard, um aparelho receptor da maior qualidade pode dispor de mais e melhores altifalantes e debitar muito mais decibéis e nem por isso transgride a lei, como não se transgride se por qualquer meio técnico for possível ampliar também o sinal visual, pois as aparelhagens amplificadoras (ou difusoras) não são susceptíveis de ser captadas por qualquer outra aparelhagem.»

[387] *Vide* Conclusão 14 do Parecer da Procuradoria Geral da República Nº 4/92 e Acórdão do Tribunal da Relação de Guimarães, Processo Nº 1130/07.3TABRG.G1, 04-04-2011.

dos pela TV Cabo, não se enquadrando na previsão dos artigos 149 (2) e 155 do CDADC.[388]

Repare-se que a noção restritiva de «comunicação ao público» em que se baseiam algumas das referidas decisões anda longe do entendimento adoptado pelo Tribunal de Justiça da União Europeia a este respeito, entendimento este que foi explanado, recentemente, por esse Tribunal, num processo em que se procurava saber, *inter alia*, se a transmissão de obras radiodifundidas através de um ecrã de televisão e de altifalantes aos clientes de um *pub* consubstanciava uma comunicação ao público, na acepção do artigo 3 (1) da Directiva sobre a Sociedade da Informação.[389]

No seu acórdão afirmou o Tribunal de Justiça que se deve entender o conceito de comunicação em sentido amplo, como visando toda e qualquer transmissão de obras protegidas, independentemente do meio ou procedimento técnico utilizados, pelo que o proprietário de um *pub* procede a uma comunicação ao transmitir, deliberadamente, obras radiodifundidas através de um ecrã de televisão e de altifalantes aos clientes que se encontram nesse estabelecimento.

No caso da transmissão das obras radiodifundidas pelo proprietário de um *pub* aos clientes presentes nesse estabelecimento, esses clientes constituem um público suplementar que não foi tido em consideração pelos autores aquando da autorização da radiodifusão das suas obras.[390]

Concluiu, pois, o Tribunal do Luxemburgo, que o conceito de «comunicação ao público» na acepção do artigo 3 (1) da Directiva sobre a Sociedade da Informação deve ser interpretado no sentido de que abrange essa transmissão de obras radiodifundidas através de um ecrã de televisão e de altifalantes aos clientes que se encontrem presentes num *pub*.[391]

---

[388] Acórdão do Tribunal da Relação de Lisboa, Processo Nº 147/04.4SXLSB.L1-5, 22-03-2011.

[389] *Football Association Premier League Ltd, NetMed Hellas SA, Multichoice Hellas SA v. QC Leisure, David Richardson, AV Station plc, Malcolm Chamberlain, Michael Madden, SR Leisure Ltd, Philip George Charles Houghton and Derek Owen e Karen Murphy v. Media Protection Services Ltd*, Acórdão do Tribunal de Justiça, Processos apensos C403/08 e C429/08, 4 de Outubro de 2011.

[390] *Sociedad General de Autores y Editors de Espana (SGAE) v. Rafael Hoteles SA*, Acórdão do Tribunal de Justiça, Processo C306/05, 7 de Dezembro de 2006, 41.

[391] Vide Parte IV – O Direito de Autor na União Europeia, Capítulo VII – A Directiva da Sociedade da informação.

Não existe motivo, esclarecido que está o tema pelo Tribunal do Luxemburgo, para a divergência de opiniões acima descrita, urgindo seguir, a nível nacional, a corrente jurisprudencial delineada neste campo pelo Tribunal de Justiça, e assim se introduzindo maior certeza jurídica nesta matéria.

Refira-se, ainda, no campo dos direitos morais, que as estações emissoras devem anunciar o nome ou pseudónimo do autor juntamente com o título da obra radiodifundida, ressalvando-se os casos, consagrados pelo uso corrente, em que as circunstâncias e as necessidades da transmissão levam a omitir tais indicações.[392]

Registe-se, por fim, a aplicação, com as necessárias adaptações, à radiodifusão, bem como à difusão obtida por qualquer processo que sirva para a comunicação de sinais, sons ou imagens, das disposições relativas ao contrato de edição, representação e execução e, ao espectáculo consistente na comunicação pública de obra radiodifundida, do regime previsto nos artigos 122 e 123 para a recitação e a execução.[393]

8.4.8. As obras de arte

Tanto a exposição como a reprodução das obras de arte dependem da autorização do respectivo autor.

Assim, dita a lei que a exibição pública da obra de arte requer a autorização do autor, decorrendo, todavia, da sua alienação, salvo convenção expressa em contrário, a atribuição do direito de a expor.[394]

Também a reprodução das obras de artes plásticas, gráficas e aplicadas, design, projectos de arquitectura e planos de urbanização, só pode ser feita pelo autor ou com a sua autorização. Esta autorização deve ser dada por escrito (escrito esse que se reconduz a uma formalidade *ad probationem*) presumindo-se onerosa e podendo ser condicionada.[395]

O contrato de reprodução deve fixar o número mínimo de exemplares a vender anualmente, devendo ainda conter indicações que permitam identificar a obra, tais como a sua descrição sumária, debuxo, desenho ou fotografia, com a assinatura do autor.[396]

Mencione-se, ainda, em sede de direitos morais, que as reproduções não podem ser postas à venda sem que o autor tenha aprovado o exemplar sub-

---

[392] Artigo 154 do CDADC de 1985.
[393] Artigo 156 do CDADC de 1985.
[394] Artigo 157 do CDADC de 1985.
[395] Artigo 159 do CDADC de 1985.
[396] Artigos 159 (3) e 160 (1) do CDADC de 1985.

metido a seu exame e que em todos os exemplares reproduzidos deve figurar o nome, pseudónimo ou outro sinal que identifique o autor.[397]

8.4.9. A obra fotográfica

Para que a fotografia seja protegida «é necessário que pela escolha do seu objecto ou pelas condições da sua execução possa considerar-se como criação artística pessoal do seu autor», não sendo tuteladas como obras artísticas, por exemplo, as fotografias de escritos, de documentos, de papéis de negócios e de desenhos técnicos.[398]

Esta exigência de que a obra fotográfica seja «criação artística pessoal do seu autor» não postula o mérito ou o valor artístico da fotografia mas a originalidade da criação, pretendendo excluir, do âmbito da protecção legal, as fotografias que emergem de uma operação puramente automática.[399]

Assim, segundo o Tribunal de Justiça, uma fotografia é protegida pelo direito de autor se consistir numa criação intelectual do respectivo autor, reflectindo a sua personalidade, em função das escolhas livres e criativas tomadas durante a sua execução – podendo o autor imprimir o seu cunho pessoal à obra criada através da selecção do pano de fundo, da pose da pessoa a fotografar, da iluminação, do enquadramento, do ângulo, da atmosfera criada, da técnica de revelação ou através da utilização de aplicações informáticas.[400]

Em sede de direitos patrimoniais, o autor da obra fotográfica tem o direito exclusivo de reproduzir, difundir e pôr à venda essa obra, decorrendo da utilização de uma reprodução fotográfica para fins comerciais a obrigação de pagar ao autor uma remuneração equitativa.[401]

Todavia, salvo convenção em contrário:[402]

- Se a fotografia for efectuada em execução de um contrato de trabalho ou por encomenda, presume-se que a titularidade do direito de autor pertence à entidade patronal ou à pessoa que fez a encomenda;

---

[397] Artigo 160 (2)-(3) do CDADC de 1985.
[398] Artigo 164 do CDADC de 1985.
[399] Vide Parte II – O Direito de Autor em Portugal, Capítulo III – Os requisitos de protecção, 3.2 – A originalidade.
[400] *Eva-Maria Painer v. Standard VerlagsGmbH, Axel Springer AG, Süddeutsche Zeitung GmbH, SPIEGEL-Verlag Rudolf AUGSTEIN GmbH e Co KG and Verlag M. DuMont Schauberg Expedition der Kölnischen Zeitung GmbH e Co KG*, Acórdão do Tribunal de Justiça, Processo C145/10, 1 de Dezembro de 2011, 90-92.
[401] Artigo 165 (1) e (3) CDADC de 1985.
[402] Artigos 165 (2), 166 e 168 (1) CDADC de 1985.

- A alienação do negativo de uma obra fotográfica importa a transmissão da titularidade do direito de autor sobre a mesma; e
- A fotografia de uma pessoa, quando essa fotografia seja executada por encomenda, pode ser publicada ou reproduzida pela pessoa fotografada (ou pelos seus herdeiros ou transmissários) sem o consentimento do fotógrafo, seu autor.

Refira-se, ainda, no plano dos direitos morais, que os exemplares da obra fotográfica devem conter o nome do fotógrafo e, em fotografias de obras de artes plásticas, o nome do autor da obra fotografada.[403]

8.4.10. A tradução e outras transformações da obra

A licitude de qualquer transformação da obra (como a tradução, o arranjo, a instrumentação, a dramatização e a cinematização da mesma) exige a autorização do autor da obra original, autorização essa que deve ser dada por escrito (como formalidade *ad probationem*) e não comporta concessão de exclusivo – salvo estipulação em contrário.[404]

Em prol dos direitos morais do autor ou autores da obra preexistente, dita a lei que o beneficiário da autorização para modificar a obra deve respeitar o sentido da obra original, podendo apenas proceder a modificações que não a desvirtuem, na medida exigida pelo fim a que o uso da obra se destina.[405]

Nesta conformidade, pode o editor exigir do tradutor as modificações necessárias para assegurar o respeito pela obra preexistente e, quando esta implicar determinada disposição gráfica, a conformidade do texto com ela. E caso o tradutor não o faça no prazo máximo de trinta dias, o editor promoverá, por si, tais modificações.[406]

No que toca especificamente à tradução, o contrato celebrado entre o editor e o tradutor não implica, salvo convenção em contrário, a cedência nem a transmissão, temporária ou permanente, a favor do editor, dos direitos do tradutor sobre a sua tradução.[407]

---

[403] Artigo 167 do CDADC de 1985.
[404] Artigo 169 (1)-(2) do CDADC de 1985.
[405] Artigo 169 (3)-(4) do CDADC de 1985.
[406] Artigo 172 (3) do CDADC de 1985.
[407] Artigo 172 (2) do CDADC de 1985.

Aliás, a utilização da tradução para além dos limites convencionados pelo editor, o empresário, o produtor ou qualquer outra entidade, confere ao tradutor o direito a uma compensação suplementar[408]

Em sede de direitos morais, exige a lei que o nome do tradutor figure sempre nos exemplares da obra traduzida, nos anúncios do teatro, nas comunicações que acompanham as emissões de rádio e de televisão, na ficha artística dos filmes e em qualquer material de promoção.[409]

Refira-se, por fim, que se aplicam à edição das respectivas traduções as regras relativas à edição de obras originais, quer a autorização para traduzir haja sido concedida ao editor, quer ao tradutor.[410]

8.4.11. O trabalho jornalístico

Os jornais e outras publicações periódicas presumem-se obras colectivas, pertencendo às respectivas empresas o direito de autor sobre as mesmas, sem prejuízo dos direitos dos vários autores à sua criação intelectual, quando esta possa discriminar-se.[411]

Se o autor não se encontrar vinculado por um contrato de trabalho jornalístico, pertence-lhe o direito de autor sobre a obra publicada em tais jornais ou publicações periódicas, ainda que a obra não esteja assinada, e só ele pode executar ou autorizar a reprodução em separado ou em publicação congénere, salvo convenção escrita em contrário – podendo, contudo, o proprietário ou o editor da publicação reproduzir os números em que foram publicadas tais contribuições.[412]

Se o autor se encontrar vinculado por um contrato de trabalho jornalístico, apenas lhe pertence o direito sobre a obra publicada em tais jornais ou publicações periódicas se essa obra se encontrar identificada pela sua assinatura ou outro meio. Todavia, decorridos três meses sobre a data em que tiver sido posta a circular a publicação em que haja sido inserido o seu trabalho, só pode ser publicada, em separado, com autorização da empresa a que pertença o jornal ou publicação em causa.[413]

---

[408] Artigo 170 do CDADC de 1985.
[409] Artigo 171 do CDADC de 1985.
[410] Artigo 172 (1) do CDADC de 1985.
[411] *Vide* Parte II – Direito de Autor em Portugal, Capítulo I – O autor, 1.2 – A autoria da obra criada por uma pluralidade de pessoas.
[412] Artigo 173 do CDADC de 1985.
[413] Artigo 174 do CDADC de 1985.

Como notou a este propósito o Tribunal da Relação de Lisboa, «quando no conjunto da obra colectiva se possa discriminar a produção pessoal do trabalho jornalístico de algum ou alguns dos colaboradores, pertence a estes colaboradores o direito de autor sobre esta produção pessoal na obra publicada se estiver identificada pela sua assinatura ou outro meio, estejam eles vinculados ou não por contrato de trabalho jornalístico. Mas com alguns limites quanto à autorização da reprodução ou publicação em separado da sua obra.»[414]

8.5. A resolução de litígios

Os litígios emergentes no âmbito de contratos que envolvem a autorização para a utilização da obra ou a transmissão ou oneração de direitos sobre a mesma podem ser resolvidos por meio do recurso à mediação.

A nível regional, a Directiva sobre a Radiodifusão por Satélite e Retransmissão por Cabo estipula que, sempre que não seja possível chegar a acordo sobre a autorização de retransmissão de uma emissão de radiodifusão por cabo, os Estados Membros garantirão que todas as partes interessadas possam recorrer à mediação.[415]

No plano internacional, o artigo 64 do Acordo TRIPS manda aplicar as disposições dos artigos XXII e XXIII do GATT de 1994, tal como previstas e aplicadas pelo Memorando de Entendimento sobre a Resolução de Litígios, à resolução de litígios ao abrigo do Acordo TRIPS.

Refira-se, ainda, o Centro de Arbitragem e Mediação da OMPI, criado em 1994, com vista a facilitar a resolução de litígios relativos à propriedade intelectual por meio da mediação e da arbitragem.

---

[414] Acórdão do Tribunal da Relação de Lisboa, Processo Nº 10441/2003-7, 02-03-2004.
[415] Artigo 11 (1) da Directiva sobre a Radiodifusão por Satélite e Retransmissão por Cabo.

O autor, bem como os seus sucessores ou transmissários, podem autorizar a utilização da obra por terceiros, assim como transmitir ou onerar, no todo ou em parte, os direitos patrimoniais sobre essa obra.

Já os direitos morais, direitos pessoais do autor, apenas podem ser exercidos pelo autor, não podendo o autor autorizar terceiros a exercê-los, nem transmiti-los *inter vivos*. Certos direitos morais podem, todavia, ser transmitidos *mortis causa*.

O autor da obra pode autorizar a fruição e utilização da obra por terceiros, concedendo permissão para divulgar, publicar, utilizar ou explorar a obra, por qualquer processo.

A autorização concedida a terceiros para exploração da obra, com exclusividade ou não, não implica a transmissão do direito de autor sobre aquela, permanecendo esse direito na esfera jurídica do autor.

O autor pode, também, transmitir ou onerar, no todo ou em parte, os direitos patrimoniais sobre a sua obra.

Ao contrário do que sucede com a forma escrita requerida no campo da autorização, que consiste numa forma legal *ad probationem*, as formalidades exigidas para os actos de transmissão (parcial ou total) são formalidades *ad substantiam*.

Há que distinguir entre o contrato mediante o qual o titular de um direito de propriedade intelectual concede à outra parte a faculdade de explorar tal direito, mediante o pagamento de uma remuneração, do contrato em que uma parte se obriga a prestar um serviço, em contrapartida de uma remuneração.

Um contrato mediante o qual o titular de um direito de propriedade intelectual concede à outra parte a faculdade de explorar tal direito em função do pagamento de uma remuneração, não é um contrato de prestação de serviços.

Já no contexto do contrato de encomenda faz sentido o recurso às regras do contrato de prestação de serviços.

Quando as partes não celebram um contrato inominado ou atípico de prestação de serviços, mas um contrato dotado de nome e regras próprias, com assento no CDADC, verifica-se a primazia das mesmas.

Capítulo IX
A gestão colectiva

9.1. Evolução histórica

Nos séculos XVIII e XIX surgiram associações e organismos que tinham por missão representar os autores e defender os seus interesses, nomeadamente perante entidades governamentais, tendo a primeira dessas entidades sido a *Societé des Auteurs et Compositeurs Dramatiques*, criada por Beaumarchais, em 1777.[416]

Com o tempo, reconheceu-se que seria útil expandir o escopo de actuação dessas associações e organismos de modo a que gerissem o direito de autor respeitante às obras dos seus sócios ou aderentes, tendo surgido, por exemplo, em 1851, a *Societé des Auteurs, Compositeurs et Editors de Musique* (SACEM), em 1882 a *Società Italiana degli Autori ed Editori* (SIAE), em 1903 a *Gesellschaft für Musikalische Auffürungs und Mechanische Vervielfältigungsrechte* (GEMA) e em 1914 a *Performing Right Society* (PRS) e a *American Society of Composers, Authors and Publishers* (ASCAP).

Cronologicamente, seguiu-se a realização de acordos bilaterais entre sociedades de gestão pertencentes a países diversos, de modo a permitir, quando necessário fosse, a representação recíproca de repertórios. Para tal

---

[416] *Vide* M. Freegard, «Collective administration of rights» in *International Copyright and Neighbouring Rights*, 2ª ed., Butterworths, 1989; M. Ficsor, *Collective management of copyright and related rights*, WIPO, 2002; A. Dietz, «Legal regulation of collective management of *copyright* (collecting societies law) in Western and Eastern Europe», *Journal of the Copyright Society*, 49, 2002, p. 897; D. Gervais (coordenador), *Collective Management of Copyright and Related Rights*, Kluwer, 2006; H. Rosenblatt, «*Copyright* arrangements: rights and wrongs. The collecting societies' perspective», *Intellectual Property Quarterly*, 2000, p. 187.

contribuiu a criação, em 1926, da *Confédération Internationale des Sociétés des Auteurs et Compositeurs* (CISAC), com sede em Paris.

Nos anos trinta foi fundado, também em Paris, o *Bureau Internationale de l'Edition Mécanique* (BIEM), agregando sociedades de gestão colectiva congéneres, com o objectivo de facilitar a execução e a distribuição de fonogramas feitos a partir de obras pertencentes aos respectivos sócios ou aderentes, com base em cláusulas contratuais pré-determinadas.

A adopção da Convenção de Roma, em 1961, impulsionou a criação de entidades de gestão colectiva no âmbito dos direitos conexos, entidades essas incumbidas de colectarem, em prol dos produtores de fonogramas e dos artistas intérpretes ou executantes, a remuneração decorrente da radiodifusão e da execução pública de fonogramas.

Nos anos setenta, o aparecimento de novas tecnologias de reprodução das obras levou à emergência de novas entidades de gestão colectiva, tendo sido criada, *inter alia*, no contexto da reprografia, a *International Federation of Reprographic Reproduction Organizations* (IFRRO).

9.2. Princípios gerais

Hoje, pelo mundo fora, a gestão do direito de autor tende a ser executada por sociedades de gestão colectiva, as quais têm os recursos e a experiência requeridos para defender, de forma eficaz, os interesses dos autores e dos titulares de direitos conexos.

Em certos países, as sociedades de gestão colectiva representam a maior parte ou mesmo todos os direitos dos seus sócios ou aderentes, assistindo-se, noutros países, a uma divisão de tarefas entre diferentes sociedades de gestão colectiva – podendo por exemplo uma sociedade gerir os direitos de radiodifusão e de execução pública e uma outra sociedade cumprir tal tarefa em relação aos direitos de reprodução mecânica (gravação sonora).

A simples qualidade de sócio ou aderente ou a inscrição como beneficiário dos serviços de uma sociedade de gestão colectiva confere, a essa sociedade, legitimidade para autorizar a utilização das obras dos sócios, aderentes ou beneficiários, fixar as condições dessa utilização e cobrar os direitos correspondentes.

A autorização para utilização das obras pode abranger todo o repertório da sociedade (*blanket licences*) ou pode limitar-se a usos específicos (*ad hoc licences*).

As tarifas exercidas pelas sociedade de gestão colectiva tendem a considerar o porte do usuário, não se cobrando, por exemplo, a um café ou restaurante o que se cobra a um organismo de radiodifusão.

Cobrados os montantes devidos, incluindo proventos oriundos do estrangeiro na sequência de relações contratuais recíprocas entre sociedades congéneres, as sociedades de gestão colectiva procedem à sua distribuição pelos respectivos sócios ou aderentes, com base em informação provinda dos usuários ou em técnicas de *sampling*.

As sociedades de gestão colectiva têm, ainda, capacidade judiciária para intervir civil e criminalmente em defesa dos interesses e direitos legítimos dos seus representados em matéria de direito de autor – sem prejuízo da intervenção de mandatário expressamente constituído pelos interessados.[417]

Refira-se, por fim, que tais sociedades desempenham um papel fundamental em sede de defesa dos interesses legítimos dos respectivos sócios ou aderentes junto de entidades governamentais e da sociedade civil.

9.3. A gestão colectiva em Portugal

Em Portugal diz a lei que os poderes relativos à gestão do direito de autor podem ser exercidos pelo seu titular ou por intermédio de representante deste, devidamente habilitado.[418]

Tal como permitido pela lei, várias entidades de gestão colectiva despontaram no quadro nacional, tais como a Sociedade Portuguesa de Autores, a Associação Fonográfica Portuguesa, a Associação Portuguesa de Escritores, a Associação Portuguesa de Editores e Livreiros, a Cooperativa de Gestão dos Artistas Intér-

---

[417] Afirmou, a este propósito, o Tribunal da Relação de Lisboa, que a «questão da legitimidade das associações constituídas para gestão do direito de autor e direitos conexos para intervirem em processos penais, quando estão em causa crimes que atentem contra aqueles direitos, vem sendo, desde há muito, discutida na jurisprudência, podendo dizer-se que, apesar de serem conhecidas algumas decisões em sentido contrário, há actualmente unanimidade nos tribunais superiores quanto a tal questão, reconhecendo-se às associações ou organismos nacionais ou estrangeiros, constituídos para gestão dos direitos de autor, aquela legitimidade, podendo mesmo constituir-se assistentes nos processos em que está em causa a violação daqueles direitos (...) Embora o Código do Direito de Autor e dos Direitos Conexos não refira expressamente que a recorrente se possa constituir assistente nos processos penais em que pretende defender os interesses e os direitos dos autores por ela representados (...), a verdade é que a SPA, tendo capacidade judiciária para intervir criminalmente em defesa dos interesses e direitos legítimos dos seus representados em matéria de direito de autor, só poderá realizar cabalmente tal função (...) exercendo os poderes que o CPP atribui aos assistentes (...) se se puder constituir com tal» (Acórdão do Tribunal da Relação de Lisboa, Processo Nº 72/2007-5,15-05-2007).

[418] Artigo 73 do CDADC de 1985.

pretes ou Executantes, a Cooperativa de Gestão dos Artistas em Portugal, a Associação para a Gestão dos Direitos dos Autores, Produtores e Editores, a Associação para a Gestão dos Direitos Reprográficos, a União de Editores Portugueses, a Associação Portuguesa de Software e de Informática, a Associação Portuguesa de Argumentistas e Dramaturgos, a Associação para a Gestão da Cópia Privada e a Associação Fonográfica Independente.

Destaque-se, no quadro das entidades de gestão colectiva nacionais, dado o seu peso, a Sociedade Portuguesa de Autores (SPA), uma cooperativa de responsabilidade limitada, fundada em 1925 para a gestão colectiva do direito de autor.[419]

Hoje, a SPA protege os seguintes direitos dos autores:[420]

- Os direitos pela execução pública das suas obras em representações teatrais, projecções cinematográficas, concertos, emissão de rádio ou televisão e disseminação de obras na Internet;
- Os direitos por reprodução mecânica, decorrentes da venda ou aluguer ao público dos suportes em que as suas obras são reproduzidas; e
- Os direitos de remuneração por cópia privada, pagos pelos fabricantes de CD, vídeos, cassetes virgens e aparelhos reprodutores áudio e vídeo para compensar a reprodução feita, pelos membros do público, em privado, de obras cinematográficas, programas de televisão e concertos.

A SPA procede à cobrança desses direitos e, deduzida a sua comissão, distribui esses direitos pelos seus associados. Na sequência de acordos com sociedades congéneres de outros países, os seus sócios vêem os seus direitos protegidos e cobrados em todos os continentes e, em contrapartida, a SPA representa, em Portugal, os sócios e aderentes dessas sociedades congéneres.

9.4. Desafios actuais

A Internet trouxe consigo vários desafios ao nível da gestão colectiva, como a questão de saber se a metodologia de gestão predominante se encontra adequada à realidade digital (que é global e não meramente nacional ou regional) ou se fará mais sentido implementar uma metodologia de gestão global que abranja, automaticamente, as transmissões executadas *online*.[421]

---

[419] http://www.spautores.pt/spa/quem-somos.
[420] http://www.spautores.pt/spa/servicos-spa.
[421] *Vide* J. A. L. Sterling, «The GILA System for global Internet licensing», disponível em http://www.qmipri.org/documents/Sterling_JALSGILASystem.pdf.

Outra questão premente, na era do digital, é a das obras órfãs, ou seja, das obras tuteladas pelo direito de autor em relação às quais não é possível identificar ou localizar os respectivos titulares de direitos.

Por exemplo, um editor que pretenda traduzir e editar uma obra literária terá de determinar se se trata de uma obra protegida e, se assim for, de identificar os titulares de direitos relevantes ou os respectivos representantes (para requerer autorização para o uso referido).

A averiguação da subsistência ou não de tutela autoral requer, em regra, a título preliminar, que se proceda à identificação do autor da obra, uma vez que os critérios de protecção ao abrigo da Convenção de Berna se referem, antes de mais, à nacionalidade daquele.

Com efeito, decorre do artigo 3 (1) da Convenção de Berna a tutela (i) dos autores nacionais de um dos países da União, pelas suas obras, publicadas ou inéditas e (ii) dos autores não nacionais de um dos países da União, pelas obras que publiquem pela primeira vez num desses países ou simultaneamente num país estranho à União e num país da União.

Uma vez identificado o autor da obra em causa, assim como o local e a data da primeira publicação, há que avaliar se a obra se encontra protegida pelo direito de autor, e tratando-se de uma obra protegida há que identificar os titulares de direitos relevantes (ou os respectivos representantes).

Todavia, a determinação da subsistência (ou não) de tutela autoral pode revelar-se impossível, bem como a identificação dos titulares de direitos relevantes (ou respectivos representantes).

Mais, ainda que se conclua pela subsistência de tutela autoral e se identifiquem os titulares de direitos relevantes (ou os respectivos representantes) em certo país, se o referido editor pretender utilizar a obra noutros países, por exemplo mediante disponibilização na Internet, essa averiguação terá de ser executada em relação a todos os países em causa.

Por isso se verificou recentemente a emanação da Directiva sobre as Obras Órfãs, que tenta resolver a questão das obras órfãs em relação a determinadas entidades, para fins específicos, na União Europeia.[422]

Um terceiro desafio, neste campo, decorre das chamadas *Licenças Creative Commons*.

O conceito *Creative Commons* foi criado nos Estados Unidos em 2001, por Lawrence Lessig, com o objectivo de estabelecer um sistema de licen-

---

[422] *Vide* Parte IV – O Direito de Autor na União Europeia, Capítulo IX – A Directiva sobre as Obras Órfãs.

ciamento que permitisse que os autores optassem por disponibilizar as suas obras ao público gratuitamente, impondo apenas o cumprimento de algumas restrições no que toca à utilização das mesmas.[423]

Segundo o respectivo *website*, as *Licenças Creative Commons* «situam-se entre o direito de autor (todos os direitos reservados) e o domínio público (nenhum direito reservado). Têm âmbito mundial, são perpétuas e gratuitas. Através das *Licenças Creative Commons*, o autor de uma obra define as condições sob as quais essa obra é partilhada, de forma proactiva e construtiva, com terceiros, sendo que todas as licenças requerem que seja dado crédito ao autor da obra, da forma por ele especificada.»[424]

Cabe ao autor que opta por uma *Licença Creative Commons* seleccionar um dos seguintes modelos:[425]

Atribuição (by):

Atribuição (by-nc):

Atribuição – Partilha nos Termos da Mesma Licença (by-sa):

Atribuição – Proibição de realização de obras derivadas (by-nd):

---

[423] *Vide* U. Suthersanen «Creative Commons. The other way?» *Learned Publishing*, 20, 2007, p. 59.
[424] http://creativecommons.pt/cms/view/id/1/.
[425] *Vide* Creative Commons PT, http://creativecommons.pt/cms/view/id/28/.

Atribuição – Uso Não-Comercial – Partilha nos Termos da Mesma Licença (by-nc-sa):

Atribuição – Uso Não-Comercial – Proibição de Realização de Obras Derivadas (by-nc-nd):

Não se duvida que o sistema *Creative Commons* facilita o uso livre e legítimo de obras tuteladas pelo direito de autor, compatibilizando-se, pois, com as necessidades dos utilizadores finais, postuladas que são pela imprescindibilidade do acesso fácil e rápido (gratuito, se possível) à informação, à cultura e ao conhecimento, no ciberespaço.

Saliente-se, todavia, que a entidade que foi criada em Massachusetts para gerir o referido sistema de licenciamento não tem capacidade judiciária para intervir, civil e criminalmente, em prol dos autores que optam por conceder *Licenças Creative Commons*, pelo que, verificando-se o incumprimento de uma dessas licenças, os autores não podem contar com essa entidade para a defesa dos seus interesses e direitos legítimos em juízo.

Frise-se, ainda, que os autores que sejam sócios ou aderentes de uma sociedade de gestão colectiva não podem conceder *Licenças Creative Commons* sem o acordo da sociedade de gestão colectiva em causa.

Registe-se, por último, que as *Licenças Creative Commons* não são revogáveis, pelo que se um autor se arrepender de a ter concedido nada pode fazer a esse respeito.

Presentemente, a administração do direito de autor tende a ser atribuída a sociedades de gestão colectiva, as quais têm os recursos e a experiência requeridos para defender, de forma eficaz, os interesses dos autores e dos titulares de direitos conexos.

A simples qualidade de sócio ou aderente ou a inscrição como beneficiário dos serviços de uma sociedade de gestão colectiva, confere a essa sociedade a legitimidade para autorizar a utilização das obras dos sócios, aderentes ou beneficiários, fixar as condições dessa utilização e cobrar os direitos correspondentes à mesma.

Cobrados os montantes devidos, incluindo proventos oriundos do estrangeiro, na sequência de relações contratuais recíprocas entre sociedades congéneres, as sociedades de gestão colectiva procedem à sua distribuição pelos respectivos sócios ou aderentes.

As sociedades de gestão colectiva têm, ainda, capacidade judiciária para intervir, civil e criminalmente, em defesa dos interesses e direitos legítimos dos seus representados em matéria de direito de autor, sem prejuízo da intervenção de mandatário expressamente constituído pelos interessados.

Capítulo X
Os direitos conexos

10.1. Noções preliminares

Os direitos conexos situam-se no âmbito da execução de uma obra preexistente, sendo concedidos não aos criadores mas a quem participa de alguma forma no processo criativo – como os músicos, os bailarinos, os cantores e os declamadores, os quais enriquecem as obras executadas com as suas prestações.

Ao contrário do direito de autor, os direitos conexos não têm por objecto obras mas prestações, prestações essas que são regidas pelas obras executadas.

Por conseguinte, os direitos conexos são paralelos mas distintos do direito de autor, tendo uma protecção legal autónoma e diversa da concedida aos criadores, de cujas obras dependem, e subalternizando-se perante o direito de autor.

Por isso afirma o artigo 177 do CDADC que a tutela dos direitos conexos em nada afecta a protecção dos autores sobre a obra utilizada.[426]

Segue, tal preceito, o princípio em vigor no sistema de *droit d'auteur*, no qual se estabelece um regime jurídico para o direito de autor que incide sobre obras originais, prevendo-se um outro regime, subalterno, para os direitos conexos, direitos esses que assistem a várias entidades, como os artistas intérpretes ou executantes, os produtores de fonogramas e os organismos de radiodifusão.[427]

Na União Europeia, a Directiva sobre o Aluguer e o Comodato inclui no seu título uma referência a «certos direitos conexos aos direitos de autor em matéria de propriedade intelectual» e os seus artigos 7 a 9 tratam expressa-

---

[426] Artigo 177 do CDADC de 1985.
[427] *Vide* Parte I – Introdução, Capítulo IV – *Droit d'auteur e copyright*, 4.7 – Os direitos conexos.

mente dessa matéria. A distinção entre o direito de autor e os direitos conexos surge, também, na Directiva sobre a Radiodifusão por Satélite e a Retransmissão por Cabo, na Directiva sobre o Prazo de Protecção e na Directiva sobre a Sociedade da Informação.[428]

A nível internacional, a Convenção de Roma não classifica os direitos por si atribuídos, referindo-se apenas à concessão de protecção e ao gozo de direitos, deixando a classificação dos mesmos ao critério dos Estados Contratantes.[429]

Já o Acordo TRIPS menciona expressamente o «direito de autor e os direitos conexos», distinguindo os direitos dos autores de obras literárias e artísticas tuteladas pela Convenção de Berna, dos direitos conexos dos artistas, dos produtores de fonogramas e dos organismos de radiodifusão.[430]

O Tratado da OMPI sobre Interpretações ou Execuções e Fonogramas refere-se a «beneficiários da protecção» e aos seus direitos, não classificando esses direitos como de autor ou conexos.[431]

10.2. Os titulares dos direitos conexos

Em Portugal, os beneficiários de direitos conexos são os artistas intérpretes ou executantes, os produtores de fonogramas e de videogramas e os organismos de radiodifusão, definindo-os a lei em conformidade com o artigo 3 da Convenção de Roma:[432]

- Artistas intérpretes ou executantes são os actores, cantores, músicos, bailarinos e outros que representem, cantem, recitem, declamem, interpretem ou executem, de qualquer maneira, obras literárias ou artísticas;
- Produtor de fonograma ou videograma é a pessoa singular ou colectiva que fixa, pela primeira vez, os sons provenientes de uma execução ou

---

[428] *Vide* Parte IV – O Direito de Autor na União Europeia, Capítulo IV – A Directiva sobre a Radiodifusão por Satélite e a Retransmissão por Cabo, Capítulo V – A Directiva sobre o Prazo de Protecção e Capítulo VII – A Directiva sobre a Sociedade da Informação.

[429] *Vide* Parte V – O Direito de Autor nos Tratados Internacionais, Capítulo III – A Convenção de Roma.

[430] *Vide* Parte V – O Direito de Autor nos Tratados Internacionais, Capítulo IV – O Acordo TRIPS.

[431] *Vide* Parte V – O Direito de Autor nos Tratados Internacionais, Capítulo VI – O Tratado da OMPI sobre Interpretações ou Execuções e Fonogramas.

[432] Artigo 176 do CDADC de 1985. As directivas europeias acrescentaram os produtores de filmes a este elenco, com reflexos, por exemplo, no artigo 183 do CDADC. *Vide* Parte IV – O Direito de Autor na União Europeia.

OS DIREITOS CONEXOS

quaisquer outros, ou as imagens de qualquer proveniência, acompanhadas ou não de sons; e
- Organismo de radiodifusão é a entidade que efectua emissões de radiodifusão sonora ou visual, entendendo-se por emissão de radiodifusão a difusão dos sons ou de imagens, ou a representação destes, separada ou cumulativamente, por fios ou sem fios, nomeadamente por ondas hertzianas, fibras ópticas, cabo ou satélite, destinada à recepção pelo público.

A lei portuguesa harmoniza-se, a este respeito, com o quadro legislativo internacional e regional.

Começando pelos artistas intérpretes ou executantes, destaque-se, a nível internacional, a protecção que desde há muito lhes é concedida pela Convenção de Roma, que estende aliás essa tutela aos artistas que não executam obras literárias ou artísticas – como os malabaristas.[433]

Os artistas intérpretes ou executantes são também tutelados pelo Acordo TRIPS e pelo Tratado da OMPI sobre Interpretações ou Execuções e Fonogramas,[434] definindo este último «artistas intérpretes ou executantes» como «os actores, cantores, músicos, bailarinos e outros que representem, cantem, recitem, declamem, interpretem ou executem, de qualquer modo, obras literárias ou artísticas ou expressões de folclore», ou seja, nos termos do artigo 3 (a) da Convenção de Roma, mas com a adição das «expressões do folclore».[435]

Na União Europeia, registe-se, por ora, que os artistas intérpretes ou executantes são abrangidos pela Directiva sobre o Aluguer e o Comodato, pela Directiva sobre a Radiodifusão por Satélite e a Retransmissão por Cabo e pela Directiva sobre a Sociedade da Informação.[436]

Passando aos produtores de fonogramas, também estes são tutelados, a nível internacional, pela Convenção de Roma, a qual define «fonograma» como «toda a fixação, exclusivamente sonora de sons de uma execução ou de

---

[433] Artigos 3 (a), 7, 9 e 12 da Convenção de Roma.
[434] Artigo 14 do Acordo TRIPS e artigos 5-10 e 15 do Tratado da OMPI sobre Interpretações ou Execuções e Fonogramas.
[435] Artigo 2 (a) do Tratado da OMPI sobre Interpretações ou Execuções e Fonogramas.
[436] *Vide* Parte IV – O Direito de Autor na União Europeia, Capítulo III – A Directiva sobre o Aluguer e o Comodato, Capítulo IV – A Directiva sobre a Radiodifusão por Satélite e a Retransmissão por Cabo e Capítulo VII – A Directiva sobre a Sociedade da Informação.

outros sons» e «produtor de fonogramas» como «a pessoa física ou jurídica que, pela primeira vez, fixa os sons de uma execução ou outros sons».[437]

Saliente-se a protecção advinda, para estes produtores, do Acordo TRIPS e do Tratado da OMPI sobre Interpretações ou Execuções e Fonogramas.[438] Este último define «fonograma» como «a fixação dos sons de uma prestação ou de outros sons, ou de uma representação de sons, com excepção da fixação incorporada numa obra cinematográfica», acrescentando a Declaração Acordada Relativamente ao artigo 2 (b) que a definição de fonograma constante desse preceito «não sugere que os direitos sobre o fonograma sejam de algum modo afectados pela sua incorporação numa obra cinematográfica ou noutra obra audiovisual.»[439]

No quadro da União Europeia, os produtores de fonogramas vêem os seus interesses tutelados pela Directiva sobre o Aluguer e o Comodato, pela Directiva sobre a Radiodifusão por Satélite e a Retransmissão por Cabo e pela Directiva sobre a Sociedade da Informação.[440]

Por fim, no que toca aos organismos de radiodifusão, destaque-se a nível internacional a protecção emanada da Convenção de Roma e do Acordo TRIPS[441] e, na União Europeia, o facto de os organismos de radiodifusão serem beneficiários da protecção no âmbito da Directiva sobre o Aluguer e o Comodato, da Directiva sobre a Radiodifusão por Satélite e a Retransmissão por Cabo e da Directiva sobre a Sociedade da Informação.[442]

10.3. Requisitos de protecção

Começando, mais uma vez, pelos artistas intérpretes ou executantes, observe-se que o artigo 7 da Convenção de Roma tutela as respectivas prestações,

---

[437] Artigos 3 (b), 10 e 12 da Convenção de Roma.
[438] Artigo 14 (2) e (4) do Acordo TRIPS e artigos 11 a 15 do Tratado da OMPI sobre Interpretações ou Execuções e Fonogramas.
[439] Artigo 2 (b) do Tratado da OMPI sobre Interpretações ou Execuções e Fonogramas e respectiva declaração.
[440] Vide Parte IV – O Direito de Autor na União Europeia, Capítulo III – A Directiva sobre o Aluguer e o Comodato, Capítulo IV – A Directiva sobre a Radiodifusão por Satélite e a Retransmissão por Cabo e Capítulo VII – A Directiva sobre a Sociedade da Informação.
[441] Artigos 3 (f) e 13 da Convenção de Roma e artigo 14 (3) do Acordo TRIPS,
[442] Vide Parte IV – O Direito de Autor na União Europeia, Capítulo III – A Directiva sobre o Aluguer e o Comodato, Capítulo IV – A Directiva sobre a Radiodifusão por Satélite e a Retransmissão por Cabo e Capítulo VII – A Directiva sobre a Sociedade da Informação.

quer estas se encontrem fixadas quer não, aplicando-se idêntico princípio ao abrigo do Acordo TRIPS, do Tratado da OMPI sobre Interpretações ou Execuções e Fonogramas e da Directiva sobre o Aluguer e o Comodato.[443]

Decorre ainda de tal quadro legislativo que a protecção das prestações dos artistas intérpretes ou executantes não se encontra subordinada ao critério da originalidade, nem ao preenchimento de quaisquer formalidades.

A possibilidade de tutela dos artistas intérpretes ou executantes é aferida não com base na nacionalidade ou residência do artista intérprete ou executante, mas com referência ao local de execução da prestação, ao local de fixação da execução num fonograma ou ao local de emissão da execução por um organismo de radiodifusão.[444]

Decreta, por isso, o artigo 190 (1) do CDADC, que o artista, intérprete ou executante é protegido desde que (i) seja de nacionalidade portuguesa ou de Estado membro das Comunidades Europeias, (ii) a prestação ocorra em território português ou (iii) a prestação original seja fixada ou radiodifundida pela primeira vez em território português.

Passando aos produtores de fonogramas, a protecção dos fonogramas *per se* não se encontra subordinada ao critério da originalidade, nem se coloca aqui a questão da fixação uma vez que, por natureza, um fonograma assenta na fixação de sons.

Quando o cumprimento de formalidades é exigido como condição de protecção, tais formalidades consideram-se satisfeitas se todos os exemplares dos fonogramas contiverem uma indicação constituída pelo símbolo P e pelo ano da primeira publicação.[445]

A possibilidade de tutela dos produtores de fonogramas é calculada com base na nacionalidade do produtor, no local de realização da primeira fixação ou no local da primeira publicação do fonograma.[446]

O artigo 190 (2) do CDADC acrescenta aos critérios da nacionalidade, da fixação e da publicação, o critério da sede social, ao declarar que os fonogramas e os videogramas são protegidos desde que (i) o produtor seja de nacionalidade portuguesa ou de um Estado membro das Comunidades Europeias

---

[443] Artigo 14 do Acordo TRIPS, artigo 6 do Tratado da OMPI sobre Interpretações ou Execuções e Fonogramas e artigo 7 (1) da Directiva sobre o Aluguer e o Comodato.

[444] Artigo 4 da Convenção de Roma, artigos 1 (3) e 3 do Acordo TRIPS e artigos 3 e 4 do Tratado da OMPI sobre Interpretações ou Execuções e Fonogramas.

[445] Artigo 11 da Convenção de Roma e, no mesmo sentido, artigo 189 (1) do CDADC.

[446] Artigo 5 da Convenção de Roma, artigos 1 (3) e 3 do Acordo TRIPS e artigo 3 (2) do Tratado da OMPI sobre Interpretações ou Execuções e Fonogramas.

ou que tenha a sua sede efectiva em território português ou em qualquer ponto do território comunitário, (ii) a fixação dos sons e imagens, separada ou cumulativamente, tenha sido feita licitamente em Portugal ou (iii) o fonograma ou videograma tenha sido publicado pela primeira vez ou simultaneamente em Portugal.[447]

No que toca aos organismos de radiodifusão, a protecção das suas emissões não se encontra subordinada a critérios de fixação ou de originalidade, nem ao preenchimento de quaisquer formalidades. Essa protecção é estimada, sim, com base na sede social do organismo de radiodifusão ou no local de transmissão da emissão.[448]

Tal rudimento encontra eco no artigo 190 (3) do CDADC, o qual estipula que as emissões de radiodifusão são protegidas desde que (i) a sede efectiva do organismo esteja situada em Portugal ou em Estado membro das Comunidades Europeias ou (ii) a emissão de radiodifusão tenha sido transmitida a partir de estação situada em território português ou de Estado membro das Comunidades Europeias.

Registe-se, por último, que beneficiam também de protecção os artistas, os produtores de fonogramas ou videogramas e os organismos de radiodifusão protegidos por convenções internacionais ratificadas ou aprovadas.[449]

10.4. Direitos morais

A nível internacional, os únicos titulares de direitos conexos que detêm direitos morais são os artistas intérpretes ou executantes, devendo-se essa inovação ao Tratado da OMPI sobre Interpretações ou Execuções e Fonogramas.[450]

Decorre, pois, do artigo 5 do Tratado da OMPI sobre Interpretações ou Execuções e Fonogramas, que «[i]ndependentemente dos direitos de carácter patrimonial, e mesmo depois da transmissão destes, o artista intérprete ou executante goza, em relação às suas prestações áudio ao vivo ou às suas prestações fixadas em fonogramas, do direito de exigir ser identificado como o seu intérprete ou executante, excepto quando a omissão seja ditada pelo modo de utilização da prestação, e de se opor a qualquer deformação,

---

[447] Tal preceito manda aplicar a regra contida no artigo 65 (3) do CDADC, que entende por «simultânea» a publicação que ocorre em dois ou mais países dentro de trinta dias a contar da primeira publicação, incluindo esta.
[448] Artigo 6 da Convenção de Roma e artigos 1 (3) e 3 do Acordo TRIPS.
[449] Artigo 193 do CDADC de 1985.
[450] *Vide* Parte V – O Direito de Autor nos Tratados Internacionais, Capítulo VI – O Tratado da OMPI sobre Interpretações ou Execuções e Fonogramas.

mutilação ou outra modificação das suas prestações que possa afectar a sua reputação», direitos esses que «subsistem após a sua morte, pelo menos até caducarem os direitos de carácter patrimonial».

Em conformidade com a norma internacional exige, a lei portuguesa, que em toda a divulgação de uma prestação seja indicado, ainda que abreviadamente, o nome ou pseudónimo do artista, salvo convenção em contrário ou se o modo de utilização da interpretação ou execução impuser a omissão da menção – exceptuando-se os programas sonoros exclusivamente musicais sem qualquer forma de locução e os casos, consagrados pelo uso corrente, em que as circunstâncias e necessidades da transmissão levam a omitir tais indicações.[451]

Assim tutelado o direito à paternidade dos artistas intérpretes ou executantes, a protecção do respectivo direito à integridade resulta do artigo 182 do CDADC, que declara a ilicitude das utilizações que deformem, mutilem e desfigurem uma prestação, que a desvirtuem nos seus propósitos ou que atinjam o artista na sua honra ou na sua reputação.

Refira-se, por fim, que o Tratado da OMPI sobre Interpretações ou Execuções e Fonogramas protege, fundamentalmente, os aspectos auditivos das interpretações ou execuções, tutelando os aspectos audiovisuais das mesmas de forma muito restrita, tendo sido aprovado, para sanar tal lacuna, em Junho de 2012, o Tratado da OMPI sobre Interpretações e Execuções Audiovisuais.[452]

10.5. Direitos patrimoniais
10.5.1. Dos artistas intérpretes ou executantes

Começando de novo pelos artistas intérpretes ou executantes, e regressando, mais uma vez à arena internacional, a tutela prevista na Convenção de Roma inclui a faculdade de impedir a fixação num suporte material sem o seu consentimento, da sua execução não fixada e a reprodução sem o seu consentimento de uma fixação da sua execução – se a primeira fixação for feita sem o seu consentimento, se a reprodução for feita para fins diferentes daqueles para os quais foi dado o consentimento ou se a primeira fixação for feita ao abrigo de umas das excepções constantes do artigo 15 da mesma Convenção e a reprodução tiver fins diferentes dos previstos nesse artigo.[453]

---

[451] Artigos 154 e 180 do CDADC
[452] *Vide* Parte V – O Direito de Autor nos Tratados Internacionais, Capítulo VI – O Tratado da OMPI sobre Interpretações ou Execuções e Fonogramas e Capítulo VII – O Tratado da OMPI sobre Interpretações e Execuções Audiovisuais.
[453] Artigo 7 da Convenção de Roma.

Todavia, este preceito não é aplicável «quando um artista intérprete ou executante haja consentido na inclusão da sua execução numa fixação de imagens ou de imagens e sons.»[454]

Em termos práticos, as disposições da Convenção limitam severamente o nível de protecção do direito à reprodução do artista intérprete ou executante.

Com efeito, desde que um artista intérprete ou executante autorize a realização de uma fixação da sua execução num fonograma para certo fim, a Convenção de Roma não lhe reconhece o direito de proibir a realização de cópias desse fonograma que tenham a mesma finalidade.

Mais, uma vez autorizada a inclusão da sua execução numa fixação de imagens ou de imagens e sons, a Convenção de Roma não reconhece, ao artista intérprete ou executante, o direito de proibir o uso dessa fixação, independentemente do fim a que se destina.

Pressupôs-se, aqui, a desnecessidade de elevar o nível de protecção concedido aos artistas intérpretes ou executantes, tendo-se partido do princípio de que bastava tutelar o direito de reprodução dos produtores de fonogramas para combater a reprodução ilícita de fonogramas que incorporassem execuções.

Decorre, ainda, do artigo 12 da Convenção de Roma, que «[q]uando um fonograma publicado com fins comerciais ou uma reprodução desse fonograma forem utilizados directamente pela radiodifusão ou para qualquer comunicação ao público, o utilizador pagará uma remuneração equitativa e única aos artistas intérpretes ou executantes ou aos produtores de fonogramas ou aos dois. Na falta de acordo entre eles, a legislação nacional poderá determinar as condições de repartição desta remuneração.»

Em conformidade com o artigo 7 da Convenção de Roma, o Acordo TRIPS estipula que os artistas intérpretes ou executantes podem impedir a realização, sem o seu consentimento, da fixação da sua execução não fixada, da reprodução dessa fixação, da radiodifusão por meio de ondas radioeléctricas e da comunicação ao público das suas execuções ao vivo, podendo, ainda, em determinadas circunstâncias, usufruir do direito de aluguer no tocante às suas prestações fixadas em fonogramas.[455]

O Tratado da OMPI sobre Interpretações ou Execuções e Fonogramas alarga a protecção conferida aos artistas intérpretes ou executantes, outor-

---

[454] Artigo 19 da Convenção de Roma.
[455] Artigo 14 (1) e (4) do Acordo TRIPS.

gando-lhes o direito exclusivo de autorizar: (i) a radiodifusão e a comunicação ao público das suas prestações não fixadas (excepto quando a prestação seja já uma prestação radiodifundida), (ii) a fixação das suas prestações não fixadas e a reprodução directa ou indirecta das suas prestações fixadas em fonogramas, de qualquer maneira e sob qualquer forma, (iii) a colocação à disposição do público do original e de cópias das suas prestações fixadas em fonogramas (por meio da venda ou por outra forma de transferência de propriedade), (iv) o aluguer ao público, com fins comerciais, do original e de cópias das suas prestações fixadas em fonogramas e (v) a colocação à disposição do público das suas prestações fixadas em fonogramas, por fios ou sem fios, por forma a torná-las acessíveis a membros do público a partir do local e no momento por eles escolhido individualmente, bem como (vi) o direito de remuneração equitativa e única pela utilização directa ou indirecta de fonogramas publicados com fins comerciais para radiodifusão ou para qualquer comunicação ao público.[456]

Na União Europeia, a Directiva sobre o Aluguer e o Comodato atribui aos artistas intérpretes ou executantes, no que toca às suas prestações, os direitos de aluguer e de comodato, de fixação, de radiodifusão e comunicação ao público de execuções ao vivo (excepto quando a prestação já seja, por si, uma prestação radiodifundida), de remuneração equitativa (na sequência da radiodifusão ou comunicação ao público da prestação em causa) e de distribuição.[457]

A Directiva sobre Radiodifusão por Satélite e Retransmissão por Cabo prevê que os direitos dos artistas intérpretes ou executantes, para efeitos da comunicação ao público por satélite, sejam protegidos nos termos do disposto nos artigos 6, 7, 8 e 10 da Directiva sobre o Aluguer e o Comodato.[458]

E a Directiva sobre a Sociedade da Informação concede, aos artistas intérpretes ou executantes, no que toca às fixações das suas prestações, o direito

---

[456] Artigos 7 a 10 e 15 do Tratado da OMPI sobre Interpretações ou Execuções e Fonogramas.

[457] Artigos 3 (1) (b), 7 (1), 8 (1)-(2) e 9 (1) da Directiva sobre o Aluguer e o Comodato. O direito de reprodução, que se encontrava previsto no artigo 7 da mesma Directiva, foi revogado, encontrando-se disposição equivalente na Directiva sobre a Sociedade da Informação.

[458] Artigo 4 (1) da Directiva sobre Radiodifusão por Satélite e Retransmissão por Cabo. Note-se que, os artigos 6, 7, 8 e 10 da Directiva sobre o Aluguer e o Comodato, correspondem, hoje, aos artigos 7, 8 e 10 da mesma Directiva na sua versão codificada (Directiva 2006/115) e ao artigo 3 (2) da Directiva sobre a Sociedade de Informação.

exclusivo de autorizar ou proibir a sua reprodução, bem como a sua colocação à disposição do público de modo a que seja acessível no local e no momento escolhidos pelo utilizador.[459]

A nível nacional, tentando conformar-se com o quadro legislativo acima descrito, afirma o artigo 178 (1) do CDADC que assiste, ao artista intérprete ou executante, o direito exclusivo de fazer ou autorizar, por si ou pelos seus representantes:

- A radiodifusão e a comunicação ao público, por qualquer meio, da sua prestação, excepto quando a prestação já seja, por si, uma prestação radiodifundida ou quando seja efectuada a partir de uma fixação;
- A fixação sem o seu consentimento das prestações que não tenham sido fixadas;
- A reprodução, directa ou indirecta, temporária ou permanente, por quaisquer meios e sob qualquer forma, no todo ou em parte, sem o seu consentimento, da fixação das suas prestações quando esta não tenha sido autorizada, quando a reprodução seja feita para fins diversos daqueles para os quais foi dado o consentimento ou quando a primeira fixação tenha sido feita ao abrigo de uma utilização livre e a respectiva reprodução vise fins diferentes dos previstos pela lei; e
- A colocação à disposição do público, da sua prestação, por fio ou sem fio, por forma a que seja acessível a qualquer pessoa, a partir do local e no momento por ela escolhido.

Sempre que um artista intérprete ou executante autorize a fixação da sua prestação para fins de radiodifusão (a um produtor cinematográfico, ou audiovisual ou videográfico, ou a um organismo de radiodifusão) presume a lei que se operou uma transmissão dos seus direitos de radiodifusão e comunicação ao público, conservando o artista o direito de auferir uma remuneração inalienável, equitativa e única, por todas as autorizações *supra* referidas, à excepção da colocação à disposição do público.[460]

Tal remuneração, inalienável e equitativa, abrange igualmente a autorização para novas transmissões, a retransmissão e a comercialização de fixações obtidas para fins exclusivos de radiodifusão, sendo gerida através de acordo

---

[459] Artigos 2 (b) e 3 (2) (a) da Directiva sobre a Sociedade da Informação.
[460] Artigo 178 (2) do CDADC de 1985.

colectivo celebrado entre os utilizadores e a entidade de gestão colectiva representativa da respectiva categoria.[461]

O direito de colocação à disposição do público só pode ser exercido por uma entidade de gestão colectiva de direitos dos artistas, sendo que sempre que tais direitos sejam geridos por mais que uma entidade de gestão, o titular pode decidir junto de qual dessas entidades reclamará os seus direitos.[462]

Saliente-se, por fim, que a protecção outorgada ao artista intérprete ou executante não abrange a prestação decorrente do exercício de dever funcional ou de contrato de trabalho.[463]

10.5.2. Dos produtores de fonogramas

Passando aos produtores de fonogramas, no quadro internacional a Convenção de Roma atribui-lhes o direito de autorizar ou proibir a reprodução dos seus fonogramas, prevendo ainda a possibilidade de o utilizador pagar uma remuneração equitativa e única aos artistas intérpretes ou executantes quando um fonograma publicado com fins comerciais, ou uma reprodução desse fonograma, forem utilizados directamente pela radiodifusão ou para qualquer comunicação ao público.[464]

Em conformidade com o artigo 10 da Convenção de Roma, o Acordo TRIPS outorga aos produtores de fonogramas, no tocante aos respectivos fonogramas, o direito de autorizar ou proibir a sua reprodução, assim como o direito de aluguer.[465]

O Tratado da OMPI sobre Interpretações ou Execuções e Fonogramas, bastante mais ousado do que a Convenção de Roma nesta matéria, confere aos produtores de fonogramas o gozo do direito exclusivo de autorizar (i) a reprodução directa ou indirecta dos seus fonogramas, de qualquer maneira e sob qualquer forma, (ii) a colocação à disposição do público do original e de cópias dos seus fonogramas (por meio da venda ou por outra forma de transferência de propriedade), (iii) o aluguer ao público, com fins comerciais, do original e de cópias dos seus fonogramas e (v) a colocação à disposição do público dos seus fonogramas, por fios ou sem fios, por forma a torná-los

---

[461] Artigo 178 (2)-(3) do CDADC de 1985.
[462] Artigo 178 (4) do CDADC de 1985.
[463] Artigo 189 (2) do CDADC de 1985.
[464] Artigos 10 e 12 da Convenção de Roma. De acordo com o artigo 16 da mesma Convenção, um Estado Contratante pode declarar que não aplicará o artigo 12, total ou parcialmente.
[465] Artigo 14 (2) e (4) do Acordo TRIPS.

acessíveis a membros do público a partir do local e no momento por eles escolhido individualmente, bem como (vi) o direito de remuneração equitativa e única pela utilização, directa ou indirecta, de fonogramas publicados com fins comerciais para radiodifusão ou para qualquer comunicação ao público.[466]

Na União Europeia, a Directiva sobre o Aluguer e o Comodato obsequeia os produtores de fonogramas, no que respeita aos seus fonogramas, com os direitos de aluguer e de comodato, de remuneração equitativa (na sequência da radiodifusão ou comunicação ao público da prestação em causa) e de distribuição.[467]

A Directiva sobre Radiodifusão por Satélite e Retransmissão por Cabo prevê que os direitos dos produtores de fonogramas, para efeitos da comunicação ao público por satélite, sejam protegidos nos termos do disposto nos artigos 6, 7, 8 e 10 da Directiva sobre o Aluguer e o Comodato.[468]

E a Directiva sobre a Sociedade da Informação presenteia os produtores de fonogramas, no que toca aos seus fonogramas, com o direito exclusivo de autorizar ou proibir a sua reprodução, bem como a sua colocação à disposição do público de modo a que seja acessível no local e no momento escolhidos pelo utilizador.[469]

Tendo em conta o quadro *supra* descrito, em Portugal carecem de autorização do produtor do fonograma ou do videograma:[470]

- A reprodução, directa ou indirecta, temporária ou permanente, por quaisquer meios e sob qualquer forma, no todo ou em parte,
- A distribuição ao público de cópias, bem como a respectiva importação ou exportação; e
- A difusão por qualquer meio, a execução pública e a colocação à disposição do público, por fio ou sem fio, por forma a que sejam acessíveis a qualquer pessoa a partir do local e no momento por ela escolhidos.

---

[466] Artigos 11 a 15 do Tratado da OMPI sobre Interpretações ou Execuções e Fonogramas.

[467] Artigos 3 (1) (c), 8 e 9 da Directiva sobre o Aluguer e o Comodato. O direito de reprodução, que se encontrava previsto no artigo 7 da mesma Directiva, foi revogado, encontrando-se disposição equivalente na Directiva sobre a Sociedade da Informação.

[468] Artigo 4 (1) da Directiva sobre Radiodifusão por Satélite e Retransmissão por Cabo. Note-se que os artigos 6, 7, 8 e 10 da Directiva sobre o Aluguer e o Comodato correspondem, hoje, aos artigos 7, 8 e 10 da mesma Directiva na sua versão codificada (Directiva 2006/115) e ao artigo 3 (2) da Directiva sobre a Sociedade de Informação.

[469] Artigos 2 (c) e 3 (2) (b) da Directiva sobre a Sociedade da Informação.

[470] Artigo 184 (1)-(2) do CDADC de 1985.

Acresce que, quando um fonograma ou videograma editado comercialmente, ou uma reprodução dos mesmos, for utilizado por qualquer forma de comunicação pública o utilizador terá de pagar, ao produtor e aos artistas intérpretes ou executantes, uma remuneração equitativa que será dividida entre eles, em partes iguais, salvo acordo em contrário.[471]

10.5.3. Dos organismos de radiodifusão

No respeitante aos organismos de radiodifusão, a Convenção de Roma dispõe que estes gozem do direito de autorizar ou proibir a retransmissão das suas emissões, a fixação das suas emissões, a reprodução das fixações das suas emissões (em determinadas circunstâncias) e a comunicação ao público das suas emissões de televisão, quando se efectuem em lugares acessíveis ao público, mediante o pagamento de um direito de entrada.[472]

Em conformidade com o artigo 13 da Convenção de Roma, o Acordo TRIPS permite que os respectivos membros outorguem, aos organismos de radiodifusão, no que respeita às suas emissões, o direito de proibir a realização, sem o seu consentimento, da fixação, da reprodução de fixações e da retransmissão de emissões por meio de ondas radioeléctricas, bem como da comunicação ao público de emissões televisivas das mesmas. Note-se que os membros do Acordo TRIPS não são obrigados a conceder estes direitos aos organismos de radiodifusão.[473]

Na União Europeia, de acordo com a Directiva sobre o Aluguer e o Comodato, é atribuído aos organismos de radiodifusão o direito exclusivo de permitir ou proibir a retransmissão das suas emissões por ondas radioeléctricas, a comunicação ao público das mesmas (caso essa comunicação seja realizada em locais abertos ao público com entrada paga) e a distribuição de gravações das suas emissões.[474]

Decorre da Directiva sobre a Sociedade da Informação que os organismos de radiodifusão gozam, no que toca às suas emissões, do direito exclusivo de autorizar ou proibir a sua reprodução, bem como a sua colocação à disposição

---

[471] Artigo 184 (3) do CDADC de 1985.
[472] Artigo 13 da Convenção de Roma.
[473] Artigo 14 (3) do Acordo TRIPS.
[474] Artigos 8 e 9 da Directiva sobre o Aluguer e o Comodato. O direito de reprodução, que se encontrava previsto no artigo 7 da mesma Directiva, foi revogado, encontrando-se disposição equivalente na Directiva sobre a Sociedade da Informação.

do público de modo a que seja acessível no local e no momento escolhidos pelo utilizador.[475]

Finalmente, a nível nacional, os organismos de radiodifusão gozam do direito de autorizar ou proibir:[476]

- A retransmissão das suas emissões por ondas radioeléctricas;
- A fixação em suporte material das suas emissões, sejam elas efectuadas com fio ou sem fio;
- A reprodução de fixações das suas emissões, quando estas não tiverem sido autorizadas ou quando se tratar de fixação efémera e a reprodução visar fins diversos daqueles com que foi feita;
- A colocação das suas emissões à disposição do público, por fio ou sem fio, incluindo por cabo ou satélite, de modo a que sejam acessíveis a qualquer pessoa a partir do local e no momento por ela escolhidos; e
- A comunicação ao público das suas emissões, quando essa comunicação é feita em lugar público e com entradas pagas.

Ressalve-se a não aplicabilidade destes direitos ao distribuidor por cabo que se limita a efectuar a retransmissão de emissões de organismos de radiodifusão.[477]

10.6. As excepções e limitações

No plano internacional, a Convenção de Roma permite que os Estados Contratantes estabeleçam, na sua legislação nacional, excepções à protecção concedida pela mesma Convenção no caso de (i) utilização para usos privados, (ii) curtos fragmentos em relatos de acontecimentos de actualidade, (iii) fixação efémera realizada por um organismo de radiodifusão pelos seus próprios meios e para as suas próprias emissões e (iv) utilização destinada exclusivamente ao ensino ou à investigação científica.[478]

Esta norma da Convenção de Roma é invocada pelo Acordo TRIPS, que prevê que os seus membros possam decretar condições, limitações, excepções e reservas na medida autorizada pela Convenção de Roma.[479]

---

[475] Artigos 2 (d) e 3 (2) (c) da Directiva sobre a Sociedade da Informação.
[476] Artigo 187 (1) do CDADC de 1985.
[477] Artigo 187 (2) do CDADC de 1985.
[478] Artigo 15 da Convenção de Roma.
[479] Artigo 14 (6) do Acordo TRIPS.

Já o Tratado da OMPI sobre Interpretações ou Execuções e Fonogramas não estabelece um elenco de excepções e limitações permitidas, fixando, ao invés, uma regra geral e deixando a regulamentação dessa matéria a cargo do legislador nacional.

Como tal, as Partes Contratantes podem estabelecer, relativamente à protecção dos artistas intérpretes ou executantes e dos produtores de fonogramas, o mesmo tipo de excepções e limitações previstas na sua legislação nacional relativamente à protecção do direito de autor sobre obras literárias e artísticas, mas tais excepções e limitações terão de respeitar a regra dos três passos – restringindo-se a determinados casos especiais, não obstando à exploração normal da prestação ou do fonograma e não prejudicando de forma injustificável os legítimos interesses do artista intérprete ou executante ou do produtor do fonograma.[480]

Na União Europeia, registe-se, por ora, que a Directiva sobre o Aluguer e o Comodato e a Directiva sobre a Radiodifusão por Satélite e a Retransmissão por Cabo contêm preceitos sobre esta matéria.[481]

Em conformidade com as autorizações decorrentes do quadro legislativo *supra* referido, o artigo 189 do CDADC elenca as seguintes excepções e limitações:

- O uso privado;
- Os excertos de uma prestação, um fonograma, um videograma ou uma emissão de radiodifusão, contanto que o recurso a esses excertos se justifique por um propósito de informação, crítica, discussão ou ensino, ou em apoio das próprias doutrinas;
- A utilização destinada a fins exclusivamente científicos ou pedagógicos;
- A fixação efémera feita por organismo de radiodifusão;
- As fixações ou reproduções realizadas por entes públicos ou concessionários de serviços públicos por algum interesse excepcional de documentação ou para arquivo;
- Os demais casos em que a utilização da obra é lícita sem o consentimento do autor; e

---

[480] Artigo 16 do Tratado da OMPI sobre Interpretações ou Execuções e Fonogramas.
[481] *Vide* Parte IV – O Direito de Autor na União Europeia, Capítulo III – A Directiva sobre o Aluguer e o Comodato e Capítulo IV – A Directiva sobre a Radiodifusão por Satélite e a Retransmissão por Cabo.

- As excepções e limitações que recaem sobre o direito de autor que sejam aplicáveis aos direitos conexos, em tudo o que for compatível com a natureza destes direitos.

Acrescente-se que, quando apesar da diligência do interessado, comprovada pelo Ministério da Cultura, não for possível entrar em contacto com o titular do direito ou não se pronunciar num prazo razoável, presume-se a anuência, mas o interessado só pode fazer a utilização pretendida se caucionar o pagamento da remuneração.[482]

10.7. O prazo de protecção

No plano internacional, preconiza a Convenção de Roma que a duração da protecção a conceder pela mesma Convenção não deve ser inferior a um período de vinte anos, computado (i) para os fonogramas e para as execuções fixadas nestes fonogramas, a partir do fim do ano em que a fixação foi realizada, (ii) para as execuções não fixadas em fonogramas, a partir do fim do ano em que se realizou a execução e (iii) para as emissões de radiodifusão, a partir do fim do ano em que se realizou a emissão.[483]

O Acordo TRIPS alarga a duração da tutela concedida aos artistas intérpretes ou executantes e aos produtores de fonogramas para um prazo não inferior a um período de cinquenta anos, calculado a partir do final do ano civil em que a fixação foi realizada ou em que teve lugar a execução, mas mantendo o prazo de protecção emanado da Convenção de Roma no respeitante às emissões de radiodifusão.[484]

Seguindo a mesma linha de orientação, o Tratado da OMPI sobre Interpretações ou Execuções e Fonogramas declara que a protecção a conceder aos artistas intérpretes ou executantes e aos produtores de fonogramas subsiste por um período de cinquenta anos, pelo menos, contado respectivamente a partir do final do ano em que a prestação foi fixada num fonograma e a partir do final do ano em que o fonograma foi publicado (ou, se a publicação não ocorrer no prazo de cinquenta anos a contar da fixação do fonograma, por um período de cinquenta anos contado a partir do final do ano em que foi realizada a fixação).[485]

---

[482] Artigo 191 do CDADC de 1985.
[483] Artigo 14 da Convenção de Roma.
[484] Artigo 14 (5) do Acordo TRIPS.
[485] Artigo 17 do Tratado da OMPI sobre Interpretações ou Execuções e Fonogramas.

Na União Europeia saliente-se, por agora, que a alteração à Directiva sobre o Prazo de Protecção, ocorrida em Setembro de 2011, modificou o quadro legal a este respeito.[486]

A lei portuguesa ainda não implementou as modificações assim introduzidas, continuando o artigo 183 do CDADC a declarar que, no que toca à sua duração, os direitos conexos caducam decorrido um período de cinquenta anos:

- Após a representação ou execução pelo artista intérprete ou executante;
- Após a primeira fixação, pelo produtor, do fonograma, videograma ou filme;
- Após a primeira emissão pelo organismo de radiodifusão, quer a emissão seja efectuada com fio ou sem fio, incluindo cabo ou satélite; ou
- Se, no decurso de tal período, forem objecto de publicação ou comunicação lícita ao público, uma fixação da representação ou execução do artista intérprete ou executante, o fonograma, o videograma ou o filme protegidos, o prazo de caducidade do direito conta-se a partir destes factos.

> Os direitos conexos situam-se no âmbito da execução de uma obra preexistente, sendo concedidos não aos criadores mas a quem participa de alguma forma no processo criativo.
> Ao contrário do direito de autor, os direitos conexos não têm por objecto as obras mas as prestações, as quais são regidas pelas obras executadas.
> Por conseguinte, os direitos conexos são paralelos mas distintos do direito de autor, tendo uma protecção legal autónoma e diversa da concedida aos criadores, de cujas obras dependem, e subalternizando-se perante o direito de autor.
> Os beneficiários de direitos conexos são os artistas intérpretes ou executantes, os produtores de fonogramas e de videogramas e os organismos de radiodifusão.

---

[486] *Vide* Parte IV – O Direito de Autor na União Europeia, Capítulo V – A Directiva sobre o Prazo de Protecção.

Capítulo XI
A violação e defesa do direito de autor e dos direitos conexos

11.1. Noções preliminares

O uso ilícito de uma obra e/ou prestação, no todo ou em parte, sem autorização do respectivo titular de direitos, conduz a uma violação jusautoral.

O que é utilizado, abusivamente, pode não montar a muito quantitativamente, podendo, todavia, traduzir-se no cerne da obra, naquilo que lhe confere individualidade própria.

Com efeito, declarou o Tribunal do Luxemburgo, a propósito de uma alegada violação do direito à reprodução, que dada a exigência de uma interpretação ampla da protecção conferida pelo artigo 2 da Directiva sobre a Sociedade da Informação, a reprodução de determinadas frases ou elementos de frases é susceptível de constituir uma reprodução parcial, na acepção do referido artigo, se os elementos reproduzidos expressarem a criação intelectual do respectivo autor.[487]

Ergo, se os parcos elementos reproduzidos não expressarem a criação intelectual do respectivo autor não haverá violação jusautoral, assim se distinguindo, por um lado, as ideias como matéria não protegida, que todos podem utilizar livremente e, por outro lado, a expressão reconduzida à criação intelectual – sendo a utilização abusiva desta última que se configura como ilícita.

Com efeito, o direito de autor não protege a ideia *per se*, mas a sua exteriorização, pelo que a mera ideia pode ser utilizada, livremente, sem autorização – princípio este que se encontra expressamente consagrado no artigo 9 (2) do Acordo TRIPS.

---

[487] *Infopaq International A/S v. Danske Dagblades Forening*, Acórdão do Tribunal de Justiça, Processo C5/08, 16 de Julho de 2009, 47-48.

Constatada uma violação jusautoral, nos termos acima descritos, a interposição de uma acção judicial requer a prova da titularidade dos direitos em causa (por apresentação de prova ou por operação de presunções), que a obra em causa seja uma obra protegida e que os requisitos de protecção se encontram cumpridos.[488]

Tendo havido uma concessão, licença ou transmissão parcial do conteúdo patrimonial do direito de autor, haverá que determinar, também, se foram excedidos os limites contratuais estabelecidos.

Frise-se que o réu poderá alegar a ausência de violação jusautoral, invocando, nomeadamente, a aplicação de certas excepções ou limitações ou a caducidade do prazo de protecção da obra.

Mais, a lei poderá responsabilizar, apenas, quem cometeu o acto ilícito ou também quem directa ou indirectamente concorreu para a sua prática.[489]

Registe-se, por último, que se todos os elementos no caso forem domésticos, o Tribunal do foro aplicará as normas locais para proferir a sua decisão. A presença de elementos de conexão a ordens jurídicas estrangeiras suscitará uma série de questões em sede de direito internacional privado – como as que se referem à determinação do tribunal competente e da lei aplicável e à execução das sentenças com origem em tribunais estrangeiros.

11.2. Os crimes de usurpação e de contrafacção

No âmbito da violação jusautoral, são nucleares os crimes de usurpação e de contrafacção, os quais correspondem, respectivamente, ao que correntemente se designa «pirataria» e «plágio».

Segundo a lei, comete o crime de usurpação:[490]

- Quem utilizar uma obra ou prestação, sem autorização do autor ou do artista, do produtor de fonograma e videograma ou do organismo de radiodifusão;
- Quem divulgar ou publicar, abusivamente, uma obra ainda não divulgada nem publicada pelo seu autor ou não destinada a divulgação ou publicação, mesmo que a apresente como sendo do respectivo autor (quer se proponha, ou não, obter qualquer vantagem económica);

---

[488] *Vide* Parte II – O Direito de Autor em Portugal, Capítulo II – As obras protegidas e Capítulo III – Os requisitos de protecção.
[489] *Vide*, por exemplo, a secção 16 (2) da Lei do Reino Unido.
[490] Artigo 195 do CDADC de 1985.

- Quem coligir ou compilar obras publicadas ou inéditas sem autorização do autor; e
- Quem, estando autorizado a utilizar uma obra, prestação de artista, fonograma, videograma ou emissão radiodifundida, exceder os limites da autorização concedida, salvo nos casos expressamente previstos na lei.

O crime de usurpação abarca, assim, a utilização não autorizada de uma obra ou de uma prestação, bem como a utilização que exceda os limites da autorização concedida.

O CDADC tipifica o crime de usurpação como a utilização, por qualquer das formas aí previstas, de uma obra ou prestação sem autorização do autor ou do titular de direito conexo, traçando, assim, um crime formal que se verifica independentemente de qualquer resultado material.[491]

Por sua vez, o crime de contrafacção é cometido por quem utilizar, como sendo criação ou prestação sua, obra, prestação de artista, fonograma, videograma ou emissão de radiodifusão, que seja mera reprodução, total ou parcial, de obra ou prestação alheia, divulgada ou não divulgada, ou por tal modo semelhante que não tenha individualidade própria.[492]

Destaque-se que:

- Se tal reprodução representar apenas parte ou fracção da obra ou prestação, só essa parte ou fracção se considera como contrafacção,
- Para que haja contrafacção não é essencial que a reprodução seja feita pelo mesmo processo que o original, com as mesmas dimensões ou com o mesmo formato; e
- Não importam contrafacção a semelhança entre traduções, devidamente autorizadas, da mesma obra ou entre fotografias, desenhos, gravuras (ou outra forma de representação do mesmo objecto) se apesar das semelhanças cada uma das obras tiver individualidade própria, nem a reprodução pela fotografia ou pela gravura efectuada só para o efeito de documentação da crítica artística.

Segundo Luís Francisco Rebello, «[é], por exemplo, contrafacção o desenho que reproduz uma tela pintada a óleo, se esse desenho for assinado por

---

[491] *Vide*, neste sentido, Acórdão do Tribunal da Relação de Coimbra, Processo Nº 1788/04.5JFLSB.C1, 30-03-2011.
[492] Artigo 196 do CDADC de 1985.

outrem que não o autor desta, ou a adaptação à cena de um romance de outrem, omitindo-se essa circunstância.»[493]

Em suma, o cometimento do crime de contrafacção exige a presença cumulativa dos seguintes requisitos: (i) a utilização de uma obra ou prestação sem autorização dos respectivos titulares de direitos, (ii) como se fosse obra ou prestação própria, (iii) utilização essa que assenta na reprodução, total ou parcial, da obra ou prestação alheia, e (iv) reprodução essa que é tão semelhante à obra ou prestação alheia que não tem individualidade própria.

Ou seja, ao contrário do que sucede no campo da usurpação, não basta a reprodução não autorizada de uma obra ou prestação alheia, sendo necessário, ainda, que o autor da reprodução apresente, como própria, uma obra ou prestação alheia, no todo ou em parte, e que haja uma tal semelhança entre a obra ou prestação alheia e a obra ou prestação que a contrafaz, que esta última não tenha individualidade própria.

A ausência de individualidade, de traços verdadeiramente distintivos, é determinante para a identificação de um facto (ilícito) como um crime de contrafacção.

Consequentemente, a semelhança entre duas obras ou prestações não constitui contrafacção quando, não obstante as semelhanças cada uma possua a sua individualidade própria. Isto é, se a semelhança não excluir a individualidade própria de cada obra ou prestação, não há contrafacção, prevalecendo a individualidade sobre a semelhança objectiva.

Afirmou o Tribunal da Relação de Lisboa, a propósito da utilização, na revista Tele Cabo, do formato e conteúdos idênticos à revista Guia TV Cabo, que não se verifica essa individualidade, que exclui a contrafacção, «quando o «lettering» do título é igual no tipo e dimensão da letra, tentando ocultar a expressão «AAA», deixando apenas visível a expressão «BB» comum a ambas as revistas, quando o conteúdo da página 2 é igual, quando o formato da «programação» é rigorosamente idêntico, quando é semelhante o verso da contra capa».[494]

Deduziu o mesmo Tribunal, em processo judicial centrado em dois concursos televisivos de beleza que, enquanto um dos programas tinha por base um guião mordaz, cuja ideia central era a de ridicularizar as candidatas,

---

[493] L. F. Rebello, *Código do Direito de Autor e dos Direitos Conexos*, 3ª ed., Âncora, 2002, p. 252.
[494] Acórdão do Tribunal da Relação de Lisboa, Processo Nº 5670/2006-7, 16-01-2007.

atribuindo à vencedora a possibilidade de vir a apresentar um programa de televisão por definir, o segundo programa televisivo não degradava as candidatas, outorgando à vencedora a certeza de representar o país num concurso internacional de beleza. Não havendo, de acordo com o Tribunal da Relação de Lisboa, qualquer tentativa de apropriação da criatividade do primeiro programa pelo segundo, havia que concluir pela individualidade da segunda obra e pela impossibilidade da ocorrência de contrafacção.[495]

Confirmou, por sua vez, o Supremo, que embora os programas em questão partilhassem algumas características (ambos eram *reality shows* e repetiam, como tal, certos conceitos e formatos), eram programas com particularidades e objectivos diversos. Como tal, apesar das semelhanças, as obras em causa tinham individualidade e características próprias, o que bastava para se concluir que não havia ocorrido o ilícito (criminal) de contrafacção. Proclamou o Supremo que «o critério determinante para que se diga que não há contrafacção, é afirmar-se que a obra possui um conjunto de características intrínsecas que permite dizer que, não obstante as semelhanças, se trata de uma obra diferente e não uma reprodução ou cópia da outra, i.e., que é uma obra que tem uma individualidade própria, por comparação com a outra.»[496]

Comparadas a usurpação e a contrafacção, constata-se que, enquanto na usurpação a obra ou prestação é utilizada sem autorização ou para além dos limites da autorização concedida, na contrafacção a obra ou prestação alheia é utilizada como própria.

Mais, enquanto na usurpação é o conteúdo patrimonial do direito de autor que é essencialmente violado, na contrafacção viola-se não apenas esse conteúdo patrimonial, mas também o direito moral à paternidade da obra ou prestação.

Assim, num processo em que o jornal Interativo havia utilizado o grafismo criado por certo autor para o jornal Público, como sendo obra sua e sem autorização, inferiu o Tribunal da Relação de Lisboa que se estava perante um caso de contrafacção, por esta assentar na utilização abusiva do conteúdo de obra ou prestação alheia que se apresenta como própria, ofendendo-se, consequentemente, o direito moral à paternidade da obra.[497]

---

[495] Acórdão do Tribunal da Relação de Lisboa, Processo Nº 3501/05.0TBOER.L1-2, 18-06-2009.
[496] Acórdão do Supremo Tribunal de Justiça, Processo Nº 3501/05.0TBOER.L1.S1, 04/29/2010.
[497] Acórdão do Tribunal da Relação de Lisboa, Processo Nº 10441/2003-7, 02-03-2004.

Prevê o artigo 197 as penalidades seguintes para os crimes *supra* referidos:

- Os crimes de usurpação e de contrafacção são punidos com pena de prisão até três anos e multa de cento e cinquenta a duzentos e cinquenta dias, de acordo com a gravidade da infracção, agravadas uma e outra para o dobro em caso de reincidência, se o facto constitutivo da infracção não tipificar crime punível com pena mais grave;
- A negligência é punível com multa de cinquenta a cento e cinquenta dias;
- Em caso de reincidência não há suspensão da pena.

As penas previstas no artigo 197 são, também, aplicáveis:[498]

- Ao autor que tendo transmitido, total ou parcialmente, os respectivos direitos, ou tendo autorizado a utilização da sua obra a utilizar, directa ou indirectamente, com ofensa dos direitos atribuídos a outrem; e
- A quem distribua ao público, por qualquer modo, obra usurpada ou contrafeita ou cópia não autorizada de fonograma ou videograma – quer os respectivos exemplares tenham sido produzidos no país, quer no estrangeiro. Penaliza-se, aqui, o aproveitamento ilícito de uma obra usurpada ou contrafeita.

A penalização do aproveitamento ilícito de uma obra usurpada ou contrafeita visa coarctar a actividade de quem não comete propriamente os crimes tipificados nos artigos 195 e 196 do CDADC, mas aproveita o facto ilícito – devendo, segundo Luís Francisco Rebello, considerar-se, também, autores desses crimes e não cúmplices.[499]

Nesta conformidade, asseverou o Tribunal da Relação do Porto que, tendo certos arguidos colocado determinada *roulotte* numa feira, *roulotte* essa que continha artigos usurpados que se destinavam a ser comercializados e tendo esses arguidos sido abordados por agentes da GNR no momento em que abriam a *roulotte*, apenas se havia configurado a tentativa do crime previsto no artigo 199 do CDADC, uma vez que os arguidos não haviam posto à venda os artigos usurpados não tendo, pois, o crime chegado a consumar-se.[500]

---

[498] Artigos 195 (3) e 199 do CDADC de 1985.

[499] L. F. Rebello, *Código do Direito de Autor e dos Direitos Conexos*, 3ª ed., Âncora, 2002, p. 255.

[500] Acórdão do Tribunal da Relação do Porto, Processo Nº 0540603, 19-10-2005.

Esta linha de orientação foi reiterada, subsequentemente, pelo mesmo Tribunal, que sustentou que quem adquire obras usurpadas, ainda que para venda a outrem, sendo surpreendido quando procede ao seu transporte, não comete o crime de aproveitamento de obra contrafeita ou usurpada, porque nada vendeu, exportou e distribuiu ao público.[501]

O Tribunal da Relação de Coimbra seguiu idêntico raciocínio ao considerar que o transporte de objectos contrafeitos e usurpados não integrava o crime de aproveitamento de obra contrafeita ou usurpada, ficando-se pela prática da tentativa. Explicou aquele Tribunal que, ao contrário do que acontece em outros crimes, como o crime de tráfico de droga, o âmbito de tipicidade do crime previsto no artigo 199 do CDADC é restrito, uma vez que dele se excluem certas condutas que poderiam integrar a prática do mesmo, como «transportar» e «armazenar».[502]

Refira-se por fim que, segundo o Tribunal Constitucional, as normas dos artigos 199(1) e 197(1) do CDADC não são inconstitucionais: «[f]ace ao lugar que os direitos de autor ocupam na nossa ordem constitucional, a liberdade de conformação do legislador democrático e uma ordem constitucional que não proíbe a cumulação da pena de prisão e multa, levam a que a criminalização da obra usurpada não resulte na violação do princípio da proporcionalidade nem da subsidiariedade do direito penal, numa perspectiva de fiscalização constitucional de *evidência*.»[503]

11.3. A violação dos direitos morais

Em sede de violação dos direitos morais é punido com as penas *supra* referidas:[504]

- Quem se arrogar a paternidade de uma obra ou de prestação que sabe não lhe pertencer, violando, pois, o direito à paternidade da obra ou da prestação; e
- Quem atentar contra a genuinidade ou integridade da obra ou prestação, praticando acto que a desvirtue e possa afectar a honra ou reputa-

---

[501] Acórdão do Tribunal da Relação do Porto, Processo Nº 42/05.0FBPVZ.P1, 02-12-2009.
[502] Acórdão do Tribunal da Relação de Coimbra, Processo Nº 56/08.8GDFND.C1, 05-05-2010.
[503] Acórdão 577/2011 do Tribunal Constitucional, Processo Nº 415/11, 29-11-2011.
[504] Artigo 198 do CDADC de 1985.

ção do autor ou do artista, infringindo, assim, o direito à integridade da obra ou prestação.[505]

Estabelece a lei um regime especial em caso de violação de direitos morais, estatuindo que:[506]

- Se apenas for reivindicada a paternidade da obra, pode o Tribunal, a requerimento do autor, em vez de ordenar a destruição, mandar entregar àquele os exemplares apreendidos – desde que se mostre possível, mediante adição ou substituição das indicações referentes à sua autoria, assegurar ou garantir aquela paternidade; e
- Se o autor defender a integridade da obra, pode o Tribunal, em vez de ordenar a destruição dos exemplares deformados, mutilados ou modificados por qualquer outro modo, mandar entregá-los ao autor a requerimento deste – se for possível restituir esses exemplares à forma original.

Em certas circunstâncias, todavia, só a destruição da obra põe cobro à ofensa do direito à integridade. Assim sucedeu em relação a um quadro pintado por um pintor português consagrado, na década de 70, e integrado num conjunto de quadros que ficaram conhecidos pela «Série Verde». Tal quadro foi vendido, em 1973, para determinado restaurante de Cascais, restaurante esse que faliu após a Revolução de 25 de Abril de 1974. Em 1998, estando o restaurante a ser alvo de limpeza e obras de beneficiação pelo novo adquirente, o quadro foi encontrado, entre outros, algures nesse restaurante. Não sabendo que a sua repintura era susceptível de lesar os direitos morais do autor, o adquirente mandou repintar o quadro, tendo essa repintura deixado o quadro irreconhecível. Perante estes factos, o Tribunal da Relação de Lisboa declarou que a exibição do aludido quadro repintado, no restaurante em questão, constituía um facto intolerável, tanto mais que a repintura havia deixado o quadro irreconhecível, não sendo possível, tecnicamente, recuperar a sua forma e cor originais. Tal desvirtuava o conjunto da obra do autor,

---

[505] Em versão anterior estipulava esse preceito na sua alínea b) que «[q]uem atentar fraudulentamente contra a genuinidade ou integridade de obra ou prestação praticando acto que desvirtue e possa afectar a honra e reputação do autor ou do artista será punido com as penas previstas no artigo 197.» Para que se verificasse tal crime era necessário, pois, que o agente tivesse actuado com dolo.
[506] Artigo 202 do CDADC de 1985.

afectando a sua honra e reputação, e só a destruição do quadro poria cobro a essa ofensa.[507]

Refira-se, ainda, que o uso ilegítimo do nome literário ou artístico ou de qualquer outra forma de identificação do autor confere, ao interessado, o direito de pedir, além da cessação de tal uso, indemnização por perdas e danos.[508]

11.4. A defesa do direito de autor e dos direitos conexos

Constatada, na União Europeia, a debilidade do respectivo sistema de tutela de direitos de propriedade intelectual, verificou-se um reforço legislativo a esse nível, através da aprovação da Directiva sobre o Respeito dos Direitos de Propriedade Intelectual.

Visou-se garantir um elevado nível de protecção da propriedade intelectual no espaço da União Europeia, através da adopção de um conjunto de medidas e de procedimentos de natureza instrumental que contribuíssem para assegurar o respeito desses direitos, de forma harmonizada, no mercado interno.

A transposição da Directiva sobre o Respeito dos Direitos de Propriedade Intelectual para o direito nacional foi operada através da Lei 16/08, de 1 de Abril, gerada a partir da Proposta de Lei 141/X do Governo e do Projecto-Lei 391/X do PCP.

Na sequência da implementação dessa Directiva, o CDADC institui:[509]

- Medidas para obtenção da prova, disponíveis quando elementos de prova se encontrem na posse de terceiros e requeridas com base na apresentação de indícios suficientes de violação do direito de autor;
- Medidas para preservação da prova, disponíveis quando haja violação ou fundado receio de que outrem cause lesão grave e dificilmente reparável do direito de autor (podendo a aplicação destas medidas ficar dependente da constituição, pelo requerente, de garantia destinada a assegurar indemnização adequada a reparar qualquer dano causado pela aplicação das medidas);
- A possibilidade de as medidas para obtenção e preservação da prova serem aplicadas sem audiência prévia da parte requerida, quando um eventual atraso na aplicação das medidas possa causar danos irrepará-

---

[507] Acórdão do Tribunal da Relação de Lisboa, Processo Nº 5451/2003-6,04-11-2004.
[508] Artigo 210 do CDADC de 1985.
[509] Artigos 210A-211B do CDADC de 1985.

veis ao requerente ou exista um risco sério de destruição ou ocultação da prova;
- A obrigação de prestar informações detalhadas sobre a origem e as redes de distribuição dos bens ou serviços em que se materializa a violação do direito de autor;
- Providências cautelares, destinadas a inibir qualquer violação iminente ou a proibir a continuação da violação, quando haja violação ou fundado receio de que outrem cause lesão grave e dificilmente reparável do direito de autor;
- A apreensão dos bens móveis e imóveis do alegado infractor, incluindo os saldos das suas contas bancárias, em caso de infracção à escala comercial,[510] actual ou iminente, e perante circunstâncias susceptíveis de comprometer a cobrança da indemnização por perdas e danos (arresto);
- A apreensão dos bens que o tribunal suspeite violarem o direito de autor, bem como dos instrumentos que sirvam essencialmente para a prática do ilícito, sempre que essa violação seja actual ou iminente (arresto);
- A determinação, em sede da decisão judicial de mérito, de medidas relativas ao destino dos bens em que se tenha verificado uma violação do direito de autor (sem prejuízo da fixação de uma indemnização por perdas e danos), medidas essas que devem ser adequadas, necessárias e proporcionais à gravidade da violação, podendo incluir a destruição, a retirada ou a exclusão definitiva dos circuitos comerciais, sem atribuição de qualquer compensação ao infractor (sanções acessórias);
- Medidas inibitórias, em sede da decisão judicial de mérito, destinadas a inibir a continuação da infracção verificada (que podem compreender a interdição temporária do exercício de certas actividades ou profissões, a privação do direito de participar em feiras ou mercados e o encerramento temporário ou definitivo do estabelecimento);
- A indemnização quando haja violação do direito de autor de outrem, com dolo ou mera culpa, por perdas e danos, patrimoniais e não patrimoniais, resultantes da violação; e

---

[510] Entende o Código, por «actos praticados à escala comercial», todos aqueles que violem direitos de autor e que tenham por finalidade uma vantagem económica ou comercial, directa ou indirecta, excluindo-se os actos praticados por consumidores finais agindo de boa fé (artigo 210-L do CDADC de 1985).

- A publicidade das decisões judiciais, por extracto, do qual constem elementos da sentença e da condenação, assim como a identificação dos agentes, através da divulgação em qualquer meio de comunicação que se considere adequado.

Destaque-se, de entre as novidades resultantes da implementação da Directiva sobre o Respeito dos Direitos de Propriedade Intelectual, o artigo 210-G do CDADC, que já foi objecto de análise jurisprudencial.

Dita esse preceito que sempre que haja violação ou fundado receio de que outrem cause lesão grave e dificilmente reparável do direito de autor, pode o tribunal, a pedido do requerente, decretar as providências adequadas a inibir qualquer violação iminente ou proibir a continuação da violação.

Ou seja, as providências cautelares previstas em tal disposição podem ter como fundamento (i) a violação do direito de autor, estando, portanto, já concretizada a lesão desse direito ou (ii) o fundado receio da ocorrência de lesão, grave e dificilmente reparável, desse direito.

No primeiro caso, pretende-se proibir a continuação de violação de direitos, e no segundo, prevenir qualquer violação iminente dos mesmos.[511]

Como explanou o Tribunal da Relação de Lisboa, se a tutela cautelar se justifica para prevenir situações em que o *periculum in mora* se reporta a lesões futuras, ainda não concretizadas, mais justificada se encontra na presença de situações de efectiva violação de direitos de propriedade intelectual.[512]

Enquanto na situação de fundado receio da ocorrência de lesão o decretamento de uma providência cautelar se encontra dependente da qualificação da situação de *periculum in mora,* na situação de violação concretizada dispensa-se a alegação e prova desse *periculum,* bastando a demonstração da violação do direito, da lesão efectiva.[513]

---

[511] *Vide* Acórdão do Tribunal da Relação de Coimbra, Processo Nº 3419/08 .5TBVIS.C1, 09-12-2008; Acórdão do Tribunal da Relação de Évora, Processo Nº 1264/09.0TBFAR.E1, 07-10-2009; Acórdão do Tribunal da Relação de Coimbra, Processo Nº 1201/09.1TBMRGR. C1, 17-11-2009; Acórdão do Tribunal da Relação de Lisboa, Processo Nº 5387/09.7TVLSB. L1-2, 19-07-2010.

[512] *Vide* Acórdão do Tribunal da Relação de Lisboa, Processo Nº 974/2008.4TVLSB.L1-7, 10-02-2009.

[513] *Vide* Acórdão do Tribunal da Relação de Évora, Processo Nº 1115/09.5TBABF.E1, 29-09-2009.

Na verdade, «não existe modo de fazer depender o acesso às medidas cautelares comuns, em situações de violação já verificada, da especial qualificação dos danos causados.»[514]

Saliente-se, no respeitante ao pedido indemnizatório, o artigo 211 do CDADC, na redacção resultante da implementação da Directiva sobre o Respeito dos Direitos de Propriedade Intelectual, o qual pretende impedir o infractor de beneficiar da lesão autoral, concedendo à indemnização uma natureza ressarcitória, correctiva ou preventiva/dissuasora, consoante vise, respectivamente, indemnizar danos emergentes, lucros cessantes e danos morais (desde que provados), remover o lucro ilícito e os benefícios indevidamente obtidos pelo infractor ou evitar que este reitere a sua actividade ilegal.

Tal preceito estabelece critérios para determinação do montante da indemnização por perdas e danos, patrimoniais e não patrimoniais, estipulando que, na fixação do montante indemnizatório, o tribunal deve atender ao lucro obtido pelo infractor, aos lucros cessantes e danos emergentes sofridos pela parte lesada, aos encargos por esta suportados (com a protecção dos respectivos direitos e com a investigação e cessação da conduta lesiva dos mesmos) e à importância da receita resultante da conduta ilícita, bem como aos danos não patrimoniais, às circunstâncias da infracção, à gravidade da lesão sofrida e ao grau da difusão ilícita da obra ou prestação.[515]

Refira-se, a este propósito, um processo respeitante ao uso ilícito de programas de computador, no qual o Supremo concluiu estar em causa, nuclearmente, a matéria de valoração dos danos patrimoniais a indemnizar, cabendo definir onde é que acabavam os danos emergentes e começavam os lucros cessantes. No caso dos autos, disse o Supremo, a actividade dos titulares de direitos relevantes reconduzia-se à venda de programas de computador (desde elaborados programas de engenharia até aos de natureza lúdica), ocorrendo

---

[514] Acórdão do Tribunal da Relação de Lisboa, Processo Nº 974/2008.4TVLSB.L1-7, 10-02-2009.

[515] Segundo o Supremo, os «danos patrimoniais» verificam-se quando o facto ilícito viola interesses de ordem material avaliáveis em dinheiro, enquanto os «danos não patrimoniais» resultam de uma lesão de interesses de ordem espiritual, que causam, pela sua gravidade, dor ou desgosto ao lesado. Os danos não patrimoniais não atingem em si o património do lesado, mas bens de carácter imaterial, desprovidos de conteúdo económico e tendo, em regra, um reflexo subjectivo no lesado, traduzido na dor ou sofrimento, de natureza física ou moral – podendo o mesmo facto produzir cumulativamente danos patrimoniais e danos não patrimoniais (Acórdão do Supremo Tribunal de Justiça, Processo Nº 07B755, 04/17/2007).

acto lesivo do seu património (e lucro cessante) quando se verificasse a venda não de uma cópia lícita e licenciada de um desses programas mas de uma cópia ilícita dos mesmos (de mais baixo custo) no mercado negro. Assim, de entre os programas copiados, apenas os que haviam sido efectivamente vendidos podiam ser considerados para efeitos de cálculo indemnizatório.[516]

Embora o artigo 211 do CDADC privilegie a indemnização correspondente ao prejuízo efectivamente sofrido, na impossibilidade de se fixar o mesmo o tribunal pode arbitrar essa indemnização com recurso à equidade, desde que o lesado não se oponha e que o *quantum* não seja inferior às remunerações que teriam sido auferidas caso o infractor tivesse solicitado autorização para utilizar os direitos em questão e aos encargos suportados (com a protecção do direito de autor e com a investigação e cessação da conduta lesiva).

Registe-se, ainda, o aspecto preventivo que advém da cumulação indemnizatória permitida para os casos de prática reiterada ou especialmente gravosa.

Refira-se por fim, que a responsabilidade civil emergente da violação jusautoral é independente do procedimento criminal a que esta dê origem, podendo, contudo, ser exercida em conjunto com a acção criminal, que o procedimento criminal relativo aos crimes *supra* referidos não depende de queixa do ofendido (excepto quando a infracção disser exclusivamente respeito à violação de direitos morais) e que, tratando-se de obras caídas no domínio público, a queixa deverá ser apresentada pelo Ministério da Cultura.[517]

11.5. A responsabilidades dos prestadores de serviços da sociedade da informação (ISPs)

A violação jusautoral cometida no ciberespaço acarreta consigo a questão da responsabilidade dos prestadores de serviços da sociedade da informação, os quais podem ser responsabilizados, consoante a legislação aplicável, pela execução de certos actos ilícitos e/ou pelo concurso, directo ou indirecto, para a sua prática.

A questão da responsabilidade de tais prestadores de serviços foi objecto de intensa discussão e negociação entre as partes interessadas, tendo levado à consagração de legislação nacional e regional sobre essa matéria.[518]

---

[516] Acórdão do Supremo Tribunal de Justiça, Processo Nº 08P1214, 04/30/2008.
[517] Artigos 200 e 203 do CDADC de 1985.
[518] Vide M. Yakobson, «*Copyright* liability of *online* service providers after the adoption of the EC Electronic Commerce Directive», *Entertainment Law Review*, 2000, p. 144; M. Lobitz, «Liability of Internet service providers regarding *copyright* infringement. a comparison of US and European law», *European Intellectual Property Review*, 33, 2002,

Saliente-se, a nível europeu, a Directiva sobre o Comércio Electrónico, concebida para eliminar a incerteza jurídica no tocante à responsabilidade dos prestadores de serviços da sociedade da informação e para harmonizar as diversas posições adoptadas pelos Estados Membros a este respeito.

Almejando a tal, a referida Directiva introduz isenções aplicáveis aos intermediários da sociedade da informação que desempenham um papel essencialmente passivo na transmissão e armazenagem de informação, contemplando:

- Os meros *transportadores* da sociedade da informação *(mere conduit)*, ou seja, aqueles que apenas transmitem informações prestadas pelo destinatário do serviço através de uma rede de comunicações ou que facultam o acesso a essa rede;
- Os prestadores responsáveis pela armazenagem automática, intermédia e temporária dessa informação *(caching)*, executada para tornar mais eficaz a transmissão posterior da informação a pedido de outros destinatários do serviço; e
- Os prestadores responsáveis pela armazenagem em servidor *(hosting)*, ou seja, pela armazenagem de informações a pedido de um destinatário do serviço.

Cumpridos certos requisitos, são concedidas aos prestadores de serviços da sociedade da informação isenções de responsabilidade civil e, ao que parece, de responsabilidade penal, embora lhes possa ser exigido que previnam ou ponham termo a uma infracção ou que removam ou impossibilitem o acesso a informação ilícita.

A Directiva sobre o Comércio Electrónico aparece na esteira do Digital Millennium *Copyright* Act (DMCA), ou seja, da percursora iniciativa legislativa norte-americana – a qual define prestadores de serviços como entidades que transmitem e encaminham informações seleccionadas pelo utilizador do serviço ou que para tal facultam o acesso a uma rede de comunicações digitais *online*, não modificando as informações que são objecto dessa transmissão.[519]

---

p. 26; T. Hays, «The evolution and decentralisation of secondary liability for infringements of *copyright* protected works», *European Intellectual Property Review*, 2006, p. 617, *European Intellectual Property Review*, 2007, p.15.

[519] Secção 512 (k) (1) da Lei norte-americana de 1976.

O DMCA estabelece isenções de responsabilidade civil indirecta, mas não directa, destes prestadores, em sede de violação de direito de autor, desde que as condições exigidas por esse instrumento legal sejam preenchidas.

Tanto a Directiva sobre o Comércio Electrónico como o DMCA abrangem as seguintes isenções de responsabilidade dos prestadores de serviços da sociedade da informação, que se configuram, assim, como um denominador comum entre esses instrumentos jurídicos:

- A transmissão ou armazenagem de forma intermédia e temporária de informações prestadas por terceiros;[520]
- A armazenagem automática e temporária de informações de modo a facilitar o acesso de outros destinatários do serviço às mesmas;[521] e
- A armazenagem de informações a pedido de um destinatário do serviço.[522]

Resulta ainda, destas iniciativas legislativas, que os referidos prestadores de serviços não beneficiam das isenções atinentes à armazenagem de informações ilícitas, temporária ou em servidor, se não removerem ou impossibilitarem, diligentemente, o acesso a essas informações, logo que tomem conhecimento da sua ilicitude.[523]

O DMCA contém ainda uma quarta isenção, que incide sobre o encaminhamento dos utilizadores finais pelos prestadores de serviços da sociedade da informação para *websites* que contenham informação ilícita, através de instrumentos de localização de informação *(information location tools)*.[524]

Faz todo o sentido, uma vez que os prestadores dessas ferramentas, necessárias para o eficaz funcionamento da Internet e da *world wide web*, não podem, nem devem, controlar a informação que invade essa rede de comunicação.

Precisamente por isso, o artigo 15 da Directiva sobre o Comércio Electrónico proclama a ausência de uma obrigação geral de vigilância, não per-

---

[520] *Vide* artigo 12 da Directiva sobre o Comércio Electrónico e Secção 512 (a) da Lei norte-americana de 1976.
[521] *Vide* artigo 13 da Directiva sobre o Comércio Electrónico e Secção 512 (b) da Lei norte-americana de 1976.
[522] *Vide* artigo 14 da Directiva sobre o Comércio Electrónico e Secção 512 (c) (1) da Lei norte-americana de 1976.
[523] *Vide* artigos 13 e 14 da Directiva sobre o Comércio Electrónico e Secção 512 (b) e (c) (1) da Lei norte-americana de 1976.
[524] *Vide* Secção 512 (d) da Lei norte-americana de 1976.

mitindo que os Estados Membros imponham, aos prestadores dos serviços mencionados nos artigos 12 a 14, uma obrigação geral de vigilância sobre as informações que estes transmitam ou armazenem, ou uma obrigação geral de procurar activamente factos ou circunstâncias que indiciem ilicitudes.

Nesta conformidade conceptual, num processo que teve por objecto um pedido de decisão prejudicial apresentado pelo *cour d'appel de Bruxelles*, no âmbito de um litígio que incidiu sobre a possível instalação de um sistema de filtragem e de bloqueio de ficheiros *P2P* para impedir o intercâmbio desses ficheiros em violação do direito de autor, o Tribunal de Justiça declarou, solenemente, que o *acquis* comunitário relevante, interpretado à luz das exigências resultantes da protecção dos direitos fundamentais aplicáveis, se opõe a uma medida inibitória segundo a qual um fornecedor de acesso à Internet é obrigado a instalar um sistema de filtragem de todas as comunicações electrónicas que transitam pelos seus serviços, nomeadamente através da utilização de software *P2P*, que se aplica indistintamente a toda a sua clientela, com carácter preventivo, exclusivamente a expensas suas e sem limitação no tempo, capaz de identificar na rede desse fornecedor a circulação de ficheiros electrónicos que contenham certas obras protegidas, com o objectivo de bloquear a transferência de ficheiros cujo intercâmbio viole o direito de autor.[525]

11.6. Desafios actuais
11.6.1. Introdução
Desde a revolução digital que os grandes desafios em sede de violação jusautoral se encontram associados a tal tecnologia, a qual facilita a execução de cópias ilícitas de obras, bem como a sua comunicação, a sua adaptação e a sua disseminação *online*.[526]

Daremos, em seguida, alguns breves exemplos de desenvolvimentos tecnológicos que se revestem de carácter problemático, sob uma perspectiva autoral.

---

[525] Vide *Scarlet Extended SA v. Société belge des auteurs, compositeurs et éditeurs SCRL (SABAM)*, sendo intervenientes: Belgian Entertainment Association Video ASBL (BEA Video), Belgian Entertainment Association Music ASBL (BEA Music) e Internet Service Provider Association ASBL (ISPA), Acórdão do Tribunal de Justiça, Processo C70/10, 24 de Novembro de 2011. Vide, no mesmo sentido, *Belgische Vereniging van Auteurs, Componisten en Uitgevers CVBA (SABAM) v. Netlog NV*, Acórdão do Tribunal de Justiça, Processo C360/10, 16 de Fevereiro de 2012.

[526] Vide P. Akester, *Direito de Autor e os Desafios da Tecnologia Digital*, Principia, 2004.

11.6.2. Linking e framing

Uma das questões que se colocam na era digital é a de saber se o fornecimento de hiperligações de uma *webpage* para outra viola o direito de autor respeitante à primeira página. Com efeito, tal prática pode acarretar, entre outras coisas, a reprodução do material contido nessa *webpage*.[527]

O responsável pela hiperligação pode alegar que a disponibilização de conteúdos *online* pelo respectivo titular de direitos acarreta uma autorização, implícita, para o fornecimento de hiperligações aos conteúdos que nela se compreendem, uma vez que se trata de uma prática corrente na Internet.

Há então que indagar se a disponibilização de conteúdos pelo titular de direitos foi acompanhada da afixação, no mesmo *website*, de termos e condições contratuais de acesso a esses conteúdos, de apurar se tais estipulações contratuais são aplicáveis ao responsável pela hiperligação e, se assim for, de determinar se foram cumpridas.

Não havendo autorização, expressa ou implícita, para o fornecimento da hiperligação em causa, há que verificar se tal prática consubstancia uma violação jusautoral no que toca aos conteúdos sobre os quais incidiu.

Refira-se que, em Setembro de 2012, um Tribunal holandês se pronunciou sobre o tema, num processo que opôs a Playboy aos administradores de certo *blog*. Em causa estava o fornecimento de hiperligações a fotografias de uma celebridade televisiva, fotografias essas que haviam sido comissionadas pela Playboy e que destinavam a ser publicadas no último trimestre de 2011. Antes de se materializar essa publicação, as ditas fotografias foram disponibilizadas em determinado *website*, sem a autorização dos titulares de direitos relevantes, tendo aquele *blog* fornecido hiperligações às mesmas.[528]

Tendo em conta que o acesso às ditas fotografias havia sido possibilitado pelo estabelecimento da hiperligação em causa e que o referido *blog* gerava rendimentos de foro publicitário que aumentavam à medida que crescia o

---

[527] Vide T. Bettinger e S. Freytag, «Civil Law Responsibility for Links» *International Review of Intellectual Property and Competition Law*, 8, 1999, p. 883; A. Strowel e N. Ide «Liability of Internet Intermediaries: Recent Developments and the Question of Hyperlinks», *Revue International du Droit d'Auteur*, 185, 2000, p. 3; *Revue International du Droit d'Auteur*, 186, 2000, p. 3; I. Garrote, «Linking and Framing – A Comparative Law Approach», *European Intellectual Property Review*, 2002, p. 184; P. Akester, *A Practical Guide do Digital Copyright Law*, Sweet e Maxwell, 2008, parágrafos 4.01-4.153.
[528] *Sanoma Media Netherlands B.V., Playboy Enterprises International Inc., Britt Geertruida Dekker v. GS Media B.V.*, http://pt.scribd.com/doc/105702632/Sanoma-Playboy-en-Britt-Dekker-tegen-GeenStijl.

interesse dos utilizadores no mesmo, o Tribunal considerou tratar-se de um caso de ilicitude autoral, tendo condenado os administradores do *blog* a pagar, aos titulares de direitos relevantes, a quantia de vinte e oito mil e quatrocentos euros.

11.6.3. A tecnologia *Peer to Peer*

Cronologicamente, a partilha de ficheiros na Internet começou por se caracterizar pela existência de uma entidade que disponibilizava, centralmente, ficheiros que tendiam a conter conteúdos protegidos pelo direito de autor (como cópias de fonogramas ou de obras cinematográficas), sem autorização dos respectivos titulares de direitos, mediante pedido do utilizador final.

Judicialmente, há que assinalar, nesta fase de desenvolvimento tecnológico, o processo que opôs a UMG Recordings à MP3.Com, em que um Tribunal norte-americano concluiu que o réu havia infringido o direito de autor ao disponibilizar, sem a autorização dos titulares de direitos relevantes, numa base de dados, milhares de cópias de fonogramas.[529]

Subsequentemente, surgiram plataformas na Internet com a missão de facilitar o processo de transferência de ficheiros entre os próprios utilizadores finais – as chamadas plataformas de partilha *Peer to Peer* ou *P2P*.

Neste contexto tecnológico, destaca-se, também nos Estados Unidos, o processo que opôs a A & M Records à Napster e que incidiu sobre a tecnologia *P2P* desta última empresa – a qual assentava na presença de um servidor central para processamento de pedidos de pesquisa e de descarregamento de ficheiros. Segundo o Tribunal norte-americano, a disponibilização, na Internet, de uma lista actualizada dos utilizadores da plataforma *P2P* Naspter que se predispunham a partilhar ficheiros integrando conteúdos protegidos pelo direito de autor, sem autorização dos respectivos titulares de direitos, traduzia-se numa violação jusautoral.[530]

Entretanto, a tecnologia *P2P* ultrapassou este estágio de desenvolvimento, tendo sido criadas plataformas que permitiam que os utilizadores procedessem à partilha de ficheiros sem a presença de um servidor central

---

[529] *UMG Recordings Inc. v. MP3.Com Inc., Federal Supplement 2d*, 92, 349 (Southern District of New York, 2000).

[530] *A e M Records Inc. v. Napster Inc.*, 114, 896 (Northern District of California, 2000); *Federal Reporter (USA) 3d*, 239, 1004 (9th Circuit, 2001); *Federal Reporter (USA) 3d*, 284, 1091 (9th Circuit, 2002). Resultado semelhante foi obtido no processo *Re Aimster Copyright Litigation, Federal Supplement 2d*, 252, 634 (Northern District of Illinois, 2002); *Federal Reporter (USA) 3d*, 334, 643 (7th Circuit, 2003).

para processamento de pedidos de pesquisa e de descarregamento de ficheiros, funcionando, em suma, o computador de cada utilizador final como um motor de busca *per se*.

Registe-se que na sequência deste desenvolvimento tecnológico têm sido intentadas acções judiciais, com sucesso, contra titulares das novas plataformas *P2P*.[531]

11.6.4. User Generated Content

O chamado *user generated content* (UGC) assenta nas contribuições de milhares de utilizadores finais, contribuições essas que são partilhadas através de pontos centrais na Internet.

São exemplos de tal tecnologia as plataformas de *blogging* e de *podcasting*, as *social networks* e *os wikis*.

Refira-se, apenas, que se assiste a uma violação jusautoral quando os conteúdos utilizados no processo de criação de UGC são protegidos pelo direito de autor e essa utilização carece da autorização dos titulares de direitos relevantes – a não ser que as utilizações em causa sejam abrangidas por uma excepção ou limitação.[532]

11.6.5. A agregação de conteúdos

A chamada agregação de conteúdos resulta de um processo automático de pesquisa e recolha de informação disponível na Internet, processo esse que gera uma listagem de referências sobre cada tema, as quais integram hiperligações a *websites* que contêm informação pertinente sobre o tema em questão.

Uma *webpage* que resulte do referido processo de agregação de conteúdos pode ser tutelada, *per se*, pelo direito de autor ou pelo direito *sui generis* relativo às bases de dados, levando assim à potencial ilicitude de uma utilização não autorizada dessa *webpage*.

---

[531] *Vide, inter alia, Metro Goldwyn Mayer Studios Inc. v. Grokster Ltd et al, Federal Supplement 2d*, 259, 1029 (Central District of California, 2003); *Federal Reporter (USA) 3d*, 380, 1154 (9th Circuit, 2004); *Supreme Court Reporter* (USA), 125, 2764 (Supreme Court, 2005). *Vide* J. C. Ginsburg e Y. Gaubiac «Infringement, provision of means and fault: outlook in common law and civil law system following the Grokster and Kazaa rulings», *Revue International du Droit d'Auteur*, 207, 2006, p. 3; P. Akester, *A Practical Guide do Digital Copyright Law*, Sweet e Maxwell, 2008, parágrafos 3.01-3.152.

[532] P. Akester, *A Practical Guide do Digital Copyright Law*, Sweet e Maxwell, 2008, parágrafos 4.169-4.189.

Independentemente da protecção concedida a essa *webpage*, há que ter em consideração que a utilização de títulos de obras e de partes de obras, a partir de *websites* pertencentes a terceiros, constitui, em princípio, uma violação jusautoral.[533]

Tal concluiu um Tribunal belga num processo que opôs a Copiepresse à Google, em sede de agregação de notícias do dia. Afirmou aquele Tribunal que a agregação de títulos e de extractos de artigos de notícias violava os direitos patrimoniais de reprodução e de comunicação ao público, bem como direitos de foro moral.[534]

11.6.6. As bibliotecas digitais *online*

Também o processo de criação de bibliotecas digitais *online*, como a Google Library, pode dar lugar a violações jusautorais.[535]

Com efeito, tal processo pode incluir actos de reprodução, de armazenamento, de fornecimento de hiperligações e de disponibilização a pedido dos utilizadores de obras literárias.

Sendo as obras em causa protegidas pelo direito de autor, essas utilizações serão ilícitas a não ser que autorizadas pelos titulares de direitos relevantes ou por uma excepção ou limitação constante da lei.

Variando as excepções e limitações de país para país, a invocação legítima de uma excepção ou limitação, em certo país, não garante a sua aplicação noutros países em que as obras em causa sejam reproduzidas ou disponibilizadas.

---

[533] P. Akester, *A Practical Guide do Digital Copyright Law*, Sweet e Maxwell, 2008, parágrafos 4.154-4.168.
[534] *Google Inc v. Copiepresse SCRL*, European Copyright and Design Reports, 2007, 5.
[535] P. Akester, *A Practical Guide do Digital Copyright Law*, Sweet e Maxwell, 2008, para. 5.01-5.165.

O uso ilícito de uma obra ou prestação, no todo ou em parte, sem autorização do respectivo titular de direitos, conduz a uma violação jusautoral.

O que é utilizado abusivamente pode não montar a muito quantitativamente, podendo todavia traduzir-se no cerne da obra, naquilo que lhe confere individualidade própria.

Ergo, se os parcos elementos reproduzidos não expressarem a criação intelectual do respectivo autor não haverá violação jusautoral, assim se distinguindo, por um lado, as ideias, como matéria não protegida que todos podem utilizar livremente e, por outro lado, a expressão reconduzida à criação intelectual – sendo a utilização abusiva desta última que se configura como ilícita.

No âmbito dessa violação, são nucleares os crimes de usurpação e de contrafacção, os quais correspondem, respectivamente, ao que correntemente se designa de «pirataria» e «plágio».

O sistema de tutela de direitos de propriedade intelectual na União Europeia foi reforçado através da aprovação da Directiva sobre o Respeito dos Direitos de Propriedade Intelectual. Visou-se garantir um elevado nível de protecção da propriedade intelectual no espaço da União Europeia, através da adopção de um conjunto de medidas e de procedimentos, de natureza instrumental, que contribuíssem para assegurar o respeito desses direitos, de forma harmonizada, no mercado interno.

A transposição da Directiva sobre o Respeito dos Direitos de Propriedade Intelectual para o direito nacional foi operada através da Lei 16/08, de 1 de Abril.

Capítulo XII
A protecção das medidas de carácter tecnológico e das informações para a gestão electrónica dos direitos

12.1. A protecção das medidas de carácter tecnológico
12.1.1. Introdução

A tecnologia digital trouxe consigo novas modalidades de violação de direitos, permitindo a execução de actos ilícitos em grande escala, com enorme facilidade e rapidez, e praticamente com ausência de custos.[536]

Constatados os desafios resultantes da tecnologia digital e os prejuízos daí advenientes para as indústrias culturais, estas recorreram às «medidas tecnológicas» para impedir ou restringir o acesso e/ou a reprodução de conteúdos sem autorização.

Para evitar que essas medidas tecnológicas fossem neutralizadas impunemente, consagrou-se legislação internacional, regional e nacional contra a neutralização dessas medidas, legislação essa que será analisada em seguida.[537]

Refira-se, ainda, que a tutela das medidas tecnológicas gerou alguma controvérsia ao nível da sociedade civil, por se ter verificado que, por um lado,

---

[536] *Vide* Parte II – O Direito de Autor em Portugal, Capítulo XI – A violação e defesa do direito de autor e direitos conexos, 11.6 – Desafios actuais.

[537] *Vide* D. S. Marks, B. H. Turnbull, «Technical protection measures: the intersection of technology, law and commercial licences», *European Intellectual Property Review*, 2000, p. 198; T. Foged, «US v. EU anti-circumvention legislation: preserving the public's privileges in the digital age?», *European Intellectual Property Review*, 2002, p. 525; S. Dusollier, «Exception's and technological measures in the European *Copyright* Directive of 2001 – an empty promise», *International Review of Intellectual Property and Competition Law*, 34, 2003, p. 62; P. Akester, *A Practical Guide do Digital Copyright Law*, Sweet e Maxwell, 2008, parágrafos 6.01-6.209.

essas medidas podem impedir o beneficiário de uma excepção ou limitação de beneficiar da mesma ou vedar, aos membros do público, o acesso a obras e a prestações ainda que estas se encontrem no domínio público e, por outro lado, encontrando-se tais medidas tecnológicas tuteladas pela lei a sua neutralização será punida ainda que as medidas em causa tenham os referidos efeitos indesejáveis.[538]

12.1.2. A protecção das medidas de carácter tecnológico nos Tratados da OMPI

No plano internacional, a protecção das medidas tecnológicas foi consagrada, pela primeira vez, nos Tratados da OMPI, de 1996.

Afirma o Tratado da OMPI sobre Direito de Autor que «[a]s Partes Contratantes devem assegurar uma protecção jurídica adequada e vias de recurso eficazes contra a neutralização de medidas eficazes de carácter tecnológico de que os autores se sirvam no quadro do exercício dos direitos que lhes são reconhecidos no presente Tratado ou na Convenção de Berna e que restringem, em relação às suas obras, a realização de actos não autorizados pelos autores em questão ou não permitidos por lei.»[539]

O Tratado da OMPI sobre Interpretações ou Execuções e Fonogramas estipula, de forma análoga, que «[a]s Partes Contratantes devem assegurar uma protecção jurídica adequada e vias de recurso eficazes contra a neutralização de medidas eficazes de carácter tecnológico de que os artistas intérpretes ou executantes ou os produtores de fonogramas se sirvam no quadro do exercício dos direitos que lhes são reconhecidos no presente Tratado e que restringem, em relação às suas prestações ou fonogramas, a realização de actos não autorizados pelos artistas intérpretes ou executantes ou pelos produtores de fonogramas em questão, ou não permitidos por lei.»[540]

Os Tratados da OMPI deram, pois, uma certa margem de manobra às Partes Contratantes, impondo a obrigação de assegurar uma protecção jurídica adequada contra a neutralização de medidas tecnológicas no quadro do exercício dos direitos reconhecidos nesses Tratados, mas possibilitando, dada a

---

[538] *Vide* P. Akester, «Technological accommodation of conflicts between DRM and freedom of expression: the first empirical assessment», Social Science Research Network, 2009 e P. Akester, «The Impact of Digital Rights Management on Freedom of Expression – the First Empirical Assessment», *International Review of Intellectual Property and Competition Law*, 1, 2010, p. 31.
[539] Artigo 11 do Tratado da OMPI sobre Direito de Autor.
[540] Artigo 18 do Tratado da OMPI sobre Interpretações ou Execuções e Fonogramas.

linguagem abrangente utilizada em tais instrumentos, o estabelecimento de patamares de protecção mais elevados.

12.1.3. A protecção das medidas de carácter tecnológico na Directiva sobre a Sociedade da Informação

Na União Europeia, as obrigações respeitantes às medidas tecnológicas decorrentes dos Tratados da OMPI foram implementadas através do artigo 6 da Directiva sobre a Sociedade da Informação, preceito esse que vai mais longe do que aqueles Tratados.

A Directiva da Sociedade de Informação, para além de assegurar uma protecção jurídica adequada contra a neutralização de medidas tecnológicas, assegura também essa tutela contra a comercialização de dispositivos destinados à neutralização dessas medidas tecnológicas.

Mais, a protecção jurídica em causa abrange tanto as medidas tecnológicas utilizadas no exercício de um direito de autor ou conexo, como as medidas utilizadas para controlar o acesso a conteúdos protegidos num contexto que extravasa a protecção autoral.

O artigo 6 (1) da Directiva sobre a Sociedade da Informação proíbe a neutralização de «medidas tecnológicas eficazes», restringindo o escopo dessa proibição a pessoas que «saibam» ou que «devam razoavelmente saber» que é esse o seu objectivo.

Por sua vez, o artigo 6 (2) da mesma Directiva proíbe as actividades (incluindo o fabrico, a distribuição de dispositivos ou componentes e as prestações de serviços) que sejam promovidas para neutralizar a protecção em causa, ou que só tenham limitada utilização para além dessa neutralização, ou que sejam essencialmente concebidos com o objectivo de a facilitar, não exigindo que as pessoas em causa «saibam» ou que «devam razoavelmente saber» que é esse o seu objectivo.

Ao contrário dos Tratados da OMPI, a Directiva sobre a Sociedade da Informação procede à definição do conceito de «medidas tecnológicas eficazes», assimilando-as às tecnologias que se destinam a impedir ou restringir actos executados em relação a obras, prestações ou bases de dados, que careçam da autorização do titular de um direito de autor ou conexo ou do direito *sui generis* (previsto na Directiva sobre as Bases de Dados).

De acordo com o artigo 6 (3) da Directiva sobre a Sociedade da Informação, as medidas de carácter tecnológico são consideradas «eficazes» quando a utilização da obra, prestação ou base de dados, é controlada pelos respectivos titulares de direitos através de um controlo de acesso ou de um processo de protecção (como por exemplo a codificação, a cifragem ou um mecanismo de controlo da cópia).

Por conseguinte, o artigo 6 (3) delimita o campo de tutela emanado da Directiva sobre a Sociedade da Informação, incluindo, no seu escopo, a neutralização de medidas tecnológicas e a comercialização de dispositivos destinados à neutralização dessas medidas, tanto no exercício de um direito de autor, de um direito conexo ou do direito *sui generis* (previsto na Directiva sobre as Bases de Dados), como para controlar o acesso a conteúdos protegidos num contexto que extravasa a protecção autoral.

A interacção entre as medidas tecnológicas e as excepções e limitações é tratada no artigo 6 (4) da Directiva sobre a Sociedade da Informação, o qual prevê que os titulares de direitos tomem medidas voluntárias para garantir a convivência harmoniosa entre as mesmas.

Dita o primeiro parágrafo do artigo 6 (4) dessa Directiva que, não obstante a protecção jurídica conferida contra a neutralização de medidas tecnológicas, os Estados Membros devem promover medidas voluntárias tomadas pelos titulares de direitos, nomeadamente acordos entre titulares de direitos e outras partes interessadas de modo a garantir o funcionamento de certas excepções ou limitações (que denominaremos de «excepções ou limitações privilegiadas»).

O artigo 6 (4) da Directiva sobre a Sociedade da Informação elenca, de forma taxativa, as seguintes excepções ou limitações privilegiadas:

- A reprodução, em papel ou suporte semelhante, realizada através de qualquer tipo de técnica fotográfica ou de qualquer outro processo com efeitos semelhantes;
- Os actos específicos de reprodução, praticados por bibliotecas, por estabelecimentos de ensino, por museus acessíveis ao público ou por arquivos;
- As gravações efémeras de obras realizadas por organismos de radiodifusão;
- As reproduções de transmissões radiofónicas, efectuadas por instituições sociais, tais como hospitais ou prisões;
- A utilização, unicamente com fins de ilustração, para efeitos de ensino ou de investigação científica;
- A utilização a favor de pessoas portadoras de deficiências; e
- A utilização para efeitos de segurança pública ou para assegurar o bom desenrolar ou o relato de processos administrativos, parlamentares ou judiciais.

Quanto ao conceito de «medidas voluntárias», o quinquagésimo primeiro considerando da Directiva sobre a Sociedade da Informação esclarece que os «Estados Membros devem promover a adopção de medidas voluntárias por parte dos titulares de direitos, incluindo a celebração e implementação de acordos entre titulares de direitos e outras partes interessadas, no sentido de facilitar a prossecução dos objectivos de determinadas excepções ou limitações previstas na legislação nacional de acordo com a presente Directiva»

A Directiva em apreço não elucida devidamente o conceito de «medidas voluntárias», pressupondo-se que tais medidas possam incluir a disponibilização ao beneficiário de uma excepção ou limitação privilegiada, de uma cópia descodificada da obra em causa ou de uma chave de descodificação.

Enfatize-se que, prevendo o artigo 5 da Directiva sobre a Sociedade da Informação vinte e uma excepções e limitações, o artigo 6 (4) apenas acautela o funcionamento de sete. Consequentemente, as excepções e limitações que não são ressalvadas pelo artigo 6 (4) podem ser neutralizadas, livremente, através da utilização de medidas tecnológicas.

Na falta de medidas ou acordos voluntários, dentro de um período de tempo razoável os Estados Membros têm a obrigação de tomar «medidas adequadas» para assegurar que os titulares de direitos fornecem aos beneficiários das excepções ou limitações privilegiadas meios adequados que lhes permitam beneficiar das mesmas. A intervenção dos Estados Membros surge, pois, a título subsidiário, verificada a ausência de intervenção dos titulares de direitos.

A Directiva sobre a Sociedade da Informação não define o conceito de «medidas adequadas», havendo uma mera referência, no quinquagésimo primeiro considerando, à «alteração de uma medida de carácter tecnológico implementada» ou a «outros meios».

Sublinhe-se que o artigo 6 (4) da mesma Directiva apenas se aplica ao artigo 6 (1) da mesma Directiva, pelo que se os titulares de direitos não fornecerem aos beneficiários das excepções ou limitações privilegiadas meios adequados que lhes permitam beneficiar das mesmas, as actividades contidas no artigo 6 (2), incluindo o fabrico, a distribuição de dispositivos ou componentes e as prestações de serviços que sejam promovidos para neutralizar a protecção permanecem vedadas.

Passando agora ao segundo parágrafo do artigo 6 (4) da Directiva sobre a Sociedade da Informação, o mesmo incide sobre a cópia privada, estipulando que na falta de adopção de medidas ou acordos voluntários por parte dos titulares de direitos, os Estado Membros podem tomar, voluntariamente, «medidas adequadas» para assegurar que os titulares de direitos fornecem aos beneficiários da cópia privada meios que lhes permitam beneficiar da mesma.

Explica, neste contexto, o quinquagésimo segundo considerando daquela Directiva, que «[a]o aplicarem uma excepção ou limitação em relação às reproduções efectuadas para uso privado, de acordo com o artigo 5 (2) (b), os Estados Membros devem igualmente promover a utilização de medidas voluntárias que permitam alcançar os objectivos dessa excepção ou limitação. Se, dentro de um prazo razoável, não tiverem sido tomadas essas medidas voluntárias a fim de assegurar a possibilidade de fazer reproduções para uso privado, os Estados Membros poderão tomar medidas que permitam aos beneficiários fazerem uso das referidas excepções ou limitações. As medidas voluntárias tomadas pelos titulares de direitos, incluindo os acordos entre titulares de direitos e outras partes interessadas, bem como as medidas tomadas pelos Estados Membros, não impedem os titulares de direitos de utilizar medidas tecnológicas que sejam compatíveis com as excepções ou limitações relativas às reproduções para uso privado previstas na legislação nacional nos termos do artigo 5 (2) (b), tendo presente a condição da compensação equitativa prevista nessa disposição e a possível diferenciação entre várias condições de utilização nos termos do artigo 5 (5), como, por exemplo, o controlo do número de reproduções. A fim de evitar abusos na utilização dessas medidas, as medidas de protecção de natureza tecnológica aplicadas em sua execução devem gozar de protecção jurídica.»

Esta noção é reforçada pelo terceiro parágrafo do artigo 6 (4) da Directiva sobre a Sociedade da Informação, o qual declara que as medidas tecnológicas aplicadas voluntariamente pelos titulares de direitos, incluindo as aplicadas em execução de acordos voluntários, e as medidas de carácter tecnológico aplicadas em execução das medidas tomadas pelos Estados Membros gozam da protecção jurídica prevista no artigo 6 (1).

Por último, o quarto parágrafo do artigo 6 (4) da referida Directiva cria uma excepção à interacção entre a protecção das medidas tecnológicas e a protecção de certas excepções e limitações traçada no artigo 6 (4).

Assim, as regras contidas no primeiro e segundo parágrafos do artigo 6 (4) da Directiva sobre a Sociedade da Informação não são aplicáveis quando os conteúdos protegidos pelo direito de autor são disponibilizados na Internet a pedido dos utilizadores e ao abrigo de condições contratuais acordadas (incluindo, presumivelmente, licenças contratuais não negociadas). Quando assim é, as vinte e uma excepções e limitações previstas no artigo 5 dessa Directiva podem ser neutralizadas por meio de medidas tecnológicas.

Explana o quinquagésimo terceiro considerando da Directiva sobre a Sociedade da Informação que «[a] protecção das medidas de carácter tecnológico deverá garantir um ambiente seguro para a prestação de serviços interactivos a pedido, por forma a que o público possa ter acesso às obras ou a outros materiais no momento e no local escolhidos pelo mesmo. No caso de estes serviços serem regidos por condições contratuais, o disposto nos primeiro e segundo números do artigo 6 (4) não é aplicável. As formas de utilização em linha não interactiva continuam sujeitas àquelas disposições.»

Proclama o artigo 12 da mesma Directiva que de três em três anos a Comissão deve apresentar ao Parlamento Europeu, ao Conselho e ao Comité Económico e Social, um relatório sobre a aplicação da Directiva sobre a Sociedade da Informação, examinando, no caso do artigo 6, se esse artigo confere um nível de protecção suficiente e se os actos permitidos por lei estão a ser afectados, negativamente, pela utilização de medidas de carácter tecnológico efectivas.

O mesmo preceito manda instituir um Comité de Contacto, composto por representantes das entidades competentes dos Estados Membros e presidido por um representante da Comissão, cujas funções incluem examinar o impacto da Directiva sobre a Sociedade da Informação no funcionamento do mercado interno e realçar eventuais dificuldades.

Por último, quanto a sanções, a Directiva sobre a Sociedade da Informação permite que as mesmas tenham natureza civil e/criminal, acentuando que as sanções previstas devem ser eficazes, proporcionadas e dissuasivas.[541]

12.1.4. A protecção das medidas de carácter tecnológico na Directiva sobre Programas de Computador

A Directiva sobre Programas de Computador foi a primeira Directiva comunitária a tutelar esta matéria, decorrendo do seu artigo 7 a obrigação de os Estados Membros adoptarem medidas adequadas contra quem (i) esteja na posse, para fins comerciais, ou ponha em circulação, uma cópia de um programa de computador de carácter ilícito (conhecendo ou não podendo ignorar o seu carácter ilícito) ou (ii) esteja na posse para fins comerciais ou ponha em circulação meios cujo «único objectivo» seja facilitar a neutralização de qualquer dispositivo técnico para a protecção de um programa.

---

[541] Artigo 8 (1) da Directiva sobre a Sociedade da Informação.

Repare-se que o escopo do artigo 7 da Directiva sobre Programas de Computador é mais restrito do que o do preceito equivalente da Directiva sobre a Sociedade da Informação.

Na verdade, o artigo 7 da Directiva sobre Programas de Computador não assegura protecção jurídica contra o acto de neutralização de medidas tecnológicas, mas apenas contra a comercialização de dispositivos destinados à neutralização das mesmas.

Mais, enquanto o artigo 6 (2) da Directiva sobre a Sociedade da Informação proíbe dispositivos com «limitada finalidade comercial ou utilização para além da neutralização da protecção» ou «essencialmente concebidos com o objectivo de permitir ou facilitar essa neutralização», o artigo 7 da Directiva sobre Programas de Computador veda, somente, «meios cujo único objectivo seja facilitar a supressão não autorizada ou a neutralização».

No entanto, a linguagem abrangente do artigo 7 parece assegurar protecção jurídica contra a comercialização de dispositivos, tanto num quadro de utilização de medidas tecnológicas no exercício do direito de autor, como para controlar o acesso a conteúdos protegidos num contexto que extravasa a protecção autoral.

Refira-se, por fim, que este regime de protecção de medidas tecnológicas aplicadas a programas de computador não é afectado pela Directiva sobre a Sociedade da Informação.[542]

Com efeito, diz o quinquagésimo considerando da Directiva sobre a Sociedade da Informação que «[t]al protecção jurídica harmonizada não afecta os regimes específicos de protecção previstos pela Directiva 91/250/CEE. Em especial, não deverá ser aplicável à protecção de medidas de carácter tecnológico utilizadas em relação com programas de computador, exclusivamente prevista nessa Directiva».

12.1.5. A protecção das medidas de carácter tecnológico na Directiva sobre o Acesso Condicional

Também a Directiva sobre o Acesso Condicional trata da protecção jurídica de medidas tecnológicas, medidas essas de acesso condicional à radiodifusão televisiva, à radiodifusão sonora e aos serviços da sociedade da informação, isto é, «qualquer serviço prestado normalmente mediante remuneração, à

---

[542] Artigo 1 (2) (a) da Directiva sobre a Sociedade da Informação.

distância, por via electrónica e mediante pedido individual de um destinatário de serviços.»[543]

Segundo o artigo 2 desta Directiva entende-se por:

«a) Serviço protegido: qualquer dos serviços a seguir referidos, desde que prestado mediante remuneração e com base em acesso condicional:

- radiodifusão televisiva, conforme definida no artigo 1 (a) da Directiva 89/552/CEE,
- radiodifusão sonora, ou seja, qualquer transmissão por fio ou sem fio, incluindo via satélite, de programas de rádio com vista à sua recepção pelo público,
- serviços da sociedade da informação na acepção do ponto 2 do artigo 1 da Directiva 98/34/CE do Parlamento Europeu e do Conselho, de 22 de Junho de 1998, relativa a um procedimento de informação no domínio das normas e regulamentações técnicas e das regras relativas aos serviços da sociedade da informação (7),

ou o fornecimento de acesso condicional aos referidos serviços considerado como um serviço em si mesmo;

b) Acesso condicional: qualquer medida e/ou mecanismo técnicos mediante os quais o acesso a um serviço protegido sob forma inteligível é condicionado a uma autorização individual prévia;

c) Dispositivo de acesso condicional: um equipamento ou programa informático concebido ou adaptado com vista a permitir o acesso a um serviço protegido sob forma inteligível;

d) Serviços conexos: a instalação, a manutenção ou a substituição de dispositivos de acesso condicional, bem como a prestação de serviços de comunicação comercial relacionados com estes ou com serviços protegidos (...)»

Tal como o artigo 7 da Directiva sobre Programas de Computador, o artigo 2 da Directiva sobre o Acesso Condicional não assegura protecção jurídica contra o acto de neutralização de medidas tecnológicas, mas apenas contra a comercialização de dispositivos destinados à neutralização dessas medidas.

Além disso, o escopo da actividade ilícita é reduzido pela exigência de que a mesma tenha natureza comercial, visto determinar o artigo 4 da Directiva

---

[543] *Vide* artigo 1 (2) da Directiva 98/34/CE do Parlamento Europeu e do Conselho, de 22 de Junho de 1998, relativa a um procedimento de informação no domínio das normas e regulamentações técnicas e das regras relativas aos serviços da sociedade da informação.

sobre o Acesso Condicional que «[o]s Estados Membros devem proibir no seu território todas as actividades seguintes: a) Fabrico, importação, distribuição, venda, locação ou detenção para fins comerciais de dispositivos ilícitos; b) Instalação, manutenção ou substituição, para fins comerciais, de um dispositivo ilícito; c) Utilização de comunicações comerciais para a promoção de dispositivos ilícitos.»

Tal noção foi invocada pelo Tribunal da Relação de Évora, num processo judicial em que estava em causa a detenção de um dispositivo ilícito que permitia o visionamento de programas da TV Cabo sem o pagamento da correspondente contrapartida pecuniária, pelo proprietário de um estabelecimento comercial, aberto ao público.

Declarou aquele Tribunal que o legislador apenas havia querido punir não as condutas de foro particular, mas a comercialização, enquanto colocação no mercado, de dispositivos ilícitos. Crucial, disse o mesmo Tribunal, era saber se a detenção em causa era ou não para «fins comerciais». Ora, embora a expressão «fins comerciais» pudesse assumir alguma ambiguidade interpretativa, o proprietário em causa havia claramente utilizado o dispositivo em questão por forma a obter um benefício económico, pelo menos indirecto.[544]

No quadro da União Europeia impõe-se referir um processo crucial, que teve por objecto um pedido de decisão prejudicial apresentado por dois tribunais ingleses, no âmbito de um litígio respeitante à comercialização e utilização, no Reino Unido, de dispositivos de descodificação que davam acesso aos serviços de radiodifusão por satélite de um organismo de radiodifusão – dispositivos esses fabricados e comercializados com a autorização desse organismo, mas utilizados, contra a sua vontade, fora da zona geográfica para a qual haviam sido fornecidos.[545]

No seu acórdão, o Tribunal de Justiça invocou o sexto e décimo terceiro considerandos da Directiva sobre o Acesso Condicional, que aludem à necessidade de lutar contra dispositivos ilícitos que «permitem o acesso gratuito» aos serviços protegidos e contra a colocação no mercado de dispositivos ilícitos que possibilitem ou facilitem «que se iluda de forma não autorizada

---

[544] Acórdão do Tribunal da Relação de Évora, Processo Nº 22/06.8FAVRS.E1, 14-07-2010.
[545] *Football Association Premier League Ltd, NetMed Hellas SA, Multichoice Hellas SA v. QC Leisure, David Richardson, AV Station plc, Malcolm Chamberlain, Michael Madden, SR Leisure Ltd, Philip George Charles Houghton and Derek Owen e Karen Murphy v. Media Protection Services Ltd*, Acórdão do Tribunal de Justiça, Processos apensos C403/08 e C429/08, 4 de Outubro de 2011.

quaisquer medidas tecnológicas» tomadas para proteger a remuneração de um serviço prestado legalmente.

Notou aquele tribunal que os dispositivos em causa eram fabricados e colocados no mercado com autorização do fornecedor dos serviços, não permitindo o acesso gratuito aos serviços protegidos e não possibilitando ou facilitando a neutralização de uma medida tecnológica tomada para proteger a remuneração desses serviços, uma vez que era pago um preço no Estado Membro em que era feita a comercialização.

Preconizou, pois, o Tribunal de Justiça, que o conceito de «dispositivo ilícito», na acepção do artigo 2 (e) da Directiva sobre o Acesso Condicional, deve ser interpretado no sentido de que não abrange os dispositivos de descodificação estrangeiros (que dão acesso aos serviços de radiodifusão e são fabricados e comercializados com a autorização desse organismo, mas são utilizados à revelia deste fora da zona geográfica para a qual foram fornecidos), nem os obtidos ou activados mediante a indicação de um nome e de uma morada falsos, nem os que são utilizados em violação de uma limitação contratual de utilização para fins exclusivamente privados.

Concluiu também o referido Tribunal, que o artigo 3 (2) da Directiva sobre o Acesso Condicional não obsta a uma legislação nacional que impeça a utilização de dispositivos de descodificação estrangeiros (incluindo os obtidos ou activados mediante a indicação de um nome e de uma morada falsos ou os utilizados em violação de uma limitação contratual de utilização para fins exclusivamente privados), uma vez que essa legislação não é abrangida pelo domínio coordenado por esta Directiva – porque o domínio coordenado pela Directiva sobre o Acesso Condicional se restringe a actividades que são ilícitas por pressuporem a utilização de dispositivos ilícitos, na acepção dessa Directiva.

Já o artigo 56 Tratado sobre o Funcionamento da União Europeia se opõe, segundo o Tribunal de Justiça, à legislação de um Estado Membro que torne ilícita a importação, a venda e a utilização, nesse Estado, de dispositivos de descodificaçao estrangeiros que permitem o acesso a um serviço codificado de radiodifusão por satélite proveniente de outro Estado Membro e que inclui objectos protegidos pela legislação desse primeiro Estado – conclusão que não é infirmada pelo facto de o dispositivo de descodificação estrangeiro ter sido obtido ou activado mediante a indicação de uma identidade e de uma morada falsas, com a intenção de contornar a restrição territorial em causa, nem pela circunstância de esse dispositivo ser utilizado para fins comerciais, apesar de ter sido destinado a uma utilização de carácter privado.

Por último, declarou o Tribunal do Luxemburgo que as cláusulas de um contrato de licença exclusiva celebrado entre o titular dos direitos de propriedade intelectual e um organismo de radiodifusão constituem uma restrição da concorrência proibida pelo artigo 101 Tratado sobre o Funcionamento da União Europeia, por proibirem a esse organismo o fornecimento de dispositivos de descodificação que permitam o acesso aos objectos protegidos desse titular com vista à sua utilização fora do território abrangido pelo contrato de licença.

12.1.6. A protecção das medidas de carácter tecnológico na lei portuguesa

De acordo com o quadro internacional e regional acima descrito, o CDADC tutela os titulares de direitos de autor e conexos, bem como o titular do direito *sui generis* sobre uma base de dados (mas não dos programas de computador) contra a neutralização de qualquer medida eficaz de carácter tecnológico.

Define o CDADC as «medidas de carácter tecnológico» como as técnicas, dispositivos ou componentes que, no decurso do seu funcionamento normal, se destinem a impedir ou restringir actos relativos a obras, prestações e produções protegidas, que não sejam autorizados pelo titular de direitos de propriedade intelectual – não devendo considerar-se como tais os protocolos, os formatos, os algoritmos, nem os métodos de criptografia, de codificação ou de transformação.[546]

Segundo o CDADC, essa medidas são consideradas «eficazes» quando a utilização da obra, prestação ou produção protegidas, seja controlada pelos titulares de direitos, mediante a aplicação de um controlo de acesso ou de um processo de protecção (como a codificação, a cifragem ou outra transformação da obra, prestação ou produção protegidas) ou um mecanismo de controlo da cópia que garanta o cumprimento do objectivo de protecção.[547]

Em sede de punição, afirma a lei que a neutralização ilícita de qualquer medida eficaz de carácter tecnológico, sabendo ou tendo motivos razoáveis para saber, acarreta uma pena de prisão até um ano ou pena de multa até cem dias, sendo a tentativa punível com multa até vinte e cinco dias.[548]

A facilitação da neutralização de qualquer medida eficaz de carácter tecnológico (incluindo, através do fabrico, da importação e da distribuição de dispositivos, produtos ou componentes que se destinem essencialmente a

---

[546] Artigo 217 (1)-(2) do CDADC de 1985.
[547] Artigo 217 (3) do CDADC de 1985.
[548] Artigo 218 do CDADC de 1985.

neutralizar a protecção de uma medida eficaz de carácter tecnológico) é punida com pena de prisão até seis meses ou com pena de multa até vinte dias.[549]

No que toca à interacção entre as medidas tecnológicas e as excepções e limitações, declara o CDADC que as medidas eficazes de carácter tecnológico resultantes de acordos, decisões de autoridades ou da aplicação voluntária pelos titulares de direitos destinadas a permitir excepções e limitações aos beneficiários gozam de idêntica protecção jurídica.[550]

Acrescenta a lei portuguesa, de forma arrojada, que as medidas eficazes de carácter tecnológico não devem constituir um obstáculo ao exercício normal pelos beneficiários de certas excepções e limitações,[551] pelo que os titulares devem proceder ao depósito legal, junto da Inspecção Geral das Actividades Culturais (IGAC), dos meios que permitam beneficiar das formas de utilização legalmente permitidas.[552]

Por conseguinte, os titulares de direitos devem adoptar medidas voluntárias adequadas, como o estabelecimento e a aplicação de acordos entre titulares ou seus representantes e os utilizadores interessados.

Todavia, perante a ausência dessas mediadas voluntárias, se uma medida eficaz de carácter tecnológico impedir ou restringir o uso ou a fruição de uma excepção ou limitação por parte de um beneficiário que tenha legalmente acesso ao bem protegido, o lesado pode solicitar à IGAC o acesso aos meios depositados.

Para a resolução dos litígios sobre esta matéria, é competente a Comissão de Mediação e Arbitragem, criada pela Lei 83/2001, de 3 de Agosto, de cujas decisões cabe recurso para o Tribunal da Relação, com efeito meramente devolutivo.

O regime acima disposto não impede os titulares de direitos de aplicarem medidas eficazes de carácter tecnológico para limitar o número de reproduções autorizadas relativas ao uso privado, nem se aplica às obras, prestações ou produções protegidas, disponibilizadas ao público na sequência de acordo entre titulares e utilizadores, de tal forma que a pessoa possa aceder a elas a partir de um local e num momento por ela escolhidos.[553]

---

[549] Artigo 219 do CDADC de 1985.
[550] Artigo 220 do CDADC de 1985.
[551] Previstas nos artigos 75 (2) (a), (e), (f), (i), (n), (p), (q), (r), (s) e (t), 81 (b), 152 (4) e 189 (1) (a), (c), d), e (e) do CDADC de 1985.
[552] Artigo 221 do CDADC de 1985.
[553] Artigos 221-222 do CDADC de 1985.

12.2. A protecção das informações para a gestão dos direitos
12.2.1. Introdução

A gestão de direitos, tanto colectiva como individual, tende a assentar cada vez mais em sistemas electrónicos para tal criados, que procedem à identificação, *inter alia*, do autor, da obra e das condições de utilização.

O problema reside na possibilidade de se eliminar ou modificar esses elementos de identificação, motivo pelo qual, para além de protegerem as medidas tecnológicas, os Tratados da OMPI tutelaram, ainda, as informações para a gestão dos direitos.[554]

12.2.2. A protecção das informações para a gestão dos direitos nos Tratados da OMPI

O Tratado da OMPI sobre Direito de Autor define como «informações para a gestão dos direitos» «as informações que identifiquem a obra, o autor da obra e o titular de qualquer direito sobre a obra, ou informações acerca das condições de utilização da obra, e quaisquer números ou códigos que representem essas informações, quando qualquer destes elementos de informação acompanhe uma cópia de uma obra ou apareça no quadro da comunicação de uma obra ao público.»[555]

As Partes Contratantes devem assegurar protecção eficaz (i) contra a supressão ou alteração não autorizada de quaisquer informações electrónicas para a gestão dos direitos, bem como (ii) contra a distribuição, importação para distribuição, radiodifusão ou comunicação ao público não autorizada de obras ou cópias de obras, (iii) sabendo-se que foram suprimidas ou alteradas sem autorização informações electrónicas para a gestão dos direitos, (iv) desde que o acto em causa seja executado deliberadamente, (v) sabendo-se ou tendo motivos suficientes para se saber que o acto irá induzir, permitir, facilitar ou dissimular uma infracção a qualquer direito tutelado pelo Tratado OMPI sobre Direito de Autor ou pela Convenção de Berna.[556]

Decorre da Declaração Acordada Relativamente ao Artigo 12 que a referência à «infracção a qualquer direito abrangido pelo disposto no presente Tratado ou na Convenção de Berna» abrange tanto os direitos exclusivos como os direitos a remuneração. Mais, as Partes Contratantes não podem

---

[554] *Vide* D. J. Gervais, «Rights Management Information», in The Author's Place in the XXI Century *Copyright*: the challenges of modernization, ALAI, 2007, p. 519.
[555] Artigo 12 (2) do Tratado da OMPI sobre Direito de Autor.
[556] Artigo 12 (1) do Tratado da OMPI sobre Direito de Autor.

recorrer a este preceito para conceber ou implementar sistemas de gestão dos direitos que tenham por efeito a imposição de formalidades não autorizadas ao abrigo da Convenção de Berna ou do referido Tratado, a proibição da livre circulação de mercadorias ou a colocação de obstáculos ao gozo dos direitos reconhecidos no mesmo Tratado.

Por sua vez, o artigo 19 (2) do Tratado da OMPI sobre Interpretações ou Execuções e Fonogramas define informações para a gestão dos direitos como «as informações que identifiquem o artista intérprete ou executante, a prestação do artista intérprete ou executante, o produtor do fonograma, o fonograma, o titular de qualquer direito sobre a prestação ou o fonograma, ou informações acerca das condições de utilização da prestação ou do fonograma, e quaisquer números ou códigos que representem essas informações, quando qualquer destes elementos de informação acompanhe uma cópia de uma prestação fixada ou de um fonograma ou apareça no quadro da comunicação ou da colocação à disposição do público de uma prestação fixada ou de um fonograma.»[557]

O artigo 19 (1) do Tratado da OMPI sobre Interpretações ou Execuções e Fonogramas é análogo ao artigo 12 (1) do Tratado da OMPI sobre Direito de Autor, fazendo referência não a obras, claro está, mas a «prestações, cópias de prestações fixadas ou fonogramas».

12.2.3. A protecção das informações para a gestão dos direitos na Directiva sobre a Sociedade da Informação

No quadro da União Europeia, a tutela das informações para a gestão dos direitos é dada pelo artigo 7 da Directiva sobre a Sociedade da Informação.[558]

O artigo 7 (2) dessa Directiva define «informações para a gestão dos direitos» como «qualquer informação, prestada pelos titulares dos direitos, que identifique a obra ou qualquer outro material protegido referido na presente Directiva ou abrangido pelo direito *sui generis* previsto no capítulo III da Directiva 96/9/CE, o autor ou qualquer outro titular de direito relativamente à obra ou outro material protegido, ou ainda informações acerca das condições e modalidades de utilização da obra ou do material protegido, bem como quaisquer números ou códigos que representem essas informações.»

O artigo 7 da Directiva sobre a Sociedade da Informação exige que os Estados Membros assegurem uma protecção jurídica adequada contra qualquer

---

[557] Artigo 19 do Tratado da OMPI sobre Interpretações ou Execuções e Fonogramas.
[558] *Vide* considerandos (55) a (57) da Directiva sobre a Sociedade da Informação.

pessoa que, com conhecimento de causa e sem autorização, (i) suprima ou altere quaisquer informações electrónicas para a gestão dos direitos ou (ii) dissemine obras, prestações ou bases de dados, das quais tenham sido suprimidas ou alteradas sem autorização informações electrónicas para a gestão dos direitos, (iii) sabendo ou devendo razoavelmente saber que ao fazê-lo está a provocar, permitir, facilitar ou dissimular a violação de um direito de autor ou conexo previsto por lei ou do direito *sui generis* previsto na Directiva sobre as Bases de Dados.

12.2.4. A protecção das informações para a gestão dos direitos na lei portuguesa

De acordo com o quadro internacional e regional acima descrito, o CDADC tutela os titulares de direitos de autor e conexos, bem como o titular do direito *sui generis* sobre uma base de dados (mas não dos programas de computador) contra a violação de direitos de propriedade intelectual em matéria de informação para a gestão electrónica dos direitos.

Entende o CDADC por «informação para a gestão electrónica dos direitos», toda a informação prestada pelos titulares dos direitos, que identifique a obra, a prestação e a produção protegidas, a informação sobre as condições de utilização destes, bem como quaisquer números ou códigos que representem essa informação, incidindo a protecção jurídica sobre toda a informação para a gestão electrónica dos direitos presente nas obras, prestações e produções protegidas ou ainda no contexto de qualquer comunicação ao público.[559]

Em sede de punição, determina a lei que a supressão ou alteração de qualquer informação para a gestão electrónica de direitos, ou facilitação da sua supressão ou alteração (por exemplo, pondo à disposição do público obras, prestações ou produções protegidas, das quais tenha sido suprimida ou alterada, sem autorização, a informação para a gestão electrónica dos direitos), de forma ilícita, intencional, sabendo-se ou tendo-se motivos razoáveis para o saber, é punida com pena de prisão até um ano ou com pena de multa até cem dias, sendo a tentativa punível com multa até vinte e cinco dias.[560]

---

[559] Artigo 223 do CDADC de 1985.
[560] Artigo 224 do CDADC de 1985.

Constatados os desafios resultantes da tecnologia digital e os prejuízos daí advenientes para as indústrias culturais, estas recorreram às «medidas tecnológicas» para impedir ou restringir o acesso e/ou a reprodução de conteúdos sem autorização.

Por sua vez, a gestão de direitos, tanto colectiva como individual, tende a assentar cada vez mais em sistemas electrónicos para tal criados, que procedem à identificação, *inter alia*, do autor, da obra e das condições de utilização.

Para evitar que essas medidas tecnológicas e informações para a gestão dos direitos fossem, respectivamente, neutralizadas ou suprimidas/alteradas impunemente, consagrou-se legislação internacional, regional e nacional contra tais actos.

Capítulo XIII
O regime das obras de cariz utilitário

13.1. Introdução
Os desenvolvimentos tecnológicos dos últimos anos geraram obras de cariz funcional e utilitário, cuja importância económica levou, nalguns casos, ao seu enquadramento no âmbito do direito de autor (tal sucedeu, por exemplo, com os programas de computador) e noutros casos, à criação de uma protecção *sui generis* para tutelar produtos dotados de uma natureza própria (como as topografias dos produtos semicondutores e certas bases de dados).

Cabe, a este capítulo, o exame da protecção concedida às obras de cariz funcional e utilitário, isto é, aos programas de computador, às topografias de semicondutores e às bases de dados.

13.2. As topografias de produtos semicondutores
13.2.1. Noções preliminares
Na sequência da adopção, pelos Estados Unidos, da Lei de Protecção das Topografias dos Produtos Semicondutores (Semiconductor Chip Protection Act), em 1984, a atribuição de protecção jurídica desses produtos aos nacionais de outros países ficou dependente do princípio da reciprocidade. A Comunidade Económica Europeia emanou, então, a Directiva sobre os Programas Semicondutores, de forma a garantir a tutela dos nacionais dos seus Estados Membros.[561]

Esta Directiva tomou como premissa o papel vital dos produtos semicondutores para o desenvolvimento industrial da Comunidade, o facto de

---

[561] *Vide* G. Karnell, «Protection of layout designs (topographies) of integrated circuits – R.I.P.?», *International Review of Intellectual Property and Competition Law*, 32, 2001, p. 648.

a concepção das respectivas topografias exigir o investimento de recursos consideráveis e, ainda, a possibilidade de cópia a um custo muito inferior ao requerido por uma concepção autónoma.

A transposição da Directiva sobre os Programas Semicondutores para o território nacional foi operada pelo Lei 16/89, de 30 de Junho, tendo o Código da Propriedade Industrial (Decreto-Lei 36/2003, de 5 de Março) procedido à sua codificação.

Segundo o Código da Propriedade Industrial, o produto semicondutor é um produto que:[562]

- Consiste num corpo material que inclua uma camada de material semicondutor;
- Possui uma ou mais camadas compostas de material condutor, isolante ou semicondutor, estando as mesmas dispostas de acordo com um modelo tridimensional predeterminado; e
- Está destinado a desempenhar uma função electrónica, quer exclusivamente, quer em conjunto com outras funções.

Por sua vez, a topografia de um produto semicondutor consiste no «conjunto de imagens relacionadas, quer fixas, quer codificadas, que representem a disposição tridimensional das camadas de que o produto se compõe, em que cada imagem possua a disposição, ou parte da disposição, de uma superfície do mesmo produto, em qualquer fase do seu fabrico.»[563]

13.2.2. Escopo e requisitos da protecção

Gozam de tutela as topografias de produtos semicondutores que resultem do esforço intelectual do seu próprio criador e que não sejam conhecidas na indústria dos semicondutores – não sendo, naturalmente, protegidos os conceitos, os processos, os sistemas, as técnicas ou a informação codificada incorporados nessas topografias.[564]

Como tal, a atribuição de protecção legal encontra-se subordinada ao preenchimento de um requisito de originalidade próprio do direito de autor (a exigência de que a topografia em causa resulte do esforço intelectual do seu criador) e de um requisito de inovação pertencente à propriedade industrial

---

[562] Artigo 153 do Decreto-Lei 36/2003, de 5 de Março.
[563] Artigo 154 do Decreto-Lei 36/2003, de 5 de Março.
[564] Artigo 155 (1) e (3) do Decreto-Lei 36/2003, de 5 de Março.

(a imposição de que essa topografia não seja conhecida na indústria dos semi-condutores).

Note-se que o requisito da inovação se considera preenchido se, consistindo a topografia em elementos conhecidos, a combinação desses elementos for inovadora e resultar do esforço intelectual do seu criador.[565]

Acresce que a referida protecção se encontra dependente, ainda, do registo, sendo que uma vez registada a topografia a duração do registo é de dez anos.[566]

Durante a vigência do registo, o seu titular pode usar, nos produtos semi-condutores fabricados através da utilização de topografias protegidas, a letra «T» maiúscula.[567]

13.2.3. A autoria e a titularidade das topografias dos produtos semicondutores

É titular da topografia o seu criador, excepto se a mesma for criada durante a execução de um contrato de trabalho em que tal actividade esteja prevista, cabendo então essa titularidade à respectiva empresa.[568]

No entanto, se o contrato de trabalho não estipular, expressamente, o pagamento de determinada remuneração por essa actividade criativa do trabalhador, este tem direito a auferir uma remuneração de acordo com a importância da topografia criada.[569]

Aplica-se igual regime às topografias criadas por encomenda, salvo estipulação contratual em contrário.[570]

13.2.4. Direitos do titular da topografia

O registo de uma topografia confere ao seu titular os seguintes direitos:[571]

- O direito de uso exclusivo, em todo o território português, produzindo, fabricando, vendendo ou explorando essa topografia, ou os objectos em que ela se aplique;

---

[565] Artigo 155 (2) do Decreto-Lei 36/2003, de 5 de Março.
[566] Artigo 162 do Decreto-Lei 36/2003, de 5 de Março.
[567] Artigo 163 do Decreto-Lei 36/2003, de 5 de Março.
[568] Artigos 58 e 59 do Decreto-Lei 36/2003, de 5 de Março, ex vi artigos 156 e 157 do mesmo diploma.
[569] Artigo 59 (2) do Decreto-Lei 36/2003, de 5 de Março, ex vi artigo 157 do mesmo diploma.
[570] Artigo 59 (7) do Decreto-Lei 36/2003, de 5 de Março, ex vi artigo 157 do mesmo diploma.
[571] Artigo 164 do Decreto-Lei 36/2003, de 5 de Março.

- O direito à reprodução da topografia protegida; e
- O direito à importação, à venda ou à distribuição, por qualquer outra forma, com finalidade comercial, de uma topografia protegida, de um produto semicondutor em que é incorporada uma topografia protegida ou de um artigo em que é incorporado um produto semicondutor desse tipo.

Saliente-se ainda que a comercialização da topografia, pelo próprio ou com o seu consentimento, no espaço económico europeu, esgota os direitos conferidos pelo registo da topografia ao seu titular.[572]

13.2.5. Excepções e limitações a esses direitos

Os direitos conferidos pelo registo da topografia são acompanhados de certas excepções e limitações, podendo, nessa conformidade, os seguintes actos ser executados sem autorização dos titulares de direitos relevantes:[573]

- A reprodução, a título privado, de uma topografia para fins não comerciais;
- A reprodução para efeitos de análise, avaliação ou ensino;
- A criação de uma topografia distinta a partir dessa análise ou avaliação; e
- A realização de determinados ilícitos, se a pessoa que os executou ou ordenou a sua execução, não sabia, nem deveria saber, aquando da aquisição do produto semicondutor ou do artigo em que esse produto semicondutor se encontrava incorporado, que o mesmo integrava uma topografia reproduzida ilegalmente – sendo que após conhecimento da ilicitude em causa a execução dos actos em questão fica dependente do pagamento de uma importância equivalente a uma *royalty*.

13.2.6. Tutela

Em sede de tutela, refira-se apenas que as topografias dos produtos semicondutores são protegidas pelos mecanismos de defesa e de reacção previstos no Título III do Código da Propriedade Industrial.

13.3. Os programas de computador
13.3.1. Noções preliminares

O Decreto-Lei 252/94, de 20 de Outubro, alterado pelo Decreto-Lei 334/97, de 27 de Novembro, transpôs para a ordem jurídica interna a Directiva sobre os Programas de Computador, a qual resolveu a questão da protecção de tais

---

[572] Artigo 166 do Decreto-Lei 36/2003, de 5 de Março.
[573] Artigo 165 do Decreto-Lei 36/2003, de 5 de Março.

programas a favor da tutela autoral, de acordo com a tendência internacional dominante.[574]

Em termos técnicos, o legislador português optou pela criação de um diploma autónomo para proceder à transposição da Directiva, ao invés de proceder a alterações no CDADC.[575]

Partiu-se do princípio de que não seria fácil integrar os conceitos nucleares de protecção dos programas de computador no seio da realidade autoral preexistente, pelo que faria mais sentido condensar as normas de protecção desses programas num diploma a ela dedicado.

Passando à determinação do que se deve entender por «programa de computador», a nível da legislação interna, encontramos a sua definição no artigo 2 (c) da Lei 109/91, de 17 de Agosto (Lei da Criminalidade Informática), segundo a qual, esse programa consiste num «conjunto de instruções capazes, quando inseridas num suporte explorável em máquina, de permitir à máquina que tem por funções o tratamento de informações indicar, executar ou produzir determinada função, tarefa ou resultado».[576]

13.3.2. Escopo e requisitos da protecção

Os programas de computador dotados de carácter criativo, e apenas esses, recebem protecção análoga à que é conferida às obras literárias, equiparando-

---

[574] *Vide* Parte IV – O Direito de Autor na União Europeia, Capítulo II – A Directiva sobre os Programas de Computador e Parte V – O Direito de Autor nos Tratados Internacionais, Capítulo IV – O Acordo TRIPS.

[575] *Vide* P. Cordeiro, «A Lei portuguesa de software», *Revista da Ordem dos Advogados*, Julho, 1994, p. 713; M. Lopes Rocha, *Direito da Informática, Legislação e Deontologia*, Edições Cosmos, 1994; J. Oliveira Ascensão, «A protecção jurídica dos programas de computadores», *Revista da Ordem dos Advogados*, Abril, 1995, p. 69; P. Cordeiro e M. Lopes Rocha, *Protecção jurídica do software*, Edições Cosmos, 1995; R. Saavedra, *A Protecção Jurídica do Software e a Internet*, Sociedade Portuguesa de Autores, Publicações/D. Quixote, 1998; A. Dias Pereira, *Informática, Direito de Autor e Propriedade Tecnodigital*, Coimbra Editora, 2001.

[576] A Lei 109/91 foi entretanto revogada pela Lei 109/2009, de 15 de Setembro (Lei do Cibercrime), que estabelece as disposições penais materiais e processuais, assim como as disposições relativas à cooperação internacional em matéria penal, relativas ao domínio do cibercrime e da recolha de prova em suporte electrónico, transpondo para a ordem jurídica interna a Decisão Quadro 2005/222/JAI, do Conselho, de 24 de Fevereiro, relativa a ataques contra sistemas de informação, e adaptando o direito interno à Convenção sobre Cibercrime do Conselho da Europa. A Lei 109/2009 não define o conceito de «programa de computador».

-se para efeitos de protecção ao programa de computador, o material de concepção preliminar daquele programa.[577]

A concessão ao programa de computador (e ao material de concepção preliminar do mesmo) de protecção análoga à conferida às obras literárias, encontra-se, pois, dependente do carácter criativo desse programa.

O legislador adoptou, não um regime de aplicação automática e integral da tutela autoral aos programas de computador, mas um princípio de «protecção análoga», com base na verificação casuística da possibilidade de aplicação dessa tutela aos programas de computador.[578]

Como explanou o Supremo, a protecção análoga constitui «a referência essencial e o elemento central de interpretação e do enquadramento das conexões e remissões entre o regime de protecção específico do Decreto-Lei 252/94, e os princípios, enquadramento, regras e soluções do direito de autor de obras literárias».[579]

Já o registo não é condição de protecção, embora os programas de computador possam ser inscritos no registo da propriedade literária para efeitos daquele registo.[580]

Sublinhe-se que a tutela atribuída aos programas de computador incide somente sobre a sua expressão, sob qualquer forma. Protege-se a expressão e não a ideia subjacente a essa expressão, mantendo-se assim a liberdade das ideias e dos princípios que estão na base de qualquer elemento do programa ou da sua interoperabilidade, tais como a lógica, os algoritmos ou a linguagem de programação.[581]

13.3.3. A autoria e a titularidade dos programas de computador

No que toca à autoria e à titularidade, aplicam-se aos programas de computador as regras vigentes para o direito de autor, com algumas especificidades.[582]

---

[577] Artigo 1 do Decreto-Lei 252/94 de 20 de Outubro, alterado pelo Decreto-Lei 334/97, de 27 de Novembro, versão consolidada.

[578] J. A. C. Vieira, *A Protecção dos Programas de Computador pelo Direito de Autor*, Lex, 2005, pp. 571 et seq.

[579] Acórdão do Supremo Tribunal de Justiça, Processo Nº 54/02.5EACBR, 13-01-2010.

[580] Artigos 1 e 12 do Decreto-Lei 252/94 de 20 de Outubro, alterado pelo Decreto-Lei 334/97, de 27 de Novembro, versão consolidada.

[581] Artigo 2 do Decreto-Lei 252/94 de 20 de Outubro, alterado pelo Decreto-Lei 334/97, de 27 de Novembro, versão consolidada.

[582] Artigo 3 (1) do Decreto-Lei 252/94 de 20 de Outubro, alterado pelo Decreto-Lei 334/97, de 27 de Novembro, versão consolidada. *Vide* Parte II – O Direito de Autor em Portugal, Capítulo I – O autor.

Como tal, salvo disposição contratual em contrário, «autor» é o criador intelectual da obra, pertencendo-lhe o direito de autor sobre a obra.[583]

Já no caso da obra feita por encomenda ou por conta de outrem, o regime aplicável aos programas de computador afasta a presunção constante do artigo 14 (2) do CDADC, segundo a qual na falta de convenção a titularidade do direito de autor pertence ao criador intelectual.

Quando um programa de computador for criado por encomenda ou por conta de outrem, os direitos relativos ao programa pertencem, salvo estipulação em contrário ou se outra coisa resultar das finalidades do contrato, ao destinatário do programa. Mais, o programa que for realizado no âmbito de uma empresa presume-se obra colectiva.[584]

Configura-se aqui uma presunção *iuris tantum,* segundo a qual cabe à entidade que deu a comissão ou à entidade patronal o exercício dos direitos relativos ao programa de computador criado, respectivamente, por encomenda ou no quadro do exercício das funções de um trabalhador por conta de outrem.

Por conseguinte, num processo em que se discutia a titularidade de determinado programa de computador, concluiu o Tribunal da Relação do Porto que tendo esse programa sido desenvolvido por certo programador a pedido de uma empresa, durante o período em que o mesmo desempenhava as funções de programador de informática nessa empresa, no exercício dessas funções e não havendo sido ilidida a referida presunção *iuris tantum,* a titularidade dos direitos patrimoniais sobre o mesmo programa cabia à empresa e não o programador.[585]

Registe-se, ainda, que mesmo que a titularidade do conteúdo patrimonial do direito de autor pertença àquele para quem o programa de computador é realizado, o seu criador intelectual pode exigir uma remuneração especial quando (i) a criação intelectual exceda claramente o desempenho, ainda que zeloso, da função ou tarefa que lhe estava confiada e (ii) da obra vierem a fazer-se utilizações ou a retirar-se vantagens não incluídas nem previstas na fixação da remuneração ajustada.[586]

---

[583] Artigos 11 e 27 (1) do CDADC de 1985.
[584] Artigo 3 (1)-(3) do Decreto-Lei 252/94 de 20 de Outubro, alterado pelo Decreto-Lei 334/97, de 27 de Novembro, versão consolidada.
[585] Acórdão do Tribunal da Relação do Porto, Processo Nº 0346424, 14-04-2004.
[586] Artigo 3 (4) do Decreto-Lei 252/94 de 20 de Outubro, alterado pelo Decreto-Lei 334/97, de 27 de Novembro, versão consolidada.

13.3.4. Direitos do titular do programa de computador

Ao titular do programa assistem determinados direitos patrimoniais, que lhe permitem executar os seguintes actos (ou autorizar terceiros a executá-los):[587]

- Reproduzir o programa, no todo ou em parte, de modo permanente ou transitório, por qualquer processo ou forma;[588]
- Transformar o programa;
- Reproduzir o programa daí derivado, sem prejuízo dos direitos de quem realiza a transformação; e
- Pôr em circulação originais ou cópias desse programa e proceder à sua locação – note-se que qualquer acto de disposição produz o esgotamento do direito de pôr em circulação, não afectando, porém, a subsistência do direito de locação do programa.

O titular originário do programa tem, ainda, no campo dos direitos morais, o direito à menção do respectivo nome no programa e o direito à reivindicação da autoria deste. Se o programa tiver um criador intelectual individualizável, cabe-lhe, em qualquer caso, o direito a ser reconhecido como tal e de ter o seu nome mencionado no programa.[589]

---

[587] Artigos 5 e 8 do Decreto-Lei 252/94 de 20 de Outubro, alterado pelo Decreto-Lei 334/97, de 27 de Novembro, versão consolidada.

[588] No que toca ao sentido e alcance da expressão «reprodução de um programa», entende R. Saavedra (*A Protecção Jurídica do Software e a Internet*, Sociedade Portuguesa de Autores/Publicações D. Quixote, 1998, nota 472) que «a fixação de um programa, tal como a sua visualização, execução e transmissão, estão sujeitas a autorização do seu titular – a qual, no caso de um adquirente legítimo, já está (habitualmente) implícita na licença de utilização obtida com a aquisição (legítima) do software, porquanto normalmente aquelas operações carecem de «reprodução», no sentido que parece resultar da Directiva e que pode não coincidir com o do direito interno português.» No mesmo sentido, preconizou o Tribunal da Relação do Porto, que memorizar um programa de computador é uma forma de o fixar com vista à sua reprodução electrónica e é algo necessário à reprodução, pelo que o conceito de reprodução, para efeitos penais, tal como para efeitos cíveis, exige apenas a memorização em computador (Acórdão do Tribunal da Relação do Porto, Processo Nº 0240941, 23-04-2003), tendo ainda declarado encontrar-se incluída, no conceito de «reprodução», a multiplicação de exemplares e consequente aumento de «aptidão exploracional» (Acórdão do Tribunal da Relação do Porto, Processo Nº 0346424, 14-04-2004).

[589] Artigo 9 do Decreto-Lei 252/94 de 20 de Outubro, alterado pelo Decreto-Lei 334/97, de 27 de Novembro, versão consolidada.

13.3.5. Excepções e limitações a esses direitos

Os direitos acima referidos são acompanhados de certas excepções e limitações, podendo o utente legítimo executar certos actos livremente, a saber:[590]

- Providenciar uma cópia de apoio, no âmbito dessa utilização;
- Observar, estudar ou ensaiar o funcionamento do programa, para determinar as ideias e os princípios subjacentes a algum dos seus elementos – sendo nula qualquer estipulação em contrário;
- Carregar, visualizar, executar, transmitir e armazenar o programa, salvo estipulação contratual referente a algum ponto específico, para utilizar o programa ou para corrigir erros; e
- Analisar o programa como objecto de pesquisa científica ou de ensino.

Acresce que, sempre que compatíveis, são aplicáveis aos programas de computador os limites estabelecidos para o direito de autor, nomeadamente os constantes do artigo 75 do Código do CDADC – mas o uso privado só é admitido nos termos *supra* mencionados.[591]

Mais, o titular da licença de utilização pode proceder à descompilação das partes de um programa necessárias à interoperabilidade desse programa de computador com outros programas, sendo nula qualquer estipulação em contrário, desde que:[592]

- Essas informações não se encontrem facilmente disponíveis, sendo o processo de descompilação indispensável para a obtenção de informações necessárias à referida interoperabilidade;
- As informações obtidas não sejam utilizadas para infringir direitos sobre o programa originário ou lesar a exploração normal deste último, e
- O programa criado independentemente não seja substancialmente semelhante, na sua expressão, ao programa originário.[593]

---

[590] Artigos 6 e 10 (2) do Decreto-Lei 252/94 de 20 de Outubro, alterado pelo Decreto-Lei 334/97, de 27 de Novembro, versão consolidada.

[591] Artigo 10 (1) do Decreto-Lei 252/94 de 20 de Outubro, alterado pelo DecretoLei 334/97, de 27 de Novembro, versão consolidada. *Vide* Parte II – O Direito de Autor em Portugal, Capítulo VI – As excepções e limitações.

[592] Artigo 7 do Decreto-Lei 252/94 de 20 de Outubro, alterado pelo Decreto-Lei 334/97, de 27 de Novembro, versão consolidada.

[593] Artigo 7 do Decreto-Lei 252/94 de 20 de Outubro, alterado pelo Decreto-Lei 334/97, de 27 de Novembro, versão consolidada.

13.3.6. Tutela

A reprodução não autorizada de um programa de computador é alvo de sanções penais, podendo ainda as cópias ilícitas de tal programa ser apreendidas, bem como os dispositivos em comercialização que tenham por finalidade exclusiva facilitar a neutralização de qualquer medida tecnológica para protecção do programa.[594]

Nos termos do artigo 14 do Decreto-Lei 252/94, o programa de computador goza de tutela penal através de remissão para o artigo 9 (1) da Lei 109/91, de 17 de Agosto (Lei da Criminalidade Informática), segundo o qual a reprodução, divulgação ou comunicação ao público de um programa informático protegido por lei, sem autorização dos respectivos titular de direitos, conduz a uma pena de prisão até três anos ou a uma pena de multa.[595]

No tipo legal de crime de reprodução ilegítima de programas de computador protegidos (crime informático), previsto no dito artigo 9 (1), não são cumulativos os elementos aí contemplados, sendo punível tanto o acto de reproduzir um programa informático, como o acto de o divulgar ou comunicar ao público. Ou seja, o crime preenche-se tanto com o acto de reproduzir um programa de computador, como com o de o divulgar ou comunicar ao público.

Prevê-se a punibilidade, por um lado, do acto de reproduzir um programa de computador e, por outro, do acto de divulgar ou comunicar ao público esse programa.[596]

Como bem disse o Tribunal da Relação do Porto, a visão desses requisitos como cumulativos contribuiria para deixar sem punição a maior parte dos actos de reprodução ilegal de programas de computador que se verifica em Portugal, a qual se destina, na sua maior parte, não à divulgação ou comunicação ao público, mas ao uso privado, doméstico ou familiar.[597]

Explicitou ainda o mesmo Tribunal que a referência feita, no artigo 9 (1) da Lei 109/91, à divulgação ou comunicação ao «público», não corresponde a

---

[594] Artigos 13 e 14 do Decreto-Lei 252/94 de 20 de Outubro, alterado pelo Decreto-Lei 334/97, de 27 de Novembro, versão consolidada.
[595] Revogado pela Lei 109/2009, de 15 de Setembro (Lei do Cibercrime).
[596] *Vide* nesse sentido, Acórdão do Tribunal da Relação do Porto, Processo Nº 0240941, 23-04-2003; Acórdão do Tribunal da Relação do Porto, Processo Nº 0210131, 19-03-2003; Acórdão do Tribunal da Relação do Porto, Processo Nº 0341482, 18-06-2003.
[597] *Vide* Acórdão do Tribunal da Relação do Porto, Processo Nº 0240941, 23-04-2003; Acórdão do Tribunal da Relação do Porto, Processo Nº 0342776, 16-06-2004; Acórdão do Tribunal da Relação de Coimbra, Processo Nº 1159/06, 05-07-2006.

uma opção terminológica indiferente, tendo importantes consequências ao nível da interpretação do tipo legal em causa. Para se poder falar em público, disse aquele Tribunal, é necessário que os actos de divulgação ou de comunicação sejam efectuados «perto e ao mesmo tempo junto de um número indeterminado de pessoas, por forma a que as mesmas possam aceder a essa divulgação ou comunicação, assim preenchendo o conceito de pluralidade indeterminada de intervenientes necessários à publicidade, elemento integrante do conceito de público».[598]

A Lei 109/91 foi, entretanto, revogada pela Lei 109/2009, de 15 de Setembro (Lei do Cibercrime), que prevê o mesmo delito no seu artigo 8(1), nos seguintes termos: «Quem ilegitimamente reproduzir, divulgar ou comunicar ao público um programa informático protegido por lei é punido com pena de prisão até três anos ou com pena de multa.»

Há ligeiras alterações de redacção entre o artigo 9 (1) da Lei 109/91 e o artigo 8 (1) da Lei 109/2009, que não indiciam, contudo, qualquer alteração relevante em termos de conteúdo.

O artigo 8 (1) da Lei 109/2009 criminaliza, tal como fazia o artigo 9 (1) da Lei 109/91, a utilização não autorizada de programa de computador protegido por lei.

Refira-se, ainda, que são elementos típicos desse crime (i) a falta de autorização, (ii) a acção, sob a forma de reprodução, divulgação ou comunicação ao público, (iii) o objecto da acção, que se traduz num programa de computador protegido pelo direito de autor e (iv) o dolo, enquanto elemento subjectivo. Mais, o desencadear da acção sob a forma de reprodução, divulgação ou comunicação ao público, é suficiente para a consumação do crime, não se exigindo que a lesão do direito de autor se traduza num prejuízo económico (efectivamente verificado) para este.[599]

13.4. As bases de dados
13.4.1. Noções preliminares

Questão complexa era, até há não muito tempo, a de saber se as bases de dados deveriam ser qualificadas como criações intelectuais e, como tal, protegidas pelo direito de autor, tendo a doutrina oscilado entre a negação de tutela autoral à generalidade das bases de dados e a classificação das bases de

---

[598] Acórdão do Tribunal da Relação do Porto, Processo Nº 0240941, 23-04-2003.
[599] *Vide*, nesse sentido, Acórdão do Tribunal da Relação de Coimbra, Processo Nº 1788/04.5JFLSB.C1, 30-03-2011.

dados como compilações, com a consequente aplicação analógica do artigo 3 (1) (b) do CDADC.[600]

Tal controvérsia cessou, todavia, por virtude do Decreto-Lei 122/200, de 4 de Julho, que transpôs para a ordem jurídica interna a Directiva sobre as Bases de Dados.[601]

Em harmonia com a opção legislativa seguida no respeitante à protecção de programas de computador, prevista no Decreto-Lei 252/94, de 20 de Outubro, foi aprovado um regime específico para a tutela das bases de dados, as quais, dadas as suas especificidades, não foram simplesmente integradas no âmbito do CDADC.

Entende o dito Decreto-Lei 122/200 por «base de dados» «a colectânea de obras, dados ou outros elementos independentes, dispostos de modo sistemático ou metódico e susceptíveis de acesso individual por meios electrónicos ou outros.»[602]

Pretende-se proteger os fundos documentais, sejam eles de tratamento digital ou manual, cujos componentes, independentemente da sua natureza, se encontrem ordenados e sejam susceptíveis de acesso individual.

Adoptou-se, em conformidade com a Directiva, um esquema de dupla tutela, podendo as bases de dados ser protegidas pelo direito de autor ou através da concessão ao respectivo fabricante de determinados direitos.

Assegura-se, por um lado, a atribuição de tutela autoral, com algumas especificidades, no que concerne às bases de dados que constituam criações intelectuais, prevendo-se, por outro lado, uma protecção *sui generis* no respeitante a certas bases de dados, em função do investimento, de foro qualitativo ou quantitativo envolvido no seu fabrico.[603]

13.4.2. Protecção pelo direito de autor

A estrutura inerente à base de dados pode ser apenas organizada com base em métodos de classificação elementares ou pode agregar os respectivos componentes em «conjuntos operacionais» e «redes conectivas» de modo a facilitar o acesso e aproveitamento dos conteúdos em causa, podendo a for-

---

[600] *Vide, inter alia,* J. Oliveira Ascensão, *Direito de Autor e Direitos Conexos,* Coimbra Editora, 1992, pp. 486-490 e G. Marques e L. Martins, *Direito da Informática,* Almedina, 2000, p. 317.

[601] *Vide* Parte IV – O Direito de Autor na União Europeia, Capítulo VI – A Directiva sobre as Bases de Dados.

[602] Artigo 1 (2) do Decreto-Lei 122/2000, de 4 de Julho.

[603] Artigo 1 (3) do Decreto-Lei 122/2000, de 4 de Julho.

mação de tais estruturas de agregação interactiva reconduzir-se a uma «criação intelectual».[604]

O artigo 4 (1) do Decreto-Lei 122/2000 confere, precisamente, protecção autoral às bases de dados que pela selecção ou disposição dos respectivos conteúdos constituam criações intelectuais, acentuando o artigo 4 (2) que esse é o único critério determinante da protecção atribuída por tal preceito e sublinhando o artigo 4 (3) que essa tutela não incide sobre o conteúdo da base de dados protegida.

Para a atribuição da tutela autoral a uma base de dados, releva, apenas, que aquela se reconduza a uma «criação intelectual», ou seja, a uma «criação original».[605]

Por conseguinte, num processo judicial respeitante a uma base de dados que continha um método de busca pioneiro de produtos fármaco-terapêuticos, o Tribunal da Relação de Lisboa reconheceu a novidade do método em causa, mas constatou também o incumprimento do critério da originalidade. É certo que a elaboração da base de dados havia exigido o dispêndio de recursos humanos e financeiros; todavia, como bem frisou aquele Tribunal, não é a intensidade do labor e o custo económico que comandam a protecção autoral, mas a originalidade da obra.[606]

No que toca à autoria e à titularidade, aplicam-se às bases de dados as regras vigentes para o direito de autor, com algumas especificidades.[607]

Como tal, salvo disposição contratual em contrário, «autor» é o criador intelectual da obra, pertencendo-lhe o direito de autor sobre a obra.[608]

Já no caso da obra feita por encomenda ou por conta de outrem, o regime aplicável às bases de dados afasta a presunção do artigo 14 (2) do CDADC, segundo a qual na falta de convenção a titularidade do direito de autor pertence ao criador intelectual.

Quando uma base de dados for criada por encomenda ou por conta de outrem, os direitos relativos à mesma pertencem, salvo estipulação em contrário ou se outra coisa resultar das finalidades do contrato, ao destinatário

---

[604] Vide Acórdão do Tribunal da Relação de Lisboa, Processo Nº 7985/2008-7, 16-12-2008.
[605] Vide Parte II – O Direito de Autor em Portugal, Capítulo III – Os requisitos de protecção, 3.2 – A originalidade.
[606] Acórdão do Tribunal da Relação de Lisboa, Processo Nº 7985/2008-7, 16-12-2008.
[607] Artigo 5 (1) do Decreto-Lei 122/2000, de 4 de Julho. Vide Parte II – O Direito de Autor em Portugal, Capítulo I – O autor.
[608] Artigos 11 e 27 (1) do CDADC de 1985.

da base de dados. Além disso, as bases de dados criadas no âmbito de uma empresa presumem-se obras colectivas.[609]

Emerge, aqui, uma presunção *iuris tantum*, segundo a qual cabe à entidade que deu a comissão ou à entidade patronal o exercício dos direitos relativos à base de dados criada, respectivamente, por encomenda ou no quadro do exercício das funções de um trabalhador por conta de outrem.

Ainda que a titularidade do conteúdo patrimonial do direito de autor pertença àquele para quem a base de dados é realizada, o seu criador intelectual pode exigir uma remuneração especial, quando (i) a criação intelectual exceda claramente o desempenho, ainda que zeloso, da função ou tarefa que lhe estava confiada e (ii) da obra vierem a fazer-se utilizações ou a retirar-se vantagens não incluídas nem previstas na fixação da remuneração ajustada.[610]

Ao titular de uma base de dados assistem determinados direitos patrimoniais, que lhe permitem executar os seguintes actos (ou autorizar terceiros a executá-los):[611]

- Reproduzir, de forma permanente ou transitória, por qualquer processo ou forma, toda ou parte, da base de dados;
- Traduzir, adaptar, transformar ou modificar, a base de dados;
- Distribuir o original ou cópias da base de dados (esgotando os actos de disposição lícitos o direito de distribuição da base de dados na Comunidade Europeia, mas não afectando os direitos de aluguer);
- Comunicar ao público, expor ou representar ao público, a base de dados; e
- Proceder a qualquer reprodução, distribuição, comunicação, exposição ou representação pública da base de dados derivada, sem prejuízo dos direitos de quem realiza a transformação.

Em sede de direitos morais, o titular originário da base de dados goza, ainda, do direito à menção do nome na base e do direito de reivindicar a autoria desta. Se a base de dados tiver um criador intelectual individualizável, cabe-lhe, em qualquer caso, o direito a ser reconhecido como tal e de ter o seu nome mencionado na base.[612]

---

[609] Artigo 5 (2)-(3) do Decreto-Lei 122/2000, de 4 de Julho.
[610] Artigo 5 (4) do Decreto-Lei 122/2000, de 4 de Julho.
[611] Artigo 7 do Decreto-Lei 122/2000, de 4 de Julho.
[612] Artigo 8 do Decreto-Lei 122/2000, de 4 de Julho.

Não obstante os direitos acima elencados, o utente legítimo pode, sem autorização do titular da base de dados e do titular do programa:[613]

- Praticar os actos necessários para o acesso à base de dados e à sua utilização, na medida do seu direito (sendo nula qualquer convenção em contrário);
- Reproduzir uma base de dados não electrónica para fins privados;
- Utilizar uma base de dados para fins didácticos ou científicos, desde que seja indicada a fonte, na medida em que isso se justifique pelo objectivo não comercial a prosseguir; e
- Utilizar uma base de dados para fins de segurança pública ou para efeitos de processo administrativo ou judicial.

Mais, sempre que compatíveis, são aplicáveis às bases de dados os limites estabelecidos para o direito de autor, nomeadamente os constantes do artigo 75 do CDADC.[614]

Invocando a regra dos três passos, consagrada de forma geral no campo autoral pelo artigo 13 do Acordo TRIPS, dita a lei que as reproduções permitidas nos moldes *supra* referidos não devem prejudicar a exploração normal da base de dados, nem causar um prejuízo injustificável aos legítimos interesses do autor.[615]

No que toca ao prazo de protecção, o direito sobre a base de dados quando atribuído ao criador intelectual extingue-se setenta anos após a morte deste, e quando atribuído originariamente a outras entidades caduca setenta anos após a primeira divulgação ao público da mesma.[616]

Refira-se, por fim, que a reprodução, divulgação ou comunicação ao público com fins comerciais e não autorizada de uma base de dados é punida com pena de prisão até três anos ou com pena de multa.[617]

---

[613] Artigos 9 e 10 (1) do Decreto-Lei 122/2000, de 4 de Julho.
[614] Artigo 10 (1) (d) do Decreto-Lei 122/2000, de 4 de Julho. *Vide* Parte II – O Direito de Autor em Portugal, Capítulo VI – As excepções e limitações.
[615] Artigo 10 (2) do Decreto-Lei 122/2000, de 4 de Julho. *Vide* Parte II – O Direito de Autor em Portugal, Capítulo VI – As excepções e limitações, 6.2 – A regra dos três passos.
[616] Artigo 6 do Decreto-Lei 122/2000, de 4 de Julho.
[617] Artigo 11 do Decreto-Lei 122/2000, de 4 de Julho.

13.4.3. A protecção especial do fabricante da base de dados

As bases de dados que, não se traduzindo em criações intelectuais, não podem ser protegidas pelo direito de autor, podem, todavia, em função do investimento de foro qualitativo ou quantitativo envolvido no seu fabrico, ser alvo de protecção *sui generis*, sendo, então, concedidos ao respectivo fabricante determinados direitos.

O fabricante de uma base de dados merecedora não da tutela autoral mas da *sui generis*, tem o direito de autorizar ou proibir a «extracção» e/ou a «reutilização», do todo ou de uma parte substancial de tal base (avaliada qualitativa ou quantitativamente), quando a obtenção, verificação ou apresentação do conteúdo de uma base de dados represente um investimento substancial (do ponto de vista qualitativo ou quantitativo).[618]

Conceptualmente, entende-se por «extracção» «a transferência, permanente ou temporária, da totalidade ou de uma parte substancial do conteúdo de uma base de dados para outro suporte, seja por que meio ou sob que forma for», e por «reutilização» «qualquer forma de distribuição ao público da totalidade ou de uma parte substancial do conteúdo da base de dados, nomeadamente, através da distribuição de cópias, aluguer, transmissão em linha ou outra modalidade». esgotando-se o direito de distribuição, na Comunidade Europeia, com a primeira venda de uma cópia da base de dados no âmbito da mesma.[619]

Sem embargo de tais direitos, o utilizador legítimo de uma base de dados colocada à disposição do público pode praticar todos os actos inerentes à utilização obtida, nomeadamente, os de extrair e de reutilizar as «partes não substanciais» do respectivo conteúdo, na medida do seu direito – sendo nula qualquer convenção em contrário.[620]

Invocando a regra dos três passos, a lei veda, todavia, a extracção e/ou a reutilização sistemáticas de «partes não substanciais» do conteúdo da base de dados que pressuponham actos contrários à exploração normal dessa base ou que possam causar um prejuízo injustificado aos legítimos interesses do fabricante da base.[621]

---

[618] Artigo 12 (1) do Decreto-Lei 122/2000, de 4 de Julho.
[619] Artigo 12 (2)-(3) do Decreto-Lei 122/2000, de 4 de Julho.
[620] Artigo 14 do Decreto-Lei 122/2000, de 4 de Julho.
[621] Artigo 12 (6) do Decreto-Lei 122/2000, de 4 de Julho. *Vide* Parte II – O Direito de Autor em Portugal, Capítulo VI – As excepções e limitações, 6.2 – A regra dos três passos.

O utilizador legítimo, pode, ainda extrair e/ou reutilizar uma «parte substancial» do seu conteúdo, nos seguintes casos: [622]

- Sempre que se trate de uma extracção para uso privado do conteúdo de uma base de dados não electrónica;
- Sempre que se trate de uma extracção para fins didácticos ou científicos, desde que indique a fonte e na medida em que a finalidade não comercial o justifique; e
- Sempre que se trate de uma extracção e/ou de uma reutilização para fins de segurança pública ou para efeitos de um processo administrativo ou judicial.

O utilizador legítimo não pode, porém, mais uma vez ecoando a regra dos três passos, praticar quaisquer actos anómalos, que colidam com a exploração normal da base de dados e lesem, injustificadamente, os legítimos interesses do respectivo fabricante ou prejudiquem os titulares de direitos sobre obras e prestações nela incorporadas.[623]

No respeitante ao prazo de duração, o direito de extracção e/ou reutilização da base de dados produz efeitos a partir da conclusão do fabrico da base de dados, e caduca ao fim de quinze anos. Saliente-se que, na prática, tal prazo de protecção pode ser prorrogado indefinidamente, visto que qualquer modificação substancial do conteúdo de uma base de dados (avaliada sob uma perspectiva quantitativa ou qualitativa), incluindo as modificações substanciais resultantes da acumulação de aditamentos, supressões ou alterações sucessivas que levem a considerar que se trata de um novo investimento substancial, atribui, à base de dados resultante desse investimento, um novo período de protecção.[624]

Em sede de violação, podem ser objecto de apreensão as cópias ilícitas de bases de dados, bem como os dispositivos em comercialização que tenham por finalidade exclusiva facilitar a neutralização de uma medida tecnológica de protecção da base de dados.[625]

---

[622] Artigos 14 e 15 do Decreto-Lei 122/2000, de 4 de Julho.
[623] Artigo 14 (2) do Decreto-Lei 122/2000, de 4 de Julho.
[624] Artigos 16 e 17 do Decreto-Lei 122/2000, de 4 de Julho.
[625] Artigo 19 do Decreto-Lei 122/2000, de 4 de Julho.

Os desenvolvimentos tecnológicos dos últimos anos geraram obras de cariz funcional e utilitário, cuja importância económica levou, nalguns casos, à concessão de tutela autoral (tal sucedeu, por exemplo, com os programas de computador e com as bases de dados que possam ser classificados como «criações intelectuais») e noutros casos, à criação de uma protecção *sui generis* para tutelar produtos dotados de uma natureza própria (como as topografias dos produtos semicondutores que preencham os devidos requisitos de originalidade e de inovação e certas bases de dados que, não se reconduzindo a «criações intelectuais» são, todavia, tuteladas, em função do investimento de foro qualitativo ou quantitativo envolvido no seu fabrico).

A nível nacional:

- O Decreto-Lei 36/2003, de 5 de Março, transpôs para a ordem jurídica interna a Directiva sobre as Topografias dos Semicondutores;
- O Decreto-Lei 252/94, de 20 de Outubro, alterado pelo Decreto-Lei 334/97, de 27 de Novembro, transpôs para a ordem jurídica interna a Directiva sobre os Programas de Computador; e
- O Decreto-Lei 122/200, de 4 de Julho, transpôs para a ordem jurídica interna a Directiva sobre as Bases de Dados.

Parte III
O Direito de Autor nos Países Africanos de Língua Oficial Portuguesa

Capítulo I – Introdução

Capítulo II – Angola

Capítulo III – Cabo Verde

Capítulo IV – Moçambique

Capítulo V – Conclusões

Capítulo I
Introdução

A legislação autoral remonta, nos PALOP, ao período colonial, decretando então o artigo 1303 do Código Civil (aprovado pelo Decreto-Lei 44344, de 25 de Novembro de 1966) que o direito de autor se encontrava sujeito a legislação especial, legislação essa materializada no Código do Direito de Autor (aprovado pelo Decreto-Lei 46980, de 27 de Abril de 1966) e estendida às colónias africanas portuguesas por meio de diversas portarias.

Atingida a independência em 1975, os novos governos, professando ideais de economia planificada ou centralizada, estimularam, nessa conformidade, a propriedade colectiva em detrimento da propriedade privada.

Nesse enquadramento, a legislação autoral do regime colonial manteve-se teoricamente em vigor, mas na prática foi votada ao abandono, tendo o direito de autor apenas adquirido relevância, nos PALOP, com a transição ideológica de uma economia centralizada para uma economia de mercado livre.

Saliente-se ter entrado em vigor, a 19 de Setembro de 1990, a Carta Cultural para África, cujos artigos 24 e 25 recomendam (i) a adopção de Tratados de direito de autor inter-africanos, (ii) a modificação de Tratados preexistentes para que estes vão de encontro aos interesses africanos, (iii) a emanação de legislação autoral nacional e inter-africana, (iv) a criação de gabinetes de direito de autor e (v) o encorajamento ao estabelecimento de sociedades de autores vocacionadas para a gestão e a defesa dos interesses morais e materiais dos criadores de obras do espírito.[626]

Sublinhe-se, ainda, que o direito de autor veio a merecer dignidade constitucional em quase todos os PALOP.

---

[626] http://www.wipo.int/wipolex/es/other_treaties/details.jsp?group_id=21etreaty_id=308.

Com efeito, em Angola, o artigo 43 da Constituição proclama a liberdade de criação intelectual, artística, científica e tecnológica, liberdade essa que compreende o direito à invenção, à produção e à divulgação da obra, científica, literária ou artística, e incluindo a protecção legal do direito de autor.[627]

Em Cabo Verde, o artigo 54 da Constituição declara ser livre a criação intelectual, cultural e científica, bem como a divulgação de obras literárias, artísticas e científicas, garantindo, também, a protecção legal do direito de autor.[628]

Em Moçambique, segundo o artigo 94 da Constituição, todos os cidadãos têm direito à liberdade de criação científica, técnica, literária e artística, protegendo o Estado os direitos inerentes à propriedade intelectual e promovendo a difusão das artes e das letras.[629]

O artigo 50 da Constituição da Guiné Bissau afirma ser livre a criação intelectual, artística e científica, desde que não contrarie a promoção do progresso social, liberdade essa que abarca o direito de invenção, de produção e de divulgação de obras científicas, literárias ou artísticas e garantindo-se, ainda, a protecção legal do direito de autor.[630]

De acordo com o artigo 28 da Constituição de São Tomé e Príncipe, é livre a criação intelectual, artística e científica, não assegurando, todavia, a lei fundamental a protecção legal do direito de autor.[631]

Enquanto Angola, Cabo Verde e Moçambique têm leis de direito de autor relativamente recentes, montando, respectivamente, a 1990, 2009 e 2001, na Guiné Bissau e em São Tomé e Príncipe não há sinal de o Código do Direito de Autor colonial, aprovado pelo Decreto-Lei 46.980 de 27 de Abril de 1966, ter sido substituído.

Isto embora, a nível internacional, a Guiné Bissau tenha acedido à Convenção de Berna em Abril de 1991, e ao Acordo TRIPS em Maio de 1995. Já São Tomé e Príncipe não aderiu, até hoje, a nenhum Tratado de direito de autor.

Dado que na Guiné Bissau e em São Tomé e Príncipe uma certa passividade legislativa em matéria autoral decretou a fidelidade teórica desses países aos preceitos coloniais de direito de autor, a análise que se segue incidirá, apenas, sobre as leis autorais de Angola, de Cabo Verde e de Moçambique.

[627] http://www.legis-palop.org/bd/Home.aspx/ConstituicaoAngola.
[628] http://www.legis-palop.org/bd/Home.aspx/ConstituicaoCaboVerde.
[629] http://www.legis-palop.org/bd/Home.aspx/ConstituicaoMocambique.
[630] http://www.legis-palop.org/bd/Home.aspx/ConstituicaoGuineBissau.
[631] http://www.legis-palop.org/bd/Home.aspx/ConstituicaoSaoTomeEPrincipe.

Capítulo II
Angola

Dez anos após a independência, em Janeiro de 1985, a República de Angola aderiu à Organização Mundial da Propriedade Intelectual, tendo acedido, em Novembro de 1996, ao Acordo TRIPS.[632]

Entre 1975 e 1990, vigorou o Código do Direito de Autor colonial, aprovado pelo Decreto-Lei 46.980 de 27 de Abril de 1966, tendo a Lei sobre o Direito de Autor (Lei 4/90) sido emitida pela Assembleia do Povo a 10 de Março de 1990 e entrado em vigor a 14 de Março de 1990.[633]

A lei angolana enquadra a protecção autoral no âmbito da ordem social vigente, acentuando a necessidade de o direito de autor se compaginar com os objectivos e os interesses superiores da República Popular de Angola e com os princípios socialistas que a inspiram, tendo em vista a necessidade social de ampla difusão das obras literárias, artísticas e científicas.

Assim sendo, a lei visa estimular a produção intelectual literária, artística e científica e promover a utilização social da mesma com vista à criação duma cultura que corresponda à ordem social em construção naquela República.[634]

Começando pelo princípio do tratamento nacional, a protecção concedida pela lei angolana aplica-se (i) a todas as obras literárias, artísticas e científicas cujos autores sejam cidadãos angolanos ou tenham a sua residência habitual em Angola, (ii) às obras publicadas pela primeira vez em Angola, quaisquer que sejam a nacionalidade e a residência do seu autor e (iii) às obras de autores estrangeiros não residentes em Angola, criadas ou publicadas posterior-

---

[632] *Vide* Parte V – O Direito de Autor nos Tratados Internacionais, Capítulo IV – O Acordo TRIPS.
[633] Diário da República, I Série, Número 14.
[634] Artigos 1-2 da Lei angolana de 1990.

mente à entrada em vigor desta lei, de acordo com as obrigações derivadas das convenções internacionais a que Angola tenha aderido ou desde que se verifique reciprocidade quanto à protecção das obras dos autores angolanos nos respectivos países.[635]

Passando ao autor, a lei angolana tutela os autores de obras literárias, artísticas e científicas, declarando que a titularidade do direito do autor pertence ao criador, salvo disposição expressa em contrário.[636]

São previstas regras específicas paras as obras criadas sob a égide de um contrato de trabalho, de um contrato de prestação de serviços ou no exercício de um dever funcional. Aqui, salvo acordo expresso em contrário, a titularidade do direito de autor pertence à pessoa «física» ou «moral» que determinou a sua produção.[637]

Não é de fácil interpretação este preceito, podendo ser entendido como fazendo referência à pessoa (individual ou colectiva) que criou a obra ou que reuniu as condições necessárias à sua criação.

No que toca às obras protegidas, são estas as obras literárias, artísticas e científicas, em harmonia com a terminologia utilizada na Convenção de Berna.[638] A lei angolana não estabelece um elenco taxativo de categorias de obras protegidas, sendo tuteladas, como obras originais, *inter alia*, os livros, os folhetos, os jornais, as revistas e outros escritos, as conferências, as lições e obras análogas (tanto escritas, como orais), as obras dramáticas e dramático musicais, as obras musicais (com ou sem palavras, tenham ou não forma escrita, desde que registadas), as obras coreográficas e as pantomimas, as obras cinematográficas e/ou produzidas por processos análogos, as obras televisivas e audiovisuais em geral, as obras radiofónicas, as obras de desenho, de pintura, de escultura, de gravura, de litografia, de tapeçaria e de arquitectura, as obras fotográficas ou produzidas por processos análogos, as obras de arte aplicada (quer artesanais, quer realizadas por processos industriais), as ilustrações, os mapas, os planos, os esboços e as obras plásticas relacionados com a geografia, a topografia, a arquitectura ou as ciências, as obras de folclore e os programas de computador.[639]

---

[635] Artigo 10 da Lei angolana de 1990.
[636] Artigo 11 da Lei angolana de 1990.
[637] Artigo 16 (1) da Lei angolana de 1990.
[638] *Vide* Parte V – O Direito de Autor nos Tratados Internacionais, Capítulo I – A Convenção de Berna.
[639] Artigos 3 (1) e 6 da Lei angolana de 1990.

A metodologia aqui seguida é semelhante à da lei portuguesa, com pequenas diferenças no que toca aos exemplos de obras protegidas, assinalando-se, ainda, o facto de a lei portuguesa tratar dos programas de computador em diploma autónomo (no qual é atribuída, aos programas de computador que tiverem carácter criativo, protecção análoga à conferida às obras literárias).[640]

Tal como a lei portuguesa, a lei angolana protege como obras derivadas, as traduções, as adaptações e outras transformações de obras literárias, artísticas e científicas e as colectâneas dessa obras (como antologias, enciclopédias e selecções) que pela escolha ou disposição nas matérias constituem criações intelectuais.[641]

De acordo com o teor da Convenção de Berna, não são tuteladas as leis e decisões dos órgãos judiciais e administrativos, os discursos e alocuções feitos em público (salvo quando compilados em livros pelos seus autores) e o noticiário publicado pela imprensa ou comunicado pela radiodifusão sonora ou visual.[642]

No que respeita aos requisitos de protecção e começando pelo critério da originalidade, a presente lei protege a «criação intelectual» definida, com laivos anglo-saxónicos, como a obra na qual o seu autor «despendeu suficientes conhecimentos e juízos adequados ou selecção, valoração e experiência».[643]

Em conformidade com princípios internacionais vigentes, essa protecção é independente de qualquer formalidade, género, forma de expressão, conteúdo, mérito, destino ou modo de utilização das obras a que se aplica.[644]

No atinente aos direitos protegidos, o direito de autor compreende direitos de carácter patrimonial e direitos de foro moral.[645]

---

[640] *Vide* Parte II – O Direito de Autor em Portugal, Capítulo II – As obras protegidas e Capítulo XIII – O regime das obras de cariz utilitário, 13.3 – Os programas de computador.

[641] Artigo 7 da Lei angolana de 1990. *Vide* Parte II – O Direito de Autor em Portugal, Capítulo III – Os requisitos de protecção, 3.2.2 – A originalidade por equiparação.

[642] Artigo 9 da Lei angolana de 1990. *Vide* Parte V – O Direito de Autor nos Tratados Internacionais, Capítulo I – A Convenção de Berna.

[643] Artigo 4 (g) da Lei angolana de 1990. No Reino Unido, por exemplo, tradicionalmente a obra é considerada original desde que decorra da perícia, do trabalho e do raciocínio do seu autor (skill, labour and judgement). *Vide* Parte I – Introdução, Capítulo IV – *Droit d'auteur* e *copyright*, 4.2 – A Originalidade.

[644] Artigo 3 (3) da Lei angolana de 1990. *Vide* Parte V – O Direito de Autor nos Tratados Internacionais.

[645] Artigo 3 (2) da Lei angolana de 1990.

Revelando maior abrangência que a lei portuguesa, a lei angolana confere ao autor os direitos morais (i) de exigir o reconhecimento da paternidade da sua obra e a menção do seu nome sempre que ela seja comunicada ao público (salvo quando a obra, incidental ou acidentalmente, for incluída em reportagens de acontecimentos de actualidade através da radiodifusão), (ii) de defender a sua integridade, opondo-se a toda e qualquer deformação, mutilação ou modificação da mesma e, de um modo geral, a todo e qualquer acto que a desvirtue nos seus propósitos e o possa afectar na sua honra e consideração e (iii) de conservar a sua obra inédita, de a modificar antes ou depois de comunicada ao público e de a retirar de circulação ou suspender qualquer forma de utilização já autorizada – ressalvando-se, neste último caso, as indemnizações devidas a terceiros pelos prejuízos que resultarem da suspensão ou retirada de circulação.[646]

Em conformidade com princípios advenientes do sistema de *droit d'auteur*, a lei angolana declara a inalienabilidade dos direitos morais, os quais subsistem mesmo no caso de transmissão total dos direitos patrimoniais a terceiros.[647]

No âmbito dos direitos patrimoniais, o autor tem o direito exclusivo de praticar ou autorizar a prática por terceiros dos seguintes actos: a publicação, a reprodução, a comunicação ao público, a tradução, a adaptação ou qualquer transformação da sua obra.[648]

De forma mais ampla, afirma em seguida a lei angolana que o autor pode autorizar a utilização da sua obra, no todo ou em parte, por qualquer meio, devendo essa autorização ser dada por escrito e definir as respectivas condições de utilização. O autor pode também transmitir os seus direitos patrimoniais, no todo ou em parte, por documento escrito, documento esse que deve fixar as condições e os limites dessa transmissão. Note-se que a transmissão total do conteúdo patrimonial do direito de autor depende de autorização da Secretaria de Estado da Cultura.[649]

A lei ora em análise estabelece excepções aos direitos *supra* referidos, sendo lícitas, pois, sem prévia autorização do titular de direitos e sem que haja lugar a qualquer remuneração as seguintes utilizações de obras já licita-

---

[646] Artigo 18 (1) da Lei angolana de 1990. *Vide* Parte II – O Direito de Autor em Portugal, Capítulo IV – Os direitos morais.
[647] Artigo 18 (2) da Lei angolana de 1990. *Vide* Parte I – Introdução, Capítulo IV – *Droit d'auteur* e *copyright*, 4.5 – Os direitos morais e 4.6 – A transmissão.
[648] Artigo 17 da Lei angolana de 1990.
[649] Artigos 18 (2) e 19 da Lei angolana de 1990.

mente divulgadas, desde que o seu titulo e o nome do autor sejam mencionados e contanto que seja respeitada a sua genuinidade: (i) a representação, a execução, a exibição cinematográfica e a comunicação de obras gravadas ou radiodifundidas, quando efectuadas em local privado, sem entradas pagas e sem fins lucrativos ou em estabelecimentos escolares para fins exclusivamente didácticos, (ii) a reprodução por processos fotográficos ou similares quando efectuada, para fins didácticos, por bibliotecas públicas, centros de documentação não comerciais, instituições científicas ou estabelecimentos de ensino, desde que o número de exemplares reproduzidos não exceda as necessidades dos fins a que se destina, (iii) a reprodução das obras incluídas em reportagens de actualidades filmadas ou televisionadas ou quando se trate de obras expostas permanentemente em lugar público, (iv) a reprodução, a tradução, a adaptação, ou qualquer transformação para uso exclusivamente individual e privado e (v) a citação de curtos fragmentos de obras alheias, sob forma escrita, sonora ou visual, quando se justifique por razões de ordem científica, crítica, didáctica ou de informação.[650]

A lei angolana sublinha, ainda, a licitude, para fins exclusivamente didácticos ou de investigação científica, da obtenção de uma licença, não exclusiva, para traduzir e publicar em português (ou qualquer das línguas nacionais angolanas) uma obra já licitamente divulgada que o seu autor não haja retirado de circulação ou para reproduzir essa obra (desde que se verifique o cumprimento de determinadas condições).[651]

As regras relativas ao prazo de protecção divergem das estipuladas pela lei portuguesa, atendendo aos interesses específicos em causa. Dita a lei angolana que, em regra, os direitos patrimoniais perduram durante a vida do autor e cinquenta anos após a sua morte, ou vinte cinco anos no caso de obras fotográficas ou de artes aplicadas.[652]

Os direitos morais são imprescritíveis, subsistindo após a morte do autor e sendo, então, exercidos pelos herdeiros do autor, ou supletivamente pela Secretaria de Estado da Cultura, quando estes se abstenham de o fazer sem motivo atendível.[653]

Expirados os prazos relativos aos direitos patrimoniais, a obra literária, artística ou científica pode ser livremente utilizada, com respeito, todavia,

---

[650] Artigo 29 da Lei angolana de 1990.
[651] Artigo 30 da Lei angolana de 1990.
[652] Artigo 20 da Lei angolana de 1990. *Vide* Parte II – O Direito de Autor em Portugal, Capítulo VII – A duração da protecção.
[653] Artigos 18 (2) e 22 da Lei angolana de 1990.

pelos direitos morais à paternidade e à integridade da obra. Os direitos morais relativos a obras caídas no domínio público são exercidos pela Secretaria de Estado da Cultura. [654]

Compare-se esta última norma com o teor mais restritivo da norma portuguesa equivalente, a qual apenas prevê, expressamente, no respeitante às obras caídas no domínio público, a defesa pelo Estado da sua genuinidade e integridade, parecendo afastar essa possibilidade de defesa no que toca ao direito à paternidade.[655]

No âmbito da violação de direitos previstos na lei angolana, tal como na lei portuguesa são nucleares os crimes de usurpação e de contrafacção.[656]

Comete o crime de «usurpação» quem utilizar uma obra literária, artística ou científica sem autorização do respectivo autor ou exceder os limites da autorização concedida, cometendo o crime de «contrafacção ou plágio» quem utilizar como própria uma obra literária, artística ou científica de outrem, no todo ou em parte – crimes esses que são punidos com pena de prisão e multa até Ks 100.000.00, sendo a simples negligência punida com multa até Ks 100.000.00. [657]

O aproveitamento da obra usurpada ou contrafeita por quem vender, puser à venda, exportar ou por qualquer modo distribuir ao público a obra usurpada ou contrafeita, é punido nos mesmos moldes.[658]

Também a violação dos direitos morais leva ao incorrimento nas mesmas penas, por quem se arrogar a paternidade de uma obra literária, artística ou científica ou atentar contra a integridade de uma obra praticando acto que a desvirtue e possa afectar a honra e a reputação do autor – em ambos os casos, fraudulentamente. [659]

A requerimento do autor cujos direitos hajam sido ou se mostrem ameaçados de ser violados, o tribunal poderá ordenar a apreensão dos exemplares que constituem uma reprodução ilícita da sua obra e a suspensão dessa reprodução ilícita, podendo igualmente ordenar a apreensão das receitas prove-

---

[654] Artigo 23 da Lei angolana de 1990.
[655] *Vide* Artigo 57 do CDADC de 1985. *Vide* Parte II – O Direito de Autor em Portugal, Capítulo IV – Os direitos morais, 4.2 – O direito à paternidade da obra.
[656] *Vide* Parte II – O Direito de Autor em Portugal, Capítulo XI – A violação e defesa do direito de autor e dos direitos conexos, 11.2.1 – Os crimes de usurpação e de contrafacção.
[657] Artigos 31-32 da Lei angolana de 1990.
[658] Artigo 34 da Lei angolana de 1990.
[659] Artigo 33 da Lei angolana de 1990.

nientes de qualquer acto que constitua infracção à lei autoral, assim como do material utilizado na sua prática.[660]

A responsabilidade civil emergente da violação dos direitos previstos na lei angolana é independente do procedimento criminal a que esta dê origem, podendo ser exercida em conjunto com a acção penal.[661]

> O artigo 43 da Constituição angolana proclama ser livre a criação intelectual, artística, científica e tecnológica, compreendendo essa liberdade o direito à invenção, à produção e à divulgação da obra científica, literária ou artística e incluindo a protecção legal do direito de autor.
> A Lei sobre o Direito de Autor, Lei 4/90, foi emitida pela Assembleia do Povo a 10 de Março de 1990, tendo entrado em vigor a 14 de Março de 1990.
> A lei angolana não versa sobre os direitos conexos, mas em contrapartida apresenta uma abrangência, no âmbito dos direitos morais do autor, que a lei portuguesa desconhece.
> Com efeito, a lei angolana confere ao autor os direitos à paternidade e à integridade da obra, bem como o direito de a retirar de circulação, outorgando, ainda, ao autor, o direito de conservar a sua obra inédita.
> Mais, enquanto a lei portuguesa apenas prevê, expressamente, no respeitante às obras caídas no domínio público, a defesa pelo Estado da sua genuinidade e integridade, a lei angolana declara que todos os direitos morais relativos a obras caídas no domínio público são exercidos pela Secretaria de Estado da Cultura.

---

[660] Artigo 33 da Lei angolana de 1990.
[661] Artigo 37 da Lei angolana de 1990.

Capítulo III
Cabo Verde

Cabo Verde acedeu à Convenção de Berna e à Convenção de Roma em Abril de 1997, tendo aderido, em Julho de 2008, à Organização Mundial do Comércio.[662]

Verificou-se, em seguida, a emissão do Decreto-Legislativo sobre Direito de Autor (Decreto-Legislativo 1/2009) pelo Conselho de Ministros, a 27 de Abril de 2009,[663] o qual entrou em vigor na mesma data, revogando a Lei 101/III/90, de 29 de Dezembro e transpondo para o ordenamento jurídico cabo-verdiano as disposições do Acordo TRIPS.[664]

Pretendeu-se, assim, assegurar a conformidade do quadro normativo autoral cabo-verdiano com a legislação internacional no mesmo domínio.

É premissa da lei de direito de autor cabo-verdiana que a protecção autoral respeita a um conjunto vasto de interessados que vão desde os autores aos consumidores, e que uma civilização baseada no conhecimento, na criatividade e na inovação radica no incentivo aos criadores de bens culturais e aos agentes que animam, diariamente, com o seu trabalho, as «indústrias culturais».

Começando pelo princípio do tratamento nacional, a lei cabo-verdiana aplica-se (i) a todas as obras literárias, artísticas e científicas cujos autores sejam cidadãos cabo-verdianos ou tenham a sua residência habitual em Cabo Verde, (ii) às obras publicadas pela primeira vez em Cabo Verde, quaisquer

---

[662] *Vide* Parte V – O Direito de Autor nos Tratados Internacionais, Capítulo I – A Convenção de Berna e Capítulo III – A Convenção de Roma.
[663] Boletim Oficial, I Série, Suplemento, Número 17.
[664] *Vide* Parte V – O Direito de Autor nos Tratados Internacionais, Capítulo VI – O Acordo TRIPS.

que sejam a nacionalidade e o país de residência do seu autor, (iii) às obras de autores estrangeiros não residentes em Cabo Verde publicadas posteriormente à entrada em vigor desta lei, de acordo com as obrigações decorrentes de convenções internacionais a que Cabo Verde tenha aderido, ou venha a aderir, ou na sequência de reciprocidade de protecção das obras dos autores cabo-verdianos, nos respectivos países e (iv) às obras susceptíveis de protecção em virtude de um Tratado internacional de que Cabo Verde faça parte.[665]

Passando aos beneficiários da protecção, a referida lei abrange os autores, os artistas interpretes ou executantes, ps produtores de fonogramas e de videogramas e os organismos de radiodifusão, visando estimular a criação e a produção intelectuais, nas áreas da literatura, da arte e da ciência.[666]

Salvo disposição legal ou convenção expressa em contrário (com ressalva dos direitos morais), a titularidade do direito de autor pertence à pessoa ou pessoas físicas que criaram a obra, considerando-se como tais aquelas sob cujo nome ou pseudónimo esta foi publicada ou comunicada ao público, seja qual for o meio utilizado para a sua comunicação.[667]

Esta presunção inverte-se no que toca às obras feitas por encomenda ou por conta de outrem, visto que, salvo convenção expressa em contrário (de novo com ressalva dos direitos morais), a titularidade do direito de autor sobre as obras criadas no âmbito de um contrato de trabalho, de um contrato de prestação de serviço ou no exercício de um dever funcional, pertence à pessoa (singular ou colectiva) responsável pela sua produção. O autor tem, todavia, direito a ser remunerado pelas utilizações dessas obras que excederem o âmbito do contrato ou o fim para que foram criadas.[668]

No que toca à matéria protegida, a lei cabo-verdiana tutela as obras literárias, artísticas e científicas, as prestações dos artistas intérpretes ou executantes, os fonogramas, os videogramas e as emissões de radiodifusão.[669]

Apela a mesma lei aos conceitos de «criação intelectual» e de «criação exteriorizada», bem como à distinção entre obra e respectivo suporte material, ao definir «obra» como a criação intelectual no domínio literário, artístico e científico, por qualquer modo exteriorizada e ao esclarecer que o direito

---

[665] Artigos 2, 54-56 da Lei cabo-verdiana de 2009.
[666] Artigo 1 da Lei cabo-verdiana de 2009.
[667] Artigo 11 (1) da Lei cabo-verdiana de 2009.
[668] Artigo 11 (3) e 20 da Lei cabo-verdiana de 2009.
[669] Artigo 1 da Lei cabo-verdiana de 2009.

de autor sobre a obra é independente do direito de propriedade sobre as coisas materiais que lhe sirvam de suporte ou de veículo para a sua utilização.[670]

Tal como a lei portuguesa, a lei cabo-verdiana não estabelece um elenco taxativo de categorias de obras protegidas, tutelando, *inter alia*, as seguintes obras: os livros, folhetos, revistas, jornais e outros escritos, as conferências, lições, alocuções, sermões e obras análogas (tanto escritos como orais), as obras dramáticas e dramático-musicais, as obras musicais (com ou sem palavras), as obras coreográficas, os números de circo e as pantominas, (independentemente de as mesmas terem sido fixadas por escrito ou por qualquer outra forma), as obras audiovisuais (compreendendo as obras cinematográficas, videográficas, radiofónicas e televisivas), as obras de artes plásticas (compreendendo as obras de arquitectura, pintura, desenho, gravura, escultura, cerâmica, azulejo, tapeçaria e litografia), as obras fotográficas (ou produzidas por qualquer processo análogo à fotografia), as obras de arte aplicada (quer artesanais, quer realizadas por processos industriais), as obras de design que constituam criação artística (independentemente de protecção relativa à propriedade industrial), as ilustrações, mapas, projectos, esboços, obras plásticas e obras tridimensionais relativas à arquitectura, ao urbanismo, à geografia, à topografia ou às ciências, os programas de computador e as obras de folclore.[671]

À semelhança da lei portuguesa, a lei cabo-verdiana protege certas obras como obras derivadas, a saber: (i) as traduções, adaptações, arranjos, instrumentalizações e outras transformações de qualquer obra, ainda que esta não seja objecto de protecção ou possa ser livremente utilizada, (ii) as compilações de obras protegidas ou não, tais como antologias, enciclopédias, dicionários, compêndios e base de dados que, pela escolha ou composição das matérias, constituem criações intelectuais, (iii) as compilações sistemáticas ou anotadas de textos de convenções, leis, regulamentos ou decisões administrativas, ou quaisquer órgãos ou autoridades do Estado ou da Administração e (iv) as obras inspiradas no folclore nacional.[672]

De acordo com princípios internacionais vigentes, não constituem objecto de protecção (i) as notícias do dia e os relatos de acontecimentos diversos com carácter de simples informação por qualquer forma divulgados, (ii) as leis e

---

[670] Artigos 3 (2) e 6 (h) da Lei cabo-verdiana de 2009. *Vide* Parte II – O Direito de Autor em Portugal, Capítulo II – As obras protegidas.

[671] Artigo 7 (4) da Lei cabo-verdiana de 2009. *Vide* Parte II – O Direito de Autor em Portugal, Capítulo II – As obras protegidas.

[672] Artigo 8 da Lei cabo-verdiana de 2009. *Vide* Parte II – O Direito de Autor em Portugal, Capítulo III – Os requisitos de protecção, 3.2.2 – A originalidade por equiparação.

decisões dos órgãos judiciais e administrativos, bem como os requerimentos, alegações, queixas e outros textos apresentados perante autoridade ou serviços públicos, (iii) os discursos políticos (salvo quando reunidos em volume pelos seus autores), (iv) os simples factos e dados e (v) as ideias, os processos, os sistemas, os métodos operacionais, os princípios ou as descobertas, por si só e enquanto tais.[673]

No respeitante aos requisitos de protecção, mais uma vez em cumprimento de rudimentos internacionais, o princípio prevalente é de que a aquisição de tutela autoral é independente de qualquer formalidade, depósito ou registo, bem como do género, forma de expressão, conteúdo, mérito, destino ou modo de utilização das obras a que se aplica.[674]

Saliente-se que, ao contrário da lei portuguesa, que não prescinde do requisito da fixação no respeitante às obras coreográficas e às pantominas, a lei cabo-verdiana protege tais obras independentemente de as mesmas terem sido fixadas por escrito ou por qualquer outra forma.[675]

A existência da obra é independente da sua publicação, divulgação, comunicação, utilização ou exploração por qualquer modo feitas, mas a obra tem de ser original – são tuteladas as obras originais no domínio literário, artístico e científico.[676]

No atinente aos direitos protegidos, a lei cabo-verdiana compreende direitos de carácter patrimonial e pessoal, denominados «direitos morais».[677]

Revelando maior abrangência que a lei portuguesa, a lei cabo-verdiana outorga ao autor os seguintes direitos morais: (i) de reivindicar a paternidade da obra e exigir a menção do seu nome, pseudónimo, heterónimo ou sinal distintivo sempre que ela seja publicada, reproduzida ou comunicada ao público, (ii) de defender a genuinidade e a integridade, opondo-se a toda e qualquer deformação, mutilação ou modificação e, de um modo geral, a todo e qualquer acto que a desvirtue ou possa afectar a honra e a reputação do autor, (iii) de conservar inédita a obra, modificá-la antes ou depois de publicada e comunicada ao público, (iv) de retirar a obra de circulação ou suspender

---

[673] Artigo 10 da Lei cabo-verdiana de 2009. *Vide* Parte V – O Direito de Autor nos Tratados Internacionais.

[674] Artigos 3 (1) e 23 da Lei cabo-verdiana de 2009. *Vide* Parte V – O Direito de Autor nos Tratados Internacionais.

[675] Contraste-se o artigo 2 (1) (d) do CDADC de 1985 com o artigo 7 (4) (e) da Lei cabo-verdiana de 2009.

[676] Artigo 7 (1) e (3) da Lei cabo-verdiana de 2009.

[677] Artigo 5 (2) da Lei cabo-verdiana de 2009.

qualquer forma de utilização ou exploração que haja autorizado (desde que indemnize os interessados dos prejuízos que assim venha a causar-lhes) e (v) de ter acesso ao exemplar único ou raro da obra, quando estiver em poder de terceiros, a fim de exercer o direito de publicação, divulgação ou comunicação ao público ou utilização da obra.[678]

Inclui a mesma lei regras específicas no que toca aos programas de computador, estabelecendo que, salvo estipulação em contrário, o autor de um programa de computador não pode opor-se à modificação do programa pelo transmissário de direitos quando tal modificação não prejudique o seu bom nome, a sua reputação ou a sua honra, nem exercer o direito de retirada, podendo, todavia, apesar da transmissão, exigir a menção do seu nome como autor – norma essa que não encontra equivalência na lei portuguesa.[679]

Significa isto que, salvo estipulação em contrário, o autor de um programa de computador apenas se poderá opor à modificação do programa pelo transmissário de direitos quando essa modificação prejudique o seu bom nome, a sua reputação ou a sua honra.[680]

Em harmonia com os princípios vigentes no sistema de *droit d'auteur*, os direitos morais são inalienáveis e irrenunciáveis, mesmo no caso de transmissão total e após a morte do autor, acentuando a lei cabo-verdiana que a autorização e a transmissão efectuadas no respeitante aos direitos patrimoniais, não afectam, em caso algum, os direitos morais.[681]

Em sede de direitos patrimoniais, o autor tem o direito exclusivo de proceder (ou de autorizar a prática por terceiros) à publicação ou reprodução, à distribuição, à comunicação ao público e à tradução, à adaptação, ao arranjo ou a qualquer outra transformação da sua obra.[682]

Este conceito é detalhado no artigo 61 da lei cabo-verdiana, que outorga ao autor o direito exclusivo de fruir, utilizar ou explorar a sua obra, no todo ou em parte, ou de autorizar que terceiros o façam, por qualquer dos modos actualmente conhecidos ou que futuramente o venham a ser. Para tanto, o autor pode proceder (ou autorizar outrem a fazê-lo) (i) à publicação da obra,

---

[678] Artigos 46 e 50 da Lei cabo-verdiana de 2009. *Vide* Parte II – O Direito de Autor em Portugal, Capítulo IV – Os direitos morais.
[679] Artigo 52 da Lei cabo-verdiana de 2009.
[680] *Vide* Decreto-Lei 252/94 de 20 de Outubro, alterado pelo Decreto-Lei 334/97, de 27 de Novembro, versão consolidada.
[681] Artigos 37, 38 e 47 da Lei cabo-verdiana de 2009. *Vide* Parte I, Capítulo IV – *Droit d'auteur* e *copyright*, 4.5 – Os direitos morais e 4.6 – A transmissão.
[682] Artigo 36 da Lei cabo-verdiana de 2009.

por impressão ou qualquer processo de reprodução gráfica, mecânica, electrónica ou outra, (ii) à sua representação, execução, exposição ou comunicação ao público, por qualquer meio, (iii) ao seu registo audiovisual e comunicação pública, por qualquer meio, (iv) à sua difusão radiofónica ou televisiva, por qualquer processo de reprodução de sinais, sons e imagens e respectiva comunicação pública, por qualquer meio, (v) à sua apropriação, directa ou indirecta, sob qualquer forma, nomeadamente a venda, a distribuição, o aluguer ou o comodato de exemplares da obra reproduzida, (vi) à sua tradução, adaptação, arranjo, instrumentação ou qualquer outra transformação, bem como a sua utilização numa obra diferente, (vii) à construção de obra de arquitectura segundo o projecto, quer haja ou não repetição, (viii) à transmissão ou retransmissão de uma obra, por satélite ou por quaisquer processos de telecomunicação de sons, de imagens, de documentos, de dados ou de mensagens de toda a natureza e (ix) à colocação à disposição do público, por fio ou sem fio, para que seja acessível a qualquer pessoa a partir do local e no momento por ela escolhido (incluindo *online*).

O autor pode autorizar a utilização, a exploração e a distribuição da sua obra por terceiros, no todo ou em parte, assim como transmitir, total ou parcialmente, os seus direitos patrimoniais a terceiros.[683]

A lei cabo-verdiana introduz, também, o chamado «direito de sequência», segundo o qual o autor que tiver alienado uma obra de arte original, um manuscrito original ou os respectivos direitos sobre uma obra, tem direito a uma participação (traduzida em seis por cento sobre o aumento do preço obtido) na mais-valia eventualmente obtida, sempre que, da sua nova alienação, o alienante beneficie de acréscimo considerável do preço. Este direito é inalienável, irrenunciável e imprescritível.[684]

Prevê ainda a lei cabo-verdiana, um direito de compensação suplementar para o autor que, tendo alienado a título oneroso o direito de exploração relativo a certa obra intelectual, por deficiente previsão dos lucros prováveis da mesma exploração, venha a sofrer prejuízo «significativo», decorrente de uma «grande» desproporção entre os seus proventos e os lucros auferidos pelo adquirente daqueles direitos. O autor pode então reclamar deste último uma compensação suplementar, a qual incide sobre os resultados de exploração.

---

[683] Artigo 37 da Lei cabo-verdiana de 2009.
[684] Artigo 43 da Lei cabo-verdiana de 2009.

O direito de compensação caduca se não for exercido no prazo de dois anos a contar do conhecimento da «grave» lesão patrimonial sofrida.[685]

Note-se que a aparente generosidade da norma é temperada pelo uso de adjectivos de difícil comprovação prática: o prejuízo tem de ser «significativo», a desproporção «grande» e a lesão «grave».

Afiança a lei cabo-verdiana que os direitos outorgados devem ser exercidos de acordo com os objectivos e os interesses superiores da República de Cabo Verde, os princípios em que assenta e a necessidade social de uma ampla difusão dessas obras.[686]

Nesse sentido, estabelece a mesma lei um elenco extenso de excepções e limitações, declarando lícitas, independentemente de autorização do respectivo autor e sem que haja lugar a qualquer remuneração, as seguintes modalidades de utilização de obras, já licitamente publicadas ou divulgadas, desde que o seu título e o nome do autor sejam mencionados e contanto que sejam respeitadas a sua genuinidade e integridade: (i) a representação, a execução, a exibição cinematográfica e a comunicação de obras gravadas ou radiodifundidas, quando realizadas em lugar privado, sem entradas pagas e sem fins lucrativos ou em estabelecimentos escolares, para fins exclusivamente didácticos, de investigação ou de formação profissional, (ii) a reprodução por processos fotográficos ou quaisquer outros similares, quando efectuada para fins exclusivamente didácticos, de investigação ou de formação profissional, por bibliotecas, arquivos e centros de documentação não comerciais, instituições cientificas ou estabelecimentos de ensino, contanto que os exemplares reproduzidos não excedam as necessidades do fim a que se destinam, (iii) a reprodução de obras incluídas em reportagens de actualidades filmadas ou televisionadas ou de obras expostas permanentemente em lugar público ou em recintos onde tenham sido admitidos representantes dos órgãos de Comunicação Social, (iv) a reprodução, radiodifusão ou comunicação, por qualquer outro meio, ao público, da imagem de uma obra de arquitectura, de artes plásticas, fotográfica ou de artes aplicadas, que esteja colocada permanentemente num lugar aberto ao público, salvo se a imagem da obra for o assunto principal da referida reprodução ou radiodifusão ou comunicação e se for usada para fins comerciais, (v) a reprodução, pela imprensa, de discursos, conferências e outras alocuções proferidas em lugar público ou em recintos onde tenham sido admitidos representantes da comunicação social, (vi) a citação de curtos fragmentos de obras alheias, sob forma escrita, sonora ou

---

[685] Artigo 44 da Lei cabo-verdiana de 2009.
[686] Artigo 4 da Lei cabo-verdiana de 2009.

visual, quando se justifique por razoes de ordem científica, critica, didáctica ou de informação e desde que esses fragmentos não sejam tão extensos que prejudiquem o interesse pela obra, (vii) a reprodução, integral ou parcial, de obras de arte gráficas ou plásticas destinados a figurar em catálogos de vendas judiciárias efectuada em Cabo Verde para os exemplares postos à disposição do público antes da venda com o único intuito de descrever as obras de arte postas à venda, (viii) a paródia, a pastiche e a caricatura, (ix) a reprodução de uma obra destinada a um processo judicial ou administrativo, na medida justificada pelo seu fim, (x) a reprodução destinada a preservar um exemplar de uma obra, e se necessário, a substituí-lo numa colecção completa de uma obra de uma biblioteca, de um serviço de arquivo ou de um centro de documentação, desde que, por ter sido perdido, destruído ou tornado inutilizável, seja impossível encontrar tal exemplar em condições razoáveis e o acto de reprodução reprográfica seja um acto isolado, ou repetido em ocasiões separadas e sem relação entre elas, (xi) a execução de hinos ou cantos patrióticos oficialmente adoptados e de obras de carácter exclusivamente religioso, em actos de culto ou cerimónia religiosa e (xii) a reprodução, tradução, adaptação, arranjo ou qualquer outra transformação para uso exclusivamente individual e privado.[687]

Refira-se que, no que toca à paródia, à pastiche e à caricatura, este preceito se afasta, de modo salutar, da lei portuguesa, a qual consagra tais utilizações não como excepção ao direito de autor mas como criações intelectuais. A solução da lei cabo-verdiana elimina a incerteza jurídica no que toca à licitude de tais utilizações.[688]

São estabelecidas também excepções e limitações, no respeitante às obras de cariz utilitário.

Como tal, o proprietário legítimo do exemplar de um programa de computador pode, sem autorização do autor e sem pagamento de uma remuneração, reproduzir ou adaptar esse programa, contanto que esses actos sejam necessários à utilização do programa de computador, em conformidade com os fins para que o programa foi obtido ou exigidos para fins de arquivo e para substituir um exemplar licitamente adquirido, caso se perca o mesmo ou ele seja destruído ou inutilizado.[689]

---

[687] Artigo 62 da Lei cabo-verdiana de 2009.
[688] *Vide* Parte II – O Direito de Autor em Portugal, Capítulo VI – As excepções e limitações, 6.3 – As excepções e limitações no quadro nacional, 6.3.5 – Excepções e limitações relativas ao direito à reprodução e ao direito à comunicação ao público.
[689] Artigo 65 da Lei cabo-verdiana de 2009.

Por sua vez, o utilizador legítimo de uma base de dados pode, sem autorização do autor e sem pagamento de remuneração, reproduzir de forma permanente ou provisória, traduzir, adaptar, transformar ou modificar de qualquer outra forma e comunicar ao público, desde que qualquer dessas utilizações seja necessária para utilizar a base de dados ou para aceder ao seu conteúdo. Estando o utilizador legítimo autorizado a usar apenas uma parte da base de dados, a referida permissão só é aplicável a essa parte.[690]

Seguindo de perto o artigo 5 (1) da Directiva sobre a Sociedade da Informação, a lei cabo-verdiana permite, independentemente da autorização do autor ou de pagamento de qualquer remuneração, actos de reprodução temporária de uma obra, contanto que sejam praticados de forma transitória ou episódica, não tenham em si qualquer significado económico, e constituam parte integrante e essencial dum processo tecnológico, tendo como objectivo único permitir uma transmissão, numa rede entre terceiros, por parte de um intermediário ou uma utilização legítima.[691]

No âmbito da chamada «cópia privada», é permitida, sem autorização do autor mas mediante remuneração equitativa, a reprodução para fins exclusivamente privados do utilizador de uma obra audiovisual licitamente publicada ou do registo sonoro de uma obra. A remuneração equitativa, devida por esses actos de reprodução, é paga pelos importadores e vendedores de aparelhos e suportes materiais utilizados para execução da reprodução, sendo recebida e distribuída por entidade de gestão colectiva do direito de autor.[692]

Saliente-se, por último, a licitude, para fins exclusivamente didácticos ou de investigação científica, sem autorização do autor, da obtenção de uma licença, não exclusiva e inalienável, para traduzir e publicar, em português ou em crioulo cabo-verdiano, uma obra já licitamente divulgada que o seu autor não haja retirado de circulação e/ou reproduzir a mesma obra (desde que se mostrem preenchidas certas condições).[693]

No que concerne ao prazo de protecção, em princípio a duração da protecção concedida ao autor relativamente à exploração económica de uma obra literária, artística e científica, compreende a vida do autor e cinquenta anos após a sua morte, mesmo que se trate de obra póstuma. Esta regra é ainda aplicável no que toca à duração da protecção reclamada, em Cabo Verde, para

---

[690] Artigo 68 da Lei cabo-verdiana de 2009.
[691] Artigo 70 da Lei cabo-verdiana de 2009. *Vide* Parte IV – O Direito de Autor na União Europeia, Capítulo VII – A Directiva da Sociedade da Informação.
[692] Artigo 73 da Lei cabo-verdiana de 2009.
[693] Artigo 75 da Lei cabo-verdiana de 2009.

qualquer obra originária num país estrangeiro, se a legislação desse país atribuir prazo de protecção diverso e desde que não exceda o prazo fixado na lei do país de origem dessa obra.[694]

Volvido o prazo de protecção, quando as obras caem no domínio público, a sua utilização e exploração com fins lucrativos é livre, desde que subordinada ao absoluto respeito pelos direitos morais, a prévia autorização do membro do Governo responsável pela cultura e ao pagamento de uma taxa a fixar pelos membros do Governo responsáveis pelas áreas da Cultura e das Finanças – destinada à promoção e ao desenvolvimento cultural e à assistência social aos autores cabo-verdianos.[695]

A referência à prévia autorização do membro do Governo responsável pela cultura faz sentido tendo em conta a defesa dos direitos morais relativos a obras caídas no domínio público pelo Estado.

Com efeito, esses direitos são imprescritíveis, ditando a lei cabo-verdiana que os direitos morais relativos às obras pertencentes ao domínio público são exercidos pelo Estado, através do departamento governamental responsável pela Cultura.[696]

Assim, enquanto a lei portuguesa apenas prevê, expressamente, no respeitante às obras caídas no domínio público, a defesa pelo Estado da sua genuinidade e integridade, parecendo afastar essa possibilidade de defesa no que toca ao direito à paternidade, a lei cabo-verdiana permite que o Estado defenda os direitos morais, em geral, relativos a obras caídas no domínio público.[697]

Ao contrário da lei angolana, a lei cabo-verdiana inclui os chamados «direitos conexos», que atribui aos artistas intérpretes ou executantes, aos produtores de fonogramas e de videogramas e aos organismos de radiodifusão pelas suas prestações.[698]

O artista intérprete ou executante é protegido, contanto que seja de nacionalidade cabo-verdiana, que a prestação ocorra em Cabo Verde ou que a prestação original seja fixada ou radiodifundida pela primeira vez em Cabo Verde.[699]

---

[694] Artigo 25 da Lei cabo-verdiana de 2009.
[695] Artigo 34 (4) da Lei cabo-verdiana de 2009.
[696] Artigo 47 da Lei cabo-verdiana de 2009.
[697] *Vide* Parte II – O Direito de Autor em Portugal, Capítulo IV – Os direitos morais, 4.2 – O direito à paternidade da obra.
[698] Artigo 115 (1) da Lei cabo-verdiana de 2009.
[699] Artigo 119 da Lei cabo-verdiana de 2009.

O artista intérprete ou executante goza do direito exclusivo de autorizar a fixação, a reprodução (directa ou indirecta, temporária ou permanente, por quaisquer meios e sob qualquer forma, no todo ou em parte), a radiodifusão, a comunicação e a colocação à disposição do público, por fio ou sem fio, por forma a que seja acessível a qualquer pessoa a partir do local e no momento por ela escolhido (incluindo *online*), da sua prestação.[700]

Os direitos conexos relativos à prestação do artista intérprete ou executante, executada em cumprimento do contrato de trabalho ou por encomenda pertencem, salvo convenção em contrário, à entidade patronal ou a pessoa que fez a encomenda.[701]

No respeitante aos direitos morais, o artista intérprete ou executante goza do direito de exigir que o seu nome seja indicado em todas as suas interpretações ou execuções e a opor-se, durante a sua vida, a qualquer deformação, mutilação ou atentado sobre a sua prestação que lesione o seu prestígio e a sua reputação. Por sua morte e durante o prazo de vinte e cinco anos, os seus herdeiros podem exercer estes direitos morais.[702]

Quanto aos produtores de fonogramas ou de videogramas, carecem da sua autorização a reprodução, a distribuição, a importação ou exportação, a difusão por qualquer meio e a execução pública dos mesmos.[703]

Os organismos de radiodifusão gozam do direito de autorizar ou proibir (i) a retransmissão das suas emissões por ondas radioeléctricas, (ii) a fixação em suporte material das suas emissões, sejam elas efectuadas com ou sem fio, (iii) a reprodução da fixação das suas emissões, quando estas não tiverem sido autorizadas ou quando se tratar de fixação efémera e a reprodução visar fins diversos daqueles com que foi feita e (iv) a comunicação ao público das suas emissões, quando essa comunicação for feita em lugar público e com entradas pagas.[704]

No contexto da violação de direitos, tal como na lei portuguesa, são nucleares os crimes de usurpação e de contrafacção.[705]

O crime de usurpação é definido como a utilização, por qualquer forma, no todo ou em parte, de uma obra literária, artística ou científica, sem autorização do respectivo autor ou do artista, do produtor de fonograma ou de

---

[700] Artigo 120 da Lei cabo-verdiana de 2009.
[701] Artigo 121 (1) da Lei cabo-verdiana de 2009.
[702] Artigo 121 (2)-(3) da Lei cabo-verdiana de 2009.
[703] Artigo 122 da Lei cabo-verdiana de 2009.
[704] Artigo 123 da Lei cabo-verdiana de 2009.
[705] *Vide* Parte II – O Direito de Autor em Portugal, Capítulo XI – A violação e defesa do direito de autor e dos direitos conexos, 11.2.1 – Os crimes de usurpação e de contrafacção.

videograma, ou do organismo de radiodifusão, ou excedendo os limites da autorização concedida.

Consiste, também, no crime de usurpação, a divulgação ou publicação abusiva de uma obra ainda não divulgada nem publicada pelo seu autor ou não destinada a divulgação ou publicação (mesmo que seja apresentada como sendo do respectivo autor e independentemente de assim se pretender obter uma vantagem económica), bem como a compilação de obras publicadas ou inéditas sem a autorização do autor.[706]

Por sua vez, o crime de contrafacção consubstancia-se na apresentação ou utilização fraudulenta, no todo ou em parte, de uma obra literária, artística ou científica, uma prestação, um fonograma, um videograma ou uma emissão de radiodifusão, de outrem como própria.[707]

Os crimes *supra* referidos são punidos com pena de prisão até três anos ou com pena de multa de cem a duzentos dias, elevadas para o dobro em caso de reincidência, se a infracção não constituir crime punível com pena mais grave, sendo a simples negligência punida com pena de multa até cem dias.[708]

Conduz às mesmas penas, a importação, a venda, ou a distribuição ao público, por qualquer modo, em Cabo Verde, de uma obra usurpada ou contrafeita, quer os respectivos exemplares tenham sido produzidos no país, quer no estrangeiro.[709]

Também a violação dos direitos morais leva ao incorrimento nas ditas penas por quem se arrogar a paternidade de uma obra literária, artística ou científica de outrem ou atentar contra a genuinidade e a integridade de uma obra literária, artística ou científica.[710]

Por último, a responsabilidade civil emergente da violação dos direitos previstos na lei cabo-verdiana é independente do procedimento criminal a que dê origem, podendo, contudo, ser exercida em conjunto com a acção penal.[711]

---

[706] Artigo 127 da Lei cabo-verdiana de 2009.
[707] Artigo 128 da Lei cabo-verdiana de 2009.
[708] Artigo 129 da Lei cabo-verdiana de 2009.
[709] Artigo 131 da Lei cabo-verdiana de 2009.
[710] Artigo 130 da Lei cabo-verdiana de 2009.
[711] Artigo 135 da Lei cabo-verdiana de 2009.

O artigo 54 da Constituição cabo-verdiana declara ser livre a criação intelectual, cultural e científica, bem como a divulgação de obras literárias, artísticas e científicas, garantindo a protecção legal do direito de autor.

O Decreto-Legislativo sobre Direito de Autor, Decreto-Legislativo 1/2009, foi emitido pelo Conselho de Ministros, a 27 de Abril de 2009.

A lei cabo-verdiana contém vários princípios de tutela bastante actuais, como a protecção dos programas de computador e das bases de dados, o direito de sequência, o direito de disponibilização a pedido do utilizador e a excepção atinente aos actos de reprodução temporária efectuados por prestadores de serviços da sociedade da informação.

Além disso, a lei cabo-verdiana apresenta uma abrangência, no âmbito dos direitos morais do autor, que a lei portuguesa desconhece.

Com efeito, tal lei confere ao autor os direitos à paternidade e à integridade da obra, bem como o direito de a retirar de circulação, outorgando ainda ao autor o direito de conservar a obra inédita e o direito de ter acesso ao exemplar único ou raro da obra para certos fins.

Mais, a lei cabo-verdiana outorga ao autor de um programa de computador o direito de se opor à modificação do programa pelo transmissário de direitos, quando essa modificação prejudique o seu bom nome, a sua reputação ou a sua honra – norma essa que não encontra equivalência na lei portuguesa.

Ademais, enquanto a lei portuguesa apenas prevê, expressamente, no respeitante às obras caídas no domínio público, a defesa pelo Estado da sua genuinidade e integridade, a lei cabo-verdiana permite que o Estado defenda os direitos morais, em geral, relativos a obras caídas no domínio público.

Refira-se, por fim, que no que toca à paródia, à pastiche e à caricatura, a mesma lei se afasta de modo salutar da lei portuguesa, a qual consagra tais utilizações não como excepção ao direito de autor mas como criações intelectuais. A solução da lei cabo-verdiana elimina a incerteza jurídica no que toca à licitude de tais utilizações.

Capítulo IV
Moçambique

Dez anos após a independência, Moçambique aderiu ao Acordo TRIPS, tendo ainda a Resolução do Conselho de Ministros 13/97, de 13 de Junho, manifestado vontade na adesão à Convenção de Berna.[712]

Quatro anos mais tarde, a primeira lei sobre direito de autor, a Lei 4/2001, foi emitida pela Assembleia da República, a 27 de Fevereiro de 2001, tendo entrado em vigor a 28 de Maio do mesmo ano e revogado o Código de Direito de Autor da era colonial.[713]

No que toca ao seu conteúdo e estrutura, a lei moçambicana procura garantir a sua conformidade com o quadro legal internacional, de tal modo que, embora Moçambique não tenha aderido oficialmente à Convenção de Berna, tal lei incorpora vários princípios dessa Convenção.[714]

Em termos de valores, o preâmbulo da lei moçambicana faz referência ao património cultural, salientando que a sua promoção, desenvolvimento e valorização, exigem, *inter alia*, a assunção pelo Estado de responsabilidades no domínio da cultura e a promoção e defesa de iniciativas no domínio das artes, da ciência e da cultura.

Começando pelo princípio do tratamento nacional, a lei moçambicana é aplicável (i) às obras cujo autor ou qualquer outro titular originário do direito de autor seja moçambicano ou, sendo estrangeiro, tenha sua residência habitual ou a sua sede em Moçambique, (II) às obras audiovisuais cujo produtor

---

[712] *Vide* Parte V – O Direito de Autor nos Tratados Internacionais, Capítulo I – A Convenção de Berna.
[713] Boletim da República, I Série, 2º Suplemento, Número 8.
[714] *Vide* Parte V – O Direito de Autor nos Tratados Internacionais, Capítulo I – A Convenção de Berna.

seja moçambicano ou, sendo estrangeiro, tenha a sua residência habitual ou a sua sede em Moçambique, (iii) às obras publicadas em Moçambique ou publicadas pela primeira vez no estrangeiro e editadas em Moçambique, (iv) às obras de arquitectura erigidas em Moçambique e (v) às obras susceptíveis de protecção em virtude de um Tratado internacional de que Moçambique seja parte.[715]

Passando aos beneficiários da protecção, são tutelados os autores de obras literárias, artísticas e científicas, os artistas intérpretes ou executantes, os produtores de fonogramas e de videogramas e os organismos de radiodifusão, visando-se estimular a produção intelectual na área da literatura, da arte e da ciência.[716]

Em sintonia com a lei portuguesa, a lei cabo-verdiana atribui a titularidade dos direitos patrimoniais e morais relativos à obra ao autor, mesmo perante uma obra criada por conta de uma pessoa (individual ou colectiva), no quadro de um contrato de trabalho, de prestação de serviços ou de empreitada, salvo disposição contratual em contrário.[717]

Não obstante, consideram-se transferidos para a entidade por conta de quem a obra é feita, os direitos patrimoniais sobre essa obra, na medida justificada pelas actividades habituais nos termos contratuais – o que parece indicar que se a criação intelectual não for abrangida pelo contrato em causa, indo para além do escopo das obrigações contratualmente estipuladas os direitos patrimoniais se mantêm na esfera jurídica do autor.[718]

No que toca à matéria protegida, a presente lei abarca as obras literárias, artísticas e científicas, bem como as interpretações ou execuções, as produções de fonogramas e videogramas e as emissões de radiodifusão.[719]

Tal como a lei portuguesa, a lei moçambicana não estabelece um elenco taxativo de categorias de obras protegidas, tutelando, *inter alia*, as seguintes obras: as obras escritas (incluindo, expressamente, os programas de computador), as conferências, as alocuções, os sermões e outras obras similares, as obras musicais, as obras dramáticas e dramático-musicais, as obras coreográficas e as pantominas, as obras audiovisuais, as obras de belas artes (incluindo os desenhos, as pinturas, as esculturas as gravuras e as litografias), as obras de

---

[715] Artigo 3 (1) da Lei moçambicana.
[716] Artigo 1 da Lei moçambicana.
[717] Artigos 28 e 32 da Lei moçambicana. *Vide* Parte II – O Direito de Autor em Portugal, Capítulo I – O autor.
[718] Artigo 32 da Lei moçambicana.
[719] Artigos 1 e 40 da Lei moçambicana.

arquitectura, as obras fotográficas, as obras de arte aplicada, as ilustrações, as cartas geográficas, os planos, os esboços e as obras tridimensionais relativas à geografia, à topografia, à arquitectura ou à ciência e o folclore.[720]

Mais uma vez em conformidade com a lei portuguesa, a lei moçambicana protege as obras derivadas quando a selecção ou arranjo das matérias constituam criações intelectuais, referindo, nomeadamente, as compilações de obras, as traduções, as adaptações e outras transformações de obras originais.[721]

De acordo com o quadro normativo internacional, a tutela prevista não abrange os textos oficiais de natureza legislativa, administrativa ou judicial, nem as suas traduções oficiais, as notícias do dia e relatos de acontecimentos com carácter de simples informação, os simples factos e dados e as ideias, processos, métodos operacionais ou conceitos matemáticos.[722]

Ao nível dos requisitos de protecção, a lei faz referência à protecção de «criações intelectuais originais», bem como de obras derivadas, quando a selecção ou arranjo das matérias constituam «criações intelectuais».[723]

No atinente aos direitos protegidos, o direito de autor abrange direitos patrimoniais e direitos morais.[724]

Em sede de direitos morais, o autor tem o direito à paternidade e à integridade da obra, assistindo-lhe, nesta sequência, o direito de reivindicar a paternidade da sua obra (em particular o direito de exigir a menção do seu nome nos exemplares da sua obra, na medida do possível e da maneira habitual e em relação a toda a utilização pública da sua obra), de ficar anónimo ou utilizar um pseudónimo e de se opor a toda a deformação, mutilação ou outra modificação da sua obra ou a qualquer atentado à mesma que seja prejudicial à sua honra, reputação, genuinidade e integridade.[725]

No contexto dos direitos patrimoniais, ao contrário da lei portuguesa, mas à semelhança da lei inglesa, a lei moçambicana estabelece um elenco taxativo de direitos, afirmando ter o autor o direito exclusivo de autorizar a repro-

---

[720] Artigo 4 da Lei moçambicana. *Vide* Parte II – O Direito de Autor em Portugal, Capítulo II – As obras protegidas.

[721] Artigo 4 (2) da Lei moçambicana. *Vide* Parte II – O Direito de Autor em Portugal, Capítulo III – Os requisitos de protecção, 3.2.2 – A originalidade por equiparação.

[722] Artigo 5 da Lei moçambicana. *Vide* Parte V – O Direito de Autor nos Tratados Internacionais.

[723] Artigo 6 da Lei moçambicana.

[724] Artigo 4 da Lei moçambicana.

[725] Artigo 8 da Lei moçambicana.

dução, a tradução, a adaptação ou outras transformações, a distribuição, a locação, o empréstimo ao público, a representação ou execução ao público, a importação ou exportação de exemplares e a comunicação ao público por radiodifusão, por cabo ou por qualquer outro meio, da sua obra.[726]

Os direitos patrimoniais são transmissíveis por acto *inter vivos* ou *mortis causa*, enquanto os direitos morais, não sendo transmissíveis por acto *inter vivos*, são-no por via sucessória.[727]

São estabelecidas excepções e limitações aos direitos *supra* referidos, permitindo-se a reprodução para fins privados, a reprodução sob a forma de citação, a utilização para o ensino, a reprodução reprográfica para bibliotecas e serviços de arquivo, a reprodução para fins judiciais e administrativos, a reprodução para fins de informação, a utilização de imagens de obras expostas em locais públicos, a reprodução e adaptação de programas de computador, o registo efémero por organismos de radiodifusão, a revenda e empréstimo público, a representação ou execução pública e a importação para fins pessoais.[728]

No campo da chamada «cópia privada», determina a lei moçambicana que a reprodução para fins privados de uma obra audiovisual ou do registo sonoro de uma obra, apenas é permitida mediante remuneração equitativa a ser paga pelos produtores e importadores de aparelhos e suportes materiais utilizados para tal reprodução.[729]

No que concerne ao prazo de protecção, a protecção dos direitos patrimoniais caduca setenta anos após a morte do autor, mesmo que se trate de obra divulgada ou publicada postumamente, sendo a protecção dos direitos morais ilimitada no tempo. Esclarece ainda a lei que, após a morte do autor, a protecção dos respectivos direitos, quer patrimoniais quer morais, pode ser requerida, judicial ou extrajudicialmente, pelo cônjuge sobrevivo, não separado de pessoas e bens à data do óbito, ou por qualquer descendente, irmão, sobrinho ou herdeiro do falecido, gozando igualmente de legitimidade para acção judicial ou extrajudicial o organismo do Estado vocacionado para a protecção do direito de autor.[730]

---

[726] Artigo 7 da Lei moçambicana. *Vide* Parte II – O Direito de Autor em Portugal, Capítulo V – Os direitos patrimoniais e secções 16 a 21 da Lei do Reino Unido de 1988, as quais incluem um elenco taxativo de direitos patrimoniais.
[727] Artigo 35 da Lei moçambicana.
[728] Artigos 9-20 da Lei moçambicana.
[729] Artigo 21 da Lei moçambicana.
[730] Artigo 22 da Lei moçambicana.

Enquanto a lei portuguesa apenas prevê, expressamente, no respeitante às obras caídas no domínio público, a defesa pelo Estado da sua genuinidade e integridade, parecendo afastar essa possibilidade de defesa no que toca ao direito à paternidade, a lei moçambicana permite, após a morte do autor, que o Estado defenda, perpetuamente, os direitos morais, em geral.[731]

Ao contrário da lei angolana, mas tal como a cabo-verdiana, a lei moçambicana versa sobre os direitos conexos.[732]

Começando, mais uma vez, pelo princípio do tratamento nacional, a lei moçambicana tutela, *inter alia*, (i) as interpretações e execuções que tenham lugar em território nacional, sendo estrangeiro o artista intérprete ou executante, (ii) a primeira fixação de sons feita em Moçambique, sendo estrangeiro o seu produtor, (iii) as emissões de radiodifusão, quando a sede social do organismo esteja situada no território moçambicano ou a emissão de radiodifusão for transmitida a partir de uma estação situada em território moçambicano, sendo estrangeiro o organismo e (iv) as interpretações e execuções, os fonogramas, os videogramas e as emissões de radiodifusão, protegidos em virtude de Convenções a que o país tenha aderido ou venha a aderir.[733]

Passando aos titulares de direitos, estes são os artistas intérpretes ou executantes, os produtores de fonogramas e de videogramas e os organismos de radiodifusão.[734]

No que toca à matéria protegida, a lei moçambicana abrange, no contexto dos direitos conexos, as interpretações ou execuções, as produções de fonogramas ou videogramas e as emissões de radiodifusão.[735]

No respeitante aos requisitos de protecção, estão sujeitos a registo os actos constutivos, transmissivos, modificativos ou extintos do direito de autor, a oneração desse direito, o nome literário ou artístico, o título da obra e o seu autor, a penhora e o arresto sobre o direito de autor.[736]

No atinente aos direitos protegidos, a lei moçambicana estabelece, desde logo, que os poderes e direitos dos artistas intérpretes ou executantes, dos produtores de fonogramas ou videogramas e dos organismos de radiodifusão,

---

[731] *Vide* Parte II – O Direito de Autor em Portugal, Capítulo IV – Os direitos morais, 4.2 – O direito à paternidade da obra.
[732] Título II da Lei moçambicana.
[733] Artigo 41 da Lei moçambicana.
[734] Artigo 40 (2) da Lei moçambicana.
[735] Artigo 40 (1) da Lei moçambicana.
[736] Artigo 56 da Lei moçambicana.

podem assentar no contrato de cessão de direitos patrimoniais, na licença concedida pelo autor ou co-autores ou na lei.[737]

O artista intérprete ou executante tem o direito exclusivo de fazer (ou de autorizar outrem a fazer), a radiodifusão da sua interpretação ou execução, a comunicação ao público da sua interpretação ou execução, a fixação da sua interpretação ou execução (ainda não fixada) e a reprodução de uma fixação da sua interpretação ou execução (dentro dos limites da lei).[738]

O produtor de fonogramas tem o direito exclusivo de fazer (ou de autorizar outrem a fazer), a reprodução (directa ou indirecta) de cópias do seu fonograma, a fixação das suas emissões de radiodifusão e a reprodução de uma fixação das suas emissões de radiodifusão (quando a fixação a partir da qual a reprodução é feita não tenha sido autorizada ou quando a emissão de radiodifusão tenha sido inicialmente fixada).[739]

Também os direitos conexos estão sujeitos a excepções, sendo permitidos os seguintes actos, sem autorização prévia e sem pagamento de remuneração: (i) a utilização privada, (ii) o relato de acontecimentos da actualidade (desde que sejam usados curtos extractos de uma interpretação, de um fonograma ou de uma emissão de radiodifusão), (iii) a utilização exclusivamente destinada ao ensino e investigação científica, (iv) as citações, sob forma de curtos extractos, de uma interpretação e execução, de um fonograma ou de uma emissão de radiodifusão (desde que tais citações sejam conforme aos usos e costumes e justificadas pelo seu fim de informação) e (v) quaisquer outras utilizações que constituam excepções no contexto da protecção autoral concedida pela lei moçambicana.[740]

Prevê a mesma lei dois casos de remuneração equitativa: (i) é permitida, sem autorização do artista intérprete ou executante cuja interpretação ou execução seja fixada num fonograma e sem autorização do produtor do fonograma, mas contra o pagamento de uma remuneração equitativa a seu favor, a reprodução de um fonograma somente para uso do utilizador e (ii) sempre que um fonograma publicado para fins comerciais, ou uma reprodução desse fonograma, for utilizado directamente para radiodifusão ou para comunicação ao público, uma remuneração equitativa e única destinada, simultanea-

---

[737] Artigo 42 da Lei moçambicana.
[738] Artigo 43 da Lei moçambicana.
[739] Artigo 44 da Lei moçambicana.
[740] Artigo 47 da Lei moçambicana.

mente, aos artistas intérpretes ou executantes e ao produtor do fonograma terá de ser paga pelo utilizador a este produtor.[741]

No que concerne ao prazo de protecção, afirma a lei que a duração da protecção a conceder às interpretações e execuções é de cinquenta anos (a contar do fim do ano da fixação, para as interpretações e execuções fixadas em fonograma e do fim do ano em que a interpretação e execução tenha tido lugar, para as interpretações e execuções que não estejam fixadas em fonograma), aos fonogramas é de cinquenta anos (a contar do fim do ano da fixação) e às emissões de radiodifusão é de vinte e cinco anos (a contar do fim do ano em que a emissão teve lugar). A protecção das obras de folclore é ilimitada no tempo.[742]

A violação dos direitos consagrados na lei moçambicana é passível de responsabilidade civil e criminal.[743]

Neste contexto, tal como a lei portuguesa, a lei moçambicana configura como nucleares os crimes de usurpação e de contrafacção.[744]

O crime de usurpação é caracterizado, nomeadamente, pela utilização ou exploração por qualquer das formas previstas na lei de uma obra alheia, sem a devida autorização do respectivo autor, artista, produtor de fonograma ou do organismo de radiodifusão.[745]

Por sua vez, o crime de contrafacção consubstancia-se na utilização, fraudulenta, no todo ou em parte, de uma obra, prestação, fonograma, videograma ou emissão de radiodifusão, divulgado ou não, de outrem como própria, ou por tal modo semelhante que não tenha individualidade própria. Utiliza, pois, a lei moçambicana, à semelhança da lei portuguesa, o critério de «individualidade própria».[746]

Os crimes de usurpação e de contrafacção acima referidos são crimes públicos e puníveis com pena de prisão e multa, sanção essa que é extensiva àqueles que venderem, puserem à venda ou por qualquer modo lançarem no comércio, em Moçambique, obras usurpadas ou contrafeitas, sabendo que o

---

[741] Artigos 45-46 da Lei moçambicana.
[742] Artigos 50-53 da Lei moçambicana.
[743] Artigo 60 da Lei moçambicana.
[744] *Vide* Parte II – O Direito de Autor em Portugal, Capítulo XI – A violação e defesa do direito de autor e dos direitos conexos, 11.2.1 – Os crimes de usurpação e de contrafacção.
[745] Artigo 61 da Lei moçambicana.
[746] Artigo 62 da Lei moçambicana. *Vide* Parte II – O Direito de Autor em Portugal, Capítulo XI – A violação e defesa do direito de autor e dos direitos conexos, 11.2.1 – Os crimes de usurpação e de contrafacção.

são, quer os respectivos exemplares tenham sido produzidos no país, quer no estrangeiro.[747]

Também a violação dos direitos morais leva ao incorrimento nas penas referidas por quem se arrogar a paternidade de uma obra ou prestação que sabe não lhe pertencer, atentar contra a genuinidade ou integridade da obra ou prestação, praticando actos que a desvirtuem e possam afectar a honra e reputação do autor ou artista, ou por quem estando autorizado a utilizar uma obra fizer nela, sem autorização do autor ou artista, alterações, supressões ou aditamentos que desvirtuem a obra na sua essência ou afectem a honra do seu autor ou artista.[748]

Por último, a lei moçambicana indica expressamente a prevalência do direito internacional, desde que acolhido na ordem jurídica interna e preveja melhor tratamento para o autor, o produtor ou o intérprete ou executante que o consagrado na lei doméstica.[749]

> Segundo o artigo 94 da Constituição moçambicana, todos os cidadãos têm direito à liberdade de criação científica, técnica, literária e artística, protegendo o Estado os direitos inerentes à propriedade intelectual e promovendo a difusão das artes e das letras.
>
> A primeira lei sobre direito de autor, a Lei 4/2001, foi emitida pela Assembleia da República, a 27 de Fevereiro de 2001, tendo entrado em vigor a 28 de Maio do mesmo ano e tendo revogado o Código de Direito de Autor da era colonial.
>
> A lei moçambicana contém vários princípios provenientes do Acordo TRIPS, incluindo a protecção da criação exteriorizada, um prazo de protecção geral de setenta anos *post mortem auctoris* (mais longo ainda do que o prazo mínimo estabelecido pelo Acordo TRIPS), a protecção dos programas de computador e a protecção dos artistas intérpretes ou executantes, dos produtores de fonogramas e dos organismos de radiodifusão.
>
> Além disso, enquanto a lei portuguesa apenas prevê, expressamente, no respeitante às obras caídas no domínio público, a defesa pelo Estado da sua genuinidade e integridade, a lei moçambicana permite, após a morte do autor, que o Estado defenda, perpetuamente, os direitos morais, em geral.

---

[747] Artigo 65 da Lei moçambicana.
[748] Artigo 67 da Lei moçambicana.
[749] Artigo 76 da Lei moçambicana.

Capítulo V
Conclusões

Angola, Cabo Verde, Moçambique e a Guiné Bissau são países membros do Acordo TRIPS, acordo esse que estabelece patamares mínimos de tutela da propriedade intelectual.

O referido Acordo tem em conta as assimetrias existentes entre os membros da Organização Mundial do Comércio e as dificuldades que adviriam de uma implementação invariável e uniforme dos seus preceitos, *inter alia*, permitindo que o prazo de implementação seja decretado com base no estágio de desenvolvimento do país em questão e concedendo flexibilidades de foro substantivo, no campo das licenças obrigatórias, das importações paralelas e das excepções.[750]

Para os países menos avançados, a prorrogação do prazo de implementação do Acordo TRIPS, em função do estágio de desenvolvimento, visa permitir a criação das condições necessárias para a implementação do regime da propriedade intelectual ditado por esse Acordo.

Posto isto, Cabo Verde e Moçambique, que a Organização Mundial do Comércio classifica como países menos avançados, implementaram o Acordo TRIPS antes do prazo previsto, não tendo, pois, aproveitado a flexibilidade oferecida por aquela Organização para países assim classificados.

No que toca à matéria protegida, destaque-se que a legislação autoral dos PALOP tende a proteger, expressamente, o folclore, sob a égide do direito de

---

[750] *Vide* Parte V – O Direito de Autor nos Tratados Internacionais, Capítulo IV – O Acordo TRIPS.

autor, conferindo, por exemplo, o artigo 31 da Lei moçambicana, ao Estado, a titularidade do direito de autor sobre as obras de folclore.[751]

A questão da protecção do folclore teve início em 1967, aquando da revisão da Convenção de Berna, em Estocolmo, tendo os países africanos tentado proteger a sua herança cultural por via do direito de autor, de modo a garantir a devida compensação pela utilização da mesma e tendo os países ocidentais alegado que o folclore não consubstanciava matéria protegida pelo direito de autor, na medida em que tal direito tutela a expressão do espírito individual e não a expressão emanada de uma fonte colectiva não identificada.[752]

Em termos de excepções e limitações, a legislação autoral dos PALOP não permite a utilização a favor de pessoas portadoras de deficiências, pelo que, em princípio, a utilização de uma obra, ainda que directamente relacionada com essa deficiência e na medida exigida pela mesma deficiência, requererá a autorização prévia dos titulares de direitos relevantes. Tal dificultará, por exemplo, a produção e disseminação de obras em formatos acessíveis para deficientes visuais.

No que toca ao prazo de protecção, a Convenção de Berna e o Acordo TRIPS estabelecem um prazo mínimo de protecção de cinquenta anos *post mortem auctoris*, prazo mínimo esse que foi integrado nas leis de direito de autor de Angola e de Cabo Verde. Já a lei moçambicana não optou por tal padrão mínimo de tutela no que concerne ao prazo de protecção, mas por um prazo geral de protecção de setenta anos *post mortem auctoris* – opção esta difícil de entender, uma vez que a adopção do referido prazo mínimo de protecção permitiria que as obras caíssem no domínio público vinte anos mais cedo, facilitando, pois, com essa antecedência, o acesso à informação, à cultura e ao conhecimento.[753]

No que toca ao digital, os PALOP não ratificaram, até hoje, o Tratado da OMPI sobre Direito de Autor, nem o Tratado da OMPI sobre Interpretações ou Execuções e Fonogramas, pelo que a legislação autoral dos PALOP não impede a violação de medidas tecnológicas de protecção do direito de autor e dos direitos conexos.

---

[751] *Vide* artigo 6 da Lei angolana de 1990, artigo 7 (4) da Lei cabo-verdiana de 2009 e artigo 4 (1) da Lei moçambicana de 2001.

[752] Veja-se no *website* da Organização Mundial da Propriedade Intelectual, os passos que se têm dado nesta matéria, http://www.wipo.int/tk/en/.

[753] *Vide* artigo 20 da Lei angolana de 1990, artigo 25 da Lei cabo-verdiana de 2009 e artigo 22 da Lei moçambicana de 2001.

Em termos de jurisprudência, não há informação atinente a casos relacionados com o direito de autor nos tribunais dos PALOP.[754]

Assinalem-se, concretamente, os seguintes aspectos em relação às leis autorais de Angola, Cabo Verde e Moçambique.

A lei cabo-verdiana contém vários princípios de tutela bastante actuais, como a protecção dos programas de computador e das bases de dados, o direito de sequência, o direito de disponibilização a pedido do utilizador e a excepção atinente aos actos de reprodução temporária efectuados por prestadores de serviços da sociedade da informação.

Mais, a lei cabo-verdiana outorga ao autor de um programa de computador o direito de se opor à modificação do programa pelo transmissário de direitos, quando essa modificação prejudique o seu bom nome, a sua reputação ou a sua honra – norma essa que não encontra equivalência na lei portuguesa.

Refira-se, por fim, que no que toca à paródia, à pastiche e à caricatura, a mesma lei se afasta, de modo salutar, da lei portuguesa, a qual consagra tais utilizações não como excepção ao direito de autor mas como criações intelectuais, enquanto a solução da lei cabo-verdiana elimina a incerteza jurídica no que toca à licitude de tais utilizações.

Por sua vez, a lei moçambicana contém vários princípios provenientes do Acordo TRIPS, incluindo a protecção da criação exteriorizada, um prazo de protecção geral de setenta anos *post mortem auctoris*, a protecção dos programas de computador e a protecção dos artistas intérpretes ou executantes, dos produtores de fonogramas e dos organismos de radiodifusão.

Por último, enquanto a lei portuguesa quase parece afastar a possibilidade de defesa pelo Estado no respeitante às obras caídas no domínio público no que toca ao direito à paternidade, a lei angolana declara que todos os direitos morais relativos a obras caídas no domínio público são exercidos pela Secretaria de Estado da Cultura, a lei cabo-verdiana permite que o Estado defenda os direitos morais, em geral, relativos a obras caídas no domínio público e a lei moçambicana permite, após a morte do autor, que o Estado defenda, perpetuamente, os direitos morais, em geral.

---

[754] *Vide* The African *Copyright* e Access to Knowledge Project (ACA2K), http://www.aca2k.org/index.php/.

Parte IV
O Direito de Autor na União Europeia

Capítulo I – Introdução

Capítulo II – A Directiva sobre os Programas de Computador

Capítulo III – A Directiva sobre o Direito de Aluguer e o Direito de Comodato

Capítulo IV – A Directiva sobre a Radiodifusão por Satélite e a Retransmissão por Cabo

Capítulo V – A Directiva sobre o Prazo de Protecção

Capítulo VI – A Directiva sobre as Bases de Dados

Capítulo VII – A Directiva sobre a Sociedade da Informação

Capítulo VIII – A Directiva sobre o Direito de Sequência

Capítulo IX – A Proposta de Directiva sobre a Gestão Colectiva

Capítulo I
Introdução

Nos anos 80, a Comissão Europeia recomendou a implementação de uma acção comunitária coordenada em determinadas áreas, incluindo a da propriedade intelectual, de forma a eliminar os obstáculos ao comércio livre e ao estabelecimento do mercado único.

Dadas as diferenças existentes entre as leis de direito de autor e direitos conexos dos diversos Estados Membros, a emanação de uma única Directiva que abrangesse e assim harmonizasse o direito de autor por completo teria sido impraticável, tendo-se verificado, ao invés, a adopção de sucessivas directivas de foro autoral.[755]

Nos capítulos seguintes serão examinadas as oito directivas comunitárias devotadas, exclusivamente, ao direito de autor e direitos conexos, a saber:

- A Directiva do Conselho, de 23 de Abril de 2009, relativa à protecção jurídica dos programas de computador (Dir. 2009/24/CE, versão codificada);
- A Directiva do Parlamento Europeu e do Conselho, de 12 de Dezembro de 2006, relativa ao direito de aluguer, ao direito de comodato e a certos direitos conexos ao direito de autor (Dir. 2006/115/CE, versão codificada);
- A Directiva do Parlamento Europeu e do Conselho, de 27 de Setembro de 1993, relativa à coordenação de determinadas disposições em maté-

---

[755] *Vide* H. Jehoram, «Harmonising Intellectual Property within the European Community», *International Review of Intellectual Property and Competition Law*, 23:5, 1992, p. 622 e H. Jehoramm, «The EC *Copyright* Directives, Economics and Authors' Rights», *International Review of Intellectual Property and Competition Law*, 25:6, 1994, p. 821.

ria de direito de autor e direitos conexos aplicáveis à radiodifusão por satélite e à retransmissão por cabo (Dir. 93/83/CEE);
- A Directiva do Parlamento Europeu e do Conselho, de 27 de Setembro de 2011, relativa à harmonização do prazo de protecção dos direitos de autor e de certos direitos conexos (Dir. 2006/116/CE, versão codificada, alterada pela Dir. 2011/77/CE);
- A Directiva do Parlamento Europeu e do Conselho, de 11 de Março de 1996, relativa à protecção jurídica das bases de dados (Dir. 96/9/CE);
- A Directiva do Parlamento Europeu e do Conselho, de 22 de Maio de 2001, relativa à harmonização de certos aspectos do direito de autor e dos direitos conexos na sociedade da informação (Dir. 2001/29/CE);
- A Directiva do Parlamento Europeu e do Conselho, de 27 de Setembro de 2001, relativa ao direito de sequência em benefício do autor de uma obra de arte original que seja objecto de alienações sucessivas (Dir. 2001/84/CE); e
- A Directiva do Parlamento Europeu e do Conselho, de 25 de Outubro de 2012, relativa a determinadas utilizações permitidas de obras órfãs (Dir. 2012/28/EU).

Por último, será ainda feita referência à Proposta de Directiva relativa à gestão colectiva dos direitos de autor e direitos conexos e ao licenciamento multiterritorial de direitos sobre obras musicais para utilização em linha no mercado interno (COM(2012) 372).

Capítulo II
A Directiva sobre os Programas de Computador

Durante muitos anos debateu-se a abrangência, ou não, pela Convenção de Berna dos programas de computador. Dada a sua importância em termos económicos, esses programas foram eventualmente tratados por bastantes jurisdições no quadro do direito de autor, tendência essa que foi extrapolada para o campo internacional e regional.

Com efeito, a opção por esse enquadramento foi vista como a melhor forma de proteger os ditos programas, nomeadamente por o direito de autor não requerer o preenchimento de formalidades, não prejudicando, assim, o rápido desenvolvimento dessa indústria e permitindo que os programas de computador fossem tutelados por instrumentos jurídicos internacionais com provas dadas, como a Convenção de Berna.[756]

Foi neste contexto que foi adoptada a Directiva 91/250/CEE, do Conselho, relativa à protecção jurídica dos programas de computador, a 14 de Maio

---

[756] *Vide* B. Czarnota e R. Hart, *Legal Protection of Computer Programs in Europe. a Guide to the EC Directive*, Butterworths, 1991; G. Smith, «EC Software Protection Directive – An Attempt to Understand Article 5(1)», *Computer Law e Security Review*, 7, 1990-1991, p. 148; J. Worthy, «Europe Introduces New *Copyright* Rules for Software», *Computer Law e Security Review*, 7, 1990-1991, p. 101; T. Dreier, «The Council Directive of 14 May 1991 on the Legal Protection of Computer Programs», *European Intellectual Property Review*, 9, 1991, p. 319; J. M. A. Berkvens e G. O. M. Alkemade, «Software Protection: Life After the Directive», *European Intellectual Property Review*, 12, 1991, p. 476; J. Huet e J. Ginsburg, «Computer programs in Europe: A comparative analysis of the 1991 EEC Software Directive», *Columbia Journal of Transnational Law*, 30, 1992, p. 327; E. R. Kroker, «The Computer Directive and the Balance of Rights», *European Intellectual Property Review*, 5, 1997, p. 247.

de 1991, a qual foi revogada pela Directiva 2009/24/CE do Parlamento Europeu e do Conselho, de 23 de Abril de 2009 (versão codificada).

A Directiva sobre os Programas de Computador traduz o reconhecimento da importância dos programas de computador para o progresso tecnológico da Europa Comunitária, do investimento substancial requerido para o desenvolvimento desses programas e do facto de os mesmos programas poderem ser copiados a um custo que representa uma pequena fracção do custo requerido para o seu desenvolvimento independente.[757]

Ao caracterizar, e deste modo proteger, os programas de computador como obras literárias, a Comunidade Europeia consagrou uma orientação que seria seguida pelo Acordo TRIPS e pelo Tratado OMPI sobre Direito de Autor.[758]

De acordo com a orientação acima referida, decorre dessa Directiva que os Estados Membros têm de tutelar os programas de computador, enquanto obras literárias, na acepção da Convenção de Berna.[759]

Em sede conceptual, o sétimo considerando da mesma Directiva define esses programas como «qualquer tipo de programa, mesmo os que estão incorporados no equipamento», incluindo «igualmente o trabalho de concepção preparatório conducente à elaboração de um programa de computador, desde que, esse trabalho preparatório seja de molde a resultar num programa de computador numa fase posterior».

Passando à autoria, o autor de um programa de computador é a pessoa singular que o cria, ou, quando a legislação dos Estados Membros assim o permita, a pessoa colectiva indicada por essa legislação como titular dos direitos.[760]

Contudo, quando um programa de computador for criado por um trabalhador por conta de outrem, no decurso do exercício das suas funções, os direitos de natureza económica inerentes ao programa assim criado caberão ao empregador, salvo disposição contratual em contrário.[761]

No respeitante aos requisitos de protecção, e começando pelos respectivos beneficiários, essa protecção é concedida a qualquer pessoa, singular ou

---

[757] Considerandos (2) e (3) da Directiva sobre Programas de Computador.
[758] Artigo 10 (1) do Acordo TRIPS e artigo 4 do Tratado OMPI sobre Direito de Autor. *Vide* Parte V – O Direito de Autor nos Tratados Internacionais, Capítulo IV – O Acordo TRIPS e Capítulo V – O Tratado OMPI sobre Direito de Autor.
[759] Artigo 1 (1) da Directiva sobre os Programas de Computador.
[760] Artigo 2 (1) da Directiva sobre Programas de Computador.
[761] Artigo 2 (3) da Directiva sobre Programas de Computador.

colectiva, que preencha os requisitos necessários para beneficiar da legislação nacional sobre direito de autor aplicável às obras literárias.[762]

Continuando com os referidos requisitos, desta feita no que toca ao objecto da protecção, um programa de computador apenas será tutelado se for «original», isto é, se resultar da «criação intelectual do autor», não sendo considerados quaisquer outros critérios para determinar a sua susceptibilidade de protecção e não se encontrando, pois, a mesma dependente do cumprimento de quaisquer formalidades.[763]

No atinente à matéria protegida, a Directiva sobre os Programas de Computador tutela, unicamente, a expressão de um programa de computador, não protegendo as ideias e os princípios subjacentes a qualquer elemento de um programa de computador, incluindo aqueles que são inerentes às respectivas «interfaces» e os que estejam eventualmente presentes na «lógica», nos «algoritmos» e nas «linguagens de programação».[764]

A Directiva responde, assim, à necessidade de proteger os programas de computador, sem restringir o acesso às ideias e aos conceitos subjacentes, proibindo, pois, a monopolização de ideias de forma a não obstaculizar o progresso técnico e o desenvolvimento industrial.

Refira-se a este propósito um processo que teve por objecto um pedido de decisão prejudicial apresentado pelo *Nejvyšší správní soud*, em que esse Tribunal procurou saber, *inter alia*, se a interface gráfica de um programa de computador era uma forma de expressão desse programa, na acepção do artigo 1 (2) da Directiva sobre os Programas de Computador e beneficiava, por isso, da protecção autoral conferida aos programas de computador.[765]

No seu acórdão, o Tribunal de Justiça começou por explicar, precisamente, que a Directiva sobre os Programas de Computador tutela as formas de expressão de um programa de computador, bem como o trabalho de concepção preparatório susceptível de conduzir, respectivamente, à reprodução ou à elaboração posterior de tal programa.

---

[762] Artigo 3 da Directiva sobre Programas de Computador.

[763] Artigo 1 (3) da Directiva sobre Programas de Computador. Segundo o considerando (8) «no tocante aos critérios a aplicar para apreciar se um programa de computador constitui ou não uma obra original, não se deverá recorrer a testes dos seus méritos qualitativos ou estéticos.»

[764] Artigo 1 (2) da Directiva sobre Programas de Computador e considerando (11) da Directiva sobre Programas de Computador.

[765] *Bezpečnostní softwarová asociace – Svaz softwarové ochrany v. Ministerstvo kultury*, Acórdão do Tribunal de Justiça, Processo C393/09, 22 de Dezembro de 2010.

Observou, em seguida, o mesmo Tribunal, que a interface gráfica do utilizador, que dá lugar à comunicação entre o programa de computador e o utilizador, não permite a reprodução desse programa de computador, constituindo simplesmente um elemento desse programa através do qual os utilizadores exploram as funcionalidades do mesmo.

Não se traduzindo essa interface numa forma de expressão de um programa de computador, na acepção do artigo 1 (2) da Directiva sobre os Programas de Computador, não era merecedora da protecção conferida aos programas de computador por tal Directiva.

Sublinhou então o Tribunal de Justiça a possibilidade de essa interface ser tutelada pelo direito de autor, enquanto «obra», ao abrigo da Directiva sobre a Sociedade da Informação, se constituísse uma «criação intelectual do próprio autor».[766]

No entanto, avisou aquele Tribunal, o critério da originalidade não poderia ser preenchido pelos componentes da interface gráfica do utilizador que se caracterizassem unicamente pela sua função técnica. Quando a expressão desses componentes resulta da sua função técnica, o dito critério não é preenchido, porque as diferentes formas de executar uma ideia são tão limitadas que a ideia e a expressão se confundem. Em tal situação, os componentes da interface gráfica do utilizador não permitem ao autor exprimir o seu espírito criador de forma original e a produzir algo que possa ser assimilado a uma criação intelectual.

Em suma, concluiu o Tribunal do Luxemburgo que a interface gráfica do utilizador não constituía uma forma de expressão de um programa de computador, na acepção do artigo 1 (2) da Directiva sobre os Programas de Computador, não podendo usufruir da protecção de direito de autor conferida aos programas de computador ao abrigo desta Directiva, mas podendo beneficiar da protecção de direito de autor enquanto obra, ao abrigo da Directiva sobre a Sociedade da Informação, desde que constituísse uma criação intelectual do próprio autor.

Passando agora aos direitos exclusivos, a Directiva sobre Programas de Computador atribui, ao titular, o direito de efectuar ou autorizar a reprodução de um programa de computador (incluindo os respectivos carregamento, visualização, execução, transmissão ou armazenamento), a tradução, adaptação, ajustamentos ou outras modificações do mesmo, bem como a sua

---

[766] Em conformidade com o acórdão *Infopaq International A/S v. Danske Dagblades Forening*, Acórdão do Tribunal de Justiça, Processo C5/08, 16 de Julho de 2009, 33-37.

distribuição ao público (incluindo a locação do original ou de cópias desse programa).[767]

A primeira comercialização, na Comunidade, de uma cópia de um programa efectuada pelo titular de direitos ou com o seu consentimento, esgota o direito à distribuição na Comunidade – com excepção do direito de controlar a locação ulterior do programa ou de uma cópia do mesmo.[768]

Assinale-se, neste contexto, um processo que teve por objecto um pedido de decisão prejudicial apresentado pelo *Bundesgerichtshof*, no âmbito de um litígio que opôs a UsedSoft à Oracle a propósito da comercialização, pela UsedSoft, de licenças de *software* em segunda mão relativas a programas da Oracle e que se centrou na interpretação do artigo 4 (2) Directiva sobre Programas de Computador.[769]

No seu acórdão, o Tribunal de Justiça começou por notar que a transferência, pelo titular de direitos, de uma cópia de um programa de computador para um cliente, acompanhada da celebração, entre as partes, de um contrato de licença de utilização, constitui uma primeira «comercialização» de uma cópia de um programa, na acepção do artigo 4 (2) da Directiva sobre os Programas de Computador.

Com efeito, uma interpretação restrita da expressão «comercialização», na acepção desse artigo 4 (2), comprometeria o seu efeito útil, pois bastaria que se qualificasse um contrato como sendo de «licença» e não de «comercialização» para evitar a aplicação do princípio do esgotamento de direitos.

Esclareceu ainda aquele Tribunal que o dito artigo 4 (2), referindo-se, sem mais, à comercialização de uma cópia de um programa, não procede a nenhuma distinção em função da forma material ou imaterial da cópia em causa, pelo que o esgotamento do direito de distribuição incide sobre as cópias de programas de computador, tanto tangíveis (tendo um suporte material, como um CDROM ou um DVD) como intangíveis (sendo descarregadas através da Internet).

---

[767] Artigo 4 (1) da Directiva sobre Programas de Computador. Diz o considerando (12), que «para efeitos da presente Directiva, entende-se por «locação» a possibilidade de pôr à disposição para utilização, por um período determinado e com um intuito lucrativo, um programa de computador ou uma sua cópia. Este termo não inclui o empréstimo público que, por conseguinte, não é abrangido pelo âmbito da presente Directiva.»

[768] Artigo 4 (2) da Directiva sobre Programas de Computador.

[769] *UsedSoft GmbH v. Oracle International Corporation*, Acórdão do Tribunal de Justiça, Processo C128/11, 3 de Julho de 2012.

Não releva, aqui, em sede interpretativa, o facto de a Directiva sobre a Sociedade da Informação restringir o esgotamento do direito de distribuição a bens tangíveis, uma vez que a Directiva sobre os Programas de Computador expressa uma vontade legislativa diversa a este respeito e, tratando especificamente da protecção jurídica de programas de computador, constitui uma *lex specialis* relativamente à Directiva sobre a Sociedade da Informação.

Na verdade, se se limitasse a aplicação do princípio do esgotamento do direito de distribuição, previsto no artigo 4 (2) da Directiva sobre os Programas de Computador, às cópias tangíveis de programas de computador, permitir-se-ia que o titular de direitos exigisse, por ocasião de cada revenda das cópias descarregadas através da Internet, uma nova remuneração – embora a primeira comercialização da cópia em causa já lhe tivesse permitido obter uma remuneração adequada.

Como tal, declarou, o Tribunal de Justiça, o artigo 4 (2) da Directiva sobre os Programas de Computador deve ser interpretado no sentido de que o direito de distribuição se esgota quando o titular de direitos autoriza, ainda que a título gratuito, o descarregamento de uma cópia de um programa de computador através da Internet e atribui, através de uma remuneração correspondente ao valor económico da cópia em causa, um direito de utilização da referida cópia, sem limite de duração.

Não podendo o titular de direitos opor-se à revenda de uma cópia de um programa de computador relativamente à qual o respectivo direito de distribuição se encontra esgotado, nos termos *supra* referidos, o segundo adquirente dessa cópia, bem como qualquer adquirente posterior, constitui um «adquirente legítimo» da mesma, na acepção do artigo 5 (1) da Directiva sobre os Programas de Computador.

Passando aos direitos morais, refira-se, apenas, que a Directiva sobre os Programas de Computador não concede, aos programadores, estes últimos direitos, o que em virtude da importância conferida aos direitos morais na era digital constitui uma omissão que poderia ser objecto de acção legislativa comunitária.

No campo das excepções e limitações, permite a mesma Directiva: [770]

- A execução dos actos necessários para a utilização do programa de computador, pelo seu legítimo adquirente e de acordo com o fim a que esse

---

[770] Artigo 5 da Directiva sobre Programas de Computador.

programa se destina, bem como para correcção de erros (em ambos os casos, salvo cláusula específica em contrário);[771]
- A execução de uma cópia de apoio, por uma pessoa que esteja autorizada a utilizar o programa, na medida em que tal seja necessário para a sua utilização (faculdade esta que não pode ser afastada contratualmente); e
- A observação, o estudo ou o teste do funcionamento do programa, por quem tiver direito a utilizar uma cópia do mesmo, a fim de apurar as ideias e princípios subjacentes a qualquer elemento do programa, através de operações de carregamento, de visualização, de execução, de transmissão ou de armazenamento, em execução do contrato.[772]

A Directiva, ora em apreço, autoriza ainda a descompilação de um programa de computador (isto é, a reprodução do seu código e a tradução da sua forma), sem a autorização dos titulares de direitos relevantes, se:[773]

- For indispensável para obter as informações necessárias à interoperabilidade de um programa de computador criado independentemente com outros programas;
- Esses actos forem realizados pelo licenciado ou por outra pessoa que tenha o direito de utilizar uma cópia do programa ou, em seu nome, por uma pessoa devidamente autorizada para o efeito;
- As informações necessárias à interoperabilidade não se encontrarem, já, fácil e rapidamente, disponíveis;

---

[771] Reza o considerando (13) que «os direitos exclusivos do autor para impedir a reprodução não autorizada da sua obra deverão ser sujeitos a uma excepção limitada no caso de se tratar de um programa de computador, de forma a permitir a reprodução tecnicamente necessária para a utilização daquele programa pelo seu adquirente legítimo. Tal significa que as acções de carregamento e funcionamento necessárias à utilização de uma cópia de um programa legalmente adquirido, incluindo a acção de correcção dos respectivos erros, não poderão ser proibidas por contrato. Na ausência de cláusulas contratuais específicas, nomeadamente quando uma cópia do programa tenha sido vendida, qualquer outra acção necessária à utilização de uma cópia de um programa poderá ser realizada de acordo com o fim a que se destina pelo adquirente legal dessa mesma cópia».
[772] Segundo o considerando (14), «as pessoas que têm direito a utilizar um programa de computador não poderão ser impedidas de realizar os actos necessários de observação, estudo ou teste de funcionamento do programa, desde que estes actos não infrinjam os direitos de autor em relação ao programa».
[773] Artigo 6 da Directiva sobre Programas de Computador.

- Esses actos se limitarem a certas partes do programa de origem, necessárias à interoperabilidade;
- As informações assim obtidas não forem (i) utilizadas para outros fins que não o de assegurar a interoperabilidade de um programa criado independentemente, (ii) transmitidas a outrem, excepto quando tal for necessário para a interoperabilidade do programa criado independentemente ou (iii) utilizadas para o desenvolvimento, produção ou comercialização de um programa substancialmente semelhante na sua expressão ou para qualquer outro acto que infrinja o direito de autor; e
- Se respeitar o disposto no artigo 9 (2) da Convenção de Berna, não lesando os legítimos interesses do titular de direitos e coadunando-se com uma exploração normal do programa de computador.

Conclui-se que a Directiva sobre os Programas de Computador visa, por um lado, proteger o investimento e o conhecimento adquirido através da programação e, por outro lado, restringir os direitos do programador de forma a não impedir a produção independente de programas compatíveis.

Procura-se, assim, estabelecer um equilíbrio entre o criador originário do programa e os criadores subsequentes, conferindo ao primeiro o direito de explorar a obra e possibilitando, aos segundos, o acesso à informação com vista ao desenvolvimento de programas compatíveis com o programa original.

Tal princípio é reforçado pelo artigo 8 (2) da Directiva sobre Programas de Computador, que acrescenta que quaisquer disposições contratuais que afastem as excepções previstas nos artigos 5 (2) e (3) (referentes à possibilidade de execução de uma cópia de apoio e de observação, estudo ou teste do funcionamento do programa a fim de apurar as ideias e princípios subjacentes a qualquer elemento do programa) e no artigo 6 (respeitante à descompilação) serão consideradas nulas.

Mencione-se, aqui, um processo que teve por objecto um pedido de decisão prejudicial apresentado pelo *High Court of Justice*, no âmbito de um litígio que opôs a SAS Institute à WPL, a respeito de uma acção por contrafacção proposta pela SAS Institute por violação de direito de autor sobre determinados programas de computador e respectivos manuais.[774]

Em causa estava o facto de a WPL ter criado certo programa que reproduzia a funcionalidade de um programa pertencente à SAS Institute, utili-

---

[774] *SAS Institute Inc. v. World Programming Ltd*, Acórdão do Tribunal de Justiça, Processo C406/10, 2 de Maio de 2012.

zando, ainda, a mesma linguagem de programação e o mesmo formato de ficheiros de dados. Isto, sem que a WPL tivesse tido acesso ao código fonte do programa da SAS Institute ou tivesse efectuado qualquer descompilação do código objecto do mesmo, tendo apenas observado, estudado e testado o comportamento do programa da SAS Institute.

No seu acórdão, o Tribunal de Justiça começou por reiterar que a funcionalidade de um programa, a linguagem de programação e o formato de ficheiros de dados, não constituem uma forma de expressão desse programa, na acepção do artigo 1 (2) da Directiva sobre Programas de Computador.

Acautelou, todavia, que se poderá consubstanciar uma reprodução parcial, na acepção do artigo 4 (a) da mesma Directiva, se um terceiro, tendo obtido parte do código fonte ou do código objecto relativa à linguagem de programação ou ao formato de ficheiros de dados usados no âmbito de um programa de computador, criar, com a ajuda desse código, elementos semelhantes no seu próprio programa de computador.

Ressalvou, ainda, que a linguagem SAS e o formato de ficheiros de dados da SAS Institute, podem beneficiar, enquanto obras, da protecção do direito de autor, por força da Directiva sobre a Sociedade da Informação, se se traduzirem em criações intelectuais.[775]

Invocou, em seguida, aquele Tribunal, o artigo 5 (3) da Directiva sobre Programas de Computador, preceito que visa assegurar que as ideias e os princípios subjacentes a qualquer elemento de um programa de computador não sejam protegidos pelo titular do direito de autor mediante contrato de licença – norma esta que está, pois, em harmonia com o princípio enunciado no artigo 1 (2) da referida Directiva.

Em virtude do dito artigo 5 (3), quem tiver direito a utilizar uma cópia licenciada pode apurar as ideias e os princípios subjacentes a qualquer elemento do programa de computador, quando efectuar quaisquer operações de carregamento, de visualização, de execução, de transmissão ou de armazenamento desse programa que tenha o direito de efectuar, acrescentando o artigo 8 (2) da Directiva sobre Programas de Computador que será considerada nula qualquer disposição contratual contrária às excepções previstas no artigo 5 (2) e (3) dessa Directiva.[776]

---

[775] Vide *Bezpečnostní softwarová asociace – Svaz softwarové ochrany v. Ministerstvo kultury*, Acórdão do Tribunal de Justiça, Processo C393/09, 22 de Dezembro de 2010, 44-46.
[776] Em sede de considerandos, o décimo oitavo considerando da Directiva sobre Programas de Computador, explica que uma pessoa que tenha direito a utilizar um programa de computador não pode ser impedida de realizar os actos necessários de observação,

Por conseguinte, decretou o Tribunal de Justiça que o artigo 5 (3) da Directiva sobre Programas de Computador deve ser interpretado no sentido de que o titular de direitos sobre um programa de computador não pode invocar uma licença para impedir o apuramento, pelo beneficiário dessa licença, das ideias e dos princípios subjacentes a todos os elementos desse programa aquando da execução das operações que a referida licença lhe permite efectuar, bem como das operações de carregamento e de funcionamento necessárias à utilização do programa de computador, desde que não se verifique uma violação dos direitos exclusivos em causa.

Concluiu o Tribunal do Luxemburgo que não existe violação do direito de autor sobre o programa de computador quando o adquirente legítimo de uma licença não tem acesso ao código fonte do programa de computador protegido por essa licença, limitando-se a estudar, a observar e a testar esse programa a fim de reproduzir a sua funcionalidade num segundo programa.[777]

Passando agora ao prazo de protecção, a tutela dos programas de computador persiste por um período de setenta anos após a morte dos respectivos autores.[778]

Por último, a Directiva sobre os Programas de Computador contém preceitos dedicados à observância das suas normas, decorrendo do seu artigo 7 a obrigação de os Estados Membros adoptarem medidas adequadas contra quem esteja na posse, para fins comerciais, ou ponha em circulação (i) uma cópia de um programa de computador de carácter ilícito (conhecendo ou não podendo ignorar o seu carácter ilícito) ou (ii) meios cujo único objectivo seja facilitar a supressão não autorizada ou a neutralização de qualquer dispositivo técnico para a protecção de um programa.[779]

---

estudo ou teste de funcionamento do programa, desde que estes actos não infrinjam os direitos de autor em relação ao referido programa, precisando, o décimo sétimo considerando, da mesma Directiva, que as operações de carregamento e de funcionamento necessárias para a utilização daquele programa pelo seu adquirente legítimo não podem ser proibidas por contrato.

[777] *Vide* P. Akester, «SAS Institute Inc v. World Programming Ltd, Case C-406/10. exploratory answers», *European Intellectual Property Review*, 34(3), 2012, p. 145.

[778] Artigo 1 da Directiva sobre o Prazo de Protecção.

[779] *Vide* Parte II – O Direito de Autor em Portugal, Capítulo XII – A protecção das medidas de carácter tecnológico e das informações para a gestão electrónica dos direitos, 12.1.4 – A protecção das medidas de carácter tecnológico na Directiva sobre os Programas de Computador.

Qualquer cópia ilícita de um programa de computador poderá ser confiscada, de acordo com a legislação do Estado Membro em questão, sendo também possível prever a apreensão dos referidos meios (cujo único objectivo seja facilitar a supressão não autorizada ou a neutralização de qualquer dispositivo técnico eventualmente utilizado para a protecção de um programa).

> Decorre da Directiva sobre os Programas de Computador que os Estados Membros têm de tutelar os programas de computador, enquanto obras literárias, na acepção da Convenção de Berna.
> Um programa de computador apenas será tutelado se for «original», isto é, se resultar da «criação intelectual do autor».
> Tal Directiva protege, unicamente, a expressão de um programa de computador, não tutelando as ideias e os princípios subjacentes a qualquer elemento de um programa de computador, incluindo aqueles que são inerentes às respectivas interfaces e os que estejam eventualmente presentes na lógica, nos algoritmos e nas linguagens de programação.

Capítulo III
A Directiva sobre o Aluguer e o Comodato

A Directiva 92/100 /CEE, do Conselho, relativa ao direito de aluguer, ao direito de comodato e a certos direitos conexos ao direito de autor, foi adoptada a 19 de Novembro de 1992, tendo sido revogada pela Directiva 2006/115/CE do Parlamento Europeu e do Conselho, de 12 de Dezembro de 2006 (versão codificada).[780]

Adiante-se já que esta Directiva trata de duas matérias distintas: por um lado, da questão do aluguer e do comodato, no que toca aos autores, aos artistas intérpretes ou executantes, aos produtores de fonogramas e aos produtores de filmes, e, por outro lado, dos direitos conexos dos artistas intérpretes ou executantes, dos produtores de fonogramas, dos produtores de filmes e dos organismos de radiodifusão – salvaguardando a mesma Directiva que a protecção dos direitos conexos, assim outorgada, nada afecta nem prejudica a protecção do direito de autor.[781]

A Directiva sobre o Aluguer e o Comodato reconhece que a protecção adequada das obras e prestações tuteladas pelo direito de autor e direitos conexos é crucial para o desenvolvimento económico e cultural da Comunidade, sendo necessário assegurar essa tutela para garantir a remuneração dos autores e dos artistas intérpretes e executantes, bem como a recuperação dos elevados investimentos necessários para a produção de fonogramas e filmes e para preservar, deste modo, a continuidade do trabalho criativo e artístico.[782]

---

[780] *Vide* J. Reinbothe e S. von Lewinski, *The EC Directive on Rental and Lending Rights and on Piracy*, Sweet and Maxwell, 1993.
[781] Artigo 12 da Directiva sobre o Aluguer e o Comodato.
[782] Considerandos (3) e (5) da Directiva sobre o Aluguer e o Comodato.

Passando às definições fornecidas pela Directiva sobre o Aluguer e o Comodato, destaque-se que:[783]

- «Aluguer» é «a colocação à disposição para utilização, durante um período de tempo limitado e com benefícios comerciais directos ou indirectos»; e
- «Comodato» é «a colocação à disposição para utilização, durante um período de tempo limitado, sem benefícios económicos ou comerciais, directos ou indirectos, se for efectuada através de instituições acessíveis ao público».[784]

Quanto aos beneficiários da protecção, a Directiva sobre o Aluguer e o Comodato contempla os autores, os artistas intérpretes ou executantes, os produtores de fonogramas e os produtores da primeira fixação de um filme (no que toca ao direito exclusivo de permitir ou proibir o aluguer e o comodato) e os artistas intérpretes ou executantes, os produtores de fonogramas, os produtores de filmes e os organismos de radiodifusão (em relação a determinados direitos conexos).[785]

É considerado autor, ou um dos autores, o realizador principal de uma obra cinematográfica ou audiovisual, podendo os Estados Membros prever que outras pessoas sejam consideradas co-autores.[786]

No atinente aos direitos protegidos, a Directiva sobre o Aluguer e o Comodato determina que o direito exclusivo de permitir ou proibir o aluguer e o comodato pertence ao autor (no que respeita ao original e às cópias da sua obra), ao artista intérprete ou executante (no que respeita às fixações da sua prestação), ao produtor de fonogramas (no que respeita aos seus fonogramas) e ao produtor da primeira fixação de um filme (no que se refere ao original e às cópias desse filme).[787]

---

[783] Artigo 2 (1) da Directiva sobre o Aluguer e o Comodato.

[784] De acordo com o considerando (10), é «desejável, por uma questão de clareza, excluir do aluguer e do comodato, na acepção da presente Directiva, determinadas formas de colocação à disposição, como, por exemplo, a colocação à disposição de fonogramas ou filmes para exibição ou difusão públicas, a colocação à disposição para a realização de exposições e a colocação à disposição para consulta no local. Na acepção da presente Directiva, o comodato não deve incluir a colocação à disposição entre instituições acessíveis ao público.»

[785] Artigos 3 (1) (a)-(d) e 7-9 da Directiva sobre o Aluguer e o Comodato.

[786] Artigo 2 (2) da Directiva sobre o Aluguer e o Comodato.

[787] Artigo 3 (1) da Directiva sobre o Aluguer e o Comodato.

Refira-se que a Comissão instaurou uma acção contra Portugal por aplicação incorrecta do direito de aluguer. Com efeito, a Directiva em questão estabelece uma lista exaustiva de titulares de direitos que no âmbito do direito de aluguer podem autorizar, mediante remuneração, ou proibir, a comercialização de uma obra com vista ao seu aluguer, tendo a Comissão concluído que o aditamento de uma nova categoria (a dos produtores de videogramas) àquela lista poderia impedir o funcionamento do mercado único – ao tornar mais difícil, por um lado, saber qual a entidade a contactar para a obtenção de uma licença de exploração da obra e, por outro, sob a perspectiva dos artistas e intérpretes, identificar a entidade responsável pelo pagamento dos direitos a serem recebidos por cada exemplar da obra alugado. A posterior desistência da Comissão resultou do facto de a República Portuguesa ter adoptado as medidas necessárias ao cumprimento das suas obrigações após a propositura da acção.[788]

Note-se que a Directiva não tutela o direito de aluguer e o direito de comodato relativos a obras de arquitectura e a obras de arte aplicada, nem prejudica o disposto no artigo 4 (c) da Directiva 91/250/CEE do Conselho, de 14 de Maio de 1991, relativa à protecção jurídica dos programas de computador.

A Directiva sobre o Aluguer e o Comodato estabelece, ainda, certos direitos conexos dos artistas intérpretes ou executantes, dos produtores de fonogramas, dos produtores de filmes e dos organismos de radiodifusão.[789]

Concede a Directiva, aos artistas intérpretes ou executantes e aos organismos de radiodifusão, o direito exclusivo de permitir ou proibir a fixação, respectivamente, das suas prestações e das suas emissões, sejam elas efectuadas com ou sem fio, por cabo ou satélite – e não tendo o distribuidor por cabo tal direito sempre que efectue meras retransmissões por cabo de emissões de organismos de radiodifusão.[790]

Aos artistas intérpretes ou executantes é também atribuído o direito exclusivo de permitir ou proibir a radiodifusão e a comunicação ao público ao vivo das suas prestações – excepto se a prestação consistir numa prestação radiodifundida ou for efectuada a partir de uma fixação.[791]

Encontra-se previsto, ainda, o direito ao pagamento de uma remuneração equitativa e única pela utilização de fonogramas, com fins comerciais,

---

[788] *Comissão das Comunidades Europeias v. República Portuguesa*, Processo C-24/08, 9 de Setembro de 2008.
[789] Artigos 7-9 da Directiva sobre o Aluguer e o Comodato.
[790] Artigo 7 da Directiva sobre o Aluguer e o Comodato.
[791] Artigo 8 (1) da Directiva sobre o Aluguer e o Comodato.

em qualquer tipo de comunicações ao público, bem como a partilha de tal remuneração pelos artistas intérpretes ou executantes e pelos produtores dos fonogramas assim utilizados – sendo que na falta de acordo entre os artistas intérpretes ou executantes e os produtores dos fonogramas, os Estados Membros podem determinar em que termos é repartida essa remuneração.[792]

Refira-se, a este propósito, um processo que teve por objecto um pedido de decisão prejudicial apresentado pelo *Corte d'appello di Torino*, no âmbito de um litígio que opôs a SCF (uma sociedade de gestão colectiva de direitos) a M. Del Corso, dentista, a propósito da difusão no seu consultório dentário de fonogramas protegidos, alegando a SCF que essa difusão constituía uma «comunicação ao público» e estava, como tal, sujeita ao pagamento de uma remuneração equitativa.[793]

No seu acórdão, o Tribunal de Justiça começou por declarar que o conceito de «comunicação ao público» deve ser interpretado à luz dos conceitos equivalentes constantes da Convenção de Roma, do Acordo TRIPS e do Tratado da OMPI sobre Interpretações ou Execuções e Fonogramas.[794]

Passando à determinação da ocorrência, ou não, de um acto de comunicação ao público, na acepção do artigo 8 (2) da Directiva sobre o Aluguer e o Comodato, aquele Tribunal chamou a atenção para os critérios por si previamente desenvolvidos, no contexto do artigo 3 (1) da Directiva sobre a Sociedade da Informação, a saber:

- Em primeiro lugar, no que toca ao papel do utilizador, o operador de um estabelecimento hoteleiro e de um café/restaurante, efectua um acto de comunicação, na acepção do artigo 3 (1) da Directiva sobre a Sociedade da Informação, ao permitir que os seus clientes tenham acesso a uma emissão radiodifundida, clientes esses que não teriam

---

[792] Artigo 8 (2) da Directiva sobre o Aluguer e o Comodato. Compare-se com o preceituado no artigo 12 da Convenção de Roma no que toca à partilha da remuneração.

[793] *Società Consortile Fonografici (SCF) v. Marco Del Corso, sendo interveniente, Procuratore generale della Repubblica*, Acórdão do Tribunal de Justiça, Processo C135/10, 15 de Março de 2012.

[794] *Vide, inter alia, Gianni Bettati v. Safety Hi-Tech Srl.*, Acórdão do Tribunal de Justiça, Processo C341/95, 14 de Julho de 1998, 20 e *Sociedad General de Autores y Editors de Espana (SGAE) v. Rafael Hoteles SA*, Acórdão do Tribunal de Justiça, Processo C306/05, 7 de Dezembro de 2006, 35.

desfrutado da emissão radiodifundida sem a intervenção deliberada daquele operador;[795]
- Em segundo lugar, no respeitante aos elementos inerentes ao conceito de «público», esse conceito, na acepção do artigo 3 (1) da Directiva sobre a Sociedade da Informação, visa um número indeterminado de destinatários potenciais e implica um número de pessoas bastante importante,[796] tendo-se em conta, para determinar este último número, os efeitos cumulativos que resultam da disponibilização das obras aos potenciais destinatários;[797]
- Em terceiro lugar, o carácter lucrativo de uma comunicação ao público, na acepção do artigo 3 (1) da Directiva sobre o Aluguer e o Comodato, não é irrelevante[798] – princípio este que deve valer, por maioria de razão, perante o direito a uma remuneração equitativa, conforme previsto no artigo 8 (2) da Directiva sobre o Aluguer e o Comodato, atendendo à natureza essencialmente económica desse direito.

---

[795] Vide, nesse sentido, *Sociedad General de Autores y Editors de Espana (SGAE) v. Rafael Hoteles SA*, Acórdão do Tribunal de Justiça, Processo C306/05, 7 de Dezembro de 2006, 42; *Football Association Premier League Ltd, NetMed Hellas SA, Multichoice Hellas SA v. QC Leisure, David Richardson, AV Station plc, Malcolm Chamberlain, Michael Madden, SR Leisure Ltd, Philip George Charles Houghton and Derek Owen e Karen Murphy v. Media Protection Services Ltd*, Acórdão do Tribunal de Justiça, Processos apensos C403/08 e C429/08, 4 de Outubro de 2011, 195.

[796] Vide, neste sentido, *Mediakabel BV v. Commissariaat voor de Media*, Acórdão do Tribunal de Justiça, Processo C89/04, de 2 de Junho de 2005, 30; *Lagardère Active Broadcast v. Société pour la perception de la rémunération équitable (SPRE) e Gesellschaft zur Verwertung von Leistungsschutzrechten mbH (GVL)*, Acórdão do Tribunal de Justiça, Processo C192/04, de 14 de Julho de 2005, 31; *Sociedad General de Autores y Editors de Espana (SGAE) v. Rafael Hoteles SA*, Acórdão do Tribunal de Justiça, Processo C306/05, 7 de Dezembro de 2006, 37-38.

[797] Vide *Sociedad General de Autores y Editors de Espana (SGAE) v. Rafael Hoteles SA*, Acórdão do Tribunal de Justiça, Processo C306/05, 7 de Dezembro de 2006, 39.

[798] Vide, nesse sentido, *Sociedad General de Autores y Editors de Espana (SGAE) v. Rafael Hoteles SA*, Acórdão do Tribunal de Justiça, Processo C306/05, 7 de Dezembro de 2006, 44; *Football Association Premier League Ltd, NetMed Hellas SA, Multichoice Hellas SA v. QC Leisure, David Richardson, AV Station plc, Malcolm Chamberlain, Michael Madden, SR Leisure Ltd, Philip George Charles Houghton and Derek Owen e Karen Murphy v. Media Protection Services Ltd*, Acórdão do Tribunal de Justiça, Processos apensos C403/08 e C429/08, 4 de Outubro de 201, 204-205.

No caso em apreço, salientou o Tribunal de Justiça que, tal como nos processos SGAE e *Football Association Premier League e o.*, que embora os pacientes de um dentista se encontrem no interior da zona de cobertura do sinal portador dos fonogramas só podem desfrutar destes graças à intervenção deliberada daquele dentista.

Em segundo lugar, os clientes de um dentista formam, em regra, um conjunto de pessoas cuja composição se encontra largamente estabilizada e que constituem, por isso, um conjunto determinado de destinatários potenciais, não se tratando, consequentemente, de «pessoas em geral», sendo a referência à pluralidade de pessoas pouco importante ou mesmo insignificante numa situação destas, dado que o círculo de pessoas presentes, simultaneamente, no consultório de um dentista é em geral muito limitado.

Em terceiro lugar, um dentista que difunde fonogramas na presença dos seus pacientes não procede a essa difusão com vista a um aumento da clientela ou a um aumento do preço dos tratamentos que presta. Essa difusão não é susceptível, *per se*, de ter repercussões nos rendimentos desse dentista, não tendo, pois, carácter lucrativo.

Por conseguinte, concluiu o Tribunal do Luxemburgo que o conceito de «comunicação ao público», na acepção do artigo 8 (2) da Directiva sobre o Aluguer e o Comodato, deve ser interpretado no sentido de que não cobre a difusão gratuita de fonogramas, num consultório de dentista, no âmbito do exercício de uma profissão liberal, em benefício da clientela que dela frui independentemente da sua vontade – não dando essa difusão direito ao recebimento de uma remuneração para os produtores de fonogramas.

Conclusão diferente alcançou o mesmo tribunal, num processo que teve por objecto um pedido de decisão prejudicial apresentado pelo *High Court*, no âmbito de um litígio que opôs a PPL (uma sociedade de gestão colectiva de direitos) à Irlanda, centrado numa isenção de responsabilidade a favor dos operadores hoteleiros que difundiam fonogramas protegidos, isenção essa que, segundo a PPL, não respeitava o direito dos produtores de fonogramas de receberem o pagamento de uma remuneração equitativa aquando da exploração dos seus fonogramas em certas circunstâncias.[799]

No seu acórdão, o Tribunal de Justiça reiterou noções previamente estabelecidas, no respeitante aos conceito de «utilizador» e de «comunicação ao

---

[799] *Phonographic Performance (Ireland) Limited v. Irlanda*, Acórdão do Tribunal de Justiça, Processo C162/10, 15 de Março de 2012.

público», na acepção do artigo 8 (2) da Directiva sobre o Aluguer e o Comodato.[800]

No que toca ao papel do utilizador, sublinhou aquele Tribunal que os clientes do estabelecimento hoteleiro em causa, embora se encontrassem no interior da zona de cobertura do sinal portador dos fonogramas, só podiam desfrutar dos fonogramas graças à intervenção deliberada desse operador.

Em segundo lugar, no respeitante ao conceito de «público», o Tribunal de Justiça observou que os clientes do estabelecimento hoteleiro constituem um número indeterminado de destinatários potenciais, número esse apenas limitado pela capacidade de acolhimento do estabelecimento em questão e tratando-se, pois, de «pessoas em geral», acrescentando, no que toca à importância do número de destinatários potenciais, que os clientes de um estabelecimento hoteleiro constituem um número de pessoas bastante importante, pelo que devem ser consideradas como público.[801]

Em terceiro lugar, no atinente ao carácter lucrativo do acto de comunicação ao público, o Tribunal de Justiça constatou que ao permitir que os seus clientes tenham acesso à obra radiodifundida o operador de um estabelecimento hoteleiro presta um serviço suplementar, prestação essa que tem influência na classificação desse estabelecimento e, consequentemente, no preço dos quartos[802] e sendo, ainda, susceptível de atrair mais clientela.[803] Ou seja, a radiodifusão de fonogramas pelo operador de um estabelecimento hoteleiro reveste carácter lucrativo.

Por conseguinte, determinou aquele Tribunal que um operador de um estabelecimento hoteleiro que disponibiliza, nos quartos dos seus clientes, aparelhos de televisão e/ou de rádio, é um «utilizador» que pratica um acto de «comunicação ao público» de um fonograma radiodifundido, na acepção do artigo 8 (2) da Directiva sobre o Aluguer e o Comodato.

---

[800] Invocando *SCF v. Marco Del Corso*, Processo C135/10, 15 de Março de 2012.

[801] Vide *Sociedad General de Autores y Editors de Espana (SGAE) v. Rafael Hoteles SA*, Acórdão do Tribunal de Justiça, Processo C306/05, 7 de Dezembro de 2006, 38.

[802] *Sociedad General de Autores y Editors de Espana (SGAE) v. Rafael Hoteles SA*, Acórdão do Tribunal de Justiça, Processo C306/05, 7 de Dezembro de 2006, 44.

[803] *Football Association Premier League Ltd, NetMed Hellas SA, Multichoice Hellas SA v. QC Leisure, David Richardson, AV Station plc, Malcolm Chamberlain, Michael Madden, SR Leisure Ltd, Philip George Charles Houghton and Derek Owen e Karen Murphy v. Media Protection Services Ltd*, Acórdão do Tribunal de Justiça, Processos apensos C403/08 e C429/08, 4 de Outubro de 2011, 205.

No que toca à questão da remuneração equitativa, quando o operador de um estabelecimento hoteleiro transmite um fonograma radiodifundido para os quartos dos seus clientes, utiliza esse fonograma de maneira autónoma e transmiteo a um público distinto e suplementar em relação àquele que era visado pelo acto de comunicação original,[804] obtendo assim benefícios económicos independentes dos obtidos pelo radiodifusor ou pelo produtor dos fonogramas.

Concluiu então o Tribunal de Justiça que o operador de um estabelecimento hoteleiro que disponibiliza nos quartos dos seus clientes aparelhos de televisão e/ou de rádio, é obrigado a pagar uma remuneração equitativa, nos termos do artigo 8 (2) da Directiva sobre o Aluguer e o Comodato, pela difusão de um fonograma radiodifundido, que acresce à paga pelo organismo de radiodifusão.

Por último, o Tribunal de Justiça negou-se a aplicar, neste contexto, o artigo 10 (1) (a) da Directiva sobre o Aluguer e o Comodato, que estabelece uma limitação ao direito a uma remuneração equitativa previsto no artigo 8 (2) da mesma Directiva, quando está em causa uma «utilização privada», afirmando que tal preceito não permite, aos Estados Membros, isentarem o operador de um estabelecimento hoteleiro que pratica um acto de «comunicação ao público» de um fonograma, na acepção do artigo 8 (2) da referida Directiva, da obrigação de pagar uma remuneração equitativa.

Precisou aquele Tribunal que não é o carácter privado ou não da utilização da obra pelos clientes de um estabelecimento hoteleiro que é relevante para determinar se o operador desse estabelecimento pode invocar a limitação baseada numa «utilização privada», mas sim o carácter privado ou não da utilização que o próprio operador faz da obra.

Mais, se se aplicasse o artigo 10 (1) (a) da Directiva sobre o Aluguer e o Comodato, furtando-se assim o utilizador ao pagamento de uma remuneração equitativa por uma utilização da obra correspondente a uma exploração comercial da mesma, tal causaria um prejuízo injustificado aos interesses legítimos dos artistas intérpretes ou executantes protegidos – o que iria contra o disposto no artigo 10 (3) da referida Directiva, segundo o qual a limitação contida no artigo 10 (1) (a) só pode ser aplicada nos casos especiais em que não haja conflito com a exploração normal do objecto do direito, nem prejuízo injustificado para os legítimos interesses do titular do direito.

---

[804] *Sociedad General de Autores y Editors de Espana (SGAE) v. Rafael Hoteles SA*, Acórdão do Tribunal de Justiça, Processo C306/05, 7 de Dezembro de 2006, 40 e 42.

Regressando agora ao exame dos direitos atribuídos, assiste igualmente aos organismos de radiodifusão o direito exclusivo de permitir ou proibir a retransmissão das suas emissões por ondas radioeléctricas, assim como a sua comunicação ao público, desde que essa comunicação seja realizada em locais abertos ao público com entrada paga.[805]

A Directiva sobre o Aluguer e o Comodato outorga também o direito de distribuição aos artistas intérpretes ou executantes (no que respeita às fixações das suas prestações), aos produtores de fonogramas (no que respeita aos seus fonogramas), aos produtores das primeiras fixações de filmes (no que respeita ao original e às cópias dos seus filmes) e aos organismos de radiodifusão (no que respeita às gravações das suas emissões), direito este que inclui a divulgação ao público dos originais em causa e respectivas cópias mediante venda ou de qualquer outra forma.[806]

O direito de distribuição só se extingue, a nível comunitário, aquando da primeira venda das prestações em causa, na Comunidade, quer pelo titular do direito, quer com o seu consentimento – ao contrário do que sucede com o direito de aluguer e de comodato, o qual não se esgota com a venda ou qualquer outro acto de distribuição dos originais ou cópias de obras protegidas pelo direito de autor.[807]

Permite a Directiva ora em análise que os Estados Membros não apliquem o direito exclusivo ao comodato público, contanto que os autores aufiram uma remuneração por conta de tais comodatos, remuneração essa que pode ser determinada livremente pelos Estados Membros tendo em conta os seus objectivos de promoção da cultura.[808]

Assinale-se, a este propósito, um processo que teve por objecto um pedido de decisão prejudicial apresentado pelo *Raad van State*, no âmbito de um litígio que opôs a VEWA (uma sociedade de gestão colectiva de direitos) à Bélgica, alegando a VEWA que certo Decreto Real que previa uma remuneração fixa de um euro por ano e por pessoa era contrário à Directiva sobre o Aluguer e o Comodato.[809]

No seu acórdão, o Tribunal de Justiça começou por reconhecer que nesta matéria a letra do artigo 6 (1) dessa Directiva concede uma ampla margem de

---

[805] Artigo 8 (3) da Directiva sobre o Aluguer e o Comodato.
[806] Artigo 9 (1) da Directiva sobre o Aluguer e o Comodato.
[807] Artigos 9 (2) e 1 (2) da Directiva sobre o Aluguer e o Comodato.
[808] Artigo 6 (1) da Directiva sobre o Aluguer e o Comodato.
[809] *Vereniging van Educatieve en Wetenschappelijke Auteurs (VEWA) v. Belgische Staat*, Acórdão do Tribunal de Justiça, Processo C271/10, 30 de Junho de 2011.

apreciação aos Estados Membros, salientando, todavia, que uma vez que essa remuneração constitui a contrapartida pelo prejuízo causado aos autores pela utilização das suas obras, sem a sua autorização, tal remuneração não deve ser simbólica e a sua fixação não deve ser dissociada dos elementos constitutivos desse prejuízo.

Uma vez que o prejuízo resulta do comodato público, isto é, da disponibilização de bens protegidos por instituições acessíveis ao público o montante da remuneração deve ter em conta a extensão dessa disponibilização. Quanto maior for o número de bens protegidos postos à disposição por uma instituição que realiza comodatos públicos e o número de comodatários, maior será o escopo dessa disponibilização.

Concluiu, pois, aquele Tribunal, que o artigo 6 (1) da Directiva sobre o Aluguer e o Comodato é contrário a uma legislação que institui um sistema segundo o qual a remuneração dos autores em sede de comodato público é calculada, exclusivamente, em função do número de comodatários inscritos nas instituições públicas, com base num montante fixo por comodatário e por ano.

O artigo 6 da Directiva sobre o Aluguer e o Comodato prevê, ainda, que os Estados Membros possam isentar determinadas categorias de estabelecimentos do pagamento da remuneração, matéria esta que se revelou algo controversa.[810]

Em processo intentado contra a Bélgica por transposição incorrecta da Directiva neste campo, declarou o Tribunal de Justiça que se as circunstâncias prevalecentes num Estado Membro não permitirem efectuar uma distinção válida entre as categorias de estabelecimentos, o Estado Membro terá de impor a todos os estabelecimentos em causa a obrigação de pagar a remuneração em questão.[811]

Mais tarde, tendo verificado que Portugal havia isentado todos os estabelecimentos de comodato público, a Comissão intentou uma acção contra a República Portuguesa por transposição incompleta do direito de comodato público.[812]

Concluiu a Advogada-Geral que muitas, senão todas, as questões subjacentes suscitadas pelo Governo português em sua defesa, se enquadravam no âmbito das matérias que o artigo 5 da Directiva sobre o Aluguer e o Comodato deixa à discricionariedade dos Estados Membros, mas que essa margem de

---

[810] Artigo 6 (3) da Directiva sobre o Aluguer e o Comodato.
[811] *Comissão das Comunidades Europeias v. Reino da Bélgica*, Acórdão do Tribunal de Justiça, Processo C-433/02, 16 de Outubro de 2003.
[812] *Comissão das Comunidades Europeias v. República Portuguesa*, Processos C-53/05 e C-61/05, Conclusões da AdvogadaGeral E. Sharpston apresentadas a 4 de Abril de 2006.

discricionariedade não vai ao ponto de permitir a isenção de todos os estabelecimentos em causa do pagamento de remunerações pelo comodato público.

A Advogada-Geral aproveitou ainda para reprovar as rudes observações escritas da Comissão em relação à República Portuguesa:

> «No processo C53/05, a Comissão afirma que a República Portuguesa não soube ler a Directiva e acusa-a de um acto de pirataria por expropriar os autores e por confiscar os seus direitos de propriedade intelectual. No processo C61/05, a Comissão acusa a República Portuguesa de descaramento, de a querer enganar e pergunta se a República Portuguesa sabe ler. Em ambos os documentos utiliza, em geral, um tom sarcástico e irónico. Independentemente da procedência ou não da acção, considero que esta linguagem e tom são inaceitáveis.»

No campo das excepções, em harmonia com o artigo 15 da Convenção de Roma, a Directiva sobre o Aluguer e o Comodato permite o estabelecimento de excepções aos direitos *supra* referidos, nos casos de utilização privada, utilização de excertos curtos para reportagem de acontecimentos actuais, fixação efémera por um organismo de radiodifusão com os seus próprios meios e para as suas próprias emissões e utilização unicamente para fins de ensino ou investigação científica.[813]

Os Estados Membros podem, ainda, no que respeita à protecção dos artistas intérpretes ou executantes, dos produtores de fonogramas, dos organismos de radiodifusão e dos produtores das primeiras fixações de filmes, prever o mesmo tipo de excepções e limitações que a lei estabelece em matéria de protecção do direito de autor para as obras literárias e artísticas – tendo as licenças obrigatórias de ser compatíveis com a Convenção de Roma.

Quaisquer excepções e limitações têm de respeitar a regra dos três passos, ou seja, só podem ser invocadas em casos especiais, em que não haja conflito com a exploração normal da prestação em causa, nem prejuízo injustificado para os legítimos interesses dos respectivos titulares de direitos.[814]

No quadro contratual, o dircito ao aluguer e ao comodato pode ser transmitido, cedido ou ser objecto de licença contratual.[815]

Salvo disposição contratual em contrário, a celebração, individual ou colectiva, de um contrato de produção de filmes entre artistas intérpretes ou executantes e um produtor, acarreta a presunção de que o artista intér-

---

[813] Artigo 10 (1) da Directiva sobre o Aluguer e o Comodato.
[814] Artigo 10 (3) da Directiva sobre o Aluguer e o Comodato.
[815] Artigo 3 (3) da Directiva sobre o Aluguer e o Comodato.

prete ou executante abrangido por esse contrato procedeu à transmissão do seu direito de aluguer – podendo o Estados Membros prever uma presunção análoga relativamente aos autores.[816]

Os Estados Membros podem estipular que a assinatura de um contrato entre um artista intérprete ou executante e um produtor de filmes, relativamente à produção de um filme, tenha por efeito permitir o aluguer quando esse contrato estabeleça uma remuneração equitativa, podendo igualmente prever a aplicação desse princípio, *mutatis mutandis*, aos direitos conexos constantes da Directiva sobre o Aluguer e o Comodato.[817]

Sempre que um autor ou um artista intérprete ou executante transmita ou ceda o seu direito de aluguer, relativo a um fonograma ou ao original ou cópia de um filme, a um produtor de fonogramas ou filmes, assiste ao referido autor ou artista o direito a auferir uma remuneração equitativa pelo aluguer, direito esse que não pode ser objecto de renúncia.[818]

Finalmente, o direito de distribuição pode ser transmitido, cedido ou ser objecto de licenças contratuais.[819]

Em sede de definições, a Directiva sobre o Aluguer e o Comodato afirma que:
- «Aluguer» é «a colocação à disposição para utilização, durante um período de tempo limitado e com benefícios comerciais directos ou indirectos»; e
- «Comodato» é «a colocação à disposição para utilização, durante um período de tempo limitado, sem benefícios económicos ou comerciais, directos ou indirectos, se for efectuada através de instituições acessíveis ao público».

A mesma Directiva atribui o direito exclusivo de permitir ou proibir o aluguer e o comodato ao autor (no que respeita ao original e às cópias da sua obra), ao artista intérprete ou executante (no que respeita às fixações da sua prestação), ao produtor de fonogramas (no que respeita aos seus fonogramas) e ao produtor da primeira fixação de um filme (no que se refere ao original e às cópias desse filme).

A Directiva sobre o Aluguer e o Comodato estabelece, ainda, certos direitos conexos dos artistas intérpretes ou executantes, dos produtores de fonogramas, dos produtores de filmes e dos organismos de radiodifusão.

---

[816] Artigo 3 (4)-(5) da Directiva sobre o Aluguer e o Comodato.
[817] Artigo 3 (6) da Directiva sobre o Aluguer e o Comodato.
[818] Artigo 5 da Directiva sobre o Aluguer e o Comodato.
[819] Artigo 9 (4) da Directiva sobre o Aluguer e o Comodato.

Capítulo IV
A Directiva sobre a Radiodifusão por Satélite e a Retransmissão por Cabo

A Directiva 93/83/CEE, do Conselho, relativa à coordenação de determinadas disposições em matéria de direito de autor e direitos conexos aplicáveis à radiodifusão por satélite e à retransmissão por cabo, foi adoptada a 27 de Setembro de 1993.[820]

A Directiva sobre a Radiodifusão por Satélite e a Retransmissão por Cabo assenta na premissa de que os objectivos da Comunidade incluem o estabelecimento de uma união cada vez mais estreita entre os povos europeus, assim como a garantia do progresso económico e social dos seus países, dando como certo que a radiodifusão transfronteiras na Comunidade, em especial por satélite e por cabo, constitui um dos principais meios de prossecução de tais objectivos.[821]

A Directiva toma, ainda, em linha de conta, que a realização destes objectivos no que se refere à difusão transfronteiras de programas por satélite e à sua retransmissão por cabo a partir de outros Estados Membros, encontra obstáculos advenientes das disparidades existentes entre as legislações nacionais sobre direito de autor e de algumas incertezas no plano jurídico, arriscando-se, consequentemente, os titulares de direitos, a verem as suas obras exploradas sem receberem a respectiva remuneração ou a que a exploração das suas

---

[820] *Vide* Comissão Europeia, «Relatório da Comissão Europeia sobre a aplicação da Directiva 93/83/CEE do Conselho, relativa à coordenação de determinadas disposições em matéria de direito de autor e direitos conexos aplicáveis à radiodifusão por satélite e à retransmissão por cabo» (COM/2002/0430 final).

[821] Considerandos (1)-(3) da Directiva sobre a Radiodifusão por Satélite e a Retransmissão por Cabo.

obras seja bloqueada, em certos Estados Membros, por titulares individuais de direitos exclusivos.[822]

A Directiva sobre a Radiodifusão por Satélite e a Retransmissão por Cabo começa por prestar esclarecimentos de foro terminológico, afirmando que:[823]

- «Satélite» é «qualquer satélite que opere em bandas de frequência que, nos termos da legislação sobre telecomunicações, se encontrem reservadas à radiodifusão de sinais que se destinem a ser captados pelo público ou à comunicação individual não pública.»;
- «Comunicação ao público por satélite» é «o acto de introdução, sob o controlo e a responsabilidade do organismo de radiodifusão, de sinais portadores de programas que se destinam a ser captados pelo público numa cadeia ininterrupta de comunicação conducente ao satélite e deste para a terra»;
- Sendo os sinais portadores de programas codificados, «a comunicação ao público por satélite realizar-se-á na condição de os meios para descodificar a emissão serem postos à disposição do público pelo organismo de radiodifusão ou com o seu consentimento»; e
- «Retransmissão por cabo» é «a retransmissão ao público, simultânea, inalterada e integral, por cabo ou microondas, de uma emissão primária a partir de outro Estado Membro, com ou sem fio, incluindo por satélite, de programas de televisão ou rádio destinados à recepção pelo público».

A mesma Directiva clarifica a controversa questão da localização do acto de comunicação ao público por satélite, ao determinar que:[824]

- O acto de comunicação ao público por satélite se verifica «apenas no Estado Membro onde os sinais portadores do programa são introduzidos, sob o controlo e a responsabilidade do organismo de radiodifusão, numa cadeia ininterrupta de comunicação conducente ao satélite e deste para a terra» (de acordo com a chamada teoria do *uplink*); e
- Sempre que um acto de comunicação ao público, por satélite, se verifique num país terceiro que não preveja o nível de protecção previsto na Directiva sobre a Radiodifusão por Satélite e a Retransmissão por Cabo:

---

[822] Considerando (5) da Directiva sobre a Radiodifusão por Satélite e a Retransmissão por Cabo.
[823] Artigo 1 da Directiva sobre a Radiodifusão por Satélite e a Retransmissão por Cabo.
[824] Artigo 1 (3) da Directiva sobre a Radiodifusão por Satélite e a Retransmissão por Cabo.

- Se os sinais portadores de programas forem transmitidos, para o satélite, por uma estação de ligação ascendente localizada num Estado Membro, considera-se que esse acto de comunicação ao público por satélite ocorreu nesse Estado (podendo ser exercidos os direitos previstos nos artigos 2 a 7 da presente Directiva contra a pessoa que opera a estação de ligação ascendente); e
- Se não for utilizada uma estação de ligação ascendente localizada num Estado Membro, mas se um organismo de radiodifusão, constituído num Estado Membro, tiver incumbido outrem desse acto de comunicação ao público por satélite, considera-se que esse acto ocorreu no Estado Membro em que o organismo de radiodifusão tem o seu estabelecimento principal na Comunidade (podendo ser exercidos os direitos previstos nos artigos 2 a 7 da Directiva contra o organismo de radiodifusão).

Passando aos beneficiários da protecção, a Directiva sobre a Radiodifusão por Satélite e a Retransmissão por Cabo tutela os interesses dos autores, dos artistas intérpretes ou executantes, dos produtores de fonogramas e dos organismos de radiodifusão.

No que toca aos direitos protegidos, tal Directiva concede aos autores o direito exclusivo de autorizar a comunicação ao público, por satélite, de obras protegidas pelo direito de autor.[825]

Refira-se a este propósito um processo que teve por objecto um pedido de decisão prejudicial apresentado pelo *hof van beroep te Brussel*, que opôs a Airfield e a Canal Digitaal à Sabam (sociedade belga de autores, compositores e editores), bem como a Airfield à Agicoa (sociedade belga de produtores de obras audiovisuais), a propósito da obrigação imposta à Airfield e à Canal Digitaal de obterem autorização para a comunicação ao público de obras protegidas, no âmbito da transmissão, directa e indirecta, de programas televisivos.[826]

O pedido de decisão prejudicial teve por objecto a interpretação dos artigos 1 (2) (a) e 2 da Directiva sobre a Radiodifusão por Satélite e a Retransmissão por Cabo.

---

[825] Artigo 2 da Directiva sobre a Radiodifusão por Satélite e a Retransmissão por Cabo.
[826] *Airfield NV, Canal Digitaal BV v. Belgische Vereniging van Auteurs, Componisten en Uitgevers CVBA (Sabam) e Airfield NV v. Agicoa Belgium BVBA*, Acórdão do Tribunal de Justiça, Processos apensos C431/09 e C432/09, 13 de Outubro de 2011.

No seu acórdão, o Tribunal de Justiça começou por esclarecer que tanto a transmissão directa como a transmissão indirecta constituem uma única comunicação ao público, por satélite, quando preenchem todos os requisitos cumulativos previstos no artigo 1 (2) (a) e (c) da Directiva sobre a Radiodifusão por Satélite e a Retransmissão por Cabo.

A indivisibilidade dessa comunicação não significa, contudo, sublinhou o mesmo Tribunal, que a intervenção do fornecedor de um pacote de canais de televisão por satélite, nessa comunicação, possa ser efectuada sem a autorização de titulares de direitos em causa.

Com efeito, concluiu o Tribunal do Luxemburgo que o artigo 2 da Directiva sobre a Radiodifusão por Satélite e a Retransmissão por Cabo deve ser interpretado no sentido de que um fornecedor de um pacote de canais de televisão por satélite, deve obter autorização dos titulares de direitos em causa para a sua intervenção na transmissão, directa e indirecta, de programas televisivos, a não ser que esses titulares tenham acordado com o organismo de radiodifusão que as obras protegidas também seriam comunicadas ao público por intermédio desse fornecedor e que, em tal caso, a intervenção do dito fornecedor não torne as referidas obras acessíveis a um público novo – sendo certo que o fornecedor de um pacote de canais de televisão por satélite alarga o círculo das pessoas que têm acesso aos programas televisivos e torna possível o acesso de um público novo à matéria protegida.

Em relação à aquisição de direitos de radiodifusão, diz a Directiva sobre a Radiodifusão por Satélite e a Retransmissão por Cabo que a autorização para a comunicação ao público, por satélite, de obras protegidas pelo direito de autor, apenas pode ser adquirida contratualmente, e não por meio de licenças compulsórias.[827]

A Directiva permite, todavia, que os Estados Membros estipulem que um acordo colectivo celebrado, entre uma entidade de gestão e um organismo de radiodifusão, em relação a uma determinada categoria de obras, seja estendido aos titulares de direitos da mesma categoria que não sejam representados pela entidade de gestão em questão, desde que: (i) a comunicação ao público por satélite se verifique em simultâneo com uma emissão terrestre pelo mesmo radiodifusor e (ii) o titular de direitos não representado tenha, em qualquer momento, a possibilidade de afastar a extensão desse acordo colectivo às suas obras e de exercer os seus direitos de modo individual ou

---

[827] Artigo 3 (1) da Directiva sobre a Radiodifusão por Satélite e a Retransmissão por Cabo.

colectivo. Ressalve-se que esta regra não se aplica às obras cinematográficas, incluindo as obras produzidas por um processo semelhante ao das obras cinematográficas.[828]

Quanto aos direitos dos artistas intérpretes ou executantes, dos produtores de fonogramas e dos organismos de radiodifusão, o artigo 4 (1) da Directiva sobre a Radiodifusão por Satélite e a Retransmissão por Cabo estabelece que, para efeitos da comunicação ao público por satélite, os direitos dos artistas intérpretes ou executantes, dos produtores de fonogramas e dos organismos de radiodifusão são protegidos de acordo com os artigos 6, 7, 8 e 10 da Directiva 92/100/CEE – referência esta, à Directiva sobre o Aluguer e o Comodato, na sua versão revogada. Dada a codificação operada, os artigos 6, 8 e 10 da Directiva 92/100/CEE foram inseridos nos artigos 7, 8 e 10 da Directiva sobre o Aluguer e o Comodato na sua versão codificada (Directiva 2006/115/EC), tendo o artigo 7 da Directiva 92/100/CEE sido integrado no artigo 2 da Directiva sobre a Sociedade da Informação. São estes preceitos, pois, que terão de ser considerados, neste contexto.[829]

Por sua vez, no âmbito do exercício dos direitos dos artistas intérpretes ou executantes, dos produtores de fonogramas e dos organismos de radiodifusão, o artigo 4 (3) da Directiva em apreço invoca as disposições dos artigos 2 (7) e 12 da Directiva 92/100/CEE, havendo que ter em conta que o artigo 2 (7) da Directiva 92/100/CEE corresponde, agora, ao artigo 3 (6) da Directiva sobre o Aluguer e o Comodato, na sua versão codificada (Directiva 2006/115/EC) e que o artigo 12 da Directiva 92/100/CEE foi substituído pelo artigo 3 da Directiva sobre o Prazo de Protecção (na sua versão codificada).[830]

Passando à retransmissão por cabo, os Estados Membros devem garantir que a retransmissão de emissões provenientes de outros Estados Membros se processe, no seu território, com respeito pelo direito de autor e direitos conexos aplicáveis e com base em contratos individuais ou acordos colectivos entre os titulares de direitos de autor, os titulares de direitos conexos e os distribuidores por cabo.[831]

---

[828] Artigo 3 (2)-(3) da Directiva sobre a Radiodifusão por Satélite e a Retransmissão por Cabo.
[829] *Vide* Parte IV – O Direito de Autor na União Europeia, Capítulo III – A Directiva sobre o Aluguer e o Comodato e Capítulo VII – A Directiva sobre a Sociedade da Informação.
[830] *Vide* Parte IV – O Direito de Autor na União Europeia, Capítulo III – A Directiva sobre o Aluguer e o Comodato e Capítulo V – A Directiva sobre o Prazo de Protecção.
[831] Artigo 8 (1) da Directiva sobre a Radiodifusão por Satélite e a Retransmissão por Cabo.

No atinente ao exercício do direito de retransmissão por cabo, determina a Directiva sobre a Radiodifusão por Satélite e a Retransmissão por Cabo que os titulares de direitos de autor e de direitos conexos apenas podem exercer o direito de autorizar ou proibir um operador por cabo de executar uma retransmissão por cabo, através de entidades de gestão.[832]

Se o titular de direitos não proceder à transferência da gestão desses direitos para uma entidade de gestão, considera-se mandatada para gerir os mesmos a entidade que gere direitos da mesma categoria. Havendo mais do que uma entidade de gestão a gerir direitos dessa categoria, o titular de direitos poderá optar por uma dessas entidades.[833]

Manifestando, de novo, preferência neste contexto pela gestão colectiva, a Directiva sobre a Radiodifusão por Satélite e a Retransmissão por Cabo permite que um Estado Membro presuma que quando um titular de direitos autoriza, no seu território, a emissão primária de uma obra ou de outra prestação protegida, aceita não exercer os seus direitos de retransmissão por cabo, individualmente, mas através de entidades de gestão colectiva.[834]

No respeitante ao exercício de direito de retransmissão por cabo pelos organismos de radiodifusão, os Estados Membros não podem permitir a aplicação do artigo 9 (exercício do direito de retransmissão por cabo) aos direitos exercidos por um organismo de radiodifusão em relação às suas próprias emissões – independentemente de os direitos em questão lhe pertencerem ou de lhe terem sido transferidos por outros titulares de direitos de autor e/ou de direitos conexos.[835]

A Directiva sobre a Radiodifusão por Satélite e a Retransmissão por Cabo exige, ainda, que os Estados Membros assegurem que as negociações sobre a autorização da retransmissão por cabo sejam realizadas de boa fé, que as partes não impeçam ou atrasem essas negociações sem uma justificação válida e que, não sendo possível chegar a acordo, as partes possam recorrer à mediação.[836]

---

[832] Artigo 9 (1) da Directiva sobre a Radiodifusão por Satélite e a Retransmissão por Cabo.
[833] Artigo 9 (2) da Directiva sobre a Radiodifusão por Satélite e a Retransmissão por Cabo.
[834] Artigo 9 (3) da Directiva sobre a Radiodifusão por Satélite e a Retransmissão por Cabo.
[835] Artigo 10 da Directiva sobre a Radiodifusão por Satélite e a Retransmissão por Cabo.
[836] Artigos 11 e 12 da Directiva sobre a Radiodifusão por Satélite e a Retransmissão por Cabo. *Vide* considerandos (27)-(31) da mesma Directiva.

A Directiva sobre a Radiodifusão por Satélite e a Retransmissão por Cabo clarifica a controversa questão da localização do acto de comunicação ao público por satélite, ao determinar que o acto de comunicação ao público por satélite se verifica «apenas no Estado Membro onde os sinais portadores do programa são introduzidos, sob o controlo e a responsabilidade do organismo de radiodifusão, numa cadeia ininterrupta de comunicação conducente ao satélite e deste para a terra» (de acordo com a chamada teoria do *uplink*).

Tal Directiva concede, aos autores, o direito exclusivo de autorizar a comunicação ao público por satélite de obras protegidas pelo direito de autor.

No respeitante à retransmissão por cabo, os Estados Membros devem garantir que a retransmissão de emissões provenientes de outros Estados Membros se processe, no seu território, com respeito pelo direito de autor e direitos conexos aplicáveis e com base em contratos individuais ou acordos colectivos entre os titulares de direitos de autor, os titulares de direitos conexos e os distribuidores por cabo.

No atinente ao exercício do direito de retransmissão por cabo, determina aquela Directiva que os titulares de direitos de autor e de direitos conexos apenas podem exercer o direito de autorizar ou proibir um operador por cabo de executar uma retransmissão por cabo, através de entidades de gestão.

Capítulo V
A Directiva sobre o Prazo de Protecção

A Convenção de Berna e a Convenção de Roma prevêem prazos mínimos de protecção dos direitos a que se referem, deixando aos Estados Contratantes a possibilidade de os proteger por prazos mais longos.[837]

Nesta conformidade, alguns Estados Membros, como a Espanha e a Alemanha, optaram pelo estabelecimento de prazos de protecção mais longos do que os prazos mínimos fixados naquelas Convenções, o que levou à existência de uma certa disparidade nas legislações nacionais nesta matéria, disparidade essa que, sob uma perspectiva comunitária, poderia entravar a livre circulação das mercadorias e de serviços, bem como falsear as condições de concorrência no mercado comum.

Concluiu-se, pois, em nome do bom funcionamento do mercado interno, pela necessidade de harmonizar as legislações dos Estados Membros de modo a que os prazos de protecção fossem idênticos em toda a Comunidade, tendo-se assim adoptado a Directiva 93/98/CEE, do Conselho, relativa ao prazo de protecção do direito de autor e de certos direitos conexos, a 29 de Outubro de 1993, a qual foi revogada pela Directiva 2006/116/CE, de 27 de Setembro de 2011 (versão codificada) e alterada pela Directiva 2011/77/CE, de 27 de Setembro de 2011.

Saliente-se, desde já, que a Directiva sobre o Prazo de Protecção para além de harmonizar o prazo de protecção, eleva, também, o nível de protecção do direito de autor e dos direitos conexos, direitos esses que, segundo a mesma

---

[837] Considerandos (2), (3), (6) e (11) da Directiva sobre o Prazo de Protecção. *Vide* Parte V – O Direito de Autor nos Tratados Internacionais, Capítulo I – A Convenção de Berna e Capítulo III – A Convenção de Roma.

Directiva, são fundamentais para os autores, para as indústrias culturais, para os consumidores e para a sociedade no seu todo.[838]

Como tal, a Directiva vai para além do prazo mínimo de protecção de cinquenta anos após a morte do autor, previsto na Convenção de Berna, explicando que o prazo estabelecido nessa Convenção se destinava a proteger o autor e as duas primeiras gerações dos seus descendentes, objectivo esse que foi inviabilizado pelo aumento da duração de vida média na Comunidade.

No que toca a países terceiros, decorre da Directiva sobre o Prazo de Protecção que a protecção concedida nos Estados Membros às obras cujo país de origem (na acepção da Convenção de Berna) seja um país terceiro e cujo autor não seja nacional de um Estado Membro da Comunidade, termina, o mais tardar, na mesma data em que termina o prazo de protecção no país de origem da obra, não podendo ainda ultrapassar o prazo de setenta anos *post mortem auctoris*.[839]

Relativamente aos direitos conexos, os prazos de protecção previstos naquela Directiva aplicam-se, igualmente, aos titulares que não sejam nacionais de Estados Membros, desde que lhes seja concedida protecção por estes últimos. Sem prejuízo das obrigações internacionais dos Estados Membros, o prazo de protecção assim concedido não pode exceder o prazo de protecção no país de que o titular é nacional, nem o prazo de cinquenta anos contado a partir do evento relevante (a execução, a fixação, a difusão, a publicação e a comunicação lícitas ao público, ou seja, os meios de tornar perceptível às pessoas em geral, por todas as formas adequadas, um objecto sobre o qual incide um direito conexo).[840]

Passando aos beneficiários da protecção, em geral, estes são os titulares de direitos conforme o estabelecido pelas legislações dos Estados Membros, determinando, ainda, a Directiva sobre o Prazo de Protecção que:[841]

- O realizador principal de uma obra cinematográfica ou audiovisual é considerado autor ou co-autor, podendo os Estados Membros designar outros co-autores;
- Qualquer pessoa que, depois de expirar o prazo de protecção do direito de autor, licitamente publicar ou comunicar ao público uma obra não

---

[838] Considerandos (3), (6) e (11) da Directiva sobre o Prazo de Protecção.
[839] Artigo 7 (1) da Directiva sobre o Prazo de Protecção.
[840] Artigo 7 (2) e considerando (17) da Directiva sobre o Prazo de Protecção.
[841] Artigos 2 (1), 4 e 5 da Directiva sobre o Prazo de Protecção.

publicada anteriormente, recebe protecção equivalente aos direitos patrimoniais do autor; e
* Os editores de edições críticas e científicas de obras caídas no domínio público, podem receber um prazo máximo de protecção de trinta anos a contar da primeira publicação lícita.

No respeitante aos requisitos de protecção, aproveita a Directiva ora em apreço para clarificar a noção de «originalidade» no âmbito das fotografias, cuja protecção era objecto de regimes diferentes nos Estados Membros.
Partindo do princípio de que uma obra fotográfica, na acepção da Convenção de Berna, deve ser considerada «original» sempre que for criação intelectual própria do respectivo autor, reflectindo a sua personalidade, sem que outros critérios, como o mérito ou a finalidade, sejam tomados em consideração, a Directiva sobre o Prazo de Protecção determina que as fotografias são originais se consistirem na «criação intelectual do próprio autor», não se aplicando quaisquer outros critérios e podendo os Estados Membros prever a protecção de outras fotografias na respectiva legislação nacional.[842]
Refira-se, a este propósito, um processo que teve por objecto um pedido de decisão prejudicial apresentado pelo *Handelsgericht Wien*, no âmbito de um litígio que opôs E.M. Painer, fotógrafa, a cinco editores de imprensa, relativamente à utilização de fotografias de Natascha K. por esses editores.[843]
No seu acórdão, seguindo a linha de orientação lançada pelo processo Infopaq, o Tribunal de Justiça começou por reconhecer que o direito de autor só é susceptível de proteger um objecto, como uma fotografia, que seja original, na acepção de que é uma criação intelectual do próprio autor[844] – tal sucedendo quando o autor exprime a sua criatividade na realização da obra, tomando opções num quadro de liberdade e de criatividade.[845]

---

[842] Artigo 6 e considerando (16) da Directiva sobre o Prazo de Protecção.
[843] *Eva-Maria Painer v. Standard VerlagsGmbH, Axel Springer AG, Süddeutsche Zeitung GmbH, SPIEGEL-Verlag Rudolf AUGSTEIN GmbH e Co KG and Verlag M. DuMont Schauberg Expedition der Kölnischen Zeitung GmbH e Co KG*, Acórdão do Tribunal de Justiça, Processo C145/10, 1 de Dezembro de 2011.
[844] *Infopaq International A/S v. Danske Dagblades Forening*, Acórdão do Tribunal de Justiça, Processo C5/08, 16 de Julho de 2009, 37, 45.
[845] *Vide Bezpečnostní softwarová asociace – Svaz softwarové ochrany v. Ministerstvo kultury*, Acórdão do Tribunal de Justiça, Processo C393/09, 22 de Dezembro de 2010, 50; *Football Dataco Ltd, Football Association Premier League Ltd, Football League Ltd, Scottish Premier League Ltd, Scottish Football League, PA Sport UK Ltd v. Yahoo! UK Ltd, Stan*

Especificou aquele Tribunal que o autor de uma fotografia pode imprimir o seu cunho pessoal à obra criada através da selecção do pano de fundo, da pose da pessoa a fotografar, da iluminação, do enquadramento, do ângulo, da atmosfera criada, da técnica de revelação ou através da utilização de aplicações informáticas.

Concluiu, pois, o Tribunal de Justiça, que o artigo 6 da Directiva sobre o Prazo de Protecção deve ser interpretado no sentido de que uma fotografia é susceptível de ser protegida pelo direito de autor, desde que seja uma criação intelectual do respectivo autor, reflectindo a sua personalidade em função das escolhas livres e criativas tomadas durante a sua execução.

No atinente aos direitos protegidos, a Directiva sobre o Prazo de Protecção não se aplica aos direitos morais, não prejudicando as disposições dos Estados Membros nessa matéria.[846]

Em sede de direitos patrimoniais, tal Directiva concede protecção equivalente aos direitos patrimoniais do autor a qualquer pessoa que, depois de expirar a prazo de protecção do direito de autor, licitamente publicar ou comunicar ao público uma obra não publicada anteriormente, permitindo ainda que os Estados Membros tutelem os editores de edições críticas e científicas de obras caídas no domínio público.[847]

Na sequência das alterações introduzidas pela Directiva 2011/77/CE, de 27 de Setembro de 2011, a Directiva sobre o Prazo de Protecção concede ao artista intérprete ou executante um direito de rescisão do contrato de transferência ou de cessão, direito este que é irrenunciável. Assim, se cinquenta anos após a publicação lícita de um fonograma (ou, na ausência desta publicação, cinquenta anos após a sua comunicação lícita ao público) o produtor de fonogramas não colocar cópias do fonograma à venda em quantidade suficiente ou não o colocar à disposição do público na Internet, o artista intérprete ou executante pode rescindir o contrato mediante o qual transferiu ou cedeu a um produtor de fonogramas os seus direitos sobre a fixação das execuções. A rescisão do contrato de transferência ou cessão leva à caducidade dos direitos do produtor de fonogramas sobre o fonograma.[848]

James (Abingdon) Ltd, Stan James plc, Enetpulse ApS, Acórdão do Tribunal de Justiça, Processo C604/10, 1 de Março de 2012, 38. *Vide a contrario Football Association Premier League e o.*, Acórdão do Tribunal de Justiça, Processos C403/08 e C429/08, 4 de Outubro de 2011, 98.

[846] Considerandos (20) e artigo 9 da Directiva sobre o Prazo de Protecção.
[847] Artigos 4 e 5 da Directiva sobre o Prazo de Protecção.
[848] Artigo 2 A da Directiva sobre o Prazo de Protecção.

Na sequência das mesmas alterações, a Directiva outorga ainda ao artista intérprete ou executante o direito de obter uma remuneração suplementar, anual, do produtor de fonogramas, no caso de o contrato de transferência ou cessão atribuir o direito a uma remuneração não recorrente – direito este que é irrenunciável e deve ser administrado por sociedades de gestão colectiva. A remuneração anual deve corresponder a vinte por cento das receitas auferidas pelo produtor de fonogramas em cada ano precedente.[849]

No que concerne ao prazo de protecção, a Directiva ordena o seguinte:[850]

- Para o direito de autor sobre obras literárias e artísticas, na acepção do artigo 2 da Convenção de Berna, a protecção decorre durante a vida do autor e setenta anos após a sua morte – sendo esse prazo calculado, no caso de co-autoria de uma obra, a partir da morte do último co-autor sobrevivente;
- Para as obras anónimas ou sob pseudónimo, o prazo de protecção é de setenta anos após o momento em que a obra for licitamente tornada acessível ao público – todavia, quando o pseudónimo adoptado pelo autor não deixar dúvidas sobre a sua identidade ou se o autor revelar entretanto a sua identidade, é aplicável o prazo de setenta anos *post mortem auctoris*;
- Para as obras colectivas ou sendo uma pessoa colectiva designada como titular de direito de autor, o prazo de protecção é de setenta anos após o momento em que a obra for licitamente tornada acessível ao público – excepto se as pessoas singulares que tiverem criado a obra como tal estiverem identificadas na mesma e sem prejuízo dos direitos dos autores identificados cujas contribuições identificáveis estejam incluídas nessas obras (invocando-se, então, em princípio, o prazo de setenta anos *post mortem auctoris*);
- Para as obras publicadas em volumes, partes, fascículos, números ou episódios, o prazo de protecção decorre a partir do momento em que a obra for licitamente tornada acessível ao público e relativamente a cada elemento considerado individualmente;
- Para as obras cujo prazo de protecção não seja calculado a partir da morte do autor ou autores e que não tenham sido licitamente tornadas acessíveis ao público, a protecção cessa no prazo de setenta anos a contar da sua criação;

---

[849] Artigo 2 B-E da Directiva sobre o Prazo de Protecção.
[850] Artigos 1, 2 (2), 3, 4 e 5 da Directiva sobre o Prazo de Protecção.

- Para a composição musical com letra/libreto, a protecção caduca setenta anos após a morte do último dos seguintes sobreviventes, quer estes sejam ou não designados como co-autores: o autor da letra/libreto e o compositor, desde que o contributo de ambos tenha sido criado especificamente para a referida composição musical que comporte letra/libreto;
- Para a obra cinematográfica ou audiovisual, o prazo de protecção expira setenta anos após a morte do último dos seguintes sobreviventes, quer sejam ou não considerados co-autores: o realizador principal, o autor do argumento cinematográfico, o autor do diálogo e o compositor de música especificamente criada para utilização em obras cinematográficas ou audiovisuais;
- Para as interpretações ou execuções, o prazo de protecção caduca cinquenta anos após a data da representação ou da execução – contudo, se a fixação da execução, por outra forma que não num fonograma, for licitamente publicada ou comunicada ao público dentro deste prazo, a protecção caduca cinquenta anos após a data da primeira publicação ou da primeira comunicação ao público (consoante a que tiver ocorrido em primeiro lugar) e se a fixação da execução num fonograma for licitamente publicada ou comunicada ao público, dentro deste prazo, a protecção caduca setenta anos após a data da primeira publicação ou da primeira comunicação ao público (consoante a que tiver ocorrido em primeiro lugar);
- Para os fonogramas, o prazo de protecção caduca cinquenta anos após a fixação – no entanto, se o fonograma for licitamente publicado durante este período, a protecção caduca setenta anos após a data da primeira publicação e se for licitamente comunicado ao público durante o mesmo período (ainda que não tenha sido licitamente publicado) a protecção caduca setenta anos após a data da primeira comunicação lícita ao público;
- Para a primeira fixação de um filme, a protecção caduca cinquenta anos após a fixação – todavia, se o filme for licitamente publicado ou comunicado ao público, durante este período, os direitos caducam cinquenta anos após a data da primeira publicação ou comunicação ao público (consoante a que tiver ocorrido em primeiro lugar);
- Para a radiodifusão, a protecção caduca cinquenta anos após a primeira difusão, quer a emissão seja efectuada com ou sem fio, incluindo cabo ou satélite;

- Para as obras não publicadas anteriormente, o prazo de protecção é de vinte e cinco anos a contar da data em que a obra for pela primeira vez licitamente publicada ou comunicada ao público;
- Para as edições críticas e científicas de obras caídas no domínio público, o prazo máximo de protecção é de trinta anos a contar da primeira publicação lícita.

Segundo o artigo 10 (2) da Directiva em análise, os prazos de protecção nela previstos são aplicáveis a todas as obras e outras produções protegidas pela legislação de pelo menos um Estado Membro a 1 de Julho de 1995, ou seja, encontrando-se determinada obra protegida, por exemplo, no Reino Unido, a 1 de Julho de 1995, essa obra terá de ser protegida em todos os outros Estados Membros, ainda que esses Estados não disponibilizassem essa tutela antes de tal data.[851]

Impõe ainda a Directiva 2011/77/CE, de 27 de Setembro de 2011, a tutela das composições musicais com letra/libreto das quais pelo menos a composição musical ou a letra/libreto estejam protegidos em pelo menos um Estado Membro, a 1 de Novembro de 2013, assim como às composições musicais com letra/libreto criadas após essa data.[852]

Mencione-se aqui um processo que teve por objecto um pedido de decisão prejudicial apresentado pelo *Bundesgerichtshof*, no âmbito de um litígio que opôs a Sony à Falcon, a respeito de certos álbuns de Bob Dylan que haviam sido editados nos Estados Unidos antes de 1 de Janeiro de 1966.[853]

No seu acórdão, o Tribunal de Justiça declarou que o artigo 10 (2) da Directiva sobre o Prazo de Protecção deve ser interpretado no sentido de que os prazos de protecção previstos nessa Directiva são aplicáveis a uma obra ou prestação que se encontre protegida, enquanto tal, a 1 de Julho de 1995, pelo menos num Estado Membro, nos termos da respectiva legislação nacional, independentemente da nacionalidade do titular de direitos relevante.

Ou seja, a referida disposição não exige que esse Estado Membro seja aquele onde a protecção prevista na Directiva sobre o Prazo de Protecção

---

[851] Artigo 10 (2) da Directiva sobre o Prazo de Protecção. Contraste-se com o disposto no artigo 7 (8) da Convenção de Berna.
[852] Artigo 10 (6) da Directiva sobre o Prazo de Protecção.
[853] *Sony Music Entertainment (Germany) GmbH v. Falcon Neue Medien Vertrieb GmbH*, Acórdão do Tribunal de Justiça, Processo C240/07, 20 de Janeiro de 2009.

é pedida, pelo que o prazo de protecção previsto nessa Directiva também é aplicável, por força do artigo 10 (2), no caso de a obra em causa nunca ter sido protegida no Estado Membro onde a protecção é pedida.

Mais, o artigo 10 (2) da Directiva sobre o Prazo de Protecção não beneficia apenas os nacionais da Comunidade, havendo que determinar se a 1 de Julho de 1995 uma obra ou prestação se encontrava protegida, pelo menos num Estado Membro, independentemente da nacionalidade do titular de direitos relevante.

A esta interpretação do artigo 10 (2) da Directiva sobre o Prazo de Protecção acresce uma decisão proferida pelo Tribunal de Justiça, antes da adopção da Directiva em causa, sobre a interpretação do artigo 7, primeiro parágrafo, do então Tratado CEE, contendo o princípio geral de não discriminação em razão da nacionalidade.[854]

As questões colocadas pelo *Landgericht München I*, no processo C-92/92 e pelo *Bundesgerichtshof*, no processo C-326/92, respeitavam à comercialização, em território alemão, de gravações de concertos executados, respectivamente, por Phil Collins, nos Estados Unidos e por Cliff Richard, no Reino Unido.

O Tribunal examinou as questões prejudiciais que lhe foram apresentadas, procurando saber: (i) se o direito de autor se encontrava abrangido pelo domínio de aplicação do Tratado na acepção do primeiro parágrafo do artigo 7 e, por conseguinte, se o princípio geral de não discriminação previsto nesse artigo se aplicava a esse direito, (ii) em caso de resposta afirmativa, se o primeiro parágrafo do artigo 7 do Tratado permitia que a legislação de um Estado Membro excluísse os autores e artistas intérpretes ou executantes dos outros Estados Membros e respectivos sucessores do direito que reconhecia aos cidadãos nacionais da proibir a comercialização, no território nacional, de fonogramas fabricados sem o seu consentimento, quando a prestação tivesse sido executada fora do território nacional e (iii) se o primeiro parágrafo do artigo 7 do Tratado poderia ser invocado, directamente, por um autor ou artista de outro Estado Membro ou seu sucessor,

---

[854] *Phil Collins v. IMTRAT Handels-GmbH, Patricia Im-und Export VmbH v. EMI Electrola GmbH*, Processos apensos C-92/92 e C-326/92. *Vide* G. Dworkin e J. A. L. Sterling, «Phil Collins and the Term Directive», *European Intellectual Property Review*, 1994, p. 187; J-L. Gaster «The European Commission Staff Working Paper on the implications in the field of *copyright* and related rights of the European Court of Justice's Phil Collins ruling», *Revue International du Droit d'Auteur*, 186, 1996, p. 2.

nos tribunais nacionais, em apoio do pedido da protecção reservada aos cidadãos nacionais.

O Tribunal de Justiça concluiu que: (i) os direito de autor e direitos conexos estavam abrangidos pelo âmbito de aplicação do Tratado, na acepção do primeiro parágrafo do artigo 7, sendo o princípio geral de não discriminação previsto nesse artigo aplicável a esses direitos, (ii) a legislação de um Estado Membro não deve excluir os autores e artistas dos outros Estados Membros e seus sucessores do direito, reconhecido por essa legislação aos cidadãos nacionais, de proibir a comercialização no território nacional de fonogramas fabricados sem o seu consentimento, quando a prestação tenha sido executada fora do território nacional e (iii) o princípio de não discriminação pode ser invocado directamente nos tribunais nacionais por um autor ou artista de outro Estado Membro ou seu sucessor, para solicitar o benefício da protecção reservada aos autores e artistas nacionais.

O Tribunal do Luxemburgo afastou, assim, a possibilidade de um Estado Membro aplicar, em relação aos nacionais de outro Estado Membro, a regra compreendida no artigo 7 (8) da Convenção de Berna, isto é, impediu um Estado Membro de afastar o princípio do tratamento nacional no respeitante ao prazo de protecção, pelo que um Estado Membro não pode garantir que a protecção concedida nesse Estado Membro não excede o prazo de protecção fixado no Estado Membro que corresponde ao país de origem da obra.

Na sequência das alterações introduzidas pela Directiva 2011/77/CE, de 27 de Setembro de 2011, a Directiva sobre o Prazo de Protecção estabelece os seguintes prazos gerais:

- Para o direito de autor sobre obras literárias e artísticas, na acepção do artigo 2 da Convenção de Berna, a protecção decorre durante a vida do autor e setenta anos após a sua morte;
- Para a composição musical com letra/libreto, a protecção caduca setenta anos após a morte do último dos seguintes sobreviventes, quer estes sejam ou não designados como co-autores: o autor da letra/libreto e o compositor, desde que o contributo de ambos tenha sido criado especificamente para a referida composição musical que comporte letra/libreto;
- Para a obra cinematográfica ou audiovisual, o prazo de protecção expira setenta anos após a morte do último dos seguintes sobreviventes, quer sejam ou não considerados co-autores: o realizador principal, o autor do argumento cinematográfico, o autor do diálogo e o compositor de música especificamente criada para utilização em obras cinematográficas ou audiovisuais;
- Para as interpretações ou execuções, o prazo de protecção caduca cinquenta anos após a data da representação ou da execução – contudo, se a fixação da execução, por outra forma que não num fonograma, for licitamente publicada ou comunicada ao público dentro deste prazo, a protecção caduca cinquenta anos após a data da primeira publicação ou da primeira comunicação ao público (consoante a que tiver ocorrido em primeiro lugar) e se a fixação da execução num fonograma for licitamente publicada ou comunicada ao público, dentro deste prazo, a protecção caduca setenta anos após a data da primeira publicação ou da primeira comunicação ao público (consoante a que tiver ocorrido em primeiro lugar);
- Para os fonogramas, o prazo de protecção caduca cinquenta anos após a fixação – no entanto, se o fonograma for licitamente publicado durante este período, a protecção caduca setenta anos após a data da primeira publicação, e se for licitamente comunicado ao público durante o mesmo período (ainda que não tenha sido licitamente publicado) a protecção caduca setenta anos após a data da primeira comunicação lícita ao público;
- Para a radiodifusão, a protecção caduca cinquenta anos após a primeira difusão, quer a emissão seja efectuada com ou sem fio, incluindo cabo ou satélite;
- Para as obras não publicadas anteriormente, o prazo de protecção é de vinte e cinco anos a contar da data em que a obra for pela primeira vez licitamente publicada ou comunicada ao público; e
- Para as edições críticas e científicas de obras caídas no domínio público, o prazo máximo de protecção é de trinta anos a contar da primeira publicação lícita.

Capítulo VI
A Directiva sobre as Bases de Dados

A Directiva 96/9/CE, do Parlamento Europeu e do Conselho, relativa à protecção jurídica das bases de dados, foi adoptada a 11 de Março de 1996.[855]

A Directiva sobre as Bases de Dados considera as bases de dados como um instrumento vital no desenvolvimento de um mercado da informação a nível comunitário, reconhecendo que os investimentos em sistemas avançados de gestão da informação não podiam ser realizados na Comunidade sem um regime jurídico estável e homogéneo de protecção dos direitos de fabricantes das bases de dados.[856]

Reconheceu esta Directiva que ao abrigo da legislação então vigente, tais bases não beneficiavam de uma protecção suficiente em todos os Estados Membros, e que essa protecção, quando existente, apresentava características diferentes, propondo-se, pois, eliminar as diferenças que tivessem um efeito de distorção no funcionamento do mercado interno e evitar que surjam novas diferenças.[857]

A Directiva sobre as Bases de Dados tem assim como objectivo a adopção de um sistema harmonizado de protecção das bases de dados, pretendendo ainda incentivar o investimento neste sector.

Para tal, a Directiva harmoniza as regras de direito de autor respeitantes às bases de dados, criando, além disso, um direito *sui generis*, destinado a tutelar as bases de dados independentemente do grau de originalidade introduzido na respectiva compilação.

---

[855] *Vide* J. H. Reichman e P. Samuelson, «Intellectual Property Rights in Data?», *Vanderbilt Law Review*, 50:51, 1997, p. 51.
[856] Considerandos (9), (10) e (12) da Directiva sobre as Bases de Dados.
[857] Considerandos (1)-(4) da Directiva sobre as Bases de Dados.

Começando pelo princípio do tratamento nacional, em sede de direito de autor, a Directiva sobre as Bases de Dados aplica os princípios emanados dos instrumentos internacionais relevantes, contendo, todavia, um regime específico para o direito *sui generis*, nela previsto.

Esse regime é aplicável às bases de dados cujo fabricante ou o titular do direito sejam nacionais dos Estados Membros ou tenham residência habitual no território da Comunidade, bem como às pessoas colectivas que tenham a sua sede social na Comunidade. Se essa pessoa colectiva tiver apenas a sua sede social no território da Comunidade, a sua actividade deverá possuir uma ligação real e permanente com a economia de um dos Estados Membros.[858]

Note-se que o Conselho, sob proposta da Comissão, poderá celebrar acordos que tornem o direito *sui generis* extensivo às bases de dados fabricadas em países terceiros.[859]

Declara aquela Directiva que o direito *sui generis* só se aplica às bases de dados cujos fabricantes sejam nacionais de países terceiros, ou neles tenham residência habitual, e às bases de dados produzidas por pessoas colectivas não estabelecidas num Estado Membro (desde que esses países terceiros proporcionem uma protecção idêntica às bases de dados produzidas por nacionais de um Estado Membro) ou por pessoas que tenham residência habitual no território da Comunidade.[860]

No que toca aos beneficiários da protecção autoral, a Directiva sobre as Bases de Dados permite a atribuição da qualidade de autor de uma base de dados, não apenas à pessoa física que a criou mas, também, a uma pessoa colectiva. Se a legislação do Estado Membro reconhecer as obras colectivas, os direitos patrimoniais pertencerão à pessoa investida do direito de autor e se uma base de dados for criada conjuntamente por várias pessoas singulares, os direitos exclusivos pertencer-lhes-ão conjuntamente.[861]

Passando aos beneficiários da protecção do direito *sui generis*, a Directiva outorga esse direito ao fabricante da base de dados, ou seja, a quem toma a iniciativa e assume o risco de efectuar os investimentos, o que exclui da noção de «fabricante» os subempreiteiros.[862] Os fabricantes das bases de dados tanto podem ser pessoas singulares como pessoas colectivas.[863]

---

[858] Artigo 11 (1)-(2) da Directiva sobre as Bases de Dados.
[859] Artigo 11 (3) da Directiva sobre as Bases de Dados.
[860] Considerando (56) da Directiva sobre as Bases de Dados.
[861] Artigo 4 da Directiva sobre as Bases de Dados.
[862] Artigo 7 (1) e considerando (41) da Directiva sobre as Bases de Dados.
[863] Artigo 11 da Directiva sobre as Bases de Dados.

No respeitante ao objecto da protecção, a Directiva sobre as Bases de Dados tutela as bases de dados seja qual for a forma de que estas se revistam, entendendo-se por «base de dados» «uma colectânea de obras, dados ou outros elementos independentes, dispostos de modo sistemático ou metódico e susceptíveis de acesso individual por meios electrónicos ou outros».[864]

Sublinhe-se que o termo «base de dados» inclui quaisquer recolhas de obras literárias, artísticas, musicais ou outras, ou quaisquer outros materiais, como textos, sons, imagens, números, factos e dados, ordenados de forma sistemática ou metódica e individualmente acessíveis.[865]

No atinente aos requisitos de protecção autoral, apenas poderão beneficiar da tutela conferida pelo regime do direito de autor as bases de dados que, devido à selecção ou disposição das matérias, constituam uma criação intelectual específica do respectivo autor, não sendo aplicáveis quaisquer outros critérios para determinar a outorga dessa protecção.[866]

Note-se que a protecção concedida às bases de dados pelo direito de autor não abrange os elementos nelas contidos, não prejudica eventuais direitos que subsistam sobre esses elementos, nem é aplicável aos programas de computador utilizados no fabrico ou no funcionamento de bases de dados acessíveis por meios electrónicos.[867]

As bases de dados que não preencham o critério da originalidade exigido pelo regime de direito de autor podem ser protegidas pelo direito *sui generis*, contanto que a obtenção, a verificação ou a apresentação do respectivo conteúdo represente um investimento substancial do ponto de vista qualitativo ou quantitativo – podendo esse investimento consistir na utilização de meios financeiros e/ou de ocupação do tempo, de esforços e de energia.[868]

Relativamente aos direitos protegidos, a Directiva sobre as Bases de Dados não contempla os direitos morais, partindo do princípio de que estes devem ser exercidos de acordo com a legislação dos diferentes Estados Membros e da Convenção de Berna.[869]

Em sede de direitos patrimoniais, no âmbito do regime autoral o criador ou o titular de direitos detém o direito exclusivo de autorizar a reprodução, a tradução, a adaptação ou qualquer alteração da base de dados, bem como a

---

[864] Artigo 1(2) da Directiva sobre as Bases de Dados.
[865] Considerando (17) da Directiva sobre as Bases de Dados.
[866] Artigo 3 (1) da Directiva sobre as Bases de Dados.
[867] Artigo 1 (2)-(3) e considerando (23) da Directiva sobre as Bases de Dados.
[868] Artigo 7 (1) e considerando (40) da Directiva sobre as Bases de Dados.
[869] Considerando (28) da Directiva sobre as Bases de Dados.

respectiva distribuição, incluindo a locação, e ainda a comunicação pública, a execução ou a exibição ao público em geral.[870]

No contexto do direito *sui generis*, a Directiva sobre as Bases de Dados outorga ao fabricante de uma base de dados o direito de impedir a extracção e a reutilização de conteúdos de uma base de dados, entendendo a Directiva:[871]

- Por «extracção» a transferência, permanente ou temporária, da totalidade ou de uma parte substancial do conteúdo de uma base de dados para outro suporte, por qualquer meio ou forma; e
- Por «reutilização» qualquer forma de colocar à disposição do público a totalidade ou uma parte substancial do conteúdo da base, através da distribuição de cópias, aluguer, transmissão em linha ou sob qualquer outra forma.

A Directiva proíbe ainda, no âmbito do direito *sui generis*, a extracção e/ou reutilização sistemáticas de partes não substanciais do conteúdo da base de dados que pressuponham actos contrários à exploração normal dessa base ou que possam causar um prejuízo injustificado aos legítimos interesses do fabricante da base de dados.[872]

Refira-se, a este propósito, um processo que teve por objecto um pedido de decisão prejudicial apresentado pelo *Bundesgerichtshof*, no âmbito de um litígio que incidiu sobre a comercialização de uma colectânea de poemas realizada a partir de uma lista de poemas preexistente.[873]

O *Bundesgerichtshof* decidiu suspender a instância e perguntar ao Tribunal de Justiça, essencialmente, se o conceito de «extracção», na acepção do artigo 7 (2) (a) da Directiva sobre as Bases de Dados, abrangia a transferência manual de elementos de uma base de dados para outra base de dados, após consulta visual da primeira, ou se exigia a execução de um processo técnico de cópia.

O Tribunal de Justiça sublinhou que a utilização, no artigo 7 (2) (a) da Directiva sobre as Bases de Dados, da expressão «seja por que meio ou sob que forma for», demonstra que o legislador comunitário quis dar um sentido amplo ao conceito de extracção, em conformidade com o objectivo prosse-

---

[870] Artigo 5 da Directiva sobre as Bases de Dados.
[871] Artigo 7 da Directiva sobre as Bases de Dados.
[872] Artigo 7 (5) da Directiva sobre as Bases de Dados.
[873] *Directmedia Publishing GmbH v. AlbertLudwigsUniversität Freiburg*, Acórdão do Tribunal de Justiça, Processo C304/07, 9 de Outubro de 2008.

guido pela referida Directiva, que é o de garantir à pessoa que tomou a iniciativa e assumiu o risco de fazer um investimento substancial a remuneração do seu investimento, protegendoa contra a apropriação não autorizada dos resultados deste investimento.

Segundo aquele Tribunal, à luz deste objectivo o conceito de «extracção», na acepção do artigo 7 da Directiva sobre as Bases de dados, deve abarcar qualquer acto não autorizado de apropriação do conteúdo de uma base de dados, no todo ou em parte, independentemente do *modus operandi* e da natureza da operação de transferência.

Ou seja, não importa que a transferência seja operada através de um processo técnico de cópia ou por meio de um processo manual, nem releva que o suporte para o qual a transferência é feita seja da mesma natureza, ou não, que o suporte da base original.

São igualmente irrelevantes, segundo o Tribunal de Justiça, a disposição dos elementos transferidos, a qual pode ser diferente da que caracteriza a base de dados original, bem como o objectivo prosseguido pelo acto de transferência (que pode, por exemplo, ser comercial ou não).

Decisiva, para efeitos da apreciação da existência de uma «extracção», é a existência de um acto de transferência do conteúdo da base de dados em causa, no todo ou em parte, para outro suporte.

Concluiu, pois, o Tribunal do Luxemburgo, que a transferência de elementos de uma base de dados protegida para outra base de dados, após consulta da primeira base e de uma apreciação individual dos respectivos elementos, podia consubstanciar uma «extracção», na acepção do artigo 7 *supra* referido, desde que consistisse numa transferência de uma parte substancial (avaliada qualitativa ou quantitativamente) do conteúdo da base de dados protegida ou numa transferência de partes não substanciais que pelo seu carácter repetido e sistemático conduzissem à reconstituição de uma parte substancial desse conteúdo.

Mencione-se ainda, por também ter interpretado o conceito de «extracção», um processo que teve por objecto um pedido de decisão prejudicial apresentado pelo *Sofiyski gradski sad*, no âmbito de um litígio que opôs duas empresas que comercializavam bases electrónicas de dados jurídicos oficiais, tendo uma dessa empresas alegado que a outra havia criado certos módulos com base na extracção e reutilização de partes substanciais de módulos que não lhe pertenciam.[874]

---

[874] *Apis-Hristovich EOOD v. Lakorda AD*, Acórdão do Tribunal de Justiça, Processo C-545/07, 5 de Março de 2009.

O Tribunal de Justiça começou por dizer que o conceito de «extracção», contido no artigo 7 (2) (a) da Directiva sobre as Bases de Dados, deve ser compreendido num sentido amplo, reiterando os princípios explanados no processo Directmedia a este respeito.[875]

Esgotados esses princípios, avançou aquele Tribunal outros critérios de interpretação do artigo 7 (1) e (2) da Directiva sobre as Bases de Dados.

Assim, no que toca à distinção entre «transferência permanente» e «transferência temporária», essa distinção deve ser aferida com referência à duração da conservação, noutro suporte, dos elementos extraídos da base de dados original, sendo uma «transferência permanente» quando esses elementos são fixados de forma duradoura noutro suporte, além do suporte de origem, e sendo uma «transferência temporária» quando os ditos elementos são fixados de forma não duradoura noutro suporte, como por exemplo na memória operacional de um computador.

No respeitante ao momento de ocorrência do acto de extracção a partir de uma base de dados electrónica, esse acto ocorre, segundo o Tribunal de Justiça, aquando da fixação dos elementos extraídos para um suporte diferente da base de dados original, independentemente do carácter permanente ou temporário dessa fixação.

Quanto a indícios de um acto de extracção, salientou o mesmo Tribunal que o facto de certas características do conteúdo da base de dados original figurarem também no conteúdo de uma outra base de dados pode indiciar uma extracção, a menos que tal coincidência possa explicar-se por outros factores. A circunstância de os elementos obtidos pelo fabricante da base de dados original junto de fontes não acessíveis ao público figurarem, também, na base de dados de outro fabricante, pode constituir um indício de extracção, mas não basta, por si, para provar a existência da mesma.

Assinale-se, por fim, um processo que teve por objecto um pedido de decisão prejudicial apresentado pelo *Court of Appeal*, no âmbito de um litígio que opôs a BHB à William Hill, a propósito da utilização pela William Hill, para efeitos da organização de apostas hípicas, de informações retiradas da base de dados da BHB.[876]

---

[875] *Directmedia Publishing GmbH v. AlbertLudwigsUniversität Freiburg*, Acórdão do Tribunal de Justiça, Processo C304/07, 9 de Outubro de 2008.

[876] *British Horseracing Board Ltd and anor v. William Hill Organisation Ltd*, Acórdão do Tribunal de Justiça, Processo C-203/02, 9 de Novembro de 2004. *Vide*, no mesmo sentido, *Fixtures Marketing Ltd v. Oy Veikkaus Ab*, Acórdão do Tribunal de Justiça, Processo C-406/02, 9 de Novembro de 2004; *Fixtures Marketing Ltd. v. AB Svenska Spel*, Acórdão

O Tribunal de Justiça explanou, então, vários conceitos, referidos no artigo 7 da Directiva sobre as Bases de Dados, incluindo os de «investimento», «parte substancial» e «parte não substancial», reduzindo, com a sua interpretação do primeiro desses conceitos, o alcance do direito *sui generis*.

Desvendou aquele Tribunal que o conceito de investimento ligado à «obtenção» do conteúdo de uma base de dados, na acepção do artigo 7 (1) da Directiva sobre as Bases de Dados, abrange os meios dedicados à pesquisa dos elementos existentes e à sua agregação na referida base, não incluindo os meios utilizados para a criação dos elementos constitutivos *per se*.

Mais, o conceito de investimento ligado à «verificação» do conteúdo de uma base de dados, na acepção do artigo 7 (1) da Directiva sobre as Bases de Dados, contempla os meios utilizados com vista a assegurar a fiabilidade e a exactidão da informação constante da referida base, durante o período de funcionamento da base de dados, mas não na fase de criação da mesma.

Explicou também o Tribunal de Justiça que os conceitos de «extracção» e de «reutilização», na acepção do artigo 7 da Directiva sobre as Bases de Dados, se referem a qualquer acto não autorizado de apropriação e de disseminação, no todo ou em parte, do conteúdo de uma base de dados, não exigindo um acesso directo à base de dados em causa.

Deslindou ainda o mesmo Tribunal que o conceito de «parte substancial» do conteúdo de uma base de dados avaliada em termos quantitativos, se refere ao volume de dados extraído e/ou reutilizado, devendo ser apreciado em relação ao volume do conteúdo total da base, enquanto o conceito de «parte substancial» avaliada em termos qualitativos, invoca, apenas, o valor do investimento relacionado com a obtenção, a verificação ou a apresentação do conteúdo do objecto do acto de extracção e/ou de reutilização.

É abrangida pelo conceito de «parte não substancial» do conteúdo de uma base de dados toda e qualquer parte que não caiba no conceito de parte substancial, quer sob uma perspectiva quantitativa quer qualitativa.

Por último, esclareceu o Tribunal do Luxemburgo que o artigo 7 (5) da Directiva sobre as Bases de Dados contempla, nomeadamente, os actos não autorizados de extracção e/ou de reutilização que, pelo seu efeito cumulativo, tendam a reconstituir e/ou a pôr à disposição do público, sem autorização do

---

do Tribunal de Justiça, Processo C–338–02, 9 de Novembro de 2004; *Fixtures Marketing Ltd. v. Organismos Prognostikon Agonon Podosfairu*, Acórdão do Tribunal de Justiça, Processo C-46/02, 9 de Novembro de 2004. *Vide* M.J. Davison e P.B. Hugenholtz, «Football fixtures, horseraces and spin-offs: the ECJ domesticates the database right», *European Intellectual Property Review*, 2005, p. 113.

fabricante da base de dados, a totalidade ou uma parte substancial do conteúdo dessa base, assim prejudicando, gravemente os interesses legítimos de quem nela investiu.

Regressando agora à análise dos preceitos da Directiva sobre a Base de Dados, registe-se que a primeira venda de uma cópia de uma base de dados, na Comunidade, efectuada pelo titular do direito ou com o seu consentimento, esgota o direito de controlar a revenda dessa cópia na Comunidade. Destaque-se que, no caso da transmissão em linha, o direito de proibir a reutilização não se esgota em relação à base de dados, nem a qualquer cópia material da base ou de parte dela feita pelo destinatário da transmissão com o consentimento do titular do direito.[877]

A Directiva sobre as Bases de Dados estabelece, ainda, excepções aos direitos *supra* referidos.

Por conseguinte, em sede de protecção autoral, o utilizador legítimo de uma base de dados pode praticar os actos necessários para aceder ao conteúdo da base de dados e para a utilizar em condições normais, sem autorização do autor da base. Esta excepção é imposta aos Estados Membros, tendo, pois, carácter imperativo.[878]

A Directiva em apreço concede, ainda, aos Estados Membros, a possibilidade de introduzirem excepções, de natureza opcional, à protecção a conferir às bases de dados, de forma a procurar um equilíbrio entre os interesses dos titulares do direito de autor e os interesses dos utilizadores credenciados de uma base de dados.

Os Estados Membros têm, assim, a faculdade de prever excepções: (i) sempre que se trate de uma reprodução para fins particulares de uma base de dados não electrónica, (ii) sempre que a utilização seja feita exclusivamente com fins de ilustração didáctica ou de investigação científica, desde que indique a fonte, na medida em que isso se justifique pelo objectivo não comercial a prosseguir, (iii) sempre que se trate de uma utilização para fins de segurança pública ou para efeitos de um processo administrativo ou judicial e (iv) sempre que se trate de outras excepções ao direito de autor tradicionalmente previstas no respectivo direito interno.

---

[877] Artigo 7 (2) (b) e considerandos (33), (34) e (43) da Directiva sobre as Bases de Dados.
[878] Artigo 6 (1) da Directiva sobre as Bases de Dados.

De acordo com a Convenção de Berna, tais excepções não podem causar um prejuízo injustificado aos legítimos interesses do titular dos direitos ou prejudicar a exploração normal da base de dados.[879]

No contexto do direito *sui generis*, é permitido ao utilizador legítimo de uma base de dados extrair e reutilizar partes não substanciais do seu conteúdo, para quaisquer fins, contanto que esses actos não colidam com a exploração normal dessa base, nem lesem injustificadamente os legítimos interesses do fabricante da base de dados. Estas excepções são impostas aos Estados Membros, tendo consequentemente carácter imperativo.[880]

Também neste campo, a Directiva sobre as Bases de Dados concede aos Estados Membros a possibilidade de introduzirem outras excepções, de natureza opcional, permitindo, assim, que seja autorizada a extracção e/ou reutilização de uma parte substancial dos conteúdos de uma base de dados para fins (i) particulares, desde que essa operação incida sobre uma base de dados não electrónica, (ii) de ilustração didáctica ou de investigação científica, desde que indique a fonte e na medida em que tal se justifique pelo objectivo não comercial a atingir ou (iii) de segurança pública ou para efeitos de um processo administrativo ou judicial.[881]

A mesma Directiva declara a nulidade de qualquer disposição contratual contrária às excepções de carácter imperativo – ou seja, constantes dos artigos 6 (1) e 8.[882]

No que concerne ao prazo de protecção, a duração do direito de autor inerente às bases de dados é idêntica à que é estabelecida para as obras literárias.

Por sua vez, o direito *sui generis* apresenta um prazo de protecção de quinze anos, o qual pode ser renovado por igual período, contanto que se considere que existe um novo investimento substancial na base de dados, no qual se incluem modificações substanciais, resultantes da acumulação de aditamentos, supressões ou alterações sucessivas.[883]

Sob a perspectiva do interesse público, é de frisar que a realização de novos investimentos substanciais numa base de dados, os quais podem resul-

---

[879] Artigo 6 (3) da Directiva sobre as Bases de Dados. *Vide* artigo 9 (2) da Convenção de Berna.
[880] Artigo 8 (1)-(2) da Directiva sobre as Bases de Dados.
[881] Artigos 8-9 da Directiva sobre as Bases de Dados.
[882] Artigo 15 da Directiva sobre as Bases de Dados.
[883] Artigo 10 da Directiva sobre as Bases de Dados.

tar da mera acumulação de aditamentos, supressões ou alterações, pode levar à protecção perpétua dessa base.[884]

Estipula, ainda, aquela Directiva, que os Estados Membros devem prever sanções adequadas contra a violação dos direitos nela previstos.[885]

Por último, refira-se que, de três em três anos, a Comissão tem de apresentar, ao Parlamento Europeu, ao Conselho e ao Comité Económico e Social, um relatório sobre a aplicação da Directiva sobre as Bases de Dados, no qual examine a aplicação do direito *sui generis*, verificando, entre outras coisas, se a aplicação daquele direito deu origem a abusos de posição dominante ou a outros atentados à livre concorrência que justifiquem, por exemplo, a instituição de um regime de licenças não voluntárias.[886]

A Directiva sobre as Bases de Dados harmoniza as regras de direito de autor respeitantes às bases de dados, criando, além disso, um direito *sui generis* destinado a tutelar as bases de dados, independentemente do grau de originalidade introduzido na respectiva compilação.

Apenas poderão beneficiar da protecção conferida pelo regime do direito de autor as bases de dados que devido à selecção ou disposição das matérias constituam uma criação intelectual específica do respectivo autor, não sendo aplicáveis quaisquer outros critérios para determinar a outorga dessa protecção.

As bases de dados que não preencham o critério da originalidade exigido pelo regime de direito de autor podem ser protegidas pelo direito *sui generis*, contanto que a obtenção, a verificação ou a apresentação do respectivo conteúdo represente um investimento substancial, do ponto de vista qualitativo ou quantitativo – podendo esse investimento consistir na utilização de meios financeiros e/ou de ocupação do tempo, de esforços e de energia.

---

[884] Artigo 10 (1)-(2) da Directiva sobre as Bases de Dados.
[885] Artigo 12 da Directiva sobre as Bases de Dados.
[886] Artigo 16 (3) da Directiva sobre as Bases de Dados. *Vide* Comissão Europeia, «First evaluation of Directive 96/9/EC on the legal protection of databases», 12 de Dezembro de 2005, http://ec.europa.eu/internal_market/copyright/docs/databases/evaluation_report_en.pdf.

Capítulo VII
A Directiva sobre a Sociedade da Informação

A Directiva 2001/29/CE, do Parlamento Europeu e do Conselho, relativa ao direito de autor e direitos conexos na sociedade da informação, foi adoptada a 22 de Maio de 2001.[887]

A Directiva sobre a Sociedade da Informação actualiza a protecção conferida ao direito de autor e direitos conexos, no seguimento das questões provenientes do ambiente digital e das obrigações decorrentes do Tratado da OMPI sobre o Direito de Autor e do Tratado da OMPI sobre Interpretações ou Execuções e Fonogramas, de 1996.[888]

---

[887] *Vide* M. Hart, «The Proposed Directive for *Copyright* in the Information Society: Nice Rights, Shame about the Exceptions», *European Intellectual Property Review*, 13, 1998, p. 169; S. von Lewinski, «A Successful Step towards *Copyright* and Related Rights in the Information Age: the New E.C. Proposal for a Harmonisation Directive», *European Intellectual Property Review*, 4, 1998, p. 135; T. Heide, «The Berne Convention Three Step Test and the Proposed *Copyright* Directive», *European Intellectual Property Review*, 3, 1999, p. 105; T. Vinje, «*Copyright* Imperilled», *European Intellectual Property Review*, 4, 1999, p. 206; L. Guibault, G. Westkamp, T. Rieber-Mohn e P. B. Hugenholtz, «Study on the Implementation and Effect in Member States' Laws of Directive 2001/29/EC on the Harmonisation of Certain Aspects of *Copyright* and Related Rights in the Information Society», Fevereiro de 2007, http://www.ivir.nl/publications/guibault/Infosoc_report_2007.pdf; G. Westkamp, «Part II: Country Reports on the Implementation of Directive 2001/29/EC in the Member States», Fevereiro de 2007, http://www.ivir.nl/publications/guibault/InfoSoc_Study_2007.pdf.

[888] Considerandos (1), (2), (4)-(7), (15), (16), (23), (25), (32), (35), (47), (54)-(56) da Directiva sobre a Sociedade da Informação. *Vide* Parte V – O Direito de Autor nos Tratados Internacionais, Capítulo V – O Tratado da OMPI sobre o Direito de Autor e Capítulo VI – O Tratado da OMPI sobre Interpretações ou Execuções e Fonogramas.

Começando por identificar os beneficiários da protecção da referida Directiva, são estes os autores, os artistas intérpretes ou executantes, os produtores de fonogramas, os produtores de filmes e os organismos de radiodifusão.

No que toca à matéria protegida, esta abrange as obras literárias e artísticas, na acepção da Convenção de Berna, incluindo as bases de dados, as prestações dos artistas intérpretes ou executantes, os fonogramas, os filmes e a radiodifusão.

No respeitante aos direitos protegidos, é de notar que a Directiva sobre a Sociedade da Informação não faz referência aos direitos morais, por se ter entendido que a tomada de uma decisão sobre este assunto era prematura. Como tal, os direitos morais devem ser exercidos de acordo com a legislação dos Estados Membros e as disposições da Convenção de Berna e dos Tratados OMPI, de 1996.[889]

A Directiva harmoniza, sim, os direitos patrimoniais à reprodução, à comunicação ao público (incluindo a disponibilização a pedido do utilizador) e à distribuição.

Assim, aos autores, artistas intérpretes ou executantes, produtores de fonogramas, produtores de primeiras fixações de filmes e organismos de radiodifusão, é conferido o mesmo nível de protecção relativamente ao direito de reprodução.[890]

A Directiva sobre a Sociedade da Informação consagra uma definição ampla do conceito de reprodução, incluindo, no seu escopo, todos os tipos de reprodução que possam ocorrer na Internet, quer essa reprodução seja directa ou indirecta, temporária ou permanente, por quaisquer meios e formas, quer abranja o todo, quer parte da obra.

Refira-se, a este propósito, um processo que teve por objecto um pedido de decisão prejudicial apresentado pelo *Højesteret*, no âmbito de um litígio em que se discutia a necessidade de obter o consentimento dos titulares de direitos relevantes, para a execução de actos de reprodução de artigos de imprensa, executados por meio da digitalização desses artigos, da sua conversão em ficheiros digitais e do processamento electrónico desses ficheiros.[891]

---

[889] Considerando (19) da Directiva sobre a Sociedade da Informação. *Vide* Parte V – O Direito de Autor nos Tratados Internacionais, Capítulo I – A Convenção de Berna, Capítulo V – O Tratado da OMPI sobre o Direito de Autor e Capítulo VI – O Tratado da OMPI sobre Interpretações ou Execuções e Fonogramas.

[890] Artigo 2 da Directiva sobre a Sociedade da Informação.

[891] *Infopaq International A/S v. Danske Dagblades Forening*, Acórdão do Tribunal de Justiça, Processo C5/08, 16 de Julho de 2009.

O pedido de decisão prejudicial teve por objecto, *inter alia*, a interpretação do artigo 2 (a) da Directiva sobre a Sociedade da Informação.

O Tribunal de Justiça começou por dizer que a protecção conferida pelo artigo 2 da Directiva sobre a Sociedade da Informação deve ter um alcance amplo, dado o vigésimo primeiro considerando da mesma Directiva, que exige que os actos abrangidos pelo direito de reprodução sejam entendidos em sentido amplo, bem como a terminologia empregue no referido artigo 2 («directas ou indirectas», «temporárias ou permanentes», «por quaisquer meios» e «sob qualquer forma»).

Em seguida, o Tribunal de Justiça teceu considerações sobre o critério da «originalidade» como requisito de protecção em sede autoral, tendo entrelaçado os conceitos de obra, de originalidade e de violação jusautoral.

Observou aquele Tribunal que o artigo 2 (a) da Directiva sobre a Sociedade da Informação faz referência a «obras», obras essas que no quadro da Convenção de Berna apenas podem ser protegidas enquanto «criações intelectuais».

No mesmo sentido, decorre dos artigos 1 (3) da Directiva sobre os Programas de Computador, 3 (1) da Directiva sobre as Bases de Dados e 6 da Directiva sobre o Prazo de Protecção, que os programas de computador, as bases de dados e as fotografias só são protegidos pelo direito de autor se forem «originais», na acepção de que consistem na «criação intelectual do próprio autor».

Nestas condições, concluiu o Tribunal de Justiça que o direito de autor, na acepção do artigo 2 (a) da Directiva sobre a Sociedade da Informação, só é susceptível de se aplicar em relação a um objecto que seja «original», na acepção de que é uma «criação intelectual do próprio autor».

Aplica-se tal critério tanto à obra no seu todo como às partes de uma obra, partes essas que são tuteladas pelo direito de autor desde que participem da originalidade da obra – ou seja, contanto que contenham elementos que expressem a criação intelectual do autor dessa obra. No caso em apreço, sublinhou o mesmo Tribunal, que foi através «da escolha, da disposição e da combinação» das palavras em causa que o autor exprimiu o seu espírito criador de forma original, assim, alcançando um resultado que consubstanciou uma «criação intelectual».

Concluiu, pois, o Tribunal do Luxemburgo, que dada a exigência de uma interpretação ampla da protecção conferida pelo artigo 2 da Directiva sobre a Sociedade da Informação, não se pode excluir que certas frases ou elementos de frases sejam susceptíveis de ser objecto da protecção prevista nesse preceito e que a sua reprodução seja susceptível de constituir uma reprodução parcial, na acepção do mesmo artigo, se os elementos reproduzidos expressarem a criação intelectual do respectivo autor.

Subsequentemente, o entendimento vertido no acórdão Infopaq foi reiterado no processo SAS, tendo o Tribunal de Justiça afirmado que o artigo 2 (a) da Directiva sobre a Sociedade da Informação deve ser interpretado no sentido de que a reprodução, num programa de computador ou num manual de utilização desse programa, de certos elementos descritos no manual de utilização de outro programa de computador, é susceptível de constituir uma violação do direito de autor sobre este último manual se o que é reproduzido expressar a criação intelectual do autor do manual de utilização original.[892]

Prosseguindo a análise dos direitos conferidos pela Directiva da Sociedade da Informação, verifica-se que, na sequência do que foi instituído pelo artigo 8 do Tratado da OMPI sobre Direito de Autor, é outorgado, aos autores, o direito de comunicação ao público das suas obras.[893]

Segundo a referida Directiva, tal direito deve ser entendido em sentido lato, abrangendo todas as comunicações ao público não presente no local de onde provêm as comunicações, bem como qualquer transmissão ou retransmissão de uma obra ao público, por fio ou sem fio, incluindo a radiodifusão, mas não abrangendo quaisquer outros actos.[894]

Mencione-se aqui um processo que teve por objecto um pedido de decisão prejudicial apresentado pela *Audiencia Provincial de Barcelona*, no âmbito de um litígio em que a SGAE, entidade de gestão dos direitos em Espanha, alegava que a utilização de aparelhos de televisão no hotel de que a sociedade Rafael era a proprietária, originava actos de comunicação ao público de obras pertencentes ao repertório gerido por essa entidade de gestão em violação dos direitos inerentes a estas obras.[895]

O pedido de decisão prejudicial teve por objecto a interpretação do artigo 3 da Directiva sobre a Sociedade da Informação.

O Tribunal de Justiça começou por reconhecer que a Directiva sobre a Sociedade da Informação não fornece uma definição do conceito de «comunicação ao público», resultando, todavia, do vigésimo terceiro considerando

---

[892] *SAS Institute Inc. v. World Programming Ltd*, Acórdão do Tribunal de Justiça, Processo C406/10, 2 de Maio de 2012, 70.
[893] Artigo 3 (1) da Directiva sobre a Sociedade da Informação.
[894] Considerando (23) da Directiva sobre a Sociedade da Informação.
[895] *Sociedad General de Autores y Editors de Espana (SGAE) v. Rafael Hoteles SA*, Acórdão do Tribunal de Justiça, Processo C306/05, 7 de Dezembro de 2006.

da mesma Directiva que esse conceito deve ser entendido em sentido amplo, interpretação esta que se revela indispensável para atingir o objectivo principal da referida Directiva, que, de acordo com o nono considerando, é instaurar um elevado nível de protecção.

Sublinhou o Tribunal de Justiça que quando uma transmissão é feita a um público diferente do público visado pelo acto de comunicação originário da obra, isto é, a um público novo, tal dá lugar à operação do direito exclusivo do autor de a autorizar.

Ora, a clientela de um hotel forma um público novo, uma vez que a distribuição da obra radiodifundida à respectiva clientela, através de aparelhos de televisão, não constitui um simples meio técnico para garantir ou melhorar a recepção da emissão de origem na sua zona de cobertura, dando o hotel acesso à obra protegida, com pleno conhecimento das consequências do seu comportamento. Aliás, sem a intervenção do hotel, os seus clientes não poderiam, em princípio, desfrutar da obra difundida.

Em seguida, decorre do artigo 3 (1) da Directiva sobre a Sociedade da Informação e do artigo 8 do Tratado da OMPI sobre o Direito de Autor que para que exista comunicação ao público é suficiente que a obra seja colocada à disposição do público por forma a que as pessoas que o compõem possam ter acesso a ela, independentemente de se verificar, ou não, o acesso efectivo à obra.

Mais, resulta tanto da redacção como do espírito do artigo 3 (1) da Directiva sobre a Sociedade da Informação e do artigo 8 do Tratado da OMPI sobre o Direito de Autor, que exigem a autorização do autor para os actos de comunicação pelos quais o público pode ter acesso a uma obra, que o critério privado ou público do espaço em que a comunicação é realizada não tem relevância.

Por conseguinte, concluiu, o Tribunal do Luxemburgo que embora a mera disponibilização de meios materiais não constitua, por si só, uma comunicação na acepção da Directiva sobre a Sociedade da Informação, a distribuição de um sinal através de aparelhos de televisão por um hotel aos clientes instalados nos quartos desse estabelecimento, qualquer que seja a técnica de transmissão do sinal utilizado, constitui um acto de comunicação ao público na acepção do artigo 3 (1) da dita Directiva.

Aluda-se, também, a um processo que teve por objecto um pedido de decisão prejudicial apresentado por dois tribunais ingleses, em que esses tribunais procuravam saber, *inter alia*, se a transmissão de obras radiodifundidas através de um ecrã de televisão e de altifalantes aos clientes de um *pub* consubstanciava uma comunicação ao público, na acepção do artigo 3 (1) da Directiva sobre a Sociedade da Informação.[896]

Confirmou o Tribunal de Justiça neste acórdão que se deve entender o conceito de comunicação em sentido amplo, como visando toda e qualquer transmissão de obras protegidas, independentemente do meio ou procedimento técnico utilizados, pelo que o proprietário de um *pub* procede a uma comunicação ao transmitir, deliberadamente, obras radiodifundidas, através de um ecrã de televisão e de altifalantes aos clientes que se encontram nesse estabelecimento.

Reiterou o mesmo Tribunal que para que possa ser abrangida pelo conceito de «comunicação ao público», na acepção do artigo 3 (1) da Directiva sobre a Sociedade da Informação, é necessário, ainda, que a obra radiodifundida seja transmitida a um público novo, isto é, a um público que não foi considerado pelos autores das obras protegidas quando autorizaram a sua utilização pela comunicação ao público original.[897]

Ora, é esse o caso da transmissão das obras radiodifundidas pelo proprietário de um *pub* aos clientes presentes nesse estabelecimento, pois esses clientes constituem um público suplementar que não foi tido em consideração pelos autores aquando da autorização da radiodifusão das suas obras.[898]

Por último, asseverou o Tribunal de Justiça, para que exista uma comunicação ao público, a obra radiodifundida deve ser transmitida a um «público não presente no local de onde provêm as comunicações», na acepção do vigésimo terceiro considerando da Directiva sobre a Sociedade da Informação – sendo certo que esse elemento de contacto físico e directo se encontra ausente no caso da transmissão de obras radiodifundidas através de um ecrã de televisão e de altifalantes aos clientes que se encontrem presentes num *pub*.[899]

---

[896] *Football Association Premier League Ltd, NetMed Hellas SA, Multichoice Hellas SA v. QC Leisure, David Richardson, AV Station plc, Malcolm Chamberlain, Michael Madden, SR Leisure Ltd, Philip George Charles Houghton and Derek Owen e Karen Murphy v. Media Protection Services Ltd*, Acórdão do Tribunal de Justiça, Processos apensos C403/08 e C429/08, 4 de Outubro de 2011.

[897] *Sociedad General de Autores y Editors de Espana (SGAE) v. Rafael Hoteles SA*, Acórdão do Tribunal de Justiça, Processo C306/05, 7 de Dezembro de 2006, 40 e 42.

[898] *Sociedad General de Autores y Editors de Espana (SGAE) v. Rafael Hoteles SA*, Acórdão do Tribunal de Justiça, Processo C306/05, 7 de Dezembro de 2006, 41.

[899] *Sociedad General de Autores y Editors de Espana (SGAE) v. Rafael Hoteles SA*, Acórdão do Tribunal de Justiça, Processo C306/05, 7 de Dezembro de 2006, 40.

Concluiu, assim, o Tribunal do Luxemburgo, que o conceito de «comunicação ao público», na acepção do artigo 3 (1) da Directiva sobre a Sociedade da Informação, deve ser interpretado no sentido de que abrange a transmissão de obras radiodifundidas através de um ecrã de televisão e de altifalantes aos clientes que se encontrem presentes num *pub*.

Refira-se, por fim, um processo que teve por objecto um pedido de decisão prejudicial apresentado pela *High Court of Justice* relativo à interpretação do artigo 3(1) da Directiva sobre a Sociedade da Informação, no âmbito de um litígio que opõe a ITV Broadcasting Ltd, a ITV 2 Ltd, a ITV Digital Channels Ltd, a Channel 4 Television Corporation, a 4 Ventures Ltd, a Channel 5 Broadcasting Ltd e a ITV Studios Ltd à TVCatchup Ltd, a propósito da disseminação *online* por esta última, praticamente em tempo real, das emissões televisivas difundidas pelas recorrentes no processo principal.[900]

Quanto ao conceito de comunicação, o Tribunal de Justiça começou por recordar que a Directiva sobre a Sociedade da Informação não o define de forma exaustiva e que cada transmissão ou retransmissão de uma obra que utilize um modo técnico específico deve ser, em princípio, individualmente autorizada pelo autor da obra em causa.

Relativamente à possibilidade de a disseminação *online*, como a executada no processo principal, constituir um mero meio técnico para garantir ou melhorar a recepção da radiodifusão televisiva terrestre na zona de cobertura, frisou aquele Tribunal que para ser qualificada como tal a intervenção desse meio técnico se teria de limitar a manter ou a aumentar a qualidade da recepção de uma transmissão já existente, não podendo servir para transmissão diferente.[901] Ora, a intervenção da TVCatchup consistia numa transmissão diferente da efectuada pelo organismo de radiodifusão em questão, não pretendendo manter ou aumentar a qualidade da recepção da transmissão

---

[900] *ITV Broadcasting Ltd, ITV 2 Ltd, ITV Digital Channels Ltd, Channel 4 Television Corporation, 4 Ventures Ltd, Channel 5 Broadcasting Ltd, ITV Studios Ltd v. TVCatchup Ltd*, Acórdão do Tribunal de Justiça, Processo C607/11, 7 de Março de 2013.

[901] *Vide*, neste sentido, *Football Association Premier League Ltd, NetMed Hellas SA, Multichoice Hellas SA v QC Leisure, David Richardson, AV Station plc, Malcolm Chamberlain, Michael Madden, SR Leisure Ltd, Philip George Charles Houghton and Derek Owen e Karen Murphy v. Media Protection Services Ltd*, Acórdão do Tribunal de Justiça, Processos apensos C403/08 e C429/08, 4 de Outubro de 2011, 194; *Airfield NV, Canal Digitaal BV v. Belgische Vereniging van Auteurs, Componisten en Uitgevers CVBA (Sabam) e Airfield NV v. Agicoa Belgium BVBA*, Acórdão do Tribunal de Justiça, Processos apensos C431/09 e C432/09, 13 de Outubro de 2011, 74 e 79.

efectuada por esse organismo e não podendo, pois, ser considerada um mero meio técnico.

No que toca ao conceito de «público», o Tribunal de Justiça declarou ser irrelevante saber se os destinatários potenciais acediam às obras comunicadas através de uma ligação individual, uma vez que tal metodologia não impedia que um grande número de pessoas tivesse acesso paralelamente à mesma obra. Relevante, era a circunstância de a retransmissão *online* em causa visar todas as pessoas que residiam no Reino Unido que possuíam uma ligação à Internet e que pretendiam obter uma licença de televisão nesse Estado, pessoas essas que podiam aceder às obras protegidas, paralelamente, através de *streaming* das emissões televisivas na Internet.

Como tal, disse o referido Tribunal, a retransmissão em causa visava um número indeterminado de destinatários potenciais e implicava um número considerável de pessoas, havendo que concluir que as obras protegidas eram comunicadas a um «público» na acepção do artigo 3 (1) da Directiva sobre a Sociedade da Informação.[902]

No atinente ao conceito de «público novo», o Tribunal de Justiça distinguiu os processos SGAE e Airfield do processo em apreço,[903] observando que nos processos SGAE e Airfield um operador tinha tornado acessível, deliberadamente, uma radiodifusão que incluía obras protegidas a um público novo, público esse que não havia sido tido em conta pelos autores em causa quando autorizaram a transmissão radiodifundida em questão, enquanto o processo principal dizia respeito à transmissão de obras incluídas numa radiodifusão terrestre e à disponibilização das mesmas obras na Internet, sendo que cada um desses actos, efectuado em condições técnicas específicas, utilizando um

---

[902] Vide, neste sentido, *Sociedad General de Autores y Editors de Espana (SGAE) v. Rafael Hoteles SA*, Acórdão do Tribunal de Justiça, Processo C306/05, 7 de Dezembro de 2006, 37-39.

[903] Vide *Sociedad General de Autores y Editors de Espana (SGAE) v. Rafael Hoteles SA*, Acórdão do Tribunal de Justiça, Processo C306/05, 7 de Dezembro de 2006, 40; *Football Association Premier League Ltd, NetMed Hellas SA, Multichoice Hellas SA v. QC Leisure, David Richardson, AV Station plc, Malcolm Chamberlain, Michael Madden, SR Leisure Ltd, Philip George Charles Houghton and Derek Owen e Karen Murphy v. Media Protection Services Ltd*, Acórdão do Tribunal de Justiça, Processos apensos C403/08 e C429/08, 4 de Outubro de 2011, 197; *Airfield NV, Canal Digitaal BV v. Belgische Vereniging van Auteurs, Componisten en Uitgevers CVBA (Sabam) e Airfield NV v. Agicoa Belgium BVBA*, Acórdão do Tribunal de Justiça, Processos apensos C431/09 e C432/09, 13 de Outubro de 2011, 72.

modo diferente de transmissão, destinada a certo público, devia ser autorizado pelos respectivos autores. Neste contexto, disse aquele Tribunal, já não há que analisar, a jusante, a questão do público novo.

No respeitante ao carácter lucrativo do acto de comunicação, destacou o mesmo Tribunal que não sendo o mesmo irrelevante, não era condição indispensável para a determinação da existência de um acto de comunicação ao público, pelo que essa determinação não era influenciada pelo facto de uma retransmissão, como a que estava em causa no processo principal, ser financiada pela publicidade e revestir, assim, um carácter lucrativo.[904]

Irrelevante, segundo o Tribunal de Justiça, para efeitos da qualificação de uma transmissão como sendo uma comunicação ao público, na acepção do artigo 3 (1) da Directiva sobre a Sociedade da Informação, é a existência de uma relação de concorrência entre as entidades que efectuam transmissões paralelas de obras protegidas pelo direito de autor ou retransmissões sucessivas destas.

Concluiu o Tribunal do Luxemburgo que o conceito de «comunicação ao público», na acepção do artigo 3 (1) da Directiva sobre a Sociedade da Informação, deve ser interpretado no sentido de que abrange uma retransmissão das obras incluídas numa radiodifusão televisiva terrestre que é efectuada por uma entidade que não seja o radiodifusor de origem, através da Internet, ainda que esses subscritores se encontrem na zona de recepção da referida radiodifusão televisiva terrestre e a possam receber legalmente num receptor de televisão – abrangendo, pois, a actividade de *streaming*.

Regressando, de novo, à análise dos direitos outorgados pela Directiva sobre a Sociedade da Informação, constata-se que, de acordo com o artigo 8 do Tratado da OMPI sobre Direito de Autor, o referido direito de comunica-

---

[904] Vide *Football Association Premier League Ltd, NetMed Hellas SA, Multichoice Hellas SA v QC Leisure, David Richardson, AV Station plc, Malcolm Chamberlain, Michael Madden, SR Leisure Ltd, Philip George Charles Houghton and Derek Owen e Karen Murphy v Media Protection Services Ltd*, Acórdão do Tribunal de Justiça, Processos apensos C403/08 e C429/08, 4 de Outubro de 2011, 204; *Sociedad General de Autores y Editores de España (SGAE) v. Rafael Hoteles SA*, Acórdão do Tribunal de Justiça, Processo C306/05, 7 de Dezembro de 2006, 40; *Football Association Premier League Ltd, NetMed Hellas SA, Multichoice Hellas SA v. QC Leisure, David Richardson, AV Station plc, Malcolm Chamberlain, Michael Madden, SR Leisure Ltd, Philip George Charles Houghton and Derek Owen e Karen Murphy v. Media Protection Services Ltd*, Acórdão do Tribunal de Justiça, Processos apensos C403/08 e C429/08, 4 de Outubro de 2011, 44.

ção ao público das obras inclui o direito à disponibilização de obras a pedido dos utilizadores.[905]

Na esteira dos artigos 10 e 14 do Tratado da OMPI sobre Interpretações ou Execuções e Fonogramas, o direito à disponibilização a pedido dos utilizadores é atribuído aos artistas intérpretes ou executantes e aos produtores de fonogramas, mas a Directiva vai para além do referido Tratado, ao estender o direito à disponibilização de prestações a pedido dos utilizadores, aos produtores de primeiras fixações de filmes e aos organismos de radiodifusão.[906]

De acordo com a Directiva sobre a Sociedade da Informação, o direito de colocar à disposição do público abrange todos os actos de colocação de obras e prestações protegidas à disposição do público, público esse não presente no local de onde provêm esses actos de colocação à disposição, emergindo no âmbito das transmissões interactivas a pedido, as quais se caracterizam pelo facto de qualquer pessoa poder aceder-lhes a partir do local e no momento por ela escolhido.[907]

Assinale-se, aqui, um processo que teve por objecto um pedido de decisão prejudicial apresentado pelo *Nejvyšší správní soud*, em que esse Tribunal procurou saber, *inter alia*, se a radiodifusão televisiva de uma interface gráfica do utilizador constituía uma comunicação ao público de uma obra protegida pelo direito de autor, na acepção do artigo 3 (1) da Directiva sobre a Sociedade da Informação.[908]

Declarou o Tribunal de Justiça, no seu acórdão, que, em princípio, a radiodifusão televisiva de uma obra constitui uma comunicação ao público, a qual o autor dessa obra tem o direito exclusivo de autorizar ou proibir.

Notou o mesmo Tribunal que se uma interface gráfica do utilizador for visualizada no âmbito de uma emissão televisiva, os telespectadores recebem, unicamente, a comunicação de tal interface gráfica de forma passiva, sem possibilidade de utilizar o elemento essencial que caracteriza a interface – que consiste em permitir uma interacção entre o programa de computador e o utilizador.

Nesta conformidade, declarou o Tribunal do Luxemburgo que uma vez que pela radiodifusão televisiva a interface gráfica do utilizador não é colocada à disposição do público por forma a tornar acessível a qualquer pessoa o

---

[905] Artigo 3 (2) da Directiva sobre a Sociedade da Informação.
[906] Artigo 3 (2) da Directiva sobre a Sociedade da Informação.
[907] Considerandos (24)-(25) da Directiva sobre a Sociedade da Informação.
[908] *Bezpečnostní softwarová asociace – Svaz softwarové ochrany v. Ministerstvo kultury*, Acórdão do Tribunal de Justiça, Processo C393/09, 22 de Dezembro de 2010.

referido elemento essencial que caracteriza a interface, não há comunicação ao público da interface gráfica do utilizador, na acepção do artigo 3 (1) da Directiva sobre a Sociedade da Informação.

Saliente-se, ainda, neste campo, que os direitos de comunicação ao público e de disponibilização na Internet a pedido dos utilizadores não se esgotam por qualquer acto de comunicação ao público ou de colocação à disposição do público, em conformidade com o princípio estabelecido no processo *Coditel No.1*, segundo o qual actos de comunicação ao público não esgotam o direito de comunicação ao público.[909]

Aos autores é também conferido o direito de autorizar a distribuição das suas obras, direito esse que já se esgota, na Comunidade, relativamente ao original ou às cópias de uma obra, quando a primeira venda ou qualquer outra forma de primeira transferência, nessa Comunidade, seja realizada pelo titular do direito ou com o seu consentimento.[910]

Destaque-se, a este propósito, um processo que teve por objecto um pedido de decisão prejudicial apresentado pelo *Bundesgerichtshof*, no âmbito de um litígio respeitante à disponibilização ao público e à exposição de peças de mobiliário, alegadamente em violação do direito à distribuição.[911]

No seu acórdão, o Tribunal de Justiça reconheceu que, nem o artigo 4 (1) da Directiva sobre a Sociedade da Informação, nem qualquer outra disposição desta Directiva precisam suficientemente o conceito de «distribuição ao público», conceito este que se encontra mais claramente definido no Tratado da OMPI sobre Direito de Autor e no Tratado da OMPI sobre Interpretações ou Execuções e Fonogramas.

Segundo o mesmo Tribunal, uma vez que o artigo 4 (1) da Directiva sobre a Sociedade da Informação faz referência à distribuição «através de venda ou de qualquer outro meio», há que interpretar esse conceito em conformidade com o artigo 6 (1) do Tratado da OMPI sobre Direito de Autor, isto é, como implicando uma transferência de propriedade – impondo-se a mesma conclusão a partir da interpretação do artigo 6 (2) do Tratado da OMPI sobre Direito de Autor e do artigo 4 (2) da Directiva sobre a Sociedade da Informação, preceitos esses respeitantes ao esgotamento do direito de distribuição.

---

[909] Artigo 3 (3) da Directiva sobre a Sociedade da Informação. *Vide Coditel SA Compagnie générale pour la diffusion de la television v. Ciné Vog Films (No.1)*, Acórdão do Tribunal de Justiça, Processo 62/79, 18 de Março de 1980.

[910] Artigo 4 da Directiva sobre a Sociedade da Informação.

[911] *Peek e Cloppenburg KG v. Cassina SpA*, Acórdão do Tribunal de Justiça, Processo C-456/06, 17 de Abril de 2008.

Concluiu, pois, o Tribunal de Justiça, que apenas são abrangidos pelo conceito de «distribuição ao público» por qualquer meio que não a venda do original ou de uma cópia de uma obra, na acepção do artigo 4 (1) da Directiva sobre a Sociedade da Informação, os actos que implicam, exclusivamente, uma transferência de propriedade desse objecto – não sendo esse o caso no processo em causa.

Passando ao campo das excepções e limitações, a Directiva sobre a Sociedade da Informação permite que os Estados Membros estipulem excepções e limitações aos direitos *supra* referidos, desde que essas excepções e limitações sejam restritas a «certos casos especiais que não entrem em conflito com uma exploração normal da obra ou outro material e não prejudiquem irrazoavelmente os legítimos interesses do titular do direito».[912]

Ou seja, para se poder invocar uma excepção prevista no artigo 5, é necessário que os actos em causa preencham as condições do artigo 5 (5) da Directiva sobre a Sociedade da Informação.[913]

O artigo 5 desta Directiva, ao contrário do artigo 10 do Tratado da OMPI sobre Direito de Autor e do artigo 16 do Tratado da OMPI sobre Interpretações ou Execuções e Fonogramas, não estabelece um regra geral, mas sim uma lista exaustiva de excepções e limitações que tem em consideração as diferentes tradições jurídicas dos Estados Membros.

Ironicamente, dado o objectivo de harmonização da matéria autoral na União Europeia que preside à Directiva sobre a Sociedade da Informação, das vinte e uma excepções e limitações consagradas, apenas uma é compulsória, sendo as restantes opcionais e podendo ser seleccionadas pelos Estados Membros à la carte, como lhes aprouver.

A única excepção imperativa respeita a certos actos de reprodução temporária que sejam parte integrante de um processo tecnológico e que não apresentem, em si, significado económico, actos esses que são excluídos, de forma compulsória, do escopo do direito de reprodução.[914]

---

[912] Artigo 5 (5) da Directiva sobre a Sociedade da Informação. *Vide* artigo 9 (2) da Convenção de Berna.

[913] *Football Association Premier League Ltd, NetMed Hellas SA, Multichoice Hellas SA v. QC Leisure, David Richardson, AV Station plc, Malcolm Chamberlain, Michael Madden, SR Leisure Ltd, Philip George Charles Houghton and Derek Owen e Karen Murphy v. Media Protection Services Ltd*, Acórdão do Tribunal de Justiça, Processos apensos C403/08 e C429/08, 4 de Outubro de 2011, 181.

[914] Artigo 5 (1) da Directiva sobre a Sociedade da Informação. Este preceito deve ser conjugado com os artigos 10 a 14 da Directiva sobre o Comércio Electrónico.

Desde que satisfeitas essas condições, tal excepção abrange igualmente os actos que possibilitam a navegação (*browsing*) e os actos de armazenagem temporária (*caching*), incluindo os que permitem o funcionamento eficaz dos sistemas de transmissão, contanto que o intermediário não altere o conteúdo da transmissão e não interfira com o legítimo emprego da tecnologia, tal como reconhecido e praticado pela indústria, para obter dados sobre a utilização da informação.[915]

A Directiva sobre a Sociedade da Informação vai, pois, além do estabelecido nos Tratados OMPI, ao conceder aos prestadores de serviços da sociedade da informação uma isenção de responsabilidade adveniente de actos de reprodução cujo único objectivo seja permitir uma transmissão numa rede entre terceiros por parte de um intermediário.[916]

Realce-se, aqui, um processo que teve por objecto um pedido de decisão prejudicial apresentado pelo *Højesteret*, no âmbito de um litígio em que se discutia a necessidade de obter o consentimento dos titulares de direito relevantes para a execução de actos de reprodução de artigos de imprensa, através da digitalização desses artigos, da sua conversão em ficheiros digitais e do processamento electrónico desses ficheiros.[917]

O pedido de decisão prejudicial teve por objecto, *inter alia*, os requisitos de exclusão dos actos de reprodução temporária na acepção do artigo 5 da Directiva sobre a Sociedade da informação.

No seu acórdão, o Tribunal de Justiça explicou que os requisitos enunciados no artigo 5 (1) dessa Directiva são cumulativos, pelo que o desrespeito de um deles levará a que o acto de reprodução não seja excluído do direito de reprodução previsto no artigo 2 da Directiva sobre a Sociedade da Informação.

Em sede de interpretação desses requisitos, o Tribunal de Justiça recordou que, segundo jurisprudência assente, as disposições de uma Directiva que derrogam um princípio geral consagrado nessa mesma Directiva devem ser objecto de interpretação estrita – sendo esse o caso da exclusão prevista

---

[915] Considerando (33) da Directiva sobre a Sociedade da Informação.

[916] Tendo em conta que, na Conferência Diplomática de Genebra de 1988, não foi tomada uma decisão vinculativa sobre se o direito de reprodução abrange a execução de cópias temporárias, e que a declaração relativa ao artigo 1 (4) do Tratado da OMPI sobre Direito de Autor reitera que o artigo 9 da Convenção de Berna se aplica ao ambiente digital, podem subsistir várias interpretações, por parte de intérpretes nacionais ou regionais sobre esta matéria.

[917] *Infopaq International A/S v. Danske Dagblades Forening*, Acórdão do Tribunal de Justiça, Processo C5/08, 16 de Julho de 2009.

no artigo 5 (1) da Directiva sobre a Sociedade da Informação, a qual constitui uma derrogação ao princípio geral estabelecido nessa Directiva, designadamente, a exigência de que um acto de reprodução seja precedido de autorização do titular de direitos relevante.[918]

Tanto mais que a dita exclusão deve ser interpretada à luz do artigo 5 (5) da Directiva sobre a Sociedade da Informação, segundo o qual a referida exclusão só é aplicável em certos casos especiais, que não entrem em conflito com uma exploração normal da obra ou outro material e não prejudiquem irrazoavelmente os legítimos interesses do titular do direito.

Concluiu, assim, o Tribunal do Luxemburgo, que um acto só pode ser qualificado de «transitório», na acepção do segundo requisito constante do artigo 5 (1) da Directiva sobre a Sociedade da Informação, se a sua duração for limitada ao que é necessário para o bom funcionamento do processo tecnológico em causa, entendendo-se que tal processo deve ser automatizado de modo a suprimir aquele acto de uma forma automática, sem intervenção humana, desde o momento em que a função que visa permitir a realização deste processo se concluiu.[919]

Mencione-se, neste campo, um processo que teve por objecto um pedido de decisão prejudicial, apresentado por dois tribunais ingleses, no âmbito de um litígio que incidiu, *inter alia*, sobre a aplicabilidade da excepção ao direito de reprodução, prevista no artigo 5 (1) da Directiva sobre a Sociedade da Informação, a certos actos de reprodução realizados na memória de um descodificador de satélite e num ecrã de televisão.[920]

No seu acórdão, o Tribunal de Justiça declarou que os actos de reprodução em causa, provisórios e realizados na memória do descodificador de satélite e no ecrã de televisão, preenchiam a primeira, a segunda e a terceira

---

[918] Acórdãos do Tribunal de Justiça, *Processo-crime contra Felix Kapper*, Processo C476/01, de 29 de Abril de 2004 e *Comissão das Comunidades Europeias v. Reino de Espanha*, Processo C36/05, de 16 de Julho de 2009.

[919] O *Højesteret* não considerou suficiente a orientação dada pelo Tribunal de Justiça no que toca ao processo de captura de dados, em causa no processo principal, tendo submetido ao mesmo novas questões prejudiciais: *Infopaq International A/S v. Danske Dagblades Forening*, Acórdão do Tribunal de Justiça, Processo C302/10, 17 de Janeiro de 2012.

[920] *Football Association Premier League Ltd, NetMed Hellas SA, Multichoice Hellas SA v. QC Leisure, David Richardson, AV Station plc, Malcolm Chamberlain, Michael Madden, SR Leisure Ltd, Philip George Charles Houghton and Derek Owen e Karen Murphy v. Media Protection Services Ltd*, Acórdão do Tribunal de Justiça, Processos apensos C403/08 e C429/08, 4 de Outubro de 2011.

condições do artigo 5 (1) da Directiva sobre a Sociedade da Informação – pois eram provisórios, transitórios e faziam parte integrante de um procedimento tecnológico realizado através do descodificador de satélite e de um televisor para permitir a recepção de emissões radiodifundidas.

Mais, tendo tais actos de reprodução como única finalidade permitir uma «utilização lícita» das obras, na acepção do artigo 5 (1) da Directiva sobre a Sociedade da Informação, preenchiam, também, a quarta condição prevista nesse preceito.

Todavia, notou aquele Tribunal, os referidos actos de reprodução realizados no quadro de um procedimento tecnológico tornavam possível o acesso às obras protegidas, obras essas dotadas de certo valor económico, revestindo-se, consequentemente, o respectivo acesso também ele de carácter económico.

Para não privar a excepção prevista no artigo 5 (1) da Directiva sobre a Sociedade da Informação do seu efeito útil, o Tribunal de Justiça frisou que é necessário, ainda, que esse carácter económico seja autónomo – no caso em apreço, os actos de reprodução provisórios constituíam uma parte inseparável e não autónoma do processo de recepção das emissões radiodifundidas que continham as obras em causa e eram efectuados independentemente da influência ou mesmo da consciência das pessoas que tinham acesso às obras protegidas.

Como tal, concluiu o Tribunal do Luxemburgo que os referidos actos de reprodução provisória não eram susceptíveis de gerar uma actividade económica suplementar que fosse para além da vantagem proporcionada pela simples recepção das emissões em causa.

Passando agora às excepções e limitações opcionais, verifica-se que a Directiva sobre a Sociedade da Informação concede aos Estados Membros a possibilidade de autorizarem certos actos, nomeadamente, para fins privados, de ensino, de investigação científica, de preservação de informação por instituições públicas (como bibliotecas e arquivos), de notícias, de citação, de segurança pública e de processos administrativos e judiciais, bem como em benefício de pessoas deficientes – prevendo-se, também, que os titulares de direitos recebam, em certos casos, uma compensação equitativa que os compense de modo adequado da utilização feita das suas obras ou prestações.[921]

Nesta sequência, os Estados Membros são autorizados a estabelecer certas restrições ao direito de reprodução, designadamente nos casos de reprodução

---

[921] Considerandos (34) e (35)-(37) da Directiva sobre a Sociedade da Informação.

(i) em papel ou suporte semelhante, (ii) para uso privado e sem fins comerciais e (iii) em benefício de bibliotecas, estabelecimentos de ensino, museus e arquivos, que não tenham por objectivo a obtenção de uma vantagem económica ou comercial.[922]

Neste contexto, o artigo 5 (2) (a) e (b) da mesma Directiva prevê o pagamento de uma compensação equitativa aos titulares de direitos relevantes pela reprodução em papel ou suporte semelhante (com excepção das partituras), bem como pelas reproduções em qualquer meio efectuadas por uma pessoa singular, para uso privado, sem fins comerciais, directos ou indirectos – tomando-se, então, em conta a aplicação, ou não, de medidas de carácter tecnológico, uma vez que estas impedem a execução do acto de reprodução e, consequentemente, a emergência de prejuízo para os titulares de direitos das obras ou prestações em causa.

Assinale-se aqui um processo que teve por objecto um pedido de decisão prejudicial apresentado pela *Audiencia Provincial de Barcelona*, a propósito da compatibilidade da aplicação de uma taxa, a título de compensação equitativa, a todos os suportes digitais, com a Directiva sobre a Sociedade da Informação.[923]

No seu acórdão, o Tribunal de Justiça sublinhou que o conceito de «compensação equitativa», na acepção do artigo 5 (2) (b) da Directiva sobre a Sociedade da Informação, é um conceito autónomo de direito da União, que deve ser interpretado de maneira uniforme em todos os Estados Membros que tenham introduzido a excepção da cópia privada.

Avançou o mesmo Tribunal que em nome do «justo equilíbrio» a encontrar entre as pessoas visadas, a compensação equitativa deve ser calculada com base no prejuízo causado aos autores na sequência da introdução da excepção da cópia privada. É conforme com as exigências deste «justo equilíbrio» prever que as pessoas que dispõem de equipamentos, aparelhos e suportes de reprodução digital e que disponibilizam esses equipamentos a utilizadores privados, ou prestam a estes últimos um serviço de reprodução, são os devedores da compensação equitativa – na medida em que essas pessoas têm a possibilidade de repercutir esse encargo sobre os utilizadores privados, os quais surgem como os «devedores indirectos» da compensação equitativa.

---

[922] Artigo 5 (2) da Directiva sobre a Sociedade da Informação.
[923] *Padawan SL v. Sociedad General de Autores y Editores de España (SGAE)*, Acórdão do Tribunal de Justiça, Processo C467/08, 21 de Outubro de 2010.

Frisou o Tribunal de Justiça que este sistema de financiamento da compensação equitativa só é compatível com as exigências do «justo equilíbrio» se os equipamentos, aparelhos e suportes de reprodução em causa, puderem ser utilizados para fins de cópia privada e, como tal, causar um prejuízo aos autores.

Em termos probatórios, a partir do momento em que os equipamentos em causa são disponibilizados a pessoas singulares para fins privados, não é necessário demonstrar que estas realizaram cópias privadas com recurso a esses equipamentos, causando um prejuízo aos autores das obras reproduzidas.

Concluiu, assim, o Tribunal do Luxemburgo que, o artigo 5 (2) (b) da Directiva sobre a Sociedade da Informação deve ser interpretado no sentido de que é necessária uma ligação entre a aplicação da taxa destinada a financiar a referida compensação equitativa e o uso presumido destes últimos para fins de reprodução privada. Por conseguinte, a aplicação da taxa da cópia privada a equipamentos, aparelhos e suportes de reprodução digital não disponibilizados a utilizadores privados e claramente reservados a usos que não o da cópia privada, não é conforme com a Directiva sobre a Sociedade da Informação.

Regressando às excepções e limitações autorizadas pela Directiva sobre a Sociedade da Informação, podem, também, ser estabelecidas restrições aos direitos de autorizar a reprodução e comunicação ao público de obras, incluindo a disponibilização a pedido, para propósitos tradicionalmente aceites, como a ilustração para efeitos de ensino ou investigação científica, a utilização de obras ou outros materiais no âmbito de relatos de acontecimentos de actualidade ou de citações para fins de crítica ou análise.[924]

Refira-se, a propósito desta matéria, um processo que teve por objecto um pedido de decisão prejudicial apresentado pelo *Handelsgericht Wien*, no âmbito de um litígio que incidiu, *inter alia*, sobre a possibilidade de aplicação do artigo 5 (3) (d) da Directiva sobre a Sociedade da Informação à utilização de fotografias de Natascha K. por certos editores.[925]

Recordou o Tribunal de Justiça que, nos termos do artigo 5 (3) (d) da Directiva sobre a Sociedade da Informação, os Estados Membros podem pre-

---

[924] Artigo 5 (3) da Directiva sobre a Sociedade da Informação.
[925] *Eva-Maria Painer v. Standard VerlagsGmbH, Axel Springer AG, Süddeutsche Zeitung GmbH, SPIEGEL-Verlag Rudolf AUGSTEIN GmbH e Co KG and Verlag M. DuMont Schauberg Expedition der Kölnischen Zeitung GmbH e Co KG*, Acórdão do Tribunal de Justiça, Processo C145/10, 1 de Dezembro de 2011.

ver uma excepção ao direito à reprodução quando se trate de citações para fins de crítica ou análise, relacionadas com uma obra ou outro material já licitamente tornado acessível ao público, desde que seja indicada a fonte, incluindo o nome do autor (excepto quando tal se revele impossível) e a utilização seja efectuada de acordo com os usos e na medida justificada pelo fim a atingir.

Lembrou ainda aquele Tribunal que, por um lado, a interpretação do artigo 5 (3) (d) da Directiva sobre a Sociedade da Informação deve ser estrita, na medida em que essa disposição constitui uma derrogação à regra geral prevista em tal Directiva, devendo, por outro lado, salvaguardar o efeito útil da excepção estabelecida e respeitar a sua finalidade.[926]

Declarou o Tribunal do Luxemburgo que o artigo 5 (3) (e) da Directiva sobre a Sociedade da Informação, conjugado com o seu artigo 5 (5), deve ser interpretado no sentido de que um órgão de comunicação social, como um editor de imprensa, não pode por iniciativa própria utilizar uma obra protegida, invocando um objectivo de segurança pública. Contudo, não se pode excluir que esse órgão de comunicação social possa contribuir, pontualmente, para o cumprimento desse objectivo, ao publicar uma fotografia de uma pessoa procurada no contexto de uma decisão adoptada ou de uma acção levada a cabo pelas autoridades nacionais competentes.

Aluda-se, por fim, no âmbito das excepções e limitações, ao facto de decorrer do artigo 5 (4) da Directiva sobre a Sociedade da Informação que quando os Estados Membros possam prever uma excepção ou limitação ao direito de reprodução, por força dessa Directiva, poderão igualmente prever uma excepção ou limitação ao direito de distribuição na medida justificada pelo objectivo do acto de reprodução autorizado.[927]

Saliente-se, em seguida, o facto de a Directiva sobre a Sociedade da Informação conter mecanismos dedicados à observância dos direitos acima referidos.

Assim, os Estados Membros devem adoptar medidas de protecção contra quaisquer dispositivos tecnológicos que se destinem a neutralizar medidas

---

[926] *Vide*, neste sentido, *Football Association Premier League Ltd, NetMed Hellas SA, Multichoice Hellas SA v. QC Leisure, David Richardson, AV Station plc, Malcolm Chamberlain, Michael Madden, SR Leisure Ltd, Philip George Charles Houghton and Derek Owen e Karen Murphy v. Media Protection Services Ltd*, Acórdão do Tribunal de Justiça, Processos apensos C403/08 e C429/08, 4 de Outubro de 2011, 162 e 163.

[927] Artigo 5 (4) da Directiva sobre a Sociedade da Informação.

de carácter tecnológico (medidas essas que visam impedir ou restringir actos que não sejam autorizados pelos titulares de direitos) e a interferir com a informação para a gestão desses direitos (informações essas que identificam a obra e as respectivas condições de utilização lícita).[928]

A introdução destas obrigações relativas à protecção de medidas tecnológicas que, por sua vez, protegem o direito de autor, vai além das imposições decorrentes dos Tratados OMPI. Com efeito, o artigo 6 da Directiva sobre a Sociedade da Informação abrange quaisquer actividades destinadas a neutralizar medidas tecnológicas de protecção desses direitos, incluindo actividades preparatórias que facilitem ou permitam esses actos de neutralização, aplicando-se a todos quantos saibam, ou devam razoavelmente saber, que é esse o seu objectivo.

O artigo 7 da referida Directiva, atinente às obrigações respeitantes às informações para gestão de direitos, não é tão detalhado como o preceito congénere dos Tratados OMPI, embora seja de destacar que a protecção por si conferida é alargada ao direito *sui generis* dos fabricantes de bases de dados.

Por último, os Estados Membros devem prever sanções eficazes, proporcionadas e dissuasivas e vias de recurso adequadas para as violações dos direitos e obrigações previstas na Directiva sobre a Sociedade da Informação, devendo, ainda, tomar todas as medidas necessárias para assegurar a aplicação efectiva dessas sanções e vias de recurso.[929]

---

[928] Artigos 6-7 da Directiva sobre a Sociedade da Informação Vide Parte II – O Direito de Autor em Portugal, Capítulo XII – A protecção das medidas de carácter tecnológico e das informações para a gestão electrónica dos direitos, 12.1.3 – A protecção das medidas de carácter tecnológico na Directiva sobre a Sociedade da Informação e 12.2.3 – A protecção das informações para a gestão electrónica dos direitos na Directiva sobre a Sociedade da Informação.

[929] Artigo 8 da Directiva sobre a Sociedade da Informação.

A Directiva sobre a Sociedade da Informação actualiza a protecção conferida ao direito de autor e direitos conexos, no seguimento das questões provenientes do ambiente digital e das obrigações decorrentes do Tratado da OMPI sobre o Direito de Autor e do Tratado da OMPI sobre Prestações e Fonogramas, de 1996.

No campo dos direitos patrimoniais, a Directiva harmoniza os direitos à reprodução, à comunicação ao público (incluindo a disponibilização a pedido do utilizador) e à distribuição.

No respeitante às excepções e limitações, a Directiva sobre a Sociedade da Informação estabelece uma lista exaustiva de excepções e limitações, das quais apenas uma é compulsória, permitindo que os Estados Membros seleccionem as excepções e limitações aos direitos nela consagrados conforme lhes aprouver, desde que as mesmas sejam restritas a «certos casos especiais que não entrem em conflito com uma exploração normal da obra ou outro material e não prejudiquem irrazoavelmente os legítimos interesses do titular do direito».

Por último, registe-se que, respondendo aos desafios advindos para o direito de autor do digital, a Directiva exige que os Estados Membros adoptem medidas de protecção contra quaisquer dispositivos tecnológicos que se destinem a neutralizar medidas de carácter tecnológico (medidas essas que visam impedir ou restringir actos que não sejam autorizados pelos titulares de direitos) e a interferir com as informações para a gestão desses direitos (informações essas que identificam a obra e as respectivas condições de utilização lícita).

Capítulo VIII
A Directiva sobre o Direito de Sequência

A Directiva 2001/84/CE, do Parlamento Europeu e do Conselho, relativa ao direito de sequência em benefício do autor de uma obra de arte original que seja objecto de alienações sucessivas, foi adoptada a 27 de Setembro de 2001.[930]

A nível internacional, o direito de sequência ou *droit de suite* encontra consagração no artigo 14 ter da Convenção de Berna, no respeitante a obras de arte originais e manuscritos originais dos escritores e compositores, decorrendo, dessa disposição, que o autor goza do direito, inalienável, de beneficiar das operações de venda de que a obra é objecto após a primeira cessão praticada por si.[931]

Acrescenta o referido preceito que o direito de sequência apenas é exigível se a legislação nacional do país do autor o permitir, ou seja, o *droit de suite* é opcional e encontra-se sujeito ao princípio da reciprocidade.[932]

Ora, o princípio da reciprocidade não é visto com bons olhos no plano comunitário, decorrendo da jurisprudência do Tribunal de Justiça sobre a aplicação do princípio da não discriminação, inscrito no artigo 12 do Tratado,[933]

---

[930] *Vide* C. Ramonbordes, «Economic impact of the European Directive on artist's resale right or *droit de suite*», *UNESCO Copyright Bulletin*, XXXIV, April-June, 2000, p. 5; W Duchemin, «The Community Directive on the resale right», *Revue International du Droit d'Auteur*, 191, 2002, p. 2.

[931] Artigo 14 ter da Convenção de Berna.

[932] *Vide*, por exemplo, o artigo 54 do CDADC, o qual implementa tal direito.

[933] *Vide Phil Collins v. IMTRAT Handels-GmbH, Patricia Im-und Export VmbH v. EMI Electrola GmbH*, Processos apensos C-92/92 e C-326/92. *Vide* Parte IV – O Direito de Autor na União Europeia, Capítulo V – A Directiva sobre o Prazo de Protecção.

que não podem ser invocadas disposições nacionais que contenham cláusulas de reciprocidade para recusar aos nacionais, de outros Estados Membros, direitos conferidos aos cidadãos nacionais.

Por conseguinte, a Directiva sobre o Direito de Sequência harmoniza este direito no seio da União Europeia [direito este visto como o direito irrenunciável e inalienável de que goza o autor de uma obra de arte gráfica ou plástica original, de beneficiar de uma participação económica sobre o preço de cada transacção dessa obra], procurando restabelecer o equilíbrio entre a situação económica dos autores de obras de arte gráficas e plásticas e a dos outros criadores que beneficiam das explorações sucessivas das suas obras.[934]

Pretende a referida Directiva assegurar um nível de protecção adequado e uniforme, neste contexto, em todos os Estados Membros, suprimindo as diferenças existentes a nível da legislação que tenham um efeito de distorção sobre o funcionamento do mercado interno e impedindo a emergência de novas diferenças.[935]

Começando a análise da Directiva sobre o Direito de Sequência pelo princípio do tratamento nacional, verifica-se que o direito em causa deve ser limitado aos nacionais dos Estados Membros, bem como aos autores estrangeiros cujos países concedam uma protecção do mesmo tipo aos autores nacionais dos Estados Membros, podendo contudo um Estado Membro alargar a concessão desse direito aos autores estrangeiros que residam habitualmente nesse Estado Membro.[936]

Quanto aos beneficiários da protecção, estes são os autores de obras de arte original, entendendo-se por «obra de arte original» quaisquer obras de arte gráficas ou plásticas (como os quadros, as colagens, as pinturas, os desenhos, as gravuras, as estampas, as litografias, as esculturas, as tapeçarias, as cerâmicas, os vidros e as fotografias), desde que executadas pelo próprio artista ou se trate de cópias consideradas como obras de arte originais, assim como as cópias de obras de arte que tenham sido realizadas em número limitado pelo próprio artista ou sob a sua autoridade.[937]

Após a morte do autor, o direito de sequência é devido aos seus legítimos sucessores.[938]

---

[934] Considerandos (1) e (3) da Directiva sobre o Direito de Sequência.
[935] Considerandos (4) e (13) da Directiva sobre o Direito de Sequência.
[936] Considerando (29) e artigos 7 e 8 da Directiva sobre o Direito de Sequência.
[937] Artigo 1 (1) e 2 da Directiva sobre o Direito de Sequência.
[938] Artigo 6 (1) Directiva sobre o Direito de Sequência.

Refira-se, a este propósito, um processo que teve por objecto um pedido de decisão prejudicial apresentado pelo *Tribunal de grande instance de Paris*, a respeito dos montantes relativos ao direito de sequência recebido sobre as vendas das obras de arte do pintor Salvador Dalí, no território francês, entendendo a Fundación GalaSalvador Dalí que nos termos do testamento daquele pintor e do direito espanhol lhe deviam ser pagos esses montantes, mas reservando a lei francesa a fruição do direito de sequência aos herdeiros com exclusão dos legatários e dos sucessores a outro título.[939]

No seu acórdão, declarou o Tribunal de Justiça que os objectivos da Directiva sobre o Direito de Sequência não são comprometidos pela transmissão do direito de sequência a determinadas categorias de pessoas jurídicas, com exclusão de outras, após a morte do artista.

Explicou aquele Tribunal que em conformidade com o princípio da subsidiariedade, o legislador da União não havia entendido oportuno intervir, através da referida Directiva, no domínio do direito sucessório dos Estados Membros, pelo que esses Estados tinham legitimidade para determinar tal matéria livremente.

Assim, segundo o Tribunal do Luxemburgo, o artigo 6 (1) da Directiva sobre o Direito de Sequência deve ser interpretado no sentido de que não se opõe a uma norma interna que apenas reserve a fruição do direito de sequência aos herdeiros legais do artista, com exclusão dos legatários testamentários.

No atinente aos direitos protegidos, a Directiva outorga ao autor, como se viu, o direito de beneficiar de uma participação económica nas sucessivas alienações da sua obra, direito esse que é um direito inalienável e irrenunciável, mesmo por antecipação, a receber uma participação sobre o preço obtido pela venda dessa obra após a sua alienação inicial pelo autor e que se aplica a todos os actos de alienação sucessiva da obra que envolvam (como vendedores, compradores ou intermediários) profissionais do mercado da arte (nomeadamente, leiloeiros, galerias de arte e, de um modo geral, quaisquer negociantes de obras de arte).[940]

A participação prevista nesta Directiva é fixada do seguinte modo: 4 %, no que se refere à faixa do preço de venda até 50000 euros, 3 %, no que se refere

---

[939] *Fundación Gala-Salvador Dalí and Visual Entidad de Gestión de Artistas Plásticos (VEGAP) v. Société des auteurs dans les arts graphiques et plastiques (ADAGP), Juan-Leonardo Bonet Domenech, Eulalia-María Bas Dalí, María del Carmen Domenech Biosca, Antonio Domenech Biosca, Ana-María Busquets Bonet and Mónica Busquets Bonet*, Acórdão do Tribunal de Justiça, Processo C518/08, 15 de Abril de 2010.

[940] Artigo 1 da Directiva sobre o Direito de Sequência.

à faixa do preço de venda compreendida entre 50000,01 euros e 200000 euros, 1 %, no que se refere à faixa do preço de venda compreendida entre 200000,01 euros e 350000 euros, 0,5 %, no que se refere à faixa do preço de venda compreendida entre 350000,01 euros e 500000 euros e 0,25 % no que se refere à faixa do preço de venda para além de 500000 euros. No entanto, o montante total da participação não poderá exceder 12500 euros.[941]

Em sede de derrogações, os Estados Membros podem prever, nomeadamente, que o direito de sequência não se aplique aos actos de alienação sucessiva em que o vendedor tenha adquirido a obra directamente do autor menos de três anos antes dessa nova alienação e em que o novo preço de venda não exceda 10,000 euros.[942]

No que concerne ao prazo de protecção, a duração do direito de sequência corresponde à prevista no artigo 1 da Directiva sobre o Prazo de Protecção, ou seja, ao prazo de setenta anos *post mortem auctoris*, sujeito ao princípio da reciprocidade.[943]

> Esta Directiva consagra o direito de sequência ou *droit de suite*, como um direito irrenunciável e inalienável de que goza o autor, de uma obra de arte gráfica ou plástica original, de beneficiar de uma participação económica sobre o preço de cada transacção dessa obra.

---

[941] Artigo 4 (1) da Directiva sobre o Direito de Sequência.
[942] Artigo 1 (3) da Directiva sobre o Direito de Sequência. *Vide*, também, artigos 3 e 4 da Directiva sobre o Direito de Sequência.
[943] Artigo 8 (1) da Directiva sobre o Direito de Sequência.

Capítulo IX
A Directiva sobre as Obras Órfãs

A Directiva 2012/28/UE, do Parlamento Europeu e do Conselho, relativa a determinadas utilizações permitidas de obras órfãs, foi adoptada a 25 de Outubro de 2012.

A Directiva sobre as Obras Órfãs reconhece que as bibliotecas, os estabelecimentos de ensino e os museus acessíveis ao público, bem como os arquivos, as instituições responsáveis pelo património cinematográfico ou sonoro e os organismos de radiodifusão de serviço público, estabelecidos nos Estados Membros, se encontram a proceder à digitalização, em larga escala, das suas colecções ou arquivos com vista à criação de bibliotecas digitais europeias, contribuindo, assim, para a preservação e difusão do património cultural europeu e para a criação de bibliotecas digitais europeias, como a *Europeana*.[944]

Ora, releva neste contexto a criação de um enquadramento jurídico que facilite a digitalização e a disseminação de obras e de outro material protegido pelo direito de autor e direitos conexos, cujo titular de direitos não é identificado ou, mesmo quando identificado, não é localizado – ou seja, das chamadas «obras órfãs».[945]

Concentra-se, por conseguinte, esta Directiva, sobre o problema específico da determinação do estatuto jurídico das «obras órfãs» e das suas consequências no que se refere a certos utilizadores e utilizações autorizados.

Em termos de objecto e âmbito de aplicação, a Directiva sobre as Obras Órfãs incide sobre determinadas utilizações de obras órfãs, por bibliotecas, estabelecimentos de ensino e museus acessíveis ao público, bem como

---

[944] Considerando (1) da Directiva sobre as Obras Órfãs.
[945] Considerando (3) da Directiva sobre as Obras Órfãs.

por arquivos, instituições responsáveis pelo património cinematográfico ou sonoro e organismos de radiodifusão de serviço público estabelecidos, nos Estados Membros, para executar objectivos relacionados com a sua missão de interesse público.[946]

Ou seja, a Directiva não contempla usos análogos levados a cabo por empresas, como a Google, a qual tem procedido à digitalização em massa de obras impressas, as quais uma vez digitalizadas podem ser consultadas, *online*, utilizando o motor de pesquisa daquela empresa.[947]

A Directiva sobre as Obras Órfãs aplica-se a obras publicadas sob a forma de livros, folhetos, jornais, revistas ou outros escritos, assim como a obras cinematográficas ou audiovisuais e fonogramas, contidas nas colecções das entidades *supra* referidas, que sejam (i) publicados pela primeira vez num Estado Membro, (ii) difundidos pela primeira vez num Estado Membro ou (iii) colocados à disposição do público, pelos beneficiários desta Directiva, com o consentimento dos titulares de direitos, desde que seja «razoável supor» que os titulares de direitos não se oporiam às utilizações autorizadas em causa – não explicando, todavia, a Directiva o que se deva entender por «suposição razoável».[948]

Esclarece a referida Directiva que as obras cinematográficas e audiovisuais e os fonogramas conservados em arquivos de organismos de radiodifusão de serviço público e por estes produzidos incluem as obras por si encomendadas, não abrangendo, porém, as obras cuja utilização por esses organismos tenha sido autorizada ao abrigo de um acordo de licenciamento, mas que não tenham sido produzidas ou encomendadas pelos mesmos.[949]

A nível terminológico, a Directiva sobre as Obras Órfãs declara que uma obra será classificada como «órfã» se o titular ou titulares de direitos sobre essa obra não se encontrarem identificados ou se, apesar de identificados, não for possível localizá-los, não obstante a execução e respectivo registo de uma pesquisa diligente nesse sentido.[950]

Ressalva a Directiva que uma obra não deve ser considerada como «órfã» se pelo menos um dos titulares de direitos for identificado. Nesse caso, será necessária a autorização do titular ou titulares de direitos identificados e loca-

---

[946] Artigo 1 (1) da Directiva sobre as Obras Órfãs.
[947] P. Akester, *A Practical Guide do Digital Copyright Law*, Sweet e Maxwell, 2008, para. 5.01-5.165.
[948] Artigo 1 (2) e considerando (12) da Directiva sobre as Obras Órfãs.
[949] Considerando (11) da Directiva sobre as Obras Órfãs.
[950] Artigo 2 (1) da Directiva sobre as Obras Órfãs.

lizados, na medida dos direitos que eles próprios detenham, para a execução dos actos previstos na Directiva sobre as Obras Órfãs. Mais, sempre que o titular ou titulares anteriormente não identificados ou não localizados se apresentem para reivindicar os seus direitos sobre a obra, a utilização desta fica, então, também dependente da sua autorização.[951]

Os titulares de direitos que ponham termo ao estatuto de obra órfã têm direito a receber uma «compensação equitativa» pela utilização das suas obras, a determinar pelo Estado Membro em que se encontra estabelecida a organização que as utiliza, devendo a determinação dessa compensação ter em conta, nomeadamente, os objectivos de promoção cultural dos Estados Membros, a natureza não comercial da utilização feita na prossecução de interesses de cariz público e os possíveis danos para os titulares dos direitos.[952]

Decorre da Directiva sobre as Obras Órfãs que a chamada «pesquisa diligente» deve preencher os seguintes requisitos:[953]

- Deve ser executada com diligência e de boa fé;
- Deve ser feita mediante a consulta das fontes adequadas para a categoria das obras em questão (fontes essas determinadas pelos Estados Membros, em consulta com os titulares de direitos e com os utilizadores);
- Deve incluir a consulta de fontes de informação disponíveis noutros países, se existirem provas que apontem para a existência de informações relevantes sobre os titulares de direitos nesses países;
- Deve ocorrer antes da utilização das obras;
- Dever ser executada no Estado Membro em que a obra foi publicada ou difundida pela primeira vez (excepto no caso de obras cinematográficas ou audiovisuais cujo produtor tenha a sua sede ou a sua residência habitual num Estado Membro, visto que, nesse caso, a pesquisa diligente dever ser realizada no Estado Membro da sua sede ou da sua residência habitual); e
- O registo de pesquisa deve ser arquivado, para que as organizações interessadas possam demonstrar que a pesquisa foi efectivamente «diligente».

---

[951] Artigo 2 e considerando (17) da Directiva sobre as Obras Órfãs.
[952] Artigos 5 e 6 (5) e considerando (18) da Directiva sobre as Obras Órfãs.
[953] Artigo 3 e considerando (15) da Directiva sobre as Obras Órfãs.

Em última instância, pretende-se criar uma base de dados em linha da União Europeia que contenha informações relativas a pesquisas diligentes, aos resultados dessas pesquisas, a eventuais mudanças de estatuto e à utilização das obras órfãs, tornando-a disponível ao público em geral, de uma forma transparente.[954]

A Directiva almeja ao reconhecimento mútuo do estatuto de obra órfã, prevendo que as obras consideradas obras órfãs num Estado Membro adquirem esse estatuto em todos os Estados Membros.[955]

No campo das excepções e limitações, a Directiva sobre as Obras Órfãs acresce ao elenco estabelecido no artigo 5 da Directiva da Sociedade da Informação, ao permitir que as bibliotecas, os estabelecimentos de ensino, os museus acessíveis ao público, os arquivos, as instituições responsáveis pelo património cinematográfico ou sonoro e os organismos de radiodifusão de serviço público estabelecidos nos Estados Membros, reproduzam e coloquem à disposição do público, na acepção da Directiva da Sociedade da Informação, obras órfãs, desde que (i) essa utilização decorra no cumprimento da missão de interesse público das referidas entidades, particularmente, em sede de preservação e restauro das suas colecções e de fornecimento de acesso às mesmas, para fins culturais e educacionais, (ii) essas entidades limitem as receitas geradas com essas utilizações aos custos incorridos com a digitalização das obras órfãs e com a sua colocação à disposição do público, (iii) seja indicado o nome dos autores e de outros titulares de direitos identificados em todas as utilizações de uma obra órfã e (iv) a referida utilização se restrinja a certos casos especiais, não entre em conflito com uma exploração normal da obra ou prestação e não prejudique, irrazoavelmente, os legítimos interesses do titular ou titulares de direitos.

Por último, avisa a Directiva que se uma obra for indevidamente classificada como órfã, na sequência de uma pesquisa não diligente, permanecem disponíveis as medidas de recurso aplicáveis em caso de violação jusautoral.[956]

A Directiva sobre as Obras Órfãs deverá ser transposta para a ordem jurídica dos Estados Membros até 29 de Outubro de 2014.

---

[954] Artigo 3 (6) e considerando (16) da Directiva sobre as Obras Órfãs.
[955] Artigo 4 da Directiva sobre as Obras Órfãs.
[956] Considerando (19) da Directiva sobre as Obras Órfãs.

A Directiva sobre as Obras Órfãs declara que uma obra será classificada como «órfã» se o titular ou titulares de direitos sobre essa obra não se encontrarem identificados ou se, apesar de identificados, não for possível localizá-los, não obstante a execução e respectivo registo de uma pesquisa diligente nesse sentido.

Esta Directiva consagra uma excepção ou limitação, para além das previstas no artigo 5 da Directiva da Sociedade da Informação, ao permitir que as bibliotecas, os estabelecimentos de ensino, os museus acessíveis ao público, os arquivos, as instituições responsáveis pelo património cinematográfico ou sonoro e os organismos de radiodifusão de serviço público estabelecidos nos Estados Membros, reproduzam e coloquem à disposição do público, na acepção da Directiva da Sociedade da Informação, obras órfãs, desde que (i) essa utilização decorra no cumprimento da missão de interesse público das referidas entidades, particularmente, em sede de preservação e restauro das suas colecções e de fornecimento de acesso às mesmas, para fins culturais e educacionais, (ii) essas entidades limitem as receitas geradas com essas utilizações aos custos incorridos com a digitalização das obras órfãs e com a sua colocação à disposição do público, (iii) seja indicado o nome dos autores e de outros titulares de direitos identificados em todas as utilizações de uma obra órfã e (iv) a referida utilização se restrinja a certos casos especiais, não entre em conflito com uma exploração normal da obra ou prestação e não prejudique, irrazoavelmente, os legítimos interesses do titular ou titulares de direitos.

Capítulo X
A Proposta de Directiva sobre a Gestão Colectiva

A Proposta de Directiva sobre a Gestão Colectiva visa aperfeiçoar as normas de governo e de transparência das sociedades de gestão colectiva, de modo a que os titulares de direitos possam exercer um controlo mais eficaz sobre essas sociedades, e facilitar a concessão de licenças multiterritoriais no respeitantes a obras musicais para a prestação de serviços em linha.[957]

Por conseguinte, quanto ao âmbito de aplicação, a Proposta de Directiva aplica-se à gestão do direito de autor por sociedades de gestão colectiva, independentemente do sector de actividade de tais sociedades, assim como ao licenciamento multiterritorial de direitos em linha sobre obras musicais por sociedades de gestão colectiva.[958]

No que toca às relações entre as sociedades de gestão colectiva e os titulares de direitos, são regras básicas da Proposta de Directiva sobre a Gestão Colectiva que: [959]

- As sociedades de gestão colectiva actuem no interesse dos seus membros e não imponham, aos titulares cujos direitos gerem, obrigações que não sejam objectivamente necessárias para a protecção dos direitos e interesses desses titulares;

---

[957] Proposta de Directiva relativa à gestão colectiva do direito de autor e dos direitos conexos e ao licenciamento multiterritorial de direitos sobre obras musicais para utilização em linha no mercado interno, COM(2012) 372, 1.1 Justificação e objectivos da proposta, http://ec.europa.eu/internal_market/copyright/docs/management/com-2012-3722_pt.pdf#maincontentSec1.

[958] Artigo 2 da Proposta de Directiva sobre a Gestão Colectiva.

[959] Artigos 4-9 da Proposta de Directiva sobre a Gestão Colectiva.

- Os titulares de direitos possam autorizar a sociedade de gestão colectiva da sua escolha a gerir os respectivos direitos, bem como retirar essa autorização, total ou parcialmente;
- As sociedades baseiem as suas regras sobre filiação e participação no processo interno de tomada de decisão, em critérios objectivos;
- A assembleia geral de sócios detenha determinados poderes mínimos;
- As sociedades de gestão colectiva estabeleçam uma função de supervisão que permita aos seus membros acompanhar e exercer controlo sobre a sua gestão; e
- As pessoas que gerem efectivamente os negócios das sociedades de gestão colectiva cumpram certas obrigações, para assegurar que essas sociedades são geridas de forma sã e prudente.

A Proposta de Directiva contém, também, normas relativas à gestão financeira das sociedades de gestão colectiva, estabelecendo que:[960]

- O rendimento auferido proveniente da exploração dos direitos representados deve ser separado dos activos próprios das sociedades e gerido em condições rigorosas;
- As sociedades devem especificar as deduções aplicáveis nos seus acordos com os titulares de direitos e garantir aos membros e titulares um acesso equitativo aos serviços sociais, culturais ou educativos, caso sejam financiados por deduções; e
- As sociedades devem pagar os montantes devidos aos titulares de direitos, rigorosamente e sem atrasos indevidos, e envidar esforços para identificar os titulares.

Relativamente à gestão por uma sociedade de gestão colectiva de direitos em nome de outra sociedade, a Proposta de Directiva sobre a Gestão Colectiva consagra o princípio da não discriminação ao abrigo de um acordo de representação, proibindo ainda a dedução dos montantes devidos a outra sociedade sem o consentimento expresso desta última e afirmando que os pagamentos a outras sociedades devem ser efectuados com rigor.[961]

No respeitante às relações com os usuários, as sociedades de gestão colectiva e os usuários devem conduzir as negociações de boa fé, devendo as tarifas

---

[960] Artigos 10-12 da Proposta de Directiva sobre a Gestão Colectiva.
[961] Artigos 13-14 da Proposta de Directiva sobre a Gestão Colectiva.

basear-se em critérios objectivos e reflectir o valor comercial dos direitos e dos serviços efectivamente prestados pela sociedade.[962]

No atinente à necessidade de transparência e de informação, a Proposta de Directiva sobre a Gestão Colectiva impõe os seguintes níveis de divulgação pelas sociedades de gestão colectiva:[963]

- Informação aos titulares de direitos sobre os montantes cobrados e pagos, comissões de gestão debitadas e outras deduções efectuadas;
- Informação a outras sociedades de gestão colectiva sobre a gestão de direitos ao abrigo de acordos de representação;
- Informação aos titulares dos direitos, a outras sociedades e aos usuários, a pedido destes;
- Publicação de informações sobre a organização e o funcionamento da sociedade; e
- Publicação anual de um relatório, incluindo, *inter alia*, os princípios de governo, sua aplicação e demonstrações financeiras.

A Proposta de Directiva estabelece, ainda, condições que as sociedades de gestão colectiva devem respeitar ao prestar serviços de licenciamento multi-territorial relativo a direitos em linha sobre obras musicais, tais como tratar os dados necessários para a exploração dessas licenças de forma eficiente e transparente (por exemplo, através da identificação do repertório de música e do acompanhamento da sua utilização), pagar aos titulares de direitos e às outras sociedades de gestão colectiva sem demora e facultar-lhes informações sobre as obras utilizadas e dados financeiros relacionados com os seus direitos (por exemplo, as quantias cobradas e as deduções efectuadas).[964]

Ressalva a Proposta que uma sociedade de gestão colectiva pode decidir não conceder licenças multiterritoriais relativamente a direitos em linha sobre obras musicais, optando por conceder licenças nacionais para o seu próprio repertório e/ou licenças nacionais para o repertório de outras sociedades através de acordos de reciprocidade.

Contudo, para facilitar a potencial agregação dos repertórios, a Proposta de Directiva sobre a Gestão Colectiva prevê a aplicação de garantias especí-

---

[962] Artigo 15 da Proposta de Directiva sobre a Gestão Colectiva.
[963] Artigos 16-20 da Proposta de Directiva sobre a Gestão Colectiva.
[964] Artigos 21-26 da Proposta de Directiva sobre a Gestão Colectiva.

ficas para assegurar que os repertórios de todas as sociedades se encontram acessíveis mediante licenças multiterritoriais, a saber:[965]

- Uma sociedade de gestão colectiva pode pedir a outra, que conceda licenças multiterritoriais de repertórios múltiplos, que tenha o seu repertório representado de modo não discriminatório e não exclusivo, para efeitos de licenciamento multiterritorial;
- A sociedade que recebe o pedido não pode recusar se já representar (ou se se oferecer para representar) o repertório de uma ou mais sociedades de gestão colectiva para o mesmo efeito; e
- Após um período de transição, os titulares de direitos podem conceder licenças (directamente ou através de outro intermediário) relativas aos seus próprios direitos em linha, se a sociedade de gestão colectiva com que trabalham não conceder licenças multiterritoriais e se não for parte num dos acordos referidos.

Em sede de litígios, as sociedades de gestão colectiva são obrigadas a disponibilizar, aos seus membros e titulares de direitos, procedimentos de reclamação e resolução de litígios, bem como mecanismos de resolução de litígios sobre as condições de concessão de licenças entre os usuários e as sociedades de gestão colectiva, acrescendo que certos litígios relacionados com licenças multiterritoriais entre as sociedades de gestão colectiva e os usuários, os titulares de direitos ou outras sociedades podem ser submetidos a um sistema alternativo, independente e imparcial, de resolução de litígios.[966]

A Proposta de Directiva sobre a Gestão Colectiva exige que os Estados Membros designem as autoridades competentes para gerir os procedimentos de queixas, aplicar sanções eficazes, proporcionais e dissuasoras e acompanhar a aplicação dos preceitos relativos ao licenciamento multiterritorial de direitos em linha sobre obras musicais, não impondo, todavia, a criação de autoridades de supervisão independentes, especificamente dedicadas à fiscalização das sociedades de gestão colectiva.[967]

Reconhece a Proposta de Directiva que as garantias exigidas às sociedades de gestão colectiva, no que diz respeito ao seu governo e às condições relativas à concessão transfronteiriça de licenças multiterritoriais para os direitos em linha sobre obras musicais, poderão restringir a liberdade dessa socieda-

---

[965] Artigos 28-30 da Proposta de Directiva sobre a Gestão Colectiva.
[966] Artigos 34-36 da Proposta de Directiva sobre a Gestão Colectiva.
[967] Artigos 37-40 da Proposta de Directiva sobre a Gestão Colectiva.

des, enquanto empresas, na acepção da Carta dos Direitos Fundamentais da União Europeia, sublinhando, todavia, que a própria Carta prevê a possibilidade de limitação, em determinadas circunstâncias, do exercício das liberdades em causa e que, em conformidade com a mesma Carta, essas restrições são necessárias para proteger os interesses dos membros, dos titulares de direitos e dos usuários e para a definição de normas mínimas de qualidade para o exercício, pelas sociedades de gestão colectiva, da sua liberdade de prestação de serviços de licenciamento multiterritorial no mercado interno.[968]

A Proposta terá agora de ser aprovada pelo Conselho.

> A Proposta de Directiva sobre a Gestão Colectiva visa aperfeiçoar as normas de governo e de transparência das sociedades de gestão colectiva, de modo a permitir que os titulares de direitos possam exercer um controlo mais eficaz sobre essas sociedades e a facilitar a concessão de licenças multiterritoriais no respeitantes a obras musicais para a prestação de serviços em linha.

---

[968] Proposta de Directiva relativa à gestão colectiva dos direitos de autor e direitos conexos e ao licenciamento multiterritorial de direitos sobre obras musicais para utilização em linha no mercado interno, COM(2012) 372, 3.4.5 Direitos fundamentais e considerandos específicos, http://ec.europa.eu/internal_market/copyright/docs/management/com-2012-3722_pt.pdf#maincontentSec1.

Capítulo XI
Conclusões

Conclui-se que, na União Europeia, o processo de harmonização do direito de autor e direitos conexos se caracterizou à data pela emanação de oito directivas fundamentais nessa área do saber:

- A Directiva do Conselho, de 23 de Abril de 2009, relativa à protecção jurídica dos programas de computador (Dir. 2009/24/CE, versão codificada);
- A Directiva do Parlamento Europeu e do Conselho, de 12 de Dezembro de 2006, relativa ao direito de aluguer, ao direito de comodato e a certos direitos conexos ao direito de autor (Dir. 2006/115/CE, versão codificada);
- A Directiva do Parlamento Europeu e do Conselho, de 27 de Setembro de 1993, relativa à coordenação de determinadas disposições em matéria de direito de autor e direitos conexos aplicáveis à radiodifusão por satélite e à retransmissão por cabo (Dir. 93/83/CEE);
- A Directiva do Parlamento Europeu e do Conselho, de 27 de Setembro de 2011, relativa à harmonização do prazo de protecção dos direitos de autor e de certos direitos conexos (Dir. 2006/116/CE, versão codificada, alterada pela Dir. 2011/77/CE);
- A Directiva do Parlamento Europeu e do Conselho, de 11 de Março de 1996, relativa à protecção jurídica das bases de dados (Dir. 96/9/CE);
- A Directiva do Parlamento Europeu e do Conselho, de 22 de Maio de 2001, relativa à harmonização de certos aspectos do direito de autor e dos direitos conexos na sociedade da informação (Dir. 2001/29/CE);
- A Directiva do Parlamento Europeu e do Conselho, de 27 de Setembro de 2001, relativa ao direito de sequência em benefício do autor de

uma obra de arte original que seja objecto de alienações sucessivas (Dir. 2001/84/CE); e
- A Directiva do Parlamento Europeu e do Conselho, de 25 de Outubro de 2012, relativa a determinadas utilizações permitidas de obras órfãs (Dir. 2012/28/EU).

Ou seja, foram elaboradas e aprovadas sete directivas «verticais» (relativas aos programas de computador, ao aluguer e ao comodato, à radiodifusão por satélite e à retransmissão por cabo, ao prazo de protecção, às bases de dados, ao direito de sequência e às obras órfãs) e uma Directiva «horizontal» (a Directiva sobre a Sociedade da Informação).

Optou-se por uma abordagem relativamente fragmentada, por um lado, através de directivas específicas e «verticais» e, por outro, por meio de uma intervenção «horizontal», sob a forma da Directiva sobre a Sociedade da Informação.

Não alcançou, pois, o legislador da União Europeia, uma harmonização plena do direito de autor e dos direitos conexos, mas apenas um grau de harmonização parcial.

Mais ambicioso foi esse legislador, por exemplo, no âmbito das marcas, onde existe uma Directiva e um Regulamento que aproximam a legislação da União Europeia nessa área.

Recentemente, o deficit de harmonização legislativa constatado no campo autoral tem sido colmatado pelo Tribunal de Justiça, o qual, determinado a alcançar resultados sublimes por veredas estreitas, tem desempenhando um papel activo e crucial em sede de interpretação das referidas directivas, elevando o grau de harmonização desta matéria pela via jurisprudencial.

Inter alia, procedeu aquele Tribunal à harmonização de conceitos que não haviam sido harmonizados pelo legislador da União, como os de «originalidade», «obra» e, até certo ponto, «titularidade».

Com efeito, o Tribunal do Luxemburgo foi para além do *acquis* comunitário, ao consagrar o conceito de «originalidade» entendido como a «criação intelectual do autor» como postulado geral, aplicável a todas as obras e não apenas aos programas de computadores, às fotografias e às bases de dados.[969]

---

[969] Vide *Infopaq International A/S v. Danske Dagblades Forening*, Acórdão do Tribunal de Justiça, Processo C5/08, 16 de Julho de 2009, 37, 45; *Bezpečnostní softwarová asociace – Svaz softwarové ochrany v. Ministerstvo kultury*, Acórdão do Tribunal de Justiça, Processo C393/09, 22 de Dezembro de 2010, 48; *Football Dataco Ltd, Football Association Premier League Ltd, Football League Ltd, Scottish Premier League Ltd, Scottish Football League, PA*

CONCLUSÕES

Indo de novo para além do *acquis* comunitário, o Tribunal de Justiça assimilou a noção de «obra» à de «originalidade», ao estipular que o direito de autor tutela qualquer obra na acepção de que é uma «criação intelectual do próprio autor»[970] – o que, por sinal, se compatibiliza com uma lei nacional que estabeleça uma enumeração exemplificativa de obras, como faz, por exemplo, a lei portuguesa, mas não com uma lei nacional que preveja um elenco taxativo de categorias de obras protegidas, como é o caso da lei do Reino Unido.[971]

No que toca à «titularidade», declarou aquele Tribunal que os direitos de exploração da obra cinematográfica revertem de pleno direito, directa e originariamente, para o realizador principal, opondo-se o direito da União a uma legislação nacional que confira, de pleno direito e exclusivamente, direitos de exploração ao produtor da obra em questão.[972]

O Tribunal do Luxemburgo tem procurado, essencialmente, esclarecer o alcance e o significado do direito de autor na União Europeia, com vista a elevar o grau de certeza jurídica, na União, nesse âmbito.

Mais, a referida harmonização parcial do direito de autor alcançada pelo legislador da União tem sido no sentido de aumentar a protecção autoral, o que é patente, por exemplo, no caso do alargamento do prazo de protecção.[973]

Ora, também nesse campo o Tribunal de Justiça tem exercido um papel fundamental, como entidade que tende a reequilibrar os interesses em jogo, sempre apelando a um «justo equilíbrio» entre as pessoas visadas pelas normas da União.[974]

Sport UK Ltd v. Yahoo! UK Ltd, Stan James (Abingdon) Ltd, Stan James plc, Enetpulse ApS, Acórdão do Tribunal de Justiça, Processo C604/10, 1 de Março de 2012, 38.

[970] *Bezpečnostní softwarová asociace – Svaz softwarové ochrany v. Ministerstvo kultury,* Acórdão do Tribunal de Justiça, Processo C393/09, 22 de Dezembro de 2010, 45-47; *Football Association Premier League Ltd, NetMed Hellas SA, Multichoice Hellas SA v. QC Leisure, David Richardson, AV Station plc, Malcolm Chamberlain, Michael Madden, SR Leisure Ltd, Philip George Charles Houghton and Derek Owen e Karen Murphy v. Media Protection Services Ltd*, Acórdão do Tribunal de Justiça, Processos apensos C403/08 e C429/08, 4 de Outubro de 2011 96-99.

[971] Vide artigo 2 do CDADC de 1985 e secção 1 da Lei do Reino Unido de 1988.

[972] *Martin Luksan v. Petrus van der Let*, Acórdão do Tribunal de Justiça, Processo C277/10, 9 de Fevereiro de 2012, 67-70, 78, 84, 87.

[973] Vide Parte IV – O Direito de Autor na União Europeia, Capítulo V – A Directiva sobre o Prazo de Protecção.

[974] *Padawan SL v. Sociedad General de Autores y Editores de España (SGAE)*, Acórdão do Tribunal de Justiça, Processo C467/08, 21 de Outubro de 2010, 112; *Productores de Música de*

Segundo esse Tribunal, a transposição das Directivas comunitárias sobre propriedade intelectual e telecomunicações deve seguir uma interpretação das mesmas que garanta o «justo equilíbrio» entre os direitos fundamentais protegidos pela ordem jurídica comunitária. Como tal, na execução das medidas de transposição das ditas Directivas compete, às autoridades e aos órgãos jurisdicionais dos Estados Membros, garantir uma interpretação do seu direito nacional em conformidade com essas Directivas, sem desrespeito pelos direitos fundamentais.[975]

Quanto ao futuro do direito de autor na União Europeia, não se vê como esse processo se há-de tornar menos complexo, tendo-se em conta o elevado número de Estados Membros, o papel nuclear que o Parlamento veio a tomar, as discussões em curso no que toca à legitimidade social do direito de autor e a ausência de um mandato constitucional, no direito primário da União Europeia, para legislar em sede autoral.

Dito isto, a verdade é que a Comissão definiu, recentemente, planos ambiciosos no que toca aos direitos de propriedade intelectual, com vista a incentivar a criatividade e a inovação. A estratégia adoptada é abrangente e almeja à reformulação do enquadramento jurídico daqueles direitos, de modo a promover, por um lado, a criatividade e a inovação, garantindo a recompensa dos criadores e das indústrias culturais e, por outro, um acesso tão alargado quanto possível aos bens e serviços protegidos pelos direitos da propriedade intelectual.[976]

Aguardemos, por ora, esperando que a Comissão execute o plano assim traçado, mas sem esquecer a velha máxima: *Res, non verba*.

España v. Telefónica de España SAU, Acórdão do Tribunal de Justiça, Processo C275/06, 29 de Janeiro de 2008, 71.
[975] *Productores de Música de España v. Telefónica de España SAU*, Acórdão do Tribunal de Justiça, Processo C275/06, 29 de Janeiro de 2008, 68.
[976] IP/11/630, Bruxelas, 24 de Maio de 2011.

Parte V
O Direito de Autor nos Tratados Internacionais

Capítulo I – A Convenção de Berna

Capítulo II – A Convenção Universal sobre o Direito de Autor

Capítulo III – A Convenção de Roma

Capítulo IV – O Acordo TRIPS

Capítulo V – O Tratado OMPI sobre Direito de Autor

Capítulo VI – O Tratado OMPI sobre Interpretações ou Execuções e Fonogramas

Capítulo VII – O Tratado OMPI sobre Interpretações e Execuções Audiovisuais

Capítulo I
A Convenção de Berna

A Convenção de Berna, o mais importante instrumento jurídico em sede autoral, foi assinada em 1886, em Berna, pela Alemanha, pela Bélgica, pela Espanha, pela França, pela Grã-Bretanha, pelo Haiti, pela Itália, pela Libéria, pela Suíça e pela Tunísia.[977]

O processo de criação desta Convenção foi despoletado, em 1882, pela *Association Littéraire et Artistique Internationale*, então presidida por Victor Hugo, num congresso organizado por essa associação. Seguiu-se, em 1883,

---

[977] *Vide* C. Masouyé, *WIPO Guide to the Berne Convention*, OMPI, 1978; J. Cavalli, *La genèse de la Convention de Berne pour la protection des oeuvres littéraires et artistiques du 9 septembre 1886*, Imprimeries Réunies, 1986; S. Ricketson e J. C. Ginsburg, *International Copyright and Neighbouring Rights: The Berne Convention and Beyond*, 2ª ed., Oxford University Press, 2006; A. Bogsch, «The First Hundred Years of the Berne Convention», *Copyright*, 22, 1986, p. 322; M. Stojanovic, «Quel avenir pour la Convention de Berne?», *Revue International du Droit d'Auteur*, 130, 1986, p. 3; E. Ulmer, «One Hundred Years of the Berne Convention», *International Review of Intellectual Property and Competition Law*, 17: 6, 1986, p. 707; S. Ricketson, «The Shadow Land of Bern: a Survey of the Hidden Parts of the Berne Convention – Part I», *European Intellectual Property Review*, 7, 1988, p. 197; S. Ricketson, «The Shadow Land of Berne: a Survey of the Hidden Parts of the Berne Convention – Part II», *European Intellectual Property Review*, 9, 1988, p. 267; S. Ricketson, «The Shadow Land of Berne: a Survey of the Hidden Parts of the Berne Convention – Part III», *European Intellectual Property Review*, 2, 1989, p. 58; P. E. Geller, «Can the GATT Incorporate Berne Whole?», *European Intellectual Property Review*, 11, 1990, p. 423; G. Karnell, «The Berne Convention Between Author's Rights and *Copyright* Economics – An International Dilemma», *International Review of Intellectual Property and Competition Law*, 26: 2, 1995, p. 193.

um congresso organizado pelo Governo suíço e, em 1884, 1885 e 1886, três conferências diplomáticas, sobre o mesmo tema.

A Convenção de Berna foi finalmente assinada a 9 de Setembro de 1886, tendo entrado em vigor a 5 de Dezembro de 1887 e constituindo, os países aos quais se aplica uma União para a protecção dos direitos dos autores sobre as suas obras literárias e artísticas.[978]

A Convenção de Berna assenta em quatro regras fundamentais: (i) O reconhecimento de um núcleo mínimo de direitos[979], (ii) a concessão de protecção independentemente do cumprimento de quaisquer requisitos formais,[980] (iii) a atribuição de protecção no país de origem ainda que o autor não seja nacional desse país[981] e (iv) a irrelevância da ausência de protecção no país de origem da obra.[982]

Começando pelo princípio do tratamento nacional, dele decorre para os autores, em termos de protecção das suas obras literárias e artísticas, um patamar mínimo de protecção no seio da União de Berna. Assim, nos países da União que não sejam os países de origem da obra, os autores gozam dos direitos que as leis respectivas concedem aos seus nacionais, bem como dos direitos especialmente concedidos pela Convenção de Berna, enquanto nos países da União que sejam os países de origem da obra mas dos quais os auto-

---

[978] Artigo 1 da Convenção de Berna.

[979] Os países da União têm de reconhecer os «direitos especialmente concedidos pela presente Convenção» (Convenção de Berna, Artigo 5 (1)). *Vide* Convenção de Berna, Artigos 6 bis (relativo ao direito a reivindicar a paternidade da obra e a assegurar a integridade da mesma), 8 (relativo ao direito a autorizar a tradução da obra), 9 (relativo ao direito a autorizar a reprodução da obra), 11 (relativo ao direito a autorizar a representação, execução pública e transmissão pública da obra), 11 bis (relativo ao direito a autorizar a radiodifusão e a retransmissão por cabo da obra), 12 (relativo ao direito a autorizar a adaptação da obra), 14 (relativo ao direito a autorizar a distribuição da obra cinematográfica).

[980] De acordo com o Artigo 5 (2) da Convenção de Berna, «o gozo e o exercício destes direitos não estão subordinados a qualquer formalidade».

[981] «Quando o autor não é nacional do país de origem da obra pela qual é protegido pela presente Convenção, terá, nesse país os mesmos direitos que os autores nacionais» (artigo 5 (3) da Convenção de Berna).

[982] Em regra, o gozo e o exercício dos direitos estabelecidos pela Convenção de Berna, «é independente da existência de protecção no país de origem da obra» (artigo 5 (2) da Convenção de Berna).

res não sejam nacionais, os autores têm os mesmos direitos que os autores nacionais.[983]

O conceito de «país de origem» é detalhado no artigo 5 (4) da mesma Convenção. Em regra, (i) para as obras publicadas pela primeira vez num dos países da União, o país de origem é este último país, (ii) para as obras publicadas pela primeira vez num país estranho à União, o país de origem é o país da União de que o autor é nacional e (iii) para as obras inéditas, o país de origem é o país da União de que o autor é nacional.

O princípio de tratamento nacional está, todavia, sujeito a certas excepções, a saber:

- No que toca às obras das artes aplicadas e aos desenhos e modelos industriais, se essas obras são protegidas unicamente como desenhos e modelos no país de origem, só pode ser reclamada, num outro país da União, a protecção especial concedida neste país aos desenhos e modelos. Todavia, se uma tal protecção especial não for concedida nesse país, essas obras serão protegidas como obras artísticas;[984]
- Quando um país estranho à União não proteja de modo adequado as obras dos autores que sejam nacionais de um dos países da União, este último país poderá restringir a protecção das obras cujos autores sejam nacionais do outro país e que não tenham a sua residência habitual num dos países da União. Note-se que se o país da primeira publicação utilizar esta faculdade, os outros países da União não são obrigados a atribuir às obras, assim submetidas a um tratamento especial, uma protecção mais ampla que a que lhes for concedida no país da primeira publicação. Ou seja, este preceito permite que o princípio do tratamento nacional seja substituído pelo da reciprocidade;[985]
- O prazo de protecção é regulado pela lei do país em que a protecção for reclamada, mas a menos que a legislação deste último país não disponha de outro modo, ela não excederá a duração fixada no país de origem da obra. Frise-se que enquanto este preceito autoriza a comparação dos prazos de protecção, o artigo 7 (1) da Directiva sobre o Prazo de Protecção exige que se proceda a tal comparação;[986]

---

[983] Artigo 5 (1) e (3) da Convenção de Berna.
[984] Artigo 2 (7) da Convenção de Berna.
[985] Artigo 6 (1) da Convenção de Berna.
[986] Artigo 7 (8) da Convenção de Berna.

- No respeitante às obras de arte originais e aos manuscritos originais de escritores e compositores, o direito inalienável de beneficiar das operações de venda de que a obra for objecto depois da primeira cessão praticada pelo autor, só é exigível em cada país da União se a legislação nacional do autor admitir essa protecção e na medida em que o permita a legislação do país em que essa protecção é reclamada;[987] e
- Quando um país estranho à União declara, ao aderir à Convenção de Berna, que pretende fazer uso de uma reserva no que toca ao direito de tradução, qualquer país tem a faculdade de aplicar, no que respeita ao direito de tradução das obras tendo por país de origem um país que faça uso dessa reserva, uma protecção equivalente àquela concedida por este último país.[988]

Passando ao autor, a Convenção apenas afirma, de forma abrangente, que a protecção dos direitos dos autores sobre as suas obras literárias e artísticas se exerce em benefício do autor e dos seus representantes, o que parece incluir o sucessor e o transmissário dos respectivos direitos.[989]

É especificado que o titular do direito de autor sobre a obra cinematográfica goza dos mesmos direitos que o autor de uma obra original, ficando reservada à legislação do país onde a protecção é reclamada a determinação dos titulares do direito de autor sobre a obra cinematográfica.[990]

Para que os autores de obras literárias e artísticas sejam, salvo prova em contrário, considerados como tais, é suficiente que o nome esteja indicado na obra na forma habitual – ainda que se trate de um pseudónimo, desde que o mesmo não deixe lugar a qualquer dúvida sobre a identidade do autor.[991]

No que toca às obras protegidas, a Convenção determina que a expressão «obras literárias e artísticas» inclui todas as produções do domínio literário, científico e artístico, qualquer que seja o seu modo ou forma de expressão, dando como exemplos de tais obras, «os livros, folhetos e outros escritos; as conferências, alocuções, sermões e outras obras da mesma natureza; as obras dramáticas ou dramático-musicais; as obras coreográficas e as pantomimas; as composições musicais, com ou sem palavras; as obras cinematográficas, às quais são assimiladas as obras expressas por um processo análogo à cinema-

---

[987] Artigo 14 ter da Convenção de Berna.
[988] Artigo 30 (2) (b) da Convenção de Berna.
[989] Artigos 1 e 2 (6) da Convenção de Berna.
[990] Artigo 14 bis (1) e (2) (a) da Convenção de Berna.
[991] Artigo 14 bis (1) e (2)(a) da Convenção de Berna.

tografia; as obras de desenho, pintura, arquitectura, escultura, gravura e litografia; as obras fotográficas, às quais são assimiladas as obras expressas por um processo análogo ao da fotografia; as obras das artes aplicadas; as ilustrações e as cartas geográficas; os planos, esboços e obras plásticas relativos à geografia, à topografia, à arquitectura ou às ciências.» [992] Este elenco é, claramente, não taxativo.

A Convenção impõe, ainda, a protecção, como obras originais, das traduções, das adaptações, dos arranjos de música e de outras transformações de uma obra literária ou artística (sem prejuízo dos direitos do autor da obra original), assim como das compilações de obras literárias ou artísticas, tais como as enciclopédias e antologias, que pela escolha ou disposição das matérias constituem criações intelectuais (de novo, sem prejuízo dos direitos dos autores sobre cada uma das obras que fazem parte dessas compilações).[993]

Já fica reservada às legislações dos países da União, sendo, pois, opcional, a determinação da protecção a conceder a certas produções, tais como os textos oficiais de carácter legislativo, administrativo ou judiciário, as traduções oficiais destes textos, as obras das artes aplicadas, os desenhos e modelos industriais, os discursos políticos e os discursos pronunciados nos debates judiciários.[994]

Compulsória é a ausência de protecção das notícias do dia e dos relatos de acontecimentos diversos (*fait divers*) que tenham o carácter de simples informações de imprensa.[995]

No respeitante aos requisitos de protecção, a tutela concedida pela Convenção de Berna não se encontra subordinada ao modo ou à forma de expressão da obra, mas esta terá de ser original, ou seja, deverá consistir numa «criação intelectual».[996]

---

[992] Artigo 2 (1) da Convenção de Berna.
[993] Artigo 2 (3) e (5) da Convenção de Berna.
[994] Artigos 2 (4) e (7) e 2 bis (1) da Convenção de Berna.
[995] Artigo 2 (8) da Convenção de Berna.
[996] Dispõe, por exemplo, o artigo 2 (5) da Convenção de Berna que «as compilações de obras literárias ou artísticas tais como as enciclopédias e antologias que, pela escolha ou disposição das matérias, constituem <u>criações intelectuais</u>, são protegidas como tais, sem prejuízo dos direitos dos autores sobre cada uma das obras que fazem parte dessas compilações.» [sublinhado nosso]

Refira-se, ainda, que os países da União podem exigir como condição de protecção a fixação da obra num suporte material.[997]

Passando dos requisitos de protecção da obra aos requisitos de protecção do autor, dita a Convenção de Berna que são protegidos (i) os autores nacionais de um dos países da União, relativamente às suas obras, publicadas ou inéditas, bem como (ii) os autores não nacionais de um dos países da União, relativamente às obras que publiquem pela primeira vez num destes países ou, simultaneamente, num país estranho à União e num país da União.[998]

De acordo com o artigo 3 (4) da Convenção de Berna, é «considerada como publicada simultaneamente em vários países qualquer obra que tenha aparecido em dois ou mais países nos trinta dias subsequentes à sua primeira publicação.»

O país de origem é (i) para as obras publicadas simultaneamente em vários países da União que admitam prazos de protecção diferentes, o país que concede um prazo de protecção menos extenso, (ii) para as obras publicadas simultaneamente num país estranho à União e num país da União, este último país e (iii) para as obras inéditas e para as obras publicadas pela primeira vez num país estranho à União (sem que se verifique publicação simultaneamente num país da União), o país da União de que o autor é nacional – existindo preceitos especiais para as obras cinematográficas e arquitectónicas.[999]

No atinente aos direitos protegidos, a Convenção de Berna tutela os interesses morais do autor, os quais foram introduzidos no artigo 6 bis dessa Convenção aquando da Revisão de Roma de 1928, estabelecendo que independentemente dos direitos patrimoniais do autor e mesmo após a cessão desses direitos, o autor conserva o direito de reivindicar a paternidade da obra (o direito à paternidade da obra) e de se opor a qualquer deformação, mutilação ou outra modificação dessa obra ou a qualquer atentado à mesma obra, que possam prejudicar a sua honra ou a sua reputação (o direito à integridade da obra).

No tocante ao direito à paternidade da obra, é de notar que a referência que a Convenção faz à «reivindicação» da paternidade da obra é invocada para

---

[997] Dita o artigo 2 (2) da Convenção de Berna que fica «reservada às legislações dos países da União a faculdade de prescrever que as obras literárias e artísticas ou apenas uma ou várias categorias de entre elas não são protegidas, na medida em que não estejam fixadas num suporte material.»

[998] Artigo 3 (1) da Convenção de Berna.

[999] Artigo 5 (4) (a)-(c) da Convenção de Berna.

justificar certa orientação, seguida em determinados países da União, como o Reino Unido, que faz depender o gozo do direito à paternidade do reconhecimento formal (*assertion*) desse mesmo direito pelo autor, permitindo que o autor proceda à sua renúncia em relação a determinada obra ou às suas obras em geral.[1000]

Em termos de prazo de protecção, depois da morte do autor, os direitos morais são mantidos pelo menos até à extinção dos direitos patrimoniais.[1001]

No que se refere aos direitos patrimoniais, a Convenção de Berna outorga aos autores de obras literárias ou artísticas o direito de autorizar ou proibir a tradução,[1002] a reprodução,[1003] a representação, a execução pública e a transmissão pública,[1004] a radiodifusão e a retransmissão por cabo[1005] e a adaptação[1006] da obra, bem como a colocação em circulação da obra cinematográfica[1007].

Aos autores de obras dramáticas e dramático-musicais assiste o direito de autorizar a representação, a execução pública e a transmissão pública da obra.[1008]

A Convenção de Berna institui, ainda, o chamado *droit de suite*, no respeitante às obras originais e aos manuscritos originais de escritores e de compositores, segundo o qual o autor detém o «direito inalienável de beneficiar das operações de venda de que a obra for objecto depois da primeira cessão» por si praticada.[1009]

No contexto do direito à reprodução da obra, é de realçar o facto de tal direito ter sido objecto de consagração parcial, na Convenção de Berna, em 1908, aquando da Revisão de Berlim, altura em que a sua aplicação foi limitada à reprodução cinematográfica das obras, e de consagração geral, em 1967, aquando da Revisão de Estocolmo.

[1000] Secções 77, 78 e 87 da Lei do Reino Unido de 1988. *Vide* Parte I – Introdução, Capítulo IV – Droit d'auteur e *copyright*, 4.5 – Os direitos morais.
[1001] Artigo 6 bis (2) da Convenção de Berna.
[1002] Artigo 8 da Convenção de Berna.
[1003] Artigo 9 da Convenção de Berna.
[1004] Artigo 11 da Cornvenção de Berna.
[1005] Artigo 11 bis da Convenção de Berna.
[1006] Artigo 12 da Convenção de Berna.
[1007] Artigo 14 (1) (i) da Convenção de Berna.
[1008] Artigo 11 (1) da Convenção de Berna.
[1009] Artigo 14 ter da Convenção de Berna.

Com efeito, em 1967 foi introduzido o artigo 9 na Convenção de Berna, o qual estabelece o direito exclusivo de autorizar a reprodução das obras literárias e artísticas de qualquer maneira e por qualquer forma, esclarecendo ainda que a gravação sonora ou visual de uma obra é considerada como uma reprodução.[1010]

Decorre da Declaração Acordada Relativamente ao Artigo 1 (4) do Tratado da OMPI sobre Direito de Autor, que monta a 1996, a aplicabilidade deste preceito no âmbito do digital, o que ilustra a flexibilidade das disposições da Convenção de Berna e a sua adaptabilidade às novas realidades.[1011]

Também em 1967 surgiu o famoso «teste dos três passos» no que toca às excepções e limitações ao direito à reprodução, segundo o qual as restrições àquele direito apenas podem emergir (i) em certos casos especiais, (ii) desde que tal reprodução não prejudique a exploração normal da obra e (iii) não cause um prejuízo injustificado aos legítimos interesses do autor.[1012] Note-se que a presente Convenção apenas aplica este princípio no campo da reprodução.

A Convenção ora em análise estabelece outras excepções aos direitos *supra* referidos, permitindo, ainda, que estes sejam sujeitos a reservas e condições sem prejuízo do direito que pertence ao autor de obter uma remuneração equitativa.

Assim, decreta a Convenção de Berna, a legitimidade das citações tiradas de uma obra já licitamente tornada acessível ao público, na condição de tais citações serem conformes aos bons costumes e na medida justificada pelo fim a atingir e tendo, ainda, de fazer menção da fonte e do nome do autor se esse nome figurar na fonte.[1013]

Os países da União podem aumentar o respectivo leque de excepções e limitações, se assim o entenderem, permitindo:

- Que as conferências, alocuções e outras obras da mesma natureza, pronunciadas em público, sejam reproduzidas pela imprensa, radiodifundidas ou transmitidas por fio ou sem fio, quando tal utilização for justificada pelo fim de informação a atingir;[1014]

[1010] Artigo 9 (1) e (3) da Convenção de Berna.
[1011] *Vide* Parte V – O Direito de Autor nos Tratados Internacionais, Capítulo V – O Tratado da OMPI sobre Direito de Autor.
[1012] Artigo 9 (2) da Convenção de Berna.
[1013] Artigo 10 (1) e (3) da Convenção de Berna.
[1014] Artigo 2 bis (2) da Convenção de Berna.

- Que as obras literárias ou artísticas sejam utilizadas, a título de ilustração do ensino, na medida justificada pelo fim a atingir em conformidade aos bons costumes e tendo essas utilizações que fazer menção da fonte e do nome do autor se esse nome figurar na fonte;[1015]
- Que os artigos de actualidade de discussão económica, política ou religiosa ou de obras radiodifundidas da mesma natureza, sejam reproduzidos pela imprensa, radiodifundidos ou transmitidos por fio ao público, nos casos em que a reprodução, a radiodifusão ou a referida transmissão não tenham sido expressamente reservadas e tendo a fonte que ser sempre claramente indicada;[1016]
- Que as obras literárias ou artísticas vistas ou ouvidas no decurso dos relatos de acontecimentos da actualidade sejam reproduzidas e tornadas acessíveis ao público, por meio da fotografia, da cinematografia, da radiodifusão ou da transmissão por fio, na medida em que o objectivo de informação a atingir o justifique;[1017]
- Que as obras radiodifundidas sejam alvo de gravações efémeras efectuadas por um organismo de radiodifusão, pelos seus próprios meios e para as suas emissões, podendo autorizar a conservação dessas gravações nos arquivos oficiais em razão do seu carácter excepcional de documentação;[1018]
- O exercício dos direitos de radiodifusão e retransmissão por cabo, em condições que terão um efeito estritamente limitado ao país que as tiver estabelecido, não podendo atingir o direito moral do autor, nem o direito que pertence ao autor de obter uma remuneração equitativa fixada na falta de acordo amigável pela autoridade competente;[1019] e
- A gravação sonora de uma obra musical com as respectivas palavras quando essa gravação já tenha sido autorizada, em condições que terão um efeito estritamente limitado ao país que as tiver estabelecido, não podendo atingir o direito moral do autor, nem o direito que pertence ao autor de obter uma remuneração equitativa fixada na falta de acordo amigável pela autoridade competente.[1020]

[1015] Artigo 10 (2) e (3) da Convenção de Berna.
[1016] Artigo 10 bis (1) da Convenção de Berna.
[1017] Artigo 10 bis (2) da Convenção de Berna.
[1018] Artigo 11 bis (3) da Convenção de Berna.
[1019] Artigo 11 bis (2) da Convenção de Berna.
[1020] Artigo 13 (1) da Convenção de Berna.

A Convenção de Berna prevê, ainda, as seguintes restrições aos direitos nela previstos:
- Nos países da União em que a legislação tutela os autores das contribuições prestadas à realização da obra cinematográfica, estes não poderão, salvo estipulação em contrário, opor-se à reprodução, entrada em circulação, representação e execução pública, transmissão por fio ao público, radiodifusão, comunicação ao público, legendagem e dobragem dos textos da obra cinematográfica;[1021]
- As disposições da Convenção de Berna não prejudicam o direito que cabe ao Governo de cada país da União de permitir, fiscalizar ou proibir, a circulação, a representação e a exposição de qualquer obra (o direito à censura);[1022] e
- A Convenção de Berna inclui limitações no que toca aos direitos de tradução e de reprodução em benefício dos países em vias de desenvolvimento.[1023]

No que concerne ao prazo de protecção da obra, dita a Convenção de Berna que, em regra, «a duração da protecção concedida pela presente Convenção compreende a vida do autor e cinquenta anos após a sua morte».[1024]

Todavia, há que ter em atenção as seguintes excepções:
- Para as obras cinematográficas, os países da União podem recorrer à regra geral, podendo ainda prever que o prazo de protecção expire cinquenta anos depois de a obra ter sido tornada acessível ao público com o consentimento do autor e, na falta de tal acontecimento, que essa protecção expire cinquenta anos após a realização da obra;[1025]
- Para as obras anónimas ou pseudónimas, o prazo de protecção expira cinquenta anos após a obra ter sido licitamente tornada acessível ao público – contudo, se o pseudónimo adoptado pelo autor não deixar dúvidas sobre a sua identidade ou se o autor revelar a sua identidade durante o período acima indicado a duração da protecção segue a regra geral;[1026] e
- Se os países da União protegerem as obras fotográficas e as obras das artes aplicadas enquanto obras artísticas, o prazo da sua protecção não

---

[1021] Artigo 14 bis (2) (b)-(d) e (3) da Convenção de Berna.
[1022] Artigo 17 da Convenção de Berna.
[1023] Anexo à Convenção de Berna.
[1024] Artigo 7 (1) da Convenção de Berna.
[1025] Artigo 7 (2) da Convenção de Berna.
[1026] Artigo 7 (3) da Convenção de Berna.

poderá ser inferior a um período de vinte e cinco anos a contar da realização de uma tal obra.[1027]

Registe-se, ainda, o seguinte:

- A Convenção de Berna permite que os países da União concedam prazos de protecção superiores aos prazos *supra* previstos;[1028]
- O prazo de protecção é regulado pela lei do país em que a protecção for reclamada, prazo esse que não excederá a duração fixada no país de origem da obra, salvo disposição em contrário prevista na legislação do país em que a protecção for reclamada. Assinale-se que, enquanto o artigo 7 (8) da Convenção de Berna autoriza a comparação dos prazos de protecção, o artigo 7 (1) da Directiva sobre o Prazo de Protecção exige que se proceda a tal comparação;[1029] e
- Quando o direito de autor pertença em comum aos colaboradores de uma obra, os prazos subsequentes à morte do autor são calculados a partir da morte do último dos colaboradores sobreviventes.[1030]

Poucos são os preceitos dedicados à garantia da observância dos direitos em apreço, salientando-se o artigo 16 da Convenção de Berna, que prevê a apreensão de obras contrafeitas.

Decorre do artigo 5 (2) da mesma Convenção, que a extensão da protecção, bem como os meios de recurso garantidos ao autor para salvaguardar os seus direitos são regulados, exclusivamente, pela legislação do país onde a protecção é reclamada.[1031]

O disposto nesta norma tem sido sujeito a diferentes interpretações:

- Uma dessas interpretações preconiza que uma vez que o principal objectivo da Convenção de Berna foi estabelecer um sistema interna-

---

[1027] Artigo 7 (4) da Convenção de Berna.
[1028] Artigo 7 (6) da Convenção de Berna. Tal acorda com o preceituado no artigo 19 da mesma Convenção, segundo o qual as «disposições da presente Convenção não impedem a reivindicação de disposições mais amplas que possam ser concedidas pela legislação de um país da União.»
[1029] Mas não em relação a cidadãos do Espaço Económico Europeu. *Vide Phil Collins v. IMTRAT Handels-GmbH, Patricia Im-und Export VmbH v. EMI Electrola GmbH*, Processos apensos C-92/92 e C-326/92. *Vide* Parte IV – O Direito de Autor na União Europeia, Capítulo V – A Directiva sobre o Prazo de Protecção.
[1030] Artigo 7 bis da Convenção de Berna.
[1031] Artigo 5 (2) da Convenção de Berna.

cional para a protecção de usos legítimos de obras, a lei do país onde a protecção é reclamada *(lex loci protectionis)* é a lei do país onde a exploração da obra decorre;[1032]
- Uma segunda interpretação desse dispositivo postula que a lei do país onde a protecção é reclamada é a lei do local onde o autor está envolvido em procedimentos litigiosos – a Convenção de Berna refere-se à lei do foro porque é perante os tribunais do respectivo Estado que o titular do direito de autor reclama protecção;[1033] e
- De acordo com uma terceira interpretação daquele preceito, a lei do país onde a protecção é reclamada é a lei do local onde a infracção foi cometida *(lex loci delicti commissi)*.[1034]

Os conflitos respeitantes à interpretação das normas da Convenção de Berna podem ser resolvidos pelo Tribunal Internacional de Justiça, embora a observância de uma sentença proferida por este Tribunal contra um país da União se encontre dependente da boa vontade deste último. À data, não se efectuaram referências a este Tribunal no que toca às disposições da Convenção de Berna.[1035]

Refira-se, também, que aquando da Revisão de Estocolmo, de 1967, foi aprovado um Anexo à Convenção de Berna que autorizava os países em vias de desenvolvimento a implementar condições especiais em relação aos direitos à reprodução e à tradução de obras protegidas.

O texto do Anexo foi reformulado aquando da Revisão de Paris, de 1971, e segundo a versão actual do Anexo à Convenção de Berna, qualquer país

---

[1032] *Vide* J. J. Fawcett e P. Torremans, *Intellectual Property and Private International Law*, Clarendon Press, Oxford, 1998, p. 467.

[1033] Segundo G. Koumantos («Private International Law and the Berne Convention», *Copyright*, 24, 1988, p. 426), as referências feitas pela Convenção de Berna ao local onde a protecção é reclamada devem entender-se como referências à aplicação da lex fori. Quanto ao artigo 5 (1) e (3), Koumantos entende que a regra de conflitos é clara, devendo aplicar-se a regra que determina a aplicação da lei do país de origem a todos os casos relativamente aos quais a Convenção de Berna não se pronuncie [por exemplo, no que toca à extensão da protecção, artigo 5 (2), p. 424]. Esta interpretação é também defendida por S. Ricketson e J. C. Ginsburg, *International Copyright and Neighbouring Rights: The Berne Convention and Beyond*, 2ª ed., Oxford University Press, 2006, para. 6.100.

[1034] *Vide* G. Koumantos, «Private International Law and the Berne Convention», *Copyright*, 24, 1988, p. 426.

[1035] Artigo 33 da Convenção de Berna.

em vias de desenvolvimento que, tendo em conta a sua situação económica e as suas necessidades sociais ou culturais, não se considera apto a assegurar imediatamente a protecção de todos os direitos previstos na Convenção de Berna, poderá invocar o benefício da faculdade dos artigos II (de substituir o direito exclusivo de tradução previsto pelo artigo 8 por um regime de licenças não exclusivas e inalienáveis concedidas pela autoridade competente) e/ou III (de substituir o direito exclusivo de reprodução previsto pelo artigo 9 por um regime de licenças não exclusivas e inalienáveis concedidas pela autoridade competente).[1036]

Saliente-se, finalmente, que o Acordo TRIPS impõe o cumprimento dos artigos 1 a 21 da Convenção de Berna (excepto dos preceitos relativos aos direitos morais) e do Anexo ao Acto de Paris, de 1971, tendo assim transformado a Convenção de Berna na lei global do comércio internacional no respeitante ao direito de autor.

A Convenção de Berna, o mais importante instrumento jurídico em sede autoral, foi assinada em 1886, em Berna.

A Convenção de Berna assenta em quatro regras fundamentais: (i) O reconhecimento de um núcleo mínimo de direitos, (ii) a concessão de protecção independentemente do cumprimento de quaisquer requisitos formais, (iii) a atribuição de protecção no país de origem ainda que o autor não seja nacional desse país e (iv) a irrelevância da ausência de protecção no país de origem da obra.

Deve-se à Convenção de Berna o famoso «teste dos três passos», no que toca às excepções e limitações ao direito à reprodução, segundo o qual as restrições àquele direito apenas podem emergir (i) em certos casos especiais, (ii) desde que tal reprodução não prejudique a exploração normal da obra e (iii) não cause um prejuízo injustificado aos legítimos interesses do autor.

O Acordo TRIPS impõe o cumprimento dos artigos 1 a 21 da Convenção de Berna (excepto dos preceitos relativos aos direitos morais) e do Anexo ao Acto de Paris, de 1971, tendo assim transformado a Convenção de Berna na lei global do comércio internacional no respeitante ao direito de autor.

[1036] Essas reservas são permitidas pelo artigo 30 (1) da Convenção de Berna.

Capítulo II
A Convenção Universal sobre Direito de Autor

A Convenção Universal sobre Direito de Autor, elaborada sob a égide da UNESCO, veio permitir que países como os Estados Unidos, cujas legislações de direito de autor não cumpriam os ditames de protecção emanados da Convenção de Berna, não podendo por isso vincular-se a tal Convenção, aderissem a um instrumento internacional de protecção desse direito.

A título ilustrativo, note-se que ao passo que o artigo 5 (2) da Convenção de Berna estabelece que «o gozo e o exercício destes direitos não estão subordinados a qualquer formalidade», a lei de *copyright* norte-americana exigia, então, a prossecução de determinadas formalidades, tais como a inserção do símbolo © em todos os exemplares da obra publicada.

A Convenção Universal sobre Direito de Autor visou, assim, unir os seus Estados Contratantes sob um denominador comum de protecção internacional do direito de autor menos elevado do que o resultante da Convenção de Berna, declarando nada afectar as disposições da Convenção de Berna.[1037]

Tal como a Convenção de Berna, a Convenção Universal sobre Direito de Autor obriga os Estados Contratantes a atribuir, aos nacionais dos outros Estados Contratantes, protecção idêntica à que é concedida aos seus nacionais de acordo com o princípio do **tratamento nacional**.[1038]

À semelhança do artigo 7 (8) da Convenção de Berna, o artigo IV (4) (a) da Convenção Universal sobre Direito de Autor abre uma excepção a este princípio, estabelecendo que, no caso de uma obra inédita, nenhum Estado Contratante será forçado a assegurar a sua protecção por período superior ao

---

[1037] Artigo XVII e Declaração Anexa Relativa ao Artigo XVII da Convenção Universal sobre Direito de Autor.

[1038] Artigo II (1) da Convenção Universal sobre Direito de Autor.

fixado para a categoria de obras a que pertença pela lei do Estado Contratante de que o autor é nacional e, no caso de uma obra publicada, pela lei do Estado Contratante onde esta obra tenha sido pela primeira vez publicada.

Passando ao autor, a Convenção ora em análise afirma proteger os «direitos dos autores e de quaisquer outros titulares destes direitos», incluindo assim o sucessor e o transmissário dos respectivos direitos.[1039]

No que toca às obras protegidas, os Estados Contratantes comprometem-se a tutelar as obras literárias, científicas e artísticas, tais como os escritos, as obras musicais, dramáticas e cinematográficas e as de pintura, gravura e escultura.[1040]

No respeitante aos requisitos de protecção, declara a Convenção Universal sobre Direito de Autor que são protegidas as obras publicadas cujos autores sejam cidadãos de qualquer Estado Contratante ou que sejam publicadas pela primeira vez no território de tal Estado, bem como as obras inéditas dos nacionais de cada Estado Contratante (não se aplicando, neste caso, o critério da publicação).[1041]

Os autores cujas obras se subsumam às situações acima referidas gozam, em todos os Estados Contratantes, da protecção que cada um desses Estados concede às obras dos seus nacionais publicadas pela primeira vez no seu próprio território, assim como da protecção especial concedida pela referida Convenção.

Para qualquer obra protegida nos termos da Convenção Universal sobre Direito de Autor que seja publicada pela primeira vez fora do território de um Estado Contratante e cujo autor não seja seu nacional, qualquer Estado Contratante cuja legislação interna exija como condição para a protecção dos direitos dos autores o cumprimento de formalidades tais como o registo, considerará satisfeitas tais exigências através da inserção do símbolo © em todos os exemplares da obra publicada, «acompanhado do nome do titular de direito e da indicação do ano da sua primeira publicação».[1042]

Para as obras publicadas pela primeira vez no seu território ou as obras dos seus nacionais, qualquer que seja o local da sua publicação, qualquer Estado Contratante pode, ainda, fazer depender a aquisição e o exercício do direito de autor de certas formalidades ou de outras condições.[1043]

[1039] Artigo I da Convenção Universal sobre Direito de Autor.
[1040] Artigo I da Convenção Universal sobre Direito de Autor.
[1041] Artigo II da Convenção Universal sobre Direito de Autor.
[1042] Artigo III (1) da Convenção Universal sobre Direito de Autor.
[1043] Artigo III (2) da Convenção Universal sobre Direito de Autor.

Para as obras inéditas dos nacionais dos outros Estados Contratantes, devem ser assegurados, em cada Estado Contratante, os meios legais para a respectiva protecção, sem formalidades.[1044]

No atinente aos direitos protegidos, a Convenção Universal sobre Direito de Autor não contempla os direitos morais dos autores mas assegura os seus interesses económicos, nomeadamente através da concessão do «direito exclusivo de autorizar a reprodução por qualquer meio, a representação e execução públicas e a radiodifusão», assim como a tradução das respectivas obras.[1045]

Os Estados Contratantes podem abrir excepções aos referidos direitos «que não sejam contrárias ao espírito e às disposições da presente Convenção».[1046]

Aquando da Revisão de Paris, de 1971, foram inseridos os artigos V bis a V quater no texto da Convenção Universal sobre Direito de Autor, os quais contemplam excepções de que os países em vias de desenvolvimento podem beneficiar em relação aos direitos à reprodução e à tradução de obras protegidas.

No concernente ao prazo de protecção da obra, este é estabelecido pela lei do Estado Contratante onde é requerida a protecção da obra, estendendo-se, em regra, por vinte cinco anos após a morte do autor.[1047]

A regra geral no tocante ao prazo de protecção não se aplica a obras fotográficas ou a obras de arte aplicada, avisando todavia a dita Convenção que nos Estados Contratantes em que seja dada protecção às obras fotográficas e às obras de arte aplicada, enquanto obras artísticas, a duração da protecção não pode ser inferior a dez anos.[1048]

Em sede de garantia da observância dos preceitos acima referidos, os Estados Contratantes comprometem-se a adoptar as medidas necessárias para assegurar a aplicação da Convenção Universal sobre Direito de Autor.[1049]

Qualquer divergência entre dois ou mais Estados Contratantes no que se refere à interpretação ou à aplicação desta Convenção que não possa ser resolvida por negociação será levada perante o Tribunal Internacional de Jus-

---

[1044] Artigo III (4) da Convenção Universal sobre Direito de Autor.
[1045] Artigos IV bis (1) e V (1) da Convenção Universal sobre Direito de Autor.
[1046] Artigos IV bis (2) da Convenção Universal sobre Direito de Autor. Acrescente-se que o artigo V (2) permite restrições no âmbito do direito à tradução da obra.
[1047] Artigo IV (1) e (2) (a) da Convenção Universal sobre Direito de Autor.
[1048] Artigo IV (3) da Convenção Universal sobre Direito de Autor.
[1049] Artigo X da Convenção Universal sobre Direito de Autor.

tiça, para deliberação deste.[1050] À data, não se efectuaram referências a este Tribunal no que toca às disposições da Convenção Universal sobre Direito de Autor.

A Convenção Universal sobre Direito de Autor perdeu relevo nos últimos anos, na sequência da crescente importância de outros instrumentos internacionais. Registe-se o facto de os próprios Estados Unidos terem aderido à Convenção de Berna, em 1989, e a imposição do cumprimento das disposições de Berna pelo Acordo TRIPS e pelo Tratado da OMPI sobre Direito de Autor.[1051]

> A Convenção Universal sobre Direito de Autor veio permitir que países como os Estados Unidos, cujas legislações de direito de autor não cumpriam os ditames de protecção emanados da Convenção de Berna, não podendo por isso vincular-se a esta Convenção, aderissem a um instrumento internacional de protecção desse direito.
>
> A Convenção Universal sobre Direito de Autor visou, pois, unir os seus Estados Contratantes sob um denominador comum de protecção internacional do direito de autor menos elevado do que o resultante da Convenção de Berna.
>
> A Convenção Universal sobre Direito de Autor perdeu relevo nos últimos anos, na sequência da crescente importância de outros instrumentos internacionais. Registe-se o facto de os próprios Estados Unidos terem aderido à Convenção de Berna, em 1989, e a imposição do cumprimento das disposições de Berna pelo Acordo TRIPS e pelo Tratado da OMPI sobre Direito de Autor.

[1050] Artigo XV da Convenção Universal sobre Direito de Autor.
[1051] *Vide* Parte V – O Direito de Autor nos Tratados Internacionais, Capítulo IV – O Acordo TRIPS e Capítulo V – O Tratado da OMPI sobre Direito de Autor.

Capítulo III
A Convenção de Roma

Desde cedo que os artistas intérpretes ou executantes se confrontaram com o problema da gravação não autorizada das suas prestações e os produtores de fonogramas se encontraram sujeitos a frequentes actos ilícitos de reprodução e de distribuição, sendo que os organismos de radiodifusão, surgidos nos anos vinte, se configuravam como os principais utilizadores dessas prestações e produções.

Impunha-se tutelar e compatibilizar, no quadro jurídico internacional, os interesses divergentes destes titulares de direitos, tendo sido esse o objectivo que presidiu aos trabalhos que culminaram com a adopção, em 1961, da Convenção de Roma.[1052]

[1052] Vide C. Masouyé, *Guide to the Rome Convention and to the Phonograms Convention*, OMPI, 1981; P. Masouyé, «The Rome Convention: Realities and Prospects», *Copyright*, 21, 1981, p. 296; E. Thompson, «Twenty Years of the Rome Convention: Some Personal Reflections», *Copyright*, October 1981, p. 270; A. Françon, «Should the Rome Convention on Neighbouring Rights be Revised?», *UNESCO Copyright Bulletin*, 25: 4, 1991, p. 20; A. Kerever, «Should the Rome Convention be Revised and if so, is it this the Right Moment?», *UNESCO Copyright Bulletin*, 25: 4, 1991, p. 5; V. B. Labra, «The Rome Convention: a Three-Cornered Marriage (a Love Triangle?)», *UNESCO Copyright Bulletin*, 25: 4, 1991, p. 17; R. Rembe, «Time for a Performer's Convention», *UNESCO Copyright Bulletin*, 25: 4, 1991, p. 25; I. D. Thomas, «Revision of the Rome Convention: Is it Necessary and Timely?», *UNESCO Copyright Bulletin*, 25: 4, 1991, p. 32; W. Rumphorst, «Neighbouring Rights Protection of Broadcasting Organisations», *European Intellectual Property Review*, 10, 1992, p. 339; M. Burnett, «Thirty-Four Years on: Time for Filling the Gaps in Broadcasters' Protection», *Entertainment Law Review*, 2, 1995, p. 41.

Em sede de princípios, esta Convenção institui o princípio do tratamento nacional e é construída em torno do reconhecimento de um núcleo mínimo de direitos.

Começando pelo princípio do tratamento nacional, tal tratamento é concedido nos termos da protecção expressamente garantida e das limitações expressamente previstas na Convenção de Roma.[1053]

Para os fins desta Convenção, o princípio do tratamento nacional é atribuído pelos Estados Contratantes (i) aos artistas intérpretes ou executantes seus nacionais, para as execuções realizadas, fixadas pela primeira vez ou radiodifundidas no território do Estado Contratante onde a protecção é pedida, (ii) aos produtores de fonogramas seus nacionais, para os fonogramas publicados ou fixados pela primeira vez no seu território e (iii) aos organismos de radiodifusão cuja sede social esteja situada no seu território, para as emissões radiodifundidas pelos emissores situados nesse mesmo território.[1054]

A concessão de tratamento nacional aos artistas intérpretes ou executantes não se encontra dependente do critério da nacionalidade. Com efeito, esse tratamento é concedido sempre que se verifique uma das seguintes condições: (i) se a execução se realizar num outro Estado Contratante, (ii) se a execução for fixada num fonograma protegido pelo artigo 5 da Convenção de Roma ou (iii) se a execução, não fixada num fonograma, for radiodifundida através de uma emissão de radiodifusão protegida pelo artigo 6 da Convenção de Roma.[1055]

Quanto aos produtores de fonogramas, o tratamento nacional é-lhes concedido pelos Estados Contratantes sempre que se verifique uma das seguin-

---

[1053] Artigo 2 (2) da Convenção de Roma.

[1054] Artigo 2 (1) da Convenção de Roma. O artigo 3 esclarece que se entende por «artistas intérpretes ou executantes», os actores, cantores, músicos, dançarinos e outras pessoas que representem, cantem, recitem, declamem, interpretem ou executem, por qualquer forma, obras literárias ou artísticas; «fonograma», toda a fixação exclusivamente sonora dos sons de uma execução ou de outros sons, num suporte material, «produtor de fonogramas», a pessoa física ou jurídica que, pela primeira vez, fixa os sons de uma execução ou outros sons», «publicação», o facto de pôr à disposição do público exemplares de um fonograma, em quantidade suficiente, «reprodução», a realização da cópia ou de várias cópias de uma fixação, «emissão de radiodifusão», a difusão de sons ou de imagens e sons, por meio de ondas radioeléctricas destinadas à recepção pelo público e por «retransmissão», a emissão simultânea da emissão de um organismo de radiodifusão, efectuada por outro organismo de radiodifusão.

[1055] Artigo 4 da Convenção de Roma.

tes condições: (i) se o produtor do fonograma for nacional de outro Estado Contratante (critério da nacionalidade), (ii) se a primeira fixação de som for realizada num outro Estado Contratante (critério da fixação) ou (iii) se o fonograma for publicado pela primeira vez num outro Estado Contratante (critério da publicação).[1056]

Essa protecção é alargada aos fonogramas que forem publicados pela primeira vez num Estado não Contratante e, dentro dos 30 dias seguintes à primeira publicação, forem também publicados num Estado Contratante (publicação simultânea).[1057]

Contudo, qualquer Estado Contratante pode declarar, por meio de notificação dirigida ao Secretário Geral da Organização Mundial das Nações Unidas, que não aplicará o critério da publicação ou o critério da fixação – notificação essa que pode ser feita no momento da ratificação, da aceitação ou da adesão ou, posteriormente, em qualquer altura.[1058]

Por último, os organismos de radiodifusão beneficiam do tratamento nacional sempre que se verifique uma das seguintes condições: (i) se a sede social do organismo de radiodifusão estiver situada num outro Estado Contratante ou (ii) se a emissão for transmitida por um emissor situado no território de um outro Estado Contratante.[1059]

Porém, qualquer Estado Contratante pode declarar, por meio de notificação dirigida ao mesmo Secretário Geral, que só concederá a protecção às emissões se ambos os critérios forem preenchidos, ou seja, se a sede social do organismo de radiodifusão estiver situada num outro Estado Contratante e se a emissão for transmitida por um emissor situado no território do mesmo Estado Contratante – também esta notificação pode ser feita no momento da ratificação, da aceitação ou da adesão ou, posteriormente, em qualquer altura.[1060]

Passando aos beneficiários da protecção, estes são os artistas intérpretes ou executantes, os produtores de fonogramas e os organismos de radiodifusão, de acordo com as definições fornecidas no artigo 3 da Convenção. A Convenção de Roma não faz referência, expressa ou implícita, ao sucessor nem ao transmissário dos respectivos direitos.

[1056] Artigo 5 (1) da Convenção de Roma.
[1057] Artigo 5 (2) da Convenção de Roma.
[1058] Artigo 5 (3) da Convenção de Roma.
[1059] Artigo 6 (1) da Convenção de Roma.
[1060] Artigo 6 (2) da Convenção de Roma.

O artigo 3 (a) da Convenção em análise restringe a protecção atribuída aos artistas intérpretes ou executantes àqueles que interpretam obras literárias ou artísticas – embora o artigo 9 autorize qualquer Estado Contratante a tornar extensiva a protecção prevista na Convenção de Roma aos artistas que não executam abras literárias ou artísticas.

No que toca à matéria protegida, esta inclui as prestações dos artistas intérpretes ou executantes, os fonogramas e as emissões de radiodifusão, mais uma vez, de acordo com as definições fornecidas no artigo 3 da Convenção.

No respeitante aos requisitos de protecção, quando na sua legislação nacional um Estado Contratante exigir o cumprimento de formalidades como condição para a protecção dos direitos dos produtores de fonogramas, dos artistas intérpretes ou executantes ou de ambos, em relação aos fonogramas estas considerar-se-ão satisfeitas através da inserção do símbolo P em todos os exemplares ou invólucros dos fonogramas publicados, do ano da primeira publicação e da identificação do produtor ou do titular da licença concedida, bem como dos principais intérpretes ou executantes.[1061]

No atinente aos direitos protegidos, o artigo 7 da Convenção de Roma não outorga aos artistas intérpretes ou executantes direitos exclusivos, mas a faculdade de impedir certos actos, em determinadas circunstâncias, a saber:[1062]

- A radiodifusão e a comunicação ao público das suas execuções sem seu consentimento – excepto quando a execução utilizada para a radiodifusão ou para a comunicação ao público já seja uma execução radiodifundida ou fixada num fonograma;
- A fixação num suporte material sem seu consentimento, da sua execução não fixada; e
- A reprodução sem o seu consentimento de uma fixação da sua execução, quando (i) a primeira fixação tenha carecido do seu consentimento, (ii) a reprodução tenha sido executada para fins diferentes dos fins consentidos ou (iii) a primeira fixação, tendo sido feita na sequência de umas das excepções previstas no artigo 15, seja reproduzida para fins diferentes dos previstos nesse artigo.

Tendo o artista intérprete ou executante autorizado a radiodifusão da execução, já compete à legislação nacional do Estado Contratante onde a pro-

---

[1061] Artigo 11 da Convenção de Roma.
[1062] Artigo 7 (1) da Convenção de Roma.

tecção for pedida regular a protecção contra a retransmissão, a fixação para fins de radiodifusão e a reprodução dessa fixação para fins de radiodifusão, assim como as modalidades de utilização pelos organismos de radiodifusão das fixações feitas para fins de radiodifusão. O Estado Contratante pode, pois, determinar a existência ou não de protecção, não podendo, todavia, privar os artistas intérpretes ou executantes da faculdade de estabelecer laços contratuais com os organismos de radiodifusão.[1063]

Note-se que o artigo 7 desta Convenção deixa de ser aplicável quando um artista intérprete ou executante haja consentido na inclusão da sua execução numa fixação de imagens ou de imagens e sons (por exemplo, num filme).[1064]

Aos produtores de fonogramas é concedido o direito de autorizar ou proibir a reprodução directa ou indirecta dos seus fonogramas.[1065]

Por sua vez, os organismos de radiodifusão gozam do direito de autorizar determinadas utilizações das suas emissões, nomeadamente, a retransmissão, a fixação, a reprodução e a comunicação ao público das mesmas, mas não a sua transmissão por cabo.[1066]

Impõe-se o pagamento de uma remuneração equitativa e única aos artistas intérpretes ou executantes ou aos produtores de fonogramas ou a ambos, aquando da utilização de um fonograma pela radiodifusão ou para qualquer comunicação ao público, direito este que pode, todavia, ser afastado ou restringido pelos Estados Contratantes.[1067]

Os Estados Contratantes podem, ainda, abrir excepções à protecção concedida pela Convenção de Roma no respeitante à utilização para usos privados, aos relatos de acontecimentos de actualidade, à fixação efémera, ao ensino e à investigação científica.[1068]

O prazo de protecção não pode ser inferior a um período de vinte anos, sendo calculado, para os fonogramas e para as execuções fixadas nos mesmos a partir do fim do ano em que a fixação foi realizada, para as execuções não fixadas em fonogramas a partir do fim do ano em que se realizou a execução e para as emissões de radiodifusão a partir do fim do ano em que se realizou a emissão.[1069]

[1063] Artigo 7 (2) da Convenção de Roma.
[1064] Artigo 19 da Convenção de Roma.
[1065] Artigo 10 da Convenção de Roma.
[1066] Artigo 13 da Convenção de Roma.
[1067] Artigos 12 e 16 da Convenção de Roma.
[1068] Artigo 15 (1) da Convenção de Roma.
[1069] Artigo 14 da Convenção de Roma.

Em sede de garantia de observância de direitos, cada Estado Contratante tem a obrigação de tomar as medidas necessárias para assegurar a aplicação da Convenção de Roma.[1070]

Qualquer divergência entre dois ou mais Estados Contratantes referente à interpretação ou à aplicação desta Convenção que não possa ser resolvida por meio de negociação, poderá ser submetida ao Tribunal Internacional de Justiça.[1071]

Dado montar aos meados do século vinte, a Convenção de Roma não protege os interesses dos artistas intérpretes ou executantes, dos produtores de fonogramas e dos organismos de radiodifusão no âmbito das novas questões suscitadas pelo digital, havendo que destacar, todavia, o facto de o Acordo TRIPS ter incorporado alguns dos seus preceitos e de assim lhe ter concedido um certo relevo no domínio referido.[1072]

> A Convenção de Roma tutela os interesses dos artistas intérpretes ou executantes, dos produtores de fonogramas e dos organismos de radiodifusão.
> A Convenção de Roma institui o princípio do tratamento nacional e é construída em torno do reconhecimento de um núcleo mínimo de direitos.
> Dado montar aos meados do século vinte, a Convenção de Roma não protege os interesses dos artistas intérpretes ou executantes, dos produtores de fonogramas e dos organismos de radiodifusão no âmbito das novas questões suscitadas pelo digital, havendo que ter em conta, todavia, o facto de o Acordo TRIPS ter incorporado alguns dos seus preceitos e de assim lhe ter concedido um certo relevo no domínio referido.

[1070] Artigo 26 da Convenção de Roma.
[1071] Artigo 30 da Convenção de Roma.
[1072] Compare-se o artigo 14 do Acordo TRIPS com os artigos 7, 10, 13 e 15 (1) da Convenção de Roma.

Capítulo IV
O Acordo TRIPS

O Acordo TRIPS, elaborado sob a égide da Organização Mundial do Comércio (OMC), incidiu sobre o campo da propriedade intelectual.[1073]

Deste Acordo decorrem três regras fundamentais e gerais: o reconhecimento de um núcleo mínimo de direitos, o princípio do tratamento nacional e o princípio do tratamento da nação mais favorecida.[1074]

Assim, decorre do artigo 1 (3) do Acordo TRIPS que os respectivos Membros têm de conceder o tratamento previsto no presente Acordo aos nacionais de outros Membros, considerando-se como nacionais de outros Membros as pessoas singulares ou colectivas que preencham os critérios de elegibilidade para protecção previstos, *inter alia*, na Convenção de Berna e na Convenção de Roma.[1075]

[1073] Vide D. Gervais, *The TRIPS Agreement: drafting history and analysis*, 3ª ed., Sweet e Maxwell, 2008; P. E. Geller, «Can the GATT Incorporate Berne Whole?», *European Intellectual Property Review*, 11, 1990, p. 423; C. M. Correa, «TRIPS, *Copyright* and Related Rights», *International Review of Intellectual Property and Competition Law*, 25: 4, 1994, p. 543; J. Worthy, «Intellectual Property Protection After GATT», *European Intellectual Property Review*, 5, 1994, p. 195; S. Ricketson, «The Future of Traditional Intellectual Property Conventions in the Brave New World of Trade-Related Intellectual Property Rights», *International Review of Intellectual Property and Competition Law*, 26: 6, 1995, p. 872; M. A. Hamilton, «TRIPS: Imperialistic, Outdated and Overprotective», *Vanderbilt Journal of Transnational Law*, May 1996, 29, p. 613; M. D. H. Woodard, «TRIPS and NAFTA's Chapter 17», *Texas International Law Journal*, 1996, 31, p. 269.

[1074] Artigos 1 (3), 3 (1) e 4 *supra* do Acordo TRIPS.

[1075] Artigo 1 (3) e nota 1 do Acordo TRIPS.

O artigo 3 (1) acrescenta que cada Membro concederá aos nacionais de outros Membros um tratamento não menos favorável do que o que concede aos seus próprios nacionais no que se refere à protecção da propriedade intelectual, sem prejuízo das excepções previstas, *inter alia*, na Convenção de Berna e na Convenção de Roma. Destaque-se que no respeitante aos artistas intérpretes ou executantes, aos produtores de fonogramas e aos organismos de radiodifusão, esta obrigação só é aplicável relativamente aos direitos expressamente previstos no Acordo TRIPS.

Finalmente, o artigo 4 determina que, no respeitante à protecção da propriedade intelectual, todas as vantagens, favores, privilégios ou imunidades concedidas por um Membro aos nacionais de qualquer outro país serão concedidos, imediata e incondicionalmente, aos nacionais de todos os outros Membros.

Este princípio está sujeito a quatro excepções, traduzidas nas vantagens, favores, privilégios ou imunidades concedidos por um Membro:

- Decorrentes de acordos internacionais em matéria de assistência judicial ou de execução da legislação de carácter geral e que não se limitem concretamente à protecção da propriedade intelectual;
- Em conformidade com as disposições da Convenção de Berna ou da Convenção de Roma que autorizam que o tratamento concedido seja função não do tratamento nacional mas do tratamento concedido noutro país;
- Relativamente aos direitos dos artistas intérpretes ou executantes, dos produtores de fonogramas e dos organismos de radiodifusão que não sejam previstos no Acordo TRIPS; e
- Advindos de acordos internacionais relacionados com a protecção da propriedade intelectual que tenham entrado em vigor antes da entrada em vigor do Acordo OMC, desde que esses acordos sejam notificados ao Conselho TRIPS e não constituam uma discriminação arbitrária ou injustificada contra nacionais de outros Membros.

Note-se que para os efeitos do disposto nos artigos 3 e 4 do Acordo TRIPS, o termo «protecção» abrange as questões relativas à existência, aquisição, âmbito, manutenção e aplicação efectiva dos direitos de propriedade intelectual, bem como as questões relativas ao exercício dos direitos de propriedade intelectual, expressamente contempladas no dito Acordo.[1076]

[1076] Nota 3 do Acordo TRIPS.

Passando aos beneficiários da protecção, estes são os autores de obras literárias e artísticas, os artistas intérpretes ou executantes, os produtores de fonogramas e os organismos de radiodifusão.

No que toca à matéria protegida, antes de mais, a protecção do direito de autor abrange as expressões e não as ideias, processos, métodos de execução ou conceitos matemáticos enquanto tal.[1077]

São tutelados pelo Acordo TRIPS as obras literárias e artísticas, as prestações dos artistas intérpretes ou executantes, os fonogramas e as emissões de radiodifusão.

Os programas de computador são, pela primeira vez, expressamente protegidos a nível internacional enquanto obras literárias, bem como as compilações de dados ou de outros elementos que em virtude da selecção ou da disposição dos respectivos elementos constitutivos, constituam criações intelectuais.[1078]

No respeitante aos requisitos de protecção, os critérios de elegibilidade resultam das Convenções de Berna e de Roma.[1079]

Deste modo, são protegidos (i) os autores nacionais de um dos países da OMC relativamente às suas obras, publicadas ou inéditas, bem como (ii) os autores não nacionais de um dos países da OMC relativamente às obras que publiquem pela primeira vez num destes países ou simultaneamente num país estranho à OMC e num país da OMC.[1080]

Os artistas intérpretes ou executantes são tutelados sempre que se verifique uma das seguintes condições: (i) se a execução se realizar num dos países da OMC, (ii) se a execução for fixada num fonograma protegido pelo artigo 5 da Convenção de Roma ou (iii) se a execução não fixada num fonograma for radiodifundida através de uma emissão de radiodifusão protegida pelo artigo 6 da Convenção de Roma.[1081]

Quanto aos produtores de fonogramas, o tratamento nacional é-lhes concedido pelos Membros da OMC sempre que se verifique uma das seguintes condições: (i) se o produtor do fonograma for nacional de outro país da OMC (critério da nacionalidade), (ii) se a primeira fixação de som for realizada num

---

[1077] Artigo 9 (2) do Acordo TRIPS.
[1078] Artigo 10 do Acordo TRIPS.
[1079] Artigo 1 (3) do Acordo TRIPS.
[1080] *Vide* artigo 3 (1) da Convenção de Berna.
[1081] *Vide* artigo 4 da Convenção de Roma.

outro país da OMC (critério da fixação) ou (iii) se o fonograma for publicado pela primeira vez num outro país da OMC (critério da publicação).[1082]

Essa protecção é alargada aos fonogramas que forem publicados pela primeira vez num país estranho à OMC e que, dentro dos trinta dias seguintes à primeira publicação, forem também publicados num país da OMC (publicação simultânea).[1083] Qualquer Membro da OMC pode decidir não aplicar o critério da publicação ou o critério da fixação.[1084]

Por último, os organismos de radiodifusão beneficiam do tratamento nacional, sempre que se verifique uma das seguintes condições: (i) se a sede social do organismo de radiodifusão estiver situada num outro país da OMC ou (ii) se a emissão for transmitida por um emissor situado no território de um outro país da OMC.[1085]

Qualquer Membro da OMC pode optar por apenas conceder protecção às emissões se ambos os critérios forem preenchidos – ou seja, se a sede social do organismo de radiodifusão estiver situada num outro país da OMC e a emissão for transmitida por um emissor situado no território do mesmo país da OMC.[1086]

No atinente aos direitos outorgados, a protecção dos autores tem por base o cumprimento obrigatório do disposto nos artigos 1 a 21 da Convenção de Berna, mas os Membros do Acordo TRIPS não têm «os direitos ou obrigações ao abrigo do presente Acordo no que diz respeito aos direitos conferidos pelo artigo 6 bis da referida Convenção ou aos direitos deles decorrentes». Significa isto que se afastam, claramente, os preceitos da Convenção de Berna respeitantes aos direitos morais.[1087]

Os artistas intérpretes ou executantes gozam, tal como na Convenção de Roma, não de direitos mas da possibilidade de impedir a realização de certos actos em determinadas circunstâncias. Assim, é-lhes conferida a possibilidade de impedir a realização, sem o seu consentimento, da fixação da sua execução não fixada, da reprodução dessa fixação, da radiodifusão sem fios e da comunicação ao público das suas execuções ao vivo.[1088]

[1082] *Vide* artigo 5 (1) da Convenção de Roma.
[1083] Artigo 5 (2) da Convenção de Roma.
[1084] Artigo 5 (3) da Convenção de Roma.
[1085] Artigo 6 (1) da Convenção de Roma.
[1086] Artigo 6 (2) da Convenção de Roma.
[1087] Artigo 9 (1) do Acordo TRIPS.
[1088] Compare-se o artigo 14 (1) do Acordo TRIPS com o artigo 7 da Convenção de Roma.

Sublinhe-se que esta protecção respeita apenas à fixação da execução num fonograma, como registo sonoro que é, não abrangendo a fixação por meio de registo visual ou audiovisual. Mais, a referência à radiodifusão sem fios exclui a transmissão por cabo.

Aos produtores de fonogramas é concedido o direito de autorizar a reprodução dos seus fonogramas.[1089]

Aos organismos de radiodifusão é atribuído o direito de proibir a realização, sem o seu consentimento, dos seguintes actos: a fixação, a reprodução de fixações e a retransmissão de emissões por meio de ondas radioeléctricas, bem como a comunicação ao público de emissões televisivas das mesmas.[1090]

No caso de os Membros não concederem esses direitos aos organismos de radiodifusão, terão de atribuir aos titulares de direitos sobre o conteúdo das emissões a possibilidade de impedir a realização de tais actos, sem prejuízo do disposto na Convenção de Berna.[1091]

O Acordo TRIPS introduz, de forma inovadora, no plano internacional, um direito de locação conferido aos autores de programas de computador e de obras cinematográficas, assim como aos titulares de direitos sobre os fonogramas.[1092]

Os Membros do Acordo TRIPS, pelo menos no respeitante aos programas de computador e às obras cinematográficas, têm de conceder aos autores e aos respectivos sucessores o direito de autorizar ou proibir a locação comercial ao público de originais ou cópias das suas obras protegidas.

Verifica-se uma isenção dessa obrigação relativamente às obras cinematográficas, a não ser que a referida locação tenha conduzido à realização generalizada de cópias dessas obras de modo a comprometer, substancialmente, o direito exclusivo de reprodução.

Além disso, no que diz respeito aos programas de computador, essa obrigação não se aplica às locações em que o programa em si não constitua o objecto essencial da locação.

O Acordo TRIPS prevê a introdução de excepções aos direitos *supra* referidos. Os membros do Acordo TRIPS podem, pois, introduzir na sua legisla-

---

[1089] Compare-se o artigo 14 (2) do Acordo TRIPS com o artigo 10 da Convenção de Roma.

[1090] Compare-se o artigo 14 (3) do Acordo TRIPS com o artigo 13 da Convenção de Roma.

[1091] Artigo 14 (3) do Acordo TRIPS.

[1092] *Vide* artigo 11 do Acordo TRIPS, o qual o artigo 14 (4) manda aplicar *mutatis mutandis* aos fonogramas.

ção nacional excepções e limitações à protecção decorrente do acordo, «em determinados casos especiais que não obstem à exploração normal da obra e não prejudiquem de forma injustificável os legítimos interesses do titular do direito».[1093]

A Convenção de Berna adopta este critério apenas no campo da reprodução, ao passo que este Acordo o emprega relativamente a todos os direitos outorgados aos autores.[1094]

A disposição de carácter geral constante do artigo 13 adequa-se, dada a sua flexibilidade, ao intenso ritmo de mudança que caracteriza o digital, embora não favoreça uma plataforma mundial de harmonização – podendo-se argumentar que a existência de uma lista exaustiva de excepções e limitações impediria o alargamento do seu escopo no âmbito do digital, evitando ainda conflitos entre países desenvolvidos (cujos interesses económicos ditam, em regra, uma interpretação restrita das mesmas) e países em desenvolvimento (nos quais a disseminação de informação, em nome de objectivos de teor educacional e cultural, exige, frequentemente, uma interpretação mais extensa dessas excepções e limitações).

Os Membros do Acordo TRIPS podem, ainda, prever condições, limitações, excepções e reservas na medida autorizada pela Convenção de Roma. As excepções em causa dizem respeito à utilização para usos privados, aos relatos de acontecimentos de actualidade, à fixação efémera, ao ensino e à investigação científica. Mais, qualquer Membro tem a faculdade de prever, na sua legislação nacional de protecção aos artistas intérpretes ou executantes, aos produtores de fonogramas e aos organismos de radiodifusão, limitações análogas às que são previstas nessa legislação no que toca à protecção de obras literárias e artísticas. No entanto, não podem instituir-se licenças ou autorizações obrigatórias senão na medida em que forem compatíveis com as disposições da Convenção de Roma.[1095]

No que concerne ao prazo de protecção da obra, para os autores a duração da protecção compreende, em regra, a vida do autor e cinquenta anos após a sua morte, para os artistas intérpretes ou executantes e para os produtores de fonogramas esse prazo não será inferior a um período de cinquenta anos

---

[1093] Artigo 13 do Acordo TRIPS.
[1094] Compare-se o artigo 13 do Acordo TRIPS com o artigo 9 (2) da Convenção de Berna.
[1095] *Vide* artigo 14 (6) do Acordo TRIPS e artigo 15 da Convenção de Roma.

e para os organismos de radiodifusão a protecção dura, pelo menos, vinte anos.[1096]

Saliente-se, por último, que o Acordo TRIPS estabelece, de forma inovadora, a nível internacional, medidas com vista à aplicação efectiva dos direitos de propriedade intelectual, prevendo, também, a possibilidade de utilização do mecanismo de resolução de litígios do GATT de forma a assegurar a observância do Acordo TRIPS.

No respeitante à aplicação efectiva dos direitos de propriedade intelectual, as obrigações dos membros do Acordo TRIPS incluem o seguinte:

- Os processos destinados a assegurar uma aplicação efectiva dos direitos de propriedade intelectual incluem medidas correctivas expeditas destinadas a impedir infracções e medidas correctivas que constituam um dissuasivo de novas infracções;[1097]
- Tais processos têm de ser leais e equitativos e não desnecessariamente complexos ou dispendiosos, não podendo implicar prazos não razoáveis ou atrasos injustificados, tendo, ainda, de prever a possibilidade de se pedir a revisão por uma instância judicial das decisões administrativas finais e, pelo menos, dos aspectos de direito das decisões judiciais iniciais quanto ao mérito de uma causa;[1098]
- As autoridades judiciais têm de ser habilitadas a ordenar, *inter alia*, a apresentação de certos elementos de prova, a cessação de uma infracção, o pagamento pelo infractor ao titular do direito a uma indemnização, outras medidas correctivas (tais como a retirada dos circuitos comerciais de mercadorias que tenham verificado estar em infracção) e medidas provisórias imediatas e eficazes para impedir uma infracção a qualquer direito de propriedade intelectual e para preservar elementos de prova relevantes no que diz respeito à alegada infracção;[1099]

[1096] Artigo 7 (1) da Convenção de Berna e artigo 14 (5) do Acordo TRIPS. Acrescenta o artigo 12 do Acordo TRIPS que «sempre que a duração da protecção de uma obra, que não uma obra fotográfica ou uma obra de artes aplicadas, seja calculada numa outra base que não a vida de uma pessoa singular, essa duração não deverá ser inferior a cinquenta anos a contar do final do ano civil em que teve lugar a publicação autorizada ou, se a publicação autorizada não ocorrer no prazo de cinquenta anos a contar da realização da obra, cinquenta anos a contar do final do ano civil da realização.»

[1097] Artigo 41 (1) do Acordo TRIPS.

[1098] Artigo 41 (2) e (4) do Acordo TRIPS.

[1099] Artigos 43, 44, 45, 46 e 50 do Acordo TRIPS.

- Requisitos especiais relacionados com as medidas na fronteira, medidas essas que são fundamentais na luta contra a pirataria;[1100] e
- Processos penais e penas aplicáveis pelo menos em casos de contrafacção deliberada de uma marca ou de pirataria em relação ao direito de autor numa escala comercial.[1101]

No atinente à resolução de litígios, as disposições do GATT de 1994, tal como previstas e aplicadas pelo Memorando de Entendimento sobre a Resolução de Litígios, são aplicáveis às consultas e à resolução de litígios ao abrigo do Acordo TRIPS.[1102]

Desde a sua implementação, em Janeiro de 1995, trinta e dois processos foram objecto do mecanismo de resolução de litígios do GATT em sede de propriedade intelectual.[1103]

> O Acordo TRIPS, elaborado sob a égide da Organização Mundial do Comércio, incide sobre o campo da propriedade intelectual.
>
> Deste Acordo decorrem três regras fundamentais e gerais: o reconhecimento de um núcleo mínimo de direitos, o princípio do tratamento nacional e o princípio do tratamento da nação mais favorecida.
>
> O Acordo TRIPS introduz diversas disposições inovadoras:
>
> - Declara expressamente serem os programas de computador e as bases de dados abrangidos pelo escopo do direito de autor, o que se reveste de especial importância tendo em conta que grande parte da informação distribuída na Internet se encontra em bases de dados;
> - Introduz um direito de locação aplicável, pelo menos, aos programas de computador, às obras cinematográficas e aos fonogramas; e
> - Estabelece medidas com vista à aplicação efectiva dos direitos de propriedade intelectual, prevendo também a possibilidade de utilização do mecanismo de resolução de litígios do GATT de forma a assegurar a observância do Acordo TRIPS.

[1100] Artigos 51 a 58 do Acordo TRIPS
[1101] Artigo 61 do Acordo TRIPS.
[1102] Artigo 64 do Acordo TRIPS.
[1103] A informação sobre os processos em causa, encontra-se disponível em http://www.wto.org/english/tratop_e/dispu_e/dispu_agreements_index_e.htm?id=A26#selected_agreement.

Capítulo V
O Tratado da OMPI sobre Direito de Autor

Postula A. Bogsch que os contextos económico, social e tecnológico, os ordenamentos jurídicos e as suas ideologias subjacentes, assim como as atitudes políticas e os programas políticos dos Governos mudam constantemente. De tal mudança advêm novas questões, pelo que as soluções existentes têm de ser reexaminadas.[1104]

E assim sucedeu aquando da Conferência Diplomática da OMPI, em Dezembro de 1996, na qual foram elaborados dois Tratados: o Tratado da OMPI sobre Direito de Autor e o Tratado da OMPI sobre Interpretações ou Execuções e Fonogramas «a fim de proporcionar soluções adequadas às questões levantadas pela evolução nos domínios económico, social, cultural e tecnológico» e, por outro lado, reconhecendo «o profundo impacto do desenvolvimento e da convergência das tecnologias da informação e da comunicação na criação e utilização das obras literárias», assim como na «produção e utilização das interpretações ou execuções e dos fonogramas».[1105]

Com efeito, esses Tratados estabeleceram um quadro jurídico de protecção dos interesses dos autores, dos artistas intérpretes ou executantes e dos produtores de fonogramas, no ciberespaço, a partir da respectiva entrada em vigor: 6 de Março de 2002, o Tratado da OMPI sobre Direito de Autor e 20

[1104] A. Bogsch, «The First Hundred Years of the Berne Convention for the Protection of Literary and Artistic Works», *Copyright*, 22, 1986, p. 327.
[1105] *Vide* preâmbulos do Tratado da OMPI sobre Direito de Autor e do Tratado da OMPI sobre Interpretações ou Execuções e Fonogramas.

de Maio de 2002, o Tratado da OMPI sobre Interpretações ou Execuções e Fonogramas.[1106]

Em termos de enquadramento legislativo internacional, o Tratado da OMPI sobre Direito de Autor constitui um acordo particular na acepção do artigo 20 da Convenção de Berna, preceito no qual os países da União de Berna se reservam o direito de celebrar entre si acordos particulares, desde que esses acordos confiram aos autores direitos mais amplos que aqueles que são concedidos pela Convenção ou contenham outras estipulações não contrárias à mesma.[1107]

O presente Tratado afirma não se articular com outros Tratados para além da Convenção de Berna, não prejudicar eventuais direitos e obrigações decorrentes de quaisquer outros Tratados e não derrogar as obrigações advenientes da Convenção de Berna.[1108]

O Tratado da OMPI sobre Direito de Autor obriga, sim, as Partes Contratantes a observarem o disposto nos artigos 1 a 21 da Convenção de Berna e no respectivo anexo, nos quais se incluem quatro regras fundamentais e gerais dessa Convenção: o reconhecimento de um núcleo mínimo de direitos, a concessão de protecção independentemente do cumprimento de quaisquer requisitos formais, a atribuição de protecção no país de origem, ainda que o autor não seja nacional desse país e, por último, a irrelevância da ausência de protecção no país de origem da obra.[1109]

Estas normas encontram-se estipuladas no artigo 5 da Convenção de Berna, preceito este que as Partes Contratantes têm de aplicar, *mutatis mutan-*

[1106] *Vide* M. Ficsor, *The Law of Copyright and the Internet*, Oxford University Press, 2002; J. Reinbothe e S. von Lewinski, *The WIPO Treaties 1996*, Butterworths, 2002; M. Fabiani, «The Geneva Diplomatic Conference on *Copyright* and the Rights of Performers and Phonogram Producers», *Entertainment Law Review*, 3, 1997, p. 98; J. Reinbothe, M. Prat e S. von Lewinski, «The New WIPO Treaties: a First Resume», *European Intellectual Property Review*, 4, 1997, p. 171; H. Rosenblatt, «The WIPO Diplomatic Conference, The Birth of Two New Treaties», *Computer Law e Security Review*, 13: 5, 1997, p. 307; P. Wand, «New Rules for Our Global Village», *Entertainment Law Review*, 5, 1997, p. 176; T. C. Vinje, «The New WIPO *Copyright* Treaty: a Happy Result in Geneva», *European Intellectual Property Review*, 5, 1997, p. 230; J. Reinbothe e S. von Lewinski, «The WIPO Treaties 1996 – Ready to Come into Force», *European Intellectual Property Review*, 2002, p. 199.

[1107] Artigo 1 (1)-(2) do Tratado da OMPI sobre Direito de Autor.

[1108] Artigo 1 (1) do Tratado da OMPI sobre Direito de Autor.

[1109] Artigo 1 (4) do Tratado da OMPI sobre Direito de Autor.

dis, no âmbito da protecção outorgada pelo Tratado da OMPI sobre Direito de Autor.[1110]

Passando ao autor, é-nos dito, pelo Preâmbulo do Tratado da OMPI sobre Direito de Autor, que tal instrumento almeja «desenvolver e manter a protecção dos direitos dos autores sobre as suas obras literárias e artísticas da forma mais eficaz e uniforme possível.» Mais, como se referiu *supra*, as Partes Contratantes têm de observar o disposto nos artigos 1 a 21 da Convenção de Berna e no respectivo anexo, ou seja, de proteger os autores de obras literárias e artísticas.

No que toca às obras protegidas, conclui-se, pelo acima exposto, que estas são as obras literárias e artísticas.

Além disso, o Tratado da OMPI sobre Direito de Autor, tal como o Acordo TRIPS, esclarece que a protecção conferida pelo direito de autor abrange as expressões e não as ideias, os processos, os métodos operacionais ou os conceitos matemáticos enquanto tal.[1111]

Mais uma vez, em harmonia com Acordo TRIPS, o referido Tratado tutela como obras literárias os programas de computador, assim como as bases de dados que pela sua escolha ou disposição das matérias constituam criações intelectuais.[1112]

As Declarações Acordadas Relativamente aos artigos 4 e 5 elucidam, desde logo, que o escopo da protecção dos programas de computador e das bases de dados, ao abrigo do Tratado da OMPI sobre Direito de Autor, está em conformidade com o disposto na Convenção de Berna e no Acordo TRIPS.

No atinente aos direitos protegidos, a consagração dos direitos morais à paternidade e à integridade, tal como subsistem no artigo 6 bis da Convenção de Berna, decorre da observância imperativa do disposto nos artigos 1 a 21 da Convenção de Berna.

O mesmo princípio vigora em relação aos direitos patrimoniais reconhecidos pela Convenção de Berna, conduzindo à retenção dos direitos patrimoniais contidos em tal Convenção.[1113]

[1110] Artigo 3 do Tratado da OMPI sobre Direito de Autor.
[1111] Compare-se o artigo 2 do Tratado da OMPI sobre Direito de Autor com o artigo 9 (2) do Acordo TRIPS.
[1112] Compare-se os artigos 4-5 do Tratado da OMPI sobre Direito de Autor com o artigo 10 do Acordo TRIPS.
[1113] *Vide* Convenção de Berna, artigos 6 bis (relativo ao direito a reivindicar a paternidade da obra e a assegurar a integridade da mesma), 8 (relativo ao direito a autorizar a tradução da obra), 9 (relativo ao direito a autorizar a reprodução da obra), 11 (relativo ao

Mas o Tratado da OMPI sobre Direito de Autor vai para além da Convenção de Berna, introduzindo dois direitos que não se encontram presentes nessa Convenção (o direito à distribuição da obra e o direito à sua locação) e alargando, ainda, o escopo do direito de comunicação ao público de forma a incluir a disseminação de obras na Internet.

Todavia, o Tratado não clarifica, no campo dos direitos outorgados, se o direito de autorizar a reprodução de uma obra abrange a execução de cópias temporárias. Apenas é afirmado, na Declaração Acordada Relativamente ao artigo 1 (4) do Tratado da OMPI sobre Direito de Autor, que o artigo 9 da Convenção de Berna deve ser aplicado no contexto do digital, considerando-se que a armazenagem em formato digital de obras protegidas pelo direito de autor constitui um acto de reprodução no sentido do disposto nesse artigo.

Passando às inovações acima elencadas, o direito de distribuição, o «direito exclusivo de autorizar a colocação à disposição do público do original e de cópias das suas obras», passa a ser concedido aos autores de obras literárias e artísticas, ao passo que a Convenção de Berna apenas o reconhece no respeitante a obras cinematográficas.[1114]

As Partes Contratantes podem decretar o esgotamento desse direito após a primeira venda do original ou de uma cópia da obra ou outra forma de transferência de propriedade realizada com o consentimento do autor.[1115]

A Declaração Acordada Relativamente aos artigos 6 e 7 esclarece que as expressões «cópias» e «original e cópias» utilizadas nestes artigos se referem, exclusivamente, a cópias fixadas que possam ser postas em circulação enquanto objectos materiais. Encontra-se, pois, excluída do campo do direito à distribuição e à locação da obra a disseminação de cópias intangíveis (como as cópias em formato digital).

Quanto ao direito à locação da obra, o mesmo assiste não aos autores em geral, mas aos autores de programas de computador, de obras cinematográficas e de obras incorporadas em fonogramas. Tais autores gozam do direito exclusivo de autorizar o aluguer ao público, com fins comerciais, dos originais

---

direito a autorizar a representação, execução pública e transmissão pública da obra), 11 bis (relativo ao direito a autorizar a radiodifusão e a retransmissão por cabo da obra), 12 (relativo ao direito a autorizar a adaptação da obra), 14 (relativo ao direito a autorizar a distribuição da obra cinematográfica).

[1114] Compare-se o artigo 6 (1) do Tratado da OMPI sobre Direito de Autor com o artigo 14 da Convenção de Berna.

[1115] Artigo 6 (2) do Tratado da OMPI sobre Direito de Autor.

ou de cópias das suas obras.[1116] Tal como acima, a expressão «cópias» refere-se, exclusivamente, a cópias tangíveis.[1117]

Este preceito é mais vasto do que o preceito equivalente do Acordo TRIPS, dado que estende o direito de aluguer aos autores de obras incorporadas em fonogramas.[1118]

A Declaração Acordada Relativamente ao artigo 7 exclui a obrigação de uma Parte Contratante conceder um direito exclusivo de aluguer com fins comerciais aos autores que, ao abrigo da respectiva legislação, não beneficiem da concessão de direitos em relação a fonogramas, acrescentando que essa obrigação está em conformidade com o disposto no artigo 14 (4) do Acordo TRIPS.

Mais, o artigo 7 (1) do Tratado da OMPI sobre Direito de Autor não é aplicável, no caso dos programas de computador, quando o programa propriamente dito não constitua o objecto essencial do aluguer e, no caso das obras cinematográficas, a não ser que o aluguer com fins comerciais tenha conduzido à realização generalizada de cópias dessas obras de modo a comprometer, substancialmente, o direito exclusivo de reprodução.[1119]

De acordo com o artigo 8 do mesmo Tratado, «os autores de obras literárias e artísticas gozam do direito exclusivo de autorizar qualquer comunicação ao público das suas obras, por fio ou sem fio, incluindo a colocação à disposição do público das suas obras, de maneira que membros do público possam ter acesso a estas obras desde um lugar e num momento que individualmente escolherem».[1120]

Esta norma não apenas alarga o direito de comunicação ao público a todos os autores de obras literárias e artísticas, como inclui, no âmbito desse direito, a disseminação de obras *online*.

Recorde-se que o direito de comunicação ao público previsto na Convenção de Berna não incide sobre as obras literárias, omissão que se afigura relevante em virtude da disseminação de obras literárias na Internet.[1121]

[1116] Artigo 7 (1) do Tratado da OMPI sobre Direito de Autor.
[1117] *Vide* Declaração Acordada Relativamente aos artigos 6 e 7.
[1118] Compare-se o artigo 7 (1) do Tratado da OMPI sobre Direito de Autor com os artigos 11 e 14 (4) do Acordo TRIPS.
[1119] Compare-se o artigo 7 (2) do Tratado da OMPI sobre Direito de Autor com o artigo 11 do Acordo TRIPS.
[1120] Artigo 8 do Tratado da OMPI sobre Direito de Autor.
[1121] Compare-se o artigo 8 do Tratado da OMPI sobre Direito de Autor com o artigo 11 da Convenção de Berna.

A Declaração Acordada Relativamente ao artigo 8 retira do escopo do direito à comunicação ao público, a mera disponibilização de meios materiais para permitir ou realizar uma comunicação, na acepção do presente Tratado ou da Convenção de Berna, disponibilização essa que, consequentemente, não viola esse direito.

Ainda de acordo com a mesma Declaração, nenhuma das disposições do artigo 8 impede uma Parte Contratante de aplicar o disposto no artigo 11 bis (2) da Convenção de Berna, isto é, de conferir ao autor o direito de obter uma remuneração equitativa fixada, na falta de acordo amigável, pela autoridade competente – aplicando-se, então, o artigo 10 (1) do Tratado da OMPI sobre Direito de Autor.

Decorre do Tratado da OMPI sobre Direito de Autor que as Partes Contratantes podem prever, nas suas legislações nacionais, excepções e limitações aos direitos concedidos aos autores de obras literárias e artísticas no referido instrumento, em certos casos especiais que não atinjam a exploração normal da obra nem causem um prejuízo injustificado aos interesses legítimos do autor, ou seja, desde que as mesmas se conformem com o «teste dos três passos».[1122]

O Tratado em análise ordena, ainda, a aplicação do «teste dos três passos» às excepções e limitações previstas na Convenção de Berna, em geral, e não apenas ao direito à reprodução.[1123]

E a Declaração Acordada Relativamente ao artigo 10 autoriza a extrapolação, para o campo do digital, de excepções e limitações consideradas aceitáveis pela Convenção de Berna, assim como o alargamento adequado do respectivo âmbito.

No que concerne ao prazo de protecção, para os autores a duração da protecção compreende, em regra, a vida do autor e cinquenta anos após a sua morte.[1124]

Sublinhe-se que, ao contrário da Convenção de Berna, o Tratado da OMPI sobre Direito de Autor não submete a duração da protecção das obras fotográficas a normas específicas, mas à regra geral.[1125]

[1122] *Vide* artigo 10 (1) do Tratado da OMPI sobre Direito de Autor e artigo 9 (2) da Convenção de Berna.

[1123] *Vide* artigo 10 (2) do Tratado da OMPI sobre Direito de Autor e artigo 9 (2) da Convenção de Berna.

[1124] Artigo 7 (1) da Convenção de Berna.

[1125] Compare-se o artigo 9 do Tratado da OMPI sobre Direito de Autor com o artigo 7 (4) da Convenção de Berna.

Mais uma vez de forma inovadora, o Tratado da OMPI sobre Direito de Autor estabelece obrigações em relação às medidas de carácter tecnológico e às informações para a gestão dos direitos, umas e outras significativas no âmbito do digital.

Assim, declara esse Tratado que as Partes Contratantes devem estabelecer medidas adequadas e eficazes:[1126]

- Contra a neutralização de medidas eficazes de carácter tecnológico de que os autores se sirvam no quadro do exercício dos direitos que lhes são reconhecidos no Tratado da OMPI sobre Direito de Autor ou na Convenção de Berna e que restrinjam, em relação às suas obras, a realização de actos não autorizados pelos autores em questão ou não permitidos por lei; e
- Contra qualquer pessoa que deliberadamente e sabendo (ou tendo motivos suficientes para saber) que esse acto irá induzir ou facilitar uma infracção a qualquer direito abrangido pelo referido Tratado ou na Convenção de Berna, suprima ou altere, sem autorização, quaisquer informações electrónicas para a gestão dos direitos ou distribuía obras ou cópias de obras, sabendo que foram suprimidas ou alteradas, sem autorização, informações electrónicas para a gestão dos direitos.[1127]

As Partes Contratantes comprometem-se, ainda, a adoptar as medidas necessárias para assegurar a aplicação do Tratado da OMPI sobre Direito de Autor, assegurando, nomeadamente, que a sua legislação permita uma acção eficaz contra a violação dos direitos outorgados, incluindo providências cautelares destinadas a impedir infracções e providências que constituam um dissuasivo de infracções futuras.[1128]

[1126] Artigos 11 e 12 do Tratado da OMPI sobre Direito de Autor. *Vide* Parte II – O Direito de Autor em Portugal, Capítulo XII – A protecção das medidas de carácter tecnológico e das informações para a gestão electrónica dos direitos, 12.1.2 – A protecção das medidas de carácter tecnológico nos Tratados da OMPI e 12.2.2 – A protecção das informações para a gestão electrónica dos direitos nos Tratados da OMPI.

[1127] Entende-se por «informações para a gestão dos direitos» «as informações que identifiquem a obra, o autor da obra e o titular de qualquer direito sobre a obra, ou informações acerca das condições de utilização da obra, e quaisquer números ou códigos que representem essas informações, quando qualquer destes elementos de informação acompanhe uma cópia de uma obra ou apareça no quadro da comunicação de uma obra ao público» (artigo 12 (2) do Tratado da OMPI sobre Direito de Autor).

[1128] Artigo 14 do Tratado da OMPI sobre Direito de Autor.

O Tratado da OMPI sobre Direito de Autor obriga as Partes Contratantes a observarem o disposto nos artigos 1 a 21 da Convenção de Berna e no respectivo anexo, nos quais se incluem quatro regras fundamentais e gerais dessa Convenção: o reconhecimento de um núcleo mínimo de direitos, a concessão de protecção independentemente do cumprimento de quaisquer requisitos formais, a atribuição de protecção no país de origem, ainda que o autor não seja nacional desse país e, por último, a irrelevância da ausência de protecção no país de origem da obra.

Este Tratado introduz diversas disposições inovadoras no respeitante ao digital, nomeadamente alargando o escopo do direito de comunicação ao público de forma a incluir a disseminação de obras na Internet e estabelecendo obrigações relativas às medidas tecnológicas para protecção de direitos e às informações para a gestão electrónica dos mesmos.

Capítulo VI
O Tratado da OMPI sobre Interpretações ou Execuções e Fonogramas

O Tratado da OMPI sobre Interpretações ou Execuções e Fonogramas tutela os interesses dos artistas intérpretes ou executantes, assim como dos produtores de fonogramas, pretendendo responder com soluções adequadas às questões levantadas no âmbito do digital e que, naturalmente, não tinham sido previstas pela Convenção de Roma de 1961.[1129]

Em termos de enquadramento, ao contrário do Tratado da OMPI sobre Direito de Autor, este Tratado não determina a obrigação de as Partes Contratantes observarem o disposto na Convenção correspondente, isto é, a Convenção de Roma.[1130]

Mais, segundo o artigo 1(2) do Tratado da OMPI sobre Interpretações ou Execuções e Fonogramas, a protecção concedida pelo mesmo não afecta, de modo algum, a protecção conferida pelo direito de autor sobre obras literárias

---

[1129] Vide M. Ficsor, *The Law of Copyright and the Internet*, Oxford University Press, 2002; J. Reinbothe e S. von Lewinski, *The WIPO Treaties 1996*, Butterworths, 2002; M. Fabiani, «The Geneva Diplomatic Conference on *Copyright* and the Rights of Performers and Phonogram Producers», *Entertainment Law Review*, 3, 1997, p. 98; J. Reinbothe, M. Prat e S. von Lewinski, «The New WIPO Treaties: a First Resume», *European Intellectual Property Review*, 4, 1997, p. 171; H. Rosenblatt, «The WIPO Diplomatic Conference, The Birth of Two New Treaties», *Computer Law e Security Review*, 13: 5, 1997, p. 307; P. Wand, «New Rules for Our Global Village», *Entertainment Law Review*, 5, 1997, p. 176; T. C. Vinje, «The New WIPO *Copyright* Treaty: a Happy Result in Geneva», *European Intellectual Property Review*, 5, 1997, p. 230; J. Reinbothe e S. von Lewinski, «The WIPO Treaties 1996 – Ready to Come into Force», *European Intellectual Property Review*, 2002, p. 199.

[1130] Compare-se o artigo 1 (4) do Tratado da OMPI sobre Direito de Autor com o artigo 1 do Tratado da OMPI sobre Interpretações ou Execuções e Fonogramas.

e artísticas, pelo que nenhuma disposição pode ser interpretada em prejuízo dessa protecção. Este preceito clarifica, pois, a relação entre os direitos sobre fonogramas ao abrigo do referido Tratado e o direito de autor sobre as obras corporizadas nos fonogramas.

De acordo com a Declaração Acordada Relativamente ao Artigo 1, sempre que seja necessária a autorização, tanto do autor de uma obra incorporada no fonograma, como de um artista intérprete ou executante ou de um produtor que tenha direitos sobre o fonograma, a autorização do autor não deixa de ser necessária pelo facto de ser igualmente requerida a autorização do artista intérprete ou executante ou do produtor, e vice-versa.

Ainda segundo a mesma Declaração, o artigo 1(2) não impede uma Parte Contratante de conceder a um artista intérprete ou executante ou a um produtor de fonogramas direitos exclusivos de âmbito mais vasto do que o prescrito neste Tratado.

Em sede de princípios, o Tratado da OMPI sobre Interpretações ou Execuções e Fonogramas assenta no princípio do tratamento nacional, segundo o qual as Partes Contratantes devem conceder aos nacionais das outras Partes Contratantes o tratamento que concedem aos seus nacionais, relativamente aos direitos exclusivos nele especialmente previstos e ao direito de remuneração equitativa (previsto no artigo 15 do referido Tratado).[1131]

O tratamento nacional não é, todavia, aplicável na medida em que uma Parte Contratante faça uso das reservas autorizadas no artigo 15 (3), ou seja, na medida em que aplique o princípio do tratamento nacional somente em relação a certas utilizações, limite a sua aplicação de qualquer outro modo ou pura e simplesmente não o aplique.[1132]

Consideram-se como nacionais de outras Partes Contratantes os artistas intérpretes ou executantes ou os produtores de fonogramas que preencham os critérios de elegibilidade para protecção previstos na Convenção de Roma.[1133]

Deste modo, a concessão de tratamento nacional aos artistas intérpretes ou executantes não se encontra dependente do critério da nacionalidade. Com efeito, esse tratamento é concedido sempre que se verifique uma das seguintes condições: (i) se a execução se realizar num outro Estado Contratante, (ii) se a execução for fixada num fonograma protegido pelo artigo 5 da

---

[1131] Artigo 4 (1) do Tratado da OMPI sobre Interpretações ou Execuções e Fonogramas.
[1132] Artigo 4 (2) do Tratado da OMPI sobre Interpretações ou Execuções e Fonogramas.
[1133] Artigo 3 (2) do Tratado da OMPI sobre Interpretações ou Execuções e Fonogramas.

Convenção de Roma ou (iii) se a execução, não fixada num fonograma, for radiodifundida através de uma emissão de radiodifusão protegida pelo artigo 6 da Convenção de Roma.[1134]

Quanto aos produtores de fonogramas, o tratamento nacional é-lhes concedido, pelas Partes Contratantes, sempre que se verifique uma das seguintes condições: (i) se o produtor do fonograma for nacional de um outro Estado Contratante (critério da nacionalidade), (ii) se a primeira fixação de som for realizada num outro Estado Contratante (critério da fixação) ou (iii) se o fonograma for publicado pela primeira vez num outro Estado Contratante (critério da publicação).[1135]

Essa protecção é alargada aos fonogramas que tendo sido publicados pela primeira vez num Estado não Contratante, forem publicados, também, dentro dos trinta dias seguintes à primeira publicação num Estado Contratante (publicação simultânea).[1136]

Saliente-se que qualquer Parte Contratante pode optar por não aplicar o critério da publicação ou o critério da fixação.[1137]

Passando aos beneficiários da protecção, estes são os artistas intérpretes ou executantes e os produtores de fonogramas.

Para efeitos do presente Tratado, «artistas intérpretes ou executantes», são os «actores, cantores, músicos, bailarinos e outros que representem, cantem, recitem, declamem, interpretem ou executem, de qualquer modo, obras literárias ou artísticas ou expressões de folclore» e «produtor de fonograma» é «a pessoa singular ou colectiva que toma a iniciativa e é responsável pela primeira fixação dos sons de uma prestação ou de outros sons, ou de representações de sons».[1138]

No que toca à matéria protegida, esta inclui as prestações dos artistas intérpretes ou executantes e os fonogramas, sendo «fonograma» definido como «a fixação dos sons de uma prestação ou de outros sons, ou de uma representação de sons, com excepção da fixação incorporada numa obra cinematográfica ou outra obra audiovisual».[1139]

[1134] Artigo 4 da Convenção de Roma.
[1135] Artigo 5 (1) da Convenção de Roma.
[1136] Artigo 5 (2) da Convenção de Roma.
[1137] *Vide* Artigo 5 (3) da Convenção de Roma e artigo 3 (3) do Tratado da OMPI sobre Interpretações ou Execuções e Fonogramas.
[1138] Artigo 2 (a) e (d) do Tratado da OMPI sobre Interpretações ou Execuções e Fonogramas.
[1139] Artigo 2 (b) do Tratado da OMPI sobre Interpretações ou Execuções e Fonogramas.

Segundo a Declaração Acordada Relativamente ao artigo 2 (b), os direitos sobre o fonograma não são de algum modo afectados pela sua incorporação numa obra cinematográfica ou noutra obra audiovisual – mantendo-se, presumivelmente, quer o fonograma surja, autonomamente, antes ou depois da obra audiovisual em questão.

O gozo e o exercício dos direitos conferidos por este Tratado não se encontram dependentes do cumprimento de nenhuma formalidade.[1140]

No atinente aos direitos protegidos, são outorgados pela primeira vez aos artistas intérpretes ou executantes, no quadro internacional, direitos morais: o direito de exigir ser identificado como o intérprete ou executante das suas prestações, excepto quando a omissão seja ditada pelo modo de utilização da prestação (direito à paternidade) e de se opor a qualquer deformação, mutilação ou outra modificação das mesmas que possa afectar a sua reputação (direito à integridade).[1141]

Note-se que ao contrário do artigo 6 bis da Convenção de Berna, o artigo 5 não refere a possibilidade de reacção contra «qualquer atentado», nem menciona a possibilidade de prejuízo à «honra».

Tais direitos morais apenas emergem em relação às prestações sonoras ao vivo ou fixadas em fonogramas, não abrangendo as prestações fixadas em registos audiovisuais, tais como os filmes – o que se coaduna com o facto de o Tratado em análise proteger, fundamentalmente, os aspectos auditivos das interpretações ou execuções, tutelando os aspectos audiovisuais das mesmas de forma muito restrita. Tal lacuna foi colmatada pelo Tratado da OMPI sobre Interpretações e Execuções Audiovisuais, assinado em Pequim, em Junho de 2012.[1142]

Em termos de prazo de protecção, depois da morte do artista intérprete ou executante os direitos morais são mantidos pelo menos até à extinção dos direitos patrimoniais, podendo ser exercidos pelas pessoas ou instituições autorizadas pela legislação da Parte Contratante onde é reivindicada a protecção.[1143]

[1140] Compare-se o artigo 20 do Tratado da OMPI sobre Interpretações ou Execuções e Fonogramas com o artigo 11 da Convenção de Roma.

[1141] Compare-se o artigo 5 (1) do Tratado da OMPI sobre Interpretações ou Execuções e Fonogramas com o artigo 6 bis (1) da Convenção de Berna.

[1142] *Vide* Parte V – O Direito de Autor nos Tratados Internacionais, Capítulo VI – O Tratado da OMPI sobre Interpretações e Execuções Audiovisuais.

[1143] Compare-se o artigo 5 (2) do Tratado da OMPI sobre Interpretações ou Execuções e Fonogramas com Artigo 6 bis (2) da Convenção de Berna.

Não são previstos direitos morais para os produtores de fonogramas.

Passando aos direitos patrimoniais, os artistas intérpretes ou executantes gozam do direito exclusivo de autorizar, relativamente às suas prestações não fixadas, a sua radiodifusão e comunicação ao público (excepto quando a prestação seja já uma prestação radiodifundida) e a sua fixação.[1144]

Relativamente às suas prestações fixadas, os artistas intérpretes ou executantes gozam do direito exclusivo de autorizar:

- A reprodução directa ou indirecta das suas prestações fixadas em fonogramas, de qualquer maneira e sob qualquer forma;[1145]
- A distribuição do original e de cópias das suas prestações fixadas em fonogramas, por meio da venda ou por outra forma de transferência de propriedade (direito esse que se poderá esgotar após a primeira venda do original ou de uma cópia da prestação fixada ou outra forma de transferência de propriedade realizada com o consentimento do artista intérprete ou executante);[1146]
- O aluguer ao público, com fins comerciais, do original e de cópias das suas prestações fixadas em fonogramas, nas condições definidas na legislação nacional das Partes Contratantes, mesmo após a sua distribuição pelo artista intérprete ou executante ou com o seu consentimento;[1147] e
- A disponibilização ao público das suas prestações fixadas em fonogramas (não em registos audiovisuais), por fios ou sem fios, por forma a torná-las acessíveis a membros do público a partir do local e no momento por eles escolhido individualmente (incluindo, pois, a disseminação na Internet).[1148]

[1144] Artigo 6 do Tratado da OMPI sobre Interpretações ou Execuções e Fonogramas.

[1145] Compare-se o artigo 7 do Tratado da OMPI sobre Interpretações ou Execuções e Fonogramas com o artigo 7 (c) da Convenção de Roma. Repare-se que o artigo 7 (c) da Convenção de Roma se restringe aos casos em que a primeira fixação é feita sem o consentimento do artista intérpete ou executante, critério que o artigo 7 do Tratado da OMPI sobre Interpretações ou Execuções e Fonogramas não manda aplicar.

[1146] Artigo 8 do Tratado da OMPI sobre Interpretações ou Execuções e Fonogramas. A Declaração Acordada Relativamente ao artigo 2 (e) e aos artigos 8, 9, 12 e 13, esclarece que as expressões «cópias» e «original e cópias» se referem, exclusivamente, a cópias fixadas que possam ser postas em circulação enquanto objectos materiais, excluindo-se, pois, a disseminação de cópias intangíveis.

[1147] Artigo 9 do Tratado da OMPI sobre Interpretações ou Execuções e Fonogramas.

[1148] Artigo 10 do Tratado da OMPI sobre Interpretações ou Execuções e Fonogramas. Compare-se este artigo com o artigo 8 do Tratado da OMPI sobre Direito de Autor, o

Os produtores de fonogramas gozam do direito exclusivo de autorizar:[1149]
- A reprodução directa ou indirecta dos seus fonogramas, de qualquer maneira e sob qualquer forma;
- A distribuição do original e de cópias dos seus fonogramas, por meio da venda ou por outra forma de transferência de propriedade (direito esse que, tal como acima, se poderá esgotar após a primeira venda do original ou de uma cópia do fonograma, ou outra forma de transferência de propriedade realizada com o consentimento do produtor do fonograma);
- O aluguer ao público, com fins comerciais, do original e de cópias dos seus fonogramas, mesmo após a sua distribuição pelo produtor ou com o seu consentimento; e
- A disponibilização dos seus fonogramas, por fios ou sem fios, por forma a torná-los acessíveis a membros do público a partir do local e no momento por eles escolhido individualmente (incluindo, pois, a sua disseminação na Internet).

Os artistas intérpretes ou executantes e os produtores de fonogramas gozam, ainda, do direito a uma remuneração equitativa e única pela utilização directa ou indirecta de fonogramas publicados com fins comerciais para radiodifusão ou para qualquer comunicação ao público.[1150]

O direito a remuneração previsto no Tratado da OMPI sobre Interpretações ou Execuções e Fonogramas tem de ser outorgado tanto aos artis-

---

qual abrange não apenas a disseminação na Internet, como também o direito de comunicação ao público.

[1149] Artigos 11 a 14 do Tratado da OMPI sobre Interpretações ou Execuções e Fonogramas.

[1150] Artigo 15 do Tratado da OMPI sobre Interpretações ou Execuções e Fonogramas. Segundo o artigo 2 (f) do mesmo Tratado, a «emissão de radiodifusão», consiste na «difusão sem fios de sons ou de imagens e sons, ou de representações destes, destinada à recepção pelo público; a difusão por satélite é igualmente considerada uma «emissão de radiodifusão»; a difusão de sinais codificados é considerada uma «emissão de radiodifusão» sempre que os meios de descodificação sejam fornecidos ao público pelo organismo de radiodifusão ou com o seu consentimento», definido o artigo 2 (g) a noção de comunicação ao público (de uma prestação ou de um fonograma), como «a difusão ao público por qualquer meio, com excepção da emissão de radiodifusão, de sons de uma prestação, ou dos sons ou das representações de sons fixados num fonograma», acrescentando que, para efeitos do artigo 15, tal comunicação «inclui a operação de tornar os sons ou representações de sons fixados num fonograma audíveis para o público».

tas intérpretes ou executantes como aos produtores de fonogramas, sendo devido pela utilização directa ou indirecta dos fonogramas. A formulação da Convenção de Roma é mais restrita, atribuindo a remuneração, em causa, «aos artistas intérpretes ou executantes ou aos produtores de fonogramas ou aos dois» e restringindo esse direito aos casos em que os fonogramas são «utilizados directamente pela radiodifusão ou para qualquer comunicação ao público».[1151]

Refira-se que qualquer Parte Contratante pode aplicar o direito à remuneração pela radiodifusão e comunicação ao público apenas em relação a certas utilizações, limitar a sua aplicação de qualquer outro modo ou pura e simplesmente não o aplicar.[1152]

O artigo 15 (4) do Tratado ora em apreço esclarece que se consideram os fonogramas disponibilizados aos membros do público, por fios ou sem fios, a partir do local e no momento por eles escolhido individualmente, como tendo sido publicados com fins comerciais.

Conclui-se, pois, que o Tratado da OMPI sobre Interpretações ou Execuções é bastante mais ousado do que a Convenção de Roma ao:

- Outorgar aos artistas intérpretes ou executantes o direito de autorizarem, no respeitante às suas interpretações ou execuções fixadas em fonogramas, a respectiva reprodução, distribuição, aluguer e colocação à disposição do público na Internet;[1153]
- Atribuir aos produtores de fonogramas o direito de autorizarem a reprodução, a distribuição, o aluguer e a colocação à disposição do público dos seus fonogramas na Internet;[1154] e
- Conceder aos artistas intérpretes ou executantes e aos produtores de fonogramas o direito de remuneração equitativa e única pela radiodifusão e comunicação ao público das respectivas prestações.[1155]

Acrescente-se que, no âmbito dos direitos outorgados, o presente Tratado não define de forma imperativa o conceito de reprodução electrónica,

---

[1151] Compare-se o artigo 15 (1) do Tratado da OMPI sobre Interpretações ou Execuções e Fonogramas com o artigo 12 da Convenção de Roma.
[1152] Artigo 15 (3) do Tratado da OMPI sobre Interpretações ou Execuções e Fonogramas.
[1153] Artigos 7-10 do Tratado da OMPI sobre Interpretações ou Execuções e Fonogramas.
[1154] Artigos 11 a 14 do Tratado da OMPI sobre Interpretações ou Execuções e Fonogramas.
[1155] Artigo 15 do Tratado da OMPI sobre Interpretações ou Execuções e Fonogramas.

nem o campo de excepções ao direito de reprodução. Ao invés, foi adoptada uma declaração segundo a qual, os artigos 7 e 11 e as respectivas excepções consagradas no artigo 16 devem ser aplicados no contexto do digital, considerandose que a armazenagem, em formato digital, de interpretações ou execuções, bem como de fonogramas, constitui um acto de reprodução no sentido do disposto nesses artigos.[1156]

No respeitante às excepções e limitações, o Tratado da OMPI sobre Interpretações ou Execuções permite que as Partes Contratantes estabeleçam na sua legislação nacional, relativamente à protecção dos artistas intérpretes ou executantes e dos produtores de fonogramas, o mesmo tipo de limitações ou excepções previstas no âmbito das obras literárias e artísticas.[1157]

A regulamentação desta matéria fica a cargo do legislador nacional, mas sujeita ao «teste dos três passos», pois as Partes Contratantes devem restringir quaisquer excepções e limitações aos direitos previstos neste Tratado a certos casos especiais que não atinjam a exploração normal da interpretação ou execução ou do fonograma, nem causem um prejuízo injustificado aos interesses legítimos do artista intérprete ou executante ou do produtor do fonograma.[1158]

A Declaração Acordada Relativamente ao artigo 16, autoriza a aplicação de excepções e limitações consideradas aceitáveis pela Convenção de Berna no campo do digital, assim como o alargamento do seu escopo.

No que concerne ao prazo de protecção, a tutela a conceder aos artistas intérpretes ou executantes e aos produtores de fonogramas, subsiste por um período de cinquenta anos contado, respectivamente, a partir do final do ano em que a prestação foi fixada num fonograma e a partir do final do ano em que o fonograma foi publicado ou, se a publicação não ocorrer no prazo de cinquenta anos a contar da fixação do fonograma, por um período de cinquenta anos contado a partir do final do ano em que foi realizada a fixação.[1159]

[1156] Declaração Acordada Relativamente aos artigos 7, 11 e 16 do Tratado da OMPI sobre Interpretações ou Execuções e Fonogramas.
[1157] Artigo 16 (1) do Tratado da OMPI sobre Interpretações ou Execuções e Fonogramas.
[1158] Artigo 16 (2) do Tratado da OMPI sobre Interpretações ou Execuções e Fonogramas.
[1159] Artigo 17 do Tratado da OMPI sobre Interpretações ou Execuções e Fonogramas. Compare-se este preceito com o artigo 14 da Convenção de Roma, o qual estabelece, para os fonogramas, um prazo de protecção mínimo de vinte anos. Contrastem-se as regras de contagem de prazos contidas nos artigos 17 do Tratado da OMPI sobre Interpretações ou Execuções e Fonogramas, 14 (5) do Acordo TRIPS e 14 da Convenção de Roma.

Tal como o Tratado da OMPI sobre Direito de Autor, este instrumento contém obrigações relativas a medidas de carácter tecnológico, obrigações atinentes à informação sobre o regime dos direitos, e obrigações respeitantes à aplicação efectiva dos direitos.[1160]

Assim, declara o Tratado, ora em análise, que as Partes Contratantes devem estabelecer medidas adequadas e eficazes:[1161]

- Contra a neutralização de medidas eficazes de carácter tecnológico de que os artistas intérpretes ou executantes ou os produtores de fonogramas se sirvam no quadro do exercício dos direitos que lhes são reconhecidos no Tratado da OMPI sobre Interpretações ou Execuções e que restrinjam, em relação às suas prestações ou fonogramas, a realização de actos não autorizados pelos artistas intérpretes ou executantes ou pelos produtores de fonogramas em questão ou não permitidos por lei; e
- Contra qualquer pessoa que deliberadamente e sabendo (ou tendo motivos suficientes para saber) que esse acto irá induzir ou facilitar uma infracção a qualquer direito abrangido pelo referido Tratado, suprima ou altere, sem autorização, quaisquer informações electrónicas para a gestão dos direitos ou distribua prestações, cópias de prestações fixadas ou fonogramas, sabendo que foram suprimidas ou alteradas, sem autorização, informações electrónicas para a gestão dos direitos.[1162]

[1160] Artigos 18, 19 e 23 do Tratado da OMPI sobre Interpretações ou Execuções e Fonogramas.

[1161] Artigos 18 e 19 do Tratado da OMPI sobre Interpretações ou Execuções e Fonogramas. *Vide* Parte II – O Direito de Autor em Portugal, Capítulo XII – A protecção das medidas de carácter tecnológico e das informações para a gestão electrónica dos direitos, 12.1.2 – A protecção das medidas de carácter tecnológico nos Tratados da OMPI e 12.2.2 – A protecção das informações para a gestão electrónica dos direitos nos Tratados da OMPI.

[1162] Entende-se por «informações para a gestão dos direitos» «as informações que identifiquem o artista intérprete ou executante, a prestação do artista intérprete ou executante, o produtor do fonograma, o fonograma, o titular de qualquer direito sobre a prestação ou o fonograma, ou informações acerca das condições de utilização da prestação ou do fonograma, e quaisquer números ou códigos que representem essas informações, quando qualquer destes elementos de informação acompanhe uma cópia de uma prestação fixada ou de um fonograma ou apareça no quadro da comunicação ou da colocação à disposição do público de uma prestação fixada ou de um fonograma» (artigo 19 (2) do Tratado da OMPI sobre Interpretações ou Execuções e Fonogramas).

As Partes Contratantes comprometem-se, ainda, a adoptar as medidas necessárias para assegurar a aplicação do Tratado da OMPI sobre Interpretações ou Execuções, assegurando, nomeadamente, que a sua legislação permita uma acção eficaz contra a violação dos direitos outorgados, incluindo providências cautelares destinadas a impedir infracções e providências que constituam um dissuasivo de infracções futuras.[1163]

> O Tratado da OMPI sobre Interpretações ou Execuções e Fonogramas introduz diversas disposições inovadoras no respeitante ao digital, nomeadamente prevendo o direito de colocar fonogramas à disposição do público na Internet e estabelecendo estabelecendo obrigações relativas às medidas tecnológicas para protecção de direitos e às informações para a gestão electrónica dos mesmos.

[1163] Artigo 23 (2) do Tratado da OMPI sobre Interpretações ou Execuções e Fonogramas.

Capítulo VII
O Tratado OMPI sobre Interpretações e Execuções Audiovisuais

Na sequência da adopção dos Tratados OMPI de Dezembro de 1996, e tendo em conta que o Tratado da OMPI sobre Interpretações ou Execuções e Fonogramas protege, fundamentalmente, os aspectos auditivos das interpretações ou execuções, tutelando os aspectos audiovisuais das mesmas de forma muito restrita, foi criado um Comité de Peritos da OMPI para proceder ao estudo das questões relativas à protecção dos artistas intérpretes ou executantes no campo audiovisual.

O Comité de Peritos teve a sua primeira reunião em Setembro de 1997, tendo uma segunda reunião sido realizada em Junho de 1998.

Seguiu-se, em Dezembro de 2002, em Genebra, sob os auspícios da OMPI, uma Conferência Diplomática dedicada à discussão de uma proposta, nesse campo, que havia sido preparada por Jukka Liedes, o Presidente do Comité Permanente da OMPI sobre Direito de Autor e Direitos Conexos.[1164]

As discussões que tiveram então lugar levaram à formulação de um Projecto de Tratado com vinte artigos. Foi alcançado acordo, na Conferência Diplomática, no que toca a dezanove desses artigos, mas não no atinente à questão da transmissão de direitos (integrada no artigo 12 desse projecto), pelo que não se verificou, então, a adopção de um tratado sobre interpretações e execuções audiovisuais.[1165]

[1164] WIPO doc.1AVP/DC/3 of August 1, 2000.

[1165] *Vide* S. von Lewinski, «The WIPO Diplomatic Conference on Audiovisual Performances: a first résumé», *European Intellectual Property Review*, 2001, p. 333; S. von Lewinski «International protection for audiovisual performances: a never-ending story», *Revue International du Droit d'Auteur*, 189, 2001, p. 3; O. Morgan, «The problem of the

O Tratado OMPI sobre Interpretações e Execuções Audiovisuais foi finalmente aprovado, em Pequim, em Junho de 2012, no âmbito de uma nova Conferência Diplomática sobre esta matéria, na qual participaram cento e cinquenta e cinco países, seis organizações intergovernamentais e quarenta e cinco organizações não-governamentais.[1166]

Assenta este Tratado no princípio do tratamento nacional, devendo as Partes Contratantes conceder aos nacionais das outras Partes Contratantes o tratamento que concedem aos seus nacionais, relativamente aos direitos exclusivos nele especialmente previstos e ao direito de remuneração equitativa (previsto no artigo 11 deste Tratado).[1167]

O tratamento nacional não é, todavia, aplicável na medida em que uma Parte Contratante faça uso das reservas autorizadas no artigo 11 (3), ou seja, na medida em que aplique o princípio do tratamento nacional somente em relação a certas utilizações, limite a sua aplicação de qualquer outro modo ou pura e simplesmente não o aplique.[1168]

É concedido o tratamento nacional aos artistas intérpretes ou executantes nacionais de outras Partes Contratantes ou que tenham a sua residência habitual no território de uma Parte Contratante.[1169]

Passando aos beneficiários da protecção, estes são os artistas intérpretes ou executantes audiovisuais, ou seja, «os actores, cantores, músicos, bailarinos e outros que representem, cantem, recitem, declamem, interpretem ou executem, de qualquer modo, obras literárias ou artísticas ou expressões de folclore», cujas execuções sejam incorporados em obra audiovisuais (como os filmes ou os programas de televisão).[1170]

No que toca à matéria protegida, esta consiste nas prestações audiovisuais.

---

international protection of audiovisual performances», *International Review of Intellectual Property and Competition Law*, 33, 2002, p. 810.

[1166] http://www.wipo.int/meetings/en/doc_details.jsp?doc_id=208966.
[1167] Artigo 4 (1) do Tratado OMPI sobre Interpretações e Execuções Audiovisuais.
[1168] Artigo 4 (3) do Tratado OMPI sobre Interpretações e Execuções Audiovisuais.
[1169] Artigo 3 do Tratado OMPI sobre Interpretações e Execuções Audiovisuais. Compare-se com o artigo 3 do Tratado OMPI sobre Interpretações ou Execuções e Fonogramas, segundo o qual a concessão de tratamento nacional aos artistas intérpretes ou executantes não se encontra dependente do critério da nacionalidade.
[1170] Artigo 2 do Tratado OMPI sobre Interpretações e Execuções Audiovisuais, que faz abrange, no seu escopo, as expressões de folclore.

O gozo e o exercício dos direitos conferidos por este Tratado não se encontram dependentes do cumprimento de qualquer formalidade.[1171]

No atinente aos direitos morais, são outorgados aos artistas intérpretes ou executantes em relação às respectivas prestações ao vivo ou fixadas em registos audiovisuais, o direito de exigir ser identificado como o intérprete ou o executante das suas prestações, excepto quando a omissão seja ditada pelo modo de utilização da prestação (direito à paternidade) e de se opor a qualquer deformação, mutilação ou outra modificação das mesmas que possa afectar a sua reputação, tendo em conta a natureza dos registos audiovisuais (direito à integridade).[1172]

No tocante ao direito à paternidade, note-se que a referência que este Tratado faz à «exigência» da paternidade da obra será seguramente invocada, em certos países, para fazer depender, o direito à paternidade do reconhecimento formal (*assertion*) desse mesmo direito.[1173]

O escopo do direito à integridade é reduzido pela Declaração Acordada Relativamente ao artigo 5, que afirma que o direito à integridade de uma prestação não é violado por modificações resultantes, por exemplo, da sua compressão ou dobragem, efectuadas no decurso normal da sua exploração e no âmbito de um uso autorizado e que apenas são consideradas como modificações relevantes as que de acordo com uma análise objectiva (ou seja, não do próprio) são prejudicais para a reputação do artista intérprete ou executante, de modo substancial.

Em termos de prazo de protecção, depois da morte do artista intérprete ou executante, os direitos morais são mantidos pelo menos até à extinção dos direitos patrimoniais, podendo ser exercidos pelas pessoas ou instituições autorizadas pela legislação da Parte Contratante onde é reivindicada a protecção.[1174]

Passando aos direitos patrimoniais, os artistas intérpretes ou executantes gozam do direito exclusivo de autorizar, relativamente às suas prestações não

---

[1171] Artigo 17 do Tratado OMPI sobre Interpretações e Execuções Audiovisuais, que segue a letra do Artigo 20 do Tratado OMPI sobre Interpretações ou Execuções e Fonogramas.

[1172] Artigo 5 (1) do Tratado OMPI sobre Interpretações e Execuções.

[1173] Tal será, por exemplo, o caso do Reino Unido. *Vide* Parte I – Introdução, Capítulo IV – *Droit d'auteur* e *copyright*, 4.5 – Os direitos morais.

[1174] Artigo 5 (2) do Tratado OMPI sobre Interpretações e Execuções.

fixadas, a sua radiodifusão e comunicação ao público (excepto quando a prestação seja já uma prestação radiodifundida) e a sua fixação.[1175]

Relativamente às suas prestações fixadas, os artistas intérpretes ou executantes gozam do direito exclusivo de autorizar:

- A reprodução directa ou indirecta das suas prestações fixadas em registos audiovisuais, de qualquer maneira e sob qualquer forma;[1176]
- A distribuição do original e de cópias das suas prestações fixadas em registos audiovisuais, por meio da venda ou por outra forma de transferência de propriedade;[1177]
- O aluguer ao público, com fins comerciais, do original e de cópias das suas prestações fixadas em registos audiovisuais, nas condições definidas na legislação nacional das Partes Contratantes, mesmo após a sua distribuição pelo artista intérprete ou executante ou com o seu consentimento;[1178]
- A disponibilização ao público das suas prestações fixadas em registos audiovisuais, por fios ou sem fios, por forma a torná-las acessíveis a membros do público a partir do local e no momento por eles escolhido individualmente;[1179] e
- A radiodifusão ou comunicação ao público das suas prestações fixadas em registos audiovisuais. Registe-se que este direito pode ser substituído por um direito a uma remuneração equitativa e única pela utilização directa ou indirecta de prestações fixadas em registos audiovisuais com fins comerciais para radiodifusão ou para qualquer comunicação ao público. Mais, qualquer Parte Contratante pode aplicar este preceito

---

[1175] Artigo 6 do Tratado OMPI sobre Interpretações e Execuções Audiovisuais.

[1176] Artigo 7 do Tratado OMPI sobre Interpretações e Execuções Audiovisuais.

[1177] Artigo 8 do Tratado OMPI sobre Interpretações e Execuções Audiovisuais. A Declaração Acordada Relativamente aos artigos 8 e 9, esclarece que as expressões «cópias» e «original e cópias» se referem, exclusivamente, a cópias fixadas que possam ser postas em circulação enquanto objectos materiais, excluindo-se, pois, a disseminação de cópias intangíveis.

[1178] Artigo 9 do Tratado OMPI sobre Interpretações e Execuções Audiovisuais.

[1179] Artigo 10 do Tratado OMPI sobre Interpretações e Execuções Audiovisuais. Compare-se este artigo com o artigo 8 do Tratado da OMPI sobre Direito de Autor, o qual abrange não apenas a disseminação na Internet, como também o direito de comunicação ao público.

apenas em relação a certas utilizações, limitar a sua aplicação de qualquer outro modo ou pura e simplesmente não o aplicar.[1180]

As Partes Contratantes podem estabelecer, na sua legislação nacional, que, na ausência de estipulação contratual em contrário, uma vez que o artista intérprete ou executante autorize a fixação da sua prestação num registo audiovisual, os direitos previstos nos artigos 7 a 11 do presente Tratado pertencerão, serão exercidos ou serão transferidos para o produtor desse registo audiovisual.[1181]

No respeitante às excepções e limitações, o Tratado da OMPI sobre Interpretações e Execuções Audiovisuais permite que as Partes Contratantes estabeleçam, na sua legislação nacional, relativamente à protecção dos artistas intérpretes ou executantes, o mesmo tipo de excepções e limitações previstas no âmbito das obras literárias e artísticas.[1182]

A regulamentação desta matéria fica a cargo do legislador nacional, mas sujeita ao «teste dos três passos», visto que as Partes Contratantes devem restringir quaisquer excepções e limitações aos direitos previstos neste Tratado, a certos casos especiais que não atinjam a exploração normal da prestação, nem causem um prejuízo injustificado aos interesses legítimos do artista intérprete ou executante.[1183]

No que concerne ao prazo de protecção, a tutela a conceder aos artistas intérpretes ou executantes, subsiste, pelo menos, por um período de cinquenta anos contado a partir do final do ano em que a prestação foi fixada.[1184]

Tal como os Tratados da OMPI de 1996, este instrumento contém obrigações relativas a medidas de carácter tecnológico, obrigações atinentes à informação sobre o regime dos direitos e obrigações respeitantes à aplicação efectiva dos direitos.[1185]

[1180] Artigo 11 do Tratado OMPI sobre Interpretações e Execuções Audiovisuais.
[1181] Artigo 12 (1) do Tratado OMPI sobre Interpretações e Execuções Audiovisuais.
[1182] Artigo 13 (1) do Tratado OMPI sobre Interpretações e Execuções Audiovisuais.
[1183] Artigo 13 (2) do Tratado OMPI sobre Interpretações e Execuções Audiovisuais. A Declaração Acordada Relativamente ao artigo 13, afirma que Declaração Acordada Relativamente ao artigo 10 do Tratado OMPI sobre Direito de Autor, a qual autoriza a aplicação de excepções e limitações consideradas aceitáveis pela Convenção de Berna no campo do digital, assim como o alargamento do seu escopo, é aplicável *mutatis mutandis* ao artigo 13 do do Tratado OMPI sobre Interpretações e Execuções Audiovisuais.
[1184] Artigo 14 do Tratado OMPI sobre Interpretações e Execuções Audiovisuais.
[1185] Artigos 15, 16 e 20 do Tratado OMPI sobre Interpretações e Execuções Audiovisuais.

Assim, declara o Tratado que as Partes Contratantes devem estabelecer medidas adequadas e eficazes:[1186]

- Contra a neutralização de medidas eficazes de carácter tecnológico de que os artistas intérpretes ou executantes se sirvam no quadro do exercício dos direitos que lhes são reconhecidos no Tratado da OMPI sobre Interpretações e Execuções Audiovisuais e que restrinjam, em relação às suas prestações, a realização de actos não autorizados pelos artistas intérpretes ou executantes em questão ou não permitidos por lei; e
- Contra qualquer pessoa que deliberadamente e sabendo (ou tendo motivos suficientes para saber) que esse acto irá induzir ou facilitar uma infracção a qualquer direito abrangido pelo referido Tratado, suprima ou altere, sem autorização, quaisquer informações electrónicas para a gestão dos direitos ou distribua prestações ou cópias de prestações fixadas em registos audiovisuais, sabendo que foram suprimidas ou alteradas, sem autorização, informações electrónicas para a gestão dos direitos.

Respondendo às preocupações dos últimos anos no que toca aos possíveis efeitos secundários da protecção das medidas eficazes de carácter tecnológico, dita a Declaração Acordada Relativamente ao artigo 15, que nada neste artigo impede que uma das Partes Contratantes proceda à adopção de medidas eficazes e necessárias para garantir que um beneficiário possa desfrutar de excepções e limitações previstas na legislação nacional dessa Parte Contratante, em conformidade com o artigo 13, quando (i) se verifique a aplicação de medidas tecnológicas a uma prestação audiovisual, (ii) o beneficiário de uma excepção ou limitação tenha acesso legítimo a tal prestação e (iii) os titulares de direitos em causa não tomem medidas apropriadas e eficazes para permitir que o beneficiário possa gozar dessa excepção ou limitação.

À sombra desta declaração uma Parte Contratante poderá permitir, em circunstâncias restritas, a neutralização de uma medida tecnológica aplicada de acordo com o artigo 15, quando tal medida impeça o gozo de uma excepção ou limitação no âmbito de uma prestação audiovisual por quem tenha acesso legítimo à mesma.

Resta saber quem é que tem «acesso legítimo» a uma prestação. Provavelmente essa legitimidade advirá, cumulativamente, do preenchimento das condições requeridas pela lei no que concerne a determinada excepção ou

---

[1186] Artigos 15 e 16 do Tratado OMPI sobre Interpretações e Execuções Audiovisuais.

limitação e da existência de um acto de acesso legítimo à prestação audiovisual. Isto é, não bastará que se trate de um beneficiário legítimo de uma excepção ou limitação, tendo ainda de subsistir legitimidade no que toca ao acto de acesso. Por conseguinte, um acto de aquisição num contexto comercial ou de acesso numa biblioteca pública serão ambos actos de acesso ditos legítimos, mas um acto de obtenção de uma cópia pirata já não se configurará como um acto de acesso legítimo.

Acrescenta a Declaração Acordada Relativamente ao artigo 15 que as obrigações previstas no artigo 15 não são aplicáveis às prestações que não são tuteladas ou cuja protecção já expirou.

Consequentemente, podem ser aplicadas medidas tecnológicas a prestações audiovisuais que não merecem tutela autoral ou cuja tutela já expirou, mas a neutralização dessas medidas não será penalizada pela lei.

Legítima é, pois, a neutralização de medidas tecnológicas aplicadas a prestações que não são tuteladas ou cuja protecção já expirou. Caso contrário, prolongar-se-ia a longevidade da protecção da prestação audiovisual em causa, por meio de meios tecnológicos, quando a própria lei já não oferece protecção – cenário que tem vindo a ser denominado de «digital lock up».

As Partes Contratantes comprometem-se, ainda, a adoptar as medidas necessárias para assegurar a aplicação do presente Tratado, assegurando, nomeadamente, que a sua legislação permita uma acção eficaz contra a violação dos direitos outorgados, incluindo providências cautelares destinadas a impedir infracções e providências que constituam um dissuasivo de infracções futuras.[1187]

Na União Europeia, os artistas europeus já gozam de um elevado nível de protecção na maioria dos Estados Membros, pelo que a implementação do Tratado OMPI sobre Interpretações e Execuções Audiovisuais não exigirá grandes alterações legislativas.

Este Tratado, ao actualizar a tutela das prestações audiovisuais, completando a missão iniciada em 1996 com a adopção do Tratado OMPI sobre Interpretações e Execuções, garantirá, sim, o reconhecimento internacional do nível de protecção que, em geral, já é concedido, na União Europeia, aos artistas.

[1187] Artigo 23 (2) do Tratado OMPI sobre Interpretações e Execuções Audiovisuais.

O Tratado da OMPI sobre Interpretações ou Execuções e Fonogramas protege fundamentalmente os aspectos auditivos das interpretações ou execuções, tutelando os aspectos audiovisuais das mesmas de forma muito restrita.

Coube ao Tratado OMPI sobre Interpretações e Execuções Audiovisuais tratar das questões relativas à protecção dos artistas intérpretes ou executantes no campo audiovisual.

O Tratado OMPI sobre Interpretações e Execuções Audiovisuais segue as inovações previstas nos Tratados OMPI de 1996, nomeadamente prevendo o direito de colocar prestações fixadas em registos audiovisuais à disposição do público na Internet e estabelecendo obrigações relativas às medidas tecnológicas para protecção de direitos e às informações para a gestão electrónica dos mesmos.

Respondendo às preocupações dos últimos anos no que toca aos possíveis efeitos secundários da protecção das medidas eficazes de carácter tecnológico, decorre da Declaração Acordada Relativamente ao artigo 15 que uma Parte Contratante poderá permitir, em circunstâncias restritas, a neutralização de uma medida tecnológica aplicada de acordo com o artigo 15, quando tal medida impeça o gozo de uma excepção ou limitação no âmbito de uma prestação audiovisual por quem tenha acesso legítimo à mesma.

Parte VI
Questões Pendentes e Reflexões Finais

Capítulo I – Questões Pendentes

Capítulo II – Reflexões Finais

Capítulo I
Questões Pendentes

1.1. Introdução
Embora se tenha alcançado, a nível internacional, um patamar relativamente elevado de harmonização autoral, certos temas não foram ainda alvo de consagração internacional, destacando-se a matéria relativa às bases de dados, aos organismos de radiodifusão e às excepções e limitações.

1.2. O Projecto de Tratado da OMPI sobre as Bases de Dados
O Tratado da OMPI sobre Direito de Autor assegura a tutela jurídica das bases de dados, pretendendo o Projecto de Tratado da OMPI sobre Bases de Dados conferir-lhes protecção seja qual for o grau de originalidade envolvido na sua compilação.

Este Projecto, elaborado por Jukka Liedes, Presidente do Comité Permanente da OMPI sobre Direito de Autor e Direitos Conexos, revelou-se, todavia, bastante controverso, não tendo sido levado a bom termo, em Dezembro de 1996, aquando da aprovação dos outros dois Tratados da OMPI.[1188]

[1188] Conferência Diplomatica de 1996, CRNR/DC/6. Vide M. Ficsor, *The Law of Copyright and the Internet*, Oxford University Press, 2002, pp. 701-702; J. Reinbothe e S. von Lewinski, *The WIPO Treaties 1996*, Buterworths, 2002, pp. 486-494; M. Flint, «WIPO Diplomatic Conference – Bern Convention meets the new technologies», *Copyright World*, 66, 1997, p. 9; L. H. Greene e S. J. Rizzi, «United States: database protection developments: proposals stall in the United States and at WIPO», *Copyright World*, 68, 1997, p. 8.

O Projecto de Tratado da OMPI sobre Bases de Dados assenta no princípio do tratamento nacional, sendo expressamente afastada a possibilidade de recusa de protecção com base num princípio de reciprocidade.[1189]

Acresce não se encontrar a protecção jurídica das bases de dados submetida a quaisquer formalidades (tais como o registo),[1190] estendendo-se essa protecção às bases de dados que representem um investimento substancial, independentemente da forma de que estas se revistam e da protecção conferida pelo direito de autor.[1191]

A titularidade dos direitos estipulados neste Projecto de Tratado assiste ao fabricante da base de dados,[1192] leque esse de direitos que, seguindo o preceituado na Directiva sobre Bases de Dados,[1193] inclui o direito de extracção,[1194] o qual abarca a transferência, permanente ou temporária, por qualquer forma executada, do todo ou de parte substancial do conteúdo de uma base de dados para outro suporte, e o direito de reutilização, consistindo este no direito de colocar o conteúdo de uma base de dados, no todo ou em parte, à disposição do público, através, *inter alia*, da distribuição de cópias da mesma.[1195]

Podem as Partes Contratantes determinar que estes direitos se encontram sujeitos a certas excepções e limitações, desde que as mesmas não violem o artigo 9 (2) da Convenção de Berna.[1196]

O Projecto de Tratado da OMPI sobre Bases de Dados prevê duas alternativas no que toca ao prazo de protecção do direito *sui generis*, podendo o mesmo expirar ao fim de vinte e cinco anos ou de quinze anos.[1197] Há que salientar

---

[1189] Artigo 7 (1) e (3) do Projecto de Tratado da OMPI sobre Bases de Dados.
[1190] Artigo 9 do Projecto de Tratado da OMPI sobre Bases de Dados.
[1191] Artigo 1 do Projecto de Tratado da OMPI sobre Bases de Dados.
[1192] Artigo 4 do Projecto de Tratado da OMPI sobre Bases de Dados.
[1193] *Vide* artigos 2 e 3 do Projecto de Tratado da OMPI sobre Bases de Dados e artigo 7 da Directiva sobre Bases de Dados.
[1194] Artigo 2 (ii) do Projecto de Tratado da OMPI sobre Bases de Dados.
[1195] Artigos 2 (vi) do Projecto de Tratado da OMPI sobre Bases de Dados. Acresce que o direito de distribuição da base de dados poderá estar sujeito a um principio nacional de exaustão, pelo que se uma cópia dessa base for vendida ou, se a titularidade de direitos sobre esta ultima, for, de outra forma, transferida, o direito de distribuição deixará de ser exequível no que se refere a tal cópia (*vide* artigo 3 (2) do Projecto de Tratado da OMPI sobre Bases de Dados).
[1196] *Vide* artigo 5 (1) do Projecto de Tratado da OMPI sobre Bases de Dados e artigo 9 (2) da Convenção de Berna.
[1197] Artigo 8 do Projecto de Tratado da OMPI sobre Bases de Dados.

que, na esteira da Directiva sobre Bases de Dados, qualquer modificação de foro substancial do conteúdo de uma base de dados permitirá a concessão à base de dados resultante de tal investimento de um período de protecção próprio.[1198]

O Projecto ora em apreço proíbe a importação, fabrico e distribuição de dispositivos destinados a neutralizar medidas tecnológicas de protecção,[1199] o que se afigura essencial para impedir a reutilização ilícita do conteúdo das bases de dados, da qual advêm elevados danos materiais para os seus fabricantes.

Note-se que, ao contrário do Tratado da OMPI sobre Direito de Autor e do Tratado da OMPI sobre Interpretações ou Execuções e Fonogramas, este Projecto de Tratado não estipula obrigações relativas à informação sobre o regime dos direitos. Inclui, todavia, à semelhança destes Tratados, preceitos respeitantes à aplicação efectiva dos direitos, havendo que seleccionar um dos regimes alternativos apresentados, traduzindo-se um destes regimes em normas específicas estabelecidas num anexo ao Tratado e o outro no mecanismo para aplicação efectiva dos direitos de propriedade intelectual previsto nos artigos 41-61 do Acordo TRIPS.[1200]

1.3. O Projecto de Tratado da OMPI sobre a Radiodifusão

Na sequência de várias reuniões do Comité Permanente da OMPI sobre Direito de Autor e Direitos Conexos, mais uma vez coube a Jukka Liedes, como Presidente desse Comité, a elaboração de um Projecto de Tratado centrado na protecção dos organismos de radiodifusão (documento SCCR/15/2Rev).[1201]

Entretanto, a 33ª Conferência Geral da UNESCO requereu que a Organização desempenhasse um papel proactivo no que toca à discussão do referido Projecto de Tratado da OMPI sobre a protecção dos direitos dos organismos de radiodifusão, para que os objectivos de promoção da liberdade de expressão e de acesso à informação e ao conhecimento não fossem obstaculizados pelas disposições do dito instrumento.

[1198] *Vide* artigo 8 (3) do Projecto de Tratado da OMPI sobre Bases de Dados e artigo 10 (3) da Directiva sobre Bases de Dados.
[1199] Artigo 10 do Projecto de Tratado da OMPI sobre Bases de Dados.
[1200] Artigo 13 do Projecto de Tratado da OMPI sobre Bases de Dados.
[1201] O texto do Projecto de Tratado sobre os Organismos de radiodifusão (SCCR/15/2Rev), encontra-se disponível em http://www.wipo.int/meetings/en/details.jsp?meeting_id=24223.

O nosso estudo, comissionado pela UNESCO na sequência da referida Conferência Geral, analisa a intersecção entre a protecção do direito de autor e a liberdade de expressão, no âmbito do referido Projecto de Tratado, colocando questões e assinalando aspectos a serem abordados e explorados em maior detalhe aquando do processo de negociação.[1202]

Em Junho de 2007, aquando da reunião do Comité Permanente, não foi possível chegar a acordo no que toca ao texto do Tratado, tendo sido decidido na 34ª Sessão da Assembleia Geral da OMPI, em Setembro/Outubro de 2007, que a protecção dos organismos de radiodifusão seria mantida na Agenda do Comité Permanente da OMPI sobre Direito de Autor e Direitos Conexos e que apenas seria convocada uma Conferência Diplomática quando houvesse acordo no tocante aos objectivos, escopo e objecto de protecção.

Em Novembro de 2011, teve lugar em Genebra uma reunião de consulta informal sobre esta matéria,[1203] na qual foram feitas várias referências e recomendações, entre as quais se destacam as seguintes:[1204]

- O objectivo principal do Tratado traduz-se na actualização da protecção dos organismos de radiodifusão, sobretudo tendo em conta a evolução tecnológica dos últimos anos. É importante que se consagre uma abordagem tecnologicamente neutra, bem como flexível – compatível, pois, com as diferentes abordagens existentes nas legislações nacionais relativas à protecção concedida aos organismos de radiodifusão. Podem-se estabelecer mecanismos opcionais que limitem ou aumentem o nível de protecção concedido;
- No que toca ao objecto de protecção, há que determinar se o objecto de protecção assenta meramente no sinal radiodifundido ou no conteúdo radiodifundido ou se abrange ambos. Ventilou-se a possibilidade de se actualizarem as definições constantes na Convenção de Roma com base nos avanços tecnológicos recentes;

[1202] *Vide* P. Akester, «Study on the draft WIPO Broadcasting Treaty and its impact on freedom of expression» (2006) April-June *UNESCO Copyright Bulletin*, disponível em http://portal.unesco.org/pv_obj_cache/pv_obj_id_86008290AC55977C0043F873512C75FA8E6C0700/filename/study_e.pdf.

[1203] Relatório disponível em http://www.wipo.int/meetings/en/details.jsp?meeting_id=24223.

[1204] Relatório disponível em http://www.wipo.int/meetings/en/doc_details.jsp?doc_id=195637.

- Relativamente ao escopo de protecção, houve quem apoiasse a concessão de direitos exclusivos aos organismos de radiodifusão, assim como quem defendesse uma abordagem mais limitada baseada no direito de impedir; e
- No atinente às excepções e limitações, acordou-se que o tratamento de tal matéria estaria dependente do nível de protecção estabelecido.

A 23 de Novembro de 2012, em Genebra, aquando da 25ª reunião do Comité Permanente da OMPI de Direito de Autor e Direitos Conexos, o mesmo Comité examinou o documento de trabalho relativo a esta matéria, tendo decidido que o documento carecia de revisão e tendo marcado nova reunião, a ter lugar em 2013, para apreciação de uma nova versão do referido documento, com vista à tomada de decisão quanto à possibilidade de convocação de uma Conferência Diplomática para 2014.[1205]

1.4. Propostas relativas às excepções e limitações

Aquando da 25ª reunião do Comité Permanente da OMPI de Direito de Autor e Direitos Conexos, foi feita referência à matéria das excepções e limitações, no contexto da incapacidade visual, das bibliotecas e arquivos, dos estabelecimentos de ensino e de investigação e de outras incapacidades.

No que toca às excepções e limitações em benefício de pessoas com incapacidades de foro visual, o Comité examinou o documento de trabalho revisto sobre um instrumento internacional relativo às excepções e limitações para pessoas com incapacidade visual ou com dificuldades em aceder à palavra escrita,[1206] tendo adoptado o Projecto de Tratado sobre Excepções e Limitações para Pessoas com Incapacidade Visual ou com Dificuldades em Aceder à Palavra Escrita.[1207]

Em Dezembro de 2012, a Assembleia Geral da OMPI, reunida em período extraordinário de sessões, avaliou o dito Projecto de Tratado e convocou uma

---

[1205] *Vide* Documento de trabalho relativo a um Tratado sobre a protecção dos organismos de radiodifusão (SCCR/24/10), disponível em http://www.wipo.int/meetings/en/doc_details.jsp?doc_id=218242.

[1206] Documento de trabalho revisto sobre un instrumento internacional relativo às exepções e limitações para pessoas com incapacidade visual ou com dificuldades em aceder à palavra escrita, de 19 de Outuro de 2012.

[1207] Projecto de Tratado da OMPI sobre Excepções e Limitações para Pessoas com Incapacidade Visual ou com Dificuldades em Aceder à Palavra Escrita (SCCR/25/2).

Conferência Diplomática, para 2013, com vista à adopção de um instrumento internacional sobre esta matéria.

Relativamente às excepções e limitações em benefício de bibliotecas e arquivos, aquando da 25ª reunião do Comité Permanente da OMPI de Direito de Autor e Direitos Conexos, emergiram opiniões diversas sobre o documento de trabalho relevante,[1208] restando apenas ao Comité prosseguir a sua missão, neste campo, aquando da sua 26ª reunião.

Por último, no atinente às excepções e limitações em benefício de estabelecimentos de ensino e de investigação e de pessoas com outras incapacidades, foi feita uma referência embrionária, na 25ª reunião do Comité Permanente da OMPI de Direito de Autor e Direitos Conexos, a um documento de trabalho provisório sobre um instrumento jurídico internacional adequado (independentemente da sua forma) sobre tal matéria.[1209]

A 26ª reunião do Comité Permanente da OMPI de Direito de Autor e Direitos Conexos terá lugar em Julho de 2013, sendo de novo dedicada às questões relativas às excepções e limitações, no contexto da incapacidade visual, das bibliotecas e arquivos, dos estabelecimentos de ensino e de investigação e de outras incapacidades.

[1208] Documento SCCR/23/8.

[1209] Documento de trabalho provisório acerca de um instrumento jurídico internacional adequado (independentemente da sua forma) sobre excepções e limitações em benefício dos estabelecimentos de ensino e de investigação, e de pessoas com outras incapacidades, em que figuram comentários e propostas (SCCR/24/8 Prov).

Capítulo II
Reflexões Finais

Até meados do século XIX, a protecção autoral ocorreu, essencialmente, por meio de iniciativas nacionais, bem como de acordos bilaterais entre países que mantinham relações comerciais mais estreitas, tendo-se observado, a partir dessa altura, um processo de harmonização das leis nacionais operado através da construção de uma plataforma comum de protecção internacional.

O regime de protecção autoral foi-se desenvolvendo, de forma progressiva, com base em premissas decorrentes, largamente, do mundo ocidental. Assim, os direitos e interesses dos autores, consagrados em nome do desenvolvimento das letras, das artes e das ciências, foram devidamente acompanhados pela estipulação de excepções e limitações em nome do interesse público. Todavia, reconhecido o duplo pendor do direito de autor, o legislador tendeu a dar prevalência à tutela dos autores e dos titulares de direitos.

Recentemente, o fenómeno da globalização levou à emergência de novos actores, no plano internacional, nomeadamente, dos países em desenvolvimento. Ora, a preocupação central destes países não se firma nos direitos e interesses dos titulares de direitos, assentando, sim, na causa do interesse público, ou seja, no acesso à informação, à cultura e ao conhecimento.[1210]

Mais, ao lado das vontades estatais soberanas, assiste-se à participação de actores não-estatais, cujas vozes influenciam as decisões tomadas no âmbito global, contribuindo para a formulação dos princípios e normas vigentes.

[1210] Tal levou a UNESCO a comissionar-nos um estudo para a XIV sessão do Comité Intergovernmental de Direito de Autor, 2010. *Vide* P. Akester, «The New Challenges of Striking the Right Balance Between *Copyright* Protection and Access to Knowledge, Information and Culture» (2010) 32:8 *European Intellectual Property Review* 372, disponível em http://unesdoc.unesco.org/images/0018/001876/187683E.pdf.

Relembremos que se deve, em parte, a uma Organização Não Governamental (ONG), à *Association Littéraire et Artistique Internationale* (ALAI), a elaboração da Convenção de Berna, em 1886, ONG essa que contribuiu de forma significativa para a harmonização da protecção das obras literárias, artísticas e científicas no plano internacional.

Presentemente, a influência das ONG no processo decisório é crescente, nomeadamente, através da participação nas reuniões do Comité Permanente da OMPI de Direito de Autor e Direitos Conexos, onde se encontram ONG que representam a indústria de conteúdos, como a *Association of American Publishers* (AAP) e a *International Association of Broadcasting* (IAB), bem como ONG que representam a sociedade civil, como a *Electronic Frontier Foundation* (EFF) e a *Knowledge Ecology International, Inc* (KEI).

Aliás, as questões autorais pendentes na OMPI reflectem uma dicotomia de ideias, objectivos, metodologias e soluções jurídicas. Atente-se, por um lado, na defesa, pelos países desenvolvidos, de um instrumento internacional sobre a radiodifusão, e, por outro, nas propostas abraçadas pelos países em desenvolvimento, em prol das excepções e limitações em benefício das pessoas com incapacidade visual, das bibliotecas e arquivos, dos estabelecimentos de ensino e de investigação e de pessoa com outras incapacidades.

Dadas as diferentes perspectivas e discursos presentes, torna-se cada vez mais difícil chegar a decisões consensuais sobre temas polémicos no âmbito internacional, donde decorreu um reavivamento de estratégias bilaterais e plurilaterais.

Discutem-se acordos não multilaterais que elevam os padrões de protecção estabelecidos pelo Acordo TRIPS, como o Anti-Counterfeiting Trade Agreement (ACTA), que pretende reforçar os mecanismo de observância dos direitos de propriedade intelectual.

O texto do ACTA foi aprovado pela maior parte dos países da União Europeia, mas o Parlamento Europeu manifestou-se, claramente, contra a adopção desse Acordo, tendo a Comissão Europeia apresentado um pedido de parecer sobre a sua legalidade ao Tribunal de Justiça, procurando saber se o ACTA é compatível com os Tratados e, em particular, com a Carta dos Direitos Fundamentais da União Europeia.

A enorme controvérsia à volta desse texto obriga-nos a parar e meditar sobre a nova realidade global que o direito terá de reflectir.

A solução não residirá em estratégias bilaterais ou plurilaterais, mas em compatibilizar o quadro de referências e de objectivos criados na Europa, com a realidade económica, social e cultural presente noutros continentes. Esse diálogo e ajustamento serão difíceis e demorados e nele assentará «a nova imagem e a mais complexa textura do sistema da propriedade intelectual.»[1211]

Este processo de ajustamento influenciará, como não poderá deixar de ser, os contornos legislativos do direito de autor, a nível nacional, regional e internacional. Mas o direito de autor não perecerá.

Lembremo-nos de que, desde os seus primórdios, o direito de autor tem-se adaptado às pressões ditadas, sobretudo mas não apenas, pela emergência de novas tecnologias de reprodução e comunicação de obras, não havendo motivo para que o deixe de fazer, pautado, sempre, pelo imprescindível equilíbrio entre os interesses do criador e os da sociedade no que concerne à produção e ao uso das obras do espírito.

[1211] N. Gonçalves, «Notas sobre um (im) provável próximo futuro da propriedade intelectual», in Celebrar 100 Anos de Adesão de Portugal à Convenção de Berna e Olhar para o Futuro, Oeiras, 2011.

Apêndice I
Leis de direito de autor dos PALOP

Lei de Direito de Autor Angolana

Lei nº 4/90 de 10 de Março

A defesa do direitos de autor tem sido preocupação constante da humanidade, culminando há cerca de um século com o primeiro Tratado multilateral, a Convenção de Berna de 1886, destinada a evitar a dispersão de Tratados bilaterais já existentes então, para a protecção recíproca dos autores. Os aditamentos e revisões de que foi objecto, a instituição e revisão de um segundo Tratado multilateral, a Convenção Universal sobre os Direitos de Autor, de 1952, são outros tantos passos na evolução internacional dos direitos de autor, estreitamente ligada ao avanço tecnológico e últimos anos. A defesa dos direitos de autor, tal como é agora instituída, contribuirá tanto para a promoção da política cultural do país, como para o desenvolvimento das nossas relações culturais no campo internacional, na base da reciprocidade.

(...)

CAPÍTULO I – Objecto, definição e obras protegidas

Artigo 1 – Objecto e finalidade

A presente lei tem por objecto a protecção dos direitos de autor e visa estimular a produção do trabalho criador na área da literatura, da arte e das ciências, promovendo a utilização social das mesmas com vista à criação duma cultura que corresponda à nova ordem social em construção na República Popular de Angola.

Artigo 2 – Limites

O direito de autor regulado pela presente lei deve exercer-se de harmonia com os objectivos e os interesses superiores da República Popular de Angola e dos princípios socialistas que inspiram tendo em vista a necessidade social da ampla difusão dos produtos literários, artísticos e científicos.

Artigo 3 - Definição e âmbito do direito de autor
1. Por direito de autor entende-se o poder que os autores de obras literárias, artísticas e científicas têm de fruir e utilizar em exclusivo as mesmas ou autorizar a sua fruição, no todo ou em parte, dentro dos limites e nos termos da presente lei.
2. O direito de autor compreende direitos de carácter patrimonial e moral.
3. A protecção concedida pela presente lei é independente de qualquer formalidade, género, forma de expressão, conteúdo, mérito, destino ou modo de utilização das obras a que se aplica.

Artigo 4 – Outras definições
Para efeitos da presente lei entende-se por:
a) «obra publicada» aquela que for editada com o consentimento do autor, seja qual for o modo de fabrico dos exemplares, desde que, tendo em consideração a natureza da obra, a quantidade posta à disposição do público satisfaça razoavelmente as suas necessidades;

b) «obra publicada pela primeira vez» aquela cuja primeira publicação tenha sido feita na República Popular de Angola ou que, tendo sido primeiro publicado no estrangeiro, tenha também sido publicada na República Popular de Angola dentro de 30 dias a contar daquela publicação;

c) «obra de colaboração» a que for criada por uma pluralidade de pessoas» quer possa discriminar-se, quer não, a produção individual de cada uma delas;

d) «obra colectiva» aquela que é organizada por iniciativa duma entidade singular ou colectiva, publicada sob seu nome, na qual não seja possível discriminar-se a contribuição individual dos diversos colaboradores;

e) «obra cinematográfica», uma sequência de imagens visuais gravadas num material de qualquer descrição, translúcido ou não, de modo a se conseguir pelo uso desse material imagens em movimento ou imagens para serem gravadas noutro material por meio do qual podem ser exibidas;

f) «folclore», o conjunto das obras literárias, artísticas e científicas criadas cm território nacional por autores que se presumem nacionais de certas regiões ou comunidades étnicas, transmitidas por sucessivas gerações, anónimas ou colectivamente, ou por qualquer outra forma e que constituem um dos elementos fundamentais do património cultural tradicional;

g) «criação intelectual», toda a obra na qual o seu autor despendeu suficientes conhecimentos e juízos adequados ou selecção, valoração e experiência;

h) «comunicação ao público», o acto pelo qual uma obra se torna acessível ao público;

i) «reprodução», a feitura dc um ou vários exemplares duma obra literária, artística ou científica por qualquer forma material, incluindo a gravação sonora ou visual;

j) «representação ou execução», a reprodução, execução ou a recitação públicas duma obra por qualquer meio;

k) «radiodifusão», a difusão de sons ou de imagens e sons, por meio de ondas radioeléctricas ou por fio, com o propósito de serem recebidos pelo público em geral.

Artigo 5 – Título

A protecção concedida às obras literárias, artísticas e científicas é extensiva ao título destas, desde que, seja original, não se confunda com o de qualquer outra obra anteriormente divulgada e não consista numa designação genérica, necessária ou usual do assunto nelas versado ou no nome de personagens históricas, literárias ou mitológicas.

Artigo 6 – Obras originais

Para os efeitos da presente lei, consideram-se obras originais entre outras, as seguintes:

a) os livros, folhetos, jornais, revistas e outros escritos;

b) as conferências, lições e obras análogas tanto escritas como orais;

c) as obras dramáticas e dramático musicais;

d) as obras musicais, com ou sem palavras, tenham ou não forma escrita, desde que registadas;

e) as obras coreográficas e as pantomimas;

f) as obras cinematográficas e/ou produzidas por processos análogos;

g) as obras televisivas c audiovisuais em geral;

h) as obras radiofónicas;

i) as obras de desenho, pintura, escultura, gravura litografia, tapeçaria e arquitectura;

j) as obras fotográficas ou produzidas por processos análogos;

k) as obras de arte aplicada, quer artesanais, quer realizadas por processos industriais;

l) as ilustrações, mapas, planos, esboços e obras plásticas relacionados com a geografia, topografia, arquitectura ou ciências;

m) as obras de folclore, nos termos dos artigos 8 e 15 desta lei;

n) os programas de computador.

Artigo 7 – Obras derivadas

Sem prejuízo dos direitos dos respectivos autores, cuja autorização é sempre necessária, são igualmente protegidas como obras derivadas:

a) as traduções, adaptações, transposições, arranjos e outras transformações de obras literárias, artísticas e científicas;

b) as colectâneas destas obras como antologias, enciclopédias, selecções que, pela escolha ou disposição nas matérias constituem criações intelectuais.

Artigo 8 – Obras de folclore

A presente lei protege igualmente as obras folclóricas e as respectivas recolhas, transcrições e arranjos, quando se revistam de originalidade e respeitem a sua autenticidade.

Artigo 9 – Obras não protegidas

Não se consideram abrangidas na protecção concedida por esta lei:

a) as leis e decisões dos órgãos judiciais e administrativos;

b) os discursos e alocuções feitas em público, salvo quando compilados em livros pelos seus autores;

c) o noticiário publicado pela imprensa ou comunicado pela radiodifusão sonora ou visual.

Artigo 10 – Campo de aplicação da lei

A presente lei aplica-se:

a) a todas as obras literárias, artísticas e científicas cujos autores sejam cidadãos angolanos ou tenham a sua residência habitual no território da República Popular de Angola;

b) às obras publicadas pela primeira vez no território da República Popular de Angola, quaisquer que sejam a nacionalidade e a residência do seu autor;

c) às obras de autores estrangeiros não residentes no território da República Popular de Angola, criadas ou publicadas posteriormente à entrada em vigor desta lei, de acordo com as obrigações derivadas das convenções internacionais a que a República Popular de Angola tenha aderido ou desde que se verifique reciprocidade quanto à protecção das obras dos autores angolanos nos respectivos países.

CAPÍTULO II – Titularidade dos direitos

Artigo 11 – Regra geral
1. A titularidade do direito do autor pertence à pessoa que criou a obra literária, artística ou científica, salvo disposição expressa em contrário.
2. Salvo prova em contrário, considera-se criador da referida obra aquele sob cujo nome ou pseudónimo foi comunicada ao público.

Artigo 12 – Obras de colaboração
1. Salvo acordo expresso em contrário, a titularidade da obra de colaboração, na sua unidade, pertence em comum a todos os que participam na sua criação, presumindo-se de valor igual a contribuição indivisa de cada um.
2. Quando possa discriminar-se a contribuição individual de qualquer dos colaboradores, poderá este exercer em relação a ela os direitos de autor, desde que não prejudique a utilização da obra comum.

Artigo 13 – Obra colectiva
1. O direito de autor sobre obra colectiva é atribuído à entidade singular ou colectiva que tiver organizado e dirigido a sua criação e em nome de quem tiver sido divulgada ou publicada.
2. Se, porém, no conjunto da obra colectiva for possível discriminar a produção de algum ou alguns colaboradores aplicar-se-á, relativamente aos direitos sobre a produção pessoal, o preceituado quanto à obra feita em colaboração.
3. Os jornais e outras publicações periódicas presumem-se obras colectivas, pertencendo às respectivas empresas o direito de autor sobre as mesmas.

Artigo 14 – Obras anónimas ou de autor desconhecido
Enquanto a identidade do autor não for legalmente demonstrada, a titularidade sobre uma obra publicada anonimamente, ou cujo autor não seja conhecido, é exercida pela pessoa física ou colectiva que primeiro a comunicou ao público.

Artigo 15 – Obra de folclore

1. A titularidade do direito de autor sobre as obras de folclore de autoria desconhecida, pertence ao Estado que exercerá através da Secretaria de Estado da Cultura, sem prejuízo dos direitos daqueles que recolherem, transcreverem ou arranjarem, desde que tais recolhas, transcrições ou arranjos se revistam de originalidade e respeitem à sua autenticidade.

2. As obras de folclore poderão, no entanto, ser livremente utilizadas por qualquer entidade, sem fins lucrativos.

3. A reprodução das obras de folclore angolano bem como os exemplares das traduções, adaptações, arranjos e outras transformações das referidas obras, realizadas no estrangeiro sem autorização competente, não podem ser importados, nem distribuídos.

Artigo 16 – Regras especiais

1. Salvo acordo expresso em contrário a titularidade do direito de autor sobre as obras criadas no âmbito dum contraio de trabalho ou de serviço ou no exercício dum dever funcional pertence à pessoa física ou moral que determinou a sua produção.

2. Não obstante o disposto no número anterior, é sempre devido ao produtor o direito à remuneração pelas utilizações dessas obras que excederem o âmbito do contrato ou fim para que forem criadas.

3. Sem prejuízo dos direitos de cada um dos respectivos colaboradores, realizador, autores do argumento, da adaptação, da sequência, dos diálogos e da música sobre a sua contribuição individual, a titularidade do direito de autor pertence:

a) ao respectivo produtor quando se trate de obra cinematográfica ou produzida por processos análogos;

b) aos organismos de radiodifusão sonora ou visual, quando se trate de emissões radiofónicas e televisivas;

c) ao respectivo editor, quando se trate de jornais, revistas, enciclopédias e outras publicações análogas.

CAPÍTULO III – Conteúdo e transmissão dos direitos

Artigo 17 – Direitos patrimoniais

1. O autor de uma obra protegida por esta lei tem o direito exclusivo de praticar ou autorizar a prática por terceiros dos seguintes actos;

a) a publicação, reprodução ou comunicação ao público da sua obra por qualquer meio, incluindo a representação, edição gráfica ou mecânica, fixação e exibição cinematográfica c radiodifusão sonora ou visual;

b) a tradução, adaptação, arranjo ou qualquer outra transformação da sua obra.

2. Compete ao autor fixar as condições da sua autorização concedida a terceiros para utilizar a sua obra, nomeadamente, a respectiva remuneração, sem prejuízo das normas e tarifas que venham a ser estabelecidas por regulamento emanado da Secretaria de Estado da Cultura ou do organismo a que se refere o artigo 39º da presente lei.

Artigo 18 – Direitos morais

1. O autor de uma obra tem o direito:

a) de exigir o reconhecimento da paternidade da sua obra e a menção do seu nome sempre que ela seja comunicada ao público, salvo quando a obra, incidental ou acidentalmente, for incluída em reportagens de acontecimentos de actualidade, através da radiodifusão;

b) de defender a sua integridade, opondo-se a toda e qualquer deformação mutilação ou modificação da mesma e, de um modo geral, a todo e qualquer acto que a desvirtue nos seus propósitos e o possa afectar na sua honra e consideração;

c) de conservar a sua obra inédita, de a modificar antes ou depois de comunicada ao público, de a retirar de circulação ou suspender qualquer forma de utilização já autorizada, ressalvando-se, neste último caso, as indemnizações devidas a terceiros pelos prejuízos que resultarem da suspensão ou retirada de circulação.

2. Estes direitos são inalienáveis e imprescritíveis, subsistindo mesmo no caso de transmissão total dos direitos a terceiros e após a morte do autor.

Artigo 19 – Transmissão dos direitos

1. O autor pode autorizar a utilização da sua obra no todo ou em parte, por qualquer meio já conhecido ou que venha a ser inventado, devendo a autorização ser dada por escrito em que se definam as respectivas condições e o modo de utilização autorizado.

2. O autor pode transmitir os direitos patrimoniais que esta lei lhe reconhece, no todo ou em parte, por documento escrito em que se fixem as condições c os limites dessa transmissão.

3. A autorização e a transmissão a que este artigo se refere, quando respeitantes a determinado modo de utilização da obra, não impedem que o autor autorize ou transmita os seus direitos em relação a qualquer dos restantes modos de utilização e não podem ser transferidos para terceiros sem o expresso consentimento do autor.

4. A transmissão total do conteúdo patrimonial dos direitos de autor depende de autorização da Secretaria de Estado da Cultura ou do organismo a que se refere o artigo 39 desta lei.

CAPÍTULO IV – Duração dos direitos

Artigo 20 – Regra geral

1. Os direitos patrimoniais do autor mantêm-se durante toda a sua vida e 50 anos depois da sua morte, ou 25 no caso de obras fotográficas ou de artes aplicadas, contados a partir do dia 1 de Janeiro do ano seguinte ao da morte, em benefício dos seus herdeiros nos lermos da legislação cm vigor.

2. No caso da obra de colaboração, os prazos do número anterior contam-se a partir da morte do colaborador que falecer cm último lugar.

Artigo 21 – Obra de folclore

A protecção das obras folclóricas é ilimitada no tempo.

Artigo 22 – Deveres morais

Após a morte do autor os direitos morais são exercidos pelos herdeiros do autor, ou supletivamente pela Secretaria de Estado da Cultura quando estes se abstenham de o fazer sem motivo atendível.

Artigo 23 – Domínio público

1. Expirados os prazos de protecção do direito de autor, a obra literária, artística ou científica pode ser livremente utilizada, mencionando-se obrigatoriamente o nome do seu autor e respeitando-se a sua integridade, devendo a Secretaria de Estado da Cultura estabelecer a obrigatoriedade do pagamento pela sua utilização com fins lucrativos, de uma verba destinada a fins de promoção e desenvolvimento cultural.

2. Os direitos morais relativos a obras caídas no domínio público são exercidos pela Secretaria de Estado da Cultura.

CAPÍTULO V - Contratos de utilização das obras

Artigo 24 – Disposições gerais
Os contratos pelos quais o autor concede a terceiro autorização para utilizar a sua obra devem ser obrigatoriamente reduzidos a escrito, identificar as Partes Contratantes, o título da obra, o direito ou direitos cedidos, o modo ou modos de utilização autorizados, o prazo de cessão, o modo e o montante da remuneração correspondente e as modalidades do seu pagamento.

Artigo 25 – Contrato de edição
1. Pelo contrato de edição, o autor de uma obra autorizada o editor a reproduzir gráfica ou mecanicamente e pô-lo à venda, presumindo-se, na falta de Convenção em contrário, que essa autorização é válida apenas para uma edição e o editor obriga-se a assegurar a sua publicação e difusão.
2. Do contrato devem constar, além das indicações referidas no artigo 24 os prazos de entrega da obra, início e conclusão da edição, o número de exemplares, o preço de cada um, no caso de a remuneração consistir numa percentagem sobre esse preço, o direito de o autor rever as provas e as demais cláusulas necessárias à perfeição do contrato, nomeadamente os termos da sua resolução.
3. Se a remuneração consistir numa percentagem sobre o preço de cada exemplar vendido, o editor deverá prestar contas ao autor pelo menos semestralmente, se outra periodicidade não for estabelecida no contrato.
4. A autorização para a reprodução mecânica de uma obra literária, artística ou científica não compreende a faculdade de a executar em público ou através de qualquer processo mecânico.

Artigo 26 – Contrato de representação e execução
Pelo contrato de representação ou de execução pública, o autor autoriza a representação pública da sua obra dramática, dramático-musical ou coreográfica ou a execução pública da sua obra musical ou literário-musical, considerando-se excluídas dessa autorização a transmissão radiofónica ou televisual e a captação cinematográfica ou qualquer outro modo de reprodução do espectáculo em que tais obras sejam incluídas.

Artigo 27 – Contrato de representação e execução
Pelo contrato de utilização cinematográfica, o produtor adquire o direito de utilizar num filme uma obra literária, artística ou científica, distribuir e

exibir o filme, obrigando-se a remunerar os seus autores, entre os quais se inclui o realizador.

Artigo 28 – Contrato de transmissão radiofónica sonora ou visual
1. A autorização concedida para a transmissão pela radiodifusão sonora ou visual de uma obra não compreende a faculdade de a gravar nem de a comunicar a qualquer lugar público por altifalantes ou qualquer outro processo utilizado para a difusão de sinais, sons e imagens, faculdade essa que depende de autorização própria e pode dar lugar u remuneração suplementar e é exclusiva para emissões a partir do território nacional angolano.
2. Sem prejuízo do disposto no número anterior, são lícitas as gravações efémeras de obras sonoras ou audiovisuais cuja radiodifusão tenha sido autorizada, devendo os respectivos registos, quando não se revistam dum carácter excepcional de documentação, ser destruídos no prazo de um ano, se outro superior não tiver sido acordado com o autor. Estes registos não podem ser cedidos por qualquer título, gratuito ou oneroso.

CAPÍTULO VI – Limites e excepções ao direito de autor

Artigo 29 – Utilizações licitas sem autorização
São permitidas, independentemente de autorização do autor e sem que haja lugar a qualquer remuneração, as seguintes utilizações de obras já licitamente divulgadas, desde que o seu titulo e o nome do autor sejam mencionados e respeitada a sua genuinidade:

a) a representação, execução, exibição cinematográfica e a comunicação de obras gravadas ou radiodifundidas, quando efectuadas em local privado, sem entradas pagas e sem fins lucrativos, ou em estabelecimentos escolares para fins exclusivamente didácticos;

b) a reprodução por processos fotográficos ou similares, quando efectuada para fins didácticos por bibliotecas públicas centros de documentação não comerciais, instituições científicas ou estabelecimentos de ensino, desde que o número de exemplares reproduzidos não exceda as necessidades dos fins a que se destina;

c) a reprodução das obras incluídas em reportagens de actualidades filmadas ou televisionadas ou quando se trate de obras expostas permanentemente em lugar público;

d) a reprodução, tradução, adaptação, arranjo ou qualquer outra transformação para uso exclusivamente individual e privado;

e) a citação de curtos fragmentos de obras alheias, sob forma escrita, sonora ou visual, quando se justifique por razões de ordem científica, crítica, didáctica ou de informação.

Artigo 30 – Regime de licenças
1. Para fins exclusivamente didácticos ou de investigação científica, é também lícito, sem consentimento do autor, obter uma licença não exclusiva para traduzir e publicar em português ou qualquer das línguas nacionais angolanas uma obra já licitamente divulgada, que o seu autor não haja retirado de circulação, ou reproduzi-la, desde que se mostrem preenchidas as condições seguintes:

a) hajam decorrido 3 anos sobre a primeira publicação ou reprodução dessa obra, sem que outra tradução haja sido publicada ou se encontram esgotados os exemplares da respectiva reprodução dentro desse prazo;

b) o requerente da licença prove ter solicitado autorização para a tradução, publicação ou reprodução ao titular dos respectivos direitos sem que lhe tenha sido possível a sua obtenção;

c) a tradução e reprodução se efectuem e os respectivos exemplares sejam distribuídos exclusivamente no território angolano, rescaldando-se apenas a exportação de exemplares destinados a cidadãos angolanos residentes fora do país ou organizações por estes constituídas, dentro dos limites estreitamente necessários e com expressa proibição da sua comercialização;

d) seja assegurada ao titular dos direitos de tradução, publicação e reprodução, uma remuneração justa e equitativa, conforme os usos internacionais e se proceda à sua transferência em moeda convertível.

2. A licença a que este artigo se refere poderá também ser concedida a um organismo de radiodifusão sonora ou audiovisual com sede na República Popular de Angola, exclusivamente para os fins indicados no número anterior, desde que a traduçao e a reprodução se efectuem a partir de exemplares licitamente produzidos. A licença poderá compreender, além da obra publicada sob forma impressa ou outra análoga, os textos incorporados ou integrados em fixação audiovisuais destinados a uso escolar e científico, mas a tradução e a reprodução não poderão ser utilizadas por quaisquer organismos estrangeiros de radiodifusão.

3. A competência para outorgar as licenças a que se referem os números (1) e (2) deste artigo é exclusiva da Secretaria de Estado da Cultura.

CAPÍTULO VII – Violações do direito de autor

Artigo 31 – Violação do direito patrimonial
1. Comete o crime de usurpação ilícita aquele que utilize uma obra literária, artística ou científica sem autorização do respectivo autor ou que exceda os limites da autorização concedida.
2. Comete o crime de contrafacção ou plágio quem utilizar como própria uma obra literária, artística ou científica de outrem, no todo ou em parte.

Artigo 32 – Penas
1. Os crimes previstos nos artigos anteriores serão punidos com a pena de prisão e multa até Kz 100.000.00.
2. A simples negligência é punida com a multa até Kz 100.000.00.

Artigo 33 – Violação do direito moral
Será punido com as penas previstas no artigo anterior:
a) quem se arrogar fraudulentamente a paternidade de uma obra literária, artística ou científica;
b) quem atentar fraudulentamente contra a genuinidade ou integridade de uma obra praticando acto que a desvirtue e possa afectar a honra e a reputação do autor ou do artista.

Artigo 34 – Aproveitamento de uma obra usurpada ou contrafeita
Quem vender, puser à venda, exportar ou por qualquer modo distribuir ao público obra usurpada ou contrafeita será punido com as penas previstas do artigo 32.

Artigo 35 – Procedimento criminal
1. O procedimento criminal relativo ao crime público previsto nesta lei não depende de participação criminal, excepto quando a infracção disser exclusivamente respeito à violação dos direitos morais.
2. Tratando-se de obras caídas no domínio público, a queixa deverá ser apresentada pela Secretaria de Estado da Cultura.

Artigo 36 – Responsabilidade civil
A responsabilidade civil emergente da violação dos direitos previstos nesta lei é independente do procedimento criminal a que esta dê origem, podendo, contudo, ser exercida em conjunto com a acção penal.

Artigo 37 – Repressão das actividades ilícitas

1. A requerimento do autor cujos direitos hajam sido ou se mostrem ameaçados de ser violados, o Tribunal ordenará a apreensão dos exemplares que constituem uma reprodução ilícita da sua obra e bem assim a suspensão da composição desta ou a sua utilização, sob qualquer forma, quando não autorizada.

2. O Tribunal poderá igualmente ordenar a apreensão das receitas provenientes de qualquer acto que constitua infracção às disposições da presente lei, assim como o material utilizado na sua prática.

Artigo 38 – Prova da infracção

Fazem fé em juízo as participações elaboradas nos termos da lei do processo penal por funcionários policiais ou por trabalhadores da Secretaria de Estado da Cultura ou agentes ajuramentados da organização a que se refere o artigo 59.

CAPÍTULO VIII – Disposições finais

Artigo 39 – Gestão dos direitos

1. A gestão dos direitos referidos no artigo 17 e a defesa dos direitos morais contemplados no artigo 18 poderão ser confiadas a um organismo de autores, dotada de competência para em nome e representação destes, conceder as necessárias autorizações para a utilização c exploração das obras, proceder a cobrança dos direitos correspondentes e à sua distribuição pelos respectivos titulares, fiscalizar o cumprimento da lei, constatar as infracções a esta e requerer aos tribunais as providências adequadas.

2. Legislação especial fixará a estrutura, composição e modo de funcionamento deste organismo, que poderá celebrar contratos de representação com os organismos estrangeiros congéneres, mediante os quais os direitos dos seus membros serão exercidos no território da República Popular de Angola e os direitos dos autores angolanos nos países respectivos.

Artigo 40 – Regulamentação

A presente lei deverá ser regulamentada pelo Conselho de Ministros, no prazo de 180 dias. Ate à publicação do Regulamento, o Secretário de Estado da Cultura é competente para tomar as decisões necessárias à sua perfeita execução.

Artigo 41 – Resolução de dúvidas
As dúvidas que se suscitarem na interpretação e aplicação da presente lei serão resolvidas pelo Conselho de Ministros.

Artigo 42 – Revogação da legislação
Fica revogada a legislação que contrarie o disposto na presente lei.

(...)

Lei de Direito de Autor Cabo-Verdiana

Decreto-Legislativo 1/2009 de 27 de Abril

A protecção jurídica das obras intelectuais constitui uma das bases do desenvolvimento sustentável das sociedades modernas. Uma das condições para se atingir uma civilização baseada no conhecimento, na criatividade e na inovação radica no incentivo aos criadores de Cultura e aos agentes e entidades que animam diariamente, com o seu trabalho, as designadas «indústrias culturais».

A criação dum regime jurídico definidor da protecção dos direitos de autor e dos direitos conexos respeita a um conjunto vasto de interessados, que vão desde os autores aos consumidores.

Por isso, o legislador cabo-verdiano providenciou, desde 1990, a regulação da matéria relativa a esses direitos, através dum diploma próprio, que absorvesse as principais orientações existentes, nessa altura, a nível do Direito Comparado e das Convenções e Tratados Internacionais.

É nesse contexto que foi aprovada (e publicada no Boletim Oficial 52 de 29/12/1990, 3 Suplemento), a Lei 101/III/90, de 29 de Dezembro, conhecida por «Lei do Direito de Autor».

A revisão, ora em causa, da Lei dos Direitos de Autor *supra* referida, tem em vista a adaptação da mesma ao Acordo TRIPS (Acordo sobre os Aspectos dos Direitos de Propriedade Intelectual relacionados com o Comércio) que por sua vez, constitui o Apêndice IV ao Acordo que institui a Organização Mundial do Comércio (OMC).

Esta adaptação enquadra-se no âmbito do processo de adesão da República de Cabo-Verde a essa Organização, procurando-se, com isso, transpor para o ordenamento jurídico nacional cabo-verdiano, as disposições daquele Acordo.

No Acordo TRIPS reconhece-se a necessidade de se modificar em profundidade múltiplos aspectos da regulação da Propriedade Intelectual, entre os quais se encontram os direitos de autor e os direitos conexos, em virtude das mudanças aceleradas provocadas pelas constantes inovações produzidas no ambiente das tecnologias da informação e pelos desafios colocados pela interdependência das sociedades, dos Estados e das Organizações Internacionais.

Esse Acordo tem por objectivo garantir que sejam aplicadas, em todos os países membros, normas adequadas de protecção da propriedade intelectual, que se inspirem nas obrigações de fundo enunciadas pela Organização Mundial da Propriedade Intelectual (OMPI) e nas diferentes Convenções relativas aos direitos da propriedade intelectual (a Convenção de Paris, relativa à protecção da propriedade intelectual, a Convenção de Berna, relativa à protecção das obras literárias e artísticas, a Convenção de Roma, relativa à protecção dos artistas intérpretes ou executantes, produtores de fonogramas e organismos de radiodifusão e o Tratado de Washington relativo à matéria de circuitos integrados).

Numerosas novas normas ou normas mais rigorosas foram introduzidas por esse Acordo nos domínios não abrangidos, ou insuficientemente abrangidos, pelas Convenções anteriormente existentes.

No que diz respeito ao direito de autor, nos termos do Acordo, os membros da OMC devem observar as disposições de base da Convenção de Berna relativa à protecção das obras literárias e artísticas, passando os programas de computador a ser protegidos enquanto obras literárias.

Em matéria de direitos de locação, os autores de programas de computador e os produtores de gravações sonoras podem autorizar ou proibir a locação comercial das respectivas obras ao público.

Um direito exclusivo análogo é aplicável às obras cinematográficas.

O Acordo propõe reduzir distorções e obstáculos ao comércio internacional, levando em consideração a necessidade de promover uma protecção eficaz e adequada dos direitos de propriedade intelectual, em geral, e de autor em particular, e assegurar que as medidas destinadas a fazê-los respeitar não se tornem, por sua vez, obstáculos ao comércio legítimo.

Sendo assim, a relevância do Acordo é dada à faculdade exclusiva de exploração económica da obra, prestação ou produção por qualquer forma. Esta faculdade define o direito de autor no seu carácter patrimonial.

E é este direito de carácter patrimonial o objecto do presente diploma de revisão da Lei dos direitos de autor.

A completa integração dos princípios e normas consagrados no Acordo nas legislações nacionais requer tempos de maturação que são incompatíveis, em parte, com as realidades, urgências e contextos de decisão técnico-politíca de cada país.

É o que acontece, neste caso, em Cabo Verde.

Por isso, a opção, menos ambiciosa, de proceder à revisão da legislação relativa aos direitos de autor, procura responder à necessidade de introduzir as necessárias alterações legislativas no corpo do nosso ordenamento jurídico, mediante a adopção de um standard mínimo de modificações, com o intuito de assegurar a cabal e necessária compatibilização da legislação cabo-verdiana com a legislação internacional.

Esta revisão visa construir um sistema de protecção jurídica das obras, prestações e produções protegidas, eficaz e assente numa tutela dos direitos de autor, baseada num elevado nível de protecção, que permita a criação de condições básicas de desenvolvimento, à escala nacional, das actividades. obras, prestações e produtos. culturais e dos respectivos agentes, incentivando. se a criação, a produção, o comércio e o desenvolvimento tecnológico ligados ao mercado das designadas «indústrias culturais».

(...)

TÍTULO I - Disposições gerais

CAPÍTULO I - Objecto e definições

Artigo 1 - Objecto

A presente lei tem como objecto a protecção das obras literárias, artísticas e cientificas e dos direitos dos respectivos autores, artistas interpretes ou executantes, produtores de fonogramas e de videogramas e dos organismos de radiodifusão, e visa estimular a criação e a produção do trabalho intelectual na área da literatura, da arte e da ciência.

Artigo 2 - Âmbito

O presente diploma aplica-se:

a) A todas as obras literárias, artísticas e científicas, cujos autores sejam cidadãos cabo-verdianos ou tenham a sua residência habitual no território da República de Cabo Verde;

b) Às obras publicadas pela primeira vez no território da República de Cabo Verde, quaisquer que sejam a nacionalidade e o país de residência do seu autor;

c) Às obras de autores estrangeiros não residentes no território da República de Cabo Verde, publicadas posteriormente à entrada em vigor desta lei, de acordo com as obrigações decorrentes de convenções internacionais a que a República de Cabo Verde tenha aderido ou venha a aderir, ou desde que se verifique reciprocidade quanto à protecção das obras dos autores cabo--verdianos, nos respectivos países;

d) Às obras susceptíveis de protecção em virtude de um Tratado internacional de que Cabo Verde faça parte.

Artigo 3 – Natureza da protecção
1. A aquisição dos direitos de autor e dos direitos conexos é independente de qualquer formalidade, depósito ou registo, e bem assim do género, forma de expressão, conteúdo, mérito, destino ou modo de utilização das obras a que se aplica, sem prejuízo do disposto no artigo 23.
2. O direito de autor sobre a obra é independente do direito de propriedade sobre as coisas materiais que lhe servem de suporte ou de veículo para a sua utilização e dos direitos de propriedade industrial que possam existir sobre a obra.

Artigo 4 – Limites
Os direitos que a presente lei reconhece aos autores de obras literárias, artísticas e científicas, aos artistas intérpretes ou executantes, produtores de fonogramas e de videogramas e dos organismos de radiodifusão devem exercer-se de harmonia com os objectivos e os interesses superiores da República de Cabo Verde e os princípios em que assenta, e com a necessidade social de uma ampla difusão dessas obras.

Artigo 5 – Definição de direito de autor
1. Por direito de autor entende-se a faculdade exclusiva que autores de obras literárias, artísticas e científicas têm de fruir, utilizar e explorar as mesmas ou autorizar a sua fruição, utilização e exploração por terceiros, no todo ou em parte, nos termos e dentro dos limites da presente lei.
2. O direito de autor compreende direitos de carácter patrimonial e pessoal, designando-se estes últimos por direitos morais.

3. Os direitos de carácter patrimonial são transmissíveis por todos os modos admitidos em direito e os de carácter moral só podem ser limitados nos termos da presente lei.

Artigo 6 – Outras definições
Para efeitos da presente lei, entende-se por:
a) «Obra» – a criação intelectual no domínio literário, artístico e científico, por qualquer modo exteriorizada que, como tal é protegida nos termos desta lei, incluindo-se nessa protecção os direitos dos respectivos autores;
b) «Obra publicada» – aquela que foi posta à disposição do público com o consentimento do autor, seja qual for o modo de reprodução e fabrico dos respectivos exemplares;
c) «Obra publicada pela primeira vez» – aquela cuja primeira publicação haja sido feita na República de Cabo Verde ou que tendo sido primeiramente publicada num país estrangeiro, haja sido também publicada na República de Cabo Verde dentro de 60 dias a contar daquela publicação;
d) «Obra de colaboração» – aquela que foi criada por uma pluralidade de pessoas, quer possa descriminar- se, quer não, a contribuição individual de cada uma delas;
e) «Obra colectiva» – aquela que foi organizada por iniciativa e sob a responsabilidade de uma entidade singular ou colectiva e publicada sob o seu nome;
f) «Obra compósita» – aquela em que se incorpora, no todo ou em parte, uma obra preexistente, com autorização do autor desta mesma, mas sem a sua colaboração;
g) «Obras audiovisuais» – aquelas que consistem no registo de sons, imagens ou sons e imagens num suporte material suficientemente estável e duradouro, de forma a permitir a sua percepção, reprodução ou comunicação de modo não efémero;
h) «Obras radiodifundidas». aquelas que foram criadas segundo as condições especiais da utilização pela radiodifusão sonora ou visual, bem assim, as adaptações a esses meios de comunicação de obras originariamente criadas para outra forma de utilização;
i) «Obras de folclore» – o conjunto das obras criadas no território da República de Cabo Verde por autores anónimos ou de identidade desconhecida transmitidas por sucessivas gerações e que constituem um dos elementos fundamentais do património cultural tradicional cabo--verdiano;

j) «Comunicação pública» – o acto pelo qual uma obra literária, artística ou científica se torna acessível ao público, seja qual for o meio utilizado, desde que não consista na distribuição de exemplares;

k) «Representação» – o acto pelo qual uma obra dramática, dramático. musical, coreográfica ou musical, com ou sem palavras, é representada, executada ou recitada em público por qualquer meio.

l) «Reprodução» – o fabrico de um ou vários exemplares de uma obra literária, artística ou científica, no todo ou em parte, sob qualquer forma material e por quaisquer meios, incluindo a edição gráfica e o registo sonoro ou visual, que permita comunicar ao público de uma forma indirecta;

m) «Radiodifusão» – a difusão de sons, de imagens ou de sons e imagens, por meio de ondas radioeléctricas, fi o, cabo ou satélite, com a finalidade de recepção pelo público em geral;

n) «Distribuição» – o acto de pôr à disposição do público, directa ou indirectamente, uma quantidade significativa de obras, fonogramas ou videogramas, para venda, aluguer ou comodato;

o) «Programa de computador» – um conjunto sequencial de dados e instruções destinados a um tratamento informático com vista à produção de um determinado resultado, incluindo a respectiva descrição, logoritmo e documentação auxiliar;

p) «Base de dados». uma colectânea de obras, dados ou outros elementos independentes, dispostos de modo sistemático ou metódico e susceptíveis de acesso individual por meios electrónicos ou outros;

q) «País de origem» – o país onde teve lugar a primeira publicação da obra, nos termos da precedente alínea (b);

r) «Direito conexo» – a protecção jurídica que se garante aos artistas intérpretes ou executantes, produtores de fonogramas e de videogramas e dos organismos de radiodifusão pelas suas prestações.

Artigo 7 – Obras originais

1. São objecto do direito de autor as obras originais no domínio literário, artístico e científico.

2. As sucessivas edições de uma obra, ainda que corrigidas, aumentadas, refundidas ou com mudança de título ou formato, não são obras distintas da obra original, nem o são as reproduções de obra de arte, embora com diversas dimensões.

3. A existência da obra é independente da sua publicação, divulgação, comunicação, utilização ou exploração por qualquer modo feitas.

4. São, entre outras, objecto do direito de autor as seguintes obras:
a) Os livros, folhetos, revistas, jornais e outros escritos;
b) As conferências, lições, alocuções, sermões e obras análogas, tanto escritos como orais;
c) As obras dramáticas e dramático-musicais;
d) As obras musicais, com ou sem palavras;
e) As obras coreográficas, os números de circo e as pantominas, independentemente de as mesmas terem sido fixadas por escrito ou por qualquer outra forma;
f) As obras audiovisuais, compreendendo as obras cinematográficas, videográficas, radiofónicas e televisivas;
g) As obras de artes plásticas, compreendendo as obras de arquitectura, pintura, desenho, gravura, escultura, cerâmica, azulejo, tapeçaria e litografia;
h) As obras fotográficas ou produzidas por qualquer processo análogo à fotografia;
i) As obras de arte aplicada, quer artesanais, quer realizadas por processos industriais;
j) As obras de design que constituam criação artística, independentemente de protecção relativa à propriedade industrial;
k) As ilustrações, mapas, projectos, esboços, obras plásticas e obras tridimensionais relativas à arquitectura, ao urbanismo, à geografia, à topografia ou às ciências;
l) Os programas de computador;
m) As obras de folclore.

Artigo 8 – Obras derivadas

São igualmente protegidas como as originais, sem prejuízo dos direitos dos autores destas, as seguintes obras:
a) As traduções, adaptações, arranjos, instrumentalizações e outras transformações de qualquer obra, ainda que esta não seja objecto de protecção ou possa ser livremente utilizada;
b) As compilações de obras protegidas ou não, tais como antologias, enciclopédias, dicionários, compêndios e base de dados, que, pela escolha ou composição das matérias, constituem criações intelectuais;
c) As compilações sistemáticas ou anotadas de textos de convenções, leis, regulamentos ou decisões administrativas, ou quaisquer órgãos ou autoridades do Estado ou da Administração;
d) As obras inspiradas no folclore nacional.

Artigo 9 – Título da obra
A protecção assegurada às obras literárias, artísticas e científicas é extensiva aos títulos destas, desde que seja original, não se confunda com o de qualquer outra obra anteriormente publicada e não consista numa designação genérica, necessária ou usual do assunto nelas versado ou nome de personagens históricas, literárias, ou mitológicas.

Artigo 10 – Obras não protegidas
Não constituem objecto de protecção:
a) As notícias do dia e os relatos de acontecimentos diversos com carácter de simples informação por qualquer forma divulgados;
b) As leis e decisões dos órgãos judiciais e administrativos, bem como os requerimentos, alegações, queixas e outros textos apresentados perante autoridade ou serviços públicos;
c) Os discursos políticos, salvo quando reunidos em volume pelos seus autores;
d) Os simples factos e dados;
e) As ideias, os processos, os sistemas, os métodos operacionais, os conceitos, os princípios ou as descobertas, por si só e enquanto tais.

CAPÍTULO II – Titularidade do direito de autor

Artigo 11 – Regra geral
1. Salvo disposição legal ou convenção expressa em contrário, com especial ressalva dos direitos morais, a titularidade do direito de autor pertence à pessoa ou pessoas físicas que criaram a obra, considerando-se como tais aquelas sob cujo nome ou pseudónimo esta foi publicada ou comunicada ao público, seja qual for o meio utilizado para a sua comunicação.
2. A entidade que apenas subsidia a publicação, a reprodução ou conclusão de uma obra, ainda que por motivos do interesse público, não adquire a qualidade de autor nem quaisquer direitos sobre a obra, salvo disposição legal ou convenção escrita em contrário.
3. Não exclui a qualidade de autor e direitos sobre a obra o facto de ela ser feita em encomenda ou por conta de outrem, quer no cumprimento de um dever funcional quer no de um contrato de trabalho.

Artigo 12 – Obra de colaboração

1. Salvo acordo expresso em contrário, o direito de autor relativo a uma obra de colaboração, na sua unidade, pertence em comum a todos os que participam na sua criação, presumindo-se de valor igual a contribuição individual de cada um e aplicando-se ao exercício comum do direito de autor a regra de compropriedade.

2. Quando possa discriminar-se a contribuição individual de qualquer dos colaboradores, pode este exercer em relação a ela os seus direitos, desde que não prejudique a utilização da obra comum.

Artigo 13 – Obra colectiva

1. O direito de autor sobre uma obra colectiva é atribuído à entidade singular ou colectiva que tiver organizado e dirigido a sua criação e em nome de quem tiver sido divulgada ou publicada.

2. Se, porém, no conjunto da obra colectiva puder discriminar-se a produção individual de algum ou alguns colaboradores, aplica-se, restritivamente a essa parte, o disposto no artigo 12 (2).

3. Os jornais e outras publicações periódicas presumem-se obras colectivas, pertencendo aos respectivos proprietários ou editores o direito de autor sobre os mesmos.

Artigo 14 – Obra compósita

Ao autor da obra compósita pertencem exclusivamente os direitos relativos à mesma, sem prejuízo dos direitos do ou dos autores das obras preexistentes nela incorporadas.

Artigo 15 – Obras de folclore

1. A titularidade do direito de autor sobre as obras do folclore cabo-verdiano pertence ao Estado, que o exerce através do departamento governamental responsável pela área da cultura, sem prejuízo dos direitos daqueles que as recolheram, transcreveram, arranjaram ou traduziram, desde que tais recolhas, transcrições, arranjos ou traduções se revistam de originalidade e respeitem a autenticidade.

2. Os exemplares de obras de folclore cabo-verdiano bem como das respectivas transcrições, traduções, arranjos ou outras transformações, reproduzidos ou realizados no estrangeiro sem autorização da autoridade competente, só podem ser importados ou distribuídos no território da República de Cabo Verde mediante autorização de departamento governamental responsável pela área da Cultura.

Artigo 16 – Obras audiovisuais
1. Têm a qualidade de autor de uma obra audiovisual a pessoa ou as pessoas físicas que realizam a criação intelectual dessa obra.
2. São presumidos, salvo estipulação ou convenção em contrário, co-autores de uma obra audiovisual realizada em colaboração:
a) O director;
b) O autor do argumento e dos diálogos;
c) O autor das composições musicais, com ou sem palavras, especialmente realizadas para a obra;
3. Os autores de obras preexistentes, adaptadas ou utilizadas para obras audiovisuais, são equiparados a esses co-autores.
4. Salvo estipulação em contrário, o contrato concluído entre o produtor de uma obra audiovisual e os co-autores dessa obra, implica, no que diz respeito às contribuições destes, uma cessão ao produtor dos respectivos direitos patrimoniais e das suas contribuições.
5. Os autores conservam, salvo estipulação ou convenção em contrário, os seus direitos patrimoniais sobre outras utilizações das suas contribuições, na medida em que possam ser utilizadas separadamente da obra audiovisual.
6. Aos direitos dos criadores de outras obras na obra audiovisual, que não sejam considerados co-autores nos termos do presente artigo, é aplicável o disposto no artigo 14.
7. São, ainda, considerados co-autores de desenhos animados:
a) O autor dos desenhos utilizados na obra audiovisual;
b) O director da obra audiovisual com desenhos.

Artigo 17 – Obras de arquitectura, urbanismo e design
A titularidade do direito de autor de obras de arquitectura, urbanismo e design pertence ao criador da sua concepção global e respectivo projecto.

Artigo 18 – Obra radiodifundida
1. São presumidos co-autores da obra radiodifundida, como obra feita em colaboração, os autores do texto, da música e da respectiva realização, bem como da adaptação se não se tratar de obra inicialmente produzida para a comunicação audiovisual.
2. Aplica-se á autoria da obra radiodifundida, com as necessárias adaptações, o disposto no artigo anterior sobre as obras audiovisuais.

Artigo 19 – Colaboradores e técnicos

Sem prejuízo dos direitos conexos de que possam ser titulares, as pessoas singulares ou colectivas intervenientes a titulo de colaboradores, agentes técnicos, desenhadores, construtores ou outro semelhante na produção e divulgação das obras a que se referem os artigos 16 e seguintes não podem invocar relativamente a estas quaisquer poderes incluídos nos direitos de autor.

Artigo 20 – Casos especiais

1. Salvo acordo expresso em contrário, e com ressalva dos direitos morais, a titularidade do direito de autor sobre as obras criadas no âmbito de um contrato de trabalho ou de prestação de serviço ou no exercício de um dever funcional, pertence à pessoa singular ou colectiva responsável pela sua produção.

2. Não obstante o disposto no número (1), o autor tem direito a ser remunerado pelas utilizações dessas obras que excederem o âmbito do contrato ou o fim para que foram criadas.

3. Este artigo aplica-se também aos programas de computador e à documentação própria.

Artigo 21 – Identificação do autor

1. O autor pode indicar a sua qualidade usando o seu nome civil, completo ou abreviado, as suas iniciais, um pseudónimo, um heterónimo ou qualquer sinal convencional.

2. Não é lícita a utilização de nome literário, artístico ou cientifico susceptível de confundir se com o de outro anteriormente utilizado para identificar o autor de uma obra divulgada ou publicada, nem o uso de nomes de personagens conhecidas da história, das letras, das artes ou das ciências.

Artigo 22 – Autor anónimo

1. Os direitos relativos a uma obra publicada sem indicação de nome do respectivo autor, mas com autorização deste, são exercidos, enquanto a sua identidade não for tornada pública, pela pessoa singular ou colectiva que tiver procedido à edição e ou á publicação da obra.

2. A divulgação da identidade civil do autor da obra pode ser feita por testamento, para além das outras formas legalmente previstas, mas, de qualquer forma, podem ser mantidos os direitos anteriormente adquiridos por terceiros.

CAPÍTULO III – Do registo

Artigo 23 – Regra geral
1. A protecção dos direitos de autor e dos direitos conexos não dependem de registo, salvo o disposto no número seguinte.
2. Condiciona a efectividade da protecção legal o registo:
a) Do título da obra não publicada;
b) Dos títulos dos jornais e outras publicações periódicas.

Artigo 24 – Condições do registo
Cabe ao departamento governamental responsável pela área da Cultura a regulamentação da organização dos serviços e das condições de registo.

CAPÍTULO IV – Duração dos direitos e domínio público

Artigo 25 – Regra geral
1. A duração da protecção concedida pela presente lei ao autor relativamente a exploração económica de uma obra literária, artística e científica compreende a vida do autor e mais 50 anos após a sua morte, mesmo que se trate de obra póstuma, sem prejuízo do disposto no artigo 30.
2. Se a legislação de um país estrangeiro atribuir ao direito de autor duração diversa da fixada no número (1), a duração da protecção reclamada no território da República de Cabo Verde para qualquer obra originária desse país será a estabelecida no número (1), se não exceder a fixada na lei do país de origem dessa obra.

Artigo 26 – Obras de colaboração ou colectiva
1. O direito de autor sobre a obra de colaboração como tal extingue-se apenas 50 anos depois da morte do colaborador que falecer em último lugar.
2. O direito de autor sobre a obra colectiva extingue-se 50 anos após a primeira publicação ou divulgação da obra.
3. O direito de autor relativo às contribuições individuais dos colaboradores de uma obra de colaboração ou colectiva extingue-se 50 anos após a sua morte.
4. Se a obra colectiva pertencer a entidade singular o direito de autor estende-se por toda a vida do autor e mais 50 anos após a sua morte.

5. No caso de transmissão por acto entre vivos ou de alienação em processo executivo, o prazo de 50 anos conta-se em relação aos factos da transmissão ou da alienação.

Artigo 27 – Obras póstumas
1. A duração da protecção de obras póstumas, em benefício dos herdeiros e outros sucessores do autor, é de 50 anos após a morte deste.
2. Se a obra póstuma for divulgada após o termo deste período, a duração do direito exclusivo é de 25 anos.
3. Se a divulgação for efectuada durante o período previsto no número anterior, o direito pertence à pessoa, singular ou colectiva, que procedeu à publicação ou à divulgação por qualquer forma da obra.
4. Ressalvando os casos em que constituam um fragmento de uma obra previamente publicada, as obras póstumas devem ser objecto de uma publicação separada, não podendo ser juntadas às obras do mesmo autor publicadas anteriormente, a não ser que os titulares do direito de autor sejam também detentores do direito de exploração.

Artigo 28 – Obras anónimas
1. O direito de autor sobre as obras publicadas anonimamente extingue-se 50 anos após a sua divulgação ou publicação, a contar do dia 1de Janeiro do ano civil seguinte em que a obra foi publicada contando-se do final do ano civil em que teve lugar.
2. A data de publicação é determinada por qualquer modo de prova de direito comum, e pelo depósito legal.
3. Se, antes de decorrido esse prazo, a identidade do autor for revelada, a duração da protecção é a que se estabelece no artigo 25 (1).
4. Quem tenha publicado ou mandado publicar uma obra divulgada após a caducidade do prazo previsto neste artigo, goza de um direito exclusivo de 25 anos.

Artigo 29 – Obras audiovisuais
O direito de autor sobre a obra audiovisual extingue-se 50 anos após a morte do último sobrevivente de entre as pessoas seguintes:
a) O director;
b) O autor do argumento e dos diálogos ou sua adaptação;
c) O compositor da música;
d) O autor e o director dos desenhos animados.

Artigo 30 – Obras fotográficas ou de artes aplicadas
O direito de autor sobre as obras fotográficas ou de artes aplicadas extingue-se 25 anos após a sua realização.

Artigo 31 – Programas de computador
1. O direito atribuído ao criador intelectual sobre a criação do programa de computador extingue-se 50 anos após a sua morte.
2. Se o direito for atribuído originariamente a pessoa diferente do criador intelectual, o direito extingue-se 50 anos após a data em que o programa foi pela primeira vez licitamente publicado ou divulgado.

Artigo 32 – Contagem dos prazos
1. Os prazos de protecção estabelecidos nos artigos precedentes só começam a correr no dia 1 de Janeiro do ano seguinte àquele em que ocorrem os factos neles referidos e vigoram até ao último dia do ano em cujo decurso se extinguem.
2. Se os diferentes volumes ou partes de uma obra forem publicadas separadamente e em épocas diferentes os prazos de protecção referidos contam-se, nos termos do número (1) antecedente, separadamente para cada um dos volumes e cada uma das partes da obra.
3. Aplica-se aos números e fascículos das obras colectivas ou publicações periódicas o disposto no número (2) antecedente.

Artigo 33 – Obras de folclore
A protecção das obras de folclore é ilimitada no tempo.

Artigo 34 – Domínio público
1. Entende-se que uma obra caiu no domínio público quando, em relação a ela, se extinguiram os direitos conferidos pela presente lei aos respectivos autores ou aos seus sucessores.
2. Pertencem ao domínio público:
a) As obras em relação às quais decorreram os prazos fixados nos artigos 25 a 31;
b) As obras de autores falecidos e cuja herança foi declarada vaga a favor do Estado, decorridos 10 anos sem que este tenha utilizado directamente a obra ou autorizado a sua exploração por terceiros;
c) As obras de folclore.

3. Cai igualmente no domínio público a obra que não for licitamente publicada ou divulgada no prazo de 50 anos a contar de sua criação, quando esse prazo não seja calculado a partir da morte do autor.

4. A utilização e a exploração, com fins lucrativos, das obras pertencentes ao domínio público é livre desde que essa utilização seja subordinada ao absoluto respeito pelos direitos morais, a prévia autorização do membro do Governo responsável pela cultura e ao pagamento de uma taxa a fixar pelos membros do Governo responsáveis pelas áreas da Cultura e das Finanças, destinadas a fins de promoção e desenvolvimento cultural e à assistência social aos autores cabo-verdianos.

Artigo 35 – Obras no domínio público

1. Quem fizer publicar ou divulgar licitamente, após a caducidade do direito de autor, uma obra inédita, beneficia durante 25 anos, a contar da data da publicação ou divulgação de protecção equivalente à resultante dos direitos patrimoniais do autor.

2. As publicações críticas e científicas de obras caídas no domínio público beneficiam de protecção durante 25 anos a contar da primeira publicação lícita.

CAPÍTULO V – Transmissão dos direitos

Artigo 36 – Direitos patrimoniais

1. O autor de uma obra protegida pela presente lei tem o direito exclusivo de praticar ou autorizar a prática por terceiros dos seguintes actos:

a) A publicação ou reprodução da sua obra por qualquer meio e a distribuição ao público dos respectivos exemplares;

b) A comunicação ao público da sua obra por qualquer meio, designadamente a representação, execução, radiodifusão, sonora ou visual, e a retransmissão, por qualquer meio;

c) A tradução, a adaptação, o arranjo ou qualquer outra transformação da sua obra.

2. As diversas formas de utilização e exploração económica da obra são independentes umas das outras, e o exercício de qualquer delas pelo autor não prejudica o exercício das restantes.

Artigo 37 – Autorização e transmissão dos direitos

1. No exercício do direito consignado no artigo anterior o autor pode:

a) Autorizar a utilização, exploração e distribuição da sua obra por terceiros, no todo ou em parte;

b) Transmitir total ou parcialmente os seus direitos patrimoniais a terceiros.

2. Em qualquer dos casos, o acto pelo qual autoriza a utilização e a exploração da sua obra ou transmite os respectivos direitos deve assumir a forma escrita e conter obrigatória e especificamente a indicação da forma de utilização e exploração, as condições de tempo, lugar, preço e modalidade de pagamento, sem prejuízo, neste último caso, das normas e tarifas que venham a ser estabelecidas nos termos do artigo 138.

3. A autorização e a transmissão não afectam, em caso algum, os direitos morais.

Artigo 38 – Limites de transmissão e de oneração

Não podem ser objecto de transmissão nem oneração, voluntárias ou forçadas, os poderes concedidos para a tutela dos direitos morais nem quaisquer outros excluídos por lei.

Artigo 39 – Autorização

A simples autorização concedida a terceiros para a utilização e a exploração da obra não implica a transmissão, total ou parcial, dos direitos relativos à obra e deve constar de documento escrito.

Artigo 40 – Transmissão

1. A transmissão parcial dos direitos é limitada aos modos de utilização e exploração expressamente indicados no respectivo acto, o qual deve constar de documento escrito.

2. Se a transmissão for temporária e não se tiver estabelecido a respectiva duração, entende-se que esta não excede 25 anos em geral, ou dez anos, no caso de obras fotográficas ou de artes aplicadas, mas caduca se a obra não for utilizada ou explorada dentro de 7 anos.

3. A transmissão total e definitiva de direitos só pode fazer-se por escritura pública, com indicações da obra e preço respectivo, sob pena de nulidade.

Artigo 41 – Oneração de direitos

1. Os direitos patrimoniais conferidos aos autores das obras protegidas por esta lei podem ser objecto:

a) De usufruto, tanto legal como voluntário;

b) De penhor, para garantia do pagamento de dívidas ou de responsabilidades do autor;

c) De penhora ou arresto.

2. Salvo declaração em contrário, só com autorização do titular do direito de autor pode o usufrutuário utilizar a obra objecto do usufruto por qualquer forma que envolva transformação ou modificação desta.

3. São isentos de penhora os manuscritos inéditos, os esboços, desenhos, quadros ou esculturas incompletos, sem prejuízo do direito de o autor os nomear à penhora.

4. Se, porém o autor tiver revelado por actos inequívocos o seu propósito de divulgar e publicar os trabalhos referidos no presente artigo, pode o credor fazer penhora ou arresto sobre os direitos patrimoniais relativos aos resultados da exploração económica da obra.

5. O penhor constituído nos termos deste artigo não atribui ao credor quaisquer direitos quanto aos suportes materiais da obra.

6. Em caso de execução, o penhor recai especificamente sobre o direito ou direitos que o devedor tiver oferecido em garantia relativamente à obra ou obras indicadas.

Artigo 42 – Obras futuras

1. A transmissão ou oneração dos direitos relativos a obras futuras só pode abranger as que o autor criar no prazo máximo de 10 anos.

2. Se no contrato se indicar um prazo superior ao que se fixa no número (1), é o mesmo reduzido para este, reduzindo-se na devida proporção a remuneração estabelecida.

3. É nulo o contrato de transmissão de direitos relativos a obras futuras sem limitação de prazo.

Artigo 43 – Participação na mais-valia

1. O autor que tiver alienado uma obra de arte original, um manuscrito original ou os direitos de autor sobre uma obra tem direito a uma participação na mais-valia eventualmente obtida, todas as vezes que da sua nova alienação se beneficie o alienante de acréscimo considerável do preço.

2. A participação constitui numa percentagem de 6% sobre o aumento do preço obtido.

3. Se duas ou mais transacções forem realizadas num período de tempo inferior a dois meses ou em período mais alargado, mas de modo a presumir-se que houve intenção de frustrar o direito de participação do autor, o acréscimo do preço é calculado por referência apenas à última transacção.

4. Do preço da transacção, para efeitos de atribuição do direito de participação e de fixação do seu montante, são deduzidas as despesas comprovadas e relativas à publicidade, representação e outras semelhantes feitas na promoção e venda da obra.

5. Não se aplica o preceituado neste artigo se o aumento de preço resultar exclusivamente da desvalorização da moeda.

6. O direito referido no número (1) deste artigo é inalienável, irrenunciável e imprescritível.

Artigo 44 – Compensação suplementar

1. O autor que alienar, a título oneroso, o direito de exploração relativo a certa obra intelectual, se por deficiente previsão dos lucros prováveis da mesma exploração vier a sofrer prejuízo significativo, por estarem os seus proventos em grande desproporção com os lucros auferidos pelo adquirente daqueles direitos, pode reclamar deste uma compensação suplementar, a qual incide sobre os resultados de exploração.

2. A compensação referida no número (1) anterior só é exigível se a alienação tiver sido feita por quantia fixa, paga de uma só vez ou em fracções periódicas, ou, no caso da remuneração do autor revestir a forma de participação nos lucros da exploração se esta não tiver sido estabelecida em conformidade com os correntes em transacções desta natureza.

3. O direito de compensação caduca se não for exercido no prazo de 2 anos a contar do conhecimento da grave lesão patrimonial sofrida.

Artigo 45 – Usucapião

O direito de autor não pode adquirir-se por usucapião.

CAPÍTULO VI – Direitos morais

Artigo 46 – Conteúdo

São direitos morais do autor de uma obra protegida:

a) O de reivindicar a paternidade da obra e exigir a menção do seu nome, pseudónimo, heterónimo ou sinal distintivo sempre que ela seja publicada, reproduzida ou comunicada ao público;

b) O de defender a genuinidade e a integridade, opondo-se a toda e qualquer deformação, mutilação ou modificação e, de um modo geral, a todo e qualquer acto que a desvirtue ou possa afectar a honra e a reputação do autor;

c) O de conservar inédita a obra, modificá-la antes ou depois de publicada e comunicada ao público;

d) O de retirar a obra de circulação ou suspender qualquer forma de utilização ou exploração que haja autorizado salvo o disposto no artigo 4;

e) O de ter acesso ao exemplar único ou raro da obra, quando estiver em poder de terceiros, a fim de exercer o direito de publicação, divulgação ou comunicação ao público ou utilização da obra.

Artigo 47 – Intransmissibilidade dos direitos morais

1. Os direitos morais definidos no artigo 46 são inalienáveis, irrenunciáveis e imprescritíveis, mesmo no caso de transmissão total e após a morte do autor.

2. Os direitos morais relativos às obras pertencentes ao domínio público são exercidos pelo Estado, através do departamento governamental responsável pela Cultura.

Artigo 48 – Modificações

1. Não são admitidas modificações na obra sem o expresso consentimento do autor, mesmo nos casos em que, sem ele, a utilização e exploração da obra seja lícitos.

2. Aos sucessores do autor e a terceiros não é permitido reproduzir as versões anteriores de uma obra, quando o autor tiver revisto toda ou parte dessa obra e efectuado ou autorizado publicação ou divulgação *ne varietur*.

3. No caso de transformação autorizada de uma obra são lícitas as modificações que se mostrem necessárias, desde que não desvirtuem o sentido da obra original.

4. Quando uma obra de arquitectura for executada segundo projecto aprovado pelo dono da obra, e este introduzir nela durante a execução ou após a conclusão modificações não autorizadas pelo autor, pode o autor, além de exigir reparação por perdas e danos, repudiar a paternidade da obra, não sendo lícito ao dono invocar para o futuro, em proveito próprio, o nome do autor do projecto.

Artigo 49 – Obras audiovisuais
1. A obra audiovisual considera-se terminada quando a versão definitiva for estabelecida por comum acordo entre o realizador, ou os co-autores, e o produtor.
2. É proibido destruir a matriz da versão definitiva.
3. Qualquer modificação da versão definitiva por adição, supressão ou mudança de qualquer elemento, exige o acordo das pessoas mencionadas no número (1).
4. Qualquer transferência da obra audiovisual para um outro tipo de suporte, com vista a uma outra forma de exploração deve ser precedida da consulta do realizador.
5. Os direitos morais dos autores, tal como são definidos no artigo 46, só podem ser exercidos sobre a versão final da obra audiovisual.
6. Se um dos autores se recusar a terminar a sua contribuição para a obra audiovisual ou se se encontrar na impossibilidade de terminar tal contribuição, por motivos de força maior, não pode opor-se à utilização, com o propósito da realização da obra, da parte da contribuição já realizada.
7. O autor que, nos termos e nas condições do número anterior, tiver dado a sua contribuição para a realização da obra, goza de qualidade do autor da mesma, na parte em que o tiver dado, e de todos os direitos daí recorrentes.

Artigo 50 – Direito de retirada
O autor de uma obra já publicada ou comunicada licitamente ao público por qualquer modo pode, a todo o tempo, retirá-la de circulação ou fazer cessar a sua utilização ou exploração, desde que indemnize os interessados dos prejuízos que assim venha a causar-lhes, salvo o disposto no artigo 4.

Artigo 51 – Direitos morais nos casos de penhora e arrematação do direito de autor
1. A penhora e a arrematação do direito de autor sobre determinada obra não privam o autor, no caso de publicação desta, promovida pelo arrematante, do direito de revisão das provas e de correcção da obra, nem afectam, de um modo geral, os seus direitos morais em relação às mesmas.
2. O autor não pode porém, reter as provas por mais de sessenta dias, sem motivo justificado, podendo a impressão, neste caso, prosseguir sem a sua revisão.

Artigo 52 – Programas de computador

1. Salvo estipulação em contrário, o autor de um programa de computador não pode:

a) Opor-se à modificação do programa pelo transmissário dos direitos mencionados no artigo 8 quando não prejudique nem o seu bom nome, nem a sua reputação nem a sua honra;

b) Exercer o direito de retirada.

2. O autor de um programa de computador pode, apesar da transmissão, exigir a menção do seu nome como autor, nas versões futuras que se venham a fazer.

CAPÍTULO VII – Do regime internacional

Artigo 53 – Competência da ordem jurídica cabo-verdiana

A protecção jurídica de que goza uma obra é determinada pela legislação cabo-verdiana, sem prejuízo das convenções internacionais a que Cabo Verde tenha aderido ou venha a aderir.

Artigo 54 – Protecção das obras estrangeiras

As obras de autores estrangeiros ou que tiverem como país de origem um país estrangeiro beneficiam da protecção conferida pela legislação cabo-verdiana, desde que se verifique reciprocidade quanto à protecção das obras dos autores cabo-verdianas nos respectivos países, ou salvo Convenção Internacional em contrário.

Artigo 55 – País de origem de obra publicada

1. A obra publicada tem como país de origem o país de primeira publicação.

2. Se a obra tiver sido publicada simultaneamente em vários países que concedam duração diversa ao direito de autor, considera-se como país de origem, na falta de Tratado ou acordo internacional aplicável, aquele que conceder menor duração de protecção.

3. Considera-se publicada simultaneamente em vários países a obra publicada em dois ou mais países dentro de trinta dias a contar da primeira publicação, incluindo esta.

Artigo 56 – País de origem de obra não publicada

1. Relativamente às obras não publicadas, considera-se país de origem aquele a que pertence o autor.

2. Todavia, quanto às obras de arquitectura e de artes gráficas ou plásticas incorporadas num imóvel, considera-se país de origem aquele em que essas obras forem edificadas ou incorporadas numa construção.

CAPÍTULO VIII – Exercício do direito de autor

Artigo 57 – Modo de exercício

Os direitos de autor podem ser exercidos pelos seus titulares ou por intermédio dos seus representantes, legais ou voluntários.

Artigo 58 – Morte ou ausência do autor

1. No caso de morte ou ausência do autor nos termos dos artigos 111 e seguintes do Código Civil, compete aos seus herdeiros, declarados e presuntivos, e sucessores exercer os seus direitos morais e decidir sobre a exploração das suas obras ainda não divulgadas ou publicadas salvo se o autor tiver proibido por qualquer modo a sua divulgação e publicação.

2. Caso for decidida a exploração, os herdeiros gozam de direitos idênticos aos do autor, nos termos do artigo 36.

3. Havendo divergências entre os herdeiros quanto à exploração da obra, prevalece a opinião da maioria decidindo, em caso de empate, a requerimento de qualquer dos interessados, o Tribunal do lugar onde tiver sido aberta a herança.

Artigo 59 – Organismos de defesa dos autores

As associações e outras instituições constituídas para o exercício e defesa dos interesses dos autores desempenham essa função como mandatários destes, resultando o mandato da simples qualidade de sócio ou da inscrição, sob qualquer designação, como beneficiário do serviço dos referidos organismos.

Artigo 60 – Autores incapazes

1. Os autores incapazes são representados, quanto ao exercício dos seus direitos patrimoniais, em juízo e fora dele, pelos seus representantes legais.

2. Podem, no entanto, exercer os direitos morais definidos, desde que tenham para tanto entendimento natural.

TÍTULO II – Utilizações da obra

CAPÍTULO I – Disposições gerais

Artigo 61 – Modos de utilização

1. O autor de uma obra literária, artística ou científica, tem o direito exclusivo de fruir, utilizar ou explorar a sua obra no todo ou em parte ou autorizar que terceiros o façam, por qualquer dos modos actualmente conhecidos ou que futuramente o venham a ser.

2. Para tanto, pode fazer ou autorizar:

a) A publicação da obra, por impressão ou qualquer processo de reprodução gráfica, mecânica, electrónica ou outra;

b) A sua representação, execução, exposição ou comunicação ao público por qualquer meio;

c) O seu registo audiovisual e respectiva comunicação pública por qualquer meio;

d) A sua difusão radiofónica ou televisiva por qualquer processo de reprodução de sinais, sons e imagens e a respectiva comunicação pública por qualquer meio;

e) A sua apropriação directa ou indirecta sob qualquer forma nomeadamente a venda, a distribuição, o aluguer ou o comodato de exemplares da obra reproduzida;

f) A sua tradução, adaptação, arranjo, instrumentação ou qualquer outra transformação, bem como a sua utilização numa obra diferente;

g) A construção de obra de arquitectura segundo o projecto, quer haja ou não repetição;

h) A transmissão ou retransmissão de uma obra por satélite ou por quaisquer processos de telecomunicação de sons, de imagens, de documentos, de dados ou de mensagens de toda a natureza;

i) A colocação à disposição do público por fio ou sem fio para que seja acessível a qualquer pessoa a partir do local e no momento por ela escolhido.

3. Cabe exclusivamente ao autor a faculdade de escolher livremente as formas e condições de utilização e exploração da sua obra, sem prejuízo do disposto no artigo 47 (2) e no artigo 136.

Artigo 62 – Utilização Livre

1. São lícitas, independentemente de autorização do respectivo autor e sem que haja lugar a qualquer remuneração, as seguintes modalidades de

utilização de obras já licitamente publicadas ou divulgadas, desde que o seu título e o nome do autor sejam mencionados e respeitadas a sua genuinidade e integridade:

a) A representação, execução, exibição cinematográfica e a comunicação de obras gravadas ou radiodifundidas, quando realizadas em lugar privado, sem entradas pagas e sem fins lucrativos, ou em estabelecimentos escolares para fins exclusivamente didácticos, de investigação ou de formação profissional;

b) A reprodução por processos fotográficos ou quaisquer outros similares quando efectuada para fins exclusivamente didácticos, de investigação ou de formação profissional, por bibliotecas, arquivos e centros de documentação não comerciais, instituições cientificas ou estabelecimentos de ensino, desde que os exemplares reproduzidos não excedam as necessidades do fim a que se destinam;

c) A reprodução de obras incluídas em reportagens de actualidades filmadas ou televisionadas ou de obras expostas permanentemente em lugar público ou em recintos onde tenham sido admitidos representantes dos órgãos de Comunicação Social;

d) A reprodução, radiodifusão ou comunicação, por qualquer outro meio, ao público, da imagem de uma obra de arquitectura, de artes plásticas, fotográfica ou de artes aplicadas, que esteja colocada permanentemente num lugar aberto ao público, salvo se a imagem da obra for o assunto principal da referida reprodução ou radiodifusão ou comunicação, e se ela for usada para fins comerciais;

e) A reprodução, pela imprensa, de discursos, conferências e outras alocuções proferidas em lugar público ou em recintos onde tenham sido admitidos representantes da comunicação social;

f) A citação de curtos fragmentos de obras alheias, sob forma escrita, sonora ou visual, quando se justifique por razoes de ordem científica, critica, didáctica ou de informação e desde que esses fragmentos não sejam tão extensos que prejudiquem o interesse pela obra;

g) A reprodução, integral ou parcial de obras de arte gráficas ou plásticas destinados a figurar em catálogos de vendas judiciárias efectuada em Cabo Verde para os exemplares postos à disposição do público antes da venda com o único intuito de descrever as obras de arte postas à venda;

h) A paródia, a pastiche e a caricatura;

i) A reprodução de uma obra destinada a um processo judicial ou administrativo, na medida justificada pelo fim a que se destinar;

j) A reprodução destinada a preservar um exemplar de uma obra, e se necessário, a substituí-lo numa colecção completa de uma obra de uma biblioteca, de um serviço de arquivo ou de um centro de documentação, desde que, por ter sido perdido, destruído ou tornado inutilizável, seja impossível encontrar tal exemplar em condições razoáveis e o acto de reprodução reprográfica seja um acto isolado, ou se repetido, em ocasiões separadas e sem relação entre elas;

k) A execução de hinos ou cantos patrióticos oficialmente adoptados e de obras de carácter exclusivamente religioso em actos de culto ou cerimónia religiosa;

l) A reprodução, tradução, adaptação, arranjo ou qualquer outra transformação para uso exclusivamente individual e privado.

2. O autor que reproduzir em livro ou opúsculo os seus artigos ou cartas publicadas em jornais e revistas em polémica com outra pessoa poderá reproduzir também as respostas do adversário cabendo a este igual direito, mesmo após a publicação feita por aquele.

3. Aqueles que publicarem manuscritos existentes em bibliotecas e arquivos públicos ou particulares, não podem opor-se a que os mesmos manuscritos sejam novamente publicados por outrem segundo o texto original, salvo se essa publicação for simplesmente reprodução da ligação de quem anteriormente os publicou.

Artigo 63 – Reprodução para fins privados

As disposições do artigo precedente relativamente à reprodução exclusiva para uso privado não se aplicam:

a) À reprodução de obras de arquitectura constituídas por edifícios ou por outras construções similares;

b) À reprodução reprográfica de obras de artes plásticas de tiragem limitada, à apresentação gráfica de obras musicais (partituras), aos manuais de exercícios e outras publicações ainda que as pessoas só se sirvam delas uma vez;

c) À reprodução da totalidade ou partes importantes de bases de dados;

d) À reprodução de programas de computador, salvo os casos previstos no artigo 64;

e) A nenhuma outra reprodução de uma obra que prejudique a sua exploração normal ou cause prejuízo injustificado aos interesses legítimos do autor.

Artigo 64 – Reprodução para pessoas portadoras de deficiências

1. É permitida, sem autorização do autor e sem pagamento de remuneração, a pedido de pessoas portadoras de deficiências motoras, psíquicas, auditivas ou visuais ou de pessoas jurídicas agindo no interesse daquelas, desde que o acesso à obra nas versões disponíveis, em virtude da deficiência, não seja possível, e não sejam efectuadas com fins lucrativos:

a) A produção de um exemplar ou um registo sonoro de uma obra literária, dramática, excepto cinematográfica, musical ou artística sobre um apoio destinado às pessoas portadoras das deficiências acima apontadas;

b) A tradução, a adaptação ou a reprodução em linguagem gestual de uma obra literária ou dramática, excepto cinematográfica, fixada sobre um suporte que pode servir às pessoas portadoras de uma das deficiências acima apontadas;

c) A execução em público em linguagem gestual de uma obra literária, dramática, excepto cinematográfica, ou a execução em público de tal obra fixada sobre um suporte que pode servir às pessoas portadoras de uma das deficiências acima apontadas;

d) A reprodução ou qualquer espécie de utilização, pelo processo Braille ou outro destinado a invisuais;

e) A distribuição em qualquer dos casos previstos nas alíneas anteriores, desde que justificada pelo objectivo do acto de reprodução autorizado.

2. Pela reprodução e distribuição de mais do que um exemplar, tem o autor ou o titular do direito de autor direito a uma remuneração.

3. Este direito só pode ser exercido pelas pessoas jurídicas agindo no interesse das pessoas portadoras de deficiências, após autorização da autoridade administrativa competente.

Artigo 65 – Reprodução e adaptação de programas de computador

1. O proprietário legítimo do exemplar de um programa de computador pode, sem autorização do autor e sem pagamento de remuneração separada, reproduzir ou realizar um exemplar ou uma adaptação do programa, desde que este exemplar ou esta adaptação seja:

a) Necessária à utilização do programa de computador, em conformidade com os fins para que o programa foi obtido;

b) Necessária para fins de arquivo e para substituir o exemplar licitamente adquirido, no caso de ele se perder, ficar destruído ou inutilizável.

2. Nenhum exemplar pode ser reproduzido e nenhuma adaptação pode ser realizada para quaisquer outros fins para além dos previstos no número

precedente, e qualquer exemplar ou adaptação podem ser destruídos, desde que a sua posse prolongada deixe de ser pacífica.

Artigo 66 – Registo efémero por organismo de radiodifusão

1. Um organismo de radiodifusão pode, sem autorização do autor e sem pagamento de remuneração especial, realizar um registo efémero, sem fins comerciais, pelos seus próprios meios e para as suas próprias emissões, de uma obra que tenha o direito de radiodifundir.

2. O organismo de radiodifusão deve destruir este registo nos seis meses seguintes à sua realização, a menos que um acordo para um período mais longo tenha sido feito com o autor da obra assim registada.

3. Entretanto, para fins exclusivamente de conservação, sem o referido acordo, um exemplar único deste registo pode ser guardado.

Artigo 67 – Revenda e empréstimo público

É permitido, sem autorização do autor e sem pagamento de qualquer remuneração:

a) Revender ou transferir de outra maneira, a propriedade do exemplar de uma obra, depois da primeira venda ou transferência da propriedade, do exemplar a uma biblioteca, a um serviço de arquivo ou a um centro de documentação, cujas actividades não visem, directa ou indirectamente, um lucro comercial;

b) Emprestar ao público o exemplar de uma obra escrita, para fins meramente de consulta, desde que não seja um programa de computador.

Artigo 68 – Reprodução e adaptação de bases de dados

1. O utilizador legítimo de uma base de dados pode, sem autorização do autor e sem pagamento de remuneração separada, reproduzir, permanente ou provisoriamente, traduzir, adaptar, transformar ou modificar, de qualquer outra forma, comunicar ao público, desde que qualquer dessas utilizações seja necessária para utilizar a base de dados ou para aceder ao seu conteúdo.

2. Estando o utilizador legítimo autorizado a utilizar apenas uma parte da base de dados, o presente número só é aplicável a essa parte.

Artigo 69 – Prelecções

1. As prelecções dos professores só podem ser publicadas por terceiros com autorização dos respectivos autores, mesmo que se apresentem como relato da responsabilidade pessoal de quem as publica.

2. Não havendo especificação, considera-se que a publicação só se pode destinar ao uso dos alunos.

Artigo 70 – Reprodução temporária
São permitidos, independentemente da autorização do autor ou de pagamento de qualquer remuneração, os actos de reprodução temporária de uma obra, desde que:
a) Sejam praticados de forma transitória ou episódica;
b) Não tenham, em si, qualquer significado económico;
c) Constituam parte integrante e essencial dum processo tecnológico tendo como objectivo único permitir uma transmissão numa rede entre terceiros por parte de um intermediário ou uma utilização legítima.

Artigo 71 – Importação para fins pessoais
É permitida a importação do exemplar de uma obra por uma pessoa física ou moral, para fins pessoais ou colectivos, sem autorização do autor ou de qualquer outro titular do direito de autor da obra.

Artigo 72 – Outras utilizações
É ainda consentida a reprodução em exemplar único, de obras ainda não disponíveis no comércio ou de obtenção impossível, para fins de interesse exclusivamente científico ou humanitário, e pelo tempo necessário à sua utilização.

Artigo 73 – Remuneração devida pela reprodução ou gravação de obras
1. É permitido, sem autorização do autor, mas mediante remuneração equitativa, reproduzir, exclusivamente para o uso privado do utilizador, uma obra audiovisual licitamente publicada ou o registo sonoro de uma obra.
2. A remuneração equitativa para a reprodução destinada a fins privados, nos casos previstos no número antecedente, é paga pelos importadores e vendedores de aparelhos e suportes materiais utilizados para esta reprodução ou gravação que por qualquer dos meios se venha a obter, e é recebida e distribuída pela organização de gestão colectiva de direitos de autor.
3. Na ausência de acordo entre os representantes dos importadores e dos vendedores por um lado e a organização de gestão colectiva de direitos de autor por outro, o montante da remuneração equitativa e as condições do seu pagamento são fixados nos termos regulamentares.

4. A distribuição da remuneração equitativa a pagar aos autores, artistas intérpretes e executantes, e aos produtores de fonogramas e de videogramas, deve fazer-se entre estes três grupos de detentores de direitos, nos termos regulamentares.

5. Os aparelhos e suportes materiais mencionados no número (2) são isentos de pagamento de remuneração equitativa:

a) Se forem para reexportação;

b) Se não puderem ser normalmente utilizados para a reprodução de obras destinadas a fins privados.

Artigo 74 – Regime de licenças

1. O autor de uma obra pode conceder licença exclusiva ou não exclusiva, a uma ou várias pessoas, para a prática de actos protegidos pelos seus direitos patrimoniais.

2. Uma licença exclusiva autoriza o seu titular, com exclusão de qualquer outro, incluindo o próprio autor, a executar da maneira que lhe é permitida, os actos a que ela diz respeito.

3. Uma licença não exclusiva autoriza o seu titular a cumprir, da maneira que lhe é permitida, os actos nela fixados, ao mesmo tempo que o autor e outros titulares de licenças não exclusivas.

4. Salvo estipulação em contrário, a licença presume-se não exclusiva e ter sido concedida por um período de doze meses.

5. A concessão de licença para execução dos actos visados pode ser limitada a certos direitos específicos e, ainda, em relação aos objectivos, à duração, à extensão territorial, à amplitude e aos meios de exploração.

6. Na falta de menção do alcance territorial para o qual a licença é concedida, é considerado como limite da licença o país da celebração do acto de concessão.

7. Na falta de menção da extensão ou dos meios de exploração para os quais a licença foi concedida, é considerada como uma limitação da licença a extensão dos meios de comunicação e exploração necessários para os objectivos previstos, aquando da concessão da licença.

Artigo 75 – Licenças livres

1. Para fins exclusivamente didácticos ou de investigação científica, é também lícito, sem consentimento do autor, obter uma licença, não exclusiva e inalienável, para traduzir e publicar em português ou em crioulo cabo-verdiano uma obra já licitamente divulgada que o seu autor não haja retirado de

circulação, e ou reproduzi- la, desde que se mostrem preenchidas as condições seguintes:

a) Haja decorrido 1 ano sobre a primeira publicação ou reprodução dessa obra na língua original ou três em português ou em crioulo cabo-verdiano sem que outra tradução haja sido publicada ou se encontrem esgotados os exemplares da respectiva reprodução dentro deste prazo;

b) O requerimento da licença prove ter solicitado autorização para a tradução, publicação ou reprodução ao titular dos respectivos direitos, sem que a mesma lhe haja sido concedida ou sem que tenha podido localizar o titular do direito de autor, apesar de todas as diligências razoavelmente feitas;

c) A tradução, publicação e reprodução se efectuem e os respectivos exemplares sejam distribuídos exclusivamente no território da República de Cabo Verde, ressalvando-se apenas a exportação destinada a cidadãos cabo-verdianos residentes fora do país ou organizações por estes constituídas, dentro dos limites estritamente necessários e com expressa proibição da sua comercialização;

d) Seja assegurada ao titular dos direitos de tradução, publicação e reprodução uma remuneração justa e equitativa, conforme os usos internacionais e se proceda à sua transferência em moeda equitativa.

2. A licença a que este artigo se refere poderá ser concedida a um organismo de radiodifusão sonora ou audiovisual, com sede na República de Cabo Verde exclusivamente para os fins indicados no número anterior desde que a tradução e a reprodução se efectuem a partir de exemplares licitamente produzidos. A licença poderá compreender, além da obra publicada sob forma impressa ou outra análoga os textos incorporados ou integrados em fixações audiovisuais destinadas a uso escolar e científico.

3. O título e o nome do autor da obra original deverão ser indicados em todos os exemplares da tradução publicada ou das suas reproduções.

4. A competência para outorgar as licenças a que se referem os números (1) e (2) deste artigo é exclusiva do departamento governamental responsável pela área da Cultura.

Artigo 76 – Processo

1. Em caso de litígio suscitado pelo exercício de direito previsto no artigo anterior, o processo seguirá no que for compatível com o disposto no Código do Processo Civil.

2. A acção deve ser intentada no Tribunal do domicílio do requerente da licença, a qual só será concedida depois de feita a prova do pagamento da

remuneração arbitrada ao titular do direito de autor ou do respectivo depósito ou caução, no caso de o contacto com este se ter mostrado impossível.

3. Da decisão cabe recurso, com efeito suspensivo, para o Supremo Tribunal de Justiça.

CAPÍTULO II – Das utilizações em especial

SECÇÃO I – Do contrato de edição

Artigo 77 – Conceito

Pelo contrato de edição, o autor de uma obra autoriza o editor a reproduzi-la graficamente, distribui-la e pôr à venda os respectivos exemplares entendendo-se, salvo convenção em contrário, que essa autorização é válida apenas para uma edição.

Artigo 78 – Exclusões

1. Não se consideram contratos de edição:

a) O acordo pelo qual uma pessoa se obriga, contra o pagamento de certa quantia pelo titular do direito de autor sobre uma obra, a produzir, nas condições estipuladas, certos números de exemplares dessa obra e a assegurar a sua distribuição e venda por conta do titular do direito;

b) O acordo pelo qual o titular do direito do autor sobre uma obra, fazendo produzir por sua conta certo número de exemplares dessa obra apenas cometa a outrem o encargo do depósito, distribuição e venda dos exemplares mediante o pagamento de certa comissão ou qualquer outra forma de retribuição;

c) Qualquer acordo pelo qual se estabeleça apenas a retribuição fixa ou proporcional da entidade que se encarregar da reprodução ou da distribuição e venda dos exemplares da obra, correndo todos os riscos por conta do titular do direito de autor;

d) O acordo pelo qual no titular do direito de autor sobre uma obra encarrega a outrem de produzir, por conta própria, determinados números de exemplares dessa obra e de assegurar a sua distribuição e venda quando as partes convencionem dividir entre si os lucros ou prejuízos, de exploração.

2. Os contratos referidos no número antecedente, alíneas (a), (b) e (c), regem-se pela estipulação nelas exaradas, pelas disposições legais relativas aos contratos de prestação de serviços e pelas vias correntes no comércio.

3. O contrato referido no número (1) antecedente, alínea (d), rege-se pelas estipulações especiais dele constantes, pelas vias correntes no comércio e, subsidiariamente, pelos preceitos relativos à conta em participação.

Artigo 79 – Forma e conteúdo

1. O contrato de edição deve ser reduzido a escrito, sob pena de nulidade, e dele devem constar obrigatoriamente os prazos de entrega da obra e conclusão da edição, número de exemplares, preço de cada um, montante dos direitos a pagar ao autor e modalidades do pagamento, bem como os termos da sua resolução.
2. O contrato de edição pode ter por objecto uma ou mais obras, inéditas ou publicadas, existentes ou futuras, com a limitação, neste último caso, do artigo 41.
3. A nulidade resultante da falta de redução do contrato a escrito presume-se imputável ao editor e só pode ser invocada pelo autor.

Artigo 80 – Obrigações do autor

O autor é obrigado:

a) A entregar ao editor, dentro do prazo ajustado, a obra que é objecto do contrato de edição e cujo original é propriedade sua;

b) A assegurar ao editor o exercício dos direitos emergentes do contrato de edição contra todos os embaraços e turbações provenientes de eventuais direitos de terceiros em relação à obra, salvo se os embaraços e turbações resultarem de mero facto de terceiros;

c) A não contratar com outro editor da obra na mesma língua enquanto não estiver esgotada a edição ou não tiver decorrido o prazo que para tal efeito haja sido estipulado no contrato, salvo o disposto nos artigos 82 e 84 da presente lei.

Artigo 81 – Obrigações do editor

O editor é obrigado:

a) A executar ou promover a reprodução da obra pela forma, nas condições e dentro do prazo estipulado no contrato de edição;

b) A respeitar a integridade da obra, sendo-lhe vedado introduzir nela quaisquer modificações sem o consentimento expresso do autor;

c) A facultar ao autor, pelo menos, uma prova de granel, uma prova de página, o projecto e a prova de capa, que o autor deverá rever e corrigir dentro do prazo de 30 dias, se outro não for convencionado no contrato;

d) A mencionar o nome, o pseudónimo, e heterónimo ou outro sinal convencional adoptado pelo autor em todos os exemplares da sua obra;

e) A consagrar à execução da edição o cuidado necessário para que a reprodução da obra se faça nas condições convencionais, e a promover, com a diligência normal do comércio, a distribuição dos exemplares produzidos;

f) A pagar ao autor os direitos ajustados, pela forma e nos prazos convencionados, e a permitir a fiscalização da tiragem por todos os meios, designadamente através do exame da escrituração comercial do editor ou da empresa que produziu os exemplares;

g) A restituir ao autor da obra, objecto do contrato, depois de reproduzida.

2. Não se considera modificação da obra a actualização ortográfica e a correcção de erros gramaticais, efectuada com o consentimento do autor, em harmonia com as regras oficiais vigentes.

Artigo 82 – Produção de exemplares em número inferior ao convencionado

O editor que produzir exemplares em número inferior ao convencionado poderá ser coagido a completar a edição, e se não o fizer, poderá o autor promover, a expensas do editor, a promoção dos exemplares em falta, sem prejuízo de exigir deste indemnização por perdas e danos.

Artigo 83 – Produção de exemplares em número superior ao convencionado

Se o editor produzir exemplares em número superior ao convencionado, poderá o autor mandar apreender os exemplares a mais e apropriar-se deles.

Artigo 84 – Remuneração

1. O contrato da edição presume-se celebrado a título oneroso.

2. A remuneração do autor será a que for estipulada no contrato de edição e poderá consistir numa quantia fixa a pagar pela totalidade da edição numa percentagem sobre o preço de venda ao público de cada exemplar, na cedência de um certo número de exemplares ou numa prestação estabelecida em qualquer base, podendo sempre recorrer-se à combinação de algumas destas modalidades.

3. Se a remuneração consistir numa percentagem sobre o preço de venda dos exemplares produzidos, o editor é obrigado a prestar contas ao autor de seis em seis meses, se outro prazo não for convencionado.

4. A falta de cumprimento da obrigação constante do número (3) dá ao autor direito de exigir do editor a prestação judicial de contas e de requerer exame à sua escrita.

Artigo 85 – Venda em saldo ou a peso

Se, dentro do prazo convencionado ou, na falta deste, 10 anos após a publicação da obra, a edição não estiver esgotada, o editor pode vender em saldo ou a peso os exemplares existentes, notificando previamente o autor, que tem direito de preferência na respectiva aquisição.

Artigo 86 – Obras completas

1. O Autor que contratou com um ou mais editores, a edição separada de cada uma das suas obras tem a faculdade de contratar com outro editor a edição completa das mesmas.

2. O contrato para edição completa das obras de um autor não autoriza o editor a editar em separado qualquer das obras compreendidas nessa edição nem prejudica o direito do autor de contratar a edição em separado de qualquer destes.

Artigo 87 – Obras futuras

À edição de obras futuras aplica-se o disposto no artigo 42.

Artigo 88 – Transmissão de direitos

1. A autorização para editar uma obra não importa a transmissão para o editor dos direitos emergentes do contrato, nem lhe confere o direito de traduzir, adaptar ou transformar a obra que é objecto do contrato.

2. O editor não pode, sem consentimento do autor ceder ou transmitir a terceiros, por título gratuito ou oneroso os seus direitos emergentes do contrato de edição, salvo no caso de trespasse do seu estabelecimento comercial.

3. No caso de trespasse, pelo editor, do seu estabelecimento comercial, o autor tem direito a ser indemnizado dos prejuízos morais e materiais que lhe advierem da operação realizada.

Artigo 89 – Rescisão do contrato de edição

O contrato de edição é rescindido:

a) No caso de falência do editor salvo se dentro do prazo de seis meses, a contar da declaração da falência, for resolvido, nos termos do Código de

Processo Civil, cumprir os contratos celebrados, for realizado o trespasse do estabelecimento em globo;

b) No caso de morte do editor, se o estabelecimento não continuar na posse de alguns dos herdeiros;

c) No caso de o autor morrer ou ficar impossibilitado de completar a obra;

d) Se, devidamente notificado pelo autor, para concluir a edição, nos termos do contrato de edição, o editor não o fizer dentro do prazo razoável que para tal lhe for designado pelo autor.

SECÇÃO II – Da representação e execução

Artigo 90 – Conceito

Pelo contrato de representação e execução pública, o autor autoriza a representação da sua obra dramática, dramático-musical, coreográfica, pantomímica ou outra de natureza análoga ou a execução da sua obra musical, literária ou literário-musical, em qualquer lugar a que o público tenha acesso, com ou sem entradas pagas.

Artigo 91 – Exclusões

1. Não se consideram abrangidas na autorização para representar ou executar uma obra a transmissão radiofónica ou televisiva, a captação cinematográfica ou qualquer outro modo de reprodução ou comunicação do espectáculo em que a obra é utilizada.

2. Quando haja, a autorização de transmissão de uma obra por radiodifusão terrestre não compreende:

a) A distribuição por cabo desta radiodifusão, a menos que seja feita simultânea e integralmente pelo organismo beneficiário desta autorização e sem extensão da zona geográfica contratualmente prevista;

b) A sua emissão para um satélite que permite a recepção desta obra através de organismos terceiros, a menos que os autores ou os seus beneficiários autorizem contratualmente estes organismos a comunicar a obra ao público; neste caso, o organismo de emissão é exonerado do pagamento de qualquer remuneração.

3. A autorização de radiodifundir uma obra não equivale a uma autorização de comunicar a radiodifusão desta obra num lugar acessível ao público.

Artigo 92 – Obrigações do empresário

1. O empresário que organiza o espectáculo em que são representadas ou executadas as obras referidas no artigo anterior é obrigado a obter dos respectivos autores prévia autorização para sua utilização no espectáculo.

2. Considera-se empresário, para efeito deste artigo, a pessoa singular ou colectiva que, a título eventual ou de modo permanente, organiza em local aberto ao público o espectáculo em que são representadas ou executadas as referidas obras.

3. O empresário é obrigado a assegurar a representação e execução em condições técnicas que permitam o respeito dos direitos patrimoniais e morais do autor da obra representada ou executada, não podendo introduzir quaisquer modificações na obra sem o prévio consentimento do autor e nem podendo transmitir a terceiros os direitos emergentes do contrato.

Artigo 93 – Direito do autor

Do contrato de representação derivam para o autor, salvo estipulação expressa em contrário, os seguintes direitos:

a) De introduzir na obra, independentemente do consentimento de outra parte, as alterações que julgar necessárias, desde que não prejudiquem a sua estrutura global nem diminuam seu interesse dramático ou espectacular;

b) De ser ouvido sobre a distribuição dos papéis quando se trata de representação de uma obra dramática;

c) De assistir aos ensaios e fazer as necessárias indicações quanto a interpretação da sua obra, bem como de ser ouvida sobre a escolha dos colaboradores da realização artística da obra;

d) De se opor a representação, em quanto não considerar suficientemente ensaiada a representação e asseguradas as condições de êxito da mesma;

e) De ter livre acesso ao local da representação para efeitos de fiscalização da mesma, podendo para tanto fazer se representar.

Artigo 94 – Redução a escrito

O contrato de representação deve ser reduzido a escrito e dele constarão obrigatoriamente o prazo pelo qual a autorização para representação ou execução e concedida, o local onde as mesmas tem lugar e a modalidade de pagamento dos direitos, que pode ser uma percentagem sobre as receitas, uma quantia fixa por cada representação ou execução, ou qualquer outra.

Artigo 95 – Presunção de gratuitidade

Presume-se gratuita a autorização para representar concedida a amadores.

Artigo 96 – Licença, autorização ou visto policial

Sempre que uma representação seja dependente de licença, a autorização ou visto policial será necessário, para obtê-los, a exibição, perante a autoridade competente, de documento donde conste que o autor da obra deu consentimento para representação.

Artigo 97 – Rescisão do contrato

O contrato de representação pode ser especialmente rescindido nos seus seguintes casos:
a) Por insistentes e inequívocas manifestações de desagrado por parte do público;
b) Por suspensão ou proibição da representação por autoridade pública;
c) Se a obra a que respeita estiver incompleta ou por começar, no caso da morte ou da incapacidade física do autor.

SECÇÃO III – Da fixação e comunicação audiovisual

SUBSECÇÃO I – Da produção cinematográfica

Artigo 98 – Contrato de utilização cinematográfica

1. Pelo contrato de utilização cinematográfica o produtor adquire o direito de produzir, distribuir e exibir uma obra cinematográfica com prévia autorização dos respectivos autores.

2. A autorização referida no número anterior, implica o direito de reproduzir, distribuir e exibir ou fazer exibir a obra cinematográfica e explorá-la economicamente.

3. Essa mesma autorização não abrange a transmissão televisiva da obra cinematográfica nem a sua reprodução sob forma de videograma ou a sua exploração e comunicação ao público por qualquer destes meios.

4. A autorização dada pelos autores para a produção cinematográfica de uma obra, quer composta especialmente para esta forma de expressão, quer adaptada, implica a concessão de exclusivo, salvo convenção em contrário.

5. No silêncio das partes, o exclusivo concedido para a produção cinematográfica caduca decorridos vinte e cinco anos sobre a celebração do con-

trato respectivo, sem prejuízo do direito daquele a quem tiver sido atribuída a exploração, económica do filme a continuar a projectá-lo, reproduzi-lo e distribuí-lo.

Artigo 99 – Produtor
1. O produtor de uma obra cinematográfica é a pessoa singular ou colectiva responsável pela sua produção e completa realização, quer sob o aspecto técnico, quer sob o financeiro.
2. O produtor deve ser indicado como tal no filme.
3. O produtor só pode introduzir na obra cinematográfica as modificações que forem determinadas por exigência da técnica, desde que não altere o sentido da obra.
4. O produtor pode, a todo o tempo, transferir para terceiro, no todo ou em parte, direitos emergentes do contrato, ficando, todavia, responsável para com os autores pelo cumprimento pontual do mesmo.

Artigo 100 – Autores
1. Consideram-se autores da obra cinematográfica, o director, os autores do argumento, da adaptação, dos diálogos, dos desenhos animados e das composições musicais, com ou sem palavras, criadas especialmente para essa obra.
2. O autor ou co-autores de obra cinematográfica têm o direito de exigir que os seus nomes sejam indicados na projecção do filme, mencionando-se igualmente a contribuição de cada um deles para a obra referida.
3. Se a obra cinematográfica constituir adaptação de obra preexistente, deverá mencionar-se o título desta e o nome, pseudónimo ou qualquer outro sinal de identificação do autor.
4. Os direitos dos autores de obra preexistentes utilizados na produção da obra cinematográfica são reconhecidos nos termos da parte final do artigo 14.
5. Os autores da parte literária e da parte musical da obra cinematográfica podem reproduzi-las e utilizá-las separadamente por qualquer modo, contanto que não prejudiquem a exploração da obra no seu conjunto.

Artigo 101 – Conclusão da obra
Considera-se completa a obra cinematográfica, quando o realizador e o produtor hajam estabelecido, de comum acordo a versão definitiva, cuja matriz em caso nenhum pode ser destruída.

Artigo 102 – Prazo de cumprimento do contrato

Se o produtor não concluir a produção da obra cinematográfica no prazo de três anos a contar da data da entrega da parte literária e da parte musical, ou não fizer projectar a película concluída no prazo de três anos a contar da conclusão, o autor ou co-autores terão o direito de rescindir o contrato.

Artigo 103 – Obras produzidas por processo análogo à cinematografia

As disposições da presente subsecção são aplicáveis às obras produzidas por qualquer processo análogo à cinematografia.

SUBSECÇÃO II – Da fixação fonográfica e videográfica

Artigo 104 – Âmbito da autorização

1. Pelo contrato de utilização fonográfica e videográfica, o produtor adquire o direito de produzir, distribuir e exibir uma obra fonográfica ou videográfica, com prévia autorização dos respectivos autores.

2. A autorização para fixar e reproduzir, por qualquer processo uma obra literária, artística ou científica num fonograma, apenas habilita aquele a quem é concedida a proceder ao seu registo e a vender os exemplares produzidos mas não a executar ao público, transmitir pela rádio ou televisão ou comunicar ao público, por qualquer modo a obra fixada nem a alugar os respectivos exemplares.

3. A compra de um exemplar de um fonograma ou videograma não dá ao adquirente o direito de os utilizar para quaisquer fins de comunicação pública das obras nela fixadas, reprodução, venda ou aluguer com fins comerciais.

Artigo 105 – Fixação anterior

1. A obra musical e a respectiva letra que já tenham sido objecto de uma fixação fonográfica autorizada podem ser novamente fixadas sem necessidade de o consentimento do autor, ao qual é todavia devida uma remuneração equitativa.

2. Na falta de acordo das partes, cabe ao departamento governamental responsável pela área da Cultura determinar o justo montante da remuneração equitativa.

Artigo 106 – Obrigações do produtor

1. O produtor fonográfico ou videográfico, entendendo- se como tal a pessoa singular ou colectiva que pela primeira vez fixa os sons, imagens provenientes de uma execução ou registo, é obrigado a fazer imprimir neles ou na respectiva etiqueta um nome, pseudónimo ou sinal distintivo do autor da obra fixada.

2. O produtor não pode, mesmo alegando necessidade de ordem técnica, introduzir quaisquer modificações na obra fixada, nem pode adaptá-la, arranjá-la ou transformá- la sem consentimento do autor, transmitir a terceiros os direitos emergentes de contrato ou alienar a respectiva matriz, excepto no caso de trespasse do seu estabelecimento.

Artigo 107 – Obras produzidas por processo análogo

As disposições desta subsecção aplicam-se à reprodução de obra intelectual obtida por qualquer processo análogo à fonografia e/ou videografia, já existente ou que venha a ser inventado.

SUBSECÇÃO III – Da radiodifusão e outros processos destinados à reprodução dos sinais, dos sons e das imagens

Artigo 108 – Autorização

A autorização para transmitir uma obra por radiodifusão sonora ou visual é geral para todas as emissões, directas ou em diferido, feitas pelo organismo que a obteve.

Artigo 109 – Limites da autorização

1. A autorização concedida para a transmissão pela radiodifusão sonora ou visual de uma obra não compreende a faculdade de fixar nem de a comunicar em qualquer lugar público por altifalantes ou qualquer outro processo utilizado para a difusão de sinais, sons e imagens.

2. A faculdade referida no número (1) antecedente depende de autorização prévia, confere ao autor da obra o direito a uma remuneração suplementar prévia e exclusiva para emissões a partir do território nacional cabo-verdiano.

3. A transmissão efectuada por entidade diversa da que obteve a autorização referida no número (1), quando se faça por cabo ou por satélite, e não esteja expressamente prevista naquela autorização, depende de consentimento do autor e confere-lhe direito a remuneração.

Artigo 110 – Identificação do autor

As estações emissoras devem anunciar, antes do acto de emissão, o nome, pseudónimo ou qualquer outro sinal que identifique o autor da obra radiodifundida bem como título deste.

SECÇÃO IV – Das artes plásticas e fotografia

Artigo 111 – Direito dos autores

1. Os autores das obras enunciadas no artigo 7 (4) (g), (h), (i) e (k), bem como de obras de artes plásticas inspiradas no folclore, têm o direito:

a) De as expor ou autorizar terceiros a expô-las publicamente;

b) De as reproduzir ou autorizar terceiros a reproduzi-las.

2. Salvo convenção expressa em contrário, a alienação destas obras envolve o direito de as expor.

3. Sempre que uma dessas obras seja exposta ou reproduzida, é obrigatória a menção do nome, pseudónimo ou sinal de identificação do autor.

Artigo 112 – Fotografias

1. Para que uma obra fotográfica seja protegida, é necessário que, pela escolha do seu objecto ou pelas condições da sua execução, possa considerar-se como criação artística pessoal do seu autor.

2. A alienação negativa de uma obra fotográfica importa, salvo convenção expressa em contrário, a transmissão dos direitos referidos no número (1) do artigo antecedente.

3. A reprodução e comunicação pública de fotografias de pessoas estão sujeitas as restrições da lei civil sobre o direito a imagem.

4. Salvo convenção em contrário, a fotografia de uma pessoa, quando essa fotografia seja executada por encomenda, pode ser publicada, reproduzida ou mandada reproduzir pela pessoa fotografada ou por seus herdeiros ou transmissários sem consentimento do fotógrafo seu autor, mas com a indicação do seu nome quando este figurar na fotografia original.

5. Se o nome do fotógrafo figurar na fotografia original, deve também ser indicado nas reproduções.

6. A exposição ou difusão por qualquer modo de fotografia ou da película fotográfica de uma operação cirúrgica depende da autorização, tanto de cirurgião como da pessoa operada.

7. Se a fotografia for efectuada em execução de um contrato de trabalho ou por encomenda, presume-se que o direito previsto no artigo anterior pertence à entidade patronal ou à pessoa que fez a encomenda.

SECÇÃO V - Dos jornais e publicações periódicas

Artigo 113 - Direitos do autor e do proprietário ou editor
1. Sem prejuízo do disposto em legislação especial e no artigo 13 (3) desta lei, o direito de autor relativo a obras públicas com ou sem assinatura, em jornais ou outras publicações periódicas, ainda que criadas em cumprimento de um contrato de trabalho, pertence aos respectivos autores e só estes as podem reproduzir em separado.

2. Quando a obra é publicada em cumprimento de contrato de trabalho, a sua reprodução não pode fazer-se senão decorridos três meses sobre a data em que hajam sido publicadas, salvo autorização do proprietário do jornal ou publicação.

3. O proprietário ou editor do jornal ou publicação periódica pode reproduzir, sem autorização do autor, os números em que foram publicadas as obras a que se refere o número (1) deste artigo.

4. Se os trabalhos referidos não estiverem assinados ou não contiverem identificação do autor, o direito de autor sobre os mesmos é atribuído à empresa a que pertencer o jornal ou a publicação em que tiverem sido inseridos, e só com a autorização desta podem ser aplicados em separado por aqueles que os escreveram.

Artigo 114 - Artigos de actualidade
Os artigos de actualidade de discussão económica, política, social, cultural ou religiosa podem ser reproduzidos pela imprensa, se a reprodução não tiver sido expressamente reservada pelo respectivo autor, mas o nome ou pseudónimo deste e origem do artigo devem sempre ser indicados.

TÍTULO III - Direitos conexos

Artigo 115 - Definição
1. Constitui direitos conexos a protecção jurídica que se garante aos artistas, intérpretes ou executantes, aos produtores de fonogramas e de videogramas e aos organismos de radiodifusão pelas suas prestações.

2. Artistas intérpretes ou executantes são os actores, cantores, músicos, bailarinos e outros que representem, cantem, recitem, declamem, interpretem ou executem de qualquer maneira obras literárias e artísticas.

3. Produtor de fonograma ou videograma é a pessoa singular ou colectiva que fixa pela primeira vez os sons provenientes de uma execução ou quaisquer outros, ou as imagens de qualquer proveniência, acompanhadas ou não de som.

4. Fonograma é o registo resultante da fixação, em suporte material, de sons provenientes de uma prestação ou de outros sons, ou de uma representação de sons.

5. Videograma é o registo resultante da fixação, em suporte material, de imagens, acompanhadas ou não de sons, bem como a cópia de obras cinematográficas ou audiovisuais.

6. Cópia é o suporte material em que se reproduzem sons e imagens, ou representação destes, separada ou cumulativamente, captados directa ou indirectamente de um fonograma ou videograma, e se incorporam, total ou parcialmente, os sons ou imagens ou representações destes, neles fixados.

7. Organismo de radiodifusão é a entidade que efectua emissões de radiodifusão sonora ou visual, entendendo-se por emissão de radiodifusão a difusão dos sons ou de imagens, ou a representação destes, separada ou cumulativamente, por fi os ou sem fi os, nomeadamente por ondas hertzianas, fibras ópticas, cabo ou satélite, destinada à recepção pelo público.

8. Retransmissão é a emissão simultânea por um organismo de radiodifusão de uma emissão de outro organismo de radiodifusão.

Artigo 116 – Conteúdo

As prestações dos artistas, intérpretes ou executantes, são protegidas pelo reconhecimento dos direitos conexos.

Artigo 117 – Aplicação

A protecção dos direitos conexos e aplicável, sem prejuízo dos direitos reconhecidos aos autores da obra utilizada.

Artigo 118 – Remissão

As normas relativas aos direitos de autor aplicam-se, no que couber, aos direitos conexos.

Artigo 119 – Requisitos

O artista, intérprete ou executante é protegido desde que se verifique uma das seguintes condições:
a) Que seja de nacionalidade cabo-verdiana;
b) Que a prestação ocorra em Cabo Verde; e
c) Que a prestação original seja fixada ou radiodifundida pela primeira vez em Cabo Verde.

Artigo 120 – Autorização

1. O artista, intérprete ou executante goza de direito exclusivo da autorizar a fixação, a sua reprodução directa ou indirecta, temporária ou permanente, por quaisquer meios e sob qualquer forma, no todo ou em parte, a radiodifusão, a comunicação e a colocação à disposição do público por fio ou sem fio por forma a que seja acessível a qualquer pessoa a partir do local e no momento por ela escolhido, sem o seu consentimento, das prestações que tenham realizado das suas interpretações ou execuções.

2. A autorização deve ser dada por escrito.

3. Na falta de acordo em contrário, a autorização para radiodifundir uma prestação implica autorização para a sua fixação, bem como para a radiodifusão de fixações licitamente autorizadas por outro organismo de radiodifusão.

4. O artista tem, todavia, direito a remuneração suplementar sempre que, sem estarem previstas no contrato inicial, forem realizadas as seguintes operações:
a) Uma nova transmissão;
b) A retransmissão por outro organismo de radiodifusão;
c) A comercialização de fixações obtidas para fins de radiodifusão.

5. A retransmissão e a nova transmissão não autorizadas de interpretação ou execução dão aos artistas que nela intervêm o direito de receberem, no seu conjunto 20% da remuneração primitivamente fixada.

6. A comercialização dá aos artistas o direito de receberem, no seu conjunto 20% da quantia que o organismo de radiodifusão que fixou a prestação receber do adquirente.

7. O artista pode estipular com o organismo da radiodifusão umas condições diversas das referidas nos números anteriores, mas não renunciar aos direitos nela consignados.

Artigo 121 – Casos especiais

1. Os direitos conexos relativos à prestação do artista, interprete ou executante, executada em cumprimento do contrato de trabalho ou por encomenda, pertencem, salvo convenção em contrário, a entidade patronal ou a pessoa que fez a encomenda.

2. O artista, intérprete ou executante goza do direito de exigir que o seu nome seja indicado em todas as suas interpretações ou execuções e a opor-se, durante a sua vida, a qualquer deformação, mutilação ou atentado sobre a sua prestação que lesione o seu prestígio e a sua reputação.

3. Por sua morte e durante o prazo de 25 anos, os seus herdeiros gozam dos poderes referidos no número (2).

Artigo 122 – Autorização do produtor

1. Carecem de autorização do produtor do fonograma ou do videograma a reprodução e a distribuição ao público de cópias dos mesmos, bem como a respectiva importação ou exportação.

2. Carecem também de autorização do produtor do fonograma ou do videograma a difusão por qualquer meio e a execução pública dos mesmos.

3. Quando um fonograma ou videograma editado comercialmente, ou uma reprodução dos mesmos, for utilizado por qualquer forma de comunicação pública, o utilizador pagará ao produtor e aos artistas intérpretes ou executantes uma remuneração equitativa, que será dividida entre eles em partes iguais, salvo acordo em contrário.

Artigo 123 – Organismos de radiodifusão

1. Os organismos de radiodifusão gozam do direito de autorizar ou proibir:

a) A retransmissão das suas emissões por ondas radioeléctricas;

b) A fixação em suporte material das suas emissões, sejam elas efectuadas com ou sem fio;

c) A reprodução da fixação das suas emissões, quando estas não tiverem sido autorizadas ou quando se tratar de fixação efémera e a reprodução visar fins diversos daqueles com que foi feita;

d) A comunicação ao público das suas emissões, quando essa comunicação é feita em lugar público e com entradas pagas.

2. Ao distribuidor por cabo que se limita a efectuar a retransmissão de emissões de organismos de radiodifusão não se aplicam os direitos previstos neste artigo.

Artigo 124 – Presunção de anuência

Quando, apesar da diligência do interessado, comprovada pelo departamento governamental responsável pela área da Cultura, não for possível entrar em contacto com o titular do direito ou este se não pronunciar num prazo razoável que, para este efeito lhe for assinado, presume-se a anuência, mas o interessado só pode fazer a utilização pretendida se prestar a caução correspondente ao pagamento da remuneração.

Artigo 125 – Modos de exercício

Aplicam-se, com as necessárias adaptações, as disposições correspondentes ao exercício dos direitos do autor, aos modos de exercício dos direitos conexos.

Artigo 126 – Prazo de duração da protecção

1. Os direitos conexos caducam decorridos cinquenta anos, a contar de 1 de Janeiro do ano civil seguinte:

a) À interpretação, representação ou execução pelo artista intérprete ou executante;

b) À primeira fixação, pelo produtor, do fonograma, videograma ou filme, para o original e as cópias dos seus filmes;

c) À primeira emissão pelo organismo de radiodifusão, quer a emissão seja efectuada com ou sem fio, incluindo cabo ou satélite;

d) À primeira comunicação ao público dos programas pertencentes às empresas audiovisuais pelas mesmas.

2. No entanto, se no decurso do período referido no numero anterior, forem disponibilizados ao público através de suportes materiais, objecto de publicação ou comunicação lícita ao publico uma fixação da representação ou execução do artista interprete ou executante, o fonograma, o videograma ou o filme protegidos, o prazo de caducidade começa a contar-se a partir destes factos e não a partir dos factos referidos nas alíneas do mesmo número.

3. É aplicável às entidades previstas no número (1) (a) (b) e (c) o disposto no artigo 25 (2).

TÍTULO IV – Violação e defesa dos direitos

Artigo 127 – Usurpação

1. Comete o crime de usurpação aquele que, por qualquer forma, utilizar, no todo ou em parte, uma obra literária, artística ou científica sem autorização do respectivo autor, ou do artista, do produtor de fonograma ou de videograma, ou do organismo de radiodifusão, ou excedendo os limites da autorização concedida.

2. Comete também o crime de usurpação:

a) Quem divulgar ou publicar abusivamente uma obra ainda não divulgada nem publicada pelo seu autor ou não destinada a divulgação ou publicação, mesmo que a apresente como sendo do respectivo autor, quer se proponha ou não obter qualquer vantagem económica;

b) Quem coligir ou compilar obras publicadas ou inéditas, sem a autorização do autor.

Artigo 128 – Contrafacção

1. Comete o crime de contrafacção aquele que fraudulentamente apresentar ou utilizar, no todo ou em parte, como sendo criação sua uma obra literária, artística ou científica, uma prestação de artistas, interpretes ou executante, um fonograma, videograma ou emissão de radiodifusão de outrem.

2. Representando a reprodução referida no número (1) apenas parte ou fracção de obra ou prestação, só essa parte ou fracção se considera como contrafacção.

3. Para a verificação da contrafacção não é essencial que a reprodução seja feita pelo mesmo processo que o original, com as mesmas dimensões ou com o mesmo formato.

Artigo 129 – Penalidades

1. Os crimes previstos no artigo anterior são crimes públicos e são punidos com pena de prisão até três anos ou com pena de multa de 100 a 200 dias, elevadas para o dobro em caso de reincidência, se a infracção não constituir crime punível com pena mais grave.

2. A simples negligência é punida com pena de multa até 100 dias.

Artigo 130 – Violação do direito moral

1. É punido com as penas previstas no artigo anterior:

a) Aquele que arrogar a paternidade de uma obra literária, artística ou científica de outrem;

b) Aquele que atentar contra a genuinidade e a integridade de uma obra literária, artística ou científica.

2. O procedimento criminal relativo ao crime previsto neste artigo depende de queixa ou participação.

Artigo 131 – Aproveitamento de uma obra usurpada ou contrafeita

É também punido com as penas previstas no artigo 130 aquele que importar, vender, puser à venda ou por qualquer modo, distribuir ao público no território da República de Cabo Verde obra usurpada ou contrafeita quer os respectivos exemplares tenham sido produzidos no país, quer no estrangeiro.

Artigo 132 – Procedimento criminal

Tratando-se de obras do folclore ou caídas no domínio público, a queixa deve ser apresentada pelo departamento governamental responsável pela Cultura.

Artigo 133 – Apreensão e perda de coisas relacionadas com a prática do crime

1. São sempre apreendidos os exemplares ou cópias das obras usurpadas ou contrafeitas, quaisquer que sejam a natureza da obra e a forma de violação, bem como os respectivos invólucros materiais, máquinas ou demais instrumentos ou documentos de que haja suspeita de terem sido utilizados ou destinarem-se à prática da infracção.

2. O destino de todos os objectos apreendidos é fixado na sentença final, independentemente de requerimento, e, quando se provar que se destinavam ou foram utilizados na infracção, consideram-se perdidos a favor do Estado sendo as cópias ou exemplares obrigatoriamente destruídos, sem direito a qualquer indemnização.

3. Nos casos de flagrante delito, têm competência para proceder à apreensão as autoridades policiais e administrativas.

Artigo 134 – Apreensões

1. O titular do direito de autor pode requerer ao Tribunal a apreensão dos exemplares da obra usurpada ou contrafeita, seja qual for a natureza da obra e a forma da sua violação, bem como dos aparelhos ou instrumentos utilizados na sua reprodução ou comunicação.

2. A apreensão é sempre ordenada pela autoridade judicial, sendo competente para a executar, por delegação desta, as autoridades policiais e administrativas.

Artigo 135 – Responsabilidade civil

A responsabilidade civil emergente da violação dos direitos previstos nesta lei é independente do procedimento criminal a que dê origem podendo, contudo, ser exercida em conjunto com a acção penal.

Artigo 136 – Providência cautelar

Sem prejuízo do exercício da acção civil ou penal, o titular do direito de autor relativo a uma obra literária, artística ou científica, pode requerer às autoridades judiciais, administrativas ou policiais do lugar onde a violação ou ameaça de violação de seu direito se verifique, a imediata suspensão da representação, execução ou qualquer outra forma de comunicação ao público da obra em curso, sem a devida autorização.

Artigo 137 – Prova de infracção

Fazem fé em juízo as participações elaboradas nos termos do Código do Processo Penal por funcionários policiais ou por agentes ajuramentados dos organismos a que se refere o artigo 138.

TÍTULO V – Disposições finais

Artigo 138 – Organização de gestão

1. A gestão dos direitos patrimoniais e morais contemplados nesta lei pode ser confiada a organismos de autores, públicos ou privados dotados de competência para, em nome e representação destes, conceder as necessárias autorizações para a utilização e exploração das suas obras, estabelecer as tarifas e proceder à cobrança dos direitos correspondentes e à sua distribuição pelos respectivos titulares, defender os direitos morais, fiscalizar o cumprimento da lei, constatar as infracções a esta e requerer aos Tribunais as providências adequadas.

2. O departamento governamental responsável pela área da Cultura exerce a tutela administrativa sobre as actividades de gestão colectiva, no sentido de garantir a transparência e a aplicação de critérios justos de cobrança e dis-

tribuição dos valores arrecadados, em benefício dos autores e do interesse público, nos termos a regulamentar.

Artigo 139 – Revogação
Fica revogada a Lei 101/IV/90, de 29 de Dezembro.

Artigo 140 – Entrada em vigor
O presente diploma entra imediatamente em vigor.

(...)

Lei de Direito de Autor Moçambicana

Lei 4/2001 de 27 de Fevereiro

A promoção, o desenvolvimento e a valorização do património cultural decorrem da conjugação de esforços da sociedade em geral, dos artistas em especial e ainda da assunção pelo Estado das suas responsabilidades no domínio da cultura.

(...)

TÍTULO I – Direito de autor

CAPÍTULO I – Disposições gerais

Artigo 1 – Objecto
A presente lei tem como objecto a protecção das obras literárias, artísticas e científicas e dos direitos dos respectivos autores, artistas intérpretes ou executantes, produtores de fonogramas e de videogramas e dos originais de radiodifusão, e visa estimular a criação e a produção do trabalho intelectual na área da literatura, da arte e da ciência.

Artigo 2 – Definições
O significado dos termos utilizados na presente lei constam do glossário que vai em Apêndice e que dela faz parte integrante.

Artigo 3 – Âmbito pessoal e territorial
1. As disposições da presente lei são aplicáveis:

a) às obras cujo autor, ou qualquer outro titular originário do direito de autor, é moçambicano, ou sendo estrangeiro, tenha sua residência habitual ou a sua sede em Moçambique;

b) às obras audiovisuais cujo produtor é moçambicano ou sendo estrangeiro, tenha a sua residência habitual ou a sua sede em Moçambique;

c) às obras publicadas em Moçambique ou obras publicadas pela primeira vez no exterior e editadas em Moçambique;

d) às obras de arquitectura erigidas em Moçambique;

e) às obras susceptíveis de protecção em virtude dum Tratado internacional de que Moçambique seja parte.

2. Todo o autor beneficia dos direitos previstos na presente lei sobre a sua obra literária, artística ou científica, e esse benefício começa desde a criação da obra, ainda que incompleta.

Artigo 4 – Âmbito material

1. A presente lei aplica-se em especial às obras literárias, artísticas e científicas quando criações intelectuais originais no domínio literário artístico e científico, nomeadamente:

a) as obras escritas, incluindo os programas de computador;

b) as conferências, alocuções, sermões e outras obras feitas de palavras e expressas oralmente;

c) as obras musicais, incluam ou não textos de acompanhamento;

d) as obras dramáticas e dramático-musicais;

e) as obras coreográficas e as pantominas;

f) as obras audiovisuais;

g) as obras de belas artes, incluindo os desenhos. as pinturas, as esculturas as gravuras e as litografias;

h) as obras de arquitectura;

i) as obras fotográficas;

j) as obras de arte aplicada;

k) as ilustrações, as cartas geográficas, os planos, os esboços e as obras tridimensionais relativas à geografia, à topografia, à arquitectura ou à ciência;

l) as expressões do folclore.

2. Aplica-se também às obras derivadas, quando a selecção ou arranjo das matérias constituam criações intelectuais, nomeadamente:

a) as compilações de obras;

b) as traduções, adaptações, arranjos e outras transformações de obras originais.

Artigo 5 – Exclusão da protecção

A protecção prevista na presente lei não se aplica:

a) Aos textos oficiais de natureza legislativa, administrativa ou judicial, nem às suas traduções oficiais;

b) às notícias do dia e relatos de acontecimentos com carácter de simples informação;

c) aos simples factos e dados;

d) às ideias, processos, métodos operacionais ou conceitos matemáticos.

CAPÍTULO II – Direito de autor

Artigo 6 – Conteúdo do direito de autor

O direito de autor abrange direitos de carácter patrimonial e direitos de natureza pessoal, denominados direitos não patrimoniais.

Artigo 7 – Conteúdo dos direitos patrimoniais

1. O autor de uma obra tem o direito exclusivo de autorizar os seguintes actos:

a) reproduzir a sua obra;

b) traduzir a sua obra;

c) preparar adaptações, arranjos ou outras transformações da sua obra;

d) dispor de exemplares da sua obra para venda ao público, para praticar qualquer outro modo de transferência de propriedade, para locação, bem como para empréstimo ao público;

e) representar ou executar a sua obra em público;

f) importar ou exportar exemplares da sua obra;

g) comunicar a sua obra ao público por radiodifusão por cabo ou por qualquer outro meio.

2. Os direitos de locação e empréstimo ao público, previstos na alínea (d), não são aplicáveis aos programas de computador, se o programa em si não for o objecto essencial da locação.

Artigo 8 – Conteúdo dos direitos não patrimoniais

O autor de uma obra tem os seguintes direitos não patrimoniais:

a) reivindicar a paternidade da sua obra, em particular o direito de fazer com que a menção do seu nome esteja nos exemplares da sua obra, na medida do possível e da maneira habitual e em relação a toda a utilização pública da sua obra;

b) ficar anónimo ou utilizar um pseudónimo;

c) opor-se a toda a deformação, mutilação ou outra modificação da sua obra, ou qualquer atentado à mesma, que seja prejudicial à sua honra, reputação, genuinidade e integridade.

CAPÍTULO III - Limitação dos direitos patrimoniais

SECÇÃO I - Livre utilização

Artigo 9 - Reprodução para fins privados

1. É permitido, sem autorização do autor e sem pagamento de remuneração, reproduzir uma obra licitamente publicada, exclusivamente para, o uso privado do utilizador.

2. As disposições do número precedente não se aplicam:

a) à reprodução de obras de arquitectura constituídas por edifícios ou por outras construções similares;

b) à reprodução reprográfica de obras de artes plásticas de tiragem limitada, à apresentação gráfica de obras musicais (partituras), aos manuais de, exercícios e outras publicações ainda que as pessoas s6 se sirvam deles uma vez;

c) à reprodução da totalidade ou de partes importantes de bases de dados;

d) à reprodução de programas de computador; salvo os casos previstos no artigo 16;

e) a nenhuma outra reprodução de uma obra que prejudique a sua exploração normal ou cause prejuízo injustificado aos interesses legítimos do autor.

Artigo 10 - Reprodução revestindo a forma de citação

É permitido, sem autorização do autor e sem pagamento de remuneração, citar numa outra obra, uma obra licitamente publicada, com a condição de indicar a fonte e o nome do autor, se este figurar na fonte, desde que tal citação seja conforme aos usos e costumes e que a sua amplitude não ultrapasse a justificação do fim a atingir.

Artigo 11 – Utilização para o ensino

É permitido, sem autorização do autor e sem pagamento de remuneração, mas sem prejuízo da obrigação de indicar a fonte e o nome do autor, se este figurar na fonte:

a) utilizar uma obra licitamente publicada, a título de ilustração em publicações, emissões de radiodifusão ou registos sonoros ou visuais destinados ao ensino;

b) reproduzir por meios reprográficos, para o ensino ou para exames no seio de estabelecimentos de ensino cujas actividades não visem directa ou indirectamente um lucro comercial e na medida justificada pelo fim a atingir, artigos isolados licitamente publicados num jornal ou periódico, curtos extraías de uma obra licitamente publicada ou uma obra curta licitamente publicada, desde que tal utilização seja conforme os usos e costumes.

Artigo 12 – Reprodução reprográfica para bibliotecas e serviços de arquivo

1. Uma biblioteca ou serviço de arquivo, cujas actividades não visem directa ou indirectamente um lucro comercial, pode realizar, por reprodução reprográfica, reproduções isoladas de uma obra sem autorização do autor ou de qualquer outro titular do direito de autor.

2. O previsto no número anterior é igualmente aplicável quando a obra reproduzida seja um artigo ou uma obra curta, ou um curto extracto de um escrito que não seja um programa de computador, com ou sem ilustração, publicada numa colecção de obras ou num número de jornal ou periódico, desde que o fim da reprodução seja responder ao pedido de uma pessoa física e sempre que:

a) a biblioteca ou o serviço de arquivo tenha assegurado que o exemplar será utilizado unicamente para fins de estudo, investigação universitária ou privada;

b) o acto de reprodução seja um caso isolado, ou se repetido, em ocasiões scparadas c scm rclação cntrc clas;

c) não possa ser obtida nenhuma licença colectiva permitindo a utilização de tais exemplares.

3. Quando a reprodução de um tal exemplar seja destinada a preservá--lo, e se necessário, a substituí-lo numa colecção permanente de uma obra da biblioteca ou de um serviço de arquivo, desde que, por ter sido perdido, destruído ou tomado inutilizável:

a) seja impossível encontrar tal exemplar em condições razoáveis;

b) o acto de reprodução reprográfica seja um acto isolado, ou se repetido, em ocasiões separadas e sem relação entre elas.

Artigo 13 – Reprodução para fins judiciais e administrativos
É permitido, sem autorização do autor e sem pagamento de remuneração, reproduzir uma obra destinada a um processo judicial ou administrativo, na medida justificada pelo fim a que se destinar.

Artigo 14 – Reprodução para fins de informação
É permitido, sem autorização do autor e sem pagamento de qualquer remuneração, mas com a obrigação de indicar a fonte e o nome do autor, se este figurar na fonte:
a) reproduzir e distribuir à imprensa, radiodifundir ou comunicar por cabo ao público, um artigo económico, político ou religioso publicado nos jornais ou recolhas periódicas, ou uma obra radiodifundida com o. mesmo carácter, sempre que o direito de reprodução, de radiodifusão ou de comunicação ao público, não esteja expressamente reservado;
b) reproduzir ou tornar acessível ao público, para fins de relato dos acontecimentos de actualidade, por meio de fotografia, cinematografia, vídeo, ou por via de radiodifusão ou comunicação por cabo ao público, uma obra vista ou ouvida durante o referido acontecimento, na medida justificada pelo fim da informação a atingir;
c) reproduzir pela imprensa, radiodifundir ou comunicar ao público, discursos, conferências, alocuções, sermões e outras obras da mesma natureza, pronunciadas em público, bem como discursos pronunciados durante um processo, para fins de informação de actualidade, na medida justificada pelo fim a atingir, conservando os autores os seus direitos de publicar recolhas dessas obras.

Artigo 15 – Utilização de imagens de obras expostas em locais públicos
É permitido, sem autorização do autor e sem pagamento de qualquer remuneração, reproduzir, radiodifundir ou comunicar por cabo ao público, a imagem de uma obra de arquitectura, de artes plásticas, fotográfica ou de artes aplicadas, que esteja colocada permanentemente num lugar aberto ao público, salvo se a imagem da obra for o assunto principal da referida reprodução ou radiodifusão ou comunicação, e se ela for usada para fins comerciais.

Artigo 16 - Reprodução e adaptação de programas de computador

1. O proprietário legítimo do exemplar de um programa de computador pode, sem autorização do autor e sem pagamento de remuneração separada, realizar um exemplar ou uma adaptação deste programa, desde que este exemplar ou esta adaptação seja:

a) necessária à utilização do programa do computador, em conformidade com os fins para que o programa foi obtido;

b) necessária para fins de arquivo e para substituir o exemplar licitamente possuído, no caso de que ele se perca, destrua ou fique inutilizável.

2. Nenhum exemplar e nenhuma adaptação podem ser realizados para quaisquer outros fins do que os previstos no número precedente, e qualquer exemplar ou qualquer adaptação podem ser destruídos no caso em que a posse prolongada do exemplar do programa de computador deixe de ser pacífica.

Artigo 17 – Registo efémero por organismo de radiodifusão

1. Um organismo de radiodifusão pode, sem autorização do autor e sem pagamento de qualquer remuneração separada, realizar um registo efémero sem fins comerciais, pelos seus próprios meios e para as suas próprias emissões, de uma obra que tenha o direito de radiodifundir.

2. O organismo de radiodifusão deve destruir este registo nos seis meses seguintes à sua realização, a menos que um acordo para. um período mais longo tenha sido feito com autor da obra assim registada.

3. Entretanto, sem o referido acordo, um exemplar único deste registo pode ser guardado para fins exclusivos de conservação.

Artigo 18 – Revenda e empréstimo público

É permitido, sem autorização do autor e sem pagamento de qualquer remuneração:

a) revender ou transferir de outra maneira, a propriedade do exemplar de uma obra, depois da primeira venda ou outra transferência da propriedade do exemplar a uma biblioteca ou serviço de arquivo, cujas actividades não visem directa ou indirectamente um lucro comercial;

b) emprestar ao público o exemplar de uma obra escrita, para fins meramente de consulta, desde que não seja um programa de computador.

Artigo 19 – Representação ou execução pública

É permitido, sem autorização do autor e sem pagamento de qualquer remuneração, representar ou executar uma obra publicamente divulgada e não reservada:

a) por ocasião de cerimónias oficiais ou religiosas, na medida justificada pela natureza dessas cerimónias;

b) no âmbito das actividades de um estabelecimento de ensino, quando executadas pelo pessoal e pelos estudantes do referido estabelecimento, se o público for composto exclusivamente pelo seu pessoal e estudantes, pais, tutores, encarregados de educação das crianças ou outras pessoas ligadas às actividades do estabelecimento.

Artigo 20 – Importação para fins pessoais

É permitida a importação do exemplar de uma obra por uma pessoa física ou moral, para fins pessoais e colectivas, sem autorização do autor ou de qualquer outro titular do direito de autor da obra.

SECÇÃO II – Remuneração equitativa

Artigo 21 – Remuneração da reprodução para fins privados

1. É permitido, sem autorização do autor, mas mediante uma remuneração equitativa, reproduzir exclusivamente, para o uso privado do utilizador, uma obra audiovisual licitamente publicada ou o registo sonoro de uma obra.

2. A remuneração equitativa para a reprodução destinada a fins privados, nos casos previstos no número precedente, é paga pelos produtores e importadores de aparelhos e suportes materiais utilizados para esta reprodução, e é recebida e distribuída pela organização de gestão colectiva de direitos de autor.

3. Na ausência de acordo entre os representantes dos produtores e importadores por um lado e a organização de gestão colectiva de direitos de autor por outro, o montante da remuneração equitativa e as condições do seu pagamento são fixados nos termos do regulamento de aplicação da presente lei.

4. A distribuição da remuneração equitativa, a pagar aos artistas intérpretes e executantes e aos produtores de fonogramas, deve fazer-se entre estes três grupos de detentores de direitos, nos termos do regulamento de aplicação da presente lei.

5. Os aparelhos e os suportes materiais mencionados no número (2) são isentos de pagamento de remuneração equitativa:

a) se forem para exportação;

b) se não podem ser normalmente utilizados para a reprodução de obras destinadas a fins privados.

CAPÍTULO IV – Duração do direito de protecção

Artigo 22 – Direitos patrimoniais e não patrimoniais

1. A protecção dos direitos patrimoniais caduca setenta anos após a morte do autor, mesmo que se trate de obra divulgada ou publicada postumamente.

2. A protecção dos direitos não patrimoniais é ilimitada no tempo.

3. Após a morte do autor a protecção dos seus direitos quer patrimoniais quer não patrimoniais, pode ser requerida judicial ou extrajudicialmente pelo cônjuge sobrevivo, não separado de pessoas e bens à data do óbito, ou por qualquer descendente, irmão, sobrinho ou herdeiro do falecido.

4. Goza igualmente de legitimidade para acção judicial ou extrajudicial o organismo do Estado vocacionado para a protecção dos direitos de autor.

Artigo 23 – Obras de colaboração

Os direitos patrimoniais sobre uma obra de colaboração são protegidos durante a vida do último autor sobrevivente, acrescidos de setenta anos após a sua morte.

Artigo 24 – Obras anónimas e pseudónimas

1. Os direitos patrimoniais sobre uma obra publicada de maneira anónima ou sob pseudónimo, são protegidos até ao fim de setenta anos, a contar da data em que a referida obra foi licitamente publicada pela primeira vez.

2. Os mesmos direitos são ainda protegidos nos termos do número anterior, a contar do fim do ano em que a obra tenha sido tomada acessível ou realizada.

3. Na falta das datas referidas nos números anteriores, o prazo conta-se a partir do fim do ano da sua realização.

4. Se antes do termo dos prazos referidos nos números anteriores a identidade do autor for revelada ou não deixar dúvida, aplicam-se as disposições dos artigos precedentes.

Artigo 25 – Obras colectivas e audiovisuais

Os direitos patrimoniais sobre uma obra colectiva e sobre uma obra audiovisual, são protegidos até setenta anos depois da referida obra ter sido licitamente tomada acessível ao público ou após a sua realização.

Artigo 26 – Obras de arte aplicada
Os direitos patrimoniais sobre uma obra de arte aplicada são protegidos até setenta anos a partir da sua realização.

Artigo 27 – Cálculo dos prazos
A contagem dos prazos, para efeitos do presente capítulo, começa no primeiro dia de Janeiro do ano civil seguinte ao do evento constitutivo do direito evocado e expira no fim do ano civil durante o qual o prazo chegaria normalmente ao seu termo.

CAPÍTULO V – Titularidade de direitos

Artigo 28 – Principio geral
O autor de uma obra é o primeiro titular dos direitos patrimoniais e não patrimoniais da sua obra.

Artigo 29 – Obras de colaboração
1. Os co-autores de uma obra de colaboração são os primeiros co-titulares dos direitos patrimoniais e não patrimoniais dessa obra.
2. Se uma obra de colaboração puder ser dividida em partes independentes, podendo ser reproduzidas, executadas, representadas ou utilizadas separadamente, os co-autores podem beneficiar de direitos independentes sobre essas partes, continuando a ser co-titulares da obra de colaboração considerada no seu todo.

Artigo 30 – Obras colectivas
O primeiro titular dos direitos patrimoniais e não patrimoniais sobre uma obra colectiva é a pessoa física ou moral sob cuja iniciativa e responsabilidade a obra foi criada e sob cujo nome a obra é publicada, divulgada ou comunicada.

Artigo 31 – Obras de folclore
1. A titularidade do direito de autor sobre as obras de folclore pertence ao Estado que o exerce através do Conselho de Ministros, sem prejuízo dos direitos daqueles que a recolheram, transcreveram, arranjaram ou traduziram, desde que tais recolhas, arranjos ou traduções se revistam de originalidade e respeitem a sua autenticidade.

2. Os exemplares das obras de folclore, bem como as respectivas transcrições, traduções, arranjos ou outras transformações reproduzidos ou realizados no estrangeiro sem autorização da autoridade competente, só podem ser importados ou distribuídos no território nacional mediante autorização do órgão governamental responsável pela área da Cultura.

Artigo 32 – Obras criadas no quadro de um contrato de trabalho
No caso de uma obra criada por um autor por conta de uma pessoa física ou colectiva, no quadro de um contrato de trabalho e do seu emprego ou de prestação de serviços ou de empreitada, salvo disposição em contrário do contrato, o primeiro titular dos direitos patrimoniais e não patrimoniais é o autor, mas os direitos patrimoniais sobre essa obra consideram-se transferidos para o empregador, na medida justificada pelas actividades habituais nos termos contratuais.

Artigo 33 – Obras audiovisuais
1. No caso de uma obra audiovisual, os primeiros titulares dos direitos patrimoniais e não patrimoniais são os co-autores dessa obra, nomeadamente o realizador, o autor do argumento e o compositor da música.

2. Os autores de obras preexistentes, adaptadas ou utilizadas para obras audiovisuais, são equiparados a estes co-autores.

3. Salvo estipulação em contrário, o contrato concluído entre o produtor de uma obra audiovisual e os co-autores dessa obra, que não sejam os autores das obras musicais incluídas nessa obra, implica, no que diz respeito às contribuições dos co-autores na realização da obra, uma cessão ao produtor dos direitos patrimoniais dos direitos dos co-autores sobre as suas contribuições.

4. Os autores conservam, salvo estipulação em contrário do contrato, os seus direitos patrimoniais sobre outras utilizações das suas contribuições, na medida em que possam ser utilizadas separadamente da obra audiovisual.

Artigo 34 – Presunção de titularidade
1. Presume-se autor de uma obra desde que o seu nome apareça na obra na forma habitual.

2. No caso de uma obra anónima ou de uma obra pseudónimo, salvo se o pseudónimo não deixar qualquer dúvida sobre a identidade do autor, o editor cujo nome aparecer sobre a obra, é na ausência de prova em contrário, considerado como representante do autor e, nessa qualidade, pode proteger e fazer respeitar os direitos do autor.

3. O disposto no número anterior cessa logo que o autor revele a sua identidade, e afirme o seu direito de titularidade sobre a obra.

4. A pessoa física ou colectiva, cujo nome é indicado numa obra audiovisual de forma reiterada como sendo o produtor, é pressuposto, na ausência de prova em contrário, ser o produtor da referida obra.

5. Qualquer indicação relativa a uma obra audiovisual inscrita num registo internacional, de acordo com um Tratado internacional de que Moçambique seja parte, é considerada como exacta, salvo:

a) se indicação não puder ser válida face à lei interna;

b) se a indicação estiver em contradição com uma outra indicação inscrita no registo internacional.

CAPÍTULO VI – Cessão de direitos

Artigo 35 – Cessão de direitos

1. Os direitos patrimoniais são transmissíveis por acto entre vivos ou «*mortis causa*».

2. Os direitos patrimoniais são susceptíveis de penhora e arresto nos termos da lei geral.

3. Os direitos não patrimoniais não são transmissíveis por acto entre vivos, mas são-no por via sucessória.

Artigo 36 – Licenças

1. O autor de uma obra pode conceder licença exclusiva ou não exclusiva, a uma ou várias pessoas, para a execução dos actos visados pelos seus direitos patrimoniais.

2. Uma licença exclusiva autoriza o seu titular, com exclusão de qualquer outro, incluindo o próprio autor, a executar da maneira que lhe é permitida, os actos a que ela diz respeito.

3. Uma licença não exclusiva autoriza o seu titular a cumprir, da maneira que lhe é permitida os actos nela fixados, ao mesmo tempo que o autor e outros titulares de licenças não exclusivas.

4. Salvo estipulação em contrário, a licença presume-se não exclusiva.

5. Na falta de estipulação do prazo, presume-se ter sido concedida por um período de doze meses.

Artigo 37 – Formas dos contratos e licenças

Os contratos de cessão de direitos patrimoniais e a concessão de licença para a execução de actos visados pelos direitos patrimoniais, devem ser reduzidos a forma escrita.

Artigo 38 – Extensão da cessão e da licença

1. A cessão dos direitos patrimoniais e a concessão de licença para execução de actos visados pelos direitos patrimoniais, podem ser limitadas a certos direitos específicos e, ainda, em relação aos objectivos, à duração, à extensão territorial, à amplitude e aos meios de exploração.

2. Na falta de menção do alcance territorial para o qual os direitos patrimoniais são cedidos ou a licença concedida é considerada como limite da cessão ou da licença o país da celebração do acto.

3. A falta de menção da extensão ou dos meios de exploração para os quais os direitos patrimoniais foram cedidos ou a licença concedida, é considerada como uma limitação da cessão ou licença à extensão aos meios de comunicação e exploração necessários para os objectivos previstos, quando da cessão ou da concessão da licença.

Artigo 39 – Alienação de originais ou exemplares de obras

1. A alienação onerosa, pelo autor, do original ou de um exemplar da sua obra, não equivale à transmissão dos respectivos direitos patrimoniais, salvo disposição contratual em contrário.

2. Sem prejuízo do número anterior, o comprador legítimo de um original ou de um exemplar de uma obra salvo disposição em contrário do contrato, goza do direito de apresentação desse original ou exemplar directamente ao público.

3. O direito previsto no número precedente não é extensivo às pessoas na posse de originais ou de exemplares de uma obra por via locação, empréstimo público ou qualquer outro meio, que não tenham a propriedade da obra.

TÍTULO II – Direitos conexos

CAPÍTULO I – Âmbito e titularidade

Artigo 40 – Âmbito de aplicação

1. O presente título aplica-se às interpretações ou execuções, às produções de fonogramas, videogramas e aos programas de radiodifusão.

2. As disposições deste título aplicam-se igualmente quando os artistas intérpretes ou executantes, os produtores de fonogramas e de videogramas ou organismos de radiodifusão forem de nacionalidade moçambicana.

Artigo 41 – Âmbito material e territorial

1. As disposições do presente título aplicam-se:

a) às interpretações e execuções quando tenham lugar em território nacional, sendo estrangeiro o artista intérprete ou executante;

b) à interpretação ou execução fixada num fonograma ou videograma nos termos da presente lei.

2. Aplicam-se ainda quando a primeira fixação de sons for feita em Moçambique, sendo estrangeiro o seu produtor.

3. As disposições deste título abrangem também as emissões de radiodifusão, quando:

a) a sede social do organismo esteja situada no território moçambicano;

b) a emissão de radiodifusão for transmitida a partir de uma estação situada em território moçambicano, sendo estrangeiro o organismo;

c) as traduções, adaptações, arranjos e outras transformações de obras e expressões de folclore fixados nos termos da presente lei.

d) as traduções, adaptações, arranjos e outras transformações de obras e expressões de folclore fixadas nos termos da presente lei.

4. As disposições do presente título também se aplicam às interpretações e execuções, aos fonogramas, videogramas e às emissões de radiodifusão, protegidos em virtude de convenções a que o país tenha aderido ou venha a aderir.

5. A protecção das obras mencionadas no número (3) (c) deste artigo não deve causar prejuízo à protecção das obras preexistentes utilizadas para a sua elaboração.

Artigo 42 – Poderes e direitos dos titulares

Os poderes e direitos dos artistas intérpretes ou executantes, dos produtores de fonogramas dos videogramas e dos organismos de radiodifusão fundam-se no contrato de cessão de direitos patrimoniais, na licença concedida pelo autor ou co-autores e na lei.

Artigo 43 – Direito de autorização dos artistas intérpretes ou executantes

1. O artista intérprete ou executante tem o direito exclusivo de fazer ou de autorizar os seguintes actos:

a) a radiodifusão da sua interpretação ou execução, salvo se a radiodifusão for feita a partir de uma fixação da interpretação ou execução, feita nos termos do artigo 49, ou se for uma reemissão autorizada pelo organismo de radiodifusão que emitiu em primeiro lugar a interpretação ou execução;

b) a comunicação ao público da sua interpretação ou execução, salvo se esta comunicação for feita a partir de uma fixação da interpretação ou execução ou for feita a partir da radiodifusão da interpretação ou execução;

c) a fixação dá sua interpretação ou execução, ainda não fixada;

d) a reprodução de uma fixação da sua interpretação ou execução, se a interpretação ou execução tiver sido inicialmente fixada sem autorização, se a reprodução tiver sido feita com outros fins do que aqueles para os quais os artistas deram a sua autorização, ou ainda, se a interpretação ou execução tiver sido inicialmente fixada conforme as disposições dos artigos 49 a 53, mas a reprodução for feita para outros fins que os visados nesses artigos.

2. Na ausência de acordo em contrário:

a) a autorização de radiodifundir não implica a autorização de permitir outros organismos de radiodifusão de emitir a interpretação ou execução;

b) a autorização de radiodifundir não implica a autorização de fixar a interpretação ou execução;

c) a autorização de radiodifundir e de fixar a interpretação ou execução não implica a autorização de reproduzir a fixação;

d) a autorização de radiodifundir e de fixar a interpretação ou execução e de reproduzir esta fixação não implica a autorização de radiodifundir a interpretação ou execução, a partir da fixação ou das suas reproduções.

Artigo 44 – Direito de autorização dos produtores de fonogramas

O produtor de fonogramas tem o direito exclusivo de fazer e autorizar os seguintes actos:

a) a reproduçao, directa ou indirecta, de cópias do seu fonograma;

b) a fixação das suas emissões de radiodifusão;

c) a reprodução de uma fixação das suas emissões de radiodifusão, quando a fixação a partir da qual a reprodução é feita não tenha sido autorizada, ou quando a emissão de radiodifusão tenha sido inicialmente fixada.

CAPÍTULO II – Remuneração e livre utilização

Artigo 45 – Remuneração pela radiodifusão ou comunicação ao público

1. Sempre que um fonograma publicado para fins de comércio ou uma reprodução deste fonograma, for utilizada directamente para radiodifusão ou para comunicação ao público, uma remuneração equitativa e única, destinada simultaneamente, aos artistas intérpretes ou executantes e ao produtor do fonograma é paga pelo utilizador a este produtor.

2. A quantia paga pelo uso do fonograma é partilhada, na falta de acordo em contrário, na razão de cinquenta por cento para o produtor e cinquenta por cento para os artistas intérpretes ou executantes. Estes últimos partilham a soma recebida do produtor ou utilizam-na conforme os acordos existentes entre eles.

3. A partilha entre os artistas intérpretes ou executantes faz-se nos termos contratuais.

Artigo 46 – Remuneração para a reprodução privada

1. É permitido, sem autorização do artista intérprete ou executante, cuja interpretação ou execução seja fixada sobre um fonograma e sem autorização do produtor do fonograma, mas contra o pagamento de uma remuneração equitativa a seu favor, reproduzir um fonograma somente para uso do utilizador.

2. São igualmente aplicáveis, no que concerne à remuneração equitativa mencionada no número anterior, o disposto no artigo 21 (2), (3) e (4).

Artigo 47 – Livre utilização

Os seguintes actos são permitidos, sem autorização dos detentores dos direitos mencionados nos artigos 42 e 45, sem pagamento de remuneração:

a) a utilização privada;

b) relato de acontecimentos da actualidade, desde que sejam usados apenas curtos extractos de uma interpretação, de um fonograma ou de uma emissão de radiodifusão;

c) a utilização exclusivamente destinada ao ensino e investigação científica;

d) as citações, sob forma de curtos extractos, de uma interpretação e execução, de um fonograma ou de uma emissão de radiodifusão, desde que tais citações sejam conforme os usos e costumes e justificadas pelo seu fim de informação;

e) quaisquer outras utilizações que sejam excepções a respeito das obras protegidas pelos direitos de autor, em virtude da presente lei.

Artigo 48 – Utilização das interpretações e execuções
A partir do momento em que os artistas intérpretes ou executantes tenham autorizado a incorporação da sua interpretação e execução numa fixação de imagens e sons, as disposições do artigo 43 não são aplicáveis.

Artigo 49 – Utilização pelos programas de radiodifusão
São permitidos sem autorização dos detentores dos direitos mencionados nos artigos 43 e 45 e sem pagamento de remuneração, sempre que a fixação ou reprodução seja feita por um organismo de radiodifusão, pelos seus próprios meios e para as suas próprias emissões, sob reserva de que:

a) em cada uma das emissões de uma fixação, interpretação, execução ou das suas reproduções, feita de acordo com o presente artigo, o de radiodifusão tenha direito de radiodifundir a interpretação ou execução de que se trata;

b) em cada uma das emissões de uma fixação, emissão ou reprodução de tal fixação, feita de acordo com o presente artigo, o organismo de radiodifusão tenha direito de radiodifundir a emissão;

c) no caso de qualquer fixação, ou das suas reproduções, feitas em virtude do presente artigo, a fixação e as suas reproduções sejam destruídas dentro de um prazo igual ao que se aplica às fixações e reproduções de obras protegidas pelos direitos de autor, em virtude do artigo 17 (2), da presente lei, com a excepção de um exemplar único que pode ser conservado para efeitos exclusivos de arquivo.

CAPÍTULO III – Duração da protecção e identificação

SECÇÃO I – Duração da protecção

Artigo 50 – Protecção das obras de folclore
A protecção das obras de folclore é ilimitada no tempo.

Artigo 51 – Protecção das interpretações e execuções
A duração da protecção a conceder às interpretações e execuções previstas neste capítulo é de cinquenta anos, a contar:

a) do fim do ano da fixação, para as interpretações e execuções fixadas em fonograma;

b) do fim do ano em que a interpretação e execução tenha tido lugar, para as interpretações e execuções que não estejam fixadas em fonograma.

Artigo 52 – Protecção dos fonogramas
A duração da protecção a conceder aos fonogramas previstos neste capítulo é de cinquenta anos, a contar do fim do ano da fixação.

Artigo 53 – Protecção das emissões de radiodifusão
A duração da protecção a conceder às emissões de radiodifusão é de vinte e cinco anos, a contar do fim do ano em que a emissão teve lugar.

SECÇÃO II – Identificação dos fonogramas

Artigo 54 – Menção relativa à protecção dos fonogramas
1. Todos os exemplares dos fonogramas publicados e postos no comércio ou as embalagens que os contêm, devem trazer uma menção constituída por um símbolo, acompanhado da indicação do ano da primeira publicação, aposto de maneira a mostrar que a protecção está reservada.

2. Se os exemplares, ou as suas embalagens, não permitirem identificar o produtor, por meio do nome da marca ou qualquer outra designação apropriada, a menção deve compreender igualmente o nome do titular dos direitos do produtor.

3. Se os exemplares ou as suas embalagens, não permitirem identificar os principais intérpretes ou executantes, a menção deve compreender igualmente o nome da pessoa que, no país onde a fixação teve lugar, detém os direitos destes artistas.

TÍTULO III – Registo e publicidade

Artigo 55 – Aquisição do direito
Os direitos de autor, intérprete, executante ou produtor adquirem-se por força da criação de uma obra, por contrato, ou por licença.

Artigo 56 – Função e objecto do registo
1. O registo tem por função dar publicidade à obra e aos direitos protegidos.

2. Estão sujeitos a registo:

a) os actos constutivos, transmissivos, modificativos ou extintos dos direitos de autor:

b) a oneração dos direitos de autor;

c) o nome literário ou artístico;

d) o título da obra e o seu autor;

e) a penhora e o arresto sobre os direitos de autor.

Artigo 57 – Prova plena
A certidão de registo faz a prova plena em juízo e só pode ser limitada nos casos previstos na lei.

Artigo 58 – Remissão
As regras sobre o registo das obras, protegidas, nos termos da presente lei, são definidas em regulamento específico.

TÍTULO IV – Violação e defesa do direito de autor e dos direitos conexos

CAPÍTULO I – Legitimidade

Artigo 59 – Exercício da acção
1. É ao lesado ou ao seu representante legal, que cabe accionar mecanismos legais para defesa dos seus direitos violados.
2. Tendo falecido o titular do direito, a acção poderá ser proposta por qualquer uma das pessoas mencionadas no artigo 22 (3), pela ordem nele descrita, desde que a violação tenha corrido dentro do período protegido por lei.
3. Tendo falecido o titular do direito no decurso da acção, esta prosseguirá com qualquer uma das pessoas referidas e nos termos do número anterior.

CAPÍTULO II – Infracções dos direitos patrimoniais e sanções

Artigo 60 – Princípio geral
A violação dos direitos consagrados na presente lei é passível de responsabilidade civil e criminal.

Artigo 61 – Usurpação

1. Comete o crime de usurpação aquele que, sem a devida autorização do respectivo autor, artista, produtor de fonograma ou do organismo de radiodifusão, utilizar ou explorar, por qualquer das formas previstas na presente lei, uma obra alheia.

2. Comete igualmente o crime de usurpação aquele que, sem a devida autorização do autor, divulgar ou publicar, abusivamente uma obra não divulgada nem publicada ainda pelo seu autor ou pelo titular do respectivo direito, ou não destinada à divulgação ou publicação, mesmo que a apresente como sendo do verdadeiro autor, ainda que a divulgação não tenha fins económicos.

3. Se a pessoa autorizada a utilizar ou explorar certa obra, prestação de artista, fonograma ou emissão radiodifundida, exceder os limites da autorização, há usurpação na medida do excesso.

4. Consideram-se também como usurpação:

a) as transcrições de obras alheias que ultrapassem os limites da livre utilização;

b) a compilação ou colecção de diversas obras de um autor, quer por este publicadas, quer inéditas, sem a devida autorização.

Artigo 62 – Contrafacção

1. Comete o crime de contrafacção, aquele que fraudulentamente, utilizar como sendo criação ou prestação sua uma obra, a prestação de um artista, um fonograma ou emissão de radiodifusão, que seja uma reprodução total ou parcial de uma obra ou prestação alheia, divulgada ou não divulgada, ou por tal modo semelhante que não tenha individualidade própria.

2. Se a reprodução, a que se refere o número precedente, representar parte ou fracção da obra produzida, só essa parte da obra se considera como objecto de contrafacção.

3. Para que haja contrafacção não é essencial que a reprodução seja feita pelo mesmo processo que o original, nem com o mesmo formato.

Artigo 63 – Exclusão da contrafacção

Não integra crime de contrafacção:

a) a semelhança entre traduções, devidamente autorizadas, da mesma obra ou entre fotografias, desenhos ou outra forma de representação da mesmo objecto, se, a despeito das semelhanças decorrentes da identidade do objecto, cada uma das obras tiver individualidade própria;

b) a reprodução por fotografia, por gravura ou outro processo tecnológico, efectuado só para efeitos de documentação da crítica artística.

Artigo 64 – Presunção de fraude

A não apresentação da autorização escrita do autor, determina a presunção de fraude, que no entanto, pode ser ilidida por quaisquer meios admissíveis em juízo.

Artigo 65 – Sanções penais

1. Os crimes de usurpação e contrafacção referidas nos artigos anteriores são crimes públicos e puníveis com a pena de prisão e multa correspondente.

2. Em caso de reincidência, a pena será agravada nos termos gerais do direito penal.

3. Se a exploração económica tiver como objecto uma obra não destinada a publicidade, a obra contrafeita ou modificada sem o consentimento do autor, em termos de alterar a sua essência ou ofender a honra ou reputação do autor, a pena será agravada nos termos gerais do direito.

4. Incorre em pena de prisão e multa correspondente, o autor que tendo alienado total ou parcialmente o respectivo direito ou autorizado a utilização da sua obra por qualquer dos modos previstos nesta lei, utilizar ou explorar directamente a referida obra com prejuízo dos direitos atribuídos a terceiros, salvo se as partes tiverem acordado tal actuação.

5. A sanção prevista no número anterior é extensiva àqueles que venderem, puserem à venda ou por qualquer modo lançarem no comércio em Moçambique as obras usurpadas ou contrafeitas, sabendo que o são, quer os respectivos exemplares tenham sido produzidos no país, quer no estrangeiro.

Artigo 66 – Independência de acção

1. A acção de pedido de indemnização por perdas e danos baseado em qualquer violação do direito de autor é independente da acção penal e do pedido judicial de apreensão, suspensão do espectáculo ou diversão de que trata o capítulo subsequente.

2. O pedido judicial de apreensão ou de suspensão do espectáculo ou diversão, pode ser deduzido conjuntamente com a acção penal.

CAPÍTULO VIII – Infracções dos direitos não patrimoniais e sanções

Artigo 67 – Violação dos direitos não patrimoniais
Incorre nas penas previstas no artigo 65:

a) aquele que se arrogar a paternidade de uma obra ou prestação que sabe não lhe pertencer;

b) aquele que atentar contra a genuinidade ou integridade da obra ou prestação praticando actos que a desvirtuem e possam afectar a honra e reputação do autor ou artista;

c) aquele que estando autorizado a utilizar uma obra de outrem, fizer nela, sem autorização do autor ou artista, alterações, supressões ou aditamentos que desvirtuem. a obra na sua essência, ou honra do seu autor ou artista.

Artigo 68 – Destruição da obra
1. No caso do autor reivindicar a paternidade de uma obra, a destruição da mesma só é admitida se a violação cometida não puder ser remediada, mediante a adição ou supressão na obra das indicações referentes à sua autoria, ou por quaisquer meios de publicidade.

2. Se o autor defender a integridade da sua obra, a destruição dos exemplares deformados, ou modificados por qualquer outro modo só é admitida na impossibilidade de restituição dos mesmos à forma original a expensas de quem os adulterou.

CAPÍTULO IV – Garantias especiais para tutela dos direitos violados

Artigo 69 – Providência cautelar
1. O titular dos direitos de autor sobre a obra usurpada ou contrafeita e todo aquele que por qualquer forma, for lesado por terceiros no exercício dos seus direitos de utilização e exploração da obra intelectual, tem a faculdade de recorrer aos tribunais para exigir que o autor da lesão seja impedido de continuar com a actividade ilícita, ou de repetir as violações cometidas.

2. Para este efeito, pode o Tribunal adoptar os meios que julgar indispensáveis para eliminar a situação de facto constitutiva da violação, ordenando a apreensão dos objectos por meio dos quais a violação foi efectivada.

Artigo 70 – Apreensão e destruição

1. O titular dos direitos previstos na presente lei, pode requerer a apreensão e destruição judiciais dos exemplares da obra usurpada ou contrafeita, seja qual for a natureza da obra e a forma por que se deu a violação.

2. São apreendidos os exemplares ou cópias ilicitamente reproduzidos, assim como dos aparelhos ou instrumentos utilizados na reprodução ou difusão que, pela sua natureza, possam ser empregues para outras reproduções ou difusão ilícitas.

3. Os aparelhos e instrumentos referidos no número anterior revertem a favor do Estado.

Artigo 71 – Titularidade dos exemplares apreendidos

1. Os exemplares da obra apreendidos, nos termos do artigo precedente, ficam sendo propriedade do requerente da apreensão.

2. Tratando-se de obra literária ou cientifica publicada pelo usurpador ou contrafactor, o requerente tem direito a exigir daquele o valor de toda a edição, menos os exemplares apreendidos, pelo preço por que os exemplares regularmente publicados estiverem à venda ou em que forem avaliados.

3. Não sendo conhecido o número de exemplares fraudulentamente impressos e distribuídos, o usurpador ou contrafactor paga o valor de capa e um montante correspondente até ao décuplo do número de exemplares da tiragem.

Artigo 72 – Local de requerimento e de execução da apreensão

A apreensão pode ser requerida em qualquer Tribunal do local onde se encontrem ou forem expostos à venda, os exemplares da obra usurpada ou contrafeita e é sucessivamente executada a apreensão em quaisquer outros tribunais onde se torne necessária a diligência mediante requisição do juiz que tiver ordenado a primeira.

CAPÍTULO V – Disposições finais

Artigo 73 – Poderes de gestão

Os poderes relativos à gestão do direito de autor e dos direitos conexos podem ser exercidos pelo seu titular ou por intermédio de um representante devidamente habilitado e legalmente mandatado.

Artigo 74 – Sociedade de autores

1. Os titulares dos direitos de autor e dos direitos conexos podem constituir sociedades sem fins lucrativos para os seguintes objectivos:
a) para a gestão colectiva do direito de autor e dos direitos conexos;
b) para a promoção e defesa dos interesses dos associados;
c) para a promoção dos bens culturais.
2. As sociedades referidas no presente artigo podem obter a declaração de pessoa colectiva de utilidade pública.

Artigo 75 – Resolução de conflitos

A resolução de qualquer litígio que não incida sobre direitos indisponíveis, surgido na aplicação das disposições da presente lei, pode ser sujeita, pelas partes, a arbitragem, mediação e conciliação, nos termos da lei geral.

Artigo 76 – Prevalência do direito internacional

Em caso de conflito entre as disposições da presente lei e as de qualquer Tratado internacional de que a República de Moçambique venha a ser parte, as disposições do Tratado internacional são aplicáveis, desde que tenham sido acolhidas na ordem jurídica interna e prevejam melhor tratamento para o autor, produtor, intérprete ou executante que o consagrado na presente lei.

Artigo 77 – Competência regulamentar

Compete ao Conselho de Ministros regulamentar a aplicação das matérias contidas na presente lei.

Artigo 78 – Revogação

É revogado o Código do Direito de Autor aprovado pelo Decreto-lei 46980 de 27 de Abril de 1966, tornado extensivo a Moçambique por força da Portaria 679/71, de 7 de Dezembro, bem como toda a legislação que contraria a presente lei.

Artigo 79 – Entrada em vigor

A presente lei entra em vigor noventa dias após a sua publicação.

(...)

Apêndice II
Directivas da União Europeia sobre direito de autor

Directiva do Conselho, de 14 de Maio de 1991, relativa à protecção jurídica dos programas de computador (Dir. 91/250/CEE)

Directiva do Conselho, de 19 de Novembro de 1992, relativa ao direito de aluguer, ao direito de comodato e a certos direitos conexos aos direitos de autor em matéria de propriedade intelectual (Dir. 92/100/CEE)

Directiva do Conselho, de 27 de Setembro de 1993, relativa à coordenação de determinadas disposições em matéria de direito de autor e direitos conexos aplicáveis à radiodifusão por satélite e à retransmissão por cabo (Dir. 93/83/CEE)

Directiva do Conselho, de 29 de Outubro de 1993, relativa à harmonização do prazo de protecção dos direitos de autor e de certos direitos conexos (Dir. 93/98/CEE)

Directiva do Parlamento Europeu e do Conselho, de 11 de Março de 1996, relativa à protecção jurídica das bases de dados (Dir. 96/9/CE)

Directiva do Parlamento Europeu e do Conselho, de 22 de Maio de 2001, relativa à harmonização de certos aspectos do Direito de Autor e dos Direitos Conexos na sociedade da informação (Dir. 2001/29/CE)

Directiva 2001/84/CE do Parlamento Europeu e do Conselho de 27 de Setembro de 2001 relativa ao direito de sequência em benefício do autor de uma obra de arte original que seja objecto de alienações sucessivas (Dir. 2001/84/CE)

Directiva sobre os Programas de Computador (versão codificada)

Directiva 2009/24/CE do Parlamento Europeu e do Conselho de 23 de Abril de 2009 relativa à protecção jurídica dos programas de computador

O Parlamento Europeu e o Conselho da União Europeia

(...)

Considerando o seguinte:

(1) O teor da Directiva 91/250/CEE do Conselho, de 14 de Maio de 1991, relativa à protecção jurídica dos programas de computador, foi alterado. Por razões de clareza e racionalidade, deverá proceder-se à codificação da referida Directiva.

(2) O desenvolvimento de programas de computador requer o investimento de recursos humanos, técnicos e financeiros consideráveis, podendo esses programas ser reproduzidos a um custo que apenas representa uma fracção do custo do seu desenvolvimento independente.

(3) Os programas de computador têm vindo a desempenhar um papel de importância crescente num vasto leque de indústrias e a tecnologia dos programas de computador pode, por conseguinte, ser considerada de importância fundamental para o desenvolvimento da indústria.

(4) Algumas das diferenças existentes na protecção jurídica dos programas de computador ao abrigo das legislações dos Estados Membros têm efeitos directos e negativos no funcionamento do mercado interno no que respeita aos programas dc computador.

(5) É necessário eliminar as diferenças existentes que surtem tais efeitos e torna-se necessário evitar que surjam novas diferenças, ao passo que as diferenças que não afectam negativamente o funcionamento do mercado interno em medida considerável não necessitam ser eliminadas nem é indispensável que se evite o seu aparecimento.

(6) O enquadramento jurídico comunitário de protecção dos programas de computador pode, por conseguinte, numa primeira fase, limitar-se a determinar que os Estados Membros devem conceder protecção aos programas de computador ao abrigo dos direitos de autor, considerando-os como obras literárias, determinando subsequentemente quem e o que deve ser protegido, os direitos exclusivos que as pessoas protegidas podem invocar para poderem autorizar ou proibir certos actos e qual a duração da protecção.

(7) Para efeitos da presente Directiva, a expressão «programa de computador» inclui qualquer tipo de programa, mesmo os que estão incorporados no equipamento. Esta expressão inclui igualmente o trabalho de concepção preparatório conducente à elaboração de um programa de computador, desde que esse trabalho preparatório seja de molde a resultar num programa de computador numa fase posterior.

(8) No tocante aos critérios a aplicar para apreciar se um programa de computador constitui ou não uma obra original, não se deverá recorrer a testes dos seus méritos qualitativos ou estéticos.

(9) A Comunidade encontra-se profundamente empenhada na promoção da normalização internacional.

(10) A função de um programa de computador é comunicar e trabalhar com outros componentes de um sistema de computador e com os utilizadores e, para este efeito, é necessária uma interconexão e uma interacção lógica e, quando necessário, física, no sentido de permitir o funcionamento de todos os elementos do suporte lógico e do equipamento com outros suportes lógicos e equipamentos e com os utilizadores, e todas as formas de funcionamento previstas. As partes do programa que permitem tal interconexão e interacção entre os componentes de um sistema são geralmente conhecidas como «interfaces». Esta interconexão e interacção funcionais são geralmente conhecidas como «interoperabilidade»; esta interoperabilidade é definida como a capacidade de trocar informações e de reciprocamente utilizar as informações trocadas.

(11) De forma a evitar qualquer dúvida, tem de se deixar claro que a protecção abrange unicamente a expressão de um programa de computador e que as ideias e princípios subjacentes a qualquer elemento de um programa, incluindo os subjacentes às suas interfaces, não são protegidos por direitos de autor ao abrigo da presente Directiva. De acordo com este princípio dos direitos de autor, as ideias e princípios eventualmente presentes na lógica, nos algoritmos e nas linguagens de programação não são protegidos ao abrigo da presente Directiva. De acordo com a legislação e a jurisprudência dos Esta-

dos Membros e com as convenções internacionais sobre direitos de autor, a expressão dessas ideias e princípios deverá ser protegida por direitos de autor.

(12) Para efeitos da presente Directiva, entende-se por «locação» a possibilidade de pôr à disposição para utilização, por um período determinado e com um intuito lucrativo, um programa de computador ou uma sua cópia. Este termo não inclui o empréstimo público que, por conseguinte, não é abrangido pelo âmbito da presente Directiva.

(13) Os direitos exclusivos do autor para impedir a reprodução não autorizada da sua obra deverão ser sujeitos a uma excepção limitada no caso de se tratar de um programa de computador, de forma a permitir a reprodução tecnicamente necessária para a utilização daquele programa pelo seu adquirente legítimo. Tal significa que as acções de carregamento e funcionamento necessárias à utilização de uma cópia de um programa legalmente adquirido, incluindo a acção de correcção dos respectivos erros, não poderão ser proibidas por contrato. Na ausência de cláusulas contratuais específicas, nomeadamente quando uma cópia do programa tenha sido vendida, qualquer outra acção necessária à utilização de uma cópia de um programa poderá ser realizada de acordo com o fim a que se destina pelo adquirente legal dessa mesma cópia.

(14) As pessoas que têm direito a utilizar um programa de computador não poderão ser impedidas de realizar os actos necessários de observação, estudo ou teste de funcionamento do programa, desde que estes actos não infrinjam os direitos de autor em relação ao programa.

(15) Qualquer reprodução, tradução, adaptação ou transformação não autorizadas da forma do código em que uma cópia de um programa de computador foi criada constitui uma infracção aos direitos exclusivos do autor. No entanto, em certas circunstâncias uma tal modificação da forma do código de um programa de computador no sentido da sua reprodução e tradução é indispensável para obter as necessárias informações no sentido de conseguir a interoperabilidade de um programa independente com outros programas. Deverá ter-se em conta que, em tais circunstâncias restritas, a realização de actos de reprodução e tradução para modificar a forma do código pela pessoa que tem o direito de usar uma cópia do programa, ou em seu nome, é legítima e compatível com uma prática leal, e deverá, portanto, ser dispensada da solicitação do consentimento do titular do direito. Um dos objectivos desta excepção é o de permitir a interacção de todos os elementos de um sistema informático, incluindo os de diferentes fabricantes, de forma a poderem fun-

cionar conjuntamente. Uma excepção deste tipo aos direitos exclusivos do autor não poderá ser aplicada de forma a colidir com uma exploração normal do programa ou a prejudicar os interesses legítimos do titular do direito.

(16) A protecção dos programas de computador ao abrigo dos direitos de autor não deverá prejudicar, nos casos apropriados, a aplicação de outras formas de protecção. Consideram-se, todavia, nulas quaisquer disposições contratuais contrárias ao disposto na presente Directiva quanto à descompilação ou às excepções previstas na presente Directiva relativamente à execução de cópias de apoio, ou à observação, estudo ou teste do funcionamento do programa.

(17) As disposições da presente Directiva não deverão prejudicar a aplicação das regras da concorrência fixadas nos artigos 81 e 82 do Tratado se um fornecedor dominante recusar divulgar informações necessárias à interoperabilidade, tal como é definida na presente Directiva.

(18) As disposições da presente Directiva não deverão prejudicar as exigências da legislação comunitária já adoptada relativamente à publicação de interfaces no sector das telecomunicações ou as decisões do Conselho relativas à normalização no domínio da tecnologia da informação e das telecomunicações.

(19) A presente Directiva não prejudica as derrogações previstas nas legislações nacionais de acordo com a Convenção de Berna sobre pontos não abrangidos pela presente Directiva.

(20) A presente Directiva não deverá prejudicar as obrigações dos Estados Membros relativas aos prazos de transposição para o direito nacional das directivas, indicados na parte B do Apêndice I.

Aprovaram a presente Directiva:

Artigo 1 – Objecto da protecção

1. De acordo com o disposto na presente Directiva, os Estados Membros estabelecem uma protecção jurídica dos programas de computador, mediante a concessão de direitos de autor, enquanto obras literárias, na acepção da Convenção de Berna para a Protecção das Obras Literárias e Artísticas. Para efeitos da presente Directiva, a expressão «programas de computador» inclui o material de concepção.

2. Para efeitos da presente Directiva, a protecção abrange a expressão, sob qualquer forma, de um programa de computador. As ideias e princípios subjacentes a qualquer elemento de um programa de computador, incluindo os

que estão na base das respectivas interfaces, não são protegidos pelos direitos de autor ao abrigo da presente Directiva.

3. Um programa de computador é protegido se for original, no sentido em que é o resultado da criação intelectual do autor. Não são considerados quaisquer outros critérios para determinar a sua susceptibilidade de protecção.

4. O disposto na presente Directiva é igualmente aplicável aos programas criados antes de 1 de Janeiro de 1993, sem prejuízo de quaisquer actos realizados e dos direitos adquiridos antes dessa data.

Artigo 2 – Autoria dos programas

1. O autor de um programa de computador é a pessoa singular ou o grupo de pessoas singulares que criaram o programa ou, quando a legislação dos Estados Membros o permite, a pessoa colectiva indicada por aquela legislação como o titular dos direitos.

Quando a legislação do Estado Membro reconhece obras colectivas, a pessoa tida pela legislação do Estado Membro como tendo criado a obra é considerada seu autor.

2. Caso um programa de computador tenha sido criado conjuntamente por um grupo de pessoas singulares, os direitos exclusivos pertencem conjuntamente às mesmas.

3. Quando um programa de computador seja criado por um trabalhador por conta de outrem, no exercício das suas funções ou por indicação do seu empregador, só o empregador fica habilitado a exercer todos os direitos de natureza económica relativos ao programa assim criado, salvo cláusula contratual em contrário.

Artigo 3 – Beneficiários da protecção

A protecção é concedida a qualquer pessoa singular ou colectiva que preencha os requisitos necessários para beneficiar da legislação nacional sobre direitos de autor aplicável às obras literárias.

Artigo 4 – Actos sujeitos a autorização

1. Sem prejuízo do disposto nos artigos 5 e 6, os direitos exclusivos do titular, na acepção do artigo 2, devem incluir o direito de efectuar ou autorizar:

a) A reprodução permanente ou transitória de um programa de computador, seja por que meio for, e independentemente da forma de que se revestir, no todo ou em parte. Se operações como o carregamento, visualização, execução, transmissão ou armazenamento de um programa de computador carecerem dessa reprodução, essas operações devem ser submetidas a autorização do titular do direito;

b) A tradução, adaptação, ajustamentos ou outras modificações do programa e a reprodução dos respectivos resultados, sem prejuízo dos direitos de autor da pessoa que altere o programa;

c) Qualquer forma de distribuição ao público, incluindo a locação, do original ou de cópias de um programa de computador.

2. A primeira comercialização na Comunidade de uma cópia de um programa efectuada pelo titular dos direitos ou realizada com o seu consentimento extinguirá o direito de distribuição na Comunidade dessa mesma cópia, com excepção do direito de controlar a locação ulterior do programa ou de uma sua cópia.

Artigo 5 – Excepções aos actos sujeitos a autorização

1. Salvo cláusula contratual específica em contrário, os actos previstos no artigo 4 (1) (a) e (b) não se encontram sujeitos à autorização do titular sempre que sejam necessários para a utilização do programa de computador pelo seu legítimo adquirente de acordo com o fim a que esse programa se destina, bem como para a correcção de erros.

2. O contrato não deve impedir a execução de uma cópia de apoio por uma pessoa que esteja autorizada a utilizar o programa na medida em que tal seja necessário para a sua utilização.

3. Quem tiver direito a utilizar uma cópia de um programa pode, sem necessidade de autorização do titular do direito, observar, estudar ou testar o funcionamento do programa a fim de apurar as ideias e princípios subjacentes a qualquer elemento do programa quando efectuar operações de carregamento, de visualização, de execução, de transmissão ou de armazenamento, em execução do seu contrato.

Artigo 6 – Descompilação

1. Não é necessária a autorização do titular dos direitos quando a reprodução do código e a tradução da sua forma, na acepção do artigo 4 (1) (a) e (b), sejam indispensáveis para obter as informações necessárias à interoperabilidade de um programa de computador criado independentemente, com outros programas, uma vez preenchidas as seguintes condições:

a) Esses actos serem realizados pelo licenciado ou por outra pessoa que tenha o direito de utilizar uma cópia do programa, ou em seu nome por uma pessoa devidamente autorizada para o efeito;

b) Não se encontrarem já fácil e rapidamente à disposição das pessoas referidas na alínea (a) as informações necessárias à interoperabilidade; e

c) Esses actos limitarem-se a certas partes do programa de origem necessárias à interoperabilidade.

2. O disposto no número (1) não permite que as informações obtidas através da sua aplicação:

a) Sejam utilizadas para outros fins que não o de assegurar a interoperabilidade de um programa criado independentemente;

b) Sejam transmitidas a outrem, excepto quando tal for necessário para a interoperabilidade do programa criado independentemente; ou

c) Sejam utilizadas para o desenvolvimento, produção ou comercialização de um programa substancialmente semelhante na sua expressão, ou para qualquer outro acto que infrinja os direitos de autor.

3. De acordo com o disposto na Convenção de Berna para a Protecção das Obras Literárias e Artísticas, as disposições do presente artigo não podem ser interpretadas no sentido de permitirem a sua aplicação de uma forma susceptível de lesar os legítimos interesses do titular de direitos ou que não se coadune com uma exploração normal do programa de computador.

Artigo 7 – Medidas de protecção especiais

1. Sem prejuízo do disposto nos artigos 4, 5 e 6, os Estados Membros tomam medidas adequadas, nos termos das respectivas legislações nacionais, contra as pessoas que pratiquem qualquer dos actos seguintes:

a) Ponham em circulação uma cópia de um programa de computador, conhecendo ou não podendo ignorar o seu carácter ilícito;

b) Estejam na posse, para fins comerciais, de uma cópia de um programa de computador, conhecendo ou não podendo ignorar o seu carácter ilícito;

c) Ponham em circulação ou estejam na posse, para fins comerciais, de meios cujo único objectivo seja facilitar a supressão não autorizada ou a neutralização de qualquer dispositivo técnico eventualmente utilizado para a protecção de um programa.

2. Qualquer cópia ilícita de um programa de computador pode ser confiscada nos termos da legislação do Estado Membro em questão.

3. Os Estados Membros podem prever a apreensão dos meios referidos no número (1) (c).

Artigo 8 – Manutenção de outras disposições jurídicas
As disposições da presente Directiva não prejudicam quaisquer outras disposições legais, nomeadamente as relativas a direitos de patente, a marcas, a concorrência desleal, a segredos comerciais, a protecção de produtos semicondutores ou ao direito dos contratos.

Quaisquer disposições contratuais contrárias ao artigo 6 ou às execuções previstas no artigo 5 (2) e (3) serão consideradas nulas.

Artigo 9 – Comunicações
Os Estados Membros comunicam à Comissão as disposições de direito nacional que aprovarem nas matérias reguladas pela presente Directiva.

Artigo 10 – Revogação
É revogada a Directiva 91/250/CEE (...)

Artigo 11 – Entrada em vigor
A presente Directiva entra em vigor no vigésimo dia seguinte ao da sua publicação no Jornal Oficial da União Europeia.

Artigo 12 – Destinatários
Os Estados Membros são os destinatários da presente Directiva.

Feito em Estrasburgo, em 23 de Abril de 2009.

(...)

Directiva sobre o Aluguer e o Comodato (versão codificada)

Directiva 2006/115/CE do Parlamento Europeu e do Conselho de 12 de Dezembro de 2006 relativa ao direito de aluguer, ao direito de comodato e a certos direitos conexos ao direito de autor em matéria de propriedade intelectual

O Parlamento Europeu e o Conselho da União Europeia

(...)

Considerando o seguinte:

(1) A Directiva 92/100/CEE do Conselho, de 19 de Novembro de 1992, relativa ao direito de aluguer, ao direito de comodato e a certos direitos conexos aos direitos de autor em matéria de propriedade intelectual, foi por várias vezes alterada de modo substancial, sendo conveniente, por uma questão de lógica e clareza, proceder à sua codificação.

(2) O aluguer e o comodato das obras protegidas pelo direito de autor e das realizações protegidas por direitos conexos desempenham um papel de importância crescente, em especial para os autores, artistas e produtores de fonogramas e filmes, cada vez mais ameaçados pela «pirataria».

(3) A protecção adequada das obras protegidas pelo direito de autor e das realizações protegidas por direitos conexos, através dos direitos de aluguer e comodato, bem como a protecção das realizações abrangidas por direitos conexos, através de um direito de fixação, de distribuição, de radiodifusão e de comunicação ao público, podem, por conseguinte, ser consideradas de importância fundamental para o desenvolvimento económico e cultural da Comunidade.

(4) A protecção conferida pelo direito de autor e direitos conexos deve ser adaptada à evolução económica ocorrida, nomeadamente, a nível das novas formas de exploração.

(5) A continuidade do trabalho criativo e artístico dos autores e dos artistas intérpretes e executantes exige que estes aufiram uma remunera-

ção adequada. Os investimentos exigidos, em especial para a produção de fonogramas e filmes, são particularmente elevados e arriscados. O pagamento dessa remuneração e a recuperação desse investimento só podem ser efectivamente assegurados através de uma protecção legal adequada dos titulares envolvidos.

(6) Estas actividades criativas, artísticas e empresariais são, em grande medida, desempenhadas por pessoas independentes. O exercício de tais actividades deverá ser facilitado pela existência de uma protecção legal harmonizada na Comunidade. Na medida em que estas mesmas actividades constituem essencialmente serviços, a sua prestação deve igualmente ser facilitada por um enquadramento legal comunitário harmonizado.

(7) A legislação dos Estados Membros deve ser aproximada de forma a não entrar em conflito com as convenções internacionais em que se baseiam as legislações sobre direito de autor e direitos conexos de muitos Estados Membros.

(8) O enquadramento legal da Comunidade relativo ao direito de aluguer e ao direito de comodato e a certos direitos conexos ao direito de autor pode limitar-se a estabelecer que os Estados Membros devem prever direitos em relação ao aluguer e ao comodato para certos grupos de titulares de direitos e, por outro lado, a estabelecer os direitos de fixação, distribuição, radiodifusão e comunicação ao público para certos grupos de titulares no domínio da protecção dos direitos conexos.

(9) É necessário definir as noções de aluguer e comodato para efeitos da presente Directiva.

(10) É desejável, por uma questão de clareza, excluir do aluguer e do comodato, na acepção da presente Directiva, determinadas formas de colocação à disposição, como, por exemplo, a colocação à disposição de fonogramas ou filmes para exibição ou difusão públicas, a colocação à disposição para a realização de exposições e a colocação à disposição para consulta no local. Na acepção da presente Directiva, o comodato não deve incluir a colocação à disposição entre instituições acessíveis ao público.

(11) No caso de o comodato por uma instituição acessível ao público dar lugar ao pagamento de um montante não superior ao necessário para cobrir os custos de financiamento da instituição, não há qualquer benefício económico ou comercial, directo ou indirecto, na acepção da presente Directiva.

(12) É necessário introduzir um sistema que garanta que os autores e os artistas intérpretes ou executantes obtenham uma remuneração equitativa irrenunciável, devendo os autores e artistas ter a possibilidade de confiar a

gestão desse direito a sociedades de gestão colectiva do direito de autor que os representem.

(13) Essa remuneração equitativa poderá ser liquidada, mediante um ou mais pagamentos, na altura da celebração do contrato ou posteriormente, e deverá ter em conta a importância da contribuição dada para o fonograma ou filme pelos autores e artistas intérpretes ou executantes em causa.

(14) É igualmente necessário proteger, pelo menos, os direitos dos autores no que se refere ao aluguer ao público mediante a criação de um regime específico. No entanto, quaisquer medidas que possam derrogar o direito exclusivo de comodato ao público devem ser compatíveis, em especial, com o artigo 12 do Tratado.

(15) As disposições da presente Directiva relativas a direitos conexos ao direito de autor não devem impedir os Estados Membros de alargar a esses direitos exclusivos a presunção prevista na presente Directiva para os contratos respeitantes à produção de filmes celebrados, individual ou colectivamente, por artistas intérpretes ou executantes com produtores de filmes. Além disso, as referidas disposições não devem impedir os Estados Membros de prever uma presunção simples de permissão de exploração com relação aos direitos exclusivos dos artistas intérpretes ou executantes, previstos nas disposições pertinentes da presente Directiva, na medida em que tal presunção seja compatível com a Convenção Internacional para a Protecção dos Artistas Intérpretes ou Executantes, dos Produtores de Fonogramas e dos Organismos de Radiodifusão, a seguir designada por «Convenção de Roma».

(16) Os Estados Membros devem ter a faculdade de prever que os titulares de direitos conexos ao direito de autor beneficiem de uma protecção superior à exigida pelas disposições da presente Directiva relativas à radiodifusão e comunicação ao público.

(17) Os direitos de aluguer e de comodato harmonizados, bem como a protecção harmonizada no âmbito dos direitos conexos ao direito de autor, não devem ser exercidos de modo a constituírem uma restrição dissimulada ao comércio entre Estados Membros nem de forma contrária à regra da cronologia da exploração dos meios de comunicação social, tal como reconhecido no acórdão pronunciado no processo Société Cinéthèque contra FNCF.

(18) A presente Directiva não deverá prejudicar as obrigações dos Estados Membros relativas aos prazos de transposição das directivas para o direito interno, que são indicados na Parte B do Apêndice I,

Aprovaram a presente Directiva:

CAPÍTULO I – Direito de aluguer e direito de comodato

Artigo 1 – Objecto da harmonização

1. Em conformidade com o disposto no presente capítulo, os Estados Membros devem prever, sem prejuízo do artigo 6, o direito de permitir ou proibir o aluguer e o comodato de originais e cópias de obras protegidas pelo direito de autor, e de outros objectos referidos no artigo 3 (1).

2. Os direitos referidos no número (1) não se esgotam com a venda ou qualquer outro acto de distribuição dos originais ou cópias de obras protegidas pelo direito de autor, ou de outros objectos previstos no artigo 3 (1).

Artigo 2 – Definições

1. Na acepção da presente Directiva, entende-se por:

a) «Aluguer», a colocação à disposição para utilização, durante um período de tempo limitado e com benefícios comerciais directos ou indirectos;

b) «Comodato», a colocação à disposição para utilização, durante um período de tempo limitado, sem benefícios económicos ou comerciais, directos ou indirectos, se for efectuada através de instituições acessíveis ao público;

c) «Filme», a obra cinematográfica, obra audiovisual ou sequência de imagens animadas, acompanhada ou não de som.

2. É considerado autor ou um dos autores o realizador principal de uma obra cinematográfica ou audiovisual. Os Estados Membros podem prever que outras pessoas sejam consideradas co-autores.

Artigo 3 – Titulares e objecto do direito de aluguer e do direito de comodato

1. O direito exclusivo de permitir ou proibir o aluguer e o comodato pertence:

a) Ao autor, no que respeita ao original e às cópias da sua obra;

b) Ao artista intérprete ou executante, no que respeita às fixações da sua prestação;

c) Ao produtor de fonogramas, no que respeita aos seus fonogramas;

d) Ao produtor da primeira fixação de um filme, no que se refere ao original e às cópias desse filme.

2. Não são abrangidos pela presente Directiva o direito de aluguer e o direito de comodato relativos a obras de arquitectura e obras de arte aplicada.

3. Os direitos referidos no número (1) podem ser transmitidos, cedidos ou ser objecto de licença contratual.

4. Sem prejuízo do disposto no número (6), quando seja celebrado, individual ou colectivamente, um contrato de produção de filmes entre artistas intérpretes ou executantes e um produtor, presume-se que o artista intérprete ou executante abrangido por esse contrato transmitiu o seu direito de aluguer, caso não existam cláusulas contratuais em contrário, e sem prejuízo do disposto no artigo 5.

5. Os Estados Membros podem prever uma presunção análoga à prevista no número (4) relativamente aos autores.

6. Os Estados Membros podem prever que a assinatura de um contrato celebrado entre um artista intérprete ou executante e um produtor de filmes relativamente à produção de um filme tenha por efeito permitir o aluguer, se o referido contrato estabelecer uma remuneração equitativa nos termos do artigo 5. Os Estados Membros podem igualmente prever que o presente número seja aplicável, *mutatis mutandis*, aos direitos incluídos no Capítulo II.

Artigo 4 – Aluguer de programas de computador

A presente Directiva não prejudica o disposto no artigo 4(c) da Directiva 91/250/CEE do Conselho, de 14 de Maio de 1991, relativa à protecção jurídica dos programas de computador.

Artigo 5 – Direito irrenunciável a uma remuneração equitativa

1. Sempre que um autor ou um artista intérprete ou executante transmita ou ceda o seu direito de aluguer relativo a um fonograma ou ao original ou cópia de um filme a um produtor de fonogramas ou filmes, assiste ao referido autor ou artista o direito a auferir uma remuneração equitativa pelo aluguer.

2. O direito a uma remuneração equitativa pelo aluguer nao pode ser objecto de renúncia por parte dos autores ou dos artistas intérpretes ou executantes.

3. A gestão do direito a uma remuneração equitativa pode ser confiada a sociedades de gestão colectiva do direito de autor que representem autores ou artistas intérpretes ou executantes.

4. Os Estados Membros têm a faculdade de determinar se, e em que medida, pode ser tornada obrigatória a administração por sociedades de

gestão colectiva do direito a uma remuneração equitativa, e bem assim determinar a quem essa remuneração pode ser reclamada ou cobrada.

Artigo 6 – Derrogação ao direito exclusivo de comodato público
1. Os Estados Membros podem derrogar o direito exclusivo previsto para os comodatos públicos no artigo 1, se pelo menos os autores auferirem remuneração por conta de tais comodatos. Os Estados Membros podem determinar livremente tal remuneração tendo em conta os seus objectivos de promoção da cultura.
2. Sempre que os Estados Membros não derem aplicação ao direito exclusivo de comodato referido no artigo 1 relativamente aos fonogramas, filmes e programas de computadores, devem introduzir uma remuneração, pelo menos, para os autores.
3. Os Estados Membros podem isentar determinadas categorias de estabelecimentos do pagamento da remuneração referida nos números (1) e (2).

CAPÍTULO II – Direitos conexos ao direito de autor

Artigo 7 – Direito de fixação
1. Os Estados Membros devem prever que os artistas intérpretes ou executantes tenham o direito exclusivo de permitir ou proibir a fixação das suas prestações.
2. Os Estados Membros devem prever que as organizações de radiodifusão tenham o direito exclusivo de permitir ou proibir a fixação das suas emissões, sejam elas efectuadas com ou sem fio, inclusivamente por cabo ou satélite.
3. O distribuidor por cabo não tem o direito previsto no número (2) sempre que efectue meras retransmissões por cabo de emissões de organizações de radiodifusão.

Artigo 8 – Radiodifusão e comunicação ao público
1. Os Estados Membros devem prever que os artistas intérpretes ou executantes tenham o direito exclusivo de permitir ou proibir a radiodifusão e a comunicação ao público das suas prestações, excepto se a prestação já for, por si própria, uma prestação radiodifundida ou se for efectuada a partir de uma fixação.
2. Os Estados Membros devem prever um direito que garanta, não só o pagamento de uma remuneração equitativa única pelos utilizadores que

usem fonogramas publicados com fins comerciais ou suas reproduções em emissões radiodifundidas por ondas radioeléctricas ou em qualquer tipo de comunicações ao público, mas também a partilha de tal remuneração pelos artistas intérpretes ou executantes e pelos produtores dos fonogramas assim utilizados. Na falta de acordo entre os artistas intérpretes ou executantes e os produtores dos fonogramas, os Estados Membros podem determinar em que termos é por eles repartida a referida remuneração.

3. Os Estados Membros devem prever que as organizações de radiodifusão tenham o direito exclusivo de permitir ou proibir a retransmissão das suas emissões por ondas radioeléctricas, bem como a sua comunicação ao público, se essa comunicação for realizada em locais abertos ao público com entrada paga.

Artigo 9 – Direito de distribuição

1. Os Estados Membros devem prever um direito exclusivo, a seguir designado «direito de distribuição» de divulgar ao público os objectos referidos nas alíneas (a) a (d), incluindo as suas cópias, por venda ou de qualquer outra forma, na titularidade:

a) Dos artistas intérpretes ou executantes, no que respeita às fixações das suas prestações;

b) Dos produtores de fonogramas, no que respeita aos seus fonogramas;

c) Dos produtores das primeiras fixações de filmes, no que respeita ao original e às cópias dos seus filmes;

d) Dos organismos de radiodifusão, no que respeita às gravações das suas emissões, tal como estabelecido no artigo 7 (2).

2. O direito de distribuição só se extingue, na Comunidade, relativamente a um objecto referido no número (1) aquando da primeira venda desse objecto na Comunidade, quer pelo titular do direito quer com o seu consentimento.

3. O direito de distribuição não afecta as disposições específicas contidas no Capítulo I e, designadamente, no artigo 1 (2).

4. O direito de distribuição pode ser transmitido, cedido ou ser objecto de licenças contratuais.

Artigo 10 – Limitações dos direitos

1. Os Estados Membros podem prever limitações aos direitos referidos no presente capítulo nos seguintes casos:

a) Utilização privada;

b) Utilização de excertos curtos para reportagem de acontecimentos actuais;

c) Fixação efémera por uma organização de radiodifusão com os seus próprios meios e para as suas próprias emissões;
d) Utilização unicamente para fins de ensino ou investigação científica.

2. Sem prejuízo do disposto no número (1), os Estados Membros podem prever, no que respeita à protecção dos artistas intérpretes ou executantes, dos produtores de fonogramas, das organizações de radiodifusão e dos produtores das primeiras fixações de filmes, o mesmo tipo de limitações que a lei estabelece em matéria de protecção do direito de autor para as obras literárias e artísticas.

No entanto, só podem ser previstas licenças obrigatórias se forem compatíveis com a Convenção de Roma.

3. As limitações referidas nos números (1) e (2) só podem ser aplicadas nos casos especiais em que não haja conflito com uma exploração normal do objecto do direito nem prejuízo injustificado para os legítimos interesses do titular do direito.

CAPÍTULO III – Disposições comuns

Artigo 11 – Aplicação no tempo

1. A presente Directiva aplica-se a todas as obras, prestações, fonogramas, emissões e primeiras fixações de filmes nela referidos que, em 1 de Julho de 1994, ainda eram protegidos pela lei dos Estados Membros no domínio do direito de autor e direitos conexos ou que nessa data correspondiam aos critérios de protecção que ela estabelece.

2. A presente Directiva aplica-se sem prejuízo de quaisquer actos de exploração realizados antes de 1 de Julho de 1994.

3. Os Estados Membros podem prever que se considere que os titulares dos direitos deram a sua permissão para o aluguer ou comodato de qualquer objecto referido no artigo 3 (1) (a) a (d) em relação ao qual se prove que foi posto à disposição de terceiros para esse fim ou que foi adquirido antes de 1 de Julho de 1994.

No entanto, se se tratar de uma gravação digital, os Estados Membros podem prever que os titulares dos direitos tenham direito a uma remuneração adequada pelo aluguer ou comodato desse objecto.

4. Os Estados Membros não são obrigados a aplicar o disposto no artigo 2 (2) às obras cinematográficas ou audiovisuais criadas antes de 1 de Julho de 1994.

5. Sem prejuízo do número (3) e sob reserva do número (7), a presente Directiva não afecta os contratos celebrados antes de 19 de Novembro de 1992.

6. Sem prejuízo do disposto no número (7), os Estados Membros podem prever que, sempre que os titulares que adquirirem novos direitos ao abrigo das disposições nacionais adoptadas para dar cumprimento à presente Directiva tiverem permitido a exploração antes de 1 de Julho de 1994, se parta do princípio de que transmitiram os novos direitos exclusivos.

7. No que se refere a contratos celebrados antes de 1 de Julho de 1994, o direito irrenunciável a uma remuneração equitativa, previsto no artigo 5, só é aplicável se os autores ou os artistas intérpretes ou executantes, ou os seus representantes, apresentarem um pedido nesse sentido até 1 de Janeiro de 1997. Se não existir acordo entre os titulares no que se refere ao nível da remuneração, os Estados Membros estabelecerão o nível da remuneração equitativa.

Artigo 12 – Relação entre direito de autor e direitos conexos

A protecção dos direitos conexos ao abrigo da presente Directiva não afecta nem prejudica de modo algum a protecção do direito de autor.

Artigo 13 – Comunicação

Os Estados Membros comunicarão à Comissão o texto das principais disposições de direito interno que adoptarem no domínio regido pela presente Directiva.

Artigo 14 – Revogação

É revogada a Directiva 92/100/CEE (...)

Artigo 15 – Entrada em vigor

A presente Directiva entra em vigor no vigésimo dia seguinte ao da sua publicação no Jornal Oficial da União Europeia.

Artigo 16 – Destinatários

Os Estados Membros são os destinatários da presente Directiva.

Feito em Estrasburgo, em 12 de Dezembro de 2006.

(...)

Directiva sobre a Radiodifusão por Satélite e a Retransmissão por Cabo

Directiva 93/83/CEE do Conselho de 27 de Setembro de 1993 relativa à coordenação de determinadas disposições em matéria de direito de autor e direitos conexos aplicáveis à radiodifusão por satélite e à retransmissão por cabo

O Conselho das Comunidades Europeias

(...)

(1) Considerando que os objectivos da Comunidade estipulados no Tratado incluem o estabelecimento de uma união cada vez mais estreita entre os povos europeus, e de relações mais estreitas entre os Estados da Comunidade bem como a garantia do progresso económico e social dos seus países, através de uma acção comum destinada a eliminar as barreiras que dividem a Europa;

(2) Considerando que, nesse sentido, o Tratado prevê o estabelecimento de um mercado comum e de um espaço sem fronteiras internas; que esse facto inclui a eliminação dos obstáculos à livre prestação de serviços e o estabelecimento de um sistema que garanta uma concorrência sem distorções no mercado comum; que, para o efeito, o Conselho pode adoptar directivas de coordenação das disposições legislativas, regulamentares e administrativas dos Estados Membros em matéria de acesso e exercício de actividades profissionais por conta própria;

(3) Considerando que a radiodifusão transfronteiras na Comunidade, em especial por satélite e por cabo, constitui um dos principais meios de prossecução dos objectivos atrás referidos, que são simultaneamente de natureza política, económica, social, cultural e jurídica;

(4) Considerando que o Conselho adoptou já a Directiva 89/552/CEE, de 3 de Outubro de 1989, relativa à coordenação de certas disposições legislativas, regulamentares e administrativas dos Estados Membros relativas ao exercício de actividades de radiodifusão televisiva (4), que inclui disposições em matéria de promoção, distribuição e produção de programas

à escala europeia, e de publicidade, patrocínio, protecção de menores e direito de resposta;

(5) Considerando, no entanto, que a realização destes objectivos no que se refere à difusão transfronteiras de programas por satélite e à sua retransmissão por cabo a partir de outros Estados Membros ainda encontra obstáculos em virtude das disparidades existentes entre as legislações nacionais sobre direito de autor e de algumas incertezas no plano jurídico; que essa situação expõe os titulares de direitos ao risco de verem as suas obras exploradas sem receberem a respectiva remuneração, ou de a exploração das suas obras ser bloqueada em certos Estados Membros por titulares individuais de direitos exclusivos; que a incerteza no plano jurídico constitui um obstáculo directo à livre circulação de programas na Comunidade;

(6) Considerando que a comunicação ao público é actualmente objecto de um tratamento diferente, em termos de direito de autor, consoante seja efectuada por satélites de radiodifusão directa ou por satélites de telecomunicações; que, tendo em conta que a recepção individual é hoje possível a custos razoáveis com ambos os tipos de satélite, deixa de se justificar a manutenção desse tratamento jurídico diferente;

(7) Considerando que a livre difusão de programas é, além disso, dificultada pela incerteza que reina no plano jurídico quanto à questão de saber se a difusão por satélites cujos sinais podem ser recebidos directamente apenas afecta os direitos no país de emissão, ou simultaneamente em todos os países de recepção; que, dado que os satélites de telecomunicações e os satélites de radiodifusão directa devem ser objecto de tratamento igual para efeitos de direito de autor, esta incerteza jurídica diz respeito à quase totalidade dos programas difundidos por satélite na Comunidade;

(8) Considerando, além disso, que não existe, no plano jurídico, a certeza jurídica necessária à livre circulação de emissões de radiodifusão na Comunidade, quando os programas transmitidos além fronteiras são introduzidos e retransmitidos através de redes de cabo;

(9) Considerando que o desenvolvimento da aquisição contratual de direitos por autorização constitui já um contributo eficaz para a criação do ambicionado espaço audiovisual europeu; que deve ser garantida a continuação desses acordos contratuais e, na medida do possível, promovida a sua aplicação prática sem incidentes;

(10) Considerando que, actualmente, os distribuidores por cabo, em especial, não podem ter a certeza de ter efectivamente adquirido todos os direitos relativos a programas abrangidos por esses acordos;

(11) Considerando, por fim, que as partes envolvidas em todos os Estados Membros não estão igualmente sujeitas às obrigações que os impedem de, sem motivo válido, recusarem negociações para a aquisição dos direitos necessários à retransmissão por cabo ou deixarem fracassar essas negociações;

(12) Considerando que o enquadramento legal da criação de um espaço audiovisual único, definido na Directiva 89/552/CEE, deve ser, portanto, completo no que se refere ao direito de autor;

(13) Considerando, portanto, que deve ser posto termo às diferenças de tratamento da difusão de programas por satélites de telecomunicações existentes nos Estados Membros, de forma a que a questão essencial em toda a Comunidade seja a de saber em que medida as obras e outras prestações protegidas são comunicadas ao público; que, desta forma, também se assegurará igualdade de tratamento aos organismos de radiodifusão que transmitem programas transfronteiras, independentemente do facto de utilizarem um satélite de radiodifusão directa ou um satélite de telecomunicações;

(14) Considerando que a incerteza no plano jurídico sobre os direitos a adquirir, que entrava a difusão transfronteiras de programas por satélite, será ultrapassada pela definição da noção de comunicação ao público por satélite, à escala comunitária; que essa definição especifica simultaneamente qual o local do acto de comunicação ao público; que é necessário uma definição desse tipo, para evitar a aplicação cumulativa de várias legislações nacionais a um mesmo acto de radiodifusão; que a comunicação ao público por satélite apenas tem lugar se e no Estado Membro em que são introduzidos sinais portadores de programas sob o controlo e a responsabilidade de um organismo de difusão numa cadeia ininterrupta de comunicação que inclui a transmissão dos referidos sinais ao satélite e o retorno daqueles à terra; que os processos técnicos normais relativos a sinais portadores de programas não devem ser considerados interrupções à cadeia de radiodifusão;

(15) Considerando que a aquisição contratual do direito exclusivo de radiodifusão deve respeitar a legislação sobre direito de autor e direitos conexos em vigor no Estado Membro em que se verifique a comunicação ao público por satélite;

(16) Considerando que o princípio da liberdade contratual em que se baseia a presente Directiva permitirá que se continue a limitar a exploração dos referidos direitos, sobretudo no que se refere a determinados métodos técnicos de transmissão ou a determinadas versões linguísticas;

(17) Considerando que, para determinar a remuneração devida pelos direitos adquiridos, as partes devem ter em conta todos os aspectos da emissão, tais como a audiência efectiva, a audiência potencial e a versão linguística;

(18) Considerando que a aplicação do princípio do país de origem incluído na presente Directiva pode suscitar um problema em relação aos contratos vigentes; que a presente Directiva deve prever um prazo de cinco anos para, sempre que necessário, adaptar os contratos em vigor em função da presente Directiva; que o referido princípio do país de origem não se deve, portanto, aplicar aos contratos em vigor que caduquem até 1 de Janeiro de 2000; que se, nessa data, as partes ainda tiverem interesse no contrato, terão a faculdade de renegociar as respectivas condições;

(19) Considerando que os contratos internacionais de co-produção em vigor devem ser interpretados em função dos objectivos e alcance económicos previstos pelas partes na respectiva assinatura; que os contratos internacionais de co-produção celebrados no passado nem sempre têm considerado expressa e especificamente a comunicação ao público por satélite, na acepção da presente Directiva, como uma forma especial de exploração; que a filosofia subjacente a muitos dos contratos internacionais de co-produção vigentes se traduz no exercício dos direitos de co-produção separada e independentemente por cada um dos co-produtores, mediante a repartição dos direitos de exploração entre os mesmos numa base territorial; que, de um modo geral, no caso de uma comunicação ao público por satélite autorizada por um co-produtor vir a afectar o exercício dos direitos de exploração de outro co-produtor, a interpretação desse acordo deverá, em princípio, tender para a obrigatoriedade de este último dar o seu consentimento à autorização pelo primeiro da comunicação ao público por satélite; que a exclusividade linguística deste último co-produtor num dado território será afectada se a versão ou versões linguísticas da comunicação ao público por satélite, incluindo as versões dobradas ou legendadas, coincidirem com a língua ou línguas amplamente compreendidas no território atribuído por contrato a esse último co-produtor; que a noção de exclusividade deverá ser entendida numa acepção mais lata quando a comunicação ao público por satélite disser respeito a obras que consistam apenas em imagens e não contenham qualquer diálogo ou legenda; que é necessário estipular uma regra clara aplicável aos casos em que os contratos internacionais de co-produção não regulem expressamente a repartição de direitos em caso de comunicação ao público por satélite, na acepção da presente Directiva;

(20) Considerando que se deve entender, em certas condições, que as comunicações ao público por satélite a partir de países terceiros têm lugar no território de um Estado Membro da Comunidade;

(21) Considerando que é necessário assegurar que é concedida protecção aos autores, artistas intérpretes ou executantes, produtores de fonogramas e aos organismos de radiodifusão em todos os Estados Membros e que essa protecção não fique sujeita a um sistema de licenças regulamentadas por lei; que só deste modo é possível evitar que as eventuais diferenças que se verificam no nível de protecção no interior do mercado comum criem distorções de concorrência;

(22) Considerando que o advento de novas tecnologias pode ter uma incidência qualitativa e quantitativa na exploração de obras e de outras produções;

(23) Considerando que, perante esta evolução, o nível de protecção concedido pela Directiva presente a todos os titulares de direitos nos domínios abrangidos por ela deve ser objecto de uma apreciação constante;

(24) Considerando que a harmonização das legislações prevista na presente Directiva impõe a harmonização das disposições que asseguram um alto nível de protecção dos autores, artistas-intérpretes ou executantes, produtores de fonogramas e organismos de radiodifusão; que essa harmonização não deverá permitir que um organismo de radiodifusão beneficie das diferenças dos níveis de protecção, transferindo as suas actividades para outro local em detrimento da produção audiovisual;

(25) Considerando que a protecção no domínio dos direitos conexos é alinhada pela prevista na Directiva 92/100/CEE do Conselho, de 19 de Novembro de 1992, relativa ao direito de aluguer, ao direito de comodato e a certos direitos conexos aos direitos de autor em matéria de propriedade intelectual (5), no que se refere à comunicação ao público por satélite; que esse facto garantirá especialmente uma remuneração adequada dos artistas-intérpretes ou executantes e produtores de fonogramas pela comunicação ao público por satélite das suas execuções ou fonogramas;

(26) Considerando que o disposto no artigo 4 não impede os Estados Membros de tornarem a presunção definida no artigo 2 (5) da Directiva 92/100/CEE extensiva aos direitos exclusivos referidos no artigo 4; que, além disso, o disposto no artigo 4 não impede os Estados Membros de preverem uma presunção ilidível de autorização de exploração em relação aos direitos exclusivos dos artistas intérpretes ou executantes referidos nesse artigo, desde que essa presunção seja compatível com a Convenção internacional para a protecção de artistas intérpretes ou executantes, produtores de fonogramas e organismos de radiodifusão;

(27) Considerando que a retransmissão de programas por cabo a partir de outros Estados Membros constitui um acto sujeito ao direito de autor e, sendo caso disso, aos direitos conexos; que, por conseguinte, o distribuidor por cabo deve obter a autorização de todos os titulares de direitos em relação a cada parte de programa retransmitida; que, nos termos da presente Directiva, essas autorizações devem ser concedidas contratualmente, salvo se for prevista uma excepção temporária em função de licenças legais existentes;

(28) Considerando que, para assegurar que o bom funcionamento dos acordos contratuais não seja posto em causa pela intervenção de terceiros titulares de direitos sobre obras incluídas no programa, através da obrigação de recurso a entidades de gestão, se deve prever apenas o exercício colectivo do direito de autorização, na medida em que as particularidades de retransmissão por cabo o exijam; que o direito de autorização enquanto tal se mantém intacto, regulamentando-se apenas, em certa medida, o seu exercício, de forma a que continue a ser possível ceder os direitos de retransmissão por cabo; que o exercício de direitos morais não é afectado pela presente Directiva;

(29) Considerando que a isenção prevista no artigo 10 não limita a possibilidade de os titulares de direitos optarem pela respectiva cedência a uma entidade de gestão e assegurarem, desse modo, uma participação directa na remuneração paga pelo distribuidor por cabo pela retransmissão por cabo;

(30) Considerando que os contratos relativos à autorização da retransmissão por cabo devem ser promovidos através de uma série de medidas adicionais; que a parte que procura celebrar um acordo global deve ficar obrigada a apresentar propostas de acordo de carácter colectivo; que, além disso, todas as partes devem poder recorrer, em qualquer momento a mediadores imparciais, que poderão prestar assistência nas negociações e apresentar propostas; que qualquer proposta ou oposição à mesma deve ser comunicada às partes interessadas, de acordo com as regras aplicáveis à apresentação de documentos legais, especialmente as estipuladas em convenções internacionais em vigor; que, finalmente, é necessário assegurar que as negociações não sejam bloqueadas sem justificação válida ou que a participação de determinados titulares individuais de direitos nessas negociações não seja impedida sem justificação válida; que nenhuma destas medidas destinadas a promover a aquisição de direitos põe em causa o carácter contratual da aquisição de direitos de retransmissão por cabo;

(31) Considerando que, durante um período transitório, os Estados Membros podem manter os organismos existentes com competência no seu território sempre que o direito de retransmissão de um programa por cabo ao

público tenha sido indevidamente recusado ou proposto em condições arbitrárias por uma organização de radiodifusão; que se considera que o direito das partes interessadas de serem ouvidas pelo organismo deve ser garantido e que a existência do referido organismo não impedirá o normal acesso das partes interessadas aos tribunais;

(32) Considerando, no entanto, desnecessário adoptar regulamentação comunitária para os casos cujos efeitos, salvo eventuais excepções economicamente negligenciáveis, apenas se fazem sentir no território de um único Estado Membro;

(33) Considerando que a presente Directiva prevê as disposições mínimas necessárias para estabelecer e garantir, numa base essencialmente contratual, uma difusão transfronteiras, livre e ininterrupta, de programas por satélite, bem como a retransmissão simultânea e inalterada por cabo de programas difundidos a partir de outros Estados Membros;

(34) Considerando que a presente Directiva não deve prejudicar uma posterior harmonização em matéria de direitos de autor e de direitos conexos, ou da gestão colectiva desses direitos; que a possibilidade de os Estados Membros regulamentarem as actividades das entidades de gestão não deve prejudicar a liberdade de negociação contratual dos direitos previstos na presente Directiva, no pressuposto de que essa negociação é realizada no âmbito de uma legislação nacional geral ou específica no que se refere ao direito da concorrência ou à prevenção do abuso de monopólios;

(35) Considerando que compete, portanto, aos Estados Membros completar as disposições gerais necessárias ao cumprimento dos objectivos da presente Directiva através de disposições legislativas e administrativas internas, desde que não sejam contrárias aos objectivos da presente Directiva e sejam compatíveis com o direito comunitário;

(36) Considerando que a presente Directiva não prejudica a aplicação das normas de concorrência dos artigos 85 e 86 do Tratado.

Adoptou a presente Directiva:

CAPÍTULO I – Definições

Artigo 1 – Definições
1. Para efeitos da presente Directiva, entende-se por «satélite» qualquer satélite que opere, em bandas de frequência que, nos termos da legislação sobre telecomunicações, se encontrem reservadas à radiodifusão de sinais

que se destinem a ser captados pelo público ou à comunicação individual não pública. Neste último caso, é contudo necessário que a recepção individual dos sinais se processe em condições comparáveis às do primeiro caso.

2.

a) Para efeitos da presente Directiva, entende-se por «comunicação ao público por satélite» o acto de introdução, sob o controlo e a responsabilidade do organismo de radiodifusão, de sinais portadores de programas que se destinam a ser captados pelo público numa cadeia ininterrupta de comunicação conducente ao satélite e deste para a terra;

b) A comunicação ao público por satélite verifica-se apenas no Estado Membro onde os sinais portadores do programa são introduzidos, sob o controlo e a responsabilidade do organismo de radiodifusão, numa cadeia ininterrupta de comunicação conducente ao satélite e deste para a terra;

c) Se os sinais portadores de programas forem codificados, a comunicação ao público por satélite realizar-se-á na condição de os meios para descodificar a emissão serem postos à disposição do público pelo organismo de radiodifusão ou com o seu consentimento;

d) Sempre que um acto de comunicação ao público por satélite se verifique num país terceiro que não preveja o nível de protecção previsto no capítulo II da presente Directiva:

  i) se os sinais portadores de programas forem transmitidos para o satélite por uma estação de ligação ascendente localizada num Estado Membro, considera-se que esse acto de comunicação ao público por satélite ocorreu nesse Estado Membro, podendo ser exercidos os direitos previstos no capítulo II contra a pessoa que opera a estação de ligação ascendente, ou

  ii) se não for utilizada uma estação de ligação ascendente localizada num Estado Membro mas um organismo de radiodifusão constituído num Estado Membro tiver incumbido outrem desse acto de comunicação ao público por satélite, considerar-se-á que esse acto ocorreu no Estado Membro em que a organização de radiodifusão tem o seu estabelecimento principal na Comunidade, podendo ser exercidos os direitos previstos no capítulo II contra o organismo de radiodifusão.

3. Para efeitos da presente Directiva, entende-se por «retransmissão por cabo» a retransmissão ao público, simultânea, inalterada e integral, por cabo ou microondas, de uma emissão primária a partir de outro Estado Membro, com ou sem fio, incluindo por satélite, de programas de televisão ou rádio destinados à recepção pelo público.

4. Para efeitos da presente Directiva, entende-se por «entidade de gestão» um organismo com a finalidade única ou principal de gerir ou administrar direitos de autor ou direitos conexos.

5. Para efeitos da presente Directiva, será considerado autor ou um dos autores o realizador principal de uma obra cinematográfica ou audiovisual. Os Estados Membros podem prever que outras pessoas sejam consideradas co-autores.

CAPÍTULO II – Radiodifusão de programas por satélite

Artigo 2 – Direito de radiodifusão

Nos termos do disposto no presente capítulo, os Estados Membros garantirão aos autores o direito exclusivo de autorizar a comunicação ao público por satélite de obras protegidas pelo direito de autor.

Artigo 3 – Aquisição de direitos de radiodifusão

1. Os Estados Membros garantirão que a autorização referida no artigo 2 apenas possa ser adquirida contratualmente.

2. Os Estados Membros podem prever que um acordo colectivo celebrado entre uma entidade de gestão e um organismo de radiodifusão em relação a uma determinada categoria de obras seja tornado extensivo aos titulares de direitos da mesma categoria não representados pela entidade de gestão, desde que:
   – a comunicação ao público por satélite se verifique em simultâneo com uma emissão terrestre pelo mesmo radiodifusor e
   – o titular de direitos não representado tenha, em qualquer momento, a possibilidade de excluir a extensão de um acordo colectivo às suas obras e de exercer os seus direitos individual ou colectivamente.

3. O número (2) não se aplica às obras cinematográficas, incluindo as obras produzidas por um processo semelhante ao das obras cinematográficas.

4. Sempre que a legislação de um Estado Membro preveja a extensão de um acordo colectivo nos termos do disposto no número (2), esse Estado Membro informará a Comissão dos organismos de radiodifusão autorizados a prevalecer-se dessa legislação. A Comissão publicará essa informação no Jornal Oficial das Comunidades Europeias (série C).

Artigo 4 – Direitos de artistas intérpretes ou executantes, produtores de fonogramas e organismos de radiodifusão

1. Para efeitos da comunicação ao público por satélite, os direitos dos artistas-intérpretes ou executantes, dos produtores de fonogramas e dos organismos de radiodifusão serão protegidos nos termos do disposto nos artigos 6, 7, 8 e 10 da Directiva 92/100/CEE.

2. Para efeitos da aplicação do nº 1, entende-se que a «radiodifusão sem fio» prevista na Directiva 92/100/CEE incluiu a comunicação ao público por satélite, nos termos do artigo 1 (2).

3. Quanto ao exercício dos direitos referidos no número (1), aplicam-se as disposições correspondentes do artigo 2 (7) e do artigo 12 da Directiva 92/100/CEE.

Artigo 5 – Relação entre o direito de autor e direitos conexos

A protecção dos direitos conexos nos termos da presente Directiva não deve lesar ou afectar de modo algum a protecção do direito de autor.

Artigo 6 – Protecção mínima

1. Os Estados Membros podem prever, em relação aos titulares de direitos conexos, uma protecção mais ampla do que a exigida no artigo 8 da Directiva 92/100/CEE.

2. Na aplicação do número (1), os Estados Membros devem respeitar as definições incluídas no artigo 1 (1) e (2).

Artigo 7 – Disposições transitórias

1. No que se refere à aplicação dos direitos referidos no artigo 4 (1) da presente Directiva no tempo, é aplicável o artigo 13 (1), (2), (6) e (7) da Directiva 92/100/CEE. O artigo 13 (4) e (5) da Directiva 92/100/CEE é aplicável *mutatis mutandis*.

2. Os contratos de exploração de obras e outras prestações protegidas pelo direito de autor em vigor na data referida no artigo 14 (1) estão sujeitos ao disposto no artigo 1 (2) e nos artigos 2 e 3 a partir de 1 de Janeiro de 2000, se caducarem após essa data.

3. Sempre que um contrato internacional de co-produção, celebrado entre um co-produtor de um Estado Membro e um ou vários co-produtores de outros Estados Membros ou de países terceiros antes da data referida no artigo 14 (1), preveja expressamente um sistema de repartição dos direitos de exploração entre os co-produtores, por áreas geográficas, para todos os meios

de comunicação ao público, sem que seja estabelecida uma diferença entre o regime aplicável à comunicação ao público por satélite e as disposições aplicáveis aos outros meios de comunicação, e se a comunicação ao público por satélite da co-produção puder prejudicar a exclusividade, especialmente a exclusividade linguística de um dos co-produtores ou dos seus cessionários num dado território, a autorização de comunicação ao público por satélite a conceder por um dos co-produtores ou seus mandatários dependerá do consentimento prévio do titular dessa exclusividade, quer se trate de um co--produtor ou de um mandatário.

CAPÍTULO III – Retransmissão por cabo

Artigo 8 – Direito de retransmissão por cabo

1. Os Estados Membros garantirão que a retransmissão por cabo de emissões provenientes de outros Estados Membros se processe, no seu território, no respeito pelo direito de autor e direitos conexos aplicáveis e com base em contratos individuais ou acordos colectivos entre os titulares de direitos de autor, os titulares de direitos conexos e os distribuidores por cabo.

2. Não obstante o disposto no número (1), os Estados Membros podem manter, até 31 de Dezembro de 1997, as licenças legais vigentes em 31 de Julho de 1991 ou expressamente previstas pelo direito interno nessa mesma data.

Artigo 9 – Exercício do direito de retransmissão por cabo

1. Os Estados Membros garantirão que o direito dos titulares de direitos de autor e de direitos conexos de autorizar ou proibir a um operador por cabo uma retransmissão por cabo apenas possa ser exercido através de entidades de gestão.

2. Sempre que o titular de direitos não tiver transferido a gestão dos seus direitos para uma entidade de gestão, considera-se que a entidade que gere direitos da mesma categoria se encontra mandatada para gerir os seus direitos. Sempre que os direitos dessa categoria forem geridos por mais do que uma entidade de gestão, o titular dos direitos de autor poderá decidir qual dessas entidades deve gerir os seus direitos. O titular dos direitos referido no presente número terá os mesmos direitos e obrigações, resultantes do contrato entre o operador por cabo e a entidade de gestão que se considera mandatada para gerir os seus direitos, que os titulares dos direitos que mandataram essa entidade de gestão e pode reivindicá-los dentro de um prazo,

a fixar pelo Estado Membro interessado, que não deve ser inferior a três anos a contar da data da retransmissão por cabo que inclui a sua obra ou outra prestação protegida.

3. Um Estado Membro pode estabelecer que, quando um titular de direitos autorizar no seu território a emissão primária de uma obra ou de outra prestação protegida, se considera que esse titular de direitos aceita não exercer os seus direitos de retransmissão por cabo numa base individual mas nos termos do disposto na presente Directiva.

Artigo 10 – Exercício de direito de retransmissão por cabo pelos organismos de radiodifusão

Os Estados Membros garantirão por que o artigo 9 não seja aplicável aos direitos exercidos por um organismo de radiodifusão em relação às suas próprias emissões, independentemente de os direitos em questão lhe pertencerem ou de lhe terem sido transferidos por outros titulares de direitos de autor e/ou de direitos conexos.

Artigo 11 – Mediadores

1. Sempre que não seja possível chegar a acordo sobre a autorização de retransmissão de uma emissão de radiodifusão por cabo, os Estados Membros garantirão que todas as partes interessadas possam recorrer a um ou mais mediadores.

2. A função dos mediadores consistirá em prestar assistência nas negociações e poderão igualmente apresentar propostas às partes.

3. Considerar-se-á que todas as partes aceitam a proposta referida no número (2) se nenhuma a ela se opuser no prazo de três meses. As partes interessadas serão notificadas da proposta e de qualquer oposição à mesma, de acordo com as normas aplicáveis à notificação de documentos legais.

4. A selecção dos mediadores deverá processar-se de modo a assegurar a sua total e inequívoca independência e imparcialidade.

Artigo 12 – Prevenção do abuso de posições negociais

1. Os Estados Membros assegurarão, através do direito civil ou administrativo, consoante o caso, que as partes iniciem e realizem de boa-fé as negociações sobre a autorização da retransmissão por cabo e não impeçam ou atrasem as negociações sem uma justificação válida.

2. Um Estado Membro que, na data referida no artigo 14 (1), disponha, no seu território, de um organismo com competência em relação aos casos

em que o direito de retransmissão por cabo ao público nesse Estado Membro tenha sido arbitrariamente recusado ou conferido em condições pouco razoáveis por um organismo de radiodifusão, pode manter esse organismo.

3. O número (2) é aplicável durante um período transitório de oito anos a contar da data referida no artigo 14 (1).

CAPÍTULO IV – Disposições gerais

Artigo 13 – Gestão colectiva dos direitos

As disposições da presente Directiva não prejudicam a regulamentação das actividades das entidades de gestão colectiva pelos Estados Membros.

Artigo 14 – Disposições finais

1. Os Estados Membros porão em vigor as disposições legislativas, regulamentares e administrativas necessárias para dar cumprimento à presente Directiva até 1 de Janeiro de 1995. Do facto informarão imediatamente a Comissão.

Sempre que os Estados Membros adoptarem tais disposições, estas devem incluir uma referência à presente Directiva ou ser acompanhadas dessa referência na sua publicação oficial. As modalidades dessa referência serão adoptadas pelos Estados Membros.

2. Os Estados Membros comunicarão à Comissão as disposições de direito interno que adoptarem na matéria regulada pela presente Directiva.

3. O mais tardar até 1 de Janeiro do ano 2000, a Comissão apresentará ao Parlamento Europeu, ao Conselho e ao Comité Económico e Social um relatório sobre a aplicação da presente Directiva e, se necessário, elaborará outras propostas para a sua adaptação à evolução no sector áudio e audiovisual.

Artigo 15

Os Estados Membros são os destinatários da presente Directiva.

Feito em Bruxelas, em 27 de Setembro de 1993.

(...)

Directiva sobre o Prazo de Protecção
(versão codificada)

Directiva 2006/116/CE do Parlamento Europeu e do Conselho de 12 de Dezembro de 2006 relativa ao prazo de protecção do direito de autor e de certos direitos conexos

O Parlamento Europeu e o Conselho da União Europeia,

(...)

Considerando o seguinte:

(1) A Directiva 93/98/CEE do Conselho, de 29 de Outubro de 1993, relativa à harmonização do prazo de protecção dos direitos de autor e de certos direitos conexos, foi alterada de modo substancial, sendo conveniente, por uma questão de lógica e clareza, proceder à sua codificação.

(2) Tanto a Convenção de Berna para a Protecção das Obras Literárias e Artísticas, como a Convenção Internacional para a Protecção dos Artistas Intérpretes ou Executantes, dos Produtores de Fonogramas e dos Organismos de Radiodifusão (Convenção de Roma), apenas prevêem prazos mínimos de protecção dos direitos a que se referem, deixando aos Estados Contratantes a possibilidade de proteger os referidos direitos por prazos mais longos. Certos Estados Membros utilizaram esta faculdade. Por outro lado, alguns Estados Membros ainda não aderiram à Convenção de Roma.

(3) Em virtude da utilização daquela faculdade por parte dos Estados Membros, as legislações nacionais actualmente em vigor em matéria de prazos de protecção do direito de autor e dos direitos conexos contêm disparidades que podem entravar a livre circulação das mercadorias, bem como a livre prestação de serviços, e falsear as condições de concorrência no mercado comum. É necessário, por conseguinte, na perspectiva do bom funcionamento do mercado interno, harmonizar as legislações dos Estados Membros de modo a que os prazos de protecção sejam idênticos em toda a Comunidade.

(4) Importa fixar não apenas o prazo de protecção enquanto tal, mas também algumas das suas modalidades, tais como o momento a partir do qual esse prazo é calculado.

(5) As disposições da presente Directiva não deverão afectar a aplicação, pelos Estados Membros, do artigo 14bis (2), (b), (c) e (d) e (3) da Convenção de Berna.

(6) O prazo mínimo de protecção de cinquenta anos após a morte do autor, previsto na Convenção de Berna, destinava-se a proteger o autor e as duas primeiras gerações dos seus descendentes. O aumento da duração de vida média na Comunidade faz com que esse prazo tenha deixado de ser suficiente para abranger duas gerações.

(7) Determinados Estados Membros previram um prazo superior a cinquenta anos após a morte do autor, a fim de compensar os efeitos das guerras mundiais sobre a exploração das obras.

(8) No que diz respeito ao prazo de protecção dos direitos conexos, determinados Estados Membros optaram por um prazo de cinquenta anos após a publicação ou a difusão lícitas junto do público.

(9) A Conferência Diplomática realizada sob os auspícios da Organização Mundial da Propriedade Intelectual (OMPI), em Dezembro de 1996, conduziu à aprovação do Tratado da OMPI sobre Prestações e Fonogramas, que trata da protecção dos artistas intérpretes ou executantes e dos produtores de fonogramas. Este Tratado actualiza significativamente a protecção internacional dos direitos conexos.

(10) O respeito pelos direitos adquiridos decorre dos princípios gerais do direito protegidos pela ordem jurídica comunitária. Os prazos de protecção do direito de autor e dos direitos conexos estabelecidos pelo direito comunitário não podem, por conseguinte, ter por efeito reduzir a protecção de que gozavam os respectivos beneficiários na Comunidade antes da entrada em vigor da Directiva 93/98/CEE. Para reduzir ao mínimo os efeitos das medidas transitórias e permitir o bom funcionamento do mercado interno, os prazos de protecção devem ser alargados.

(11) O nível de protecção do direito de autor e dos direitos conexos deve ser elevado, uma vez que esses direitos são fundamentais para a criação intelectual. A sua protecção permite assegurar a manutenção e o desenvolvimento da criatividade, no interesse dos autores, das indústrias culturais, dos consumidores e da sociedade no seu conjunto.

(12) Para instituir um nível de protecção elevado, que responda simultaneamente às exigências do mercado interno e à necessidade de criar um clima

jurídico favorável ao desenvolvimento harmonioso da criatividade literária e artística na Comunidade, o prazo de protecção do direito de autor deve ser harmonizado em setenta anos após a morte do autor ou setenta anos após a colocação lícita da obra à disposição do público e, relativamente aos direitos conexos, em cinquenta anos após a ocorrência do evento que faz desencadear o prazo.

(13) Nos termos do artigo 2 (5) da Convenção de Berna, as colecções são protegidas quando, devido à selecção e organização do respectivo conteúdo, constituam criações intelectuais. Essas obras são protegidas como tal, sem prejuízo do direito de autor de cada uma das obras que constituem essas colecções. Por conseguinte, podem ser aplicados prazos específicos de protecção às obras integradas em colecções.

(14) Sempre que uma ou mais pessoas singulares forem identificadas como autores, o prazo de protecção deve ser calculado a partir da sua morte. A autoria de toda ou de parte de uma obra é uma questão de facto que pode ter de ser decidida pelos tribunais nacionais.

(15) Os prazos de protecção devem ser calculados a partir de 1 de Janeiro do ano subsequente ao respectivo facto gerador, como nos termos das Convenções de Berna e de Roma.

(16) A protecção das fotografias nos Estados Membros é objecto de regimes diferentes. Uma obra fotográfica, na acepção da Convenção de Berna, deve ser considerada original sempre que for criação intelectual própria do respectivo autor, reflectindo a sua personalidade, sem que outros critérios, tais como o mérito ou a finalidade, sejam tomados em consideração. A protecção das outras fotografias deve poder ser regulada pela legislação nacional.

(17) Para evitar discrepâncias no prazo de protecção dos direitos conexos, é necessário prever, para o respectivo cálculo, o mesmo ponto de partida em toda a Comunidade. No cálculo do prazo de protecção devem ser tomadas em consideração a execução, a fixação, a difusão, a publicação e a comunicação lícitas ao público, ou seja, os meios de tornar perceptível às pessoas em geral, por todas as formas adequadas, um objecto sobre o qual incide um direito conexo, independentemente do país em que seja efectuada essa execução, fixação, difusão, publicação lícita ou comunicação lícita ao público.

(18) Os direitos dos organismos de radiodifusão sobre as suas emissões, independentemente de estas serem efectuadas com ou sem fio, incluindo por cabo ou satélite, não devem ser perpétuos. É, assim, necessário que o prazo de protecção se inicie apenas com a primeira difusão de uma dada emissão. Esta

disposição destina-se a evitar que comece a decorrer um novo prazo quando uma emissão seja idêntica a outra anterior.

(19) Os Estados Membros devem continuar a dispor da faculdade de manter ou introduzir outros direitos conexos, especialmente no que se refere à protecção de edições científicas ou críticas. Para garantir a transparência a nível comunitário, é contudo necessário que os Estados Membros que introduzam novos direitos conexos notifiquem a Comissão desse facto.

(20) Convém especificar que a presente Directiva não se aplica aos direitos morais.

(21) Quanto às obras cujo país de origem, na acepção da Convenção de Berna, seja um país terceiro, e cujo autor não seja nacional de um Estado Membro da Comunidade, deve aplicar-se a comparação dos prazos de protecção, não podendo o prazo concedido na Comunidade ser mais longo que o previsto na presente Directiva.

(22) Quando o titular de um direito de autor que não seja nacional de um Estado Membro da Comunidade beneficie de protecção por força de um acordo internacional, o prazo de protecção dos direitos conexos deve ser o mesmo que o previsto pela presente Directiva. No entanto, esse prazo não pode ultrapassar o prazo fixado pelo país terceiro de que o titular é nacional.

(23) A comparação dos prazos de protecção não pode ter por efeito a criação de situações de conflito dos Estados Membros com as suas obrigações internacionais.

(24) Os Estados Membros devem ter a faculdade de adoptar disposições relativas à interpretação, adaptação e posterior execução de contratos sobre a exploração de obras protegidas e outras produções abrangidas que tenham sido celebrados antes da dilação do prazo de protecção resultante da presente Directiva.

(25) O respeito pelos direitos adquiridos e pelas expectativas legítimas faz parte do sistema jurídico comunitário. Os Estados Membros devem poder prever nomeadamente que, em certas circunstâncias, o direito de autor e direitos conexos que forem restabelecidos em aplicação da presente Directiva não impliquem pagamentos por parte de pessoas que tenham explorado de boa fé obras que nessa época eram do domínio público.

(26) A presente Directiva não deverá prejudicar as obrigações dos Estados Membros relativas aos prazos de transposição das directivas para o direito interno, e de aplicação das mesmas, que são indicados na Parte B do Apêndice I,

Aprovaram a presente Directiva:

Artigo 1 – Duração do direito de autor

1. O prazo de protecção do direito de autor sobre obras literárias e artísticas, na acepção do artigo 2 da Convenção de Berna, decorre durante a vida do autor e setenta anos após a sua morte, independentemente do momento em que a obra tenha sido licitamente tornada acessível ao público.

2. No caso de co-autoria de uma obra, o prazo previsto no número (1) será calculado a partir da morte do último co-autor sobrevivente.

3. No caso de obras anónimas ou sob pseudónimo, o prazo de protecção é de setenta anos após o momento em que a obra foi licitamente tornada acessível ao público. Todavia, quando o pseudónimo adoptado pelo autor não deixar dúvidas sobre a sua identidade durante o período de tempo atrás referido ou se o autor revelar a sua identidade durante o período a que se refere a primeira frase do presente número, aplica-se o prazo de protecção previsto no número (1).

4. Sempre que um Estado Membro adoptar disposições específicas em matéria de direito de autor em relação a obras colectivas ou designar uma pessoa colectiva como titular de direito de autor, o prazo de protecção deve ser calculado de acordo com o disposto no número (3), excepto se as pessoas singulares que tiverem criado a obra como tal estiverem identificadas nas versões da obra tornadas acessíveis ao público. O presente número não prejudica os direitos dos autores identificados cujas contribuições identificáveis estejam incluídas nessas obras, às quais são aplicáveis as disposições dos números (1) e (2).

5. Relativamente às obras publicadas em volumes, partes, fascículos, números ou episódios, cujo prazo de protecção decorre a partir do momento em que a obra foi licitamente tornada acessível ao público, o prazo de protecção decorre relativamente a cada elemento considerado individualmente.

6. A protecção cessa relativamente às obras cujo prazo de protecção não seja calculado a partir da morte do autor ou autores e que não tenham sido licitamente tornadas acessíveis ao público no prazo de setenta anos a contar da sua criação.

Artigo 2 – Obras cinematográficas ou audiovisuais

1. O realizador principal de uma obra cinematográfica ou audiovisual será considerado autor ou co-autor. Os Estados Membros terão a faculdade de designar outros co-autores.

2. O prazo de protecção de uma obra cinematográfica ou audiovisual expira setenta anos após a morte do último dos seguintes sobreviventes, quer sejam ou não considerados co-autores: o realizador principal, o autor do argu-

mento cinematográfico, o autor do diálogo e o compositor de música especificamente criada para utilização em obras cinematográficas ou audiovisuais.

Artigo 3 – Prazo dos direitos conexos

1. Os direitos dos artistas-intérpretes ou executantes caducam cinquenta anos após a data da representação ou da execução. Contudo, se a fixação desta tiver sido licitamente publicada ou comunicada ao público dentro deste período, os direitos caducam cinquenta anos após a data da primeira publicação ou da primeira comunicação ao público, consoante a que tiver ocorrido em primeiro lugar.

2. Os direitos dos produtores de fonogramas caducam cinquenta anos após a fixação. No entanto, se o fonograma for legalmente publicado durante este período, os direitos caducam cinquenta anos após a data da primeira publicação. Se o fonograma não for legalmente publicado durante o período acima referido e se o fonograma tiver sido legalmente comunicado ao público durante o mesmo período, os direitos caducam cinquenta anos após a data da primeira comunicação legal ao público.

Todavia, o presente número não terá por efeito proteger de novo os direitos dos produtores de fonogramas que em 22 de Dezembro de 2002 já não estavam protegidos devido ao termo do prazo de protecção concedido ao abrigo do artigo 3 (2) da Directiva 93/98/CEE, na versão anterior à alteração introduzida pela Directiva 2001/29/CE do Parlamento Europeu e do Conselho, de 22 de Maio de 2001, relativa à harmonização de certos aspectos do direito de autor e dos direitos conexos na sociedade da informação.

3. Os direitos dos produtores da primeira fixação de um filme caducam cinquenta anos após a fixação. Contudo, se o filme for licitamente publicado ou comunicado ao público durante este período, os direitos caducam cinquenta anos após a data da primeira publicação ou comunicação ao público, consoante a que tiver ocorrido em primeiro lugar. O termo «filme» designa uma obra cinematográfica ou audiovisual ou imagens em movimento, acompanhadas ou não de som.

4. Os direitos dos organismos de radiodifusão caducam cinquenta anos após a primeira difusão, quer a emissão seja efectuada com ou sem fio, incluindo cabo ou satélite.

Artigo 4 – Protecção de obras não publicadas anteriormente

Qualquer pessoa que, depois de expirar a prazo de protecção do direito de autor, licitamente publicar ou comunicar ao público uma obra não publicada anteriormente, beneficiará da protecção equivalente aos direitos patrimoniais do autor. O prazo de protecção desses direitos é de vinte e cinco anos a contar da data em que a obra tenha sido pela primeira vez licitamente publicada ou comunicada ao público.

Artigo 5 – Edições críticas e científicas

Os Estados Membros podem proteger as edições críticas e científicas de obras caídas no domínio público. O prazo máximo de protecção destes direitos é de trinta anos a contar da primeira publicação lícita.

Artigo 6 – Protecção das fotografias

As fotografias originais, na acepção de que são a criação intelectual do próprio autor, são protegidas nos termos do artigo 1. Não se aplica qualquer outro critério para determinar se podem beneficiar de protecção. Os Estados Membros podem prever a protecção de outras fotografias.

Artigo 7 – Protecção relativamente a países terceiros

1. Relativamente às obras cujo país de origem, na acepção da Convenção de Berna, seja um país terceiro e cujo autor não seja nacional de um Estado Membro da Comunidade, a protecção concedida nos Estados Membros termina, o mais tardar, na data do termo do prazo de protecção concedido no país de origem da obra, não podendo ultrapassar o prazo previsto no artigo 1.

2. Os prazos de protecção previstos no artigo 3 aplicam-se igualmente aos titulares que não sejam nacionais de Estados Membros da Comunidade, desde que lhes seja concedida protecção pelos Estados Membros. No entanto, sem prejuízo das obrigações internacionais dos Estados Membros, o prazo de protecção concedido por estes termina, o mais tardar, na data do termo do prazo de protecção concedido no país de que o titular é nacional e não pode exceder o prazo previsto no artigo 3.

3. Os Estados Membros que, a 29 de Outubro de 1993, nomeadamente em cumprimento das suas obrigações internacionais, concediam um prazo de protecção mais longo que o resultante das disposições constantes dos números (1) e (2), podem manter esta protecção até à celebração de acordos internacionais em matéria de prazos de protecção do direito de autor ou dos direitos conexos.

Artigo 8 – Cálculo dos prazos

Os prazos previstos na presente Directiva são calculados a partir do primeiro dia do ano subsequente ao respectivo facto gerador.

Artigo 9 – Direitos morais

A presente Directiva não prejudica as disposições dos Estados Membros em matéria de direitos morais.

Artigo 10 – Aplicação no tempo

1. Quando num determinado Estado Membro, a 1 de Julho de 1995, já estivesse a decorrer um prazo de protecção mais longo que o previsto na presente Directiva, esta não terá por efeito reduzir o prazo de protecção naquele Estado Membro.

2. Os prazos de protecção previstos na presente Directiva aplicam-se a todas as obras e outras produções protegidas pela legislação de pelo menos um Estado Membro, na data a que se refere o número (1) ao abrigo das disposições aplicáveis em matéria de direito de autor ou de direitos conexos, ou que correspondam aos critérios de protecção previstos na Directiva [92/100/CEE do Conselho, de 19 de Novembro de 1992, relativa ao direito de aluguer, ao direito de comodato e a certos direitos conexos aos direitos de autor em matéria de propriedade intelectual].

3. A presente Directiva não prejudica os actos de exploração realizados antes da data prevista no número (1). Os Estados Membros adoptarão as disposições necessárias para proteger em especial os direitos adquiridos de terceiros.

4. Os Estados Membros não são obrigados a aplicar o disposto no artigo 2 (1) às obras cinematográficas ou audiovisuais criadas antes de 1 de Julho de 1994.

Artigo 11 – Notificação e comunicação

1. Os Estados Membros comunicarão imediatamente à Comissão qualquer projecto governamental de concessão de novos direitos conexos, que incluirá os principais motivos que justificam a sua introdução, bem como o prazo de protecção previsto.

2. Os Estados Membros comunicarão à Comissão o texto das principais disposições de direito interno que adoptarem no domínio regido pela presente Directiva.

Artigo 12 – Norma revogatória
É revogada a Directiva 93/98/CEE (...)

Artigo 13 – Entrada em vigor
A presente Directiva entra em vigor no vigésimo dia seguinte ao da sua publicação no Jornal Oficial da União Europeia.

Artigo 14 – Destinatários
Os Estados Membros são os destinatários da presente Directiva.

Feito em Estrasburgo, de 12 de Dezembro de 2006.

(...)

Directiva sobre as Bases de Dados

Directiva 96/9/CE do Parlamento Europeu e do Conselho de 11 de Março de 1996 relativa à protecção jurídica das bases de dados

O Parlamento Europeu e o Conselho da União Europeia

(...)

(1) Considerando que as bases de dados não beneficiam hoje em dia de uma protecção suficiente em todos os Estados Membros ao abrigo da legislação vigente; que essa protecção, quando existe, apresenta características diferentes;

(2) Considerando que tais diferenças de protecção jurídica das bases de dados conferida pelas legislações dos Estados Membros têm efeitos negativos directos sobre o funcionamento do mercado interno no que respeita às bases de dados e, nomeadamente, sobre a liberdade das pessoas singulares e colectivas fornecerem produtos e serviços de bases de dados em linha, com a base jurídica harmonizada em toda a Comunidade; que tais diferenças têm tendência a acentuar-se à medida que os Estados Membros adoptem novas disposições legislativas na matéria, que assume uma dimensão internacional crescente;

(3) Considerando que é necessário eliminar as diferenças existentes que têm um efeito de distorção no funcionamento de mercado interno e evitar que surjam novas diferenças, ao passo que as diferenças que presentemente não afectam negativamente o funcionamento do mercado interno ou o desenvolvimento de um mercado da informação na Comunidade podem não ser suprimidas ou impedidas;

(4) Considerando que a protecção das bases de dados pelo direito de autor se encontra prevista nos Estados Membros sob diferentes formas, quer através da legislação ou da jurisprudência, e que, enquanto subsistirem diferenças entre as legislações dos Estados Membros quanto ao âmbito de aplicação e às

condições de protecção dos direitos, tais direitos de propriedade intelectual não harmonizados podem ter por efeito entravar a livre circulação de bens e serviços na Comunidade;

(5) Considerando que o direito de autor constitui uma forma adequada de direitos exclusivos dos autores de bases de dados;

(6) Considerando porém, que, na ausência de um sistema harmonizado de legislação ou de jurisprudência sobre concorrência desleal nos Estados Membros, são necessárias outras medidas adicionais, a fim de impedir a extracção e/ou a reutilização não autorizadas do conteúdo de uma base de dados;

(7) Considerando que o fabrico de uma base de dados exige o investimento de recursos humanos, técnicos e financeiros consideráveis, podendo-se copiar ou aceder a essas bases a um custo muito inferior ao de uma concepção autónoma de uma base de dados;

(8) Considerando que a extracção e/ou reutilização não autorizadas do conteúdo de uma base de dados constituem actos que podem ter graves consequências económicas e técnicas;

(9) Considerando que as bases de dados são um instrumento vital no desenvolvimento de um mercado da informação a nível na Comunidade; que este instrumento será igualmente útil em muitos outros domínios;

(10) Considerando que o aumento exponencial, na Comunidade e a nível mundial, do volume de informações geradas e processadas anualmente em todos os sectores do comércio e da indústria exige investimentos em sistemas avançados de gestão da informação em todos os Estados Membros;

(11) Considerando que existe presentemente um grande desequilíbrio entre os níveis de investimento praticados no sector das bases de dados, tanto entre os Estados Membros como entre a Comunidade e os principais países terceiros produtores;

(12) Considerando que um investimento desta natureza em sistemas modernos de armazenamento e tratamento da informação não poderá ser realizado na Comunidade sem um regime jurídico estável e homogéneo de protecção dos direitos de fabricantes das bases de dados;

(13) Considerando que a presente Directiva protege as recolhas, por vezes denominadas «complicações», de obras, dados ou outras matérias, cuja disposição, armazenamento e acesso são efectuados por meios que recorrem nomeadamente a processos electrónicos, electromagnéticos ou electroópticos ou outros análogos;

(14) Considerando que convém alargar a protecção concedida pela presente Directiva às bases de dados não electrónicas;

(15) Considerando que os critérios aplicados para determinar se tais bases de dados são susceptíveis de beneficiar da protecção pelo direito de autor deverão limitar-se ao facto de constituírem uma criação intelectual própria do autor, ao efectuar a selecção ou a disposição do conteúdo da base de dados; que essa protecção incide sobre a estrutura da base;

(16) Considerando que não devem aplicar-se outros critérios que não o da originalidade, na acepção da criação intelectual, para determinar se a base de dados é susceptível de protecção pelo direito de autor, e que, em especial, não deverão intervir critérios estéticos ou qualitativos;

(17) Considerando que o termo «base de dados» deverá ser entendido como incluindo quaisquer recolhas de obras literárias, artísticas, musicais ou outras, ou quaisquer outros materiais como textos, sons, imagens, números, factos e dados; que se deverá tratar de recolhas de obras, dados ou outros elementos independentes, ordenados de modo sistemático ou metódico e individualmente acessíveis; que daí decorre que a fixação de uma obra audiovisual, cinematográfica, literária ou musical, como tal, não é abrangida pelo âmbito de aplicação da presente Directiva;

(18) Considerando que a presente Directiva não prejudica a liberdade de os autores decidirem se, ou de que modo, permitirão que as suas obras sejam incluídas numa base de dados, nomeadamente, se a autorização concedida se reveste ou não de carácter exclusivo; que a protecção das bases de dados pelo direito *sui generis* não prejudica os direitos existentes sobre o seu conteúdo e, designadamente, quando um autor ou titular de um direito conexo autoriza a inserção de algumas das suas obras ou das suas prestações numa base de dados em execução de um contrato de licença não exclusiva, um terceiro pode explorar essas obras ou prestações mediante a autorização requerida do autor ou do titular do direito conexo sem que a tal se oponha o direito *sui generis* do fabricante da base de dados, na condição de que essas obras ou prestações não sejam nem extraídas da base de dados nem reutilizadas a partir desta;

(19) Considerando que, em geral, a complicação de várias fixações de execuções musicais em CD não é abrangida pelo âmbito de aplicação da Directiva tanto pelo facto de, como compilação, não preencher as condições para beneficiar da protecção do direito de autor como por não representar um investimento suficientemente avultado para beneficiar do direito *sui generis*;

(20) Considerando que a protecção prevista na presente Directiva pode ser igualmente aplicável aos elementos necessários ao funcionamento ou à consulta de certas bases de dados, como o thesaurus e os sistemas de indexação;

(21) Considerando que a protecção prevista na presente Directiva se refere às bases de dados em que as obras, dados ou outros elementos tenham sido ordenados de modo sistemático ou metódico; que não se exige que essas matérias tenham sido fisicamente armazenadas de modo organizado;

(22) Considerando que as bases de dados electrónicos, na acepção da presente Directiva, podem compreender igualmente dispositivos como os CD-ROM e os CD-I;

(23) Considerando que a expressão «base de dados» não deve aplicar-se aos programas de computador utilizados no fabrico ou no funcionamento de uma base de dados, que são protegidos pela Directiva 91/250/CEE do Conselho, de 14 de Maio de 1991, relativa à protecção jurídica dos programas de computador;

(24) Considerando que o aluguer e o comodato de bases de dados do domínio do direito de autor e direitos conexos se regem exclusivamente pela Directiva 92/100/CEE do Conselho, de 19 de Novembro de 1992, relativa ao direito de aluguer, ao direito de comodato e a certos direitos conexos aos direitos de autor em matéria de prosperidade intelectual;

(25) Considerando que o prazo do direito de autor se encontra já regulamentado na Directiva 93/98/CEE do Conselho, de 29 de Outubro de 1993, relativa à harmonização, do prazo de protecção dos direitos de autor e de certos direitos conexos;

(26) Considerando que as obras protegidas pelo direito de autor e as prestações protegidas por direitos conexos incorporadas numa base de dados continuam a ser objecto dos direitos exclusivos respectivos e não podem, por conseguinte, ser incorporados na base de dados nem dela extraídas sem a autorização do titular dos direitos ou dos seus sucessores legítimos;

(27) Considerando que os direitos de autor sobre as obras e os direitos conexos sobre prestações incorporadas numa base de dados em nada são afectados pela existência de um direito distinto sobre a selecção ou a disposição dessas obras e prestações numa base de dados;

(28) Considerando que os direitos morais da pessoa singular que criou a base de dados pertencem ao autor e devem ser exercidos nos termos da legislação dos Estados Membros e da Convenção de Berna sobre a protecção das obras literárias e artísticas; que, por conseguinte, tais direitos não se integram no âmbito da presente Directiva;

(29) Considerando que o regime aplicável à criação assalariada fica sujeito ao poder discricionário dos Estados Membros; que, por conseguinte, a presente Directiva em nada impede os Estados Membros de especificarem

na respectiva legislação que, quando uma base de dados for criada por um empregado no exercício das suas funções ou por indicação da sua entidade patronal só este estará habilitado a exercer todos os direitos patrimoniais relativos à base de dados assim criada, salvo disposição contratual em contrário;

(30) Considerando que os direitos exclusivos do autor deverão incluir o direito de determinar como e por quem a sua obra poderá ser explorada e, em especial, o de controlar a colocação da sua obra à disposição de pessoas não autorizadas;

(31) Considerando que a protecção das bases de dados pelo direito de autor inclui igualmente a colocação à disposição de bases de dados sob outra forma que não seja a distribuição de cópias;

(32) Considerando que os Estados Membros são obrigados a garantir pelo menos a equivalência material das respectivas disposições nacionais relativamente aos actos sujeitos a restrições, previstos na presente Directiva;

(33) Considerando que a questão do esgotamento do direito de distribuição não se coloca no caso de bases de dados em linha que pertencem ao domínio da prestação de serviços; que o mesmo se aplica à cópia material de uma base desse tipo feita pelo utilizador do serviço com o consentimento do titular do direito; que, ao contrário dos CD-ROM ou CD-I em que a propriedade intelectual é incorporada num suporte material, a saber, numa mercadoria, cada prestação em linha é efectivamente um acto que deverá estar sujeito a autorização se o direito de autor o previr;

(34) Considerando que, contudo, uma vez que o titular do direito tenha optado por colocar um exemplar da base de dados à disposição de um utilizador, quer através de um serviço em linha ou de outros meios de distribuição, esse utilizador legítimo deverá poder aceder à base de dados e utilizá-la para os fins e da forma previstos no contrato de licença celebrado com o titular do direito, mesmo se esse acesso e essa utilização implicarem a necessidade de executar actos em princípio sujeitos a restrições;

(35) Considerando que é conveniente prever uma lista de excepções aos actos sujeitos a restrições, tendo em conta o facto de o direito de autor a que se refere a presente Directiva apenas ser aplicável à selecção ou à disposição das matérias contidas numa base de dados; que se deverá conferir aos Estados Membros a faculdade de, em certos casos, preverem as referidas excepções; que, no entanto, esta faculdade deve ser utilizada de acordo com as disposições da convenção de Berna e na medida em que essas excepções se refiram à estrutura da base de dados; que é conveniente distinguir as excepções feitas

ao abrigo da utilização privada, das excepções feitas ao abrigo da reprodução para fins privados, dizendo este último domínio respeito às disposições de direito interno de certos Estados Membros em matéria de tributação de suportes virgens ou de aparelhos de gravação;

(36) Considerando que o termo «investigação científica» diz respeito, na acepção da presente Directiva, tanto às ciências naturais como às ciências humanas;

(37) Considerando que a presente Directiva não prejudica o disposto no artigo 10 (1) da Convenção de Berna;

(38) Considerando que a utilização crescente da tecnologia digital expõe o fabricante de base de dados ao risco de o conteúdo da sua base de dados ser directamente carregado e reordenado por meios electrónicos sem a sua autorização a fim de produzir uma base de dados de conteúdo idêntico mas que não constitua uma violação de qualquer direito de autor sobre a disposição da primeira base de dados;

(39) Considerando que, para além da protecção pelo direito de autor da originalidade da selecção ou disposição do conteúdo da base de dados, a presente Directiva pretende salvaguardar a posição dos fabricantes de bases de dados relativamente à apropriação abusiva dos resultados do investimento financeiro e profissional realizado para obter e coligir o conteúdo, protegendo o conjunto ou partes substanciais da base de dados de certos actos cometidos pelo utilizador ou por um concorrente;

(40) Considerando que o objectivo deste direito *sui generis* consiste em garantir a protecção de um investimento na obtenção, verificação ou apresentação do conteúdo de uma base de dados durante o prazo limitado do direito; que esse investimento pode consistir na utilização de meios financeiros e/ou de ocupação do tempo, de esforços e de energia;

(41) Considerando que o objectivo do direito *sui generis* consiste em conceder ao fabricante de uma base de dados a possibilidade de impedir a extracção e/ou a reutilização não autorizada da totalidade ou de uma parte substancial do conteúdo da base de dados; que é o fabricante de uma base de dados que toma a iniciativa e assume o risco de efectuar os investimentos; que isso exclui da noção de fabricante nomeadamente os subempreiteiros;

(42) Considerando que o direito específico de impedir a extracção e/ou a reutilização não autorizadas visa os actos do utilizador que ultrapassam os direitos legítimos deste e prejudicam assim o investimento; que o direito de impedir a extracção e/ou a reutilização total ou de uma parte substancial do conteúdo visa não apenas o fabrico de um produto parasita concorrente, mas

também o utilizador que, pelos seus actos, atente de modo substancial contra o investimento, tanto em termos qualitativos, como quantitativos;

(43) Considerando que, em caso de transmissão em linha, o direito de proibir a reutilização não se esgota relativamente à base de dados, nem a qualquer cópia material dessa mesma base ou de parte dela feita pelo destinatário da transmissão com o consentimento do titular do direito;

(44) Considerando que, sempre que a visualização do conteúdo de uma base de dados em ecrã exigir a transferência permanente ou temporária da totalidade ou de uma parte substancial desse conteúdo para outro suporte é para tal necessária a autorização do titular do direito;

(45) Considerando que o direito de impedir a extracção e/ou a reutilização não autorizada não representa de modo algum uma extensão da protecção do direito de autor aos factos em si ou aos dados;

(46) Considerando que a existência de um direito de se opor à extracção e/ou reutilização não autorizadas da totalidade ou de uma parte substancial de obras, de dados ou de elementos de uma base de dados não origina um novo direito sobre essas mesmas obras, dados ou elementos;

(47) Considerando que, para fomentar a concorrência entre fornecedores de produtos e serviços no mercado da informação, a protecção pelo direito *sui generis* não deverá ser exercida de molde a facilitar abusos de posição dominante, nomeadamente no que respeita à criação e difusão de novos produtos e serviços que constituam um valor acrescentado de ordem intelectual, documental, técnica, económica ou comercial; que, desde logo, as disposições da presente Directiva não prejudicam a aplicação das regras sobre concorrência, comunitárias ou nacionais;

(48) Considerando que o objectivo da presente Directiva, de garantir um nível de protecção das bases de dados adequado e uniforme enquanto meio de assegurar a remuneração do fabricante da base de dados, é diferente dos objectivos prosseguidos pela Directiva 95/46/CE do Parlamento Europeu e do Conselho, de 24 de Outubro de 1995, relativa à protecção das pessoas singulares no que diz respeito ao tratamento de dados pessoais e à livre circulação desses dados, de garantir a livre circulação dos dados pessoais com base em regras harmonizadas destinadas a proteger os direitos fundamentais, nomeadamente o direito ao respeito da vida privada consagrado no artigo 8 da Convenção Europeia de Protecção dos Direitos do Homem e das Liberdades Fundamentais; que as disposições da presente Directiva em nada prejudicam a aplicação da legislação em matéria de protecção de dados;

(49) Considerando que, não obstante o direito de proibir a extracção e/ou a reutilização da totalidade ou de uma parte substancial de uma base de dados, se deverá prever que o fabricante de uma base de dados ou o titular do direito não possa impedir o utilizador legítimo de extrair e reutilizar partes não substanciais da base; que, no entanto, esse mesmo utilizador não pode prejudicar injustificadamente os legítimos interesses do titular do direito *sui generis*, nem o titular de um direito de autor ou de qualquer direito conexo sobre obras ou prestações contidas nessa base;

(50) Considerando que convém dar aos Estados Membros a faculdade de preverem excepções ao direito de impedir a extracção e/ou a reutilização não autorizadas de uma parte substancial do conteúdo de uma base de dados quanto se trate de uma extracção para fins privados, ou para fins de ilustração didáctica ou de investigação científica e quando se trate de uma extracção e/ou reutilização realizadas para fins de segurança pública, ou tendo em vista um processo administrativo ou judicial; que convém que essas operações não prejudiquem os direitos exclusivos do fabricante de explorar a base de dados e que o seu objectivo não se revista de carácter comercial;

(51) Considerando que, quando recorrem à faculdade de autorizar o utilizador legítimo de uma base de dados a dela extrair uma parte substancial do conteúdo para fins de ilustração didáctica ou de investigação científica, os Estados Membros podem limitar essa autorização a certas categorias de estabelecimentos de ensino ou de investigação científica;

(52) Considerando que os Estados Membros nos quais estão em vigor normas específicas que estabelecem um direito semelhante ao direito *sui generis* previsto na presente Directiva, devem poder manter, em relação ao novo direito, as excepções tradicionalmente previstas por essa mesma legislação;

(53) Considerando que o ónus da prova da data de conclusão do fabrico de uma base de dados incumbe ao seu fabricante;

(54) Considerando que o ónus da prova da reunião dos critérios que permitem concluir que determinada alteração substancial do conteúdo de uma base de dados deve ser considerada como um novo investimento avultado, incumbe ao fabricante da base resultante desse investimento;

(55) Considerando que qualquer novo investimento avultado que implique um novo prazo de protecção poderá exigir uma verificação substancial do conteúdo da base de dados;

(56) Considerando que o direito de se opor à extracção e/ou à reutilização não autorizadas do conteúdo de uma base de dados só se

aplica às bases de dados cujos fabricantes sejam nacionais de países terceiros ou neles tenham residência habitual, e às bases de dados produzidas por pessoas colectivas não estabelecidas num Estado Membro, na acepção do Tratado, na condição de estes países terceiros proporcionarem uma protecção idêntica às bases de dados produzidas por nacionais de um Estado Membro ou pessoas que tenham residência habitual no território da Comunidade;

(57) Considerando que, para além das sanções previstas nas legislações dos Estados Membros para as violações do direito de autor ou de outros direitos, os Estados Membros devem prever sanções adequadas em caso de extracção e/ou reutilização não autorizadas do conteúdo de uma base de dados;

(58) Considerando que, para além da protecção que a presente Directiva assegura à base de dados através do direito de autor, e ao seu conteúdo através do direito *sui generis* de impedir a extracção e/ou a reutilização não autorizadas, devem continuar a aplicar-se as outras disposições legais relevantes existentes nos Estados Membros no que se refere ao fornecimento de produtos e serviços de bases de dados;

(59) Considerando que a presente Directiva em nada prejudica a aplicação às bases de dados constituídas por obras audiovisuais de regras eventualmente reconhecidas pela legislação de um determinado Estado Membro em matéria de teledifusão de programas audiovisuais;

(60) Considerando que certos Estados Membros protegem actualmente, através de um regime de direito de autor, bases de dados que não obedecem aos critérios de elegibilidade para a protecção a título do direito de autor previsto na presente Directiva; que, ainda que as bases de dados em questão sejam elegíveis para a protecção pelo direito de se opor à extracção e/ou reutilização não autorizadas do seu conteúdo, previsto na presente Directiva, o prazo da protecção conferida por este último direito é sensivelmente inferior ao prazo de que beneficiam ao abrigo dos regimes nacionais actualmente em vigor; que qualquer harmonização dos critérios aplicados para determinar se determinada base de dados será protegida pelo direito de autor não poderá resultar na redução do prazo de protecção de que beneficiam actualmente os titulares dos direitos em causa; que para esse efeito se deverá prever uma derrogação; que os efeitos dessa derrogação se devem limitar ao território dos Estados Membros interessados,

Adoptaram a presente Directiva:

CAPÍTULO I - Âmbito de aplicação

Artigo 1 - Âmbito de aplicação
1. A presente Directiva diz respeito à protecção jurídica das bases de dados, seja qual for a forma de que estas se revistam.

2. Para efeitos da presente Directiva, entende-se por «base de dados», uma colectânea de obras, dados ou outros elementos independentes, dispostos de modo sistemático ou metódico e susceptíveis de acesso individual por meios electrónicos ou outros.

3. A protecção prevista na presente Directiva não é aplicável aos programas de computador utilizados no fabrico ou no funcionamento de bases de dados acessíveis por meios electrónicos.

Artigo 2 - Restrições ao âmbito de aplicação
A presente Directiva é aplicável sem prejuízo das disposições comunitárias relativas:

a) À protecção jurídica dos programas de computador;

b) Ao direito de aluguer e de comodato e a certos direitos conexos ao direito de autor no domínio da propriedade intelectual;

c) Ao prazo de protecção pelo direito de autor e por certos direitos conexos.

CAPÍTULO II - Direito de autor

Artigo 3 - Objecto da protecção
1. Nos termos da presente Directiva, as bases de dados que, devido à selecção ou disposição das matérias, constituam uma criação intelectual específica do respectivo autor, serão protegidas nessa qualidade pelo direito de autor. Não serão aplicáveis quaisquer outros critérios para determinar se estas podem beneficiar dessa protecção.

2. A protecção das bases de dados pelo direito de autor prevista na presente Directiva não abrange o seu conteúdo e em nada prejudica eventuais direitos que subsistam sobre o referido conteúdo.

Artigo 4 - Qualidade de autor da base de dados
1. O autor de uma base de dados é a pessoa singular ou o grupo de pessoas singulares que criou a base ou, quando a legislação dos Estados Membros o

permita, a pessoa colectiva considerada por aquela legislação como titular do direito.

2. Se a legislação do Estado Membro reconhecer as obras colectivas, os direitos patrimoniais pertencerão à pessoa investida do direito de autor.

3. Se uma base de dados tiver sido criada conjuntamente por várias pessoas singulares, os direitos exclusivos pertencer-lhes-ão conjuntamente.

Artigo 5 – Actos sujeitos a restrições

O autor de uma base de dados beneficia do direito exclusivo de efectuar ou autorizar os seguintes actos relativos à forma de expressão protegida pelo direito de autor:

a) Reprodução permanente ou provisória, total ou parcial, por quaisquer meios e sob qualquer forma;

b) Tradução, adaptação, transformação ou qualquer outra modificação;

c) Qualquer forma de distribuição da base ou de uma cópia ao público. A primeira comercialização na Comunidade da cópia de uma base de dados efectuada pelo titular do direito, ou com o seu consentimento, esgotará o direito de controlar a revenda dessa mesma cópia na Comunidade;

d) Qualquer comunicação, exposição ou representação pública;

e) Qualquer reprodução, distribuição, comunicação, exposição ou representação pública dos resultados dos actos citados na alínea (b).

Artigo 6 – Excepções aos actos sujeitos a restrições

1. O utilizador legítimo de uma base de dados ou das suas cópias pode efectuar todos os actos enumerados no artigo 5, necessários para aceder ao conteúdo da base de dados e para a utilizar em condições normais sem autorização do autor da base. Se o utilizador legítimo estiver autorizado a utilizar apenas uma parte da base de dados, o presente número é aplicável unicamente a essa parte.

2. Os Estados Membros têm a faculdade de prever restrições aos direitos referidos no artigo 5 nos seguintes casos:

a) Sempre que se trate de uma reprodução para fins particulares de uma base de dados não electrónica;

b) Sempre que a utilização seja feita exclusivamente com fins de ilustração didáctica ou de investigação científica, desde que indique a fonte, na medida em que isso se justifique pelo objectivo não comercial a prosseguir;

c) Sempre que se trate de uma utilização para fins de segurança pública, ou para efeitos de um processo administrativo ou judicial;

d) Sempre que se trate de outras excepções ao direito de autor tradicionalmente previstas no seu direito interno, sem prejuízo do disposto nas alíneas (a), (b) e (c).

3. De acordo com a Convenção de Berna para a protecção das obras literárias e artísticas, o presente artigo não pode ser interpretado no sentido de permitir a sua aplicação de uma forma que cause um prejuízo injustificado aos legítimos interesses do titular dos direitos ou que prejudique a exploração normal da base de dados.

CAPÍTULO III - Direito *sui generis*

Artigo 7 - Objecto da protecção

1. Os Estados Membros instituirão o direito de o fabricante de uma base de dados proibir a extracção e/ou a reutilização da totalidade ou de uma parte substancial, avaliada qualitativa ou quantitativamente, do conteúdo desta, quando a obtenção, verificação ou apresentação desse conteúdo representem um investimento substancial do ponto de vista qualitativo ou quantitativo.

2. Para efeitos do presente capítulo, entende-se por:

a) «Extracção»: a transferência permanente ou temporária da totalidade ou de uma parte substancial do conteúdo de uma base de dados para outro suporte, seja por que meio ou sob que forma for;

b) «Reutilização»: qualquer forma de pôr à disposição do público a totalidade ou uma parte substancial do conteúdo da base através da distribuição de cópias, aluguer, transmissão em linha ou sob qualquer outra forma. A primeira venda de uma cópia de uma base de dados na Comunidade efectuada pelo titular do direito ou com o seu consentimento esgota o direito de controlar a revenda dessa cópia na Comunidade.

O comodato público não constitui um acto de extracção ou de reutilização.

3. O direito previsto no número (1) pode ser transferido, cedido ou objecto de licenças contratuais.

4. O direito previsto no número (1) é aplicável independentemente de a base de dados poder ser protegida pelo direito de autor ou por outros direitos. Além disso, esse direito será igualmente aplicável independentemente de o conteúdo da base de dados poder ser protegido pelo direito de autor ou por outros direitos. A protecção das bases de dados pelo direito previsto no número (1) não prejudica os direitos existentes sobre o seu conteúdo.

5. Não serão permitidas a extracção e/ou reutilização e sistemáticas de partes não substanciais do conteúdo da base de dados que pressuponham actos contrários à exploração normal dessa base, ou que possam causar um prejuízo injustificado aos legítimos interesses do fabricante da base.

Artigo 8 – Direitos e obrigações do utilizador legítimo

1. O fabricante de uma base de dados posta à disposição do público, seja por que meio for, não pode impedir o utilizador legítimo dessa base de extrair e/ou reutilizar partes não substanciais do respectivo conteúdo, avaliadas qualitativa ou quantitativamente, para qualquer efeito. Se o utilizador legítimo estiver autorizado a extrair e/ou a reutilizar apenas uma parte da base de dados, o presente número é aplicável unicamente a essa parte.

2. O utilizador legítimo de uma base de dados posta à disposição do público, seja por que meio for, não pode praticar quaisquer actos que colidam com a exploração normal dessa base, ou lesem injustificadamente os legítimos interesses do fabricante da base.

3. O utilizador legítimo de uma base de dados posta à disposição do público, seja por que meio for, não pode prejudicar o titular de um direito de autor ou de um direito conexo sobre obras ou prestações contidas nessa base.

Artigo 9 – Excepções ao direito *sui generis*

Os Estados Membros podem prever que o utilizador legítimo de uma base de dados posta à disposição do público, seja por que meio for, possa, sem autorização do fabricante da base extrair e/ou reutilizar uma parte substancial do seu conteúdo:

a) Sempre que se trate de uma extracção para fins particulares do conteúdo de uma base de dados não electrónica;

b) Sempre que se trate de uma extracção para fins de ilustração didáctica ou de investigação científica, desde que indique a fonte e na medida em que tal se justifique pelo objectivo não comercial a atingir;

c) Sempre que se trate de uma extracção e/ou de uma reutilização para fins de segurança pública ou para efeitos de um processo administrativo ou judicial.

Artigo 10 – Prazo de protecção

1. O direito previsto no artigo 7 produz efeitos a partir da data de conclusão do fabrico da base de dados, e expira ao fim de 15 anos a contar de 1 de Janeiro do ano seguinte ao da data de conclusão.

2. No caso de uma base de dados que tenha sido posta à disposição do público antes do decurso do prazo previsto no número (1), o prazo de protecção por este direito terminará ao fim de quinze anos a contar de 1 de Janeiro do ano seguinte àquele em que a base de dados tiver sido posta pela primeira vez à disposição do público.

3. Qualquer modificação substancial, avaliada quantitativa ou qualitativamente, do conteúdo de uma base de dados, incluindo quaisquer modificações substanciais resultantes da acumulação de aditamentos, supressões ou alterações sucessivos que levem a considerar que se trata de um novo investimento substancial, avaliado qualitativa ou quantitativamente, permitirá atribuir à base resultante desse investimento um período de protecção próprio.

Artigo 11 – Beneficiários do direito *sui generis*

1. O direito previsto no artigo 7 é aplicável às bases de dados cujo fabricante ou o titular do direito sejam nacionais dos Estados Membros ou tenham residência habitual no território da Comunidade.

2. O número (1) do presente artigo é igualmente aplicável às sociedades e empresas constituídas nos termos do direito de um Estado Membro e que tenham a sua sede social, administração central ou estabelecimento principal na Comunidade. Todavia, se essa sociedade ou empresa tiver apenas a sua sede social no território da Comunidade, a sua actividade deverá possuir uma ligação real e permanente com a economia de um dos Estados Membros.

3. O Conselho, sob proposta da Comissão, celebrará acordos que tornem o direito previsto no artigo 7 extensivo às bases de dados fabricadas em países terceiros e que não sejam abrangidas pelos números (1) e (2). O período de protecção reconhecido à base de dados em virtude deste procedimento não pode exceder o prazo previsto no artigo 10.

CAPÍTULO IV – Disposições comuns

Artigo 12 – Sanções

Os Estados Membros preverão sanções adequadas contra a violação dos direitos previstos na presente Directiva.

Artigo 13 – Aplicação de outras disposições legais

O disposto na presente Directiva não prejudica as disposições relativas nomeadamente ao direito de autor, aos direitos conexos ou a quaisquer outros direitos ou obrigações que subsistam sobre os dados, obras ou outros elementos incorporados numa base de dados, as patentes, marcas, desenhos e modelos, protecção dos tesouros nacionais, a legislação sobre acordos, as decisões ou práticas concertadas entre empresas e concorrência desleal, o segredo comercial, a segurança, a confidencialidade, a protecção dos dados pessoais e da vida privada, o acesso aos documentos públicos ou o direito dos contratos.

Artigo 14 – Aplicação no tempo

1. A protecção prevista na presente Directiva em relação ao direito de autor abrangerá igualmente as bases de dados criadas antes da data referida no artigo 16 (1) que nessa data preencham os requisitos previstos na presente Directiva quanto à protecção das bases de dados pelo direito de autor.

2. Em derrogação do número (1), sempre que uma base de dados protegida por um regime de direitos de autor num Estado Membro à data de publicação da presente Directiva não corresponda aos critérios de elegibilidade para a protecção a título de direito de autor previsto no artigo 3 (1), a presente Directiva não terá por efeito a redução, nesse Estado Membro, do prazo de protecção concedido a título do regime acima referido ainda por decorrer.

3. A protecção prevista na presente Directiva em relação ao direito referido no artigo 7 abrangerá igualmente as bases de dados cujo fabrico foi concluído durante os quinze anos anteriores à data referida no artigo 16 (1) e que nessa data preencham os requisitos previstos no artigo 7.

4. A protecção prevista nos números (1) e (3) não prejudica os actos concluídos e os direitos adquiridos antes da data referida nesses números.

5. No caso de uma base de dados cujo fabrico tenha sido concluído durante os quinze anos anteriores à data referida no artigo 16 (1), o período de protecção do direito previsto no artigo 7 é de quinze anos a contar de 1 de Janeiro do ano seguinte a essa data.

Artigo 15 – Carácter imperativo de certas disposições

É nula qualquer disposição contratual contrária ao artigo 6 (1) e ao artigo 8.

Artigo 16 – Disposições finais

1. Os Estados Membros porão em vigor as disposições legislativas, regulamentares e administrativas necessárias para dar cumprimento à presente Directiva antes de 1 de Janeiro de 1998.

Quando os Estados Membros adoptarem essas disposições, estas devem incluir uma referência à presente Directiva ou ser acompanhadas dessa referência na publicação oficial. As modalidades dessa referência serão adoptadas pelos Estados Membros.

2. Os Estados Membros comunicarão à Comissão o texto das disposições de direito interno que adoptarem nas matérias reguladas pela presente Directiva.

3. O mais tardar no final do terceiro ano subsequente à data referida no número (1) e, posteriormente, de três em três anos, a Comissão apresentará ao Parlamento Europeu, ao Conselho e ao Comité Económico e Social um relatório sobre a aplicação da presente Directiva, no qual, designadamente com base em informações específicas fornecidas pelos Estados Membros, analisará nomeadamente a aplicação do direito *sui generis*, incluindo os artigos 8 e 9, e, verificará, em especial, se a aplicação daquele direito deu origem a abusos de posição dominante ou a outros atentados à livre concorrência que justifiquem medidas apropriadas, entre as quais a instituição de um regime de licenças não voluntárias. A Comissão apresentará, se necessário, propostas de adaptação da presente Directiva à evolução do sector das bases de dados.

Artigo 17
Os Estados Membros são destinatários da presente Directiva.

Feito em Estrasburgo, em 11 de Março de 1996.

(...)

Directiva sobre a Sociedade da Informação

Directiva 2001/29/CE do Parlamento Europeu e do Conselho, de 22 de Maio de 2001, relativa à harmonização de certos aspectos do direito de autor e dos direitos conexos na sociedade da informação

O Parlamento Europeu e o Conselho da União Europeia

(...)

Considerando o seguinte:

(1) O Tratado prevê o estabelecimento de um mercado interno e a instituição de um sistema capaz de garantir o não falseamento da concorrência no mercado interno. A harmonização das legislações dos Estados Membros em matéria de direito de autor e direitos conexos contribui para a prossecução destes objectivos.

(2) O Conselho Europeu reunido em Corfu em 24 e 25 de Junho de 1994 salientou a necessidade de criar, a nível comunitário, um enquadramento legal geral e flexível que estimule o desenvolvimento da sociedade da informação na Europa. Tal exige, nomeadamente, um mercado interno para os novos produtos e serviços. Existe já, ou está em vias de ser aprovada, importante legislação comunitária para criar tal enquadramento regulamentar. O direito de autor e os direitos conexos desempenham um importante papel neste contexto, uma vez que protegem e estimulam o desenvolvimento e a comercialização de novos produtos e serviços, bem como a criação e a exploração do seu conteúdo criativo.

(3) A harmonização proposta deve contribuir para a implementação das quatro liberdades do mercado interno e enquadra-se no respeito dos princípios fundamentais do direito e, em particular, da propriedade – incluindo a propriedade intelectual – da liberdade de expressão e do interesse geral.

(4) Um enquadramento legal do direito de autor e dos direitos conexos, através de uma maior segurança jurídica e respeitando um elevado nível

de protecção da propriedade intelectual, estimulará consideravelmente os investimentos na criatividade e na inovação, nomeadamente nas infra-estruturas de rede, o que, por sua vez, se traduzirá em crescimento e num reforço da competitividade da indústria europeia, tanto na área do fornecimento de conteúdos e da tecnologia da informação, como, de uma forma mais geral, num vasto leque de sectores industriais e culturais. Este aspecto permitirá salvaguardar o emprego e fomentará a criação de novos postos de trabalho.

(5) O desenvolvimento tecnológico multiplicou e diversificou os vectores da criação, produção e exploração. Apesar de não serem necessários novos conceitos para a protecção da propriedade intelectual, a legislação e regulamentação actuais em matéria de direito de autor e direitos conexos devem ser adaptadas e complementadas para poderem dar uma resposta adequada à realidade económica, que inclui novas formas de exploração.

(6) Sem uma harmonização a nível comunitário, as actividades legislativa e regulamentar a nível nacional, já iniciadas, aliás, num certo número de Estados Membros para dar resposta aos desafios tecnológicos, podem provocar diferenças significativas em termos da protecção assegurada e, consequentemente, traduzir-se em restrições à livre circulação dos serviços e produtos que incorporam propriedade intelectual ou que nela se baseiam, conduzindo a uma nova compartimentação do mercado interno e a uma situação de incoerência legislativa e regulamentar. O impacto de tais diferenças e incertezas legislativas tornar-se-á mais significativo com o desenvolvimento da sociedade da informação, que provocou já um aumento considerável da exploração transfronteiras da propriedade intelectual. Este desenvolvimento pode e deve prosseguir. A existência de diferenças e incertezas importantes a nível jurídico em matéria de protecção pode prejudicar a realização de economias de escala relativamente a novos produtos e serviços que incluam direito de autor e direitos conexos.

(7) O enquadramento jurídico comunitário para a protecção jurídica do direito de autor e direitos conexos deve, assim, ser adaptado e completado na medida do necessário para assegurar o bom funcionamento do mercado interno. Para o efeito, deve proceder-se à adaptação das disposições nacionais em matéria de direito de autor e direitos conexos que apresentem diferenças consideráveis entre os Estados Membros ou que provoquem insegurança jurídica nefasta para o bom funcionamento do mercado interno e para o desenvolvimento adequado da sociedade da informação na Europa. Por outro lado, devem evitar-se respostas incoerentes a nível nacional à evolução tecnológica,

embora não seja necessário eliminar nem impedir diferenças que não afectem negativamente o funcionamento do mercado interno.

(8) As diversas implicações de carácter social, societal e cultural da sociedade da informação exigem que se tenha em consideração a especificidade do conteúdo dos produtos e serviços.

(9) Qualquer harmonização do direito de autor e direitos conexos deve basear-se num elevado nível de protecção, uma vez que tais direitos são fundamentais para a criação intelectual. A sua protecção contribui para a manutenção e o desenvolvimento da actividade criativa, no interesse dos autores, dos intérpretes ou executantes, dos produtores, dos consumidores, da cultura, da indústria e do público em geral. A propriedade intelectual é pois reconhecida como parte integrante da propriedade.

(10) Os autores e os intérpretes ou executantes devem receber uma remuneração adequada pela utilização do seu trabalho, para poderem prosseguir o seu trabalho criativo e artístico, bem como os produtores, para poderem financiar esse trabalho. É considerável o investimento necessário para produzir produtos como fonogramas, filmes ou produtos multimédia, e serviços, como os serviços «a pedido». É necessária uma protecção jurídica adequada dos direitos de propriedade intelectual no sentido de garantir tal remuneração e proporcionar um rendimento satisfatório desse investimento.

(11) Um sistema rigoroso e eficaz de protecção do direito de autor e direitos conexos constitui um dos principais instrumentos para assegurar os recursos necessários à produção cultural europeia, bem como para garantir independência e dignidade aos criadores e intérpretes.

(12) Uma protecção adequada das obras e outros materiais pelo direito de autor e direitos conexos assume igualmente grande relevância do ponto de vista cultural. O artigo 151 do Tratado exige que a Comunidade tenha em conta os aspectos culturais na sua acção.

(13) É fundamental procurar em comum e aplicar coerentemente, a nível europeu, medidas de carácter técnico destinadas a proteger as obras e outro material protegido e assegurar a informação necessária sobre os direitos, porque o objectivo último dessas medidas é o de dar realidade concreta aos princípios e garantias estabelecidos pelas normas jurídicas.

(14) A presente Directiva deve promover a aprendizagem e a cultura mediante a protecção das obras e outro material protegido, permitindo, ao mesmo tempo, excepções ou limitações no interesse público relativamente a objectivos de educação e ensino.

(15) A Conferência Diplomática realizada sob os auspícios da Organização Mundial da Propriedade Intelectual (OMPI), em Dezembro de 1996, conduziu à aprovação de dois novos Tratados, o Tratado da OMPI sobre o Direito de Autor e o Tratado da OMPI sobre Prestações e Fonogramas, que tratam, respectivamente, da protecção dos autores e da protecção dos artistas intérpretes ou executantes e dos produtores de fonogramas. Estes Tratados actualizam significativamente a protecção internacional do direito de autor e dos direitos conexos, incluindo no que diz respeito à denominada «agenda digital», e melhoram os meios de combate contra a pirataria a nível mundial. A Comunidade e a maioria dos seus Estados Membros assinaram já os Tratados e estão em curso os procedimentos para a sua ratificação pela Comunidade e pelos seus Estados Membros. A presente Directiva destina-se também a dar execução a algumas destas novas obrigações internacionais.

(16) A questão da responsabilidade por actividades desenvolvidas em rede é pertinente não apenas para o direito de autor e direitos conexos, mas também para outras áreas, como a difamação, a publicidade enganosa ou a contrafacção de marcas registadas, e será objecto de uma abordagem horizontal na Directiva 2000/31/CE do Parlamento Europeu e do Conselho, de 8 de Junho de 2000, relativa a certos aspectos legais dos serviços da sociedade da informação, em especial do comércio electrónico no mercado interno («Directiva sobre o comércio electrónico»), que clarifica e harmoniza diversos aspectos jurídicos subjacentes aos serviços da sociedade da informação, incluindo o comércio electrónico. A Directiva deve ser implementada segundo um calendário semelhante ao da implementação da Directiva sobre o comércio electrónico, dado que tal Directiva oferece um quadro harmonizado de princípios e disposições relevantes, *inter alia*, para partes importantes da presente Directiva. Esta não prejudica as disposições relativas à responsabilidade constantes daquela Directiva.

(17) Sobretudo em face das exigências inerentes ao ambiente digital, é necessário garantir que as empresas de gestão colectiva dos direitos alcancem um mais elevado nível de racionalização e transparência no que se refere ao respeito pelas regras da concorrência.

(18) A presente Directiva não prejudica as regras de gestão de direitos, existentes nos Estados Membros como, por exemplo, as licenças colectivas alargadas.

(19) Os direitos morais dos titulares dos direitos deverão ser exercidos de acordo com a legislação dos Estados Membros e as disposições da Convenção de Berna para a Protecção das Obras Literárias e Artísticas, do Tratado

da OMPI sobre o Direito de Autor e do Tratado da OMPI sobre Prestações e Fonogramas. Esses direitos morais não estão abrangidos pelo âmbito da presente Directiva.

(20) A presente Directiva baseia-se em princípios e normas já estabelecidos pelas directivas em vigor neste domínio, nomeadamente as Directivas 91/250/CEE(5), 92/100/CEE(6), 93/83/CEE(7), 93/98/CEE(8) e 96/9/CE(9), desenvolvendo-os e integrando-os na perspectiva da sociedade da informação. Salvo disposição em contrário nela prevista, a presente Directiva não prejudica as disposições das referidas directivas.

(21) A presente Directiva deve definir o âmbito dos actos abrangidos pelo direito de reprodução relativamente aos diferentes beneficiários. Tal deve ser efectuado na linha do acervo comunitário. É necessário consagrar uma definição ampla destes actos para garantir a segurança jurídica no interior do mercado interno.

(22) O objectivo de apoiar adequadamente a difusão cultural não deve ser alcançado sacrificando a protecção estrita de determinados direitos nem tolerando formas ilegais de distribuição de obras objecto de contrafacção ou pirataria.

(23) A presente Directiva deverá proceder a uma maior harmonização dos direitos de autor aplicáveis à comunicação de obras ao público. Esses direitos deverão ser entendidos no sentido lato, abrangendo todas as comunicações ao público não presente no local de onde provêm as comunicações. Abrangem ainda qualquer transmissão ou retransmissão de uma obra ao público, por fio ou sem fio, incluindo a radiodifusão, não abrangendo quaisquer outros actos.

(24) O direito de colocar à disposição do público materiais contemplados no artigo 3 (2) deve entender-se como abrangendo todos os actos de colocação desses materiais à disposição do público não presente no local de onde provêm esses actos de colocação à disposição, não abrangendo quaisquer outros actos.

(25) A insegurança jurídica quanto à natureza e ao nível de protecção dos actos de transmissão a pedido, através de redes, de obras protegidas pelo direito de autor ou de material protegido pelos direitos conexos deve ser ultrapassada através da adopção de uma protecção harmonizada a nível comunitário. Deve ficar claro que todos os titulares dos direitos reconhecidos pela Directiva têm o direito exclusivo de colocar à disposição do público obras ou qualquer outro material protegido no âmbito das transmissões interactivas a pedido. Tais transmissões interactivas a pedido caracterizam-se pelo facto

de qualquer pessoa poder aceder-lhes a partir do local e no momento por ela escolhido.

(26) No que se refere à disponibilização pelos radiodifusores, em serviço a pedido, das suas produções de rádio ou de televisão que incorporem música de fonogramas comerciais enquanto parte integrante dessas produções, deverão ser encorajados acordos de licenças colectivas para facilitar o pagamento de direitos dos fonogramas pelos radiodifusores.

(27) A mera disponibilização de meios materiais para permitir ou realizar uma comunicação não constitui só por si uma comunicação na acepção da presente Directiva.

(28) A protecção do direito de autor nos termos da presente Directiva inclui o direito exclusivo de controlar a distribuição de uma obra incorporada num produto tangível. A primeira venda na Comunidade do original de uma obra ou das suas cópias pelo titular do direito, ou com o seu consentimento, esgota o direito de controlar a revenda de tal objecto na Comunidade. Tal direito não se esgota em relação ao original ou cópias vendidas pelo titular do direito, ou com o seu consentimento, fora da Comunidade. A Directiva 92/100/CEE estabelece os direitos de aluguer e comodato dos autores. O direito de distribuição previsto na presente Directiva não prejudica as disposições relativas aos direitos de aluguer e comodato previstos no Capítulo I dessa Directiva.

(29) A questão do esgotamento não é pertinente no caso dos serviços, em especial dos serviços em linha. Tal vale igualmente para as cópias físicas de uma obra ou de outro material efectuadas por um utilizador de tal serviço com o consentimento do titular do direito. Por conseguinte, o mesmo vale para o aluguer e o comodato do original e cópias de obras ou outros materiais, que, pela sua natureza, são serviços. Ao contrário do que acontece com os CD-ROM ou os CDI, em que a propriedade intelectual está incorporada num suporte material, isto é, uma mercadoria, cada serviço em linha constitui de facto um acto que deverá ser sujeito a autorização quando tal estiver previsto pelo direito de autor ou direitos conexos.

(30) Os direitos referidos na presente Directiva podem ser transferidos, cedidos ou sujeitos à concessão de licenças numa base contratual, sem prejuízo do direito nacional pertinente em matéria de direito de autor e direitos conexos.

(31) Deve ser salvaguardado um justo equilíbrio de direitos e interesses entre as diferentes categorias de titulares de direitos, bem como entre as diferentes categorias de titulares de direitos e utilizadores de material protegido.

As excepções ou limitações existentes aos direitos estabelecidas a nível dos Estados Membros devem ser reapreciadas à luz do novo ambiente electrónico. As diferenças existentes em termos de excepções e limitações a certos actos sujeitos a restrição têm efeitos negativos directos no funcionamento do mercado interno do direito de autor e dos direitos conexos. Tais diferenças podem vir a acentuar-se tendo em conta o desenvolvimento da exploração das obras através das fronteiras e das actividades transfronteiras. No sentido de assegurar o bom funcionamento do mercado interno, tais excepções e limitações devem ser definidas de uma forma mais harmonizada. O grau desta harmonização deve depender do seu impacto no bom funcionamento do mercado interno.

(32) A presente Directiva prevê uma enumeração exaustiva das excepções e limitações ao direito de reprodução e ao direito de comunicação ao público. Algumas excepções só são aplicáveis ao direito de reprodução, quando adequado. Esta enumeração tem em devida consideração as diferentes tradições jurídicas dos Estados Membros e destina-se simultaneamente a assegurar o funcionamento do mercado interno. Os Estados Membros devem aplicar essas excepções e limitações de uma forma coerente, o que será apreciado quando for examinada futuramente a legislação de transposição.

(33) O direito exclusivo de reprodução deve ser sujeito a uma excepção para permitir certos actos de reprodução temporária, que são reproduções transitórias ou pontuais, constituindo parte integrante e essencial de um processo tecnológico efectuado com o único objectivo de possibilitar, quer uma transmissão eficaz numa rede entre terceiros por parte de um intermediário, quer a utilização legítima de uma obra ou de outros materiais protegidos. Os actos de reprodução em questão não deverão ter, em si, qualquer valor económico. Desde que satisfeitas essas condições, tal excepção abrange igualmente os actos que possibilitam a navegação («browsing») e os actos de armazenagem temporária («caching»), incluindo os que permitem o funcionamento eficaz dos sistemas de transmissão, desde que o intermediário não altere o conteúdo da transmissão e não interfira com o legítimo emprego da tecnologia, tal como generalizadamente reconhecido e praticado pela indústria, para obter dados sobre a utilização da informação. Uma utilização deve ser considerada legítima se tiver sido autorizada pelo titular de direitos e não estiver limitada por lei.

(34) Deve ser dada aos Estados Membros a opção de preverem certas excepções e limitações em determinados casos, nomeadamente para fins de ensino ou de investigação científica, a favor de instituições públicas como

bibliotecas e arquivos, para efeitos de notícias, citações, para utilização por pessoas deficientes, para utilização relacionada com a segurança pública e para utilização em processos administrativos e judiciais.

(35) Em certos casos de excepção ou limitação, os titulares dos direitos devem receber uma compensação equitativa que os compense de modo adequado da utilização feita das suas obras ou outra matéria protegida. Na determinação da forma, das modalidades e do possível nível dessa compensação equitativa, devem ser tidas em conta as circunstâncias específicas a cada caso. Aquando da avaliação dessas circunstâncias, o principal critério será o possível prejuízo resultante do acto em questão para os titulares de direitos. Nos casos em que os titulares dos direitos já tenham recebido pagamento sob qualquer outra forma, por exemplo como parte de uma taxa de licença, não dará necessariamente lugar a qualquer pagamento específico ou separado. O nível da compensação equitativa deverá ter devidamente em conta o grau de utilização das medidas de carácter tecnológico destinadas à protecção referidas na presente Directiva. Em certas situações em que o prejuízo para o titular do direito seja mínimo, não há lugar a obrigação de pagamento.

(36) Os Estados Membros poderão prever uma compensação equitativa para os titulares dos direitos, mesmo quando apliquem as disposições facultativas relativas a excepções ou limitações, que não requeiram tal compensação.

(37) Quando existem, os regimes nacionais em matéria de reprografia não criam entraves importantes ao mercado interno. Os Estados Membros devem ser autorizados a prever uma excepção ou limitação relativamente à reprografia.

(38) Deve dar-se aos Estados Membros a faculdade de preverem uma excepção ou limitação ao direito de reprodução mediante uma equitativa compensação, para certos tipos de reproduções de material áudio, visual e audiovisual destinadas a utilização privada. Tal pode incluir a introdução ou a manutenção de sistemas de remuneração para compensar o prejuízo causado aos titulares dos direitos. Embora as diferenças existentes nestes sistemas de remuneração afectem o funcionamento do mercado interno, tais diferenças, no que diz respeito à reprodução analógica privada, não deverão ter um impacto significativo no desenvolvimento da sociedade da informação. A cópia digital privada virá provavelmente a ter uma maior divulgação e um maior impacto económico. Por conseguinte, deverão ser tidas devidamente em conta as diferenças existentes entre a cópia digital privada e a cópia analógica privada e, em certos aspectos, deverá ser estabelecida uma distinção entre elas.

(39) Ao aplicarem a excepção ou limitação relativa à cópia privada, os Estados Membros devem ter em devida consideração a evolução tecnológica e económica, em especial no que se refere à cópia digital privada e aos sistemas de remuneração, quando existam medidas adequadas de carácter tecnológico destinadas à protecção. Tais excepções ou limitações não devem inibir nem a utilização de medidas de carácter tecnológico nem repressão dos actos destinados a neutralizá-las.

(40) Os Estados Membros podem prever uma excepção ou limitação a favor de certos estabelecimentos sem fins lucrativos, tais como bibliotecas acessíveis ao público e instituições equivalentes, bem como arquivos. No entanto, tal deve ser limitado a certos casos especiais abrangidos pelo direito de reprodução. Tal excepção ou limitação não deve abranger utilizações no contexto do fornecimento em linha de obras ou outro material protegido. A presente Directiva não prejudica a faculdade de os Estados Membros preverem uma derrogação ao direito exclusivo de comodato ao público, em conformidade com o disposto no artigo 5 da Directiva 92/100/CEE. Por conseguinte, convém incentivar contratos ou licenças específicos que favoreçam de forma equilibrada esses organismos e a realização dos seus objectivos de difusão.

(41) Na aplicação da excepção ou limitação relativa às fixações efémeras realizadas por organismos de radiodifusão, entende-se que os meios próprios dos difusores incluem os da pessoa agindo por conta ou sob a responsabilidade da organização de radiodifusão.

(42) Na aplicação da excepção ou limitação para efeitos de investigação pedagógica e científica não comercial, incluindo o ensino à distância, o carácter não comercial da actividade em questão deverá ser determinado por essa actividade propriamente dita. A estrutura organizativa e os meios de financiamento do estabelecimento em causa não são factores decisivos a esse respeito.

(43) É, todavia, importante que os Estados Membros adoptem todas as medidas adequadas para favorecer o acesso às obras por parte dos portadores de uma deficiência que constitua obstáculo à sua utilização, concedendo particular atenção aos formatos acessíveis.

(44) Quando aplicadas, as excepções e limitações previstas nesta Directiva deverão ser exercidas em conformidade com as obrigações internacionais. Tais excepções e limitações não podem ser aplicadas de forma que prejudique os legítimos interesses do titular do direito ou obste à exploração normal da sua obra ou outro material. A previsão de tais excepções e limitações pelos

Estados Membros deve, em especial, reflectir devidamente o maior impacto económico que elas poderão ter no contexto do novo ambiente electrónico. Consequentemente, o alcance de certas excepções ou limitações poderá ter que ser ainda mais limitado em relação a certas novas utilizações de obras e outro material protegido.

(45) As excepções e limitações referidas no artigo 5 (2), (3) e (4) não devem, porém, obstar ao estabelecimento de relações contratuais destinadas a assegurar uma compensação equitativa aos titulares de direitos de autor e direitos conexos, desde que a legislação nacional o permita.

(46) O recurso à mediação poderá ajudar utilizadores e titulares de direitos a resolver os seus litígios. A Comissão, em cooperação com os Estados Membros, no âmbito do Comité de Contacto, deverá realizar um estudo para encontrar novas formas jurídicas de resolução de litígios relativos ao direito de autor e direitos conexos.

(47) O desenvolvimento tecnológico permitirá aos titulares dos direitos utilizar medidas de carácter tecnológico destinadas a impedir ou restringir actos não autorizados pelos titulares do direito de autor, de direitos conexos ou do direito *sui generis* em bases de dados. Existe, no entanto, o perigo de que se desenvolvam actividades ilícitas tendentes a possibilitar ou facilitar a neutralização da protecção técnica proporcionada por tais medidas. No sentido de evitar abordagens jurídicas fragmentadas susceptíveis de prejudicar o funcionamento do mercado interno, é necessário prever uma protecção jurídica harmonizada contra a neutralização de medidas de carácter tecnológico eficazes e contra o fornecimento de mecanismos e produtos ou de serviços para esse efeito.

(48) Tal protecção jurídica deve incidir sobre as medidas de carácter tecnológico que restrinjam efectivamente actos não autorizados pelos titulares de direitos de autor ou dos direitos conexos ou do direito *sui generis* em bases de dados, sem no entanto impedir o funcionamento normal dos equipamentos electrónicos e o seu desenvolvimento tecnológico. Tal protecção jurídica não implica nenhuma obrigação de adequação dos produtos, componentes ou serviços a essas medidas de carácter tecnológico, sempre que esses produtos, componentes ou serviços não se encontrem abrangidos pela proibição prevista no artigo 6. Tal protecção jurídica deve ser proporcionada e não deve proibir os dispositivos ou actividades que têm uma finalidade comercial significativa ou cuja utilização prossiga objectivos diferentes da neutralização da protecção técnica. E esta protecção não deverá, nomeadamente, causar obstáculos à investigação sobre criptografia.

(49) A protecção jurídica das medidas de carácter tecnológico não prejudica a aplicação de quaisquer disposições nacionais que proíbam a posse privada de dispositivos, produtos ou componentes destinados a neutralizar medidas de carácter tecnológico.

(50) Tal protecção jurídica harmonizada não afecta os regimes específicos de protecção previstos pela Directiva 91/250/CEE. Em especial, não deverá ser aplicável à protecção de medidas de carácter tecnológico utilizadas em relação com programas de computador, exclusivamente prevista nessa Directiva. Não deverá impedir nem evitar o desenvolvimento ou utilização de quaisquer meios de contornar uma medida de carácter técnico que seja necessária para permitir a realização de actos em conformidade com o artigo 5 (3) ou com o artigo 6 da Directiva 91/250/CEE. Os artigos 5 e 6 dessa Directiva apenas determinam excepções aos direitos exclusivos aplicáveis a programas de computador.

(51) A protecção jurídica das medidas de carácter tecnológico aplica-se sem prejuízo da ordem pública, como contemplado no artigo 5, ou da segurança pública. Os Estados Membros devem promover a adopção de medidas voluntárias por parte dos titulares de direitos, incluindo a celebração e implementação de acordos entre titulares de direitos e outras partes interessadas, no sentido de facilitar a prossecução dos objectivos de determinadas excepções ou limitações previstas na legislação nacional de acordo com a presente Directiva. Na falta de tais medidas ou acordos voluntários dentro de um período de tempo razoável, os Estados Membros devem tomar medidas adequadas para assegurar que, pela alteração de uma medida de carácter tecnológico implementada ou por outros meios, os titulares de direitos forneçam aos beneficiários dessas excepções ou limitações meios adequados que lhes permitam beneficiar das mesmas. Contudo, a fim de evitar abusos relativamente a essas medidas tomadas por titulares de direitos, nomeadamente no âmbito de acordos, ou tomadas por um Estado Membro, as medidas de carácter tecnológico aplicadas em execução dessas medidas devem gozar de protecção jurídica.

(52) Ao aplicarem uma excepção ou limitação em relação às reproduções efectuadas para uso privado, de acordo com o artigo 5 (2) (b), os Estados Membros devem igualmente promover a utilização de medidas voluntárias que permitam alcançar os objectivos dessa excepção ou limitação. Se, dentro de um prazo razoável, não tiverem sido tomadas essas medidas voluntárias a fim de assegurar a possibilidade de fazer reproduções para uso privado, os Estados Membros poderão tomar medidas que permitam aos beneficiários

fazerem uso das referidas excepções ou limitações. As medidas voluntárias tomadas pelos titulares de direitos, incluindo os acordos entre titulares de direitos e outras partes interessadas, bem como as medidas tomadas pelos Estados Membros, não impedem os titulares de direitos de utilizar medidas tecnológicas que sejam compatíveis com as excepções ou limitações relativas às reproduções para uso privado previstas na legislação nacional nos termos do artigo 5 (2) (b), tendo presente a condição da compensação equitativa prevista nessa disposição e a possível diferenciação entre várias condições de utilização nos termos do artigo 5 (5), como, por exemplo, o controlo do número de reproduções. A fim de evitar abusos na utilização dessas medidas, as medidas de protecção de natureza tecnológica aplicadas em sua execução devem gozar de protecção jurídica.

(53) A protecção das medidas de carácter tecnológico deverá garantir um ambiente seguro para a prestação de serviços interactivos a pedido, por forma a que o público possa ter acesso às obras ou a outros materiais no momento e no local escolhidos pelo mesmo. No caso de estes serviços serem regidos por condições contratuais, o disposto nos primeiro e segundo parágrafos do artigo 6 (4) não é aplicável. As formas de utilização em linha não interactiva continuam sujeitas àquelas disposições.

(54) Foram realizados progressos importantes em matéria de normalização internacional dos sistemas técnicos de identificação de obras e outro material protegido em formato digital. Num ambiente em que as redes assumem importância crescente, as diferenças entre as medidas de carácter tecnológico podem provocar a incompatibilidade dos sistemas na Comunidade. Deve ser incentivada a compatibilidade e a interoperabilidade dos diferentes sistemas. É altamente conveniente incentivar o desenvolvimento de sistemas globais.

(55) O desenvolvimento tecnológico facilitará a distribuição das obras, em especial em redes, e tal implicará que os titulares dos direitos tenham de identificar melhor a obra ou outro material, o autor ou qualquer outro titular de direitos relativamente a essa obra ou material, e prestar informações acerca dos termos de utilização da obra ou outro material, no sentido de facilitar a gestão dos direitos a eles atinentes. Os titulares de direitos devem ser incentivados a utilizar marcações indicando, para além das informações atrás referidas, nomeadamente a sua autorização ao introduzirem em redes obras ou qualquer outro material.

(56) No entanto, existe o perigo de serem desenvolvidas actividades ilícitas no sentido de retirar ou alterar a informação electrónica a ela ligada ou de,

de qualquer outra forma, distribuir, importar para distribuição, radiodifundir, comunicar ao público ou colocar à sua disposição obras ou outro material protegido das quais tenha sido retirada tal informação sem autorização. No sentido de evitar abordagens jurídicas fragmentadas susceptíveis de prejudicar o funcionamento do mercado interno, é necessário prever uma protecção jurídica harmonizada contra todas estas actividades.

(57) É possível que os sistemas de informação para a gestão dos direitos atrás referidos possam, pela sua concepção, processar simultaneamente dados pessoais sobre os hábitos de consumo do material protegido por parte dos particulares e permitir detectar os comportamentos em linha. Assim, tais meios técnicos, nas suas funções de carácter técnico, devem conter salvaguardas em matéria de vida privada em conformidade com o disposto na Directiva 95/46/CE do Parlamento Europeu e do Conselho, de 24 de Outubro de 1995, relativa à protecção dos particulares no que se refere ao tratamento de dados pessoais e à livre circulação de tais dados.

(58) Os Estados Membros devem prever sanções e vias de recurso eficazes em caso de violação dos direitos e obrigações previstos na presente Directiva. Devem tomar todas as medidas necessárias para assegurar a aplicação efectiva das referidas sanções e vias de recurso. As sanções previstas devem ser eficazes, proporcionadas e dissuasivas, e devem incluir a possibilidade de intentar uma acção de indemnização e/ou requerer uma injunção e, quando adequado, a apreensão do material ilícito.

(59) Nomeadamente no meio digital, os serviços de intermediários poderão ser cada vez mais utilizados por terceiros para a prática de violações. Esses intermediários encontram-se frequentemente em melhor posição para porem termo a tais actividades ilícitas. Por conseguinte, sem prejuízo de outras sanções e vias de recurso disponíveis, os titulares dos direitos deverão ter a possibilidade de solicitar uma injunção contra intermediários que veiculem numa rede actos de violação de terceiros contra obras ou outros materiais protegidos. Esta possibilidade deverá ser facultada mesmo nos casos em que os actos realizados pelos intermediários se encontrem isentos ao abrigo do artigo 5. As condições e modalidades de tais injunções deverão ser regulamentadas nas legislações nacionais dos Estados Membros.

(60) A protecção prevista na presente Directiva não prejudica as disposições legais nacionais ou comunitárias em outras áreas, tais como a propriedade industrial, a protecção dos dados, o acesso condicionado, o acesso aos documentos públicos e a regra da cronologia da exploração dos

meios de comunicação social, que pode afectar a protecção dos direitos de autor ou direitos conexos.

(61) A fim de dar cumprimento ao Tratado da OMPI sobre Prestações e Fonogramas, as Directivas 92/100/CEE e 93/98/CEE devem ser alteradas,

Adoptaram a presente Directiva:

CAPÍTULO I – Objecto e âmbito de aplicação

Artigo 1 – Âmbito de aplicação

1. A presente Directiva tem por objectivo a protecção jurídica do direito de autor e dos direitos conexos no âmbito do mercado interno, com especial ênfase na sociedade da informação.

2. Salvo nos casos referidos no artigo 11, a presente Directiva não afecta de modo algum as disposições comunitárias existentes em matéria de:

a) Protecção jurídica dos programas de computador;

b) Direito de aluguer, direito de comodato e certos direitos conexos com os direitos de autor em matéria de propriedade intelectual;

c) Direito de autor e direitos conexos aplicáveis à radiodifusão por satélite e à retransmissão por cabo;

d) Duração da protecção do direito de autor e de certos direitos conexos;

e) Protecção jurídica das bases de dados.

CAPÍTULO II – Direitos e excepções

Artigo 2 – Direito de reprodução

Os Estados Membros devem prever que o direito exclusivo de autorização ou proibição de reproduções, directas ou indirectas, temporárias ou permanentes, por quaisquer meios e sob qualquer forma, no todo ou em parte, cabe:

a) Aos autores, para as suas obras;

b) Aos artistas intérpretes ou executantes, para as fixações das suas prestações;

c) Aos produtores de fonogramas, para os seus fonogramas;

d) Aos produtores de primeiras fixações de filmes, para o original e as cópias dos seus filmes;

e) Aos organismos de radiodifusão, para as fixações das suas radiodifusões, independentemente de estas serem transmitidas por fio ou sem fio, incluindo por cabo ou satélite.

Artigo 3 – Direito de comunicação de obras ao público, incluindo o direito de colocar à sua disposição outro material

1. Os Estados Membros devem prever a favor dos autores o direito exclusivo de autorizar ou proibir qualquer comunicação ao público das suas obras, por fio ou sem fio, incluindo a sua colocação à disposição do público por forma a torná-las acessíveis a qualquer pessoa a partir do local e no momento por ela escolhido.

2. Os Estados Membros devem prever que o direito exclusivo de autorização ou proibição de colocação à disposição do público, por fio ou sem fio, por forma a que seja acessível a qualquer pessoa a partir do local e no momento por ela escolhido, cabe:

   a) Aos artistas intérpretes ou executantes, para as fixações das suas prestações;

   b) Aos produtores de fonogramas, para os seus fonogramas;

   c) Aos produtores de primeiras fixações de filmes, para o original e as cópias dos seus filmes; e

   d) Aos organismos de radiodifusão, para as fixações das suas radiodifusões, independentemente de estas serem transmitidas por fio ou sem fio, incluindo por cabo ou satélite.

3. Os direitos referidos nos números (1) e (2) não se esgotam por qualquer acto de comunicação ao público ou de colocação à disposição do público, contemplado no presente artigo.

Artigo 4 – Direito de distribuição

1. Os Estados Membros devem prever a favor dos autores, em relação ao original das suas obras ou respectivas cópias, o direito exclusivo de autorizar ou proibir qualquer forma de distribuição ao público através de venda ou de qualquer outro meio.

2. O direito de distribuição não se esgota, na Comunidade, relativamente ao original ou às cópias de uma obra, excepto quando a primeira venda ou qualquer outra forma de primeira transferência da propriedade desse objecto, na Comunidade, seja realizada pelo titular do direito ou com o seu consentimento.

Artigo 5 – Excepções e limitações

1. Os actos de reprodução temporária referidos no artigo 2, que sejam transitórios ou episódicos, que constituam parte integrante e essencial de um processo tecnológico e cujo único objectivo seja permitir:

a) Uma transmissão numa rede entre terceiros por parte de um intermediário, ou

b) Uma utilização legítima de uma obra ou de outro material a realizar, e que não tenham, em si, significado económico, estão excluídos do direito de reprodução previsto no artigo 2.

2. Os Estados Membros podem prever excepções ou limitações ao direito de reprodução previsto no artigo 2 nos seguintes casos:

a) Em relação à reprodução em papel ou suporte semelhante, realizada através de qualquer tipo de técnica fotográfica ou de qualquer outro processo com efeitos semelhantes, com excepção das partituras, desde que os titulares dos direitos obtenham uma compensação equitativa;

b) Em relação às reproduções em qualquer meio efectuadas por uma pessoa singular para uso privado e sem fins comerciais directos ou indirectos, desde que os titulares dos direitos obtenham uma compensação equitativa que tome em conta a aplicação ou a não aplicação de medidas de carácter tecnológico, referidas no artigo 6 , à obra ou outro material em causa;

c) Em relação a actos específicos de reprodução praticados por bibliotecas, estabelecimentos de ensino ou museus acessíveis ao público, ou por arquivos, que não tenham por objectivo a obtenção de uma vantagem económica ou comercial, directa ou indirecta;

d) Em relação a gravações efémeras de obras realizadas por organismos de radiodifusão pelos seus próprios meios e para as suas próprias emissões; poderá ser permitida a conservação destas reproduções em arquivos oficiais por se revestirem de carácter excepcional de documentário;

e) Em relação às reproduções de transmissões radiofónicas, por instituições sociais com objectivos não comerciais, tais como hospitais ou prisões, desde que os titulares de direitos recebam uma compensação justa.

3. Os Estados Membros podem prever excepções ou limitações aos direitos previstos nos artigos 2 e 3 nos seguintes casos:

a) Utilização unicamente com fins de ilustração para efeitos de ensino ou investigação científica, desde que seja indicada, excepto quando tal se revele impossível, a fonte, incluindo o nome do autor e, na medida justificada pelo objectivo não comercial que se pretende atingir;

b) Utilização a favor de pessoas portadoras de deficiências, que esteja directamente relacionada com essas deficiências e que apresente carácter não comercial, na medida exigida por cada deficiência específica;

c) Reprodução pela imprensa, comunicação ao público ou colocação à disposição de artigos publicados sobre temas de actualidade económica, política ou religiosa ou de obras radiodifundidas ou outros materiais da mesma natureza, caso tal utilização não seja expressamente reservada e desde que se indique a fonte, incluindo o nome do autor, ou utilização de obras ou outros materiais no âmbito de relatos de acontecimentos de actualidade, na medida justificada pelas necessidades de informação desde que seja indicada a fonte, incluindo o nome do autor, excepto quando tal se revele impossível;

d) Citações para fins de crítica ou análise, desde que relacionadas com uma obra ou outro material já legalmente tornado acessível ao público, desde que, excepto quando tal se revele impossível, seja indicada a fonte, incluindo o nome do autor, e desde que sejam efectuadas de acordo com os usos e na medida justificada pelo fim a atingir;

e) Utilização para efeitos de segurança pública ou para assegurar o bom desenrolar ou o relato de processos administrativos, parlamentares ou judiciais;

f) Citações para fins de crítica ou análise, desde que relacionadas com uma obra ou outro material já legalmente tornado acessível ao público, desde que, excepto quando tal se revele impossível, seja indicada a fonte, incluindo o nome do autor, e desde que sejam efectuadas de acordo com os usos e na medida justificada pelo fim a atingir;

g) Utilização em celebrações de carácter religioso ou celebrações oficiais por uma autoridade pública;

h) Utilização de obras, como, por exemplo, obras de arquitectura ou escultura, feitas para serem mantidas permanentemente em locais públicos;

i) Inclusão episódica de uma obra ou outro material protegido noutro material;

j) Utilização para efeitos de publicidade relacionada com a exibição pública ou venda de obras artísticas na medida em que seja necessária para promover o acontecimento, excluindo qualquer outra utilização comercial;

k) Utilização para efeitos de caricatura, paródia ou pastiche;

l) Utilização relacionada com a demonstração ou reparação de equipamentos;

m) Utilização de uma obra artística sob a forma de um edifício, de um desenho ou planta de um edifício para efeitos da sua reconstrução;

n) Utilização por comunicação ou colocação à disposição, para efeitos de investigação ou estudos privados, a membros individuais do público por terminais destinados para o efeito nas instalações dos estabelecimentos referidos no número (2) (c), de obras e outros materiais não sujeitos a condições de compra ou licenciamento que fazem parte das suas colecções;

o) Utilização em certos casos de menor importância para os quais já existam excepções ou limitações na legislação nacional, desde que a aplicação se relacione unicamente com a utilização não-digital e não condicione a livre circulação de bens e serviços na Comunidade, sem prejuízo das excepções e limitações que constam do presente artigo.

4. Quando os Estados Membros possam prever uma excepção ou limitação ao direito de reprodução por força dos números (2) ou (3) do presente artigo, poderão igualmente prever uma excepção ou limitação ao direito de distribuição referido no artigo 4 na medida justificada pelo objectivo do acto de reprodução autorizado.

5. As excepções e limitações contempladas nos números (1), (2), (3) e (4) só se aplicarão em certos casos especiais que não entrem em conflito com uma exploração normal da obra ou outro material e não prejudiquem irrazoavelmente os legítimos interesses do titular do direito.

CAPÍTULO III – Protecção das medidas de carácter tecnológico e das informações para a gestão dos direitos

Artigo 6 – Obrigações em relação a medidas de carácter tecnológico

1. Os Estados Membros assegurarão protecção jurídica adequada contra a neutralização de qualquer medida eficaz de carácter tecnológico por pessoas que saibam ou devam razoavelmente saber que é esse o seu objectivo.

2. Os Estados Membros assegurarão protecção jurídica adequada contra o fabrico, a importação, a distribuição, a venda, o aluguer, a publicidade para efeitos de venda ou de aluguer, ou a posse para fins comerciais de dispositivos, produtos ou componentes ou as prestações de serviços que:

a) Sejam promovidos, publicitados ou comercializados para neutralizar a protecção; ou

b) Só tenham limitada finalidade comercial ou utilização para além da neutralização da protecção, ou

c) Sejam essencialmente concebidos, produzidos, adaptados ou executados com o objectivo de permitir ou facilitar a neutralização da protecção de medidas de carácter tecnológico eficazes.

3. Para efeitos da presente Directiva, por «medidas de carácter tecnológico» entende-se quaisquer tecnologias, dispositivos ou componentes que, durante o seu funcionamento normal, se destinem a impedir ou restringir actos, no que se refere a obras ou outro material, que não sejam autorizados pelo titular de um direito de autor ou direitos conexos previstos por lei ou do direito *sui generis* previsto no capítulo III da Directiva 96/9/CE. As medidas de carácter tecnológico são consideradas «eficazes» quando a utilização da obra ou de outro material protegido seja controlada pelos titulares dos direitos através de um controlo de acesso ou de um processo de protecção, como por exemplo a codificação, cifragem ou qualquer outra transformação da obra ou de outro material protegido, ou um mecanismo de controlo da cópia, que garanta a realização do objectivo de protecção.

4. Não obstante a protecção jurídica prevista no número (1), na falta de medidas voluntárias tomadas pelos titulares de direitos, nomeadamente de acordos entre titulares de direitos e outras partes interessadas, os Estados Membros tomarão as medidas adequadas para assegurar que os titulares de direitos coloquem à disposição dos beneficiários de excepções ou limitações previstas na legislação nacional, nos termos do artigo 5 (2) (a), (c), (d), e (e) e 5 (3) (a), (b) ou (e), os meios que lhes permitam beneficiar dessa excepção ou limitação, sempre que os beneficiários em questão tenham legalmente acesso à obra ou a outro material protegido em causa.

Um Estado Membro pode igualmente tomar essas medidas relativamente a um beneficiário de uma excepção ou limitação prevista em conformidade com o artigo 5 (2) (b), a menos que a reprodução para uso privado já tenha sido possibilitada por titulares de direitos na medida necessária para permitir o benefício da excepção ou limitação em causa e em conformidade com o disposto no número 2 (b) e no artigo 5 (5), sem impedir os titulares dos direitos de adoptarem medidas adequadas relativamente ao número de reproduções efectuadas nos termos destas disposições.

As medidas de carácter tecnológico aplicadas voluntariamente pelos titulares de direitos, incluindo as aplicadas em execução de acordos voluntários, e as medidas de carácter tecnológico aplicadas em execução das medidas tomadas pelos Estados Membros devem gozar da protecção jurídica prevista no número (1).

O disposto no primeiro e segundo parágrafos não se aplica a obras ou outros materiais disponibilizado ao público ao abrigo de condições contratuais acordadas e por tal forma que os particulares possam ter acesso àqueles a partir de um local e num momento por eles escolhido.

O presente número aplica-se *mutatis mutandis* às Directivas 92/100/CEE e 96/9/CE.

Artigo 7 – Obrigações em relação a informações para a gestão dos direitos
1. Os Estados Membros assegurarão uma protecção jurídica adequada contra qualquer pessoa que, com conhecimento de causa, pratique, sem autorização, um dos seguintes actos:

a) Supressão ou alteração de quaisquer informações electrónicas para a gestão dos direitos;

b) Distribuição, importação para distribuição, radiodifusão, comunicação ao público ou colocação à sua disposição de obras ou de outro material protegido nos termos da presente Directiva ou do capítulo III da Directiva 96/9/CE das quais tenham sido suprimidas ou alteradas sem autorização informações electrónicas para a gestão dos direitos, sabendo ou devendo razoavelmente saber que ao fazê-lo está a provocar, permitir, facilitar ou dissimular a violação de um direito de autor ou de direitos conexos previstos por lei ou do direito *sui generis* previsto no capítulo III da Directiva 96/9/CE.

2. Para efeitos da presente Directiva, por «informações para a gestão dos direitos», entende-se qualquer informação, prestada pelos titulares dos direitos, que identifique a obra ou qualquer outro material protegido referido na presente Directiva ou abrangido pelo direito *sui generis* previsto no capítulo III da Directiva 96/9/CE, o autor ou qualquer outro titular de direito relativamente à obra ou outro material protegido, ou ainda informações acerca das condições e modalidades de utilização da obra ou do material protegido, bem como quaisquer números ou códigos que representem essas informações.

O primeiro parágrafo aplica-se quando qualquer destes elementos de informação acompanhe uma cópia, ou apareça no contexto da comunicação ao público de uma obra ou de outro material referido na presente Directiva ou abrangido pelo direito *sui generis* previsto no capítulo III da Directiva 96/9/CE.

CAPÍTULO IV – Disposições comuns

Artigo 8 – Sanções e vias de recurso
1. Os Estados Membros devem prever as sanções e vias de recurso adequadas para as violações dos direitos e obrigações previstas na presente Directiva e tomar todas as medidas necessárias para assegurar a aplicação efectiva de

tais sanções e vias de recurso. As sanções previstas devem ser eficazes, proporcionadas e dissuasivas.

2. Os Estados Membros tomarão todas as medidas necessárias para assegurar que os titulares dos direitos cujos interesses sejam afectados por uma violação praticada no seu território possam intentar uma acção de indemnização e/ou requerer uma injunção e, quando adequado, a apreensão do material ilícito, bem como dos dispositivos, produtos ou componentes referidos no artigo 6 (2).

3. Os Estados Membros deverão garantir que os titulares dos direitos possam solicitar uma injunção contra intermediários cujos serviços sejam utilizados por terceiros para violar um direito de autor ou direitos conexos.

Artigo 9 – Continuação da aplicação de outras disposições legais

O disposto na presente Directiva não prejudica as disposições relativas nomeadamente às patentes, marcas registadas, modelos de utilidade, topografias de produtos semicondutores, caracteres tipográficos, acesso condicionado, acesso ao cabo de serviços de radiodifusão, protecção dos bens pertencentes ao património nacional, requisitos de depósito legal, legislação sobre acordos, decisões ou práticas concertadas entre empresas e concorrência desleal, segredo comercial, segurança, confidencialidade, protecção dos dados pessoais e da vida privada, acesso aos documentos públicos e o direito contratual.

Artigo 10 – Aplicação no tempo

1. As disposições da presente Directiva são aplicáveis a todas as obras e outro material referidos na presente Directiva que, em 22 de Dezembro de 2002, se encontrem protegidos pela legislação dos Estados Membros em matéria de direito de autor e direitos conexos ou preencham os critérios de protecção nos termos da presente Directiva ou nas disposições referidas no artigo 1 (2).

2. A presente Directiva é aplicável sem prejuízo de quaisquer actos concluídos e de direitos adquiridos até 22 de Dezembro de 2002.

Artigo 11 – Adaptações técnicas

1. A Directiva 92/100/CEE é alterada do seguinte modo:

a) É revogado o artigo 7.

b) O artigo 10 (3) passa a ter a seguinte redacção: «3. Estas limitações só podem ser aplicadas a certos casos especiais que não entrem em conflito com uma exploração normal da obra ou do outro material e não prejudiquem irrazoavelmente os legítimos interesses do titular do direito.»

2. O artigo 3 (2) da Directiva 93/98/CEE passa a ter a seguinte redacção: «2. Os direitos dos produtores de fonogramas caducam cinquenta anos após a fixação. No entanto, se o fonograma for legalmente publicado durante este período, os direitos caducam cinquenta anos após a data da primeira publicação. Se o fonograma não for legalmente publicado durante o período acima referido e se o fonograma tiver sido legalmente comunicado ao público durante o mesmo período, os direitos caducam cinquenta anos após a data da primeira comunicação legal ao público.

Todavia, quando devido ao termo da protecção concedida ao abrigo do presente número, na versão anterior à alteração introduzida pela Directiva 2001/29/CE do Parlamento Europeu e do Conselho, de 22 de Maio de 2001, relativa à harmonização de certos aspectos do direito de autor e dos direitos conexos na sociedade da informação, os direitos de produtores de fonogramas deixarem de estar protegidos até 22 de Dezembro de 2002, o presente número não terá por efeito proteger de novo esses direitos.»

Artigo 12 – Aplicação

1. O mais tardar até 22 de Dezembro de 2004, e posteriormente de três em três anos, a Comissão apresentará ao Parlamento Europeu, ao Conselho e ao Comité Económico e Social um relatório sobre a aplicação da presente Directiva, no qual, nomeadamente, com base nas informações específicas transmitidas pelos Estados Membros, será examinada em especial a aplicação dos artigos 5, 6 e 8 à luz do desenvolvimento do mercado digital. No caso do artigo 6 examinará, em especial, se este artigo confere um nível de protecção suficiente e se os actos permitidos por lei estão a ser afectados negativamente pela utilização de medidas de carácter tecnológico efectivas. Quando necessário, em especial, para assegurar o funcionamento do mercado interno previsto no artigo 14 do Tratado, a Comissão apresentará propostas de alteração da presente Directiva.

2. A protecção dos direitos conexos ao direito de autor ao abrigo da presente Directiva não afecta nem prejudica de modo algum a protecção dos direitos de autor.

3. É instituído um Comité de Contacto. Este Comité será composto por representantes das entidades competentes dos Estados Membros e presidido por um representante da Comissão. O Comité reunirá quer por iniciativa do seu presidente, quer a pedido da delegação de um Estado Membro.

4. As funções do Comité são as seguintes:

a) Examinar o impacto da presente Directiva no funcionamento do mercado interno e realçar eventuais dificuldades;

b) Organizar consultas sobre todas as questões decorrentes da aplicação da presente Directiva;

c) Facilitar o intercâmbio de informações sobre a evolução pertinente em matéria de legislação e de jurisprudência, bem como no domínio económico, social, cultural e tecnológico;

d) Funcionar como um fórum de avaliação do mercado digital das obras e dos outros objectos, incluindo a cópia privada e a utilização de medidas técnicas.

Artigo 13 – Disposições finais
1. Os Estados Membros porão em vigor as disposições legislativas, regulamentares e administrativas necessárias para darem cumprimento à presente Directiva até 22 de Dezembro de 2002. Informarão imediatamente desse facto a Comissão.

Sempre que os Estados Membros adoptarem tais disposições, estas devem incluir uma referência à presente Directiva ou ser acompanhadas dessa referência aquando da publicação oficial. As modalidades da referência serão adoptadas pelos Estados Membros.

2. Os Estados Membros comunicarão à Comissão o texto das disposições de direito interno que adoptarem no domínio abrangido pela presente Directiva.

Artigo 14 – Entrada em vigor
A presente Directiva entra em vigor no dia da sua publicação no Jornal Oficial das Comunidades Europeias.

Artigo 15 – Destinatários
Os Estados Membros são destinatários da presente Directiva.

Feito em Bruxelas, em 22 de Maio de 2001.

(...)

Directiva sobre o Direito de Sequência

Directiva 2001/84/CE do Parlamento Europeu e do Conselho de 27 de Setembro de 2001 relativa ao direito de sequência em benefício do autor de uma obra de arte original que seja objecto de alienações sucessivas

O Parlamento Europeu e o Conselho da União Europeia

(...)

Considerando o seguinte:

(1) No âmbito dos direitos de autor, o direito de sequência é o direito irrenunciável e inalienável de que goza o autor de uma obra de arte gráfica ou plástica original, de beneficiar de uma participação económica sobre o preço de cada transacção dessa obra.

(2) O direito de sequência é um direito de fruição que permite ao autor beneficiar de uma participação económica nas sucessivas alienações da obra. O objecto do direito de sequência é constituído pela obra material, designadamente o suporte em que a obra protegida está incorporada.

(3) O direito de sequência tem por objectivo assegurar aos autores de obras de arte gráficas e plásticas uma participação económica no êxito das suas obras. Procura restabelecer um equilíbrio entre a situação económica dos autores de obras de arte gráficas e plásticas e a dos outros criadores que beneficiam das explorações sucessivas das suas obras.

(4) O direito de sequência faz parte integrante do direito de autor e constitui uma prerrogativa essencial dos autores. A aplicação de um tal direito em todos os Estados Membros corresponde à necessidade de assegurar aos criadores um nível de protecção adequado e uniforme.

(5) Nos termos do artigo 151 (4) do Tratado, a Comunidade, na sua acção ao abrigo de outras disposições do Tratado, deve ter em conta os aspectos culturais.

(6) A Convenção de Berna para a protecção das obras literárias e artísticas prevê que o direito de sequência só seja exigível se a legislação nacional do país do autor o permitir. É pois um direito opcional e sujeito a reciprocidade. Decorre da jurisprudência do Tribunal de Justiça sobre a aplicação do princípio da não discriminação, inscrito no artigo 12 do Tratado, como foi sublinhado no acórdão de 20 de Outubro de 1993, Processos apensos C-92/92 e C-326/92, Phil Collins e outros, que não poderão ser invocadas disposições nacionais que contenham cláusulas de reciprocidade para recusar aos nacionais de outros Estados Membros direitos conferidos aos cidadãos nacionais. A aplicação de regras desse tipo no contexto comunitário é contrária ao princípio da igualdade de tratamento que resulta da proibição de toda e qualquer discriminação em razão da nacionalidade.

(7) À luz do processo de internacionalização do mercado de arte moderna e contemporânea da Comunidade, actualmente acelerado pelos efeitos da nova economia, e num contexto normativo em que poucos Estados fora da UE reconhecem o direito de sequência, afigura-se essencial que a Comunidade Europeia inicie, no plano externo, negociações destinadas a tornar obrigatório o artigo 14 B da Convenção de Berna.

(8) À luz da existência do mercado internacional, somada à inexistência do direito de sequência em vários Estados Membros e à disparidade actualmente existente entre os regimes nacionais que reconhecem esse direito, afigura-se essencial estabelecer, tanto em matéria de entrada em vigor como na própria regulamentação substantiva do direito, disposições de carácter transitório que preservem a competitividade do mercado europeu.

(9) O direito de sequência encontra-se actualmente previsto na legislação nacional da maioria dos Estados Membros. Quando existente, a legislação na matéria apresenta características diferentes, nomeadamente no que se refere às obras abrangidas, aos beneficiários do direito, à taxa aplicada, às operações sujeitas ao direito e à base de cálculo. A aplicação ou não aplicação desse direito tem um impacto significativo sobre as condições de concorrência no mercado interno, na medida em que a existência ou não de uma obrigação de pagamento decorrente do direito de sequência constitui um elemento que é obrigatoriamente tomado em consideração por qualquer pessoa que pretenda proceder à venda de uma obra de arte. As disparidades em matéria de direito de sequência são, portanto, um dos factores que contribuem para criar distorções da concorrência e para a deslocalização das vendas dentro da Comunidade.

(10) As referidas disparidades no plano da existência e da aplicação do direito de sequência pelos Estados Membros têm efeitos negativos directos

sobre o bom funcionamento do mercado interno das obras de arte, tal como previsto no artigo 14 do Tratado. Nestas circunstâncias, o artigo 95 do Tratado constitui o fundamento jurídico adequado.

(11) Entre os objectivos da Comunidade, tal como constam do Tratado, conta-se o estabelecimento de uma união cada vez mais estreita entre os povos da Europa, o desenvolvimento de relações mais próximas entre os Estados que integram a Comunidade e a garantia do progresso económico e social, mediante uma acção comum que elimine as barreiras que dividem a Europa. Para esse efeito, o Tratado prevê o estabelecimento de um mercado interno, o que pressupõe a eliminação dos entraves à livre circulação de mercadorias, à livre prestação de serviços e à liberdade de estabelecimento, bem como a criação de um regime que garanta a não distorção da concorrência no mercado comum. A harmonização das legislações dos Estados Membros relativas ao direito de sequência contribui para a realização desses objectivos.

(12) A sexta Directiva 77/388/CEE do Conselho, de 17 de Maio de 1977, relativa à harmonização das legislações dos Estados Membros respeitantes aos impostos sobre o volume de negócios. sistema comum do imposto sobre o valor acrescentado: matéria colectável uniforme, instaura progressivamente um regime comunitário de tributação, aplicável, nomeadamente, no domínio das obras de arte. A adopção de medidas limitadas ao domínio fiscal não é suficiente para garantir o funcionamento harmonioso do mercado da arte. Este objectivo não pode ser atingido sem que haja uma harmonização no domínio do direito de sequência.

(13) É conveniente suprimir as diferenças existentes a nível da legislação que tenham um efeito de distorção sobre o funcionamento do mercado interno e impedir a emergência de novas diferenças. Não é necessário suprimir ou impedir a emergência de diferenças que não prejudiquem o funcionamento do mercado interno.

(14) O correcto funcionamento do mercado interno pressupõe a existência de condições de concorrência sem distorções. A existência de diferenças entre as disposições nacionais relativas ao direito de sequência cria distorções de concorrência e uma deslocalização das vendas dentro da Comunidade, conduzindo a tratamentos desiguais entre artistas, em função do local em que são vendidas as suas obras. A questão em apreço tem, por isso, aspectos transnacionais que não podem ser satisfatoriamente regulados por medidas tomadas a nível dos Estados Membros. A ausência de acção por parte da Comunidade colidiria com a exigência do Tratado de que sejam corrigidas as distorções de concorrência e as desigualdades de tratamento.

(15) Dada a amplitude das divergências entre disposições nacionais, é necessário adoptar medidas de harmonização para enfrentar essas disparidades nos domínios em que são susceptíveis de criar ou manter condições distorcidas de concorrência. No entanto, não se afigura necessário proceder a uma harmonização de todas as disposições constantes das legislações dos Estados Membros relativas ao direito de sequência e, para deixar a maior latitude possível para a tomada de decisões a nível nacional, basta limitar a harmonização às disposições nacionais que tenham incidência mais directa sobre o funcionamento do mercado interno.

(16) A presente Directiva respeita, por isso, plenamente os princípios da subsidiariedade e da proporcionalidade previstos no artigo 5 do Tratado.

(17) Nos termos da Directiva 93/98/CEE do Conselho, de 29 de Outubro de 1993, relativa à harmonização do prazo de protecção dos direitos de autor e de certos direitos conexos, o direito de autor caduca setenta anos após a morte do autor. Convém prever a mesma duração para o direito de sequência. Consequentemente, só os originais de arte moderna ou contemporânea podem integrar o âmbito de aplicação do direito de sequência. Todavia, para que os sistemas jurídicos dos Estados Membros que não aplicam o direito de sequência ao tempo da aprovação da presente Directiva possam incorporar este direito nos respectivos sistemas jurídicos e ainda para que os operadores económicos nesses Estados Membros se possam gradualmente adaptar ao citado direito, mantendo a sua viabilidade económica, deve ser concedido um período de transição limitado aos Estados Membros em causa, durante o qual estes podem optar pela não aplicação do direito de sequência em benefício dos legítimos sucessores do artista após a sua morte.

(18) O objectivo do direito de sequência do artista deve ser alargado a todos os actos de alienação ulterior, com excepção dos efectuados directamente entre pessoas que ajam a título particular sem a intervenção de profissionais do mercado da arte. Este direito não deve por isso ser extensivo aos actos de alienação ulterior efectuados por pessoas agindo a título particular e a museus que não tenham fins lucrativos e estejam abertos ao público. No respeitante à situação específica das galerias de arte que adquiram obras directamente ao autor, deve ser dada aos Estados Membros a faculdade de isentarem do direito de sequência os actos de alienação dessas obras que ocorram no prazo de três anos após a referida aquisição. Igualmente se deverá atender aos interesses do artista, limitando essa isenção aos novos actos de alienação em que o preço da nova venda não exceda 10000 euros.

(19) Deve ficar claro que a harmonização introduzida pela presente Directiva não se aplica aos manuscritos originais de escritores e compositores.

(20) É necessário prever um regime eficaz com base nas experiências já adquiridas no plano nacional em matéria de direito de sequência. Convém que o direito de sequência seja calculado com base numa percentagem sobre o preço de venda e não sobre a mais-valia das obras cujo valor original tenha aumentado.

(21) As categorias de obras de arte sujeitas ao direito de sequência do artista devem ser harmonizadas.

(22) O facto de o direito de sequência não ser aplicado abaixo do limiar mínimo pode contribuir para evitar despesas de cobrança e de gestão desproporcionadas relativamente ao benefício decorrente para o artista. Todavia, em virtude do princípio da subsidiariedade, é conveniente deixar aos Estados Membros a faculdade de estabelecerem limiares nacionais inferiores ao limiar comunitário, a fim de promover os interesses dos novos artistas. Devido ao reduzido nível dos montantes, esta derrogação não é susceptível de produzir efeitos significativos sobre o bom funcionamento do mercado interno.

(23) As taxas do direito de sequência aplicadas pelos diferentes Estados Membros variam actualmente de forma considerável. O funcionamento eficaz do mercado interno das obras de arte moderna ou contemporânea requer a fixação de taxas o mais uniformes possível.

(24) Numa preocupação de conciliar os diversos interesses em jogo no mercado das obras de arte originais, é desejável estabelecer um sistema de taxas degressivas por faixas de preços. Importa reduzir o risco de deslocalização das vendas e as tentativas de contornar a legislação comunitária em matéria de direito de sequência.

(25) O pagamento da participação correspondente do direito de sequência deve, em princípio, competir ao vendedor. Deve ser concedida aos Estados Membros a possibilidade de preverem derrogações a este princípio no que respeita à responsabilidade pelo pagamento. O vendedor é a pessoa ou a empresa em nome da qual a venda é celebrada.

(26) É desejável prever a possibilidade de uma adaptação periódica do limiar e das taxas. Para o efeito, convém encarregar a Comissão de elaborar relatórios periódicos sobre a aplicação efectiva do direito de sequência nos Estados Membros, bem como sobre as suas consequências sobre o mercado comunitário de obras de arte, e de apresentar, quando adequado, propostas de alteração da presente Directiva.

(27) É necessário determinar quem são os beneficiários do direito de sequência, respeitando embora o princípio da subsidiariedade. Não é oportuno intervir, por meio da presente Directiva, em matéria de direitos de sucessão nos Estados Membros. Todavia, os legítimos sucessores do autor devem poder beneficiar plenamente do direito de sequência após a sua morte, pelo menos, após o termo do período de transição acima referido.

(28) Cabe aos Estados Membros regulamentar o exercício do direito de sequência, nomeadamente no que diz respeito à respectiva gestão. O recurso a sociedades de cobrança constitui uma possibilidade de gestão entre outras; neste caso, os Estados Membros devem garantir que as sociedades de cobrança actuem de uma forma transparente e eficaz. Os Estados Membros devem, no entanto, assegurar que os montantes destinados a autores que sejam nacionais de outros Estados Membros sejam efectivamente cobrados e entregues. A presente Directiva não prejudica a organização ou as modalidades adoptadas pelos Estados Membros para a cobrança e entrega.

(29) O benefício do direito de sequência deve ser limitado aos nacionais dos Estados Membros, bem como aos autores estrangeiros cujos países concedam uma protecção do mesmo tipo aos autores nacionais dos Estados Membros. Um Estado Membro deve ter a faculdade de alargar o benefício deste direito aos autores estrangeiros que residam habitualmente nesse Estado Membro.

(30) Devem ser instaurados, segundo modalidades práticas, procedimentos adequados de controlo das transacções, de modo a garantir a aplicação efectiva do direito de sequência pelos Estados Membros. Isso implica igualmente que o autor ou o seu mandatário disponham do direito de recolher todas as informações necessárias junto da pessoa singular ou colectiva responsável pelo pagamento do direito de sequência. Os Estados Membros que prevêem a gestão colectiva do direito de sequência podem igualmente estabelecer que os organismos responsáveis por essa gestão colectiva devam ser os únicos autorizados a obter as referidas informações.

Adoptaram a presente Directiva:

CAPÍTULO I – Âmbito de aplicação

Artigo 1 – Objecto do direito de sequência

1. Os Estados Membros devem prever, em benefício do autor de uma obra de arte original, um direito de sequência, definido como um direito inaliená-

vel e irrenunciável, mesmo por antecipação, a receber uma participação sobre o preço obtido pela venda dessa obra após a sua alienação inicial pelo autor.

2. O direito previsto no número (1) aplica-se a todos os actos de alienação sucessiva da obra que envolvam, como vendedores, compradores ou intermediários, profissionais do mercado da arte, nomeadamente, leiloeiros, galerias de arte e, de um modo geral, quaisquer negociantes de obras de arte.

3. Os Estados Membros podem prever que o direito a que se refere o número (1) não se aplique aos actos de alienação sucessiva em que o vendedor tenha adquirido a obra directamente do autor menos de três anos antes dessa nova alienação, e em que o novo preço de venda não exceda 10000 euros.

4. A participação sobre o preço será paga pelo vendedor. Os Estados Membros podem prever que uma das pessoas referidas no número (2) que não seja o vendedor possa ser o único responsável ou co-responsável, juntamente com o vendedor, pelo pagamento da participação.

Artigo 2 – Obras de arte abrangidas pelo direito de sequência

1. Para efeitos da presente Directiva, entende-se por «obra de arte original» qualquer obra de arte gráfica ou plástica, tal como quadros, colagens, pinturas, desenhos, gravuras, estampas, litografias, esculturas, tapeçarias, cerâmicas, vidros e fotografias, na medida em que sejam executadas pelo próprio artista ou se trate de cópias consideradas como obras de arte originais.

2. As cópias de obras de arte abrangidas pela presente Directiva, que tenham sido realizadas em número limitado pelo próprio artista ou sob a sua autoridade, são consideradas obras de arte para efeitos da presente Directiva. Essas cópias serão, em princípio, numeradas, assinadas, ou de outro modo devidamente autorizadas pelo artista.

CAPÍTULO II – Disposições específicas

Artigo 3 – Limiar de aplicação

1. Compete aos Estados Membros fixar um preço de venda mínimo, a partir do qual as vendas a que se refere o artigo 1 ficam sujeitas ao direito de sequência.

2. Este preço mínimo não pode em caso algum ser superior a 3000 euros.

Artigo 4 – Taxas

1. A participação prevista no artigo 1 é fixada do seguinte modo:

a) 4 %, no que se refere à faixa do preço de venda até 50000 euros;
b) 3 %, no que se refere à faixa do preço de venda compreendida entre 50000,01 euros e 200000 euros;
c) 1 %, no que se refere à faixa do preço de venda compreendida entre 200000,01 euros e 350000 euros;
d) 0,5 %, no que se refere à faixa do preço de venda compreendida entre 350000,01 euros e 500000 euros;
e) 0,25 % no que se refere à faixa do preço de venda para além de 500000 euros.

No entanto, o montante total da participação não poderá exceder 12500 euros.

2. Em derrogação do número (1), os Estados Membros podem aplicar a taxa de 5 % no que se refere à faixa do preço de venda referida no número 1 (a).

3. Se for aplicado um preço de venda mínimo inferior a 3000 euros, o Estado Membro pode igualmente determinar a taxa aplicável à faixa do preço de venda até 3000 euros; essa taxa não poderá, no entanto, ser inferior a 4 %.

Artigo 5 – Base de incidência
Os preços de venda referidos nos artigos 3 e 4 são entendidos sem impostos.

Artigo 6 – Beneficiários da participação
1. A participação prevista no artigo 1 é devida ao autor da obra e, sem prejuízo do artigo 8 (2), após a sua morte, aos seus legítimos sucessores.
2. Os Estados Membros podem prever uma gestão colectiva obrigatória ou facultativa da participação prevista no artigo 1.

Artigo 7 – Nacionais de países terceiros que podem beneficiar do direito
1. Os Estados Membros determinarão que os autores que sejam nacionais de países terceiros e, sem prejuízo do artigo 8 (2), os seus legítimos sucessores, beneficiem do direito de sequência de acordo com a presente Directiva e o respectivo direito nacional, unicamente se a legislação do país desse autor ou do seu sucessor permitir a protecção do direito de sequência nesse país em relação a esses autores ou aos seus legítimos sucessores.
2. Com base nas informações fornecidas pelos Estados Membros, a Comissão publicará logo que possível uma lista indicativa dos países terceiros que preenchem a condição prevista no número (1).
Esta lista será mantida actualizada.

3. Para efeitos de protecção do direito de sequência, os Estados Membros podem equiparar aos seus próprios nacionais os autores que não sejam nacionais de um Estado Membro, mas residam habitualmente nesse Estado Membro.

Artigo 8 – Prazo de protecção do direito de sequência

1. A duração do direito de sequência corresponde à prevista no artigo 1 da Directiva 93/98/CEE.

2. Em derrogação do disposto no número (1), aos Estados Membros que (à data de entrada em vigor a que se refere o artigo 13) não apliquem o direito de sequência, não será exigida, por um prazo que terminará o mais tardar em 1 de Janeiro de 2010, a aplicação do direito de sequência em benefício dos legítimos sucessores do artista após a sua morte.

3. Os Estados Membros abrangidos pelo número (2) podem dispor, no máximo, de dois anos suplementares, se tal for necessário para dar aos respectivos operadores económicos a possibilidade de se adaptarem gradualmente ao sistema de direito de sequência, salvaguardando a sua viabilidade económica, antes de serem obrigados a aplicar o direito de sequência em benefício dos legítimos sucessores do artista após a sua morte. Com uma antecedência mínima de 12 meses, antes do termo do prazo a que se refere o número (2), o Estado Membro em causa informará do facto a Comissão e exporá as suas razões, por forma a que a Comissão possa, após as consultas adequadas, emitir um parecer no prazo de três meses a contar da recepção dessas informações. Se o Estado Membro não seguir o parecer da Comissão, informá-la-á desse facto e justificará a sua decisão no prazo de um mês. A notificação e a decisão do Estado Membro, bem como o parecer da Comissão, serão publicadas no Jornal Oficial das Comunidades Europeias e comunicadas ao Parlamento Europeu.

4. No caso de, nos prazos referidos no artigo 8 (2) e (3), se concluírem com êxito as negociações internacionais com vista à extensão do direito de sequência a nível internacional, a Comissão apresentará propostas adequadas.

Artigo 9 – Direito à obtenção de informações

Os Estados Membros legislarão no sentido de, durante um prazo de três anos após a revenda, as pessoas a que se refere o artigo 6 possam exigir que os profissionais do mercado de arte referidos no artigo 1 (2) forneçam as informações que forem necessárias para assegurar o pagamento da participação relativa à revenda.

CAPÍTULO III – Disposições finais

Artigo 10 – Aplicação no tempo
A presente Directiva aplica-se a todas as obras de arte originais, tal como definidas no artigo 2, que em 1 de Janeiro de 2006 estejam ainda protegidas pela legislação dos Estados Membros relativa ao direito de autor ou que nessa data preencham os critérios de protecção estabelecidos na presente Directiva.

Artigo 11 – Cláusula de revisão
1. A Comissão apresentará ao Parlamento Europeu, ao Conselho e ao Comité Económico e Social, o mais tardar até 1 de Janeiro de 2009 e de quatro em quatro anos a partir dessa data, um relatório sobre a aplicação e os efeitos da presente Directiva, prestando especial atenção à competitividade do mercado comunitário da arte moderna e contemporânea, em particular no que se refere à posição da Comunidade em relação aos mercados relevantes que não aplicam o direito de sequência, bem como à promoção da criatividade artística e aos métodos de gestão nos Estados Membros. A Comissão analisará, em especial, as repercussões no mercado interno e os efeitos da introdução do direito de sequência nos Estados Membros que não aplicavam este direito na legislação nacional antes da entrada em vigor da presente Directiva. Quando adequado, a Comissão apresentará propostas destinadas a adaptar o limiar mínimo e as taxas da percentagem correspondente ao direito de sequência à evolução da situação no sector, propostas relativas ao montante máximo estabelecido no Artigo 4(1) e qualquer outra proposta que considere necessária para reforçar a eficácia da presente Directiva.

2. Pela presente Directiva, é criado um Comité de Contacto. Este Comité será composto por representantes das entidades competentes dos Estados Membros e presidido por um representante da Comissão. O Comité reunir-se-á quer por iniciativa do seu presidente, quer a pedido da delegação de um Estado-Membro.

3. As funções do comité são as seguintes:
- organizar consultas sobre todas as questões resultantes da aplicação da presente Directiva,
- facilitar o intercâmbio de informações entre a Comissão e os Estados Membros sobre os acontecimentos relevantes no mercado comunitário de obras de arte.

Artigo 12 – Execução

1. Os Estados Membros porão em vigor as disposições legislativas, regulamentares e administrativas necessárias para dar cumprimento à presente Directiva até 1 de Janeiro de 2006. Do facto informarão imediatamente a Comissão.

Quando os Estados Membros adoptarem tais disposições, estas devem incluir uma referência à presente Directiva ou ser acompanhadas dessa referência aquando da sua publicação oficial. As modalidades dessa referência serão estabelecidas pelos Estados Membros.

2. Os Estados Membros comunicarão à Comissão as disposições de direito interno que adoptarem no domínio regido pela presente Directiva.

Artigo 13 – Entrada em vigor

A presente Directiva entra em vigor no dia da sua publicação no Jornal Oficial das Comunidades Europeias.

Artigo 14 – Destinatários

Os Estados Membros são os destinatários da presente Directiva.

Feito em Bruxelas, em 27 de Setembro de 2001.

(...)

Apêndice III
Tratados Internacionais de Direito de Autor

Convenção de Berna para a protecção das obras literárias e artísticas (Acto de Paris, 1971)

Convenção Universal sobre Direito de Autor (Acto de Paris, 1971)

Convenção Internacional para protecção dos artistas intérpretes ou executantes, dos produtores de fonogramas e dos organismos de radiodifusão (Roma, 1961)

Acordo sobre os aspectos dos direitos de propriedade intelectual relacionados com o comércio (Marraquexe, 1994)

Tratado da OMPI sobre Direito de Autor (Genebra, 1996)

Tratado da OMPI sobre as Interpretações e Execuções de fonogramas (Genebra, 1996)

Tratado da OMPI sobre Interpretações e Execuções Audiovisuais (Pequim, 2012)

Convenção de Berna

Convenção de Berna relativa à protecção das obras literárias e artísticas

Os países da União, igualmente animados do desejo de proteger de uma maneira tão eficaz e tão uniforme quanto possível os direitos dos autores sobre as suas obras literárias e artísticas.

Reconhecendo a importância dos trabalhos da Conferência de revisão realizada em Estocolmo em 1967.

Resolveram rever o Acto adoptado pela Conferência de Estocolmo, deixando no entanto, sem modificação os artigos 1 a 20 e 22 a 26 deste Acto.

Em consequência, os Plenipotenciários abaixo assinados, após apresentação dos seus plenos poderes, reconhecidos em boa e devida forma, acordaram o que se segue:

Artigo 1

Os países aos quais se aplica a presente Convenção constituem-se em estado de União para a protecção dos direitos dos autores sobre as suas obras literárias e artísticas.

Artigo 2

1. Os termos «obras literárias e artísticas» compreendem todas as produções do domínio literário, científico e artístico, qualquer que seja o seu modo ou forma de expressão, tais como: os livros, folhetos e outros escritos; as conferências, alocuções, sermões e outras obras da mesma natureza; as obras dramáticas ou dramático-musicais; as obras coreográficas e as pantomimas; as composições musicais, com ou sem palavras; as obras cinematográficas, às quais são assimiladas as obras expressas por um processo análogo

à cinematografia; as obras de desenho, pintura, arquitectura, escultura, gravura e litografia; as obras fotográficas, às quais são assimiladas as obras expressas por um processo análogo ao da fotografia; as obras das artes aplicadas; as ilustrações e as cartas geográficas; os planos, esboços e obras plásticas relativos à geografia, à topografia, à arquitectura ou às ciências.

2. Fica contudo reservada às legislações dos países da União a faculdade de prescrever que as obras literárias e artísticas ou apenas uma ou várias categorias dentre elas não são protegidas, na medida em que não estejam fixadas num suporte material.

3. São protegidas como obras originais, sem prejuízo dos direitos do autor da obra original, as traduções, adaptações, arranjos de música e outras transformações de uma obra literária ou artística.

4. Fica reservada às legislações dos países da União a determinação da protecção a conceder aos textos oficiais de carácter legislativo, administrativo ou judiciário, bem como às traduções oficiais destes textos.

5. As compilações de obras literárias ou artísticas tais como as enciclopédias e antologias que, pela escolha ou disposição das matérias, constituem criações intelectuais, são protegidas como tais, sem prejuízo dos direitos dos autores sobre cada uma das obras que fazem parte dessas compilações.

6. As obras acima mencionadas gozam de protecção em todos os países da União. Esta exerce-se em benefício do autor e dos seus representantes.

7. Fica reservado às legislações dos países da União regulamentar o campo de aplicação das leis respeitantes às obras das artes aplicadas e aos desenhos e modelos industriais, bem como as condições de protecção destas obras, desenhos e modelos, tendo em consideração as disposições do artigo 7(4) da presente Convenção. Para as obras protegidas unicamente como desenhos e modelos no país de origem, só pode ser reclamada num outro país da União a protecção especial concedida neste país aos desenhos e modelos; todavia, se uma tal protecção especial não for concedida nesse país, essas obras serão protegidas como obras artísticas.

8. A protecção da presente Convenção não se aplica às notícias do dia e aos relatos de acontecimentos diversos («fait divers») que tenham o carácter de simples informações de imprensa.

Artigo 2 bis

1. Fica reservada às legislações dos países da União a faculdade de excluir parcial ou totalmente da protecção do artigo precedente os discursos políticos e os discursos pronunciados nos debates judiciários.

2. Fica igualmente reservada às legislações dos países da União a faculdade de estabelecer as condições nas quais as conferências, alocuções e outras obras da mesma natureza, pronunciadas em público, poderão ser reproduzidas pela imprensa, radiodifundidas, transmitidas por fio ao público e ser objecto das comunicações públicas previstas no artigo 11bis (1), da presente Convenção, quando tal utilização for justificada pelo fim de informação a atingir.

3. Todavia, o autor goza do direito exclusivo de reunir em compilação as suas obras mencionadas nas alíneas precedentes.

Artigo 3

1. São protegidos em virtude da presente Convenção:

a) os autores nacionais de um dos países da União, relativamente às suas obras, publicadas ou não;

b) os autores não nacionais de um dos países da União, relativamente às obras que publiquem pela primeira vez num destes países ou simultaneamente num país estranho à União e num país da União.

2. Os autores não nacionais de um dos países da União mas que tenham residência habitual num desses países são, por aplicação da presente Convenção, assimilados aos autores nacionais do dito país.

3. Por «obras publicadas» deve entender-se as obras publicadas com o consentimento dos autores, qualquer que seja o modo de fabrico dos exemplares, desde que a oferta destes últimos seja tal que satisfaça as necessidades razoáveis do público, tendo em consideração a natureza da obra. Não constituem publicação a representação de uma obra dramática, dramático-musical ou cinematográfica, a execução de uma obra musical, a recitação pública de uma obra literária, a transmissão ou a radiodifusão de obras literárias ou artísticas, a exposição de uma obra de arquitectura.

4. É considerada como publicada simultaneamente em vários países qualquer obra que tenha aparecido em dois ou mais países nos trinta dias subsequentes à sua primeira publicação.

Artigo 4

São protegidas em virtude da presente Convenção, mesmo que as condições previstas no artigo 3 não se encontrem preenchidas:

a) os autores das obras cinematográficas cujo produtor tenha a sua sede ou residência habitual num dos países da União;

b) os autores de obras de arquitectura edificadas num país da União ou de obras das artes gráficas e plásticas que se integram num imóvel situado num país da União.

Artigo 5

1. Os autores gozam, pelo que respeita às obras para as quais são protegidos em virtude da presente Convenção, nos países da União que não sejam os países de origem da obra, dos direitos que as leis respectivas concedem actualmente ou venham a conceder posteriormente aos nacionais, bem como dos direitos especialmente concedidos pela presente Convenção.

2. O gozo e o exercício destes direitos não estão subordinados a qualquer formalidade; este gozo e este exercício são independentes da existência de protecção no país de origem da obra. Em consequência, para além das estipulações da presente Convenção, a extensão da protecção, bem como os meios de recurso garantidos ao autor para salvaguardar os seus direitos regulam-se exclusivamente pela legislação do país onde a protecção é reclamada.

3. A protecção no país de origem é regulada pela legislação nacional. Todavia, quando o autor não é nacional do país de origem da obra pela qual é protegido pela presente Convenção, terá, nesse país os mesmos direitos que os autores nacionais.

4. É considerado como país de origem:

a) para as obras publicadas pela primeira vez num dos países da União, este último país; todavia, se se tratar de obras publicadas simultaneamente em vários países da União que admitam prazos de protecção diferentes, aquele de entre eles cuja legislação conceder um prazo de protecção menos extenso;

b) para as obras publicadas simultaneamente num país estranho à União e num país da União, este último país;

c) para as obras não publicadas ou para as obras publicadas pela primeira vez num país estranho à União, o país da União de que o autor é nacional; todavia:

   i) se se tratar de obras cinematográficas cujo produtor tenha a sua sede ou residência habitual num país da União, o país de origem será este último país; e

   ii) se se tratar de obras de arquitectura edificadas num país da União ou de obras das artes gráficas e plásticas integradas num imóvel situado num país da União, o país de origem será este último país.

Artigo 6

1. Quando um país estrangeiro à União não proteja de uma maneira suficiente as obras dos autores que sejam nacionais de um dos países da União, este último país poderá restringir a protecção das obras cujos autores sejam, no momento da publicação destas obras, nacionais do outro país, e não tenham a sua residência habitual num dos países da União. Se o país da primeira publicação utilizar esta faculdade, os outros países da União não são obrigados a atribuir às obras, assim submetidas a um tratamento especial, uma protecção mais ampla que a que lhes for concedida no país da primeira publicação.

2. Nenhuma restrição, estabelecida em virtude da alínea precedente, deverá prejudicar os direitos que um autor tenha adquirido sobre uma obra publicada num país da União antes da aplicação dessa restrição.

3. Os países da União que, em virtude do presente artigo, restringirem a protecção dos direitos dos autores, deverão notificar o facto ao Director Geral da Organização Mundial da Propriedade Intelectual (daqui em diante designado por «Director Geral»), por uma declaração escrita, onde serão indicados os países em relação aos quais a protecção é restringida, bem como as restrições às quais os direitos dos autores nacionais desses países ficam submetidos. O Director Geral comunicará imediatamente o facto a todos os países da União.

Artigo 6 bis

1. Independentemente dos direitos patrimoniais do autor, e mesmo após a cessão desses direitos, o autor conserva o direito de reivindicar a paternidade da obra e de se opor a qualquer deformação, mutilação ou outra modificação dessa obra ou a qualquer atentado contra a mesma obra, que possam prejudicar a sua honra ou a sua reputação.

2. Os direitos reconhecidos ao autor em virtude do número (1) *supra* são, depois da sua morte, mantidos pelo menos até à extinção dos direitos patrimoniais e exercidos pelas pessoas ou instituições às quais a legislação nacional do país onde a protecção é reclamada atribui qualidade para tal. Todavia, os países cuja legislação em vigor no momento da ratificação do presente Acto ou de adesão a este, não contenham disposições que assegurem a protecção, depois da morte do autor, de todos os direitos reconhecidos em virtude do número (1) *supra*, têm a faculdade de prescrever que alguns destes direitos não serão mantidos depois da morte do autor.

3. Os meios de recurso para salvaguardar os direitos reconhecidos no presente artigo são regulados pela legislação do país onde a protecção é reclamada.

Artigo 7

1. A duração da protecção concedida pela presente Convenção compreende a vida do autor e 50 anos após a sua morte.

2. No entanto, para as obras cinematográficas, os países da União têm a faculdade de prever que a duração da protecção expira cinquenta anos depois de a obra ter sido tornada acessível ao público com consentimento do autor e, na falta de um tal acontecimento dentro dos cinquenta anos posteriores à realização da obra, a duração da protecção expira cinquenta anos após essa realização.

3. Para as obras anónimas ou pseudónimas, a duração da protecção concedida pela presente Convenção expira cinquenta anos após a obra ter sido licitamente tornada acessível ao público. Contudo, quando o pseudónimo adoptado pelo autor não deixe dúvida alguma sobre a sua identidade, a duração da protecção é a prevista na número (1). Se o autor de uma obra anónima ou pseudónimo revelar a sua identidade durante o período acima indicado, o prazo de protecção aplicável é o previsto no número (1). Os países da União não são obrigados a proteger as obras anónimas ou pseudónimas em relação às quais tudo leva a presumir que o seu autor morreu há mais de cinquenta anos.

4. Fica reservada às legislações dos países da União a faculdade de regularem a duração da protecção das obras fotográficas e a das obras das artes aplicadas protegidas enquanto obras artísticas; todavia, esta duração não poderá ser inferior a um período de vinte e cinco anos a contar da realização de uma tal obra.

5. O prazo de protecção posterior à morte do autor e os prazos previstos nos números (2), (3) e (4) *supra* começam a correr a partir da morte ou do acontecimento previsto nessas alíneas, mas a duração destes prazos calcula-se somente a partir do dia primeiro de Janeiro do ano que se seguir à morte ou ao referido acontecimento.

6. Os países da União têm a faculdade de conceder uma duração de protecção superior às previstas nas alíneas precedentes.

7. Os países da União vinculados pelo Acto de Roma da presente Convenção e que concedem, nas suas legislações nacionais em vigor no momento da assinatura do presente Acto, durações inferiores às previstas nas alíneas precedentes, têm a faculdade de as manterem ao aderirem ao presente Acto, ou ao ratificá-lo.

8. Em todos os casos, a duração será regulada pela lei do país em que a protecção for reclamada; todavia, a menos que a legislação deste último país

não disponha de outro modo, ela não excederá a duração fixada no país de origem da obra.

Artigo 7 bis
As disposições do artigo precedente são igualmente aplicáveis quando o direito de autor pertença em comum aos colaboradores de uma obra, sob reserva de que os prazos subsequentes à morte do autor sejam calculados a partir da morte do último dos colaboradores sobreviventes.

Artigo 8
Os autores de obras literárias e artísticas protegidas pela presente Convenção gozam, durante toda a duração dos seus direitos sobre a obra original, do direito exclusivo de fazer ou autorizar a tradução das suas obras.

Artigo 9
1. Os autores de obras literárias e artísticas protegidas pela presente Convenção gozam do direito exclusivo de autorizar a reprodução das suas obras, de qualquer maneira e por qualquer forma.
2. Fica reservada às legislações dos países da União a faculdade de permitirem a reprodução das referidas obras, em certos casos especiais, desde que tal reprodução não prejudique a exploração normal da obra nem cause um prejuízo injustificado aos legítimos interesses do autor.
3. Qualquer gravação sonora ou visual é considerada como uma reprodução para a presente Convenção.

Artigo 10
1. São lícitas as citações tiradas de uma obra já licitamente tornada acessível ao público, na condição de serem conformes aos bons costumes e na medida justificada para o fim a atingir, incluindo as citações de artigos de jornais e compilações periódicas sob a forma de revistas de imprensa.
2. Fica reservada à legislação dos países da União e aos acordos particulares existentes ou a estabelecer entre eles, a regulamentação da faculdade de utilização lícita, na medida justificada pelo fim a atingir, das obras literárias ou artísticas, a título de ilustração do ensino por meio de publicações, de emissões de radiodifusão ou de gravações sonoras ou visuais, sob reserva de que uma tal legislação seja conforme aos bons costumes.
3. As citações e utilizações referidas nos números precedentes deverão fazer menção da fonte e do nome do autor, se esse nome figurar na fonte.

Artigo 10 bis

1. É reservada às legislações dos países da União a faculdade de permitir a reprodução pela imprensa, ou a radiodifusão ou a transmissão por fio ao público, dos artigos de actualidade de discussão económica, política ou religiosa, publicados nos jornais ou compilações periódicas, ou das obras radiodifundidas que tenham a mesma natureza, nos casos em que a reprodução, a radiodifusão ou a referida transmissão não tenham sido expressamente reservadas. Contudo, a fonte deve ser sempre claramente indicada; a sanção desta obrigação é determinada pela legislação do país onde a protecção é reclamada.

2. Fica igualmente reservada às legislações dos países da União a regulamentação das condições nas quais, por ocasião dos relatos de acontecimentos da actualidade por meio da fotografia ou da cinematografia, ou por meio da radiodifusão ou de transmissão por fio ao público, as obras literárias ou artísticas vistas ou ouvidas no decurso do acontecimento podem, na medida em que o objectivo de informação a atingir o justificar, ser reproduzidas e tornadas acessíveis ao público.

Artigo 11

1. Os autores das obras dramáticas, dramático-musicais e musicais gozam do direito exclusivo de autorizar:
   (i) A representação e a execução pública das sua obras, incluindo a representação e a execução pública por todos os meios ou processos;
   (ii) A transmissão pública por todos os meios da representação e execução das suas obras.

2. Os mesmos direitos são concedidos aos autores de obras dramáticas ou dramático-musicais, durante a vigência dos seus direitos sobre a obra original, no que respeita à tradução das suas obras.

Artigo 11 bis

1. Os autores das obras literárias e artísticas gozam do direito exclusivo de autorizar:
   (i) A radiodifusão das suas obras ou a comunicação pública dessas obras por qualquer outro meio que sirva à difusão sem fio dos sinais, sons ou imagens;
   (ii) Qualquer comunicação pública, quer por fio, quer sem fio, da obra radiodifundida, quando essa comunicação seja feita por outro organismo que não o de origem;

(iii) A comunicação pública, por altifalantes ou por qualquer outro instrumento análogo transmissor de sinais, sons ou imagens, da obra radiodifundida.

2. Compete às legislações dos países da União regular as condições do exercício dos direitos referidos no número (1) *supra*, mas estas condições terão um efeito estritamente limitado ao país que as tiver estabelecido. Elas não podem, em nenhum caso, atingir o direito moral do autor, nem o direito que pertence ao autor de obter uma remuneração equitativa fixada, na falta de acordo amigável, pela autoridade competente.

3. Salvo estipulação em contrário, uma autorização concedida em conformidade com o número (1) do presente artigo não implica autorização para gravar, por meio de instrumentos que permitam a fixação dos sons e imagens, a obra radiodifundida. Fica, todavia, reservado às legislações dos países da União o regime das gravações efémeras efectuadas por um organismo de radiodifusão pelos seus próprios meios e para as suas emissões. Essas legislações poderão autorizar a conservação dessas gravações nos arquivos oficiais, em razão do seu carácter excepcional de documentação.

Artigo 11 ter

1. Os autores de obras literárias gozam do direito exclusivo de autorizar:
 (i) A recitação pública das suas obras, incluindo a recitação pública por todos os meios ou processos;
 (ii) A transmissão pública, por qualquer meio, da recitação das suas obras.

2. Os mesmos direitos são concedidos aos autores de obras literárias durante a vigência dos seus direitos sobre a obra original, no que respeita à tradução das suas obras.

Artigo 12

Os autores de obras literárias ou artísticas gozam do direito exclusivo de autorizar as adaptações, arranjos e outras transformações das suas obras.

Artigo 13

1. Cada país da União pode, no que lhe diz respeito, estabelecer reservas e condições relativas ao direito exclusivo do autor de uma obra musical e do autor das palavras, cuja gravação com a obra musical já tenha sido autorizada por este último, de autorizar a gravação sonora da referida obra musical com, se esse for o caso, as palavras; mas quaisquer reservas e condições desta natureza não terão senão um efeito estritamente limitado ao país que as tiver

estabelecido e não poderão, em nenhum caso, atingir o direito que pertence ao autor de obter uma remuneração equitativa, fixada, na falta de acordo amigável, pela autoridade competente.

2. As gravações de obras musicais que tiverem sido realizadas num país da União em conformidade com o artigo 13 (3) das Convenções assinadas em Roma a 2 de Junho de 1928 e em Bruxelas a 26 de Junho de 1948, poderão, nesse país, ser objecto de reproduções sem o consentimento do autor da obra musical, até ao final de um período de dois anos a partir da data em que o dito país passar a ficar vinculado pelo presente Acto.

3. As gravações feitas em virtude dos números (1) e (2) do presente artigo e importadas, sem autorização das partes interessadas, para um país em que não sejam lícitas, poderão nele ser apreendidas.

Artigo 14

1. Os autores de obras literárias ou artísticas têm o direito exclusivo de autorizar:

(i) A adaptação e a reprodução cinematográficas dessas obras e a colocação em circulação das obras assim adaptadas ou reproduzidas;

(ii) A representação e a execução públicas e a transmissão por fio ao público das obras assim adaptadas ou reproduzidas.

2. A adaptação, sobre qualquer outra forma artística, das realizações cinematográficas extraídas de obras literárias ou artísticas fica submetida, sem prejuízo da autorização dos seus autores, à autorização dos autores das obras originais.

3. As disposições do artigo 13 (1) não são aplicáveis.

Artigo 14 bis

1. Sem prejuízo dos direitos de autor de qualquer obra que possa ser adaptada ou reproduzida, a obra cinematográfica é protegida como uma obra original. O titular do direito de autor sobre a obra cinematográfica goza dos mesmos direitos que o autor de uma obra original, incluindo os direitos referidos no artigo precedente.

2.

a) A determinação dos titulares do direito de autor sobre a obra cinematográfica fica reservada à legislação do país onde a protecção é reclamada.

b) Todavia, nos países da União em que a legislação reconhece entre estes titulares os autores das contribuições prestadas à realização da obra cinematográfica, estes, se se comprometeram a prestar tais contribuições, não poderão, salvo estipulação em contrário ou particular, opor-se à reprodução, entrada em circulação, representação e execução pública, transmissão por fio ao público, radiodifusão, comunicação ao público, legendagem e dobragem dos textos da obra cinematográfica.

c) A questão de saber se a forma de compromisso acima referida deve, por aplicação da alínea (b) precedente, ser ou não um contrato escrito ou um acto escrito equivalente, é regulada pela legislação do país da União onde o produtor da obra cinematográfica tem a sua sede ou a sua residência habitual. Fica, todavia, reservada à legislação do país da União em que a protecção é reclamada, a faculdade de prever que este compromisso deva ser um contrato escrito ou um acto escrito equivalente. Os países que utilizarem essa faculdade deverão notificar o Director Geral, através de uma declaração escrita, que será imediatamente comunicada por este último a todos os outros países da União.

d) Por «estipulação em contrário ou particular» deve entender-se qualquer condição restritiva contida no dito compromisso.

3. A não ser que a legislação nacional decida de outro modo, as disposições do número (2) (b) *supra* não são aplicáveis nem aos autores dos argumentos, dos diálogos e das obras musicais criadas para a realização da obra cinematográfica, nem ao realizador principal desta. Todavia, os países da União cuja legislação não contenha disposições prevendo a aplicação do número (2) (b), já citada, ao referir o realizador, deverão notificar o Director Geral desse facto, por meio de uma declaração escrita, que será imediatamente comunicada por este último a todos os outros países da União.

Artigo 14 ter

1. Pelo que respeita às obras de arte originais e aos manuscritos originais de escritores e compositores, o autor. ou, após a sua morte, as pessoas ou instituições a que a legislação nacional der legitimidade para tal. goza de um direito inalienável de beneficiar das operações de venda de que a obra for objecto depois da primeira cessão praticada pelo autor.

2. A protecção prevista no número anterior só é exigível em cada país da União se a legislação nacional do autor admitir essa protecção e na medida em que o permita a legislação do país em que essa protecção é reclamada.

3. As modalidades e as taxas de percepção são determinadas por cada legislação nacional.

Artigo 15

1. Para que os autores das obras literárias e artísticas protegidas pela presente Convenção sejam, salvo prova em contrário, considerados como tais e, em consequência, admitidos perante os tribunais dos países da União a proceder judicialmente contra os contrafactores, é suficiente que o nome esteja indicado na obra na forma habitual. A presente número é aplicável, mesmo se esse nome for um pseudónimo, desde que o pseudónimo adoptado pelo autor não deixe lugar a qualquer dúvida sobre a sua identidade.

2. Presume-se produtor da obra da obra cinematográfica, salvo prova em contrário, a pessoa física ou moral cujo nome é indicado na dita obra na forma habitual.

3. Quanto às obras anónimas e às obras pseudónimas que não sejam aquelas de que se faz menção no número (1) *supra*, o editor cujo nome está indicado na obra é sem qualquer outra prova, reputado representar o autor; nessa qualidade tem legitimidade para salvaguardar e fazer valer os direitos deste. A aplicação do disposto na presente número cessa quando o autor revele a sua identidade e justifique a sua qualidade.

4.
a) Para as obras não publicadas, em relação às quais a identidade do autor seja desconhecida, mas para as quais haja todas as razões para presumir que esse autor seja nacional de um país da União, fica reservada à legislação desse país a faculdade de designar a autoridade competente para representar esse autor, com legitimidade para salvaguardar e fazer valer os direitos deste nos países da União.

b) Os países da União que, em virtude desta disposição, procederem a uma tal designação, notificarão o Director Geral dessa designação, por uma declaração escrita onde serão fornecidas todas as informações relativas à autoridade assim designada. O Director Geral comunicará imediatamente essa declaração a todos os outros países da União.

Artigo 16

1. Qualquer obra contrafeita pode ser apreendida nos países da União onde a obra original tem direito a protecção legal.

2. As disposições do número precedente são igualmente aplicáveis às reproduções provenientes de um país onde a obra não esteja protegida ou tenha cessado de o ser.

3. A apreensão verificar-se-á em conformidade com a legislação de cada país.

Artigo 17

As disposições da presente Convenção não podem prejudicar, no que quer que seja, o direito que cabe ao Governo de cada país da União de permitir, fiscalizar ou proibir, por medidas legais ou de polícia interna, a circulação, a representação e a exposição de qualquer obra ou produção em relação às quais a autoridade competente devesse exercer esse direito.

Artigo 18

1. A presente Convenção aplica-se a todas as obras que, no momento da sua entrada em vigor, não caíram ainda no domínio público do seu país de origem, por ter expirado o prazo de protecção.

2. No entanto, se uma obra, em consequência de ter expirado o prazo de protecção que lhe era anteriormente reconhecido, caiu no domínio público do país onde a protecção é reclamada, tal obra não será aí de novo protegida.

3. A aplicação deste princípio far-se-á em conformidade com as estipulações contidas nas convenções especiais existentes ou a concluir para esse efeito entre os países da União. Na falta de estipulações semelhantes, os países respectivos regularão, cada uma no que lhe diz respeito, as modalidades relativas a essa aplicação.

4. As disposições que precedem aplicam-se igualmente em caso de novos ingressos na União e no caso de a protecção ser ampliada por aplicação do artigo 7 ou pelo abandono das reservas.

Artigo 19

As disposições da presente Convenção não impedem a reivindicação de disposições mais amplas que possam ser concedidas pela legislação de um país da União.

Artigo 20

Os governos dos países da União reservam-se o direito de celebrarem entre si acordos particulares, desde que esses acordos confiram aos autores direitos mais amplos que aqueles que são concedidos pela Convenção ou contenham outras estipulações não contrárias à presente Convenção. As disposições dos acordos existentes que correspondam às condições pré-citadas mantêm-se em vigor.

Artigo 21
1. Fazem parte do Apêndice disposições particulares respeitantes aos países em vias de desenvolvimento.

2. Sob reserva das disposições do artigo 28 (1) (b), o Apêndice faz parte integrante do presente Acto.

(...)

Convenção Universal sobre Direito de Autor

Os Estados Contratantes, animados pelo desejo de assegurar, em todos os países, a protecção dos direitos dos autores sobre obras literárias, científicas e artísticas, convencidos de que um sistema de protecção dos direitos dos autores adequado a todas as nações e expresso numa convenção universal que seja complemento dos sistemas internacionais vigentes, sem os afectar, contribuirá para assegurar o respeito dos direitos da pessoa humana e para favorecer o desenvolvimento das letras, das ciências e das artes, persuadidos de que um tal regime universal de protecção do direito de autor facilitará a difusão das obras do espírito e contribuirá para uma melhor compreensão internacional, decidiram rever a Convenção Universal sobre Direito de Autor, assinada em Genebra a 6 de Setembro de 1952, que passará a ser designada por «Convenção de 1952», e, **em consequência**, acordaram no que segue:

Artigo I
Cada um dos Estados Contratantes compromete-se a tomar todas as medidas necessárias a assegurar uma concreta e eficaz protecção dos direitos dos autores e de quaisquer outros titulares destes direitos sobre obras literárias, científicas e artísticas, tais como os escritos, as obras musicais, dramáticas e cinematográficas e as de pintura, gravura e escultura.

Artigo II
1. As obras publicadas dos cidadãos de qualquer Estado Contratante, bem como as obras publicadas pela primeira vez no território de tal Estado, gozam, em todos os Estados Contratantes, da protecção que cada um desses Estados concede às obras dos seus nacionais publicadas pela primeira vez no seu pró-

prio território, assim como da protecção especial concedida pela presente Convenção.

2. As obras não publicadas dos nacionais de cada Estado Contratante gozarão em todos os Estados Contratantes da protecção que cada um desses Estados concede às obras não publicadas dos seus nacionais, bem como da protecção especialmente concedida pela presente Convenção.

3. Para aplicação da presente Convenção, os Estados Contratantes poderão, mediante disposições da sua legislação interna, assimilar aos seus nacionais todas as pessoas domiciliadas nesse Estado.

Artigo III
1. Qualquer Estado Contratante cuja legislação interna exija como condição para a protecção dos direitos dos autores o cumprimento de formalidades tais como o depósito, registo, menção, certificados notariais, pagamento de taxas e fabricação ou publicação no território nacional considerará satisfeitas tais exigências para qualquer obra protegida nos termos da presente Convenção publicada pela primeira vez fora do território deste Estado e cujo autor não seja seu nacional se desde a primeira publicação da referida obra todos os seus exemplares, publicados com a autorização do autor ou de qualquer outro titular dos seus direitos, tiverem levado o símbolo ©, acompanhado do nome do titular do direito de autor e da indicação do ano da sua primeira publicação; o símbolo, o nome e o ano devem colocar-se de modo e em lugar tal que mostrem claramente que o direito de autor está reservado.

2. As disposições do número (1) não impedirão qualquer Estado Contratante de submeter a certas formalidades ou a outras condições as obras publicadas pela primeira vez no seu território, ou as obras dos seus nacionais, qualquer que seja o local da sua publicação, com vista a assegurar a aquisição e o exercício dos direitos de autor.

3. As disposições do número (1) não impedirão qualquer Estado Contratante de exigir a todo aquele que seja parte numa acção judicial o cumprimento das regras processuais, tias como ser assistido por um advogado autorizado a exercer advocacia nesse estado, ou o depósito, por parte do queixoso, de um exemplar da obra em litígio no Tribunal ou numa repartição administrativa, ou em ambos. No entanto, o facto de estas exigências não terem sido cumpridas não afecta a validade dos direitos de autor nem nenhuma destas exigências pode ser imposta a um nacional de outro Estado Contratante se as mesmas não o forem aos nacionais do estado no qual se reclama a protecção.

4. Em cada Estado Contratante devem ser assegurados os meios legais para a protecção, sem formalidades, das obras não publicadas dos nacionais dos outros Estados Contratantes.

5. Se um Estado Contratante conceder protecção por mais que um período e se o primeiro período tiver uma duração superior a um dos períodos mínimos previstos no artigo IV da presente Convenção, tal Estado poderá não aplicar o número (1) do presente artigo no que diz respeito ao segundo período de protecção, assim como aos períodos seguintes.

Artigo IV

1. O prazo de protecção da obra será estabelecido pela lei do Estado Contratante onde é pedida a protecção, de acordo com as disposições do artigo II e com as do presente artigo.

2.

a) O prazo de protecção para as obras protegidas pela presente Convenção não poderá ser inferior ao período compreendendo a vida do autor e os vinte e cinco anos posteriores à sua morte. Contudo, os Estados Contratantes que, à data da entrada em vigor da presente Convenção no seu território, tenham limitado este prazo, para certas categorias de obras, a um período calculado a partir da primeira publicação da obra poderão manter tais excepções ou estendê-las a outras categorias. Para todas estas categorias, a duração da protecção nunca poderá ser inferior a vinte e cinco anos, a contar da data da primeira publicação.

b) Qualquer Estado Contratante que, à data da entrada em vigor da presente Convenção no seu território, não calcule a duração da protecção com base na vida do autor poderá calcular esta duração de protecção a contar da primeira publicação da obra ou do registo desta antes da publicação; a duração da protecção não será inferior a vinte e cinco anos, a contar da data primeira publicação ou do registo da obra anterior à sua publicação.

c) Se a legislação do Estado Contratante conceder dois ou mais períodos de protecção, a duração do primeiro período não poderá ser inferior a um dos períodos mínimos referidos nas alíneas (a) e (b) acima.

3. As disposições do número (2) não se aplicam a obras fotográficas ou a obras de arte aplicada. No entanto, nos Estados Contratantes em que seja dada protecção às obras fotográficas e às obras de arte aplicada, enquanto obras artísticas, a duração da protecção nunca poderá ser inferior a dez anos.

4.

a) Nenhum Estado Contratante será forçado a assegurar a protecção de uma obra por período superior ao fixado para a categoria de obras a que pertença pela lei do Estado Contratante de que o autor é nacional, no caso de se tratar de uma obra não publicada, e, no caso de se tratar de uma obra publicada, pela lei do Estado Contratante onde esta obra tenha sido pela primeira vez publicada; tais períodos entendem-se como sendo aqueles que tenham sido definidos para a categoria da obra em questão.

b) Para fins de aplicação da alínea (a), se a legislação de um Estado Contratante previr dois ou mais períodos consecutivos de protecção, a duração da protecção concedida por este Estado será considerada a soma de todos os períodos. No entanto, se, por qualquer razão, determinada obra não for protegida pelo dito estado durante o segundo período, ou durante qualquer dos períodos seguintes, os demais Estados Contratantes não serão obrigados a proteger tal obra durante este segundo período ou durante os períodos seguintes.

5. Para fins da aplicação do número (4), a obra de um nacional de um Estado Contratante publicada pela primeira vez num Estado não Contratante será considerada como tendo sido publicada pela primeira vez no estado Contratante de que o autor é nacional.

6. Para fins da aplicação do número (4), no caso de publicação simultânea em dois ou mais Estados Contratantes, a obra será considerada como tendo sido publicada pela primeira vez no Estado que conceda o mais pequeno período de protecção. Será considerada como publicada simultaneamente em vários países toda a obra que tenha sido publicada em dois ou mais países dentro do prazo de trinta dias a partir da sua primeira publicação.

Artigo IV bis

1. Os direitos referidos no artigo I incluem os direitos fundamentais que asseguram os interesses económicos do autor, incluindo o direito exclusivo de autorizar a reprodução por qualquer meio, a representação e execução públicas e a radiodifusão. As disposições do presente artigo aplicar-se-ão às obras protegidas pela presente Convenção, quer na sua forma original, quer sob qualquer forma reconhecível derivada do original.

2. No entanto, cada Estado Contratante poderá, através da sua legislação nacional, abrir excepções aos direitos mencionados no número (1) deste artigo que não sejam contrárias ao espírito e às disposições da presente Convenção. Os Estados que usarem eventualmente desta faculdade deverão, no

entanto, conceder um nível razoável de protecção efectiva a cada um dos direitos que sejam objecto dessas excepções.

Artigo V

1. Os direitos mencionados no artigo I incluem o direito exclusivo de o autor fazer, publicar e autorizar que se faça e publique a tradução de obras protegidas por esta Convenção.

2. Contudo, cada Estado Contratante poderá, pela sua legislação nacional, restringir o direito de tradução de escritos, sujeitando-se, porém, às seguintes disposições:

a) Se, após terminar um período de sete anos a partir da data da primeira publicação de um escrito, não tiver sido publicada tradução deste escrito numa língua de uso geral no Estado Contratante pelo titular do direito de tradução ou com sua autorização, qualquer nacional desse Estado Contratante poderá obter uma licença, não exclusiva, da autoridade competente para a tradução da obra nessa língua e sua publicação;

b) Tal licença só poderá ser concedida se o requerente, conforme as disposições vigentes no estado onde se apresente o pedido, demonstrar que pediu ao titular do direito de tradução autorização para efectuar e publicar a tradução e que, após ter procedido às necessárias diligências, não tenha podido encontrar o titular do direito ou obter a sua autorização. Nas mesmas condições poderá igualmente ser concedida a licença se estiverem esgotadas as edições de uma tradução já publicada numa língua de uso geral no Estado Contratante;

c) Se o titular do direito de tradução não tiver sido encontrado pelo requerente, este enviará cópias do seu pedido ao editor cujo nome apareça nos exemplares da obra e ao representante diplomático ou consular do Estado ao qual pertence o titular do direito de tradução, quando a nacionalidade do titular deste direito for conhecida, ou ao organismo que tiver sido designado pelo Governo desse Estado. A licença não poderá ser concedida antes de terminar um período de dois meses, a partir da data do envio das cópias do pedido;

d) A legislação nacional adoptará as medidas adequadas para assegurar ao titular do direito de tradução uma remuneração justa, de acordo com os costumes internacionais, assim como o pagamento e transferência de tal remuneração, e para garantir uma correcta tradução da obra;

e) O título original e o nome do autor da obra deverão constar em todos os exemplares da tradução publicada. A licença só será válida para a edição no território do Estado Contratante para que foi solicitada. A importação e venda dos exemplares noutro Estado Contratante serão possíveis se tal Estado tiver uma língua de uso geral idêntica àquela em que tiver sido traduzida a obra, se a sua legislação nacional permitir a licença e se nenhuma das disposições em vigor em tal Estado se opuser à importação e venda; a importação e venda no território de qualquer Estado Contratante em que não se apliquem as condições precedentes dependerão da legislação de tal Estado e dos seus acordos. A licença não poderá ser cedida pelo seu beneficiário;

f) A licença não poderá ser concedida no caso de o autor ter retirado de circulação os exemplares da obra.

Artigo V bis

1. Todos os Estados Contratantes considerados como países em desenvolvimento, segundo a prática estabelecida pela Assembleia Geral das Nações Unidas, poderão, na altura da sua ratificação, aceitação ou adesão a esta Convenção, ou posteriormente, mediante notificação ao Director Geral da Organização das Nações Unidas para a Educação, Ciência e Cultura (passará a ser designado por «Director Geral»), valer-se de uma ou de todas as excepções estipuladas nos artigos V ter e V quater.

2. Qualquer notificação depositada conforme as disposições do número (1) terá efeito por um período de dez anos a partir da data da entrada em vigor da presente Convenção, ou durante o prazo que reste desses dez anos a contar da data do depósito da notificação, e poderá ser renovada, total ou parcialmente, por novos períodos de dez anos cada um, se, num prazo não superior a quinze nem inferior a três messes antes de expirar o período de dez anos em curso, o Estado Contratante depositar uma nova notificação junto do Director Geral. Poderão também ser feitas pela primeira vez notificações durante novos períodos de dez anos, conforme as disposições do presente artigo.

3. Não obstante as disposições do número (2), qualquer Estado Contratante que deixe de ser considerado como país em desenvolvimento, conforme a definição do número (1), jamais poderá renovar a notificação feita nos termos dos números (1) ou (2) e, quer retire oficialmente ou não a notificação, esse mesmo Estado perderá a possibilidade de se prevalecer das excepções previstas nos artigos V ter e V quater ao terminar o período de dez anos em curso ou três anos após ter deixado de ser considerado país em desenvolvimento, sendo aplicável o período que termina posteriormente.

4. Os exemplares de uma obra já produzidos em virtude das excepções previstas nos artigos V ter e V quater poderão continuar a ser postos em cir-

culação após terminar o período de validade das notificações feitas nos termos do presente artigo e até se esgotarem os exemplares.

5. Qualquer Estado Contratante que tiver feito uma notificação de acordo com o artigo XIII referente à aplicação desta Convenção a um determinado país ou território cuja situação se possa considerar análoga à dos Estados referidos no número (1) do presente artigo poderá também apresentar notificações e renová-las de acordo com o previsto neste artigo, no que diz respeito a qualquer desses países ou territórios. Durante o período de validade destas notificações poderão aplicar-se as disposições dos artigos V ter e V quater a esses países ou territórios. Durante o período de validade destas notificações poderão aplicar-se as disposições dos artigos V ter e V quater a esses países ou territórios. O envio de exemplares provenientes do referido país ou território para o Estado Contratante será considerado como uma exportação no sentido dos artigos V ter e V quater.

Artigo V ter

1.

a) Cada Estado Contratante ao qual seja aplicável o artigo V bis (1) poderá substituir o período de   a sua legislação nacional. No entanto, no caso de uma tradução numa língua que não seja de uso geral num ou mais países desenvolvidos partes da presente Convenção ou somente da Convenção de 1952, o período de três anos será substituído pelo de um ano.

b) Cada Estado Contratante ao qual seja aplicável o artigo V bis (1) poderá, com o acordo unânime dos países desenvolvidos que sejam Estados Partes da presente Convenção ou somente da Convenção de 1952 e nos quais seja de uso geral a mesma língua, substituir, em caso de tradução nesta língua, o período de três anos previsto na alínea (a) acima por outro período fixado conforme o referido acordo, não podendo, porém, ser inferior a um ano. No entanto, a presente alínea não será aplicável se a língua em questão for o inglês, o espanhol ou o francês. O Director Geral deverá ser notificado desse acordo.

c) Apenas poderá conceder-se a licença se o requerente, conforme as disposições vigentes no Estado onde for apresentado o pedido, demonstre que pediu a autorização ao titular do direito de tradução ou que, depois de ter feito todas as devidas diligências da sua parte, não o conseguiu encontrar ou obter a sua autorização. Na altura em que apresenta este pedido, o requerente deverá igualmente informar o Centro Internacional de Informação sobre Direitos de Autor, criado pela Organização das Nações Unidas para a Educação, Ciência e Cultura, ou qualquer centro nacional ou regional de intercâmbio de informação considerado como tal, mediante notificação depositada para esse efeito junto do Director Geral pelo Governo do Estado onde se presuma que o editor exerce a maior parte das suas actividades profissionais.

d) Se o titular do direito de tradução não tiver sido encontrado, o requerente deverá transmitir, mediante carta registada, por via aérea, cópias do seu pedido ao editor cujo nome figura na obra e a todos os centros nacionais ou regionais de intercâmbio de informação mencionados na alínea (c). Se a existência de um tal centro não tiver sido notificada, o requerente enviará também uma cópia ao Centro Internacional de Informação sobre Direitos de Autor, criado pela Organização das Nações Unidas para a Educação, Ciência e Cultura.

2.

a) A licença não poderá ser concedida em virtude do presente artigo antes de expirar um período suplementar de seis meses (no caso em que possa obter-se ao fim de um período de três anos) e de um período suplementar de nove meses (no caso em que possa obter-se ao fim de um período de um ano). O período suplementar começará a decorrer a partir da data em que seja pedida a autorização para fazer a tradução mencionada n número (1) (c), ou a partir da data do envio das cópias do pedido de licença mencionada no número (1) (d), quando a identidade ou endereço do titular do direito de tradução sejam desconhecidos.

b) A licença não poderá ser concedida se tiver sido publicada uma tradução pelo titular do direito de tradução ou com a sua autorização durante o referido período suplementar de seis ou nove meses.

3. Todas as licenças concedidas em virtude do presente artigo serão exclusivamente para uso escolar, universitário ou de investigação.

4.

a) A licença não será válida para a exportação de exemplares, mas somente para a publicação no território do Estado Contratante onde tenha sido pedida esta licença.

b) Qualquer exemplar publicado ao abrigo de uma licença concedida segundo o disposto no presente artigo deverá conter uma nota no idioma correspondente, advertindo que o exemplar só pode ser posto em circulação no Estado Contratante que tenha concedido a licença; se a obra mencionar as indicações a que se refere o artigo III (1), os exemplares assim publicados deverão mencionar essas mesmas indicações.

c) A proibição de exportar prevista na alínea (a) acima não se aplicará quando um organismo estatal ou outra entidade pública de um Estado que tenha concedido, conforme o presente artigo, uma licença para traduzir uma obra numa língua que não seja o espanhol, o francês ou o inglês envie a outro país exemplares de uma tradução feita em virtude desta licença, desde que:
 (i) Os destinatários sejam nacionais do Estado Contratante que concedeu a licença ou de organizações que agrupem tais pessoas;
 (ii) Os exemplares sejam destinados exclusivamente para uso escolar, universitário ou de investigação;
 (iii) O envio dos referidos exemplares e a sua posterior distribuição aos destinatários não tenha qualquer fim lucrativo; e
 (iv) Entre o país a que se enviam os exemplares e o Estado Contratante se firme um acordo, que deverá ser comunicado ao Director Geral por qualquer dos Estados interessados, a fim de permitir a recepção e a distribuição ou uma destas duas operações.

5. Deverão ser tomadas disposições apropriadas, a nível nacional, para que:

a) A licença preveja uma remuneração equitativa de acordo com as normas e percentagens royalties aplicáveis às licenças livremente negociadas entre indivíduos dos dois países interessados;

b) Se proceda ao pagamento e envio da remuneração. Se existir uma regulamentação nacional em matéria de divisas, as autoridades competentes farão todo o possível para que o envio seja feito em divisas convertíveis ou no seu equivalente, recorrendo aos mecanismos internacionais.

6. Qualquer licença concedida por um Estado Contratante em conformidade com o presente artigo deixará de ser válida se uma tradução da obra na mesma língua, e essencialmente com o mesmo conteúdo da edição a que se concedeu a licença, for publicada no referido Estado pelo titular do direito de tradução, ou com a sua autorização, a um preço análogo ao usual no mesmo Estado para obras similares. Os exemplares editados antes de a licença ter perdido a validade poderão continuar a ser postos em circulação até se esgotarem.

7. Para as obras compostas principalmente por ilustrações só poderá ser concedida uma licença para a tradução do texto e para a reprodução das ilustrações se forem igualmente preenchidas as condições do artigo V quater.

8.

a) Poder-se-á igualmente conceder uma licença para a tradução de uma obra protegida pela presente Convenção, publicada em forma impressa ou me formas análogas de reprodução, para ser utilizada por um organismo de

radiodifusão com sede no território de um Estado Contratante a que se aplique o artigo V bis (1), em seguida à apresentação de um pedido pelo organismo referido e sujeita às seguintes condições:
   (i) A tradução deverá ser feita a partir de um exemplar produzido e adquirido de acordo com a legislação do Estado Contratante;
   (ii) A tradução apenas poderá ser utilizada em emissões com objectivos exclusivamente docentes ou para dar a conhecer informações científicas destinadas aos peritos de uma categoria profissional determinada;
   (iii) A tradução deverá destinar-se exclusivamente aos objectivos enumerados em (ii) acima, mediante emissões efectuadas legalmente para destinatários no território do Estado Contratante, incluindo gravações visuais ou sonoras efectuadas lícita e exclusivamente para esta emissão;
   (iv) As gravações sonoras ou visuais da tradução só poderão ser objecto de intercâmbio entre organismos de radiodifusão com sede social no território do Estado Contratante que tiver outorgado uma tal licença;
   (v) Nenhuma das utilizações dadas à tradução poderá ter fins lucrativos.

b) Sempre que se cumpram todos os requisitos e condições enumerados na alínea (a), poder-se-á também conceder uma licença a um organismo de radiodifusão para a tradução de qualquer texto incorporado ou integrado em fixações audiovisuais preparadas e publicadas com a finalidade única de serem utilizadas para uso escolar e universitário.

c) Sob reserva do disposto nas alíneas (a) e (b), as outras disposições do presente artigo serão aplicáveis à concessão e exercício da referida licença.

9. Sob reserva do disposto no presente artigo, qualquer licença concedida ao abrigo deste reger-se-á pelas disposições do artigo V e continuará a reger-se pelas disposições do artigo V e pelas do presente artigo, mesmo depois de terminado o período de sete anos estipulado no artigo V (2). Porém, uma vez expirado este período, o titular desta licença poderá pedir a sua substituição por outra, regida exclusivamente pelas disposições do artigo V.

Artigo V quater

1. Qualquer dos Estados Contratantes a que se refere o artigo V bis (1) poderá adoptar as seguintes disposições:

a) Se, ao expirar: i) o período fixado pela alínea (c), contado a partir da primeira publicação de uma determinada edição de uma obra literária, científica ou artística a que se refere o número (3) ou ii) um período maior fixado pela legislação do Estado, não se tiverem posto à venda exemplares dessa edição nesse Estado pelo titular do direito de reprodução ou com sua autorização para satisfazer as necessidades tanto do público como dos fins escolares e universitários, a um preço análogo ao usual no referido Estado para obras similares, qualquer nacional deste Estado poderá obter da autoridade competente uma licença, não exclusiva, para publicar a esse preço ou a preço inferior, para corresponder às necessidades do ensino escolar e universitário. Só se poderá conceder a licença se o requerente, conforme as disposições em vigor no Estado, demonstrar ter pedido ao titular do direito autorização para publicar a obra e que, depois de diligências da sua parte, não pôde localizar o titular do direito ou obter a sua autorização. Na altura em que apresenta este pedido, o requerente deverá informar o Centro Internacional de Informação sobre Direitos de Autor, criado pela Organização das Nações Unidas para a Educação, Ciência e Cultura, ou qualquer centro nacional ou regional de intercâmbio de informações, mencionados na alínea (d).

b) A licença poderá igualmente ser concedida em condições idênticas se, durante um período de seis meses, não forem postos à venda, no referido Estado, exemplares autorizados da edição de que se trata, para responder às necessidades do público ou do ensino escolar e universitário, a um preço análogo ao usual nesse Estado para obras similares;

c) O período a que se refere a alínea (a) será de cinco anos. No entanto:
 (i) Para as obras de ciências exactas, naturais e de tecnologia, este período será de três anos;
 (ii) Para as obras pertencentes ao domínio da imaginação, como romances, obras poéticas, dramáticas e musicais, e livros de arte, este período será de sete anos;

d) Se o titular do direito de reprodução não tiver sido localizado, o requerente deverá transmitir, mediante carta registada, por via aérea, cópias do pedido ao editor cujo nome figure na obra e a todos os centros nacionais ou regionais de intercâmbio de informações considerados como tal na notificação que o Estado no qual se supõe que o editor exerce a maior parte das suas actividades profissionais, tenha depositado junto do Director Geral. Na ausência de tal notificação, enviar-se-á também uma cópia ao Centro Internacional de Informação sobre Direitos de Autor, criado pela Organização das Nações Unidas para a Educação, Ciência e Cultura. A licença não poderá ser concedida antes de expirar o período de treze meses a partir da data de envio da cópia do pedido;

e) No caso em que possa ser obtida ao expirar o período de três anos, a licença só poderá ser concedida ao abrigo do presente artigo:

(i) Ao expirar um período de seis meses a contar da data do pedido de autorização mencionado na alínea (a) ou, no caso de a identidade ou endereço do titular do direito de reprodução serem desconhecidos, a partir da data do envio das cópias do pedido de licença mencionadas na alínea (d);
(ii) Se durante esse período não se tiverem posto em circulação exemplares da edição nas condições estipuladas na alínea (a);

f) O nome do autor e o título da obra dessa determinada edição deverão estar impressos em todos os exemplares da reprodução publicada. A licença não poderá abranger a exportação de exemplares e apenas será válida para a edição no interior do território do Estado Contratante onde essa licença tenha sido pedida. A licença não poderá ser cedida pelo seu beneficiário;

g) A legislação nacional adoptará medidas apropriadas para garantir a reprodução fiel da edição de que se trata;

h) Não será concedida uma licença com a finalidade de reproduzir e publicar uma tradução de uma obra ao abrigo do presente artigo nos seguintes casos:
(i) Quando a tradução em causa não tenha sido publicada pelo titular do direito de autor nem com a sua autorização;
(ii) Quando a tradução não seja numa língua de uso generalizado no Estado que concede a licença.

2. As disposições seguintes aplicam-se às excepções previstas no número (1) do presente artigo:

a) Qualquer exemplar publicado conforme uma licença concedida ao abrigo do disposto no presente artigo deverá incluir uma nota, na língua apropriada, precisando que o exemplar só é posto em circulação no Estado Contratante ao qual se aplica a referida licença. Se a obra incluir as indicações a que se refere o artigo III (1), os exemplares deverão levar as mesmas indicações;

b) Deverão ser tomadas disposições apropriadas, a nível nacional, para que:
(i) A licença preveja uma remuneração equitativa de acordo com as percentagens (*royalties*) normalmente aplicáveis às licenças livremente negociadas entre indivíduos dos dois países interessados;
(ii) Se proceda ao pagamento e envio da remuneração. Se existir uma regulamentação nacional em matéria de divisas, as autoridades competentes farão todo o possível para que o envio seja feito em divisas convertíveis ou no seu equivalente, recorrendo aos mecanismos internacionais;

c) Cada vez que sejam postos à venda, no Estado Contratante, pelo titular do direito de reprodução ou com sua autorização exemplares de uma edição de uma obra, para responder às necessidades do público ou do ensino escolar e universitário, a um preço análogo ao usual nesse Estado para obras similares, qualquer licença concedida em conformidade com o presente artigo perderá a validade se a edição estiver feita no mesmo idioma e tiver essencialmente o mesmo conteúdo que a edição publicada ao abrigo da licença. Os exemplares já feitos antes de expirar a licença poderão continuar a ser postos em circulação até se esgotarem;

d) A licença não poderá ser concedida no caso de o autor ter retirado de circulação todos os exemplares da edição.

3.

a) Sob reserva no disposto na alínea (b), as disposições do presente artigo aplicar-se-ão exclusivamente às obras literárias, científicas ou artísticas publicadas sob a forma de edição impressa ou de qualquer outra forma de reprodução análoga.

b) As disposições do presente artigo aplicar-se-ão também à reprodução, em forma audiovisual, de fixações lícitas audiovisuais que incluam obras protegidas pela presente Convenção, assim como a tradução do texto que as acompanha, numa língua de uso geral no Estado habilitado a conceder a licença, ficando bem claro que as fixações audiovisuais em causa foram concedidas e publicadas unicamente para uso escolar e universitário.

Artigo VI

Para fins da presente Convenção entende-se por «publicação» a reprodução em forma material e a distribuição ao público de exemplares da obra que lhe permitam lê-la ou dela tomar conhecimento visual.

Artigo VII

A presente Convenção não se aplicará às obras ou aos direitos sobre as mesmas que, à data da entrada em vigor da presente Convenção no Estado Contratante que pede a protecção, tenham perdido definitivamente a protecção no referido Estado Contratante ou nunca tenham sido nele protegidos.

(...)

Convenção de Roma

Convenção internacional para a protecção dos artistas intérpretes ou executantes, dos produtores de fonogramas e dos organismos de radiodifusão

Artigo 1

A protecção prevista pela presente Convenção deixa intacta e não afecta, de qualquer modo, a protecção ao direito do autor sobre as obras literárias e artísticas. Deste modo, nenhuma disposição da presente Convenção poderá ser interpretada em prejuízo dessa protecção.

Artigo 2

1. Para os fins da presente Convenção, entende-se por tratamento nacional o tratamento concedido pela legislação nacional do Estado Contratante, onde a protecção é pedida:

   a) Aos artistas intérpretes ou executantes seus nacionais, para as execuções realizadas, fixadas pela primeira vez ou radiodifundidas no seu território;

   b) Aos produtores de fonogramas seus nacionais, para os fonogramas publicados ou fixados pela primeira vez no seu território;

   c) Aos organismos de radiodifusão cuja sede social esteja situada no seu território, para as emissões radiodifundidas pelos emissores situados nesse mesmo território.

2. O tratamento nacional será concedido nos termos da protecção expressamente garantida e das limitações expressamente previstas na presente Convenção.

Artigo 3

Para os fins da presente Convenção, entende-se por:

a) «Artistas intérpretes ou executantes», os actores, cantores, músicos, dançarinos e outras pessoas que representem, cantem, recitem, declamem, interpretem ou executem, por qualquer forma, obras literárias ou artísticas;

b) «Fonograma», toda a fixação exclusivamente sonora dos sons de uma execução ou de outros sons, num suporte material;

c) «Produtor fonogramas», a pessoa física ou jurídica que, pela primeira vez, fixa os sons de uma execução ou outros sons;

d) «Publicação», o facto de pôr à disposição do público exemplares de um fonograma, em quantidade suficiente,

e) «Reprodução», a realização da cópia ou de várias cópias de uma fixação;

f) «Emissão de radiodifusão», a difusão de sons ou de imagens e sons, por meio de ondas radioeléctricas destinadas à recepção pelo público;

g) «Retransmissão», a emissão simultânea da emissão de um organismo de radiodifusão, efectuada por outro organismo de radiodifusão.

Artigo 4

Cada Estado Contratante concederá o tratamento nacional aos artistas intérpretes ou executantes sempre que se verifique uma das seguintes condições:

a) Se a execução se realizar num outro Estado Contratante;

b) Se a execução for fixada num fonograma protegido pelo artigo 5 da presente Convenção;

c) Se a execução, não fixada num fonograma, for radiodifundida através de uma emissão de radiodifusão protegida pelo artigo 6 da presente Convenção.

Artigo 5

1. Cada Estado Contratante concederá o tratamento nacional aos produtores de fonogramas sempre que se verifique uma das seguintes condições:

a) Se o produtor do fonograma for nacional de outro estado Contratante (critério da nacionalidade);

b) Se a primeira fixação de som for realizada num outro Estado Contratante (critério da fixação);

c) Se o fonograma for publicado pela primeira vez num outro Estado Contratante (critério da publicação).

2. Se um fonograma for publicado pela primeira vez num Estado não Contratante e, dentro dos 30 dias seguintes à primeira publicação, for também

publicado num Estado Contratante (publicação simultânea), considerar-se-á como tendo sido publicado pela primeira vez num Estado Contratante.

3. Qualquer Estado Contratante pode declarar, por uma notificação dirigida ao Secretário Geral da Organização Mundial das Nações Unidas, que não aplicará ou o critério da publicação ou o critério da fixação. Esta notificação poderá fazer-se no momento da ratificação, da aceitação ou da adesão ou, posteriormente, em qualquer outro momento; neste último caso, a declaração só terá efeito seis meses depois da data da notificação.

Artigo 6

1. Cada Estado Contratante concederá o tratamento nacional aos organismos de radiodifusão sempre que se verifique uma das seguintes condições:

a) Se a sede social do organismo de radiodifusão estiver situada num outro Estado Contratante;

b) Se a emissão for transmitida por um emissor situado no território de um outro Estado Contratante.

2. Qualquer Estado Contratante pode declarar, por uma notificação dirigida ao Secretário Geral das Nações Unidas, que só concederá a protecção às emissões, se a sede social do organismo de radiodifusão estiver situada num outro Estado Contratante e a emissão for transmitida por um emissor situado no território do mesmo Estado Contratante. Esta notificação poderá fazer-se no momento da ratificação, da aceitação ou da adesão ou, posteriormente, em qualquer outro momento; neste último caso, a declaração só terá efeito seis meses depois da notificação.

Artigo 7

1. A protecção aos artistas intérpretes ou executantes prevista na presente Convenção compreenderá a faculdade de impedir:

a) A radiodifusão e a comunicação ao público das suas execuções sem seu consentimento, excepto quando a execução utilizada para a radiodifusão ou para a comunicação ao público já seja uma execução radiodifundida ou fixada num fonograma;

b) A fixação num suporte material sem seu consentimento, da sua execução não fixada;

c) A reprodução sem seu consentimento de uma fixação da sua execução:
  i) Se a primeira fixação foi feita sem seu consentimento;
  ii) Se a reprodução for feita para fins diferentes daqueles para os quais foi dado o consentimento;

iii) quando a primeira fixação, feita em virtude das disposições do artigo 15 da presente Convenção, for reproduzida para fins diferentes dos previstos nesse artigo.

2.

1) Compete à legislação nacional do Estado Contratante onde a protecção for pedida, regular a protecção contra a retransmissão, a fixação para fins de radiodifusão e a reprodução dessa fixação para fins de radiodifusão, quando o artista intérprete ou executante tenha autorizado a radiodifusão da execução.

2) As modalidades de utilização pelos organismos de radiodifusão das fixações feitas para fins de radiodifusão, serão reguladas pela legislação nacional do Estado Contratante onde a protecção for pedida.

3) Todavia, nos casos previstos nas alíneas (1) e (2) deste número, a legislação nacional não poderá privar os artistas intérpretes ou executantes da faculdade de estabelecer relações contratuais com os organismos de radiodifusão.

Artigo 8

Um Estado Contratante pode determinar, na sua legislação nacional, o modo como serão representados no exercício dos seus direitos os artistas intérpretes ou executantes, quando vários artistas participem na mesma execução.

Artigo 9

Qualquer Estado Contratante, pela sua legislação nacional, pode tornar extensiva a protecção prevista na presente Convenção aos artistas que não executem obras literárias ou artísticas.

Artigo 10

Os produtores de fonogramas gozam do direito de autorizar ou proibir a reprodução directa ou indirecta dos seus fonogramas.

Artigo 11

Quando na sua legislação nacional um Estado Contratante exigir o cumprimento de formalidades, como condição para a protecção dos direitos dos produtores de fonogramas, dos artistas intérpretes ou executantes ou de ambos, em relação aos fonogramas, estas considerar-se-ão satisfeitas se todos os exemplares ou invólucros dos fonogramas publicados e existentes no comércio contiverem uma indicação constituída pelo símbolo P e pelo ano da primeira publicação, colocada de modo a indicar claramente que existe o direito de reclamar a protecção. Se os exemplares ou os invólucros não permitirem identificar o produtor ou o titular da licença concedida pelo produtor (pelo nome, marca ou outra designação apropriada), a menção deverá igualmente compreender o nome do titular dos direitos do produtor do fonograma. Além disso, se os exemplares ou os invólucros não permitirem identificar os principais intérpretes ou executantes, a menção deverá compreender também o nome do titular dos direitos dos artistas, no país onde se realizou a fixação.

Artigo 12

Quando um fonograma publicado com fins comerciais ou uma reprodução desse fonograma forem utilizados directamente pela radiodifusão ou para qualquer comunicação ao público, o utilizador pagará uma remuneração equitativa e única aos artistas intérpretes ou executantes ou aos produtores de fonogramas ou aos dois. Na falta de acordo entre eles, a legislação nacional poderá determinar as condições de repartição deste remuneração.

Artigo 13

Os organismos de radiodifusão gozam do direito de autorizar ou proibir :
a) A retransmissão das suas emissões;
b) A fixação das suas emissões num suporte material;
c) A reprodução:
 i) Das fixações das suas emissões, sem seu consentimento;
 ii) Das fixações das suas emissões, feitas em virtude das disposições do artigo 15 da presente Convenção, se forem reproduzidas para fins diferentes dos previstos nesse artigo;
d) A comunicação ao público das suas emissões de televisão, quando se efectuem em lugares acessíveis ao público, mediante o pagamento de um direito de entrada; compete à legislação nacional do país onde a protecção deste direito é pedida, determinar as condições do exercício do mesmo direito.

Artigo 14

A duração da protecção a conceder pela Convenção não poderá ser inferior a um período de 20 anos:
a) Para os fonogramas e para as execuções fixadas nestes fonogramas, a partir do fim do ano em que a fixação foi realizada;

b) Para as execuções não fixadas em fonogramas, a partir do fim do ano em que se realizou a execução;

c) Para as emissões de radiodifusão, a partir do fim do ano em que se realizou a emissão.

Artigo 15

1. Qualquer dos Estados Contratantes pode estabelecer na sua legislação nacional excepções à protecção concedida pela presente Convenção no caso de:

a) Utilização para usos privados;

b) Curtos fragmentos em relatos de acontecimentos de actualidade;

c) Fixação efémera realizada por um organismo de radiodifusão pelos seus próprios meios e para as suas próprias emissões;

d) Utilização destinada exclusivamente ao ensino ou à investigação científica.

2. Sem prejuízo das disposições do número (1) deste artigo, qualquer Estado Contratante tem a faculdade de prever, na sua legislação nacional de protecção aos artistas intérpretes ou executantes, aos produtores de fonogramas e aos organismos de radiodifusão, limitações da mesma natureza das que também são previstas na sua legislação nacional de protecção ao direito de autor sobre as obras literárias e artísticas. No entanto, não podem instituir-se licenças ou autorizações obrigatórias, senão na medida em que forem compatíveis com as disposições da presente Convenção.

Artigo 16

1. Um Estado, ao tornar-se parte da presente Convenção, sujeita-se a todas as obrigações e goza de todas as vantagens nela previstas. Todavia, cada Estado poderá declarar, em qualquer momento, por uma notificação dirigida ao Secretário Geral da Organização das Nações Unidas:

a) Em relação ao artigo 12 :

  i) Que não aplicará nenhuma das disposições do mesmo artigo 12 ;

  ii) Que não aplicará as disposições do artigo 12 quanto a determinadas utilizações;

  iii) Que não aplicará as disposições do artigo 12 quanto aos fonogramas; cujo produtor não seja nacional de um Estado Contratante;

  iv) Que limitará a extensão e a duração da protecção prevista no artigo 12, quanto aos fonogramas cujo produtor seja nacional de um outro Estado Contratante, na medida em que este Estado Contratante protege os fonogramas fixados pela primeira vez pelo nacional do Estado que fez a declaração; porém, se o Estado Contratante de que é nacional o produtor não conceder a protecção ao mesmo ou aos mesmos beneficiários como concede o Estado Contratante autor da declaração, não se considerará esta circunstância como constituindo uma diferença na extensão de protecção;

b) Em relação ao artigo 13, que não aplicará as disposições da alínea d) deste artigo; se um Estado Contratante fizer tal declaração, os outros Estados Contratantes não ficam obrigados a conceder o direito previsto na alínea d) do artigo 13 aos organismos de radiodifusão que tenham a sede social situada no território daquele Estado.

2. A notificação prevista no número (1) do presente artigo, feita em data posterior à do depósito do instrumento de ratificação, de aceitação ou de adesão, só terá efeito seis meses depois de recebida a notificação.

Artigo 17

Qualquer Estado que, nos termos da sua legislação nacional em vigor em 26 de Outubro de 1961, conceder uma protecção aos produtores de fonogramas apenas em função do critério da fixação, poderá declarar por uma notificação dirigida ao Secretário Geral das Nações Unidas com o instrumento de ratificação, de aceitação ou de adesão, que aplicará unicamente o critério da fixação para o efeito do artigo 5 da presente Convenção e que aplicará o critério da fixação em vez do critério da nacionalidade do produtor, para fins do artigo 16 (1) (a) (ii) e (iv) da presente Convenção.

Artigo 18

O Estado Contratante que tenha feito as declarações previstas no artigo 5 (3), no artigo 6 (2), no artigo 16 (1) e no artigo 17, poderá limitá-las ou retirá-las mediante nova notificação dirigida ao Secretário Geral da Organização das Nações Unidas.

Artigo 19

Não obstante quaisquer outras disposições da presente Convenção, não será aplicável o artigo 7 quando um artista intérprete ou executante haja consentido na inclusão da sua execução numa fixação de imagens ou de imagens e sons.

Artigo 20
1. A presente Convenção não prejudicará os direitos adquiridos em qualquer Estado Contratante antes da entrada em vigor da Convenção nesse Estado.
2. Nenhum Estado Contratante será obrigado a aplicar as disposições da presente Convenção às execuções ou às emissões de radiodifusão realizadas ou aos fonogramas gravados antes da entrada em vigor da presente Convenção nesse Estado.

Artigo 21
A protecção concedida pela presente Convenção não poderá prejudicar qualquer outra protecção de que já beneficiem os artistas intérpretes ou executantes, os produtores de fonogramas e os organismos de radiodifusão.

(...)

Acordo TRIPS

Acordo sobre os aspectos dos direitos de propriedade intelectual relacionados com o comércio

Os Membros:

Desejosos de reduzir as distorções e os entraves ao comércio internacional e tendo em conta a necessidade de promover uma protecção eficaz e adequada dos direitos de propriedade intelectual e de garantir que as medidas e processos destinados a assegurar a aplicação efectiva dos direitos de propriedade intelectual não constituam eles próprios obstáculos ao comércio legítimo;

Reconhecendo, para este efeito, a necessidade de elaboração de novas regras e disciplinas relativas:

a) À aplicabilidade dos princípios básicos do GATT de 1994 e dos acordos ou convenções internacionais relevantes em matéria de propriedade intelectual;

b) À definição de normas e princípios adequados relativos à existência, âmbito e exercício dos direitos de propriedade intelectual relacionados com o comércio;

c) Ao estabelecimento de meios eficazes e adequados destinados a assegurar a aplicação efectiva dos direitos de propriedade intelectual relacionados com o comércio, tendo em conta as diferenças entre os sistemas jurídicos nacionais;

d) Ao estabelecimento de processos eficazes e expeditos para a prevenção e resolução multilateral de litígios entre governos; e

e) Às disposições transitórias com vista à mais completa participação nos resultados das negociações;

Reconhecendo a necessidade de estabelecer um quadro multilateral de princípios, regras e disciplinas referentes ao comércio internacional de mercadorias de contrafacção;

Reconhecendo que os direitos de propriedade intelectual são direitos privados;

Reconhecendo os objectivos de política geral subjacentes aos sistemas nacionais de protecção da propriedade intelectual, incluindo objectivos em matéria de desenvolvimento e tecnologia;

Reconhecendo igualmente as necessidades especiais dos países menos desenvolvidos Membros no que se refere a um máximo de flexibilidade a nível da implementação das disposições legislativas e regulamentares no plano interno, para que esses países possam criar uma base tecnológica sólida e viável;

Salientando a importância da redução de tensões por meio de compromissos reforçados no sentido de resolver os litígios sobre questões de propriedade intelectual relacionadas com o comércio através de processos multilaterais;

Desejosos de estabelecer uma relação de mútuo apoio entre a OMC e a Organização Mundial para a Propriedade Intelectual (designada por «OMPI» no presente Acordo), bem como outras organizações internacionais intervenientes neste domínio; acordam no seguinte:

PARTE I - Disposições gerais e princípios básicos

Artigo 1 - Natureza e âmbito das obrigações

1. Os Membros implementarão as disposições do presente Acordo. Os Membros podem, embora a tal não sejam obrigados, prever na sua legislação uma protecção mais vasta do que a prescrita no presente Acordo, desde que essa protecção não seja contrária às disposições do presente Acordo. Os Membros determinarão livremente o método adequado para a execução das disposições no presente Acordo, no quadro dos respectivos sistemas e práticas jurídicas.

2. Para efeitos do disposto no presente Acordo, a expressão «propriedade intelectual» refere-se a todas as categorias da propriedade intelectual que constituem o objecto das secções 1 a 7 da parte II.

3. Os Membros concederão o tratamento previsto no presente Acordo aos nacionais de outros Membros.[1212] No que diz respeito ao direito de pro-

---

[1212] Sempre que no presente acordo seja feita referência a «nacionais», considerar-se-á que esse tempo abrange, no que diz respeito a um território aduaneiro distinto Membro

priedade intelectual relevante, considerar-se-á como nacionais de outros Membros as pessoas singulares ou colectivas que, na eventualidade de todos os Membros da OMC serem membros dessas convenções, preencheriam os critérios de elegibilidade para protecção previstos na Convenção de Paris (1967), na Convenção de Berna (1971), na Convenção de Roma e no Tratado sobre a Protecção da Propriedade Intelectual Relativa aos Circuitos Integrados.[1213] Qualquer Membro que pretenda prevalecer-se das possibilidades previstas no artigo 5 (3) ou do artigo 6 (2) da Convenção de Roma dirigirá uma notificação, conforme previsto nessas disposições, ao Conselho dos Aspectos dos Direitos de Propriedade Intelectual Relacionados com o Comércio (o «Conselho TRIPS»).

Artigo 2 – Convenções em matéria de propriedade intelectual

1. No que diz respeito às partes II, III e IV do presente Acordo, os Membros devem observar o disposto nos artigos 1 a 12 e no artigo 19 da Convenção de Paris (1967).

2. Nenhuma das disposições incluídas nas partes I a IV do presente Acordo poderá constituir uma derrogação das obrigações que possam vincular os Membros entre si ao abrigo da Convenção de Paris, da Convenção de Berna, da Convenção de Roma e do Tratado sobre a Protecção da Propriedade Intelectual Relativa aos Circuitos Integrados.

Artigo 3 – Tratamento nacional

1. Cada Membro concederá aos nacionais de outros Membros um tratamento não menos favorável do que o que concede aos seus próprios nacionais

---

da OMC, as pessoas, singulares ou colectivas, que estejam domiciliadas ou possuam um estabelecimento industrial ou comercial real e efectivo nesse território aduaneiro.

[1213] No presente Acordo, «Convenção de Paris» designa a Convenção de Paris para a Protecção da Propriedade Industrial, «Convenção de Paris (1967)» designa o Acto de Estocolmo desta Convenção, de 14 de Julho de 1967, «Convenção de Berna» designa a Convenção de Berna para a Protecção das Obras Literárias e Artísticas, «Convenção de Berna (1971)» designa o Acto de Paris desta Convenção, de 24 de Julho de 1971, «Convenção de Roma» designa a Convenção Internacional para a Protecção dos Artistas Intérpretes ou Executantes, dos Produtores de Fonogramas e dos Organismos de Radiodifusão, adoptada em Roma em 26 de Outubro de 1961, «Tratado sobre a Protecção da Propriedade Intelectual Relativo aos Circuitos Integrados» (Tratado IPIC) designa o Tratado sobre a Protecção da Propriedade Intelectual Relativa aos Circuitos Integrados, assinado em Washington em 26 de Maio de 1989, «Acordo OMC» designa o Acordo que cria a OMC.

no que se refere à protecção[1214] da propriedade intelectual, sem prejuízo das excepções já previstas, respectivamente na Convenção de Paris (1967), na Convenção de Berna (1971), na Convenção de Roma ou no Tratado sobre a Protecção da Propriedade Intelectual Relativa aos Circuitos Integrados. No que diz respeito aos artistas intérpretes ou executantes, aos produtores de fonogramas e aos organismos de radiodifusão, esta obrigação só é aplicável relativamente aos direitos previstos no presente Acordo. Qualquer Membro que pretenda prevalecer-se das possibilidades previstas no artigo 6 da Convenção de Berna (1971) ou no artigo 16 (1) (b) da Convenção de Roma deverá dirigir uma notificação, conforme previsto nessas disposições, ao Conselho TRIPS.

2. Os Membros só poderão prevalecer-se das excepções autorizadas nos termos do número (1) relativamente aos processos judiciais e administrativos, incluindo a eleição de domicílio ou a designação de um mandatário sob a jurisdição de um Membro, no caso de essas excepções serem necessárias para garantir a observância de disposições legislativas e regulamentares que não sejam incompatíveis com o disposto no presente Acordo e no caso de essas práticas não serem aplicadas de modo a constituírem uma restrição dissimulada ao comércio.

Artigo 4 – Tratamento da nação mais favorecida

No que diz respeito à protecção da propriedade intelectual, todas as vantagens, favores, privilégios ou imunidades concedidos por um Membro aos nacionais de qualquer outro país serão concedidos, imediata e incondicionalmente, aos nacionais de todos os outros Membros. Ficam isentos desta obrigação as vantagens, favores, privilégios ou imunidades concedidos por um Membro:

a) Decorrentes de acordos internacionais em matéria de assistência judicial ou de execução da legislação de carácter geral e que não se limitem concretamente à protecção da propriedade intelectual;

b) Em conformidade com as disposições da Convenção de Berna (1971) ou da Convenção de Roma, que autorizam que o tratamento concedido seja função, não do tratamento nacional, mas do tratamento concedido noutro país;

[1214] Para efeitos do disposto nos artigos 3 e 4, o termo «protecção» abrange as questões relativas à existência, aquisição, âmbito, manutenção e aplicação efectiva dos direitos de propriedade intelectual, bem como as questões relativas ao exercício dos direitos de propriedade intelectual, expressamente contempladas no presente Acordo.

c) Relativamente aos direitos dos artistas intérpretes ou executantes, dos produtores de fonogramas e dos organismos de radiodifusão que não sejam previstos no presente Acordo;

d) Decorrentes de acordos internacionais relacionados com a protecção da propriedade intelectual que tenham entrado em vigor antes da entrada em vigor do Acordo OMC, desde que esses acordos sejam notificados ao Conselho TRIPS e não constituam uma discriminação arbitrária ou injustificada contra nacionais de outros Membros.

Artigo 5 – Acordos multilaterais sobre aquisição ou manutenção da protecção

As obrigações decorrentes do disposto nos artigos 3 e 4 não são aplicáveis aos processos previstos em acordos multilaterais concluídos sob os auspícios da OMPI e relativos à aquisição ou manutenção de direitos de propriedade intelectual.

Artigo 6 – Esgotamento

Para efeitos da resolução de litígios ao abrigo do presente Acordo, e sem prejuízo do disposto nos artigos 3 e 4, nenhuma disposição do presente Acordo será utilizada para tratar a questão do esgotamento dos direitos de propriedade intelectual.

Artigo 7 – Objectivos

A protecção e a aplicação efectiva dos direitos de propriedade intelectual devem contribuir para a promoção da inovação tecnológica e para a transferência e divulgação de tecnologia, em benefício mútuo dos geradores e utilizadores dos conhecimentos tecnológicos e de um modo conducente ao bem-estar social e económico, bem como para um equilíbrio entre direitos e obrigações.

Artigo 8 – Princípios

1. Os Membros podem, aquando da elaboração ou alteração das respectivas disposições legislativas e regulamentares, adoptar as medidas necessárias para proteger a saúde pública e a nutrição e para promover o interesse público em sectores de importância crucial para o seu desenvolvimento socio-económico e tecnológico, desde que essas medidas sejam compatíveis com o disposto no presente Acordo.

2. Poderá ser necessário adoptar medidas adequadas, desde que compatíveis com o disposto no presente Acordo, a fim de impedir a utilização abusiva de direitos de propriedade intelectual por parte dos titulares de direitos ou o recurso a práticas que restrinjam de forma não razoável o comércio ou que prejudiquem a transferência internacional de tecnologia.

PARTE II - Normas relativas à existência, âmbito e exercício dos direitos de propriedade intelectual

SECÇÃO 1 - Direito de autor e direitos conexos

Artigo 9 - Relações com a Convenção de Berna

1. Os Membros devem observar o disposto nos artigos 1 a 21 da Convenção de Berna (1971) e no respectivo Apêndice. No entanto, os Membros não terão direitos ou obrigações ao abrigo do presente Acordo no que diz respeito aos direitos conferidos pelo artigo 6 bis da referida Convenção ou aos direitos deles decorrentes.

2. A protecção do direito de autor abrangerá as expressões, e não as ideias, processos, métodos de execução ou conceitos matemáticos enquanto tal.

Artigo 10 - Programas de computador e compilações de dados

1. Os programas de computador, quer sejam expressos em código fonte ou em código objecto, serão protegidos enquanto obras literárias ao abrigo da Convenção de Berna (1971).

2. As compilações de dados ou de outros elementos, quer sejam fixadas num suporte legível por máquina ou sob qualquer outra forma, que, em virtude da selecção ou da disposição dos respectivos elementos constitutivos, constituam criações intelectuais, serão protegidas enquanto tal. Essa protecção, que não abrangerá os próprios dados ou elementos, não prejudicará os eventuais direitos de autor aplicáveis a esses dados ou elementos.

Artigo 11 - Direitos de locação

No que diz respeito pelo menos aos programas de computador e às obras cinematográficas, um Membro concederá aos autores e aos respectivos sucessores o direito de autorizar ou proibir a locação comercial ao público de originais ou cópias das suas obras protegidas pelo direito de autor. Um Membro será isento dessa obrigação relativamente às obras cinematográficas, a não ser que a referida locação tenha conduzido à realização generalizada de cópias dessas obras de modo a comprometer substancialmente o direito exclusivo de reprodução conferido nesse Membro aos autores e seus sucessores. No que diz respeito aos programas de computador, esta obrigação não se aplica às locações em que o programa em si não constitua o objecto essencial da locação.

Artigo 12 – Duração da protecção

Sempre que a duração da protecção de uma obra, que não uma obra fotográfica ou uma obra de artes aplicadas, seja calculada numa outra base que não a vida de uma pessoa singular, essa duração não deverá ser inferior a 50 anos a contar do final do ano civil em que teve lugar a publicação autorizada ou, se a publicação autorizada não ocorrer no prazo de 50 anos a contar da realização da obra, 50 anos a contar do final do ano civil da realização.

Artigo 13 – Limitações e excepções

Os Membros restringirão as limitações ou excepções aos direitos exclusivos a determinados casos especiais que não obstem à exploração normal da obra e não prejudiquem de forma injustificável os legítimos interesses do titular do direito.

Artigo 14 – Protecção dos artistas intérpretes ou executantes, dos produtores de fonogramas e dos organismos de radiodifusão

1. No que diz respeito à fixação da sua execução num fonograma, os artistas intérpretes ou executantes terão a possibilidade de impedir a realização, sem o seu consentimento, dos seguintes actos: a fixação da sua execução não fixada e a reprodução dessa fixação. Os artistas intérpretes ou executantes terão igualmente a possibilidade de impedir a realização, sem o seu consentimento, dos seguintes actos: a radiodifusão por meio de ondas radioeléctricas e a comunicação ao público das suas execuções ao vivo.

2. Os produtores de fonogramas gozarão do direito de autorizar ou proibir a reprodução directa ou indirecta dos seus fonogramas.

3. Os organismos de radiodifusão terão o direito de proibir a realização, sem o seu consentimento, dos seguintes actos: a fixação, a reprodução de fixações e a retransmissão de emissões por meio de ondas radioeléctricas, bem como a comunicação ao público de emissões televisivas das mesmas. No caso de os Membros não concederem esses direitos aos organismos de radiodifusão, darão aos titulares de direitos de autor sobre o conteúdo das emissões

a possibilidade de impedir a realização dos referidos actos, sem prejuízo do disposto na Convenção de Berna (1971).

4. As disposições do artigo 11 em relação aos programas de computador aplicar-se-ão *mutatis mutandis* aos produtores de fonogramas e a todos os outros detentores de direitos sobre os fonogramas, conforme definido na legislação do Membro. Se em 15 de Abril de 1994 um Membro aplicar um sistema de remuneração equitativa dos titulares de direitos no que diz respeito à locação de fonogramas, poderá manter esse sistema desde que a locação comercial de fonogramas não tenha por efeito comprometer substancialmente os direitos exclusivos de reprodução dos titulares de direitos.

5. A duração da protecção concedida ao abrigo do presente acordo aos artistas intérpretes ou executantes e aos produtores de fonogramas não será inferior a um período de 50 anos calculado a partir do final do ano civil em que a fixação foi realizada ou em que teve lugar a execução. A duração da protecção concedida nos termos do número (3) não será inferior a 20 anos a contar do final do ano civil em que se realizou a emissão.

6. Os Membros podem relativamente aos direitos conferidos ao abrigo dos números (1), (2) e (3), prever condições, limitações, excepções e reservas na medida autorizada pela Convenção de Roma. No entanto, as disposições do artigo 18 da Convenção de Berna (1971) aplicar-se-ão igualmente, *mutatis mutandis*, aos direitos dos artistas intérpretes ou executantes e dos produtores de fonogramas sobre os fonogramas.

(...)

PARTE V - Prevenção e resolução de litígios

Artigo 63 – Transparência

1. As disposições legislativas e regulamentares, as decisões judicias finais e as decisões administrativas de aplicação geral postas em vigor por um Membro e relativas ao objecto do presente Acordo (existência, âmbito, aquisição, aplicação efectiva e prevenção do abuso de direitos de propriedade intelectual) serão publicadas ou, caso essa publicação não seja praticável, serão colocadas à disposição do público numa língua nacional, de modo a permitir que os poderes públicos e os titulares dos direitos delas tomem conhecimento. Os acordos relativos ao objecto do presente Acordo que se encontrem em vigor entre os poderes públicos ou um organismo público de um Membro e

os poderes públicos ou um organismo público de outro Membro serão igualmente publicados.

2. Os Membros notificarão as disposições legislativas e regulamentares referidas no número (1) ao Conselho TRIPS, a fim de o assistir no exame do funcionamento do presente Acordo. O Conselho procurará minimizar a carga imposta aos Membros para execução desta obrigação e poderá decidir conceder uma dispensa da obrigação de lhe serem notificadas directamente essas disposições se forem bem sucedidas as consultas com a OMPI sobre o estabelecimento de um registo comum que inclua essas disposições legislativas e regulamentares. O Conselho considerará igualmente neste contexto eventuais medidas necessárias no que se refere às notificações por força das obrigações nos termos do presente Acordo decorrentes do disposto no artigo 6 ter da Convenção de Paris (1967).

3. Cada Membro deverá estar em condições de fornecer, em resposta a um pedido escrito de outro Membro, informações do tipo referido no número (1). Um Membro que tenha motivos para crer que uma decisão judicial ou administrativa específica ou um acordo bilateral em matéria de direitos de propriedade intelectual afecta os seus direitos ao abrigo do presente Acordo pode igualmente solicitar por escrito que lhe seja facultado o acesso a essas decisões judiciais ou administrativas específicas ou acordos bilaterais, ou lhe sejam fornecidas informações suficientemente pormenorizadas sobre os mesmos.

4. Nenhuma disposição dos números (1), (2) e (3) obrigará os Membros a divulgar informações confidenciais que possam constituir um obstáculo à aplicação da lei ou de qualquer outro modo ser contrárias ao interesse público, ou que possam prejudicar os interesses comerciais legítimos de determinadas empresas, públicas ou privadas.

Artigo 64 – Resolução de litígios

1. As disposições dos artigos XXII e XXIII do GATT de 1994, tal como previstas e aplicadas pelo Memorando de Entendimento sobre a Resolução de Litígios, serão aplicáveis às consultas e à resolução de litígios ao abrigo do presente Acordo, salvo disposição expressa em contrário deste.

2. O artigo XXIII (1) (b) e (c) do GATT de 1994 não será aplicável à resolução de litígios ao abrigo do presente Acordo durante um período de cinco anos a contar da data de entrada em vigor do Acordo OMC.

3. Durante o período referido no número (2), o Conselho TRIPS examinará o âmbito e modalidades das queixas do tipo previsto no artigo XXIII (1)

(b) e (c) do GATT de 1994 formuladas em conformidade com o presente Acordo e apresentará as suas recomendações à Conferência Ministerial para aprovação. Qualquer decisão da Conferência Ministerial de aprovar essas recomendações ou de prolongar o período referido no número (2) só poderá ser tomada por consenso e as recomendações aprovadas produzirão efeitos para todos os Membros sem qualquer outro processo formal de aceitação.

PARTE VI – Disposições transitórias

Artigo 65 – Disposições transitórias

1. Sob reserva do disposto nos números (2), (3) e (4), nenhum Membro será obrigado a aplicar as disposições do presente Acordo antes do termo de um período geral de um ano após a data de entrada em vigor do Acordo OMC.

2. Um país em desenvolvimento Membro pode prorrogar por um novo período de quatro anos a data de aplicação das disposições do presente Acordo, conforme definida no número (1), com excepção das previstas nos artigos 3, 4 e 5.

3. Qualquer outro Membro que se encontre em processo de transição de uma economia planificada para uma economia de mercado baseada na livre empresa, e que esteja a proceder a uma reforma estrutural do seu sistema de propriedade intelectual e enfrente problemas especiais a nível da preparação e implementação das disposições legislativas e regulamentares em matéria de propriedade intelectual, pode igualmente beneficiar de um período de prorrogação conforme previsto no número (2).

4. Na medida em que um país em desenvolvimento Membro seja obrigado por força do presente Acordo a estender a protecção das patentes de produtos a domínios da tecnologia que não podem ser objecto dessa protecção no seu território na data de aplicação geral do presente Acordo a esse Membro, conforme definido no número (2), o Membro pode adiar por um período adicional de cinco anos a aplicação das disposições em matéria de patentes de produtos previstas na secção V da parte II a esses domínios da tecnologia.

5. Um Membro que recorra a um período transitório nos termos dos números (1), (2), (3) ou (4) velará por que as eventuais alterações introduzidas durante esse período a nível das suas disposições legislativas e regulamentares e das suas práticas não resultem num nível inferior de compatibilidade com o disposto no presente Acordo.

Artigo 66 – Países menos desenvolvidos Membros

1. Atendendo às necessidades e imperativos especiais dos países menos desenvolvidos Membros, às suas limitações económicas, financeiras e administrativas e à sua necessidade de flexibilidade para o desenvolvimento de uma base tecnológica viável, esses Membros não serão obrigados a aplicar as disposições do presente Acordo, com excepção das previstas nos artigos 3, 4 e 5, por um período de 10 anos a contar da data de aplicação, tal como definida no artigo 65 (1). Mediante pedido devidamente fundamentado apresentado por um país menos desenvolvido Membro, o Conselho TRIPS autorizará prorrogações desse prazo.

2. Os países desenvolvidos Membros providenciarão incentivos para as empresas e instituições do seu território com vista a promover e incentivar a transferência de tecnologia para os países menos desenvolvidos Membros, a fim de lhes permitir desenvolver uma base tecnológica sólida e viável.

Artigo 67 – Cooperação técnica

A fim de facilitar a implementação do presente Acordo, os países desenvolvidos Membros criarão condições para uma cooperação técnica e financeira a favor dos países em desenvolvimento e menos desenvolvidos Membros, mediante pedido e em condições acordadas mutuamente. Essa cooperação incluirá a assistência a nível da elaboração das disposições legislativas e regulamentares em matéria de protecção e aplicação efectiva dos direitos de propriedade intelectual e de prevenção do seu abuso, bem como o apoio relativamente ao estabelecimento ou reforço de gabinetes e agências nacionais competentes nesta matéria, incluindo a formação de pessoal.

PARTE VII – Disposições institucionais; disposições finais

Artigo 68 – Conselho dos Aspectos dos Direitos de Propriedade Intelectual Relacionados com o Comércio

O Conselho TRIPS acompanhará a aplicação do presente Acordo, e nomeadamente a observância por parte dos Membros das obrigações que para eles decorrem do seu dispositivo, facultando aos Membros a possibilidade de iniciarem consultas sobre questões relativas aos aspectos dos direitos de propriedade intelectual relacionados com o comércio. O Conselho desempenhará quaisquer outras funções que lhe sejam atribuídas pelos Membros, devendo nomeadamente prestar todo o tipo de assistência solicitada por estes no âmbito dos processos de resolução de litígios. No desempenho das suas funções, o Conselho TRIPS pode consultar qualquer fonte que considere adequada e procurar obter informações junto dessa fonte. Em consulta com a OMPI, o Conselho procurará estabelecer, no prazo de um ano a contar da sua primeira reunião, disposições adequadas relativamente à cooperação com os órgãos dessa organização.

Artigo 69 – Cooperação internacional

Os Membros comprometem-se a cooperar entre si com vista à eliminação do comércio internacional de mercadorias que infrinja os direitos de propriedade intelectual. Para o efeito, os Membros estabelecerão e darão a conhecer pontos de contacto nas respectivas administrações e prontificar-se-ão a trocar informações sobre o comércio de mercadorias em infracção. Os Membros promoverão, em especial, o intercâmbio de informações e a cooperação entre autoridades aduaneiras no que diz respeito ao comércio de mercadorias apresentadas sob uma marca de contrafacção e de mercadorias pirateadas em infracção ao direito de autor.

Artigo 70 – Protecção dos objectos existentes

1. O presente Acordo não cria obrigações relativamente a actos ocorridos antes da data de aplicação do Acordo ao Membro em questão.

2. Salvo disposição em contrário do presente Acordo, o presente Acordo estabelece obrigações relativamente a todos os objectos existentes à data de aplicação do Acordo ao Membro em questão, e que sejam protegidos nesse Membro na referida data, ou que satisfaçam ou venham posteriormente a satisfazer os critérios de protecção definidos no presente Acordo. No que diz respeito ao presente número e aos números (3) e (4) as obrigações em matéria de direito de autor relativamente a obras existentes serão definidas unicamente nos termos do artigo 18 da Convenção de Berna (1971), e as obrigações em matéria de direitos dos produtores de fonogramas e dos artistas intérpretes ou executantes sobre os fonogramas existentes serão definidas unicamente nos termos do artigo 18 da Convenção de Berna (1971), tal como aplicáveis ao abrigo do artigo 14 (6) do presente Acordo.

3. Não haverá qualquer obrigação de restabelecer a protecção de objectos que, à data de aplicação do presente Acordo ao Membro em questão, tenham caído no domínio público.

4. No que diz respeito a quaisquer actos relativos a objectos específicos em que sejam incorporados objectos protegidos que passem a ser considera-

dos em infracção nos termos da legislação adoptada em conformidade com o presente Acordo e que tenham sido iniciados antes da data de aceitação do Acordo OMC por esse Membro, ou em relação aos quais tenha sido realizado um investimento considerável, antes dessa data, qualquer Membro pode prever uma limitação das medidas correctivas à disposição do titular do direito no que se refere à prossecução desses actos após a data de aplicação do presente Acordo em relação a esse Membro. Nesses casos, o Membro deve no entanto prever pelo menos o pagamento de uma remuneração equitativa.

5. Um Membro não será obrigado a aplicar o disposto no artigo 11 e no artigo 14 (4). relativamente aos originais ou cópias adquiridos antes da data de aplicação do presente Acordo em relação a esse Membro.

(...)

Artigo 71 – Revisão e emendas

1. O Conselho TRIPS procederá a uma revisão da implementação do presente Acordo após o termo do período transitório referido no artigo 65 (2). Tendo em conta a experiência adquirida com a sua implementação, o Conselho procederá à revisão do Acordo dois anos após essa data, e posteriormente a intervalos idênticos. O Conselho poderá igualmente proceder a revisões na presença de dados novos relevantes que justifiquem a alteração ou emenda do presente Acordo.

2. As emendas cuja única finalidade consista na adaptação a níveis superiores de protecção dos direitos de propriedade intelectual, alcançados e em vigor no âmbito de outros acordos multilaterais e aceites nos termos desses acordos por todos os Membros da OMC, poderão ser submetidos à Conferência Ministerial com vista à adopção de medidas em conformidade com o disposto no artigo X (6) do Acordo OMC, com base numa proposta consensual do Conselho TRIPS.

Artigo 72 – Reservas

Não poderão ser aceites reservas relativamente a qualquer disposição do presente Acordo sem o consentimento dos outros Membros.

(...)

Tratado da OMPI sobre Direito de Autor

PREÂMBULO

As Partes Contratantes,

Desejando desenvolver e manter a protecção dos direitos dos autores sobre as suas obras literárias e artísticas da forma mais eficaz e uniforme possível,

Reconhecendo a necessidade de introduzir novas regras internacionais e de clarificar a interpretação de algumas das regras existentes, a fim de fornecer soluções adequadas para as questões suscitadas pelos novos desenvolvimentos a nível económico, social, cultural e tecnológico,

Reconhecendo o profundo impacte do desenvolvimento e da convergência das tecnologias da informação e da comunicação sobre a criação e utilização de obras literárias e artísticas,

Salientando a extraordinária importância da protecção do direito de autor enquanto incentivo à criação literária e artística,

Reconhecendo a necessidade de manter um equilíbrio entre os direitos dos autores e o interesse público geral, especialmente no domínio da educação, da investigação e do acesso à informação, conforme reflectido na Convenção de Berna,

Acordaram no seguinte:

Artigo 1 – Relação com a Convenção de Berna

1. O presente Tratado constitui um acordo particular na acepção do artigo 20 da Convenção de Berna para a protecção das obras literárias e artísticas, no que diz respeito às Partes Contratantes que sejam países da União instituída

por essa Convenção. O presente Tratado não se articula de forma alguma com outros Tratados para além da Convenção de Berna nem prejudica eventuais direitos e obrigações decorrentes de quaisquer outros Tratados.

2. Nenhuma das disposições do presente Tratado poderá constituir uma derrogação das obrigações que vinculem as Partes Contratantes entre si ao abrigo da Convenção de Berna para a protecção das obras literárias e artísticas.

3. Por «Convenção de Berna» deve entender-se o Acto de Paris da Convenção de Berna para a protecção das obras literárias e artísticas, de 24 de Julho de 1971.

4. As Partes Contratantes devem observar o disposto nos artigos 1 a 21 da Convenção de Berna e no respectivo Apêndice.

Artigo 2 – Âmbito da protecção conferida pelo direito de autor
A protecção conferida pelo direito de autor abrange as expressões, e não as ideias, os processos, os métodos operacionais ou os conceitos matemáticos enquanto tal.

Artigo 3 – Aplicação dos artigos 2 a 6 da Convenção de Berna
As Partes Contratantes aplicarão o disposto nos artigos 2 a 6 da Convenção de Berna, *mutatis mutandis*, em relação à protecção prevista no presente Tratado.

Artigo 4 – Programas de computador
Os programas de computador são protegidos como obras literárias na acepção do artigo 2 da Convenção de Berna. Essa protecção aplica-se aos programas de computador, independentemente do seu modo ou forma de expressão.

Artigo 5 – Compilações de dados (bases de dados)
Independentemente da forma que revistam, as compilações de dados ou de outros elementos que, em virtude da selecção ou da disposição do respectivo conteúdo, constituam criações intelectuais são protegidas como tal. Essa protecção não abrange os próprios dados ou elementos e não prejudica o direito de autor eventualmente aplicável aos dados ou elementos contidos na compilação.

Artigo 6 – Direito de distribuição
1. Os autores de obras literárias e artísticas gozam do direito exclusivo de autorizar a colocação à disposição do público do original e de cópias das suas obras, por meio da venda ou por outra forma de transferência de propriedade.

2. Nenhuma das disposições do presente Tratado afecta a liberdade das Partes Contratantes para determinar as eventuais condições em que o direito previsto no número (1) se esgota após a primeira venda do original ou de uma cópia da obra, ou outra forma de transferência de propriedade, realizada com o consentimento do autor.

Artigo 7 – Direito de aluguer
1. Os autores de:
   i) Programas de computador;
   ii) Obras cinematográficas; e
   iii) Obras corporizadas em fonogramas, conforme definido na legislação nacional das Partes Contratantes;

gozam do direito exclusivo de autorizar o aluguer ao público, com fins comerciais, dos originais ou de cópias das suas obras.

2. O disposto no número 1 não é aplicável:
   i) No caso dos programas de computador, quando o programa propriamente dito não constitua o objecto essencial do aluguer; e
   ii) No caso das obras cinematográficas, a não ser que o aluguer com fins comerciais tenha conduzido à realização generalizada de cópias dessas obras, de modo a comprometer substancialmente o direito exclusivo de reprodução.

3. Não obstante o disposto no número 1, uma Parte Contratante que em 15 de Abril de 1994 aplicava, e continue a aplicar, um sistema de remuneração equitativa dos autores pelo aluguer de cópias das suas obras corporizadas em fonogramas pode manter esse sistema, desde que o aluguer com fins comerciais de obras corporizadas em fonogramas não comprometa substancialmente o direito de reprodução exclusivo reconhecido aos autores.

Artigo 8 – Direito de comunicação ao público
Sem prejuízo do disposto no artigo 11 (1) (ii), no artigo 11 bis (1) (i) e (ii), no artigo 11 ter (1) (ii), no artigo 14 (1) (ii) e no artigo 14 bis (1) da Convenção de Berna, os autores de obras literárias e artísticas gozam do direito exclusivo de autorizar qualquer comunicação ao público das suas obras, por fios ou sem fios, incluindo a colocação das suas obras à disposição do público por forma a torná-las acessíveis a membros do público a partir do local e no momento por eles escolhido individualmente.

Artigo 9 – Duração da protecção de obras fotográficas

As Partes Contratantes não aplicarão o disposto no artigo 7 (4) da Convenção de Berna em relação às obras fotográficas.

Artigo 10 – Limitações e excepções

1. Em determinados casos especiais que não obstam à exploração normal da obra e não prejudiquem de forma injustificável os legítimos interesses do autor, as Partes Contratantes podem estabelecer na sua legislação nacional limitações ou excepções aos direitos reconhecidos no presente Tratado aos autores de obras literárias e artísticas.

2. Na aplicação da Convenção de Berna, as Partes Contratantes devem restringir as limitações ou excepções aos direitos nela previstos a determinados casos especiais que não obstem à exploração normal da obra e não prejudiquem de forma injustificável os legítimos interesses do autor.

Artigo 11 – Obrigações em relação a medidas de carácter tecnológico

As Partes Contratantes devem assegurar uma protecção jurídica adequada e vias de recurso eficazes contra a neutralização de medidas eficazes de carácter tecnológico de que os autores se sirvam no quadro do exercício dos direitos que lhes são reconhecidos no presente Tratado ou na Convenção de Berna e que restrinjam, em relação às suas obras, a realização de actos não autorizados pelos autores em questão ou não permitidos por lei.

Artigo 12 – Obrigações em relação a informações para a gestão dos direitos

1. As Partes Contratantes devem assegurar vias de recurso adequadas e eficazes contra qualquer pessoa que realize deliberadamente qualquer dos actos a seguir indicados, sabendo, ou, no que se refere a recursos de carácter civil, tendo motivos suficientes para saber, que esse acto irá induzir, permitir, facilitar ou dissimular uma infracção a qualquer direito abrangido pelo disposto no presente Tratado ou na Convenção de Berna:
    i) A supressão ou alteração não autorizada de quaisquer informações electrónicas para a gestão dos direitos;
    ii) A distribuição, importação para distribuição, radiodifusão ou comunicação ao público não autorizada de obras ou cópias de obras, sabendo que foram suprimidas ou alteradas sem autorização informações electrónicas para a gestão dos direitos.

2. Para efeitos do disposto no presente artigo, entende-se por «informações para a gestão dos direitos» as informações que identifiquem a obra, o autor da obra e o titular de qualquer direito sobre a obra, ou informações acerca das condições de utilização da obra, e quaisquer números ou códigos que representem essas informações, quando qualquer destes elementos de informação acompanhe uma cópia de uma obra ou apareça no quadro da comunicação de uma obra ao público.

Artigo 13 – Aplicação no tempo
As Partes Contratantes aplicarão o disposto no artigo 18 da Convenção de Berna a todas as formas de protecção previstas no presente Tratado.

Artigo 14 – Disposições em matéria de aplicação efectiva dos direitos
1. As Partes Contratantes comprometem-se a adoptar, em conformidade com as respectivas ordens jurídicas, as medidas necessárias para assegurar a aplicação do presente Tratado.
2. As Partes Contratantes velarão por que a sua legislação preveja processos de aplicação efectiva de modo a permitir uma acção eficaz contra qualquer acto de infracção dos direitos abrangidos pelo presente Tratado, incluindo providências cautelares destinadas a impedir infracções e providências que constituam um dissuasivo de infracções futuras.

(...)

Artigo 18 – Direitos e obrigações ao abrigo do Tratado
Sob reserva de eventuais disposições expressas em contrário no presente Tratado, cada Parte Contratante goza de todos os direitos e assume todas as obrigações decorrentes do presente Tratado.

(...)

Artigo 22 – Exclusão de reservas ao Tratado
Não são admitidas quaisquer reservas ao presente Tratado.

Declarações acordadas

Relativamente ao artigo 1 (4)

O direito de reprodução, tal como estabelecido no artigo 9 da Convenção de Berna, bem como as excepções previstas nessa disposição, são plenamente aplicáveis ao ambiente digital, em especial no que se refere à utilização de obras sob forma digital. Considera-se que a armazenagem de uma obra protegida sob forma digital num suporte electrónico constitui um acto de reprodução na acepção do artigo 9 da Convenção de Berna.

Relativamente ao artigo 3

Na aplicação do artigo 3 do presente Tratado, a expressão «país da União» constante dos artigos 2 a 6 da Convenção de Berna será interpretada como constituindo uma referência a uma Parte Contratante no presente Tratado para efeitos de aplicação do disposto nesses artigos da Convenção de Berna em relação à protecção prevista no presente Tratado. A expressão «país estranho à União» constante dos referidos artigos da Convenção de Berna será interpretada, nas mesmas circunstâncias, como constituindo uma referência a um país que não seja uma Parte Contratante no presente Tratado, e a expressão «presente Convenção» constante do artigo 2 (8), do artigo 2 bis (2) e dos artigos 3, 4 e 5 da Convenção de Berna será interpretada como constituindo uma referência à Convenção de Berna e ao presente Tratado. Por último, na aplicação dos artigos 3 a 6 da Convenção de Berna ao presente Tratado, a referência nesses artigos a um «nacional de um dos países da União» será interpretada, em relação a uma organização intergovernamental que seja uma Parte Contratante no presente Tratado, como constituindo uma referência a um nacional de um dos países membros dessa organização.

Relativamente ao artigo 4

O âmbito da protecção dos programas de computador ao abrigo do artigo 4 do presente Tratado, em articulação com o artigo 2, está em conformidade com o disposto no artigo 2 da Convenção de Berna e corresponde às disposições do Acordo TRIPS nesta matéria.

Relativamente ao artigo 5

O âmbito da protecção das compilações de dados (bases de dados) ao abrigo do artigo 5 do presente Tratado, em articulação com o artigo 2, está em conformidade com o disposto no artigo 2 da Convenção da Berna e corresponde às disposições do Acordo TRIPS nesta matéria.

Relativamente aos artigos 6 e 7
As expressões «cópias» e «original e cópias» utilizadas nestes artigos para designar o objecto do direito de distribuição e do direito de aluguer neles previstos referem-se exclusivamente a cópias fixadas que possam ser postas em circulação enquanto objectos materiais.

Relativamente ao artigo 7
A obrigação prevista no artigo 7 (1) não implica que uma Parte Contratante conceda um direito exclusivo de aluguer com fins comerciais aos autores que, ao abrigo da legislação dessa Parte Contratante, não beneficiem da concessão de direitos em relação a fonogramas. A referida obrigação está em conformidade com o disposto no artigo 14 (4) do Acordo TRIPS.

Relativamente ao artigo 8
A mera disponibilização de meios materiais para permitir ou realizar uma comunicação não constitui só por si uma comunicação na acepção do presente Tratado ou da Convenção de Berna. Além disso, nenhuma das disposições do artigo 8 impede que uma Parte Contratante aplique o artigo 11 bis (2).

Relativamente ao artigo 10
As disposições do artigo 10 autorizam as Partes Contratantes a aplicar e a tornar extensivas ao ambiente digital as excepções e limitações previstas nas respectivas legislações nacionais que tenham sido consideradas aceitáveis ao abrigo da Convenção de Berna. Essas disposições autorizam igualmente as Partes Contratantes a conceber novas excepções e limitações que se adequém ao ambiente das redes digitais.

O artigo 10 (2) não restringe nem alarga o âmbito de aplicação das limitações e excepções autorizadas pela Convenção de Berna.

Relativamente ao artigo 12
A referência à «infracção a qualquer direito abrangido pelo disposto no presente Tratado ou na Convenção de Berna» abrange tanto os direitos exclusivos como os direitos a remuneração.

As Partes Contratantes não farão uso do disposto neste artigo para conceber ou implementar sistemas de gestão dos direitos que tenham por efeito a imposição de formalidades não autorizadas ao abrigo da Convenção de Berna ou do presente Tratado, a proibição da livre circulação de mercadorias ou a colocação de obstáculos ao gozo dos direitos reconhecidos no presente Tratado.

Tratado da OMPI sobre as Interpretações e Execuções de Fonogramas

PREÂMBULO

As Partes Contratantes,

Desejando desenvolver e manter a protecção dos direitos dos artistas intérpretes ou executantes e dos produtores de fonogramas da forma mais eficaz e uniforme possível,

Reconhecendo a necessidade de introduzir novas regras internacionais, a fim de fornecer soluções adequadas para as questões suscitadas pelos desenvolvimentos registados a nível económico, social, cultural e tecnológico,

Reconhecendo o profundo impacto do desenvolvimento e da convergência das tecnologias da informação e da comunicação sobre a produção e utilização de prestações e fonogramas,

Reconhecendo a necessidade de manter um equilíbrio entre os direitos dos artistas intérpretes ou executantes e dos produtores de fonogramas e o interesse público geral, especialmente no domínio da educação, da investigação e do acesso à informação,

Acordam no seguinte:

CAPÍTULO I – Disposições gerais

Artigo 1 – Relação com outras convenções

1. Nenhuma das disposições do presente Tratado poderá constituir uma derrogação das obrigações que vinculem as Partes Contratantes entre si ao abrigo da Convenção Internacional para a protecção dos artistas intérpretes

ou executantes, dos produtores de fonogramas e dos organismos de radiodifusão, adoptada em Roma em 26 de Outubro de 1961 (a seguir designada por «Convenção de Roma»).

2. A protecção concedida ao abrigo do presente Tratado deixa intacta e não afecta de modo algum a protecção conferida pelo direito de autor sobre obras literárias e artísticas. Consequentemente, nenhuma disposição do presente Tratado pode ser interpretada em prejuízo dessa protecção.

3. O presente Tratado não se articula de forma alguma com quaisquer outros Tratados, nem prejudica eventuais direitos e obrigações deles decorrentes.

Artigo 2 – Definições

Para efeitos do presente Tratado, entende-se por:

a) «Artistas intérpretes ou executantes», os actores, cantores, músicos, bailarinos e outros que representem, cantem, recitem, declamem, interpretem ou executem, de qualquer modo, obras literárias ou artísticas ou expressões de folclore;

b) «fonograma», a fixação dos sons de uma prestação ou de outros sons, ou de uma representação de sons, com excepção da fixação incorporada numa obra cinematográfica ou outra obra audiovisual;

c) «fixação», a corporização de sons, ou de representações de sons, a partir da qual estes possam ser apreendidos, reproduzidos ou comunicados por meio de um dispositivo;

d) «produtor de fonograma», a pessoa singular ou colectiva que toma a iniciativa e é responsável pela primeira fixação dos sons de uma prestação ou de outros sons, ou de representações de sons;

e) «publicação» de uma prestação fixada ou de um fonograma, o facto de colocar à disposição do público cópias da prestação fixada ou do fonograma, com o consentimento do titular do direito, e desde que as cópias sejam colocadas à disposição do público em quantidade suficiente;

f) «emissão de radiodifusão», a difusão sem fios de sons ou de imagens e sons, ou de representações destes, destinada à recepção pelo público; a difusão por satélite é igualmente considerada uma «emissão de radiodifusão»; a difusão de sinais codificados é considerada uma «emissão de radiodifusão» sempre que os meios de descodificação sejam fornecidos ao público pelo organismo de radiodifusão ou com o seu consentimento;

g) «comunicação ao público» de uma prestação ou de um fonograma, a difusão ao público por qualquer meio, com excepção da emissão de radiodifusão, de sons de uma prestação, ou dos sons ou das representações de sons fixados num fonograma. Para efeitos do disposto no artigo 15 , a «comunicação ao público» inclui a operação de tornar os sons ou representações de sons fixados num fonograma audíveis para o público.

Artigo 3 – Beneficiários da protecção ao abrigo do presente Tratado

1. As Partes Contratantes concederão a protecção prevista no presente Tratado aos artistas intérpretes ou executantes e aos produtores de fonogramas que sejam nacionais de outras Partes Contratantes.

2. Considerar-se-ão como nacionais de outras Partes Contratantes os artistas intérpretes ou executantes ou os produtores de fonogramas que, na eventualidade de todas as Partes Contratantes no presente Tratado serem Estados Contratantes na Convenção de Roma, preencheriam os critérios de elegibilidade para protecção previstos nessa convenção. Em relação a esses critérios de elegibilidade, as Partes Contratantes aplicarão as definições respectivas constantes do artigo 2 do presente Tratado.

3. Qualquer Parte Contratante que pretenda prevalecer-se das possibilidades previstas no artigo 5 (3) da Convenção de Roma, ou no seu artigo 17 para efeitos do disposto no artigo 5 dessa mesma convenção, dirigirá uma notificação ao Director Geral da Organização Mundial da Propriedade Intelectual (OMPI) nos termos previstos nessas disposições.

Artigo 4 – Tratamento nacional

1. Cada Parte Contratante concederá aos nacionais de outras Partes Contratantes, conforme definido no artigo 3 (2), o tratamento que concede aos seus próprios nacionais no que se refere aos direitos exclusivos expressamente previstos no presente Tratado, e ao direito a uma remuneração equitativa previsto no artigo 15 do presente Tratado.

2. A obrigação prevista no número 1 não é aplicável na medida em que uma outra Parte Contratante faça uso das reservas autorizadas nos termos do artigo 15 (3) do presente Tratado.

CAPÍTULO II – Direitos dos artistas intérpretes ou executantes

Artigo 5 – Direitos morais dos artistas intérpretes ou executantes

1. Independentemente dos direitos de carácter patrimonial, e mesmo depois da transmissão destes, o artista intérprete ou executante goza, em rela-

ção às suas prestações áudio ao vivo ou às suas prestações fixadas em fonogramas, do direito de exigir ser identificado como o seu intérprete ou executante, excepto quando a omissão seja ditada pelo modo de utilização da prestação, e de se opor a qualquer deformação, mutilação ou outra modificação das suas prestações que possa afectar a sua reputação.

2. Os direitos reconhecidos a um artista intérprete ou executante nos termos do número 1 subsistem após a sua morte, pelo menos até caducarem os direitos de carácter patrimonial, podendo ser exercidos pelas pessoas ou instituições autorizadas pela legislação da Parte Contratante onde é reivindicada a protecção. No entanto, as Partes Contratantes cuja legislação não preveja, no momento da sua ratificação ou adesão ao presente Tratado, a protecção de todos os direitos mencionados no número anterior após a morte do artista intérprete ou executante podem determinar que alguns desses direitos não subsistirão após a sua morte.

3. Os meios de recurso para salvaguarda dos direitos conferidos ao abrigo do presente artigo são regidos pela legislação da Parte Contratante onde é reivindicada a protecção.

Artigo 6 – Direitos de carácter patrimonial dos artistas intérpretes ou executantes sobre as suas prestações não fixadas

Os artistas intérpretes ou executantes gozam do direito exclusivo de autorizar, relativamente às suas prestações:
  i) a radiodifusão e a comunicação ao público das suas prestações não fixadas, excepto quando a prestação seja já uma prestação radiodifundida; e
  ii) a fixação das suas prestações não fixadas.

Artigo 7 – Direito de reprodução

Os artistas intérpretes ou executantes gozam do direito exclusivo de autorizar a reprodução directa ou indirecta das suas prestações fixadas em fonogramas, de qualquer maneira e sob qualquer forma.

Artigo 8 – Direito de distribuição

1. Os artistas intérpretes ou executantes gozam do direito exclusivo de autorizar a colocação à disposição do público do original e de cópias das suas prestações fixadas em fonogramas, por meio da venda ou por outra forma de transferência de propriedade.

2. Nenhuma das disposições do presente Tratado afecta a liberdade das Partes Contratantes para determinar as eventuais condições em que o direito

previsto no número 1 se esgota após a primeira venda do original ou de uma cópia da prestação fixada, ou outra forma de transferência de propriedade, realizada com o consentimento do artista intérprete ou executante.

Artigo 9 – Direito de aluguer

1. Os artistas intérpretes ou executantes gozam do direito exclusivo de autorizar o aluguer ao público, com fins comerciais, do original e de cópias das suas prestações fixadas em fonogramas, nas condições definidas na legislação nacional das Partes Contratantes, mesmo após a sua distribuição pelo artista intérprete ou executante ou com o seu consentimento.

2. Não obstante o disposto no número 1, uma Parte Contratante que em 15 de Abril de 1994 aplicava, e continue a aplicar, um sistema de remuneração equitativa dos artistas intérpretes ou executantes pelo aluguer de cópias das suas prestações fixadas em fonogramas pode manter esse sistema, desde que o aluguer de fonogramas com fins comerciais não comprometa substancialmente o direito de reprodução exclusivo reconhecido aos artistas intérpretes ou executantes.

Artigo 10 – Direito de colocação à disposição de prestações fixadas

Os artistas intérpretes ou executantes gozam do direito exclusivo de autorizar a colocação à disposição do público das suas prestações fixadas em fonogramas, por fios ou sem fios, por forma a torná-las acessíveis a membros do público a partir do local e no momento por eles escolhido individualmente.

CAPÍTULO III – Direitos dos produtores de fonogramas

Artigo 11 – Direito de reprodução

Os produtores de fonogramas gozam do direito exclusivo de autorizar a reprodução directa ou indirecta dos seus fonogramas, de qualquer maneira e sob qualquer forma.

Artigo 12 – Direito de distribuição

1. Os produtores de fonogramas gozam do direito exclusivo de autorizar a colocação à disposição do público do original e de cópias dos seus fonogramas, por meio da venda ou por outra forma de transferência de propriedade.

2. Nenhuma das disposições do presente Tratado afecta a liberdade das Partes Contratantes para determinar as eventuais condições em que o direito

previsto no número 1 se esgota após a primeira venda do original ou de uma cópia do fonograma, ou outra forma de transferência de propriedade, realizada com o consentimento do produtor do fonograma.

Artigo 13 – Direito de aluguer
1. Os produtores de fonogramas gozam do direito exclusivo de autorizar o aluguer ao público, com fins comerciais, do original e de cópias dos seus fonogramas, mesmo após a sua distribuição pelo produtor ou com o seu consentimento.
2. Não obstante o disposto no número 1, uma Parte Contratante que em 15 de Abril de 1994 aplicava, e continue a aplicar, um sistema de remuneração equitativa dos produtores de fonogramas pelo aluguer de cópias dos seus fonogramas pode manter esse sistema, desde que o aluguer de fonogramas com fins comerciais não comprometa substancialmente o direito de reprodução exclusivo dos produtores de fonogramas.

Artigo 14 – Direito de colocação à disposição de fonogramas
Os produtores de fonogramas gozam do direito exclusivo de autorizar a colocação à disposição do público dos seus fonogramas, por fios ou sem fios, por forma a torná-los acessíveis a membros do público a partir do local e no momento por eles escolhido individualmente.

CAPÍTULO IV – Disposições comuns

Artigo 15 – Direito a remuneração pela radiodifusão e comunicação ao público
1. Os artistas intérpretes ou executantes e os produtores de fonogramas gozam do direito a uma remuneração equitativa e única pela utilização directa ou indirecta de fonogramas publicados com fins comerciais para radiodifusão ou para qualquer comunicação ao público.
2. As Partes Contratantes podem determinar na sua legislação nacional que a remuneração equitativa e única seja reclamada ao utilizador pelo artista intérprete ou executante ou pelo produtor de um fonograma, ou por ambos. As Partes Contratantes podem adoptar legislação nacional que, na falta de acordo entre o artista intérprete ou executante e o produtor de um fonograma, determine as condições de repartição da remuneração equitativa e única entre os artistas intérpretes ou executantes e os produtores de fonogramas.

3. Qualquer Parte Contratante pode declarar, por notificação depositada junto do Director Geral da OMPI, que aplicará o disposto no número 1 unicamente em relação a certas utilizações, ou que limitará a sua aplicação de qualquer outro modo, ou que pura e simplesmente não aplicará essas disposições.

4. Para efeitos do disposto no presente artigo, considerar-se-ão os fonogramas colocados à disposição do público, por fios ou sem fios, por forma a torná-los acessíveis a membros do público a partir do local e no momento por eles escolhido individualmente, como tendo sido publicados com fins comerciais.

Artigo 16 – Limitações e excepções

1. As Partes Contratantes podem estabelecer na sua legislação nacional, relativamente à protecção dos artistas intérpretes ou executantes e dos produtores de fonogramas, o mesmo tipo de limitações ou excepções previstas na sua legislação nacional relativamente à protecção do direito de autor sobre obras literárias e artísticas.

2. As Partes Contratantes devem restringir as limitações ou excepções aos direitos previstos no presente Tratado a determinados casos especiais que não obstam à exploração normal da prestação ou do fonograma e não prejudiquem de forma injustificável os legítimos interesses do artista intérprete ou executante ou do produtor do fonograma.

Artigo 17 – Duração da protecção

1. A protecção a conceder aos artistas intérpretes ou executantes ao abrigo do presente Tratado subsiste por um período de 50 anos, pelo menos, contados a partir do final do ano em que a prestação foi fixada num fonograma.

2. A protecção a conceder aos produtores de fonogramas ao abrigo do presente Tratado subsiste por um período de 50 anos, pelo menos, contados a partir do final do ano em que o fonograma foi publicado ou, se a publicação não ocorrer no prazo de 50 anos a contar da fixação do fonograma, por um período de 50 anos contados a partir do final do ano em que foi realizada a fixação.

Artigo 18 – Obrigações em relação a medidas de carácter tecnológico

As Partes Contratantes devem assegurar uma protecção jurídica adequada e vias de recurso eficazes contra a neutralização de medidas eficazes de carácter tecnológico de que os artistas intérpretes ou executantes ou os produtores de fonogramas se sirvam no quadro do exercício dos direitos que lhes são reconhecidos no presente Tratado e que restrinjam, em relação às suas prestações ou fonogramas, a realização de actos não autorizados pelos artistas intérpretes ou executantes ou pelos produtores de fonogramas em questão, ou não permitidos por lei.

Artigo 19 – Obrigações em relação a informações para a gestão dos direitos

1. As Partes Contratantes devem assegurar vias de recurso adequadas e eficazes contra qualquer pessoa que realize deliberadamente qualquer dos actos a seguir indicados, sabendo, ou, no que se refere a recursos de carácter civil, tendo motivos suficientes para saber, que esse acto irá induzir, permitir, facilitar ou dissimular uma infracção a qualquer direito abrangido pelo disposto no presente Tratado:
   i) A supressão ou alteração não autorizada de quaisquer informações electrónicas para a gestão dos direitos;
   ii) A distribuição, importação para distribuição, radiodifusão, comunicação ou colocação à disposição do público não autorizada de prestações, cópias de prestações fixadas ou fonogramas, sabendo que foram suprimidas ou alteradas sem autorização informações electrónicas para a gestão dos direitos.
2. Para efeitos do disposto no presente artigo, entende-se por «informações para a gestão dos direitos» as informações que identifiquem o artista intérprete ou executante, a prestação do artista intérprete ou executante, o produtor do fonograma, o fonograma, o titular de qualquer direito sobre a prestação ou o fonograma, ou informações acerca das condições de utilização da prestação ou do fonograma, e quaisquer números ou códigos que representem essas informações, quando qualquer destes elementos de informação acompanhe uma cópia de uma prestação fixada ou de um fonograma ou apareça no quadro da comunicação ou da colocação à disposição do público de uma prestação fixada ou de um fonograma.

Artigo 20 – Formalidades

O gozo e o exercício dos direitos previstos no presente Tratado não estão sujeitos ao cumprimento de qualquer formalidade.

Artigo 21 – Reservas

Sem prejuízo do disposto no artigo 15 (3), não são admitidas quaisquer reservas ao presente Tratado.

Artigo 22 – Aplicação no tempo

1. As Partes Contratantes aplicarão o disposto no artigo 18 da Convenção de Berna, *mutatis mutandis*, aos direitos dos artistas intérpretes ou executantes e dos produtores de fonogramas previstos no presente Tratado.

2. Não obstante o disposto no número 1, uma Parte Contratante pode limitar a aplicação do artigo 5 do presente Tratado às prestações realizadas após a entrada em vigor do presente Tratado em relação a essa parte.

Artigo 23 – Disposições em matéria de aplicação efectiva dos direitos

1. As Partes Contratantes comprometem-se a adoptar, em conformidade com as respectivas ordens jurídicas, as medidas necessárias para assegurar a aplicação do presente Tratado.

2. As Partes Contratantes velarão por que a sua legislação preveja processos de aplicação efectiva de modo a permitir uma acção eficaz contra qualquer acto de infracção dos direitos abrangidos pelo presente Tratado, incluindo providências cautelares destinadas a impedir infracções e providências que constituam um dissuasivo de infracções futuras.

(...)

Artigo 27 – Direitos e obrigações ao abrigo do Tratado

Sob reserva de eventuais disposições expressas em contrário no presente Tratado, cada Parte Contratante goza de todos os direitos e assume todas as obrigações decorrentes do presente Tratado.

(...)

Declarações Acordadas

Relativamente ao artigo 1 (2)

Considera-se que o artigo 1 (2) clarifica a relação entre os direitos sobre fonogramas ao abrigo do presente Tratado e o direito de autor sobre as obras corporizadas nos fonogramas. Nos casos em que seja necessária a autorização, tanto do autor de uma obra incorporada no fonograma, como de um artista intérprete ou executante ou de um produtor que tenha direitos sobre o fonograma, a autorização do autor não deixa de ser necessária pelo facto de ser igualmente requerida a autorização do artista intérprete ou executante ou do produtor, e vice-versa.

Considera-se ainda que nenhuma das disposições do artigo 1 (2) impede que uma Parte Contratante conceda, a um artista intérprete ou executante ou a um produtor de fonogramas, direitos exclusivos de âmbito mais vasto do que o prescrito no presente Tratado.

Relativamente ao artigo 2 (b)
Considera-se que a definição de fonograma constante da alínea b) do artigo 2 não sugere que os direitos sobre o fonograma sejam de algum modo afectados pela sua incorporação numa obra cinematográfica ou noutra obra audiovisual.

Relativamente ao artigo 2 (e) e aos artigos 8, 9, 12 e 13
As expressões «cópias» e «original e cópias» utilizadas nestes artigos para designar o objecto do direito de distribuição e do direito de aluguer neles previstos referem-se exclusivamente a cópias fixadas que possam ser postas em circulação enquanto objectos materiais.

Relativamente ao artigo 3
Na aplicação do artigo 5 (a) e do artigo 16 (a) (iv) da Convenção de Roma ao presente Tratado, a referência a um «nacional de outro Estado contratante» será interpretada, em relação a uma organização intergovernamental que seja uma Parte Contratante no presente Tratado, como constituindo uma referência a um nacional de um dos países membros dessa organização.

Relativamente ao artigo 3 (2)
Para efeitos da aplicação do artigo 3 (2), considera-se que fixação significa a finalização da banda matriz («master tape» ou «bande-mère»).

Relativamente aos artigos 7, 11 e 16
O direito de reprodução, tal como previsto nos artigos 7 e 11 e as excepções autorizadas a estas disposições por força do artigo 16, são plenamente aplicáveis no ambiente digital, em especial para a utilização de prestações e fonogramas sob forma digital. Considera-se que a armazenagem de uma prestação ou fonograma sob forma digital num suporte electrónico protegido constitui um acto de reprodução na acepção destes artigos.

Relativamente ao artigo 15

Considera-se que o artigo 15 não constitui uma resolução completa do nível de direitos de radiodifusão e de comunicação ao público de que os produtores de fonogramas e os artistas intérpretes ou executantes deveriam beneficiar na era digital. As delegações não conseguiram chegar a um consenso acerca de diferentes propostas relativas a aspectos da exclusividade a conceder em certas circunstâncias ou a direitos a conceder sem a possibilidade de reservas, tendo por conseguinte deixado a questão para resolução futura.

Relativamente ao artigo 15

Considera-se que o disposto no artigo 15 não impede que o direito conferido por esse artigo seja concedido aos artistas intérpretes ou executantes de folclore e aos produtores de fonogramas que procedam à gravação de folclore, caso esses fonogramas não tenham sido editados com fins comerciais.

Relativamente ao artigo 16

A declaração acordada relativamente ao artigo 10 (sobre as limitações e excepções) do Tratado da OMPI sobre direito de autor é aplicável *mutatis mutandis* ao artigo 16 (sobre as limitações e excepções) do Tratado da OMPI sobre prestações e fonogramas.

Relativamente ao artigo 19

A declaração acordada relativamente ao artigo 12 (sobre as obrigações em relação a informações para a gestão dos direitos) do Tratado da OMPI sobre direito de autor é aplicável *mutatis mutandis* ao artigo 19 (sobre as obrigações em relação a informações para a gestão dos direitos) do Tratado da OMPI sobre prestações e fonogramas.

INSTRUMENTOS JURÍDICOS NACIONAIS

Alemanha
Lei de direito de autor, 1965

Angola
Lei sobre o direito de autor, 1990.

Cabo Verde
Decreto-Legislativo sobre o direito de autor, 2009.

Estados Unidos
Lei de *copyright*, 1976.
Visual Artists Rights Act 1990.
Digital Millennium *Copyright* Act, 1998.

França
Código de direito da propriedade intelectual, de 1992.

Moçambique
Lei sobre o direito de autor, 2001.

Portugal
Constituição da República Portuguesa, 1976.
Código de direito de autor e direitos conexos, 1985.

Reino Unido
Lei de *copyright*, design e patentes, 1988.

ACORDOS MULTILATERAIS

Convenção de Berna relativa à protecção das obras literárias e artísticas, 1886, acto de Paris, 1971.
Declaração universal dos direitos do homem, 1948.
Convenção universal sobre direito de autor, 1952, acto de Paris, 1971.
Convenção internacional para protecção dos artistas intérpretes ou executantes, dos produtores de fonogramas e dos organismos de radiodifusão, Roma, 1961.
Convenção para a protecção de produtores de fonogramas contra a reprodução não autorizada dos seus fonogramas, Genebra, 1971.
Acordo sobre os aspectos dos direitos de propriedade intelectual relacionados com o comércio, Marraquexe, 1994.
Tratado da OMPI sobre direito de autor, Genebra, 1996.
Tratado da OMPI sobre interpretações ou execuções e fonogramas, Genebra, 1996.
Tratado da OMPI sobre interpretações e execuções audiovisuais, Pequim, 2012.
Projecto de Tratado da OMPI sobre bases de dados.
Projecto de Tratado da OMPI sobre a radiodifusão

INSTRUMENTOS JURÍDICOS REGIONAIS

Directivas da União Europeia

Directiva do Conselho, de 16 de Dezembro de 1986, relativa à protecção jurídica das topografias de programas semicondutores (Dir. 87/54/CEE).
Directiva do Conselho, de 23 de Abril de 2009, relativa à protecção jurídica dos programas de computador (Dir. 2009/24/CE, versão codificada).
Directiva do Parlamento Europeu e do Conselho, de 12 de Dezembro de 2006, relativa ao direito de aluguer, ao direito de comodato e a certos direitos conexos ao direito de autor (Dir. 2006/115/CE, versão codificada).
Directiva do Conselho, de 27 de Setembro de 1993, relativa à coordenação de determinadas disposições em matéria de direito de autor e direitos conexos aplicáveis à radiodifusão por satélite e à retransmissão por cabo (Dir. 93/83/CEE).
Directiva do Parlamento Europeu e do Conselho, de 27 de Setembro de 2011, relativa à harmonização do prazo de protecção dos direitos de autor e de certos direitos conexos (Dir. 2006/116/CE, versão codificada, alterada pela Dir. 2011/77/CE).
Directiva do Parlamento Europeu e do Conselho, de 11 de Março de 1996, relativa à protecção jurídica das bases de dados (Dir. 96/9/CE).
Directiva do Parlamento Europeu e do Conselho, de 20 de Novembro de 1998, relativa à protecção jurídica dos serviços que se baseiem ou consistam num acesso condicional (Dir. 98/84/CE).
Directiva do Parlamento Europeu e do Conselho, de 8 Junho de 2000, relativa a certos aspectos legais dos serviços da sociedade de informação, em especial do comércio electrónico, no mercado interno (Dir. 2000/31/CE).
Directiva do Parlamento Europeu e do Conselho, de 22 de Maio de 2001, relativa à harmonização de certos aspectos do direito de autor e dos direitos conexos na sociedade da informação (Dir. 2001/29/CE).

Directiva do Parlamento Europeu e do Conselho, de 27 de Setembro de 2001, relativa ao direito de sequência em benefício do autor de uma obra de arte original que seja objecto de alienações sucessivas (Dir. 2001/84/CE).
Directiva do Parlamento Europeu e do Conselho, de 29 de Abril de 2004, relativa ao respeito dos direitos de propriedade intelectual (Dir. 2004/48/CE).
Directiva do Parlamento Europeu e do Conselho, de 25 de Outubro de 2012, relativa a determinadas utilizações permitidas de obras órfãs (Dir. 2012/28/EU).
Proposta de Directiva relativa à gestão colectiva dos direitos de autor e direitos conexos e ao licenciamento multiterritorial de direitos sobre obras musicais para utilização em linha no mercado interno (COM(2012) 372).

Outros Instrumentos Jurídicos Regionais

Pacto Internacional sobre os Direitos Económicos Sociais e Culturais, 1966.
Convenção relativa à competência judiciária e à execução de decisões em matéria civil e comercial, Bruxelas, 1968.
Convenção relativa à competência judiciária e à execução de decisões em matéria civil e comercial, Lugano, 1988.
Acordo norte-americano de livre comércio, 1992.
Decisão 351 do Acordo de Cartagena sobre um regime comum de direito de autor e direitos conexos, 1993.
Carta dos Direitos Fundamentais da União Europeia, Nice, 2000.
Regulamento 44/2001 do Conselho, de 22 de Dezembro de 2000, relativo à competência judiciária, ao reconhecimento e à execução das decisões em matéria civil e comercial.
Tratado da União Europeia. Tratado da União Europeia, versão consolidada, 2010.
Tratado sobre o Funcionamento da União Europeia. Tratado sobre o Funcionamento da União Europeia, versão consolidada, 2010.

JURISPRUDÊNCIA

Bélgica

Google Inc v. Copiepresse SCRL, European Copyright and Design Reports, 2007, 5.

Estados Unidos

A & M Records Inc. v. Napster Inc., Federal Supplement 2d, 114, 896 (Northern District of California, 2000); *Federal Reporter (USA) 3d*, 239, 1004 (9th Circuit, 2001); *Federal Reporter (USA) 3d*, 284, 1091 (9th Circuit, 2002).

Feist Publications, Inc. v. Rural Telephone Service Co., United States Supreme Court Reports 499, 1991, 340.

Metro Goldwyn Mayer Studios Inc. v. Grokster Ltd et al, Federal Supplement 2d, 259, 1029 (Central District of California, 2003); *Federal Reporter (USA) 3d*, 380, 1154 (9th Circuit, 2004); *Supreme Court Reporter (USA)*, 125, 2764 (Supreme Court, 2005).

Rand McNally & Co. v. Fleet Management Systems, Inc., Federal Supplement, 600, 933 (Northern District of Illinois, 1984).

Re Aimster Copyright Litigation, Federal Supplement 2d, 252, 634 (Northern District of Illinois, 2002); *Federal Reporter (USA) 3d*, 334, 643 (7th Circuit, 2003).

Reno v. ACLU, United States Supreme Court Reports, 521, 1997, 844.

Schroeder v. William Morrow & Co. Federal Reporter (USA) 2d, 566, 3 (7th Circuit, 1977).

UMG Recordings Inc. v. MP3.Com Inc., Federal Supplement 2d, 92, 349 (Southern District of New York, 2000).

França

Babolat Maillot Witt (Sté) v. Pachot, Revue International du Droit d'Auteur, 129, 1986, 130.

Billecocq v. Glendaz, Tri. civ. Seine, 17/08/1814.
Bsiri-Babir v. Haarmann et Remier, European Copyright and Design Reports, 2006, 380.
Société Bellure v. Société L'Oréal et al, Revue International du Droit d'Auteur, 28, 2006, 286.
Thierry Mugler Parfums SA v. GLB Molinard, Revue International du Droit d'Auteur, 188, 2001, 3, 80, 30, 33.

Holanda

Lancôme Parfums v. Kecofa BV, European Copyright and Design Reports, 2006, 26 (Hoge Raad).
Sanoma Media Netherlands B.V., Playboy Enterprises International Inc., Britt Geertruida Dekker v. GS Media B.V., http://pt.scribd.com/doc/105702632/Sanoma-Playboy-en-Britt-Dekker-tegen-GeenStijl

Portugal

Tribunal Constitucional

Acórdão 577/2011, Tribunal Constitucional, Novembro de 2011.
Acórdão 616/2003, Tribunal Constitucional, Dezembro de 2003.

Supremo Tribunal de Justiça

Acórdão do Supremo Tribunal de Justiça, Processo Nº 3501/05.0TBOER.L1.S1, 04/29/2010.
Acórdão do Supremo Tribunal de Justiça, Processo Nº 4183/1999.S1, 03/09/2010.
Acórdão do Supremo Tribunal de Justiça, Processo Nº 54/02.5EACBR, 13-01-2010.
Acórdão do Supremo Tribunal de Justiça, Processo Nº 6727/03.8TVLSB.S1, 11/26/2009.
Acórdão do Supremo Tribunal de Justiça, Processo Nº 330/09.6YFLSB, 06/30/2009.
Acórdão do Supremo Tribunal de Justiça, Processo Nº 07B3943, 01/08/2009.
Acórdão do Supremo Tribunal de Justiça, Processo Nº 08A1920, 07/01/2008.
Acórdão do Supremo Tribunal de Justiça, Processo Nº 08P1214, 04/30/2008.
Acórdão do Supremo Tribunal de Justiça, Processo Nº 07A2208, 01/10/2008.
Acórdão do Supremo Tribunal de Justiça, Processo Nº 07B755, 04/17/2007.
Acórdão do Supremo Tribunal de Justiça, Processo Nº 06A1434, 07/11/2006.
Acórdão do Supremo Tribunal de Justiça, Processo Nº 05A2089, 10/11/2005.
Acórdão do Supremo Tribunal de Justiça, Processo Nº 05B1391, 05/31/2005.

Acórdão do Supremo Tribunal de Justiça, Processo Nº 00A2668, 03/16/2000.
Acórdão do Supremo Tribunal de Justiça, Processo Nº 97A941, 05/21/1998.
Acórdão do Supremo Tribunal de Justiça, Processo Nº 087833, 05/04/1995.
Acórdão do Supremo Tribunal de Justiça, Processo Nº 079712, 09/28/1989.
Acórdão do Supremo Tribunal de Justiça, Processo Nº 069332, 05/07/1981.

Tribunal da Relação de Coimbra

Acórdão do Tribunal da Relação de Coimbra, Processo Nº 1788/04.5JFLSB.C1, 30-03-2011.
Acórdão do Tribunal da Relação de Coimbra, Processo Nº 312/10.5TBVIS.C1, 10-05-2011.
Acórdão do Tribunal da Relação de Coimbra, Processo Nº 56/08.8GDFND.C1, 05-05-2010.
Acórdão do Tribunal da Relação de Coimbra, Processo Nº 1220/06.0TBTMR.C1, 16-03-2010.
Acórdão do Tribunal da Relação de Coimbra, Processo Nº 1201/09.1TBMRGR.C1, 17-11-2009.
Acórdão do Tribunal da Relação de Coimbra, Processo Nº 112/04.1TAFND.C1, 18-02-2009.
Acórdão do Tribunal da Relação de Coimbra, Processo Nº 3419/08.5TBVIS.C1, 09-12-2008.
Acórdão do Tribunal da Relação de Coimbra, Processo Nº 1159/06, 05-07-2006.

Tribunal da Relação de Évora

Acórdão do Tribunal da Relação de Évora, Processo Nº 22/06.8FAVRS.E1, 14-07-2010.
Acórdão do Tribunal da Relação de Évora, Processo Nº 32/06.5TBBJA.E1, 12-05-2010.
Acórdão do Tribunal da Relação de Évora, Processo Nº 1115/09.5TBABF.E1, 29-09-2009.
Acórdão do Tribunal da Relação de Évora, Processo Nº 1264/09.0TBFAR.E1, 07-10-2009.
Acórdão do Tribunal da Relação de Évora, Processo Nº, 10-07-2007.

Tribunal da Relação de Guimarães

Acórdão do Tribunal da Relação de Guimarães, Processo Nº 1130/07.3TABRG.G1, 04-04-2011.
Acórdão do Tribunal da Relação de Guimarães, Processo Nº 974/07-2, 02-07-2007.

Acórdão do Tribunal da Relação de Guimarães, Processo Nº 1204/04-2.15-11-2004.

Tribunal da Relação de Lisboa

Acórdão do Tribunal da Relação de Lisboa, Processo Nº 6229/05.8TVLSB.L1-7, 29-11-2011.
Acórdão do Tribunal da Relação de Lisboa, Processo Nº 1598/10.0TVLSB.L1-6, 31-03-2011.
Acórdão do Tribunal da Relação de Lisboa, Processo Nº 323/07.8TVLSB.L1-2, 30-06-2011.
Acórdão do Tribunal da Relação de Lisboa, Processo Nº 147/04.4SXLSB.L1-5, 22-03-2011.
Acórdão do Tribunal da Relação de Lisboa, Processo Nº 2069/07.8YXLSB.L1-7, 14-09-2010.
Acórdão do Tribunal da Relação de Lisboa, Processo Nº 5387/09.7TVLSB.L1-2, 19-07-2010.
Acórdão do Tribunal da Relação de Lisboa, Processo Nº 3501/05.0TBOER.L1-2, 18-06-2009.
Acórdão do Tribunal da Relação de Lisboa, Processo Nº 974/2008.4TVLSB.L1-7, 10-02-2009.
Acórdão do Tribunal da Relação de Lisboa, Processo Nº 7985/2008-7, 16-12-2008.
Acórdão do Tribunal da Relação de Lisboa, Processo Nº 10779/2007-6, 07-02-2008.
Acórdão do Tribunal da Relação de Lisboa, Processo Nº 72/2007-5,15-05-2007.
Acórdão do Tribunal da Relação de Lisboa, Processo Nº 5670/2006-7, 16-01-2007.
Acórdão do Tribunal da Relação de Lisboa, Processo Nº 8713/2006-7, 28-11-2006.
Acórdão do Tribunal da Relação de Lisboa, Processo Nº 778/2005-6,17-02-2005.
Acórdão do Tribunal da Relação de Lisboa, Processo Nº 5451/2003-6, 04-11-2004.
Acórdão do Tribunal da Relação de Lisboa, Processo Nº 10441/2003-7, 02-03-2004.
Acórdão do Tribunal da Relação de Lisboa, Processo Nº 6626/2003-1, 16-12-2003.
Acórdão do Tribunal da Relação de Lisboa, Processo Nº 11845/2001-5, 04-11-2003.
Acórdão do Tribunal da Relação de Lisboa, Processo Nº 0024383, 03-11-1999.
Acórdão do Tribunal da Relação de Lisboa, Processo Nº 0004161, 13-07-1995.

JURISPRUDÊNCIA

Tribunal da Relação do Porto

Acórdão do Tribunal da Relação do Porto, Processo Nº 42/05.0FBPVZ.P1, 02-12-2009.
Acórdão do Tribunal da Relação do Porto, Processo Nº 0536901, 26-01-2006.
Acórdão do Tribunal da Relação do Porto, Processo Nº 0540603, 19-10-2005.
Acórdão do Tribunal da Relação do Porto, Processo Nº 0442253, 08-07-2004.
Acórdão do Tribunal da Relação do Porto, Processo Nº 0342776, 16-06-2004.
Acórdão do Tribunal da Relação do Porto, Processo Nº 0346424, 14-04-2004.
Acórdão do Tribunal da Relação do Porto, Processo Nº 0341482, 18-06-2003.
Acórdão do Tribunal da Relação do Porto, Processo Nº 0240941, 23-04-2003.
Acórdão do Tribunal da Relação do Porto, Processo Nº 0210131, 19-03-2003.
Acórdão do Tribunal da Relação do Porto, Processo Nº 9450142, 01/04/1995.
Acórdão do Tribunal da Relação do Porto, Processo Nº 9120900, 12/09/1991.

Reino Unido

Blacklock v. Pearson (1915) 2 *Chancery Law Reports* 376.
Byrne v. Statist Co. (1914) 1 *Law Reports Kings Bench* 622.
Cramp v. Smythson (1944) *Law Reports Appeal Cases* 329.
Creation Records Ltd v. Newsgroup Newspapers Ltd (1997) *Entertainment and Media Law Reports (UK)* 444.
Express Newspapers plc v. Liverpool Daily Post & Echo plc. (1985) *Fleet Street Reports* 306.
Exxon Corporation v. Exxon Insurance Consultants International Ltd (1982) *Chancery Law Reports* 119; (1981) 3 *All England Law Reports* 241; (1982) *Reports of Patent Cases* 81, Court of Appeal.
Football League v. Littlewoods (1959) *Chancery Law Reports* 637.
Hyperion v. Sawkins (2005) *England and Wales Court of Appeal (Civil Division) Decisions* 565.
Independent Television Publications v. Time Out (1984) *Fleet Street Reports* 64.
Interlego AG v. Tyco Industries (1989) 1 *Law Reports*: Appeal Cases 217; (1988) 3 *All England Law Reports* 949; (1988) *Reports of Patent Cases* 343, Patents Court.
Kelly v. Morris (1866) *Law Reports I Equity* 697.
Kirk v. Fleming (1928-1935) Mac. C.C. 44.
Komesaroff v. Mickle (1988) *Reports of Patent Cases* 204.
Ladbroke v. Wm. Hill (1964) 1 *Weekly Law Reports* 273, House of Lords.
Merchandising Corp. of America v. Harpbond (1983) *Fleet Street Reports* 32, Court of Appeal.
Nova Productions Ltd v. Mazooma Games Ltd & Ors (2007) *England and Wales Court of Appeal (Civil Division) Decisions* 219.

Partway Press v. Hague (1957) *Reports of Patent Cases* 426.
Purefoy v. Sykes Boxall (1955) 72 *Reports of Patent Cases* 89, Court of Appeal.
Stephenson Jordan & Harrison Ltd v. MacDonald & Evans (1952) *Reports of Patent Cases* 10.
University of London Press v. University Tutorial Press (1916) 2 *Chancery Law Reports* 601.
Western Front Ltd v. Vestron Inc. (1988) *European Intellectual Property Review* D-89.

União Europeia

Airfield NV, Canal Digitaal BV v. Belgische Vereniging van Auteurs, Componisten en Uitgevers CVBA (Sabam) e Airfield NV v. Agicoa Belgium BVBA, Acórdão do Tribunal de Justiça, Processos apensos C431/09 e C432/09, 13 de Outubro de 2011.
Apis-Hristovich EOOD v. Lakorda AD, Acórdão do Tribunal de Justiça, Processo C-545/07, 5 de Março de 2009.
Belgische Vereniging van Auteurs, Componisten en Uitgevers CVBA (SABAM) v. Netlog NV, Acórdão do Tribunal de Justiça, Processo C360/10, 16 de Fevereiro de 2012.
Bezpečnostní softwarová asociace – Svaz softwarové ochrany v. Ministerstvo kultury, Acórdão do Tribunal de Justiça, Processo C393/09, 22 de Dezembro de 2010.
British Horseracing Board Ltd and anor v. William Hill Organisation Ltd, Acórdão do Tribunal de Justiça, Processo C- 203/02, 9 de Novembro de 2004.
Coditel SA Compagnie générale pour la diffusion de la television v. Ciné Vog Films (No.1), Acórdão do Tribunal de Justiça, Processo 62/79, 18 de Março de 1980.
Comissão das Comunidades Europeias v. Reino de Espanha, Processo C36/05, de 16 de Julho de 2009.
Comissão das Comunidades Europeias v. República Portuguesa, Processo C-24/08, 9 de Setembro de 2008.
Comissão das Comunidades Europeias v. República Portuguesa, Processos C-53/05 e C-61/05, Conclusões da AdvogadaGeral E. Sharpston apresentadas a 4 de Abril de 2006.
Comissão das Comunidades Europeias v. Reino da Bélgica, Acórdão do Tribunal de Justiça, Processo C-433/02, 16 de Outubro de 2003.
Directmedia Publishing GmbH v. AlbertLudwigsUniversität Freiburg, Acórdão do Tribunal de Justiça, Processo C304/07, 9 de Outubro de 2008.
Eva-Maria Painer v. Standard Verlags GmbH, Axel Springer AG, Süddeutsche Zeitung GmbH, SPIEGEL-Verlag Rudolf AUGSTEIN GmbH & Co KG and Verlag M. DuMont Schauberg Expedition der Kölnischen Zeitung GmbH & Co KG, Acórdão do Tribunal de Justiça, Processo C145/10, 1 de Dezembro de 2011.
Falco Privatstiftung e T. Rabitsch v. Gisela WellerLindhorst, Acórdão do Tribunal de Justiça, Processo C533/07, 23 de Abril de 2009.

JURISPRUDÊNCIA

Fixtures Marketing Ltd v Oy Veikkaus Ab, Acórdão do Tribunal de Justiça, Processo C-406/02, 9 de Novembro de 2004.
Fixtures Marketing Ltd. v AB Svenska Spel, Acórdão do Tribunal de Justiça, Processo C-338-02, 9 de Novembro de 2004.
Fixtures Marketing Ltd. v Organismos Prognostikon Agonon Podosfairu, Acórdão do Tribunal de Justiça, Processo C-46/02, 9 de Novembro de 2004.
Football Association Premier League Ltd, NetMed Hellas SA, Multichoice Hellas SA v QC Leisure, David Richardson, AV Station plc, Malcolm Chamberlain, Michael Madden, SR Leisure Ltd, Philip George Charles Houghton and Derek Owen e Karen Murphy v Media Protection Services Ltd, Acórdão do Tribunal de Justiça, Processos apensos C403/08 e C429/08, 4 de Outubro de 2011.
Football Dataco Ltd, Football Association Premier League Ltd, Football League Ltd, Scottish Premier League Ltd, Scottish Football League, PA Sport UK Ltd v. Yahoo! UK Ltd, Stan James (Abingdon) Ltd, Stan James plc, Enetpulse ApS, Acórdão do Tribunal de Justiça, Processo C604/10, 1 de Março de 2012.
Fundación Gala-Salvador Dalí and Visual Entidad de Gestión de Artistas Plásticos (VEGAP) v. Société des auteurs dans les arts graphiques et plastiques (ADAGP), Juan-Leonardo Bonet Domenech, Eulalia-María Bas Dalí, María del Carmen Domenech Biosca, Antonio Domenech Biosca, Ana-María Busquets Bonet and Mónica Busquets Bonet, Acórdão do Tribunal de Justiça, Processo C518/08, 15 de Abril de 2010.
Gianni Bettati v. Safety Hi-Tech Srl., Acórdão do Tribunal de Justiça, Processo C341/95, 14 de Julho de 1998.
Infopaq International A/S v. Danske Dagblades Forening, Acórdão do Tribunal de Justiça, Processo C5/08, 16 de Julho de 2009.
ITV Broadcasting Ltd, ITV 2 Ltd, ITV Digital Channels Ltd, Channel 4 Television Corporation, 4 Ventures Ltd, Channel 5 Broadcasting Ltd, ITV Studios Ltd v. TVCatchup Ltd, Acórdão do Tribunal de Justiça, Processo C607/11, 7 de Março de 2013.
Martin Luksan v. Petrus van der Let, Acórdão do Tribunal de Justiça, Processo C277/10, 9 de Fevereiro de 2012.
Mediakabel BV v. Commissariaat voor de Media, Acórdão do Tribunal de Justiça, Processo C89/04, de 2 de Junho de 2005.
Padawan SL v, Sociedad General de Autores y Editores de España (SGAE), Acórdão do Tribunal de Justiça, Processo C467/08, 21 de Outubro de 2010
Peek & Cloppenburg KG v. Cassina SpA, Acórdão do Tribunal de Justiça, Processo C-456/06, 17 de Abril de 2008.
Phil Collins v IMTRAT Handels-GmbH, Patricia Im-und Export VmbH v EMI Electrola GmbH, Processos apensos C-92/92 e C-326/92.
Phonographic Performance (Ireland) Limited v. Irlanda, Acórdão do Tribunal de Justiça, Processo C162/10, 15 de Março de 2012.
Processo-crime contra Felix Kapper, Processo C476/01, de 29 de Abril de 2004.

Productores de Música de España v. Telefónica de España SAU, Acórdão do Tribunal de Justiça, Processo C275/06, 29 de Janeiro de 2008.

SAS Institute Inc. v. World Programming Ltd, Acórdão do Tribunal de Justiça, Processo C406/10, 2 de Maio de 2012.

Scarlet Extended SA v. Société belge des auteurs, compositeurs et éditeurs SCRL (SABAM), sendo intervenientes: Belgian Entertainment Association Video ASBL (BEA Video), Belgian Entertainment Association Music ASBL (BEA Music) e Internet Service Provider Association ASBL (ISPA), Acórdão do Tribunal de Justiça, Processo C70/10, 24 de Novembro de 2011.

Sociedad General de Autores y Editors de Espana (SGAE) v. Rafael Hoteles SA, Acórdão do Tribunal de Justiça, Processo C306/05, 7 de Dezembro de 2006.

Società Consortile Fonografici (SCF) v. Marco Del Corso, sendo interveniente, Procuratore generale della Repubblica, Acórdão do Tribunal de Justiça, Processo C135/10, 15 de Março de 2012.

Sony Music Entertainment (Germany) GmbH v. Falcon Neue Medien Vertrieb GmbH, Acórdão do Tribunal de Justiça, Processo C240/07, 20 de Janeiro de 2009.

UsedSoft GmbH v. Oracle International Corporation, Acórdão do Tribunal de Justiça, Processo C128/11, 3 de Julho de 2012.

Vereniging van Educatieve en Wetenschappelijke Auteurs (VEWA) v. Belgische Staat, Acórdão do Tribunal de Justiça, Processo C271/10, 30 de Junho de 2011.

BIBLIOGRAFIA

ADENEY, E., *The Moral Rights of Authors and Performers: an International and Comparative Analysis,* Oxford University Press, 2006.

AKESTER, P., «SAS Institute Inc v World Programming Ltd, Case C-406/10 – exploratory answers», *European Intellectual Property Review,* 34(3), 2012, p. 145

—, *Portugal,* in B. Lindner e T. Shapiro (coordenadores), *Copyright in the Information Society: A Guide to National Implementation of the EC Directive,* Edward Elgar, 2011.

—, «The New Challenges of Striking the Right Balance Between *Copyright* Protection and Access to Knowledge, Information and Culture», *European Intellectual Property Review,* 32:8, 2010, p. 372.

—, *Portugal,* in G. Davies e K. Garnett (coordenadores), *Moral Rights,* Sweet and Maxwell, 2010.

—, «The impact of Digital Rights Management on Freedom of Expression – The First Empirical Assessment», *International Review of Intellectual Property and Competition Law,* 1, 2010, p. 31.

—, «Technological accommodation of conflicts between DRM and freedom of expression: the first empirical assessment», Social Science Research Network, 2009.

—, *A Practical Guide to Digital Copyright Law,* Sweet & Maxwell, 2008.

—, Lima, F., «*Copyright* and *P2P*: law, economics and patterns of evolution», *European Intellectual Property Review,* 28:11, 2006, p. 576.

—, «Study on the draft WIPO Broadcasting Treaty and its impact on freedom of expression», *UNESCO e-Copyright Bulletin,* (2006) April-June (2006).

—, Akester R., «Digital Rights Management in the 21st Century, *European Intellectual Property Review,* 3, 2006, p. 159.

—, «The political dimension of the digital challenge: *copyright* and free speech restrictions in the digital age», *Intellectual Property Quarterly,* 1, 2006, p. 16

—, «*Copyright* and the *P2P* Challenge», *European Intellectual Property Review,* 3, 2005, p. 106.

—, «Implementation of the InfoSoc Directive in Portugal», *Entertainment Law Review,* 16:1, 2005, p. 7.

—, Lima F., «The economic dimension of the digital challenge: a *copyright* perspective», *Intellectual Property Quarterly,* 1, 2005, p. 69.

—, «Authorship and Authenticity in Cyberspace», *Computer Law & Security Report,* 20:6, 2004, p. 436.

—, *Direito de Autor e os Desafios da Tecnologia Digital,* Principia, 2004.

—, «Survey of Technological Measures for Protection of *Copyright*», *Entertainment Law Review,* 12:1, 2001, p. 36.

Ascensão, J. O., «A protecção jurídica dos programas de computadores», *Revista da Ordem dos Advogados,* Abril, 1995, p. 69.

—, *Direito de Autor e Direitos Conexos,* Coimbra Editora, 1992.

—, *Direito Autoral,* Rio de Janeiro, 1980.

Becker, L., «Deserving to Own Intellectual Property», *Chicago Kent Law Review,* 68, 1993, p. 609.

Berkvens, J. M. A., Alkemade, G. O. M., «Software Protection: Life After the Directive», *European Intellectual Property Review,* 12, 1991, p. 476.

Bettinger, T., Freytag, S., «Civil Law Responsibility for Links» *International Review of Intellectual Property and Competition Law,* 8, 1999, p. 883.

Black, J., «The Regulation of *Copyright* Contracts – A Comparative View», *European Intellectual Property Review,* Dezembro de 1980, p. 386.

Bogsch, A. «The First Hundred Years of the Berne Convention», *Copyright,* 22, 1986, p. 322.

Brown, H. F., *The Venetian Printing Press,* J.C. Nimmon, 1891.

Bugbee, W., *Genesis of American Patent and Copyright Law,* Washington D.C. Public Affairs Press, 1967.

Burnett, M., «Thirty-Four Years on: Time for Filling the Gaps in Broadcasters' Protection», *Entertainment Law Review,* 2, 1995, p. 41.

Campinos, A., Gonçalves, L. C. (coordenadores), *Código da Propriedade Industrial Anotado,* Almedina, 2010.

Cavalli, J., *La genèse de la Convention de Berne pour la protection des oeuvres littéraires et artistiques du 9 septembre 1886,* Imprimeries Réunies, 1986.

Clayton, R., *The Law of Human Rights,* Oxford University Press, 2003.

Comissão Europeia, «Relatório da Comissão Europeia sobre a aplicação da Directiva 93/83/CEE do Conselho, relativa à coordenação de determinadas disposições em matéria de direito de autor e direitos conexos aplicáveis à radiodifusão por satélite e à retransmissão por cabo» (COM/2002/0430 final).

—, «Follow-up to the Green Paper on *Copyright* and Related Rights in the Information Society», COM (96), 568, final.

—, «Green Paper on *Copyright* and Related Rights in the Information Society», COM (95), 382, final.

Conselho e Comissão Europeus, «The Brussels Regulation: The Council and Commission's Joint Statement on Articles 15 and 68», http://webarchive.nationalarchives.gov.uk/+/http://www.dti.

gov.uk/ccp/topics1/guide/jurisdiction_eustate.htm.

Comissão Europeia, «First evaluation of Directive 96/9/EC on the legal protection of databases», 12 de Dezembro de 2005, http://ec.europa.eu/internal_market/copyright/docs/databases/evaluation_report_en.pdf.

Cordeiro, P., Lopes Rocha, M., *Protecção jurídica do software*, Edições Cosmos, 1995.

—, «A Lei portuguesa de software», *Revista da Ordem dos Advogados*, Julho, 1994, p. 713.

Cornish, W. R., «The Notions of Work, Originality and Neighbouring Rights from the View Point of Common Law Traditions», in WIPO Symposium on the Future of *Copyright* and Neighbouring Rights, Paris, 1994.

Correa, C. M., «TRIPS, *Copyright* and Related Rights», *International Review of Intellectual Property and Competition Law*, 25: 4, 1994, p. 543.

Czarnota, B., Hart, R., *Legal Protection of Computer Programs in Europe – a Guide to the EC Directive*, Butterworths, 1991.

Davison, M. J., Hugenholtz, P. B., «Football fixtures, horseraces and spin-offs: the ECJ domesticates the database right», *European Intellectual Property Review*, 2005, p. 113.

Deazley, R., *Rethinking Copyright: History, Theory, Language*, Edward Elgar, 2006.

—, *On the Origin of the Right to Copy: Charting the Movement of Copyright Law in the Eighteenth Century*, Hart Publishing, 2004.

Desbois, H., *Le droit d'auteur en France*, Dalloz, 1978.

—, «The moral right», *Revue International du Droit d'Auteur*, 19, 1958, p. 121.

Dias Pereira, A., «Informática, Direito de Autor e Propriedade Tecnodigital», Coimbra Editora, 2001.

Dietz, A., «Legal regulation of collective management of *copyright* (collecting societies law) in Western and Eastern Europe», *Journal of the Copyright Society*, 49, 2002, p. 897.

Dock, M. C., *Etude sur le droit d'auteur*, Librarie Générale de Droit et de Jurisprudence, 1963.

Drahos, P., «Intellectual Property and Human Rights», *Intellectual Property Quarterly*, 3, 1999, p. 349.

Dreier, T., «The Council Directive of 14 May 1991 on the Legal Protection of Computer Programs», *European Intellectual Property Review*, 9, 1991, p. 319.

Duchemin, W., «The Community Directive on the resale right», *Revue International du Droit d'Auteur*, 191, 2002, p. 2.

Dusollier, S., «Exception's and technological measures in the European *Copyright* Directive of 2001 – an empty promise», *International Review of Intellectual Property and Competition Law*, 34, 2003, p. 62.

Dworkin, G., Sterling, J. A. L., «Phil Collins and the Term Directive», *European Intellectual Property Review*, 1994, p. 187.

—, «Moral rights and the common law countries» *Australian Intellectual Property Journal*, 1994, p. 5.

—, «Moral rights in English law – the shape of things to come», *European Intellectual Property Review*, 11, 1986, p. 329.

FABIANI, M., «The Geneva Diplomatic Conference on *Copyright* and the Rights of Performers and Phonogram Producers», *Entertainment Law Review*, 3, 1997, p. 98.

FAWCETT, J. J., TORREMANS, P., *Intellectual Property and Private International Law*, Clarendon Press, 1998.

FEATHER, J., *Publishing, Piracy and Politics: An Historical Study of Copyright in Britain*, Mansell, 1994.

FERREIRA DE ALMEIDA, C., COUTO GONÇALVES, L., TRABUCO, C. (coordenadores), *Contratos de Direito de Autor e de Propriedade Industrial*, Almedina, 2011.

FICSOR, M., *The Law of Copyright and the Internet*, Oxford University Press, 2002.

—, *Collective management of copyright and related rights*, OMPI, 2002.

FLINT, M., «WIPO Diplomatic Conference – Bern Convention meets the new technologies», *Copyright World*, 66, 1997, p. 9.

FOGED, T., «US v. EU anti-circumvention legislation: preserving the public's privileges in the digital age?», *European Intellectual Property Review*, 2002, p. 525.

FRANÇON, A., «Should the Rome Convention on Neighbouring Rights be Revised?», *UNESCO Copyright Bulletin*, 25: 4, 1991, p. 20.

FREEGARD, M., «Collective administration of rights» in *International Copyright and Neighbouring Rights*, 2ª ed., Butterworths, 1989.

FRITH, S. (coordenador), *Music and Copyright*, Edinburgh University Press, 1993.

GABINETE DO DIREITO DE AUTOR, «Nota Justificativa sobre a Proposta de Lei 108/IX que transpõe para a ordem jurídica portuguesa a Directiva 2001/29/CE», 22 de Maio de 2001.

GARROTE, I., «Linking and Framing – A Comparative Law Approach», *European Intellectual Property Review*, 2002, p. 184.

GASTER, J. L., «The European Commission Staff Working Paper on the implications in the field of *copyright* and related rights of the European Court of Justice's Phil Collins ruling», *Revue International du Droit d'Auteur*, 186, 1996, p. 2.

GELLER, P. E., «Can the GATT Incorporate Berne Whole?», *European Intellectual Property Review*, 11, 1990, p. 423.

—, (coordenador), *International Copyright Law and Practice*, Matthew Bender, 1988-.

GENDREAU, Y., «Intention and *Copyright* Law» in *The Internet and Author's right*, Sweet e Maxwell, 1999.

GERVAIS, D., «Rights Management Information», in *The Author's Place in the XXI Century Copyright: the challenges of modernization*, ALAI, 2007, p. 519.

—, *The TRIPS Agreement: drafting history and analysis*, 3ª ed., Sweet e Maxwell, 2008.

—, (coordenador), *Collective Management of Copyright and Related Rights*, Kluwer, 2006.

GHOSH, S., «The Merits of Ownership», *Harvard Journal of Law e Technoloy*, 15, 2002, p. 453.

GINSBURG, J. C., GAUBIAC, Y., «Infringement, provision of means and fault: outlook in common law and civil law system following the *Grokster* and *Kazaa* rulings», *Revue International du Droit d'Auteur*, 207, 2006, p. 3.

GONÇALVES, N., «Notas sobre um (im) provável próximo futuro da propriedade intelectual», in «Celebrar 100 Anos de Adesão de Portugal à Convenção de Berna e Olhar para o Futuro», Oeiras, 2011.

GREENE, L. H., RIZZI, S. J., «United States: database protection developments: proposals stall in the United States and at WIPO», *Copyright World*, 68, 1997, p. 8.

GRIFFITHS, J., SUTHERSANEN, U. (coordenadores), *Copyright and Free Speech: Comparative and International Analyses*, Oxford University Press, 2005.

GUIBAULT, L., WESTKAMP, G., RIEBER-MOHN, T., HUGENHOLTZ, P. B., «Study on the Implementation and Effect in Member States' Laws of Directive 2001/29/EC on the Harmonisation of Certain Aspects of *Copyright* and Related Rights in the Information Society», Fevereiro de 2007, http://www.ivir.nl/publications/guibault/Infosoc_report_2007.pdf.

HAMILTON, M. A., «TRIPS: Imperialistic, Outdated and Overprotective», *Vanderbilt Journal of Transnational Law*, May 1996, 29, p. 613.

HART, M., «The Proposed Directive for *Copyright* in the Information Society: Nice Rights, Shame about the Exceptions», *European Intellectual Property Review*, 13, 1998, p. 169.

HAYS, T., «The evolution and decentralisation of secondary liability for infringements of *copyright* protected works», *European Intellectual Property Review*, 2006, p. 617, *European Intellectual Property Review*, 2007, p. 15.

HEIDE, T., «The Berne Convention's Three Step Test and the Proposed *Copyright* Directive», *European Intellectual Property Review*, 3, 1999, p. 105.

HETTINGER, E., «Justifying Intellectual Property Rights», *Philosophy and Public Affairs*, 18, 1989, p. 31.

HUET, J., GINSBURG, J., «Computer programs in Europe: A comparative analysis of the 1991 EEC Software Directive», *Columbia Journal of Transnational Law*, 30, 1992, p. 327.

HUGENHOLTZ, P. B., «*Copyright* and freedom of expression in Europe» in *Expanding the Boundaries of Intellectual Property*, Oxford University Press, 2001.

HUGHES, J., «The Philosophy of Intellectual Property», *Georgetown Law Review*, 77, 1988, p. 287.

KANT, I., *Von der Unrechtmässigkeit des Büchernachdruckes*, 1785, U.F.I.T.A., 1987.

KARNELL, G., «Protection of layout designs (topographies) of integrated circuits – R.I.P.?», *International Review of Intellectual Property and Competition Law*, 32, 2001, p. 648.

KARNELL, G., «The Berne Convention Between Author's Rights and *Copyright* Economics – An International Dilemma», *International Review of Intellectual Property and Competition Law*, 26: 2, 1995, p. 193.

KEREVER, A., «Should the Rome Convention be Revised and if so, is it this the Right Moment?», *UNESCO Copyright Bulletin*, 25: 4, 1991, p. 5.

KOHLER, J., *Urheberrecht an Schriftwerken und Verlagsrecht*, Enke, 1907.

—, *Das Literarische und Artistische Kunstwerk und sein Autorschutz: Eine juridisch-ästhetische Studie*, Bensheimer, 1892.

KOUMANTOS, G., «Private International Law and the Berne Convention», *Copyright*, 24, 1988, p. 426.

KROKER, E. R., «The Computer Directive and the Balance of Rights», *European Intellectual Property Review*, 5, 1997, p. 247.

JEHORAM, H., «The EC *Copyright* Directives, Economics and Authors' Rights», *International Review of Intellectual Property and Competition Law*, 25:6, 1994, p. 821.

—, «Harmonising Intellectual Property within the European Community», *International Review of Intellectual Property and Competition Law*, 23:5, 1992, p. 622.

LABRA, V. B., «The Rome Convention: a Three-Cornered Marriage (a Love Triangle?)», *UNESCO Copyright Bulletin*, 25: 4, 1991, p. 17.

LADAS, S. P., *The International Protection of Literary and Artistic Property*, Macmillan, 1938.

LAKANAL, Relatório sobre a Lei de 19/24 de Julho de 1793.

LANDES, W., POSNER, R., «An Economic Analysis of *Copyright* Law», *Journal of Legal Studies*, 18, 1989, p. 325.

LE CHAPELIER, Relatório sobre a Lei de 13/19 de Janeiro de 1791.

LEWINSKI, S. von, «The WIPO Diplomatic Conference on Audiovisual Performances: a first résumé», *European Intellectual Property Review*, 2001, p. 333.

—, «International protection for audiovisual performances: a never-ending story», *Revue International du Droit d'Auteur*, 189, 2001, p. 3.

—, «A Successful Step towards *Copyright* and Related Rights in the Information Age: the New E.C. Proposal for a Harmonisation Directive», *European Intellectual Property Review*, 4, 1998, p. 135.

LITMAN, J., «Reforming Information Law in *Copyright's* Image», *University of Dayton Law Review*, 22:3, 1997, p. 587.

—, «Revising *Copyright* Law», *Oregon Law Review*, 75, 1996, p. 19.

LOBITZ, M., «Liability of Internet service providers regarding *copyright* infringement – a comparison of US and European law», *European Intellectual Property Review*, 33, 2002, p. 26.

LOCKE, J., *Second Treatise of Civil Government*, 1690.

LOPES ROCHA, M., *Direito da Informática, Legislação e Deontologia*, Edições Cosmos, 1994.

LUCAS, A., LUCAS, H. J., *Traité de la propriété littéraire et artistique*, 3ª ed., LexisNexis/Litec, 2006.

MAKEEN, F., *Copyright in a Global Information Society: the Scope of Copyright Protection under International, United States, United Kingdom and French law*, Kluwer, 2000.

MARKS, D. S., TURNBULL, B. H., «Technical protection measures: the intersection of technology, law and commercial licences», *European Intellectual Property Review*, 2000, p. 198.

MARQUES, G., MARTINS, L., *Direito da Informática*, Almedina, 2000.

MASON, A., «Developments in the Law of *Copyright* and Public Access to Information», *European Intellectual Property Review*, 11, 1997, p. 636.

MASOUYÉ, C., *Guide to the Rome Convention and to the Phonograms Convention*, OMPI, 1981.

—, *Guide to the Berne Convention*, OMPI, 1978.

—, P., «The Rome Convention: Realities and Prospects», *Copyright*, 21, 1981, p. 296.

MOORE, A., *Intellectual Property and Information Control: Philosophical Foundations and Contemporary Issues*, Transaction Publishers, 2001.

—, *Intellectual Property: Moral, Legal and International Dilemmas*, Rowman e Littlefield, 1997.

MORGAN, O., «The problem of the international protection of audiovisual performances», *International Review of Intellectual Property and Competition Law*, 33, 2002, p. 810.

NIMMER, B., GELLER, P. E., *International Copyright Law and Practice*, Matthew Bender, loose-leaf, 1988-.

NORDEMANN, W., VINCK, K., HERTIN, P. W., Meyer, G., *International Copyright and Neighbouring Rights Law*, VCH, 1990.

ORGANIZAÇÃO MUNDIAL DA PROPRIEDADE INTELECTUAL, «Implications of the TRIPS Agreement on treaties administered by WIPO» I.P.A.C., 1996, p. 164.

—, *Glossary of Terms of the Law of Copyright and Neighbouring Rights*, OMPI, 1978.

ORGANIZAÇÃO MUNDIAL DO COMÉRCIO, *Report of the Panel established under Article 6 of the Dispute Settlement Understanding and Article 64 (1) of the TRIPS Agreement: United States – Section 110 (5) of the US Copyright Act*, in *Dispute Settlement Reports*, Cambridge University Press, 2008.

OSTERGARD, R. L., «Intellectual Property: A Universal Human Right?» *Human Rights Quarterly*, 21, 1999, p. 156.

PALMER, T. G., «Are Patents and *Copyright* Morally Justificd?», *Harvard Journal of Law and Public Policy*, 13, 1990, p. 817.

PUTNAM, G. H., *Books and their Makers during the Middle Ages*, 2ª ed, G.H. Putnam's Sons, 1896.

RADOJOKOVIC, Z., «The historical development of moral rights» *Copyright*, 1966, p. 168.

RAHMATIAN, A., «Non-assignability of authors rights in Austria and Germany and its relation to the concept of creativity in civil law jurisdictions generally: a comparison with UK copyright law» *Entertainment Law Review*, 11(5), 2000, p. 95.

RAMONBORDES, C., «Economic impact of the European Directive on artist's resale right or *droit de suite*», *UNESCO Copyright Bulletin*, XXXIV, April–June, 2000, p. 5.

REBELLO, L. F., *Código do Direito de Autor e dos Direitos Conexos*, 3ª ed., Âncora, 2002.

—, *Garret, Herculano e a Propriedade Literária*, SPA/Publicações D. Quixote, 1999.

—, *Introdução ao Direito de Autor, Vol. I*, SPA/Publicações D. Quixote, 1994.

—, «Visita Guiada ao Mundo do Direito de Autor», *Separata da Revista da Ordem dos Advogados*, 1974, p. 8.

REICHMAN, J. H., SAMUELSON, P., «Intellectual Property Rights in Data?», *Vanderbilt Law Review*, 50:51, 1997, p. 51.

REINBOTHE, J., LEWINSKI, S. von *The WIPO Treaties 1996*, Butterworths, 2002.

—, «The WIPO Treaties 1996 – Ready to Come into Force», *European Intellectual Property Review*, 2002, p. 199.

—, PRAT, M., LEWINSKI, S. von, «The New WIPO Treaties: a First Resume», *European Intellectual Property Review*, 4, 1997, p. 171.

—, LEWINSKI, S. von, *The EC Directive on Rental and Lending Rights and on Piracy*, Sweet and Maxwell, 1993.

REMBE, R., «Time for a Performer's Convention», *UNESCO Copyright Bulletin*, 25: 4, 1991, p. 25.

RENOUARD, A. C., *Traité des Droits d'Auteur, dans la Littérature, les Sciences et les Beaux-arts*, 1838-1839.

RICKETSON, S., GINSBURG, J. C., *International Copyright and Neighbouring Rights: The Berne Convention and Beyond*, 2ª ed., Oxford University Press, 2006.

—, «The Future of Traditional Intellectual Property Conventions in the Brave New World of Trade-Related Intellectual Property Rights», *International Review of Intellectual Property and Competition Law*, 26: 6, 1995, p. 872.

—, «The Shadow Land of Berne: a Survey of the Hidden Parts of the Berne Convention – Part III», *European Intellectual Property Review*, 2, 1989, p. 58.

—, «The Shadow Land of Berne: a Survey of the Hidden Parts of the Berne Convention – Part II», *European Intellectual Property Review*, 9, 1988, p. 267.

—, «The Shadow Land of Bern: a Survey of the Hidden Parts of the Berne Convention – Part I», *European Intellectual Property Review*, 7, 1988, p. 197.

—, *The Berne Convention for the Protection of Literary and Artistic Works 1886-1986*, Kluwer, 1987.

ROBBINS, L., *An Essay on the Nature and Significance of Economic Science*, Macmillan, 2ª ed., 1935.

ROSE, M., *Authors and Owners: The Invention of Copyright*, Harvard University Press, 1993.

ROSENBLATT, H., «*Copyright* arrangements: rights and wrongs – The collecting societies' perspective», *Intellectual Property Quarterly*, 2000, p. 187.

—, «The WIPO Diplomatic Conference, The Birth of Two New Treaties», *Computer Law e Security Review*, 13: 5, 1997, p. 307.

ROTHNIE, W., *Parallel Imports*, Sweet and Maxwell, 1993.

RUMPHORST, W., «Neighbouring Rights Protection of Broadcasting Organisations», *European Intellectual Property Review*, 10, 1992, p. 339.

SÁ E MELLO, A., *O Direito Pessoal de Autor no Ordenamento Jurídico Português*, SPA, 1989.

SAAVEDRA, R., *A Protecção Jurídica do Software e a Internet*, Sociedade Portuguesa de Autores, Publicações/D. Quixote, 1998.

SANTOS, A., *Ensaio Sobre o Direito de Autor*, Tese de Mestrado, Coimbra, 1954.

SCHURTZ-TAYLOR, J., «The Internet Experience and Author's Rights – An Overview of Some of the Present and Future Problems in the Digital Information Society», *International Journal of Legal Information*, 24:2, 1996, p. 129.

SENFTLEBEN, M., *Copyright, limitations and the three-step test: an analysis of the three-step test in international and EC copyright law*, Kluwer Law International, 2004.

SHERMAN, B., STROWEL, A., *Of Authors and Origins*, Clarendon, 1994.

SMITH, G., «EC Software Protection Directive – An Attempt to Understand Article 5(1)», *Computer Law e Security Review*, 7, 1990-1991, p. 148.

SPOOR, J. H., «The Economic Rights Involved – General Report», in *Copyright in Cyberspace*, Cramwinckel, 1997, p. 41.

STALLMAN, R., «Reevaluating *Copyright*: the Public Must Prevail», *Oregon Law Review*, 75, 1996, p. 291.

STEINER, H.J., ALSTON, P., *International Human Rights in Context – Law, Politics, Morals*, 2ª ed., Oxford University Press, 2000.

STERLING, J.A.L., «The GILA System for global Internet licensing», http://www.qmipri.org/documents/Sterling_JALSGILASystem.pdf.

—, *World Copyright Law*, 3ª ed., Thomson, 2008.

—, *Intellectual Property Rights in Sound Recordings, Film and Video* (Sweet e Maxwell, 1992, Suplemento, 1994).

STEWART, S. M., *International Copyright and Neighbouring Rights*, 2ª ed., Butterworths, 1989.

STOJANOVIC, M., «Quel avenir pour la Convention de Berne?», *Revue International du Droit d'Auteur*, 130, 1986, p. 3.

STRÎMHOLM, S., *Le droit moral de l'auteur*, Nordstedt, 1966-73.

STROWEL, A., IDE, N. «Liability of Internet Intermediaries: Recent Developments and the Question of Hyperlinks», *Revue International du Droit d'Auteur*, 185, 2000, p. 3, *Revue*

International du Droit d'Auteur, 186, 2000, p. 3.

STROWEL, A., *Droit d'auteur et copyright: divergences et convergences*, Bruylant, 1993.

SUTHERSANEN, U., «Creative Commons – The other way?» *Learned Publishing*, 20, 2007, p. 59.

THOMAS, I. D., «Revision of the Rome Convention: Is it Necessary and Timely?», *UNESCO Copyright Bulletin*, 25: 4, 1991, p. 32.

THOMPSON, E., «Twenty Years of the Rome Convention: Some Personal Reflections», *Copyright*, October 1981, p. 270.

TRITTON, G., *Intellectual Property in Europe*, 3ª ed., Sweet e Maxwell, 2008.

ULMER, E., «One Hundred Years of the Berne Convention», *International Review of Intellectual Property and Competition Law*, 17: 6, 1986, p. 707.

VIEIRA, J. A. C., *A Protecção dos Programas de Computador pelo Direito de Autor*, Lex, 2005.

VINJE, T. C., «*Copyright* Imperilled», *European Intellectual Property Review*, 4, 1999, p. 192.

—, «The New WIPO *Copyright* Treaty: a Happy Result in Geneva», *European Intellectual Property Review*, 5, 1997, p. 230.

VISCONDE DE CARNAXIDE, *Tratado da Propriedade Literária e Artística*, Porto, 1918.

VITORINO, A., «Recommendations resulting from the mediation on private copying and reprography levies», Bruxelas, 31 de Janeiro de 2013.

VOGEL, M., «Deutsche Urheber- und Verlagsrechtsgeschichte zwischen 1450 und 1850», *Archiv für Geschichte des Buchwesens*, XIX, 1978, p. 2.

WALRAVENS, N., «*La protection de l'oeuvre d'art et le droit moral de l'artiste*», *Revue International du Droit d'Auteur*, 197, 2003, p. 3.

WAND, P., «New Rules for Our Global Village», *Entertainment Law Review*, 5, 1997, p. 176.

WESTKAMP, G., «Part II: Country Reports on the Implementation of Directive 2001/29/EC in the Member States», Fevereiro de 2007, http://www.ivir.nl/publications/guibault/InfoSoc_Study_2007.pdf.

WOODARD, M. D. H., «TRIPS and NAFTA's Chapter 17», *Texas International Law Journal*, 1996, 31, p. 269.

WORTHY, J., «Intellectual Property Protection After GATT», *European Intellectual Property Review*, 5, 1994, p. 195.

—, «Europe Introduces New *Copyright* Rules for Software», *Computer Law e Security Review*, 7, 1990-1991, p. 101.

YAKOBSON, M., «*Copyright* liability of *online* service providers after the adoption of the EC Electronic Commerce Directive», *Entertainment Law Review*, 2000, p. 144.

ZIMERMAN, D. L., «*Copyright* in Cyberspace: Don't Throw out the Public Interest with the Bath Water», *Annual Survey of American Law*, 1994, p. 403.

ÍNDICE REMISSIVO

Acesso condicional – 10, 216-219
Acordo NAFTA – 88
Acordo TRIPS – 45, 67, 79, 81, 85, 88, 96, 119, 134, 159, 170-174, 176, 179, 181-182, 184, 187, 231, 241, 248-249, 257, 271, 278-281, 288, 302, 393, 398, 404-412, 415, 417, 428, 443, 448, 467-468, 675, 694-695
ACTA – 448
Adaptação – 56, 102-103, 131, 136, 148-150, 190, 202, 252-253, 261-262, 264, 274, 290, 331, 382, 387, 416, 458-459, 463, 467, 476, 479, 481, 489, 491-493, 504, 523, 545, 548, 573, 578, 595, 600, 602, 629, 648, 687
Agregação de conteúdos – 70, 205
ALAI – Vide Association Littéraire et Artistique International
Alemanha – 29-30, 32, 34-35, 37, 40, 319, 381
Algoritmos – 220, 232, 289, 297, 544
Alienação – 34, 36, 58, 81, 88, 155, 157, 262, 361-362, 479, 483-484, 507, 529, 628, 631
Alocuções – 61-62, 118, 129, 251, 259, 263, 272, 384, 388, 456, 473, 490, 518, 522, 639, 641
Aluguer – 10, 45, 102, 105, 109, 139, 164, 169, 171-173, 176-177, 179-181, 183, 240, 242, 262, 285, 299-310, 315, 332, 375-376, 416-417, 425-427, 434, 472, 489, 505, 541, 551-555, 558, 565, 582, 588, 594, 596, 606, 614, 618, 691, 695, 701-702, 706
Angola – 248-250, 279-281, 453-454, 456, 463, 465
Anónima (obra) – 134, 136, 525, 527, 644
Anonimato – 89, 91, 100
Anónimo (autor) – 273, 471, 477, 520
Antologias – 79, 251, 259, 385, 456, 473, 640
Apreensão – 41, 196, 243, 254, 297, 391, 465, 514-515, 537-539, 549, 613, 621, 650
Aquisição – 58, 69, 230, 234, 260, 314, 396, 406, 437, 470, 500, 534, 562-563, 566, 569, 628, 654, 678-679, 682
Arbitragem – 111, 159, 221, 540
Arquitectura – 53, 55-56, 58, 61-64, 76, 83-84, 89, 91, 96, 99, 102, 130, 155, 250, 259, 262-263, 272-273, 301, 385, 455-456, 473, 476, 485, 488-491, 518, 520, 522, 555, 617, 640-642

Arquivos – 118, 131, 212, 263, 353-354, 363-364, 366-367, 389, 445-446, 448, 490-491, 608-609, 616, 647

Arresto – 82, 196, 275, 483, 528, 535

Artista intérprete ou executante – 133, 139, 173-174, 176, 178-179, 183, 185, 223, 266-267, 275-276, 300, 310, 322-323, 402-403, 422, 424-425, 428-429, 433-435, 510-512, 530, 532, 554-555, 670, 674, 699-706

Association Littéraire et Artistique Internationale – 42, 381, 448

Áustria – 44

Autor – 31-33, 53-59, 82-86, 229, 232--233, 239-240, 250, 258, 272, 288, 300, 313, 320-321, 330, 340, 360, 384, 396, 407, 415

Autoria – 21, 28, 31-34, 53-59, 90-91, 97, 144, 146-147, 194, 229, 232, 234, 239-240, 288, 323, 458, 476, 538, 547, 577, 579

Autorização – 31, 35, 39-40, 43, 47, 55--56, 66, 69-70, 79, 87-88, 90, 94-97, 107, 129, 139-142, 144-152, 154-155, 157-160, 162, 165, 178, 180, 187-191, 199, 203-205, 207, 209, 211, 217--219, 222, 224-225, 230, 234, 236--237, 241, 252, 254, 261, 263-268, 276-278, 280, 293, 308, 313-314, 316, 335-336, 343-344, 352, 364--365, 370, 419, 422, 429, 436, 456, 458-464, 471, 475, 477, 481-483, 489, 492-494, 496-497, 500-503, 505-508, 510-511, 513, 515, 520--524, 527, 530-533, 536-538, 547--548, 562, 564-566, 569, 571-572, 587-592, 595, 597, 606, 612-615, 620, 647-648, 654, 657, 659-661, 663-665, 692, 704-705

Azulejo – 63, 259, 473

Bases de dados – 204, 211, 220, 224, 238-243, 259, 265, 330-338, 366, 442-443, 472-473, 493, 585-600

Beneficiários da protecção – 71, 170, 172, 258, 272, 300, 313, 320, 330, 340, 360, 401, 407, 423, 432, 547, 699

Bibliotecas – 118, 131, 206, 212, 253, 263, 274, 353-354, 363, 366-367, 445-446, 448, 462, 490-491, 521, 608-609, 616

Cabo Verde – 248, 257-269, 467-516

Caching – 200, 351, 607

Carácter lucrativo (em sede de utilização de uma obra) – 109, 303-305, 347

Caricatura – 130, 264, 269, 281, 490, 617

Carta dos Direitos Fundamentais da União Europeia – 21, 373, 448

Casos de menor importância – 131, 618

Celebrações de carácter religioso – 617

Celebrações oficiais – 617

Cerâmica – 63, 259, 473

China – 44

Chips – 15, 16

Ciberespaço – 47, 110, 167, 199, 413

Cifragem – 212, 220 619

Citações – 118, 128-129, 276, 355-356, 388, 532, 608, 617, 645

Co-autor – 34, 55-56, 90, 135, 148--149, 276, 300, 320, 323-324, 328, 476, 486, 504-505, 526-527, 530, 554, 569, 579

Codificação – 212, 220, 228, 315, 543, 551, 575, 619

Colectâneas – 94, 238, 251, 331-332, 456, 472, 594

Comissão Europeia – 114, 119, 285, 311, 448

ÍNDICE REMISSIVO

Comodato – 45, 102, 105, 139, 169, 171-173, 177, 180-181, 183, 262, 285, 299-310, 315, 375-376, 472, 489, 551-559, 565, 582, 588, 594, 596, 606, 609, 614

Compensação equitativa – 126, 214, 353-355, 365, 608, 610, 612, 616

Compensação justa – 616

Compensação suplementar – 142, 158, 262, 484

Compilações – 29-30, 79, 238, 259, 273, 385, 407, 473, 518, 640, 645--646, 680, 690, 694

Composições musicais – 61, 63, 136, 325, 384, 476, 504, 639

Comunicação ao público – 54, 95, 103, 105-115, 128, 135, 148, 152, 154, 176--182, 206, 222, 224, 236-237, 241, 252, 261-262, 267, 274, 276, 301--307, 312-315, 317, 324, 328, 340, 342-345, 347-349, 355, 358, 390, 402-403, 408-409, 416-418, 420, 425-427, 434, 455, 459, 481, 485, 489, 503, 511-512, 515, 522, 531--532, 551-553, 556-557, 562-565, 568-671, 580, 607, 615, 617, 620, 649, 669, 671, 681, 691-692, 698--700, 702, 707

Conferências – 42, 61-62, 118, 129, 250, 259, 263, 272, 382, 384, 388, 455, 473, 490, 518, 522, 639, 641

Conflito de leis – 110

Conhecimento – *Vide* cultura

Constituição – 21, 40, 47-49, 125, 248, 255, 269, 278

Content aggregation – 70

Contrafacção – 188-192, 207, 254, 267-268, 277, 294, 412, 464, 513, 536-537, 604-605, 676, 686

Contratos – 32-33, 36, 56-58, 93-94, 98, 112-113, 139-160, 179, 220, 229, 233, 239, 250, 258, 267, 272, 276, 291, 293, 295-296, 309-310, 315, 317, 322-323, 458, 461, 465, 474, 476-477, 483, 497-508, 510-511, 527, 529-530, 534, 545, 648, 550, 553, 555, 559, 564, 566, 570-571, 578, 587, 589, 599, 609, 649

Contrato (entre o autor e a sociedade) – 24-25

Convenção de Berna – 28, 31, 33, 35, 42-44, 49-50, 54, 61-62, 66, 73-74, 79-85, 87-88, 97-98, 104, 113, 118--119, 133-136, 165, 170, 210, 222--223, 248, 250-251, 257, 271, 280, 287-288, 294, 297, 319-321, 323, 325, 327-328, 331, 337, 340-341, 350-351, 359, 381-393, 395, 398, 405-411, 414-420, 424, 428, 435, 442, 448-449, 453, 468, 546, 549, 575-579, 581, 588-590, 596, 604, 626, 639-652, 677-678, 680, 682, 686, 689-696, 705

Convenção de Bruxelas – 110-112

Convenção de Lugano – 110-111

Convenção de Roma – 28, 43-44, 162, 170-176, 179, 181-182, 184, 257, 302, 309, 319, 399-404, 406-410, 421--425, 427-428, 444, 468, 553, 558, 575, 667-674, 677-678, 682, 698--699, 706

Convenção Universal sobre o Direito de Autor – 44, 81, 395-398, 653-655

Cópia ilícita – 199, 297, 549

Cópia privada – 123-126, 164, 213-214, 265, 274, 354-355, 609, 623

Copyright – 27-38, 63, 73, 80-81, 87-88, 395

Corpus mechanicum – 68

Creative Commons – 165-167

Criação do espírito – *Vide* criação intelectual

Criação intelectual – 15, 21, 23-24, 28, 48-49, 57, 61-64, 65-71, 73-75, 77--79, 86, 88, 90, 92, 95-97, 101, 134, 156, 158, 187, 207, 233, 239-240, 248, 251, 255, 258, 269, 272, 289--290, 297, 321-322, 331, 338, 341--342, 376-377, 385, 455, 471, 476, 547, 576-577, 581, 587, 594, 603

Criptografia – 220, 610

Cultura – 25, 44, 117, 131-132, 167, 249, 266, 271, 280, 307, 447-448, 467, 517, 556, 603

Danos – 96, 195-196, 198, 365, 443, 485, 499, 537

Decisão 351 do Acordo de Cartagena – 46

Declaração Universal dos Direitos do Homem – 21-22

Defesa (de direitos) – 187-207

Deficiências – 128, 280, 492, 609, 617

Deformação (da obra) – Vide mutilação (da obra)

Demonstração ou reparação de equipamentos – 130, 617

Desafios actuais – 131, 164, 202

Descobertas – 48, 67, 260, 474

Descompilação – 117, 235, 293-295, 546, 548

Desenhos – 40, 48, 59, 61, 65, 130, 155-156, 189, 250, 259, 272, 360, 383, 385, 455, 473, 476, 479, 483, 504, 518, 536, 599, 617, 631, 640

Desenhos ou modelos – 16-17, 63, 84, 134

Design – 53, 63, 155, 259, 473, 476

Destruição (da obra) – 92, 194-196, 538-539

Digitalização – 65, 340, 351, 363-364, 366-367

Digital Millennium Copyright Act – 200

Dinamarca – 111

Direito de autor:
- *Droit d'auteur/copyright* – 27-38
- Evolução Histórica – 39-50
- Natureza e conteúdo – 19-22
- *Raison d'etre* – 23-25
- Terminologia – 15-17

Direito de sequência – 46, 262, 269, 281, 286, 359-362, 375-376, 387, 625-635

Direito do homem (direito de autor como direito do homem) – 21-22, 24

Direitos conexos – 16, 28, 36-38, 44--46, 59, 74, 133-135, 162-163, 168--187, 195, 255, 266-267, 275-276, 280, 285-286, 299-301, 310-311, 315-317, 319-320, 327, 339, 358, 363, 369, 373, 375-376, 467-468, 470, 477-478, 508-512, 529, 535, 539-540, 551-553, 556, 558-559, 561, 563, 565-567, 569-572, 575--578, 580-582, 588, 594, 598, 601--607, 610, 614, 619-622, 628, 680

Direitos morais – 20, 28, 33-36, 38, 47, 87-101, 134, 136, 141, 144-145, 149--150, 155, 157-158, 160, 174, 193--194, 199, 234, 240, 252-255, 258, 260-261, 266-269, 273-275, 278, 281, 292, 322, 331, 340, 387, 393, 397, 408, 415, 424-425, 433, 459--460, 464-465, 470, 474, 477, 481--482, 484-486, 488, 515, 566, 578, 582, 588, 604-605, 699

Direitos patrimoniais – 34, 36, 58, 70, 88-89, 91, 95, 97-98, 101-115, 133--135, 137, 139, 141, 156, 160, 175, 206, 233-234, 240, 252-253, 261--262, 272-274, 276, 321-322, 330--331, 340, 358, 386-387, 415, 424--425, 433, 458-460, 476, 481-483,

ÍNDICE REMISSIVO

488, 495, 502, 515, 519-520, 525--530, 535, 581, 589, 595, 643
Direito sui generis – 205, 211-212, 220, 223-224, 329-332, 335, 337-338, 357, 442, 587, 590-593, 596-598, 600, 610, 619-620
Discriminação – 326-327, 359, 370, 406, 626, 679
Disponibilização a pedido do utilizador – 105-107, 115, 206, 269, 281, 340, 348, 355, 358
Distribuição – 102-105, 121, 148, 162, 177, 180-181, 196, 230, 240, 242, 261-262, 267-268, 274, 291-292, 307, 310, 332, 340, 343, 349-350, 356, 358, 382, 416, 425-427, 434, 442, 472, 481-482, 489, 492, 497, 499, 501, 511, 548, 551-552, 554, 557, 561, 589, 595-596, 605-606, 612-613, 615, 618, 620, 665, 690, 695, 700-702, 706
Divisas – 63
Divulgação – 34, 49, 55, 57-59, 66-67, 93, 98-99, 136-137, 139-140, 175, 188, 197, 236-237, 241, 248, 255, 260-261, 268-269, 307, 371, 472, 477-479, 481, 485, 488, 513, 536, 608, 679
Domínio público – 25, 85, 91, 97, 136--137, 166, 199, 210, 254-255, 266, 269, 275, 278, 280-281, 321-322, 325, 328, 460, 464, 478, 480-481, 185, 514, 578, 581, 651, 686
DRM ou *Digital Rights Management* – *Vide* medidas de carácter tecnológico e informações para a gestão de direitos)
Droit d'auteur – 27-38, 44, 169, 252, 261
Droit de suite – *Vide* direito de sequência
Duração (da protecção) – 133-137, 184, 265, 277, 390, 397, 410-411, 418, 478-479, 512, 533-534, 544, 614, 644, 655-656, 671-672, 681-682, 692, 703

Edição – 39, 94, 143-144, 149, 151, 155, 158, 459, 461, 472, 477, 497-501, 539, 657, 661-665
Edifício – 76, 130, 491, 520, 617
Emissão de radiodifusão/Emissão radiodifundida – 108, 159, 171, 174, 183, 189, 268, 275-277, 302-303, 400, 407, 423, 426, 509, 513, 530--532, 536, 572, 668, 698
Empreitada – 58-59, 272, 527
Empresário – 89-90, 94, 145, 148, 158, 502
Encenação – 62
Enciclopédias – 79, 94, 251, 259, 385, 456, 458, 473, 640
Encomenda – 32-34, 56-59, 93, 140, 143, 156-157, 160, 229, 233, 239--240, 258, 267, 474, 507-508, 511
Ensino – 76, 94, 118, 126-128, 182-183, 212, 230, 235, 253, 263, 274, 276, 309, 353-355, 363, 366-367, 389, 403, 410, 445-446, 448, 462, 490, 521, 524, 532, 558, 592, 603, 607, 609, 616, 645, 663, 665, 672
Esboços – 62-65, 250, 259, 273, 385, 456, 473, 483, 518, 640
Escassez – 23-24
Escritos – 31, 36, 62, 66, 69, 80, 86, 93, 140-141, 144, 146, 149-150, 155, 157, 252, 259-260, 459, 461, 473, 482, 498, 502, 510, 521, 649, 657, 683
Esculturas – 61, 63-64, 67, 80, 103, 130, 250, 259, 385, 396, 455, 473, 617, 640, 653
Esgotamento de direitos – 104-105, 291
Espectáculos – 41, 140, 145-147, 151, 155, 461, 501-502, 537

Estabelecimentos de ensino – 118, 127, 212, 253, 263, 354, 363, 366-367, 445-446, 448, 462, 490, 521, 592, 616

Estados Unidos – 27-28, 30-33, 35-37, 40-41, 44, 46, 81, 88, 105, 110, 119, 165, 204, 227, 325-326, 395, 398

Estatuto da Rainha Ana – 40, 50

Estético – 77, 94, 289, 544, 587

Estrangeiros (protecção dos) – 48, 85--86, 110, 136, 163, 168, 188, 192, 219, 249, 258, 266, 268, 271-272, 275, 278, 360, 454, 456, 458, 463, 465, 470, 471, 475, 478, 487, 514, 518, 527, 530, 537, 630, 643

Estudo – 117, 130, 132, 293-294, 296, 521, 545-546

Europeana – 363

Excepções e limitações – 22, 117-132, 182-184, 206, 212-214, 221, 230, 235, 263-264, 274, 280, 292, 309, 350, 353, 355-356, 358, 366, 388, 393, 410, 418, 428, 435-436, 441--442, 445-448, 607, 609-610, 616, 618, 695

Execução pública – 42, 83, 102, 129, 162, 164, 180, 267, 274, 382, 387, 390, 397, 416, 461, 501, 511, 523, 646, 648-649, 656

Exibição pública – 130, 149, 155, 617

Exteriorização – 68, 187

Extracção – 242-243, 332-335, 337, 442, 586, 590-593, 596-597

Extractos – 129, 197, 206, 276, 521, 532

Filmes – 15-16, 71, 90, 139, 148-149, 158, 170, 185, 299-301, 307, 309--310, 324, 340, 348, 403, 424, 432, 461-462, 504, 512, 551-558, 580, 603, 614, 615

Fins lucrativos – 107, 144-145, 661

Fins comerciais – 123, 156, 166, 176--177, 179-180, 215, 218-219, 241, 263, 276, 296, 301, 354, 416-417, 425-427, 434, 490, 493, 505, 522--523, 549, 557, 616, 618, 671, 691, 695, 701-703, 707

Fixação – 28, 30-31, 38, 57, 62, 68, 80, 86, 102, 122, 124-125, 127, 129, 145, 149-151, 171-178, 181-185, 196, 198, 233-234, 240, 260, 267, 275-277, 300-301, 308-310, 320, 322, 324, 328, 334, 386, 400-403, 407-410, 423, 425, 428, 434-435, 459, 463, 484, 503, 505, 509-512, 530-531, 533-534, 551-552, 554, 556, 558, 577, 580, 587, 622, 629, 647, 668--671, 672-674, 681-682, 698, 700, 703, 706

Folclore – 70-71, 171, 250, 259, 273, 277, 279-280, 423, 432, 454, 456, 458, 460, 471, 473, 475, 480, 507, 514, 518, 526-527, 530, 533, 698, 707

Folhetos – 61-62, 250, 259, 364, 384, 455, 473, 639

Fonogramas – 170-174, 176, 179-181, 183-185, 188-189, 192, 223, 267--268, 276-277, 305-306, 310, 322, 324, 328, 400-403, 407-409, 422--424, 426, 428-429, 505, 509, 511--513, 530-534, 536, 553, 555, 580, 622, 668-669, 671, 681, 698-699, 702-706

Fontes – 241, 243, 280, 295-296, 336--337, 356, 388-389, 520-522, 595, 597, 616-617, 645-646, 680, 686

Forma escrita – 58, 140, 160, 250, 253, 263, 455, 463, 482, 490, 529

Formalidades – 81, 86, 113, 140-141, 146, 150, 155, 157, 251, 260, 382, 395, 424, 433, 454, 470, 642, 704

Formalidades ad probationem – 140-141, 146, 150, 155, 157
Formalidades ad substantiam – 142, 160
Formato de ficheiros – 295
Fotografia – 40, 53-54, 61, 63, 74-80, 102-103, 107, 127, 134, 155-157, 189, 203, 259, 321-322, 341, 355-356, 360, 376, 385, 389, 473, 507-508, 522, 536-537, 577, 581, 631, 640, 646
Framing – 203
França – 29-30, 32-33, 35, 40-41, 50, 69, 98, 381
Fruição – 139, 160, 221, 361, 454, 470, 625

Genuinidade – 34, 88, 91, 97, 137, 193-194, 253-255, 260, 263, 266, 268-269, 273, 275, 278, 462, 464, 485, 490, 514, 520, 538
Gestão colectiva – 161-168, 179, 265, 302, 304, 307, 316, 323, 369-373, 494, 515, 524, 540, 553, 555-556, 567, 573, 604, 630, 632
Gravações efémeras – 118, 212, 389, 462, 616, 647
Gravuras – 40, 61, 63, 80, 189, 250, 259, 272, 360, 385, 396, 455, 473, 518, 537, 631, 640, 653
Guiné Bissau – 248, 279

Harmonização – 45-46, 286, 350, 375-377, 410, 441, 447-448, 554, 565, 567, 575, 580, 588, 593, 601-603, 605, 607, 622, 627-629
Herdeiros – 157, 253, 267, 274, 361, 460, 479, 488, 501, 507, 511, 525
Hiperligações – 203, 205-206
Honra – 66, 88, 92-94, 96-97, 100, 175, 193-195, 252, 254, 260-261, 269, 273, 278, 281, 386, 424, 459, 464, 485, 487, 520, 537-538, 643
Hosting – 200

Ideias – 65, 67-68, 71, 95-96, 187, 190, 207, 232, 235, 260, 273, 289-290, 293-297, 407, 415, 448, 474, 519, 544-546, 548, 680, 690
Identificação do autor – 90, 136, 149-150, 165, 195, 477, 504, 507-508
Ilicitude – 20, 56, 95, 175, 201-202, 204-205, 230
Ilustrações – 61, 63, 250, 259, 273, 385, 456, 473, 518, 640, 661
Importações paralelas – 105, 279
Imprensa – 39, 47, 50, 78, 102, 251, 263, 321, 340, 351, 356, 385, 388-389, 456, 490, 508, 522, 617, 640-641, 645-646
Imprescritibilidade – 91-92, 137
Inalienabilidade – 252
Incentivo – 24-25, 257, 467, 689
Inclusão episódica – 130, 617
Indemnização – 96, 195-196, 198-199, 411, 499, 514, 537, 613, 621
Individualidade – 29, 64, 73, 76-77, 86, 95, 187, 189-191, 207, 277, 536
Informações para a gestão electrónica dos direitos – 222-225, 429, 618, 620, 693, 704, 707
Information location tools – 201
Infracção à escala comercial – 196
Integridade – 20, 33-35, 88, 91-95, 97-98, 100, 136-137, 175, 193-194, 252, 254-255, 260, 263, 266, 268-269, 273, 275, 278, 382, 386, 415, 424, 433, 459-460, 464, 485, 490, 498, 514, 520, 538
Interesse público – 97, 131-132, 337, 364, 366, 367, 447, 474, 516, 603, 679, 683, 689, 697

Interface – 289-290, 297, 348-349, 544, 546-547
Internet – 31, 46-47, 70, 106, 110, 112--114, 132, 164-165, 199, 201-205, 214, 291-292, 322, 340, 346-347, 349, 412, 414, 416-417, 420, 425--427, 430, 434, 438
Interoperabilidade – 117, 232, 235, 293-294, 544-546, 548-549, 612
Investigação – 21, 128, 130, 182, 198--199, 212, 253, 263, 265, 276, 309, 336-337, 353, 355, 403, 410, 445--446, 448, 463, 490, 495, 521, 532, 558, 590, 592, 595, 597, 607, 609--610, 616, 618, 660-661, 672, 689, 697

Jornais – 56, 59, 66, 158-159, 191, 508, 521
Jurisdição – 112, 678
Justiça natural – 24-25
Justo equilíbrio – 354-355, 377-378, 606

Kleinemünze – 29

Lei aplicável – 106, 110, 113, 115, 188
Lei da cópia privada – 124-125
Lemas – 63
Lesão – 142, 195-198, 237, 263, 484, 538
Lex fori – 392
Lex loci delicti commissi – 113, 392
Lex loci protectionis – 113, 392
Licenças – 68, 140, 166-167, 188, 220, 234-235, 253, 265, 276, 291, 295--296, 301, 309, 346, 402, 463, 495--496, 503, 521, 528-530, 534, 555, 587, 589, 608, 657-665, 671
Licitude de origem – 121, 124
Lições – 62, 250, 259, 455, 473

Linguagens de programação – 232, 289, 295, 297, 544
Linking – 203
Litografias – 61, 63, 250, 259, 385, 455, 473, 640
Livros – 33, 67-68, 75, 491
Local de publicação – 82
Lógica – 232, 289, 297, 544, 551, 575
Lugar público – 107, 144, 151-152, 182, 253, 263, 267, 462, 490, 506, 511

Mandato – 58, 82, 378, 488
Manuscrito – 87, 262, 483
Marca do autor – 64, 73, 76, 78, 86, 95
Matéria protegida – 258, 272, 275, 279-280, 289, 314, 340, 402, 407, 423, 432, 608
Mediação – 159, 221, 316, 540, 610
Medidas de carácter tecnológico – 209-221, 354, 358, 419, 429, 435, 603, 608-612, 616, 618-619, 622, 692, 703
Medidas inibitórias – 196
Meio familiar – 107, 145
Mercado interno – 195, 207, 215, 286, 319, 329, 360, 373, 543, 575-576, 585, 601-605, 607-608, 610, 613--614, 622-623, 626-629, 634
Mere conduit – 200
Mérito – 29, 44, 61, 71, 74, 77, 86, 156, 196, 251, 260, 321, 411, 454, 470, 577
Moçambique – 248, 271-279, 281, 517--540
Modificações (da obra) – 93-94, 157, 185, 243, 290, 337, 433, 469, 485, 498, 502, 504, 506, 548, 598
Monopólio – 24
Multa – 81, 192-193, 220-221, 224, 236-237, 241, 254, 268, 277, 464, 513, 537

ÍNDICE REMISSIVO

Museus – 118, 131, 212, 354, 363, 366--367, 616, 628

Mutilação ou deformações da obra – 87, 92, 97, 100, 174, 175, 252, 260, 267, 273, 386, 424, 433, 459, 485, 511, 520, 643, 700

Nacionalidade – 82, 110-112, 165, 173, 249, 258, 266, 325-326, 400-401, 407, 422-423, 432, 456, 470, 510, 530, 626, 657, 668

Não discriminação – 326-327, 359, 370, 626

Neutralização (de medidas de carácter tecnológico) – 209-212, 215-217, 219-220, 236, 243, 296-297, 357, 419, 429, 436-438, 549, 610, 618, 692, 703

Nome – 32, 54-55, 57, 80-82, 90-91, 96, 122, 144, 149-150, 155-158, 175, 195, 234, 240, 252-253, 258, 260--261, 263, 267, 269, 273, 275, 281, 356, 366-367, 384, 388-389, 396, 454-455, 457, 459-460, 462, 471, 474-475, 477, 484-485, 487, 490, 496, 499, 504, 506-508, 511, 519--522, 526-528, 534-535, 616-617, 645, 650, 654, 657, 660, 663-664, 671

Notícias – 66, 206, 259, 273, 353, 385, 474, 519, 608, 640

Novidade – 66, 76-77, 239

Obra:
- Anónima – 134, 136, 527, 644
- Audiovisual – 34, 136, 172, 265, 274, 423-424, 476, 479, 486, 494, 524-525, 527-528, 554, 587, 698, 706
- Cinematográfica – 56, 90, 135--136, 148-149, 172, 300, 320, 324, 328, 377, 382, 384, 386, 390, 416, 423-424, 454, 458, 503-505, 554, 569, 579-580, 648-650, 698, 706
- Colectiva – 32, 54-56, 59, 136, 159, 233, 454, 457, 471, 475, 478, 525-526
- Compósita – 56, 59, 95, 471, 475
- Coreográfica – 31, 37, 61-62, 80, 86, 250, 259-260, 272, 384, 455, 473, 518, 639
- De arquitectura – 53, 83, 91, 96, 99, 102, 262-263, 485, 489-490, 522, 641
- De arte – 46, 65, 83, 155, 262, 286, 359-360, 362, 376, 472, 483, 526, 625-635
- De cariz utilitário – 227-244
- Dramática – 83, 99, 102, 144, 461, 472, 501-502, 641
- Dramático-musical – 61, 62, 83, 93, 99, 102, 144, 250, 259, 272, 384, 387, 455, 461, 472-473, 501--502, 518, 639, 641, 646
- Feita por conta de outrem – 56
- Feita por encomenda – 32, 56-59, 143, 233, 239
- Fonográfica – 56, 151, 505
- Fotográfica – 34, 61, 63, 69, 74, 134, 156-157, 250, 253, 259, 273, 321, 385, 390, 397, 411, 418, 455, 460, 473, 480, 482, 507, 518, 577, 640, 644, 655, 681, 692
- Futura – 35, 141
- Incompleta – 93, 144
- Inédita – 137, 252, 255, 269, 395, 459, 481
- Órfã – 363-367
- Plástica – 99, 102
- Póstuma – 99, 137, 265, 478-479
- Protegida – 61-71
- Radiofónica – 250, 455

- Requisitos de protecção – 73-86
- Televisiva – 75

Oneração – 34, 81, 88, 139-142, 159, 275, 482-483, 535
Onerosidade – 141, 145
Organismo de radiodifusão – 16, 37, 44, 103, 114, 118, 127, 133-134, 162, 169-174, 178, 181-183, 185, 188, 212, 218, 220, 258, 266-268, 272, 274--275, 277-278, 281, 299-301, 306--307, 309-310, 312-317, 340, 345, 348, 363-364, 366-367, 389, 399--401, 403-404, 406-411, 426, 441, 443-445, 458, 463, 468-470, 472, 493, 496, 508-513, 523, 530-531, 533, 536, 553, 557, 563, 565, 568--570, 572-573, 575, 577, 580, 609, 615-616, 647, 662, 667-674, 677--679, 681, 698
Organização Mundial da Propriedade Intelectual/OMPI – 45, 70, 103, 159, 413-431, 441, 443-446, 448, 468, 576, 604, 676, 679, 683, 686
Organização Mundial do Comércio/OMC – 45, 119-120, 257, 279, 405--408, 412, 467-468, 676-677, 679, 683-684, 687
Originalidade – 28-30, 38, 64-66, 69, 73-80, 156, 173-174, 228, 239, 244, 251, 290, 321, 329, 331, 338, 341, 376-377, 441, 456, 458, 475, 526, 587, 590

Pacto Internacional sobre os Direitos Económicos Sociais e Culturais, 1966 – 21
País de origem – 83-86, 113-114, 134, 136, 266, 320, 327, 382-384, 386, 391--393, 414, 420, 472, 478, 487-488, 564, 578, 581, 640, 642, 645, 651

País em desenvolvimento – 658, 684
PALOP – 247-281, 451-540
Pantomima – 31, 37, 61-62, 250, 384, 455, 639
Paródia – 63, 94-96, 130, 264, 269, 281, 490, 617
Pastiche – 130, 264, 269, 281, 490, 617
Patente – 16, 17, 66, 77, 550, 599, 621, 684
Paternidade – 20, 33-35, 87-92, 96, 100, 136-137, 166-167, 175, 191, 193--194, 252, 254-255, 260, 266, 268--269, 273, 275, 278, 281, 382, 386--387, 415, 424, 433, 459, 464, 484--485, 514, 519, 538, 643
Peer to Peer/P2P – 124, 202, 204, 205
Pena de multa/prisão – 192-193, 220--221, 224, 236-237, 241, 254, 268, 277, 464, 513, 537
Penhor – 141, 483
Penhora – 82, 275, 483, 486, 528, 535
Perfumes – 69-70
Perpetuidade – 49, 91
Pintura – 61, 63, 69, 76-77, 250, 259, 385, 396, 455, 473, 640, 653
Pirataria – 45, 188, 207, 309, 412, 551, 604-605
Planta (de um edifício) – 76, 130, 617
Prazo (de protecção) – 16, 35, 37, 41, 45, 49, 74, 83, 85, 91, 97, 133-137, 184-185, 188, 241, 243, 253, 265--266, 274, 277-278, 280-281, 296, 319-328, 337, 362, 375-377, 383, 386-387, 390-391, 397, 403, 410, 418, 424, 428, 433, 435, 442, 575--583, 588, 592-594, 597-599, 628, 633, 642, 644, 651, 655
Prelecções – 493
Prestadores de serviços da sociedade da informação – 199-202
Prestação (conceito de) – 169-170

ÍNDICE REMISSIVO

Presunções – 54-55, 57, 139, 145, 149, 233, 239-240, 258, 309-310, 503, 512, 527, 537, 553, 555, 565
Princípio de não discriminação – 359, 370, 626
Princípio de reciprocidade – 41, 85, 227, 250, 258, 359-360, 362, 371, 383, 442, 453, 457, 470, 487, 626
Princípio do tratamento da nação mais favorecida – 405, 412, 678
Princípio do tratamento nacional – 42, 48, 249, 257, 271, 275, 327, 330, 360, 382-383, 395, 400-401, 404-408, 412, 422-423, 432, 442, 667-669, 677-678, 699
Privacidade – 34, 124, 145
Privilégios – 39, 41, 44, 47, 50, 406, 678
Produção cinematográfica – 148-149, 503
Produção fonográfica – 149-151
Produtor – 16, 36-37, 44, 133-135, 162, 169, 171, 173-174, 176, 179-181, 183-185, 210, 258, 266-267, 272, 275, 278, 281, 299, 301, 304, 307, 309, 313, 315, 340, 348, 399-404, 406-407, 409-410, 413, 421-423, 425-429, 468-470, 472, 495, 508, 517, 524, 530, 551, 553, 557-558, 565, 570, 575-576, 580, 604, 614-615, 622, 667-668, 670-674, 677-679, 681-682, 686, 697-699, 701-707
Produtor de fonogramas – 170, 172, 188, 267, 276-277, 300, 310, 322-323, 400, 422-423, 509, 513, 531, 536, 554-555, 698, 706
Produtor de filmes – 170, 299-301, 310, 340, 553, 555
Produtor de videogramas – 37, 301
Programas de computador – 16-17, 29, 45, 69-70, 74, 78, 117, 198, 215, 220, 224, 227, 238, 244, 250-251, 259, 261, 269, 272, 274, 278, 281, 287-297, 301, 331, 341-342, 348, 375-376, 407, 409, 412, 415-417, 456, 468, 472-473, 477, 480, 487, 491-493, 518-520, 521, 523, 543--550, 555-556, 588, 594, 611, 614, 680-682, 690-691, 694
Propriedade industrial – 16-17, 63, 228, 259, 470, 473, 613
Propriedade intelectual – 15-17, 21, 45, 142-143, 159-160, 169, 195, 197, 207, 220, 224, 248, 278-279, 285, 309, 378, 405-406, 411-412, 443, 448--449, 468, 551, 565, 582, 586, 589, 594, 601-603, 606, 614, 675-680, 682-687
Prova – 54, 57, 188, 195-197, 231, 384, 411, 457, 465, 479, 496, 515, 527--528, 535, 592, 650
Providência cautelar – 196-197, 419, 430, 437, 515, 538, 693, 705
Pseudónimo – 90-91, 135, 144, 149, 155-156, 175, 258, 260, 273, 323, 384, 390, 457, 474, 477, 484, 499, 504, 506-508, 520, 525, 527, 579, 644, 650
Publicação simultânea – 401, 408, 423, 656, 669
Publicações periódicas – 55, 81, 158, 457, 475, 478, 480, 508
Publicidade (em sede de exibição ou venda de obras artísticas) – 130, 617
Publicidade das decisões judiciais – 197

Rádiodifusão por satélite – 218-219, 376, 561-573, 614
Razões morais (em sede de direito de retirada) – 34, 97-98, 100
Realidades digitais virtuais – 70

Realizador – 34, 56, 135-136, 148-149, 300, 320, 324, 328, 377, 458, 462, 486, 504, 527, 554, 569, 579, 649
Receitas de culinária – 62
Recitação – 83, 91, 99, 102, 146, 149, 151, 155, 455, 641, 647
Recompensa – 24, 101, 378
Reconstrução – 130, 617
Reedição – 150
Registo – 16, 40-41, 48, 65, 80-82, 86, 229-230, 232, 260, 275, 396, 442, 470, 478, 528, 534-535, 654-655, 683
Regra dos três passos – 118-121, 124, 132, 183, 241-243, 309, 388, 393, 418, 428, 435
Regulamento 44/2001 – 110-113, 142
Reino Unido – 27-29, 31-37, 40, 62-64, 66, 80, 188, 218, 251, 274, 325-326, 346, 377, 387, 433
Relatos de acontecimentos da actualidade – 118, 276, 389, 532, 646
Relatos de processos administrativos, parlamentares ou judiciais – 129, 212, 353, 608, 617, 678
Remuneração equitativa – 53, 117, 124, 126-128, 156, 176-177, 179-181, 265, 274, 276, 301-304, 306, 310, 388-389, 403, 418, 422, 426-427, 432, 434, 494-495, 505, 511, 524, 532, 552-553, 555-556, 559, 647-648, 661, 664, 671, 682, 687, 691, 699, 701-702
Renúncia – 35-36, 58, 93, 96, 122, 310, 387, 555
Representação cénica – 94, 144-146
Reprodução – 103-104, 115, 118-119, 123, 128, 176, 187, 230, 356, 387-388, 393, 418
Reprodução temporária – 122-123, 265, 269, 281, 350-351, 494, 607, 616

Reprografia – 123, 162, 608
Reputação – 88, 92-94, 96-97, 100, 175, 193-195, 254, 260-261, 267, 269, 273, 278, 281, 386, 424, 433, 464, 485, 487, 511, 520, 537-538, 643, 700
Requisitos de protecção – 63, 65, 73-86, 90, 92, 95, 172-174, 188, 251, 260, 273, 275, 288, 321, 331, 385-386, 396, 402, 407
Rescisão – 322, 500, 503
Resolução de litígios – 159, 372, 411-412, 610, 679, 682-683, 686
Responsabilidade civil/criminal – 145, 199-201, 255, 268, 277, 464, 515, 535
Resumo – 129
Retirada – 97-98, 100, 261, 486-487
Retransmissão por cabo – 311-317, 376, 382, 389, 416, 561-573, 614
Retribuição – 144-145, 149-150, 497
Reutilização – 242-243, 332-333, 335-337, 442-443, 586, 590-593, 596-597
Revistas – 62, 190, 250, 259, 364, 455, 458, 473, 491, 645
Revolução digital – 15, 46
Rivalidade – 23-24

São Tomé e Príncipe – 248
Second Life – 70
Segurança pública – 129, 212, 241, 243, 336-337, 353, 356, 592, 595, 597, 608, 611, 617
Semicondutores – 15, 16, 17, 227-230, 244, 550, 621
Sequência – *Vide* direito de sequência
Sermões – 61-62, 259, 272, 384, 473, 518, 522, 639
Skill and labour – 29

Sociedade da informação – 199-201, 216-217, 269, 281, 286, 339-358, 580, 601-623

Streaming – 326-347

Sucessores – 53-54, 59, 326-327, 384, 396, 401, 632

Suporte material – 49, 58, 62, 68-69, 71, 73, 80, 149, 175, 182, 258, 267, 291, 386, 400, 402, 471, 509, 511, 589, 606, 640, 668-669, 671

Supremo Tribunal de Justiça – 24-25, 55-56, 58-59, 65, 68, 75, 89, 99, 107, 146-147, 151, 191, 198-199, 232, 497

Tapeçarias – 63, 250, 259, 360, 455, 473, 631

Tecnologia digital – 45-46, 69, 209, 225, 590

Temas – 66, 77, 94-96

Teoria do *download* – 114

Teoria do *uplink* – 312, 317

Teoria do *upload* – 114

Terminologia – 15-17

Titularidade – 28, 31-33, 35-36, 38, 53-54, 57-58, 68, 156-157, 188, 229, 232-233, 239-240, 250, 258, 272, 280, 376-377, 442, 457-458, 474-477, 526-529, 557

Topografia – 62, 227-230, 250, 259, 273, 385, 456, 473, 518, 640

Trabalho jornalístico – 158-159

Traduções – 33, 49, 67, 78-79, 158, 189, 251, 259, 273, 385, 456, 458, 473, 475, 518-519, 526-527, 530, 536, 640

Tradutor – 47, 94, 157-158

Transformação (da obra) – 46, 94, 102, 150, 157, 220, 234, 240, 252-253, 261-262, 264, 459, 463, 481, 483, 485, 489, 491, 545, 595, 619

Transmissão de direitos – 35-36, 53, 139-142, 149, 431, 483, 500

Tratado da OMPI sobre Direito de Autor – 67, 88, 104, 106, 134, 210, 222-223, 280, 342, 347, 349-351, 388, 398, 413-421, 425, 429, 434, 441, 443, 689-696, 707

Tratado da OMPI sobre Interpretações e Execuções Audiovisuais – 45, 71, 175, 424, 431-438

Tratado da OMPI sobre Interpretações ou Execuções e Fonogramas – 45, 170-177, 179-180, 183-184, 210, 223, 280, 302, 339, 340, 348-350, 413-414, 421-433, 438, 443

Tribunal competente – 106, 110

Tribunal Constitucional – 125, 193

Tribunal de Justiça da União Europeia – 24-25, 55-56, 58-59, 61-62, 65, 68, 74-75, 77-78, 89, 99, 104, 107-110, 126, 142-143, 146-148, 151, 154-156, 187, 191, 198-199, 202, 218-219, 232, 289-292, 294-296, 302-308, 313-314, 321-322, 325-327, 332-335, 340-356, 359, 361, 376-378, 448, 497, 626

Tribunal da Relação de Coimbra – 53-54, 58, 76, 189, 193, 197, 236-237

Tribunal da Relação de Évora – 64, 77, 197, 218

Tribunal da Relação de Guimarães – 151-153

Tribunal da Relação de Lisboa – 53-54, 59, 64-65, 76, 88-89, 92, 96, 140, 145, 152-154, 159, 163, 190-191, 194-195, 197-198, 239

Tribunal da Relação do Porto – 68, 75-76, 151, 192-193, 233-234, 236-237

TV – 140, 152-154, 218

UNESCO – 44, 395, 443-444, 447

União de Berna – 42, 83, 133, 382, 414
União Europeia – 21, 45-46, 285-286, 375-378
User Generated Content – 205
Uso privado – 117, 123, 183, 214, 221, 235-236, 243, 354, 491, 494, 520, 524, 611-612, 616, 619
Usucapião – 141, 484

Usurpação – 188-192, 207, 254, 267--268, 277, 464, 513, 536-537

Videogramas – 34, 53-54, 170, 174, 180-181, 183, 185, 188-189, 192, 268, 277, 503, 505, 509, 511-513, 530
Violação de direitos – 30, 70, 187-195, 197, 199, 209, 224, 254, 267

ÍNDICE GERAL

Abreviaturas	9
PARTE I – Introdução	13
Capítulo I – Terminologia	15
1.1. «Direito de autor»	15
1.2. «Propriedade intelectual» e «propriedade industrial»	16
Capítulo II – A natureza e o conteúdo do direito de autor	19
Capítulo III – A *raison d'être* do direito de autor	23
Capítulo IV – *Droit d'auteur e copyright*	27
4.1. Introdução	27
4.2. A originalidade	28
4.3. A fixação	30
4.4. A autoria e a titularidade	31
4.5. Os direitos morais	33
4.6. A transmissão	35
4.7. Os direitos conexos	36
Capítulo V – Evolução histórica do direito de autor	39
5.1. Evolução histórica do direito de autor	39
5.2. Evolução histórica do direito de autor em Portugal	47
PARTE II – O Direito de Autor em Portugal	51
Capítulo I – O autor	53
1.1. O conceito de «autor»	53
1.2. A autoria da obra criada por uma pluralidade de pessoas	54

1.3. A autoria da obra feita por encomenda ou por conta
de outrem   56
1.4. A distinção entre autoria e colaboração técnica   59

Capítulo II – As obras protegidas   61
2.1. A obra como criação do espírito   61
2.2. A obra como criação exteriorizada   67
2.3. A obra como distinta do seu suporte material   68
2.4. Desafios conceptuais actuais   69

Capítulo III – Os requisitos de protecção   73
3.1. Razão de ordem   73
3.2. A originalidade   73
   3.2.1. O conceito de originalidade   73
   3.2.2. A originalidade por equiparação   78
3.3. A fixação   80
3.4. O registo   80
3.5. A nacionalidade do autor e o local de publicação da obra   82

Capítulo IV – Os direitos morais   87
4.1. Noções preliminares   87
4.2. O direito à paternidade da obra   89
4.3. O direito à integridade da obra   92
4.4. O direito de retirada da obra   97
4.5. O direito à divulgação da obra   98

Capítulo V – Os direitos patrimoniais   101
5.1. Noções preliminares   101
5.2. O direito à reprodução da obra   103
5.3. O direito à distribuição da obra   104
5.4. O direito à comunicação ao público, incluindo a disponibilização
a pedido do utilizador   105
   5.4.1. Conceitos e interpretação   106
   5.4.2. O Tribunal competente e a lei aplicável no contexto
da disponibilização da obra a pedido do utilizador   110
   5.4.3.1. O Tribunal competente   110
   5.4.3.2. A lei aplicável   113

Capítulo VI – As excepções e limitações	117
6.1. Noções preliminares	117
6.2. A regra dos três passos	118
6.3. As excepções e limitações no quadro nacional	120
6.3.1. Enquadramento	120
6.3.2. Princípios gerais	121
6.3.3. Exclusão dos actos de reprodução temporária	122
6.3.4. Excepções e limitações relativas ao direito à reprodução	123
6.3.5. Excepções e limitações relativas ao direito à reprodução e ao direito à comunicação ao público	128
6.4. Desafios actuais	131
Capítulo VII – A duração da protecção	133
7.1. Regras internacionais	133
7.2. Regras regionais	134
7.3. Regras nacionais	135
Capítulo VIII – A transmissão e a oneração do direito de autor	139
8.1. Princípios gerais	139
8.2. A autorização para a utilização da obra	139
8.3. A transmissão ou oneração da obra	141
8.4. Os contratos em especial	142
8.4.1. A natureza dos contratos de direito de autor	142
8.4.2. A edição	143
8.4.3. A representação cénica	144
8.4.4. A recitação ou execução	146
8.4.5. A produção cinematográfica	148
8.4.6. A produção fonográfica ou videográfica	149
8.4.7. A radiodifusão	151
8.4.8. As obras de arte	155
8.4.9. A obra fotográfica	156
8.4.10. A tradução e outras transformações da obra	157
8.4.11. O trabalho jornalístico	158
8.5. A resolução de litígios	159
Capítulo IX – A gestão colectiva	161
9.1. Evolução histórica	161
9.2. Princípios gerais	162

9.3. A gestão colectiva em Portugal   163
9.4. Desafios actuais   164

Capítulo X – Os direitos conexos   169
10.1. Noções preliminares   169
10.2. Os titulares dos direitos conexos   170
10.3. Requisitos de protecção   172
10.4. Direitos morais   174
10.5. Direitos patrimoniais   175
    10.5.1. Dos artistas intérpretes ou executantes   175
    10.5.2. Dos produtores de fonogramas   179
    10.5.3. Dos organismos de radiodifusão   181
10.6. As excepções e limitações   182
10.7. O prazo de protecção   184

Capítulo XI – A violação e defesa do direito de autor
           e dos direitos conexos   187
11.1. Noções preliminares   187
11.2. Os crimes de usurpação e de contrafacção   188
11.3. A violação dos direitos morais   193
11.4. A defesa do direito de autor e dos direitos conexos   195
11.5. A responsabilidades dos prestadores de serviços da sociedade
      da informação (ISPs)   199
11.6. Desafios actuais   202
    11.6.1. Introdução   202
    11.6.2. Linking e framing   203
    11.6.3. A tecnologia Peer to Peer   204
    11.6.4. User Generated Content   205
    11.6.5. A agregação de conteúdos   205
    11.6.6. As bibliotecas digitais *online*   206

Capítulo XII – A protecção das medidas de carácter tecnológico
           e das informações para a gestão electrónica
           dos direitos   209
12.1. A protecção das medidas de carácter tecnológico   209
    12.1.1. Introdução   209
    12.1.2. A protecção das medidas de carácter tecnológico
        nos Tratados da OMPI   210

12.1.3. A protecção das medidas de carácter tecnológico na Directiva sobre a Sociedade da Informação	211
12.1.4. A protecção das medidas de carácter tecnológico na Directiva sobre Programas de Computador	215
12.1.5. A protecção das medidas de carácter tecnológico na Directiva sobre o Acesso Condicional	216
12.1.6. A protecção das medidas de carácter tecnológico na lei portuguesa	220
12.2. A protecção das informações para a gestão dos direitos	222
12.2.1. Introdução	222
12.2.2. A protecção das informações para a gestão dos direitos nos Tratados da OMPI	222
12.2.3. A protecção das informações para a gestão dos direitos na Directiva sobre a Sociedade da Informação	223
12.2.4. A protecção das informações para a gestão dos direitos na lei portuguesa	224
Capítulo XIII – O regime das obras de cariz utilitário	227
13.1. Introdução	227
13.2. As topografias de produtos semicondutores	227
13.2.1. Noções preliminares	227
13.2.2. Escopo e requisitos da protecção	228
13.2.3. A autoria e a titularidade das topografias dos produtos semicondutores	229
13.2.4. Direitos do titular da topografia	229
13.2.5. Excepções e limitações a esses direitos	230
13.2.6. Tutela	230
13.3. Os programas de computador	230
13.3.1. Noções preliminares	230
13.3.2. Escopo e requisitos da protecção	231
13.3.3. A autoria e a titularidade dos programas de computador	232
13.3.4. Direitos do titular do programa de computador	234
13.3.5. Excepções e limitações a esses direitos	235
13.3.6. Tutela	236
13.4. As bases de dados	237
13.4.1. Noções preliminares	237
13.4.2. Protecção pelo direito de autor	238
13.4.3. A protecção especial do fabricante da base de dados	242

PARTE III – O Direito de Autor nos Países Africanos de Língua
              Oficial Portuguesa   245
Capítulo I – Introdução   247
Capítulo II – Angola   249
Capítulo III – Cabo Verde   257
Capítulo IV – Moçambique   271
Capítulo V – Conclusões   279

PARTE IV – O Direito de Autor na União Europeia   283
Capítulo I – Introdução   285
Capítulo II – A Directiva sobre os Programas de Computador   287
Capítulo III – A Directiva sobre o Aluguer e o Comodato   299
Capítulo IV – A Directiva sobre a Radiodifusão por Satélite
              e a Retransmissão por Cabo   311
Capítulo V – A Directiva sobre o Prazo de Protecção   319
Capítulo VI – A Directiva sobre as Bases de Dados   329
Capítulo VII – A Directiva sobre a Sociedade da Informação   339
Capítulo VIII – A Directiva sobre o Direito de Sequência   359
Capítulo IX – A Directiva sobre as Obras Órfãs   363
Capítulo X – A Proposta de Directiva sobre a Gestão Colectiva   369
Capítulo XI – Conclusões   375

PARTE V – O Direito de Autor nos Tratados Internacionais   379
Capítulo I – A Convenção de Berna   381
Capítulo II – A Convenção Universal sobre Direito de Autor   395
Capítulo III – A Convenção de Roma   399
Capítulo IV – O Acordo TRIPS   405
Capítulo V – O Tratado da OMPI sobre Direito de Autor   413
Capítulo VI – O Tratado da OMPI sobre Interpretações
              ou Execuções e Fonogramas   421
Capítulo VII – O Tratado OMPI sobre Interpretações e Execuções
              Audiovisuais   431

PARTE VI – Questões Pendentes e Reflexões Finais   439
Capítulo I – Questões Pendentes   441
1.1. Introdução   441

1.2. O Projecto de Tratado da OMPI sobre as Bases de Dados	441
1.3. O Projecto de Tratado da OMPI sobre a Radiodifusão	443
1.4. Propostas relativas às excepções e limitações	445

Capítulo II – Reflexões Finais 447

Apêndice I – Leis de direito de autor dos PALOP 451
    Lei de Direito de Autor Angolana 453
    Lei de Direito de Autor Cabo-Verdiana 467
    Lei de Direito de Autor Moçambicana 517

Apêndice II – Directivas da União Europeia sobre direito de autor 541
    Directiva sobre os Programas de Computador (versão codificada) 543
    Directiva sobre o Aluguer e o Comodato (versão codificada) 551
    Directiva sobre a Radiodifusão por Satélite e a Retransmissão por Cabo 561
    Directiva sobre o Prazo de Protecção (versão codificada) 575
    Directiva sobre as Bases de Dados 585
    Directiva sobre a Sociedade da Informação 601
    Directiva sobre o Direito de Sequência 625

Apêndice III – Tratados Internacionais de Direito de Autor ... 637
    Convenção de Berna 639
    Convenção Universal sobre Direito de Autor 653
    Convenção de Roma 667
    Acordo TRIPS 675
    Tratado da OMPI sobre Direito de Autor 689
    Tratado da OMPI sobre as Interpretações e Execuções de Fonogramas 697

Instrumentos Jurídicos Nacionais 709
Acordos Multilaterais 711

Instrumentos Jurídicos Regionais	713
Jurisprudência	715
Bibliografia	723
Índice Remissivo	733
Índice Geral	747